KB077657

의철학
입문

의철학
입문

제임스 A. 마컴 저

김준혁 역

AN INTRODUCTORY
PHILOSOPHY OF
MEDICINE
HUMANIZING MODERN
MEDICINE

일러두기

1. 이 책은 *An Introductory Philosophy of Medicine: Humanizing Modern Medicine*(James A. Marcum, Springer, 2008)의 우리말 번역이다.

2. 외래어는 외래어표기법을 따랐으나 관용적인 표기와 동떨어진 경우 절충하여 실용적 표기를 하였다. 다만, 국문과 병기된 영문의 이탤릭은 원서 그대로 표기하였다.

3. 본문에서 진한 글씨로 표기된 부분은 원서에서 저자가 강조를 위해 이탤릭체로 표기한 것이다.

4. 독자의 이해를 돕기 위한 설명으로 본문의 각주를 통해 '역자 주'를 추가하였다.

서문

오늘날 미국에서 현대 의학 지식과 임상은 생의학적[1] 과학 및 그에서 밝혀진 기술들을 기반으로 모형화하고 의존한다. 비록 생의학 모형이 현대 의학의 '기적'의 원인이었기는 하지만, 미국 보건의료 체계에서 많은 환자가 소외되었다. 프란츠 잉겔핑거 Franz Ingelfinger 가 관찰했듯이 "의학 요법의 현저한 발전과 환상적인 진단 도구의 발전에도 불구하고 미국 사회는 점점 의사에게 점차 실망하고 있다."(1978, p. 942)[2] 현대 의학에 대한 실망은 "[의료적] 돌봄의 전달이 점점 더 제도화되고 비인격화되는 것"[3]에서 나온다(Glick, 1981, p. 1037). 다시, 데이비드 웨더럴 David Weatherall 은 "의술, 특히 개인으로서 환자를 돌보는 의사의 능력이 값비싼 첨단 기술의 검사 방법과 치료법의 늪으로 인해 점점 사라지고 있다. (…) 요약하면 현대 과학적 의학은 실패했다"라고 주장한다(1996, p. 17). 미국에서 특히 두드러지게 나타나는 생의학 모형

---

1 역자 주: 현대 서구 의학이라고 말할 수 있는 생의학은 해부생리학적 접근에 기초한 임상 의학을 가리키는 표현이나, 점차 현대 의학에서 나타나는 특정 경향을 가리키게 되었다. 그것은 과학적 생물학에 경도된 의학과 그를 둘러싼 사회경제적 관점을 의미한다. 낸시 크리거(Nancy Krieger)는 생의학적 접근이 지닌 세 가지 특징을 분간한 바 있다. 첫째, 질병 원인은 생물학적 현상으로 환원된다. 둘째, 과학적 연구, 특히 무작위 임상 시험으로 연구할 수 없는 질문은 의학적 질문이 아니다. 셋째, 환원주의적 경향을 추구한다.

2 버넘이 의학적 이미지의 침식에 대해 잘 논의하고 있다(Burnham, 1982).

3 환자만 현대 의학에 환멸을 느끼는 것이 아니다. 많은 의사들도 그러하다(Le Fanu, 2002).

의 지나치게 열성적인 전유(傳有)는 지난 몇십 년 동안 환자에 대해서도, 보건의료 체계 자체 내부의 여러 부분에 대해서도 돌봄의 질에 있어 눈에 띌 정도의 위기 상태를 초래했다.[4]

돌봄의 질의 위기에 대응하여 많은 의사와 보건의료 전문가들은 현대 의학 지식과 술기가 기반하고 있는 생의학적 모형의 인간화를 부르짖었다. 그 결과로 생물심리사회 모형[5]에서부터 서사 모형 narrative model 에 이르는 다양한 인본적, 인문주의적[6] 모형이 나타났다. 이를 통해 환자−의사 관계에서 환자의 인간적 차원이 복권되었다.[7] 이런 모형은 보편적으로 치료에 대한 생의학적 관심을 회복에 대한 인본적 돌봄으로 대체하려고 시도한다. 이에 더하여, 환자들은 이제 헛된 치료를 보충하기 위해 대안적·보완적 형태의 보건의료를 찾고 있다. 이는 특히 암과 같은 만성 질환에서 두드러지며, 이는 생의학적 임상가의 등한시와 눈에 띌 만큼의 냉담함에 의해 야기된 것이다.[8] 이들 대

---

4   돌봄의 질이 위기에 처한 것에 더하여 미국의 보건의료 비용의 상승은 관리 비용의 위기 또한 초래했다. 코너 및 시글러와 엡스테인의 비용 위기에 대한 논의를 참조하라(Konner, 1993; Siegler and Epstein, 2003).

5   역자 주: 엥겔의 생물심리사회 모형을 말한다. 엥겔은 정신질환의 원인을 설명하기 위해 생물학적, 심리학적, 사회적 원인을 모두 살펴야 한다고 주장했으며, 그런 그의 주장은 점차 정신질환을 벗어나 건강과 질환 일반의 원인론에 적용되었다.

6   역자 주: 인본적(humane), 인문주의적 모형(humanistic model)을 역어로 택했다. 전자가 다분히 인간중심주의를 의미한다면, 후자는 인간학적 접근에 기초한 여러 논의를 가리킨다. 현재 인간중심주의나 인간학 모두 벗어나야 한다는 포스트휴먼 논의가 대두하고 있으나, 이 책이 쓰였던 2008년에는 아직 기술 중심적 흐름을 인간 중심으로 돌리는 것의 필요성이 강하게 부각되던 시기임을 염두에 두고 읽을 필요가 있다.

7   인문주의적, 인본적이라는 표현 모두 문헌에 등장하며, 여기에서는 서로 교환 가능한 용어로 사용하였다. 비록 둘 사이에 중요한 차이가 있지만 말이다. 예를 들면, 인본적인 사람이 반드시 인문주의적인 것은 아니다.

8   환자가 대안적 형태의 의료를 찾는 이유에 대한 국가 수준의 설문조사 결과에 대

안적, 보완적 형태의 의학에는 전인적 의료가 포함되며, 침술에서 에드가 케이시 요법[9]까지 범위가 다양하다.

이 책에서 나는 돌봄의 질 위기가 야기한 미국 의학의 지식과 술기에 대한 철학적 범위의 변화를 보이고자 했다. 특히 생의학적 모형에 대한 다양한 인문주의적, 인본적 수정에 초점을 맞추었다.[10] 그 목적을 달성하기 위해 나는 의철학을 활용하여 이런 의학 모형의 형이상학적, 인식론적, 윤리적 경계를 탐구하였다. 나는 형이상학에서 시작하여 의학적 지식과 술기가 근거를 둔 형이상학적 견해, 전제, 존재론적 신념을 분석하였다. 형이상학적 견해가 의학적 세계관을 형성하는 존재자(신체, 질병, 약물과 같은)를 좌우하고 강제하는 것에 대해 말이다. 그 다음으로는 이들 의학 모형이 마주하고 있는 인식론적 문제들을 다루었다. 특히 의학적 지식과 임상을 구성하는 인식론적 주체가 수행하는 방법론적 절차에 의해 나타나는 것들에 초점을 맞추었다.

마지막으로 각 모형의 가치론적 영역과 윤리적 함축에 대해 고찰하고, 환자−의사 관계에 관한 부분에 특히 집중하였다.[11] 마지막 장에

해 애스틴을 참조하라(Astin, 1998). 미국인이 대안 의학을 선택하는 경향에 대해선 아이젠버그 등을 참조하라(Eisenberg et al., 1998).

9   역자 주: 원문에는 Edgar Casey로 되어 있으나, Edgar Cayce의 오기인 것으로 보인다. Edgar Cayce(1877~1945)는 미국의 정신의학자로, 전인 치료의 아버지로 일컬어지고 있다.

10   비록 대안적, 보완적 모형이 현대 의학을 조망하는 데에 있어 중요한 요소이긴 하지만, 그 다양성 때문에 이 책이 수행한 직접적인 철학적 분석의 대상으로 삼기는 어려웠다.

11   낙태나 안락사와 같은 생명윤리의 구체적인 문제들은 여기서 다루지 않았다. 오히려 생명의료윤리를 규범 윤리 이론의 측면에서 고찰하고 논의하였다. 특히 각 모형의 윤리적 관점과 의사−환자 관계에 대한 의술의 윤리적·도덕적 본질에 관해 논하였다.

현대 의학의 인간화에 대한 철학적 분석이 어떻게 돌봄의 질 위기 및 "무엇이 의학인가?"라는 질문을 다룰 수 있는지에 관하여 고찰하였다. 구체적으로, 기예^art 대 과학 그리고 근거중심의학 대 환자 중심 의학으로 표상되는 논쟁이 다루는 의학의 본질을 논의한 다음, 현대 의학의 변화 가능성에 관한 짧은 비평을 달았다.

비록 나는 임상 의사는 아니지만, 생의학적 과학과 과학철학 모두를 교육받았다. 신시내티 의과대학의 의학 생리학 연구자로 훈련을 받았으며, 하버드 의과대학에서 혈관 상피의 비혈전 형성 특성에 대해 프로테오헤파란 황산염이 내피세포에 미치는 역할에 대한 연구를 수행하였다(Marcum and Rosenberg, 1991). 그 후 박사후과정 선임연구원으로 메사추세츠 공과대학에서 과학적 지식의 본질에 대해 토마스 쿤의 지도를 받았다(Marcum, 2005a). 그 경험으로 인해 경력의 방향을 과학철학으로 바꾸어 보스턴대학교에서 계속 공부하였으며, 이제 과학 및 의학사, 철학에 관한 연구에 활발히 참여하고 있고, 모형과 방법론과 관련된 문제를 주로 다룬다.

이 책을 쓰게 된 동기에 관해 언급하자면, 나는 대학생에게 의학부 과정으로 철학을 가르쳤는데, 대부분 베일러대학교의 의료인문학 프로그램을 통해서였다. 이 책은 그 과정의 교과서이며, 특히 보건의료 전문가가 될 학생들에게 그들이 이후 어떤 형태의 의학으로 임상을 펼칠 것인지에 대한 철학적인 능력을 배양하고자 하였다. 다른 한편, 이 책은 의사와 다른 보건의료 전문가를 대상으로 하고 있으며, 나는 의철학이 그들에게 매우 중요한 주제라고 진심으로 믿는다. 의학적 지식과 임상에서 활용할 수 있는 모형의 다수성으로 인해 그 사이를 항해하기 위한 철학적 분석이 요청된다. 이 책은 그런 시도를 하는 신중한 의사들을 돕고자 한다.

둘째로 나는 현대 의학의 변화가 절실히 필요하다고 확신하며, 특히 의학 교육과 임상에서 그 필요는 두드러지고, 그 변화는 혁명적이어야만 할 것이다. 쿤이 『과학 혁명의 구조』에서 기록한 바와 같이, 혁명에 참여하는 과학자들은 종종 자기 분야의 토대를 다루는 철학으로 나아가곤 했다. 돌봄의 질 위기 앞에서 현대 의학, 특히 미국의 의학은 근본적인 의료 혁명을 향하고 있다. 아직 혁명에 참여하고 있다고 말할 수는 없지만 말이다. 혁명을 촉진하기 위해 의학 지식과 임상의 토대를 철학으로 검토해야만 한다.

나는 이 책이 의철학의 소개라는 것을 강조해야만 한다. 결국, 나는 전통 철학 분야(형이상학, 인식론, 윤리학)의 내용을 먼저 소개한 후, 여러 의철학자가 각각에 관하여 쓴 것을 바탕으로 각 영역의 변화하고 있는 범위를 사상할 것이다. 비록 내가 종종 다른 이들이 의철학에 대하여 쓴 것에 대한 비평이나 발언을 하겠지만, 내 목표는 여러 의철학자의 생각이 독자를 깨우치고 가르칠 수 있도록 제시하는 것이다. 그러나 나는 내가 인문주의적, 인본적 모형에 찬성하고 있다는 것을 인정해야만 할 것이다. 그 내용이 이 책의 토론부를 주로 형성하고 있다. 비록 종결 장에서는 현대 의학의 인간화가 얼마나 가치 있는지 논하고 있지만 말이다. 끝으로, 의철학에 대한 내 주관적 관점에서의 비판적 반성은 다른 책의 주제라는 것을 강조하고자 한다.

감사의 글

이 책의 질을 높이는 데 필요한 귀중한 논의와 통찰력 있는 논평을 제공해 준 마이크 아타스 Mike Attas , 토드 부라스 Todd Buras , 밥 크루스위츠 Bob Kruschwitz , 빌 스템시 Bill Stempsey , 케이 툼스 Kay Toombs 를 포함한 여러 동료, 특히 프레드 토버 Fred Tauber 에게 큰 빚을 졌다. 또, 내 의철학 수업을 수강한 학생들에게도 빚을 졌다. 그들의 열정이 인간적 의학의 실천으로 이어지리라 믿는다. 이 책이 모든 사람에게 인간적 의학의 실천을 자극하는 역할을 하길 바란다. 베일러대학교에서 안식년을 허락했기에 이 책에 필요한 연구와 저술을 수행할 수 있었다. 마지막으로 아내 사라와 딸 메그, 메리디스에게 사랑 넘치는 지원의 빚을 졌다. 그들 없이 이 책도, 내 삶도 빈한했을 것이다. 이 책을 부모님, 리처드 마컴과 마돈나 마컴과 함께한 기억에, 부모님께 의료 전문직의 통역자 역할을 하곤 했던 시간에 바친다.

차례

소개: 의철학?

이 책의 제목은 두 가지 점에서 문제가 된다. 첫 번째는 제목 그 자체로 철학과 의학 간의 관계와 연결되어 있다는 것이다. 이 관계는 **철학과** 의학 philosophy and medicine 인가, 또는 의학 **안의** 철학 philosophy in medicine 인가, 또는 **의학의** 철학 philosophy of medicine 인가? 만약 제목에서 보는 것과 같이 마지막 관계를 선택한다면, 그런 관계(또는 분야)가 존재하는지에 관한 질문이 제기될 것이다. 나는 먼저 여기에서 의철학의 위치를 밝히기 위해 두 문제를 논하는 것으로 시작하려 한다. 의학 지식과 임상에 대한 생의학, 인문주의, 인본적 모형을 검토하는 것, 그리고 돌봄의 질의 위기를 다루는 것 말이다.

의학과/안/의 철학

1974년에 있었던 최초의 철학과 의학의 학제 간 심포지엄에서 열린 원탁 토의에서, 제롬 쉐퍼 Jerome Shaffer 는 의학과 철학 간의 관계 또는 상호 작용의 타당성에 대해 의문을 제기했다. 쉐퍼는 주장하기를 "의학적 문제가 있고 철학적 문제가 있으며 둘 사이에는 겹치는 부분이나 경계선이 없다는 쪽에 마음이 쏠립니다. 생-화학이나 천체-물리학에 비할 만한 의학-철학이나 철학-의학이라고 불릴 만한 영역은 없다는 쪽 말입니다."(1975, pp. 215-216) 의철학이라는 영역이 존재할 수 있음을 인정한다고 해도, 의학 지식과 임상에서 제기된 문제와 논쟁은 심리철학자, 과학철학자, 도덕 철학자가 가장 잘 제시할 수 있을 것이다. 따라서 쉐퍼는 "의철학이 할 일은 없습니다"라고 결론짓는다(1975, p. 218).

에드먼드 펠레그리노 Edmund Pellegrino 는 쉐퍼와 논쟁하면서, 쉐퍼가 철학과 의학 사이의 관계나 상호 작용을 부정하려는 노력이 "의학에 대한 철학함 philosophized about medicine "임을 주장하였다(1975, p. 231). 펠레그리노는 또한 의학 **안의** 철학과 의학**의** 철학을 구분하였다. 철학과 의학 사이의 첫 번째 관계인 의학 **안의** 철학은 문제가 없으며 철학적인 방법으로 철학적인 문제를 제기하는 것을 포함한다. 즉 의학 지식과 임상의 인과성과 같은 문제 말이다. 두 번째 관계인 의학**의** 철학이 문제적이라는 점을 펠레그리노는 시인한다. 그것은 의학의 본질로 인해 나타난다. 그러나 쉐퍼와 **달리**, 펠레그리노에 따르면 의학은 그것을 구성하는 과학의 단순 총합 이상이다. 의학의 철학은 의학의 본질 **그 자체** 또는 그 정수에 대하여 정의하는 것을 포함한다. 몇 년 후, 펠레그리노는 「의학과 철학 The Journal of Medicine and Philosophy」이라는 제목의 새 학술지 1권의 논설에서 두 영역 사이에 철학**과** 의학이라는 세 번째 관계를 추가하였다(1976). 이 관계는 두 영역이 중복되면서 나타나는 문제를 다룬다.

겔로프 페르페이 Gerlof Verwey 는 펠레그리노와 데이비드 토마스마 David Thomasma 가 쓴 『의술의 철학적 기초 A Philosophical Basis of Medical Practice』에 대한 논평에서 현대 의철학의 초기 영역이 그 첫 열매를 맺었다고 주장하고 있다(1987).[1] 펠레그리노와 토마스마는 펠레그리노가

---

1   펠레그리노와 토마스마의 책이 나오기 1년 전에 트리스트람 엥겔하르트(Tristram

처음 주창한 철학과 의학 사이의 세 가지 관계를 반복하고 더 발전시켰다.[2] 펠레그리노와 토마스마는 "철학과 의학은 의학과 철학 모두에서 흔하게 발생하는 문제에 대한 상호적인 고찰을 의미한다"라고 주장하였다(1981a, p. 29). 둘 모두에서 함께 제기되는 문제에는 의식, 정신-신체, 인지, 언어와 같은 것들이 있다. 이 관계는 협력적인 것으로, 두 영역은 각자의 고유성을 유지한다. 비록 분리되어 있지만, 각영역은 손 안의 문제를 다루기 위해 서로에게서 개념적 자원을 끌어들인다. 이런 상호작용의 결과는 특히 대화적 방법을 통한 종종 건강이나 질병에 대한 새로운 개념의 종합으로 이어진다(Pellegrino, 1998).

펠레그리노와 토마스마에 따르면, "의학 **안의** 철학"은 "철학의 전통적인 도구(비판적 성찰, 변증법적 사고, 가치와 목적을 드러내기, 선행 질문을 던지기)를 의학적으로 규정된 문제에 적용하는 것을 가리킨다."(1981a, p. 29) 문제는 논리적, 인식론적 이슈와 관련되어 있을 수 있지만, 다수의 가장유명한 문제들은 윤리적 이슈와 관련되어 있다. 이 관계에서 철학자는 "의학 **안의** 기능(즉, 교육자와 훈련받은 사상가로서 의학적 환경에서 의사가 일상에서 행하는 것에 대해 철학이 비판적으로 조명하고 고찰하는 방법을 보여주는 것)을 다

    Engelhardt)와 에드먼드 에르드(Edmund Erde)는 의철학에 대한 광범위한 내용을 다루는 논문을 게재하여 의학적 지식과 임상의 윤리적, 인식론적 문제에 대해 논하였다(1980).

2   후에 펠레그리노는 네 번째 범주 관계를 추가하였다. 그것은 의학 철학(medical philosophy)으로, "철학 분야라기보다는 문학에 가깝다."(1986, p. 10) 그는 윌리엄 오슬러(William Osler)와 프랜시스 피바디(Francis Peabody)의 작업을 이 관계의 예로 제시하였다. 최근에 펠레그리노는 이 관계를 "의학 술기에 대한 모든 일상적인 반성으로, 보통 자기 임상 경험에 대한 자기 반성에 기초한 임상 의사들에 의해 이루어진다"라고 정의하였다(1998, p. 324). 의학과 철학 사이의 이런 관계는 임상적 지혜에 대한 성찰이다.

한다."(Pellegrino and Thomasma, 1981a, p. 30) 펠레그리노는 실존주의와 현상학의 사용이 의학 분석의 철학을 풍부하게 할 수 있는 예임을 지적하였다(1998).

펠레그리노와 토마스마는 의학의 철학이 세 관계 중 가장 문제적이며 주의 깊은 해석이 필요함을 인정했다. 의학의 철학에서, 의학적 지식과 임상에 관한 철학적 문제가 검토된다.[3] 펠레그리노와 토마스마에 따르면, 이 관계는 "의학의 철학적 문제를 구성하고, 명료하게 하며, 다루는 방법들의 체계적 집합"이라고 정의하였다(1981a, p. 28). 의학 앞에서 철학자의 역할은 비판적, 변증법적 방법론으로 의학에서의 철학적 문제를, 특히 임상 상황에서 만나는 문제를 다루는 것이다. 의학의 철학이 겨누는 것는 "임상적 순간의 전 영역"을 설명하는 것이다(Pellegrino and Thomasma, 1981a, p. 28).

펠레그리노와 토마스마가 생각한 의학의 철학은 기술적, 규범적 양 측면에서 기능한다는 점이 중요하다. "의학의 철학은 의학이 기반을 둔 공리적 가정에 입각하여 무엇이 의학이고 무엇이어야 하는지에 관한 설명을 찾는 것이다."(1981a, p. 30) 의철학의 전개는 이 정신을 따른다. 특히 의학 지식과 임상의 형이상학, 인식론, 윤리학의 면에서 말이다. 이러한 접근을 주도하는 질문은 의학의 본질 그 자체이다. 그러나 이 주제를 다루기 전에 의철학이 존재하는지에 대한 질문을 먼저 풀어보려 한다.

---

3 엥겔하르트와 에르데 또한 의학의 철학이 가진 문제적 본성을 인정했다(Engelhardt and Erde, 1980). 또한 문제를 의학의 불명확한 정의에 두었다. 그들은 의학의 철학을 탐구하는 데에 있어 의학적 지식과 임상에서의 인식론적, 윤리적 문제를 포함하는 의학의 넓은 정의를 선택하였다.

의철학이 존재하는가?

1976년 과학철학협회는 의철학과 그것이 과학철학이 가지는 관계에 대한 심포지엄을 열었다. 여기에서 트리스트람 엥겔하르트는 "의철학이 다루어야 하는 의학의 고유한 주제는 없다"라는 쉐퍼의 주장에 대한 응답을 내놓았다(1997, p. 94). 그가 한 강의의 제목이기도 했던 질문, "의철학이 존재하는가?"를 놓고 엥겔하르트는 긍정적인 답변을 했을 뿐만 아니라 약한 의미와 강한 의미의 의철학을 구분하였다. 약한 의미는 생명윤리, 정신-신체 이원론과 같은 문제와 연결되며 펠레그리노의 의학 **안의** 철학과 동등하다. 강한 의미의 의철학은 의학의 개념들, 즉 건강과 질병 등을 다룬다. 의철학을 생물 철학과 구분하는 지점은 건강과 질병의 관념이 종의 문제가 아닌 인간 특유의 문제라는 것이다. "인간의 건강과 질병을 따지는 것은 고통과 관련한 매우 복잡한 판단에 의존하며, 인간 고유의 목표이므로, 이 문제의 형식과 현상은 인간 특유의 것이다."(Engelhardt, 1977, p. 102)

10주년 기념 이슈를 다루는 『의학과 철학』 특집호 편집자 논평에서, 엥겔하르트는 학문 분야로써 현대 의철학의 출현에 대해 회고하면서 학술지의 창간, 대통령 위원회의 창설, 해당 분야의 다수의 책과 평론을 포함시켰다. 엥겔하르트는 결론에서 말한다. "이제 의철학은 존재한다. 그 존재를 증명하기 위해 의철학이 다루는 문제가 다른 분과의 철학의 문제로 환원 불가능함을 보일 필요가 없다. 의철학을 구성하는 철학적 문제의 집합을 함께 검토하는 것이 성공했음을 보여주는 것으로 충분하다. 지난 10년은 이 점을 이미 충분히 확립하였다."(1986a, p. 7)

펠레그리노는 논평을 이어가며, 의철학이 독립 분야로써 존재할 수 있는 요점 두 가지를 논하고 있다. 첫 번째는 의학이 단순히 그것을 구성하고 있는 개별 분야의 총합이 아니라는 것이다. 펠레그리노는 "의학은 통찰력, 지식, 숙련, 과학의 기술, 기예, 인문학에 의존하나, 특유의 명확한 결과[이 환자의 회복]는 다른 어떤 영역에서도 끌어낼 수 있는 결과가 아니다"라고 주장하였다. 그는 결론짓는다. "따라서 의철학은 생물학, 문학, 역사학, 사회학의 철학과 동의어가 아니다. 비록 각각은 의학의 특정 분야에 기여하고 있지만 말이다."(1986, p. 13) 두 번째는 의철학이 의학과 구분된다는 것이다. 의철학이 의학과 중복되는 문제를 검토하고 그 주제로 의학을 다루고 있다고 해도 말이다. 다시 펠레그리노는 결론짓는다. 의철학은 "의학적 현상의 개념적 토대를 이해하고 규정하는 방법을 찾는다."(1986, p. 14)

1990년대 초, 아서 캐플런 Arthur Caplan 은 의철학이 존재하지 않을 이유가 없긴 하지만, 그런 분야는 존재하지 않는다고 주장했다. 쉐퍼가 의철학의 개념을 명확하게 할 것을 강제하여 의철학의 존재를 좌절시키려 했던 것과 같은 전략을 캐플런도 취했다. 의철학의 비존재에 대한 캐플런의 주장은 의철학에 대한 자신의 정의에 의존하고 있다. "의철학은 의학 및 그에 속하는 치료법과 실험, 또는 진단, 치료, 완화의 인식론적, 형이상학적, 방법론적 차원에 대한 연구이다."(1992, p. 69) 이 정의를 통해 그는 의철학이 과학철학의 하위 분야라는 입장을 고수하였다. 그리고 그 목표나 초점은 윤리학보다 인식론에 맞춰져야 한다는 것이다.

캐플런은 자신의 의철학 비존재론에 대한 세 가지 예상되는 반응을 논했다(1992). 첫째는 자신의 의철학의 정의 및 그렇게 정의된 의철학이 존재하지 않는다는 그의 결론에 동의하는 것이다. 둘째 반응은 비존재에 대한 결론에는 동의하나 그의 의철학에 대한 정의에는 동의하지 않는 것이다. 캐플런은 자신이 내린 정의의 범위가 좁으며 그를 확장시켜 윤리학을 포함하려 하는 사람들이 있다는 것을 알고 있었다. 그러나 캐플런은 윤리학은 규범을 다루며, 철학은 꼭 그럴 필요는 없다는 점을 강조했다. 마지막 반응은 정의는 받아들이지만, 비존재 결론은 부정하는 것이다. 이런 반대를 표명하는 사람들이 의철학과 관련된 논문과 전문가 회의를 들먹인다는 점을 캐플런은 지적하였다. 이런 증거가 인상적이긴 해도, 이를 통해 의철학의 존재를 옹호하기에는 원칙적으로 불충분하다고 캐플런은 보았다.

그에 따르면, 의철학은 영역이나 분야로 구분되기에 필요한 기준을 충족시키지 못하기 때문에 존재할 수 없다. 캐플런은 영역을 구별 짓는 세 가지 기준을 내세웠다. 첫째, "해당 주제는 유사한 탐구 영역과 통합될 수 있어야 한다."(1992, p. 72) 다시 말하면, 한 분야는 이미 잘 확립된 분야와 협업할 수 있어야 한다. 의철학은 다른 분야들의 협력적인 "지적 지도 intellectual map"에서 구분된 "지적 섬 intellectual island"과 같다고 캐플런은 말한다. 둘째, 영역은 "근본 원리와 (…) 분야에 들어오고자 하는 사람을 가르치고 대학에서 해당 영역을 공부하고 있는 사람들이 인용할 수 있는 일군의 핵심 선집, 논문, 서적, 증례 연구"를 필요로 한다(1992, p. 72). 의철학에는 그런 근본 원리가 없다고 캐플런은 주장한다. 마지막으로, "영역으로 존재하려면 탐구할 특정한 문제가 있어야 한다. 어려운 문제들 그리고 그 한계를 정하는 지적인 도전 말이다."(Caplan, 1992, p. 73) 질병과 건강의 개념을 빼면, 의철학은 이 기준을 충족하는 데에도 실패한다는 것이다.

다음으로, 캐플런은 도전적인 질문을 던졌다. "그래서 만약 의철학이 지금까지 계속해서 학문 분야나 세부 분야로서의 상태를 부여하는 이들 기준을 충족하지 못했다고 하면, 그것이 나쁜 일인가?"(1992, p. 73) 그의 대답은 '긍정'에 방점을 찍는데, 다음과 같은 이유에서다. 우선, 진부한 답이 제공되어 왔던 이론 발전 및 진화와 같은 질문에 생기를 불어넣을 수 있는 과학의 응용 분야를 과학철학은 너무도 오랫동안 무시해 왔다. 의철학은 이런 노력에 도움을 줄 수 있다. 둘째로, 엄밀한 의철학은 생명윤리에만 필요하다. 마지막으로, 의철학은 임상시험 설계나 통증과 고통의 개념을 해석하는 것 등에 있어 의학 자체의 발전에 이바지할 수 있다. 캐플런은 결론짓는다. "의철학이 존재할 수 없는 원칙적인 이유는 없다고 해도, 그 분야는 아직 존재하지 않는다."(1992, p. 74)

헨릭 불프 Henrik Wulff 는 캐플런의 논문에 대한 비평을 발표했다 (1992). 그는 의학과 철학 회의에 참여하는 사람들을 세 집단으로 나누는 것에서 출발했다. 첫째는 전문 철학자로, 철학을 하는 데에 의학을 활용하는 사람들이다. 둘째는 취미로 철학에 접근하는 의료인과 의학적 관점에서 철학적 문제를 다루려는 전문 철학자다. 마지막은 공식적으로 철학 교육을 받은 의료인과 전문가적 책무 때문에 철학을 배우지 못한 의료인이다.

불프에 따르면, 캐플런은 첫 번째 집단의 일원으로 이 집단의 일원인 것이 그가 의철학의 존재를 부정하는 원인이다. 그러나 의학적 관점에서 의철학은(비록 꼭 그래야 하거나 그럴 수 있을 만큼 확고하진 않지만) 현대 의학을 사고하는 데에 있어서 필수적인 부분이며, 특히 세 번째 집단에 속한, 의학적 문제를 철학적 관점으로 다루기에는 진료 때문에 너무 바쁜 의료인에게 있어서는 더 그렇다. 결론적으로, 불프는 두 번째 집단의 전문 철학자에게 "우리 편이 되어 꼭 철학 분과가 아니더라도 의철학이 의학의 하위 분야로써 존재함을 주장할 것을" 권하였다(1992, p.85).

의철학이 존재하지 않는다는 논제에 대한 반응을 예견하며, 캐플런은 논제가 도전받을 것이라는 점에서는 확실히 옳았다. 그러나 의철학에 대한 그의 정의에 대해 단지 소수만이 이의를 제기하였다. 대부분의 논쟁은 의철학이 영역이나 학문 분야를 정의하는 데 필요한 기준을 만족하느냐에 맞추져 있었고, 기준 자체에 도전하는 사람은 소수일 뿐이었다. 예를 들면, 빅 벨라노비치 Vic Velanovich 는 캐플런의 결론에 동의하지만, 존 듀이 John Dewey 의 학문 분야의 논리적 발달 개념을 통해 의철학이 발달하고 있는 탐구 분야라고 주장한 바 있다(1994).[4]

캐플런의 첫째 기준에 있어, 벨라노비치는 의철학을 다른 분야와 통합하기 위해 많은 작업이 필요함을 인정했다. 둘째 기준에 대해 그는 제프리 스파이크 Jeffery Spike 의 의철학 교육에 대한 논문(캐플런도 참조한 바 있다)과 윌프레드 로렌츠 Wilfried Lorenz 의 이론적 외과학에 관한 연구 목록을 핵심 선집이 확립되고 있는 기초로 인용하였다. 마지막으로 벨라노비치는 의학적 인과론, 환원주의, 설명에 대한 일련의 형이상학적, 존재론적, 인식론적 질문들을 나열하고, 의철학의 중대한 문

---

4   벨라노비치에 따르면 듀이가 학문 분야의 논리적 발달이라는 표현으로 의미한 바
     는 분야의 합리적, 인지적 영역은 주어진 현상에 대한 분야의 탐구와 같이 진화한
     다는 것이다.

제와 난제들을 제시하였다고 주장하였다. 벨라노비치는 결론짓는다. "캐플런이 부과한 모든 기준을 만족시키는 방향으로 점차 발전해 나갈 영역으로 [의철학을] 간주해야 한다."(1994, p. 81)

의철학이 존재하지 않는다는 캐플런의 논제를 놓고 학문 영역을 확립하는 기준에 대한 비판이 주로 제기되었다. 한편, 의철학의 정의와 관련한 그의 논제를 비판한 사람들도 있었다. 캐플런의 정의가 너무 좁다고 느끼고 그것을 넓히기를 원한 의철학자들이 있었다. 예를 들어, 엥겔하르트와 케빈 윌데스 Kevin Wildes 가 의철학의 개념 확장을 논하였다. 비록 캐플런에 찬성하는 사람이 의철학이 과학철학이나 생물철학과 비교할 때 고유의 문제가 아무것도 없다고 주장할지라도, 엥겔하르트와 윌데스는 캐플런에 **반대하며** "의학의 이해를 향한 철학적 연구와 분석의 방법을 탐구하는 것은 여전히 가치 있다"라는 관점을 취했다(1995, p. 1683). 케네스 쉐프너 Kenneth Schaffner 와 엥겔하르트는 의철학의 더 넓은 개념을 놓고 "의학에 의해서 발생하거나 관련된 인식론, 가치론, 논리학, 방법론, 형이상학의 문제들을 망라하는 것"이라고 논하였다(1998, p. 264). 그들은 자연과학뿐만 아니라 예를 들면 조지 엥겔 George Engel 의 생물정신사회 모형과 같은 사회과학도 포함시켰다.

의철학에 대한 더 넓은, 확장된 정의에 대한 응답으로 펠레그리노는 그런 정의가 "의철학의 특수성을 희석하고 문제 집합의 한정에 대한 식별을 약화한다"라는 점을 강조하였다(1998, p. 319). 그는 의철학에 대해 "의학의 문제(의학으로써 의학에 특유한 내용, 방법, 개념, 전제)에 대한 반성적 숙고"라는 더 좁은 정의를 제시하였다(Pellegrino, 1998, p. 325). 의학과 의철학의 관계는 의학 **그 자체**를 이해하는 것을 목표로 한다. 예컨대 즉 의학에서 연구되고 있는 존재자를 넘어 무엇이 의학을 구성하고 있는지에 대한 궁극적인 실재를 이해하는 것이다. 이를 위해, 펠레그리노는 의철학이 의학에 대한 정확한, 좁은 정의를 필요로 한다고 주장하였다.

펠레그리노에 따르면 비록 의학이 자연과학에 기반을 두고 있지만, 의학은 단순히 자연과학의 분과 영역이 아니다. 의학은 진실을 획득하는 데에 더 많은 관심을 두지만, 그 진실은 개인과 사회의 건강에만 한정적으로 적용된다. 그 목표와 동등한 것은 환자와 의사 사이의 임상적 만남이다. 펠레그리노는 "의철학은 건강, 질환, 질병, 죽음, 예방과 치유에 대한 욕망과 관련하여 인간이 만날 때 특유하게 발생하는 현상을 다룬다"라고 결론 내린다(1998, p. 327). 의철학의 기반은 의학의 존재 목적, 즉 의사가 환자의 치유를 위해 돌보는 것에 있다(Pellegrino, 1998).

월데스는 펠레그리노와 캐플런의 주장에 모두 응답하면서, 의학이 실천되고 있는 사회적 상황을 다루는 데에 실패한 것 아니냐는 도전을 던진다(2001). 펠레그리노와 캐플런의 접근은 너무 좁고 의학의 본질에 근시안적으로 고정되었다. 캐플런은 응용과학을 다루면서 너무 분석적으로 접근했고, 펠레그리노는 환자-의사 만남을 다루면서 너무 현상학적으로 접근했다. 월데스에 따르면, 의학의 사회적, 문화적 영역을 고려하는 더 넓은 접근법이 필요하다. "의학은 사회적으로 구성된 실천의 집합이며 [의학의 당면한 위기와 관련하여] 의철학은 치료적 역할을 하기 위해 사회적 영역을 설명해야만 한다."(2001, p. 74) 그는 의학이 특정한 사회나 문화적 상황에서 실천된다는 의미에서 사회적 구성을 강조한다. 결국, 그는 건강, 질병과 같은 개념은 문화 적재적인 것이라고 주장한다. 월데스는 결론짓는다. "의철학에 있어 임상을 정밀하게 조사하려면 사회적 구조를 고려해야만 한다. 너무 좁게 이해해선 안 된다."(2001, p. 85)

펠레그리노는 월데스를 향한 응답에서, 실제적인 회복의 만남으로써 환자-의사 관계라는 구별되는 특징을 통해 의학의 존재 목적에 대한 강조를 변호하였다(2001). 펠레그리노는 말한다. "명백히 이 관계는 의학의 전부는 아니다." "하지만, 이것이 의학을 구별되는 인간 활동으로 만든다고 나는 생각한다."(2001, p. 171) 사실, 목적론에 기반을 둔 의철학은 "우리 시대와 같은 넓은 도덕적, 사회적 다원론의 시대에 있어 치유 전문직 전체의 윤리와 관련하여 유일하게 지지 가능한 기초이다."(Pellegrino, 2001, p. 173) 펠레그리노는 그가 의철학을 정의하는 데에 있어 사회의 중요성을 강조하지 않았다는 점을 인정하였다. 덕을 가진 개인에서 덕이 있는 사회로의 아리스토텔레스적 투영을 따랐기에 나타난 일이라고 펠레그리노는 말했다. 이런 맥락에서 펠레그리노는 자신의 의철학이 의학적 실천의 사회적 영역을 다루고 있다고 주장하였다. 펠레그리노에게 있어 월데스의 의학의 사회적 구성에 대한 강조는 유명론을 닮았으며 "의학에 대한 어떤 영구적인 이론도 허용치 않고, 따라서 전문가에 대한 어떤 영구적, 안정적 윤리도 허용하지 않는다."(2001, p. 177)

최근에 윌리엄 스템시 William Stempsey 가 의철학에 대한 더 넓은 개념을 제시하였다. "오늘날의 의철학은 의료윤리와 환자-의사 관계의 문제만을 다루지 않는다." 스템시에 따르면 "의학의 모형, 인간 본성에 대한 통찰, 건강과 질병의 개념, 신체의 개념, 증거의 인식론적 표준 등의 문제를 다룬다."(2004, p. 246) 그는 의철학을 철학의 하위 분야로 규정하고 따라서 세 요소로 의철학을 위치시킨다.

첫째는 한 사람이 세상을 구분하는 데 사용하는 형이상학적 세계관이다. 예를 들면 한 사람이 전체론이나 환원주의를 견지하고 있으면 그의 의학적 지식과 실천에 전적으로 영향을 미친다. 의철학은 의학의 형이상학적 기반을 명확히 하는 데에 확실히 도움을 줄 수 있다. 둘째 요소는 관련 분야에 대한 이해이다. 스템시는 의학과 철학 사이의 관계는 역사적으로 서로를 풍성하게 했으며 "철학과 의학 분야의 관점이 서로 달라지고 있지만, 의학적 사고와 실천 뒤에는 철학이 항상 잠복해 있다"라는 점을 지적하였다(2004, p. 248). 마지막 요소는 분야를 보는 관점이다. 스템시는 의철학의 존재에 대한 논쟁의 많은 부분이 분야에 대한 근시안적 견해에서 유래한다고 적었다. "의철학에 대한 넓은 관점에 내재해 있는 풍부함에 대해 우리의 눈을 가리는 좁은 경계를 허용해서는 안 된다."(2004, p. 250) 결론적으로, 그는 의학적 지식과 실천의 역사적, 철학적, 사회적 차원을 결합한 "의학 연구" 분야를 요청하였다.

의철학: 의학적 지식과 실천의 모형

이 책의 제목에서도 명백한 것처럼 나는 의학의 철학이라는 관계를 선택하였으며, 이는 철학의 하위 분야라는 견해를 고수하고 있다. 두 영역 사이의 관계는 공통의 문제를 공유하는 단순한 철학**과** 의학을 넘어선다. 또한, 철학자가 의학을 이용하는 의학 **안의** 철학도 초과한다. 나는 의학**의** 본질 그 자체를 이해하려 한다. 나는 의학의 철학을 구체적으로 의학적 지식과 실천에 대한 다양한 모형의 형이상학적,

존재론적, 인식론적, 가치론적, 윤리적 분석이라고 정의한다. 이런 정의는 철학적 분석의 표준적인 분류에 근거하고 있다. 이 분석의 목적은 의학의 본질 자체를 풀어 질문으로 명확히 표현하는 것이다. 의학이란 무엇인가? 이 질문은 현대 서구 의학이 마주한 돌봄의 질 위기의 중심에 있으며, 내 의철학의 일차적인 이슈를 나타내고 있다.

모형이라는 말이 의미하는 것은 체계나 현상에 대한 이상화된 인식이나 재현으로, 이론적 설명이나 구성을 위해 제안되는 것이다.[5] 다시 말해, 모형은 이상화된 것으로 실제 사물이 아니다. 즉 그것들은 개념적인 것이다. 모형은 현상이나 체계를 표현하고 종종 추상적 관점에서 그것을 설명하기 위해 사용된다. 이런 모형은 끊임없이 유동하며 그 설명력은 발전하거나 퇴화한다. 그 힘의 일부는 미래 사건을 예측할 수 있는 능력에서 나온다. 모형은 자연계와 사회계가 어떻게 작동하는지를 시각화하는 데에, 그리고 이 계들을 더 낫게 또는 나쁘게 조작하는 데에 도움을 줄 수 있다. 여기에서 분석하는 현대 서구 의학의 두 가지 모형은 생의학 모형과 인문주의 또는 인본적 모형이다. 그들의 역사는 꼬여 있으며 이들에 대한 간단한 설명은 이 책에서 찾을 수 있는 철학적 분석을 수행하는 데에 필수적인 배경지식을 제공할 것이다.

현대 서구 의학에 관한 여러 역사 연구는 인간 역사의 여명기까지 의학의 근원을 추적해 들어간다(Ackerknecht, 1982; Porter, 1998). 확실히

---

5   머피는 모형에 관한 정확한 정의를 내렸다. "모형은 복잡한 과정을 알려지거나 추측된 구성 요소 사이 추상적 관계 집합으로 재현하는 것이다."(Murphy, 1997, p. 264)

서구 의학 최초의 핵심 인물은 히포크라테스일 것이다. 히포크라테스 대전은 천 년 이상 서구 의학에 영향을 끼쳤다. 심지어 오늘날까지도 의과대학 학생들은 졸업식의 일부로 히포크라테스 선서의 번역판을 함께 낭송하곤 한다. 서구 의학에서 히포크라테스 다음의 핵심 인물은 갈레노스로, 그의 영향 또한 천 년 이상 지속되었다. 16세기와 17세기의 과학적 혁명 이전까지, 특히 갈레노스의 의학적 지식과 실천에 대한 접근에 도전한 안드레아스 베살리우스 Andreas Vesalius 의 신체에 관한 해부학적 작업과 윌리엄 하비 William Harvey 의 혈액 순환에 관한 실험 전까지 계속된 것이다. 19세기 말, 20세기 초에 의학의 생의학적 모형 또는 대증 對症 모형 allopathic model [6]이 의학적 지식과 실천의 지배적 모형이 되었다.

미국에서 생의학적 모형은 19세기 후반에 그 기원을 두고 있으며, 특히 유럽의 생리학과 실험 의학의 수입에서 출발했다(Duffy, 1993). 실험 의학의 발달에서 핵심 인물은 파리의 끌로드 베르나르 Claude Bernard 였다(Olmsted and Olmsted, 1952). 미국 의사들은 유럽을 여행하고 돌아와 당시의 과학적 발달을 소개하였다(Fye, 1987). 베르나르는 윌리엄 헨리 앤더슨 William Henry Anderson, 존 콜 달튼 John Call Dalton Jr., 프랭크 도널드슨 Frank Donaldson, 사일러스 위어 미첼 Silas Weir Mitchell 등의 학생을 통해 미국 의과학의 발달에 주요한 영향을 미쳤다(Carnichael, 1972; Marcum,

---

6   역자 주: 대증 모형은 과학적 의학 모형, 또는 통상적인 과학적 방법으로 질병 치료에 접근하는 방법을 말한다. 이것은 질병과 비슷한 것으로 치료에 접근하는 동종요법(homeopathy)과는 반대로 질병과 반대되는 것(원인 억제, 증상과 반대되는 효과를 나타내는 것을 활용)으로 치료에 접근하는 이종요법(allopathy)을 주로 한다.

2004a). 베르나르의 영향은 생리학의 원칙을 소개하는 강의에서 동물을 사용한 (이를 통해 의학 교육에 혁명을 가져온) 미국 교육에서 강렬하게 느낄 수 있다. "우리는 [미국의] 생리학의 예증적 교육이 베르나르의 작업의 영향에 기인한다고 감히 말하려 한다."(Flint, 1878, p. 173) 베르나르를 위시한 다른 유럽의 과학자들, 즉 케임브리지의 마이클 포스터 Michael Foster 와 라이프치히의 카를 루드비히 Carl Ludwig 또한 미국의 실험 의학의 발달에 영향을 미쳤다(Fye, 1987; Geison, 1978).

미국에서 생의학 모형의 기원에 있어 핵심 사건은 존스홉킨스 의과대학이 발족한 4년 뒤인 1889년 존스홉킨스 병원의 개원이라는 주장이 전통적으로 제기되어 왔다. 새로운 의과대학에 입학하기 위해서는 엄격한 학부 과학 교육을 받아야 했고 존스홉킨스의 교수들은 의과대학 학생들에게 당대의 과학적 지식으로 형성된 의학을 가르쳤다. 존스홉킨스가 세운 표준은 미국의 (또는 세계의) 의학 교육과 임상의 기준이 되었다(Ludmerer, 1985). 존스홉킨스와 나란히 1901년 록펠러의학연구소의 설립 또한 미국 의학[7]의 생의학 모형의 발달과 성립에 현저하게 이바지하였다(Corner, 1964). 마지막으로 에이브러햄 플렉스너 Abraham Flexner 가 1910년에 제출한 카네기재단 보고서는 과학적 의학에 대한 초점을 반영, 의학 교육에 교육학적 변화를 촉구하는 데에 영

---

7 역자 주: 여기에서 미국 의학으로 표상되는 것을 현대 서구 의학으로 치환할 수 있다. 저자가 약술하였으나 미국 의학은 그 교육 모형과 수련 모형을 통해 19세기 말 이후 현대 의학의 특성을 정의하였으며, 이는 현재 전 세계 의학계열 학과 및 전공의 수련 과정의 기초를 형성하였다. 의학 교육이 의학과 의료의 모든 것을 정의하지는 않는다. 그러나 그렇게 교육을 받은 세대가 현대 의학의 중추를 이루고 있으며, 그들의 정체성을 만든 것이 미국의 교육, 수련 모형임을 생각할 때 여기에서 자유로운 의료인을 찾기는 어렵다.

향을 끼쳤다(Flexner, 1910; Boelen, 2002).

오늘날 생의학 모형은 미국뿐만 아니라 다른 서양과 선진국의 의학적 지식과 실천에 있어 만연해 있는 모형이며, 또한 동양과 개발도상국에서도 주도적인 모형이 되어가고 있다. 이 모형에서 환자는 기계적 세계를 점유하고 있는 분절된 신체 기관으로 구성된 물리적 신체로 환원된다. 의사의 감정적으로 초연한 관심은 질병이 발생한 신체 기관을 식별하여 치료하거나 교체하는 것을 향하며, 의학 사회에서 인가된 최신의 의학적 지식의 과학적, 기술적 진보를 활용한다. 이 개입의 결과는 환자의 치료이며, 그리하여 영구적인 손상이나 죽음의 가능성으로부터 환자를 구한다.

비록 생의학 모형이 미국 의학에 큰 발전을 가져왔지만, 그것에 깔린 문제 중 하나는 의사로부터 환자의 소외이다. 마일즈 리틀Miles Little 은 "대중은 의학이 너무 비인격적이라고 느낀다"라고 주장했다 (1995, p. 2). 게다가 환자를 신체 기관의 집합으로 환원하면서 한 사람으로서의 환자는 의사의 임상적인 시선 앞에서 사라진다(MacIntyre, 1979). 의사의 임상적 시선에서 사람으로서 환자의 상실은 환자-의사 관계에서 존재했던 미국 초기의 친밀감을 서서히 파괴했다.[8] 예를 들어, 현대 미국 의료를 뒷받침하는 기반 시설의 상당 부분은 환자의 생활 방식보다 의사의 계획을 우선한다. 환자의 건강과 웰빙마저도 뒷전일 때가 있다. "질병에 대한 [생의학] 모형을 견지하는 것이 과학적 작업

---

8   물론, 인문주의적 또는 인본적 의료인은 과거의 의학이 환자와 의사 사이에 친밀감이 존재했으므로 더 나았을 것이라는 신화를 들이밀어 생의학 모형이 가져온 발달을 그저 부정해선 안 된다(Engel, 1977, p. 135).

에도, 의학이나 정신 의학의 사회적 책무에도 더 이상 적합하지 않다"라는 점에서 현재의 위기가 나타났다고 엥겔이 본 것은 중요하다(1977, p. 129). 다시 말하면, 환자의 질병 경험과 연결된 심리적, 사회적 차원을 배제한 것, 그리고 의사가 환자를 아픈 **사람**으로서 이해하지 못하는 것이 이 위기를 초래하였다.

돌봄의 질 위기에 대한 반응으로 현대 의학 의료인 중 일부는 환자와 의사 모두의 인간성을 의학적 지식과 실천에 회복시키기 위하여 생의학 모형의 인문주의적 변형을 지난 몇십 년 간 주장해 왔다. 마이클 슈바르츠 Michael Schwartz 와 오스본 위긴스 Osborne Wiggins 는 인문주의적, 인본적 의학을 "단지 환자의 질병이 아닌 환자 전체에 초점을 두는 의학적 실천"으로 폭넓게 정의하였다(1998, p. 159). 그들은 과학적 의학을 거부하지 않고 그 범위를 환자의 정신적, 사회적 영역으로 확장했다. 데이비스플로이드 Davis-Floyd 와 세인트 존 St. John 은 인문주의적 모형에 관한 다음 평가에 동의하였다. "인문주의자는 단순히 기술 의학[생의학]을 인간화하길 희망한다. 즉, 관계적, 협력 지향적, 개인에 민감하고 동정적인 의학을 만드는 것이다."(1998, p. 82)

생의학 모형의 인문주의적, 인본적 변형은 엥겔의 생물정신사회 모형과 같이 생의학 모형을 개량하는 좀 더 보수적인 활동에서부터, 그것을 대체하려는 현상학자들의 좀 더 자유로운 활동에까지 넓은 범위에 이른다(Toombs, 2001). 인문주의적 모형에서 환자는 인격(또는 자아)으로 인식되거나, 최소한 생활 배경이나 사회경제적 환경을 점유하고 있는 신체와 정신으로 구성된 유기체로 인식된다. 의료인의 감정 이입적 시선과 돌봄하에서 자세한 정보를 얻고 자율성을 가지는 환자는 보통 과학적인 근거 중심 또는 전통 의학적 요법을 통해서 치료되거나 때로 회복되지만, (최후의 수단이라면) 비전통적인 요법을 사용할 수도 있다.

이 책의 첫 번째 부분에선 생의학적 모형과 인문주의적 모형이 자리 잡은 의학적 세계관을 통해 형이상학적 경계를 검토할 것이다(표 1). 특히, 기계적 일원론의 형이상학적 견해, 환원주의의 형이상학적 전제, 물리주의나 물질주의의 존재론적 개입에 따라 생의학적 세계관을 분석하였다. 이 모형의 의료인에게 있어 환자는 신체 부분들의 집합으로 환원될 수 있는 물질적 대상이다. 정신은 독립된 비물질적 존재가 아니라 혈액의 밀어냄이 심장의 기능적 특성인 것과 같이 뇌의 기능적 특성이라는 점이 중요하다.

표 1.　서양 의학 지식과 실천에 있어 생의학 모형과 인문주의적 모형의 형이상학적, 인식론적, 윤리적 경계의 비교

	형이상학	인식론	윤리학
생의학 모형	기계론적 일원론	객관적 지식	감정적으로 초연한 관심
인문주의적 모형	이원론/전체론	주관적 지식	감정적 돌봄

생의학 모형에 따르면 환자는 개별 신체 부분으로 구성된 기계로 망가지거나 잃어버린 부분은 고치거나 새로운 것으로 교체할 수 있다. 게다가 질병은 과학적 분석으로 원인이 식별된 것으로 객관적인 존재자다. 그것은 주로 유기적인 것, 드물게 심리학적이거나 정신적인 것이다. 건강의 개념은 질병의 부재나 신체 부위의 정상 기능과 관계가 있다. 의사는 환자의 질병을 초래한 신체의 원인이나 존재를 식별하는 데에 관심이 있다. 객관적인 진단 과정으로 식별되면 치료는 일반적으로 어떤 종류의 약물이나 술식을 통해 이루어진다. 의사가

선택한 적절한 치료 양태의 전유는 무작위 임상 시험에서 얻어진 통계적 분석 자료에 기초한다. 따라서 의사는 기술공이나 기술자로, 그의 임무는 환자 신체의 어느 부분이 망가지거나 질병이 발생하였는지, 수선이나 교체가 필요한지 결정하는 데 있다.

생의학적 세계관을 수정하는 인문주의적, 인본적 모형은 두 개의 환원 불가능한 존재자(신체와 정신)로 구성되어 있다는 이원론의 형이상학적 견해를 취할 수 있다. 전체론적 견해를 취하는 인문주의적 모형도 있으며, 여기에서 인격(또는 자아)은 개별자가 아닌 인격의 환경적 맥락이나 생활세계의 통합된 전체로 표현된다. 비록 인문주의적 모형을 따르는 의료인의 의학적 지식과 실천이 생의학적 모형이 취하는 환원주의의 형이상학적 가정과 서양 의학의 기술적 측면에서 제공한 이득을 받아들인다고 할지라도, 그들은 그것을 의학적 지식과 실천에 있어 불충분한 전제로써 거부하곤 한다. 이런 의료인은 보통 창발론 emergentism 중 하나를 지지하고, 체계의 특성은 개별적인 부분의 특성으로 결정되는 것이 아니며 그것을 초월한다고 생각한다. 인문주의적 모형의 의료인은 생의학 모형의 물리주의 또는 물질주의의 존재론적 개입의 일부를 공유한다. 그러나 이 개입은 인문적 모형에서 환자의 심리적, 정신적 상태를 (때로 영적 상태까지) 포함하게 되면서 완화된다.

환자를 물리적 신체만으로 환원하는 대신, 인문주의적, 인본적 의료인은 단지 기술공이 아니라 환자를 마음과 신체 모두로 구성된 인격으로서 만난다. 정신과 신체는 종종 상호적인 방식으로 서로의 행동과 상태에 영향을 준다는 점이 중요하다. 따라서 정신과 신체는 환자의 상보적인 측면이며 진단을 내리거나 치료법을 결정하는 데에 있어 둘 다를 고려해야만 한다. 환자의 질환은 단순한 유기적인 것(질병)

을 넘어 심리적, 사회적(각각 질환, 우환)⁹인 것을 포함할 수 있다. 그렇다면, 인과는 물리를 초과하며 인격으로서 개개 환자를 고려한 정보를 포함해야만 한다. 게다가 배경이나 틀에서 분리된 개별 부분으로 구성된 기계로 고려하는 것이 아니라, 환자는 사회경제적 환경이나 문화적 배경 내의 유기체나 인격으로 여겨야 한다. 유기체, 인격으로서 환자는 단순히 분리된 신체 각부의 총합 이상이며 이들 부분의 집합을 넘어서는 특성을 나타낸다. 따라서 이런 인문주의적 모형의 중요한 존재론적 개입은 유기체설 organicism 이다.

책의 두 번째 부분에선 생의학 모형과 인문주의적, 인본적 모형의 인식론적 경계를 탐구한다(표 1). 생의학 모형에서 의학적 실천은 객관적, 과학적 지식에 기반을 두며, 자연과학, 특히 생명과학의 기술적 발전에 의존한다. 의학적 지식의 획득과 이행은 이들 과학의 기술과 수행을 반영한다. 예를 들면 무작위화, 이중 맹검, 대조군 시험이 새로운 약물이나 외과 술기의 효과를 결정하는 데에 있어 주된 기준 또는 '황금률'로 여겨지고 있다. 이런 과학적 실천은 생의학 모형에서 받아들일 만한 의학의 지식과 실천을 정의한다. 이 모형에서 의학적 지식은 일반적으로 기계론적 인과론에 기반을 둔다. 마지막으로 생의학 모형의 인식론적 주장은 실험실의 경험적 실험과 임상 연구에서 얻은 명제적 진술의 논리적 관계에 의존한다. 의학적 지식과 실천의 경로는 실험실에서 임상으로 이어진다. 이 모형에는 환자와 의사의 직관

---

9   역자 주: 질병(disease), 질환(illness), 우환(sickness). 아서 클라인먼의 유명한 구분이다. 생리학적 이상으로 인해 발생한 것을 질병, 질병으로 인한 개인의 경험 차원에서 발생하는 문제를 질환, 사회 차원에서 개인의 질병, 질환을 구성하는 한편 개인과 집단의 삶을 제한하고 어렵게 만드는 것을 우환으로 구분한다.

적, 감정적 차원을 다루는 공간은 거의 없으며, 따라서 의학적 지식은 보통 비인격적이다.

　인문주의적, 인본적 모형은 생의학 모형이 지닌 인식론적 특성의 다수를 공유한다. 그러나 이런 모형은 의료인의 감정과 직관에 또한 기대를 건다. 감정과 직관은 건전한 의학적 판단과 임상에서 필요 없는 장애물이 아니다. 생의학 모형의 인식론적, 경험적 경계 안에서 신중하게 활용, 제한되면 감정과 직관은 의사가 실험실 검사 결과와 같은 정량화된 자료를 넘어 환자의 질환에 대한 정보에 접근할 수 있게 해준다. 임상가의 감정적, 직관적 능력을 사용해 얻은 정보는 주관적이고 인간적이다. 이런 정보 뒤에는 "타자"의 얼굴[10]이 있다(Tauber, 1995). 이 모형에서 얻은 지식의 유형은 정보적 인과에 의존하며, 이는 환자의 정신사회적 차원을 질환의 진단과 치료에 중요한 요소로 여긴다. 또한, 환자는 진단과 치료에 있어 단순한 불평의 대상이나 수동적 행위자가 아니라 능동적 참여자가 될 수 있다. 충분한 정보하에 인지적 행위자로서 환자는 인문주의적 의학에서 과정의 일부로 위치한다.

　책의 세 번째 부분에서는 생의학 모형과 인문주의, 인본적 모형의 가치론적, 윤리적 경계를 탐구한다(표 1).[11] 생의학 모형은 의학적 실천에 있어 과학적 문제풀이 측면을 강조하며, 객관성의 가치에 기반

10　역자 주: 타자의 얼굴은 레비나스의 개념으로, 내가 주체로서 존재할 수 있는 원인을 나 자신이 아닌 타자에게 놓는 레비나스에게 과부와 고아, 이방인으로 설정되는 타자의 얼굴은 그 취약함을 통해 주체가 타자에게 지는 책임을 일깨우는 근거가 된다. 의료에서 취약함으로써 환자-타자의 얼굴은 의료인-주체에게 환자에게 지는 책임을 일깨우는 경로가 된다.

11　이 부분에서 원칙주의(principlism)를 포함한 다양한 규범 윤리 이론 또한 탐구할 것이다.

을 둔다. 환자의 질병에 대한 진단과 치료는 기계공이나 기술자로서
의 의사-과학자가 문제로 삼는 퍼즐이다. 질병의 진단은 객관적 자
료 집합으로 환자를 환원하는 기술에 의존하며, 여기에서 의사는 환
자의 질병을 진단한다. 이 진단에서 의사는 적절한 치료적 방법을 선
택하고, 환자와의 상담은 거의 없는 경우가 많다. 의사의 윤리적 입
장은 질병과 그 끝의 죽음에서 환자를 구하는 데에 집중되어 있다. 생
의학 모형에 따르면 죽음은 패배이며 어떤 대가를 치러서라도 피해야
할 일이다. 환자에 대한 의사의 관심은 의사나 환자의 감정과 분리된
다. 게다가 의사에 대한 환자의 관계는 수동적이다. 의사는 환자를 구
할 지식과 힘이 있는 권위적인 인물이다. 따라서 환자에 대한 의사의
관계는 지배적이고, 이는 후견주의로 표현된다.

　의사가 환자의 질병이 발생한 신체 부위에서 감정적으로 분리되어
이성적으로 관심을 두는 것 대신에, 인문주의적, 인문학적 의료인은
인격**으로서** 환자의 건강을 이성과 감정 모두를 통해 돌본다. 이 형태
의 의학적 실천의 기저 가치는 공감으로, 이것이 의사의 자세를 형성
한다. 이 자세를 통해 의사는 환자의 질환에 대한 "직관적 eidetic "인 특
징을 알 수 있으며, 전체성, 확실성, 통제력, 행동의 자유, 친숙한 세
계를 상실한 환자를 만난다(Toombs, 1993). 의사는 환자를 돌보는 데에
있어 절대 권위와 힘의 자리에 있지 않으며, 환자, 다른 보건 의료인
과 함께 동등한 자 가운데 첫 번째 first-among-equals 이자 공동 참여자가
된다. 다시 말하면 환자는 치료적 과정을 어떻게 진행할지를 선택할
지에 대해 도움을 받을 수 있는 권리를 가지는 자율적인 인격이 된다.
게다가 의사는 환자의 정신/신체가 종종 스스로를 치료하며 환자와
의사의 역할이란 그 과정을 돕는 것이지 방해해선 안 됨을 인식한다.

환자—의사 관계는 회복 과정에서 서로의 역할과 기여에 관한 상호 존중으로 형성된다. 최종적으로 이 모형에 따르면 죽음은 꼭 패배는 아니며 환자의 삶에 있어서 또 다른, 또는 마지막 단계이다.

　마지막 장에선 "의학이란 무엇인가?"라는 질문을 제시하면서 의학의 본질을 탐구한다. 이것은 모든 의철학의 핵심 질문일 것이다. 이 질문에 대한 답은 먼저 의학의 기예[12]와 과학에 대한 역사적인 논쟁, 다음 현대의 증거 중심 의학과 환자 중심 의학 사이의 논쟁에서 탐구된다. 마지막 절에선, 생의학 모형이 의학의 **에토스**를 이끄는 것으로 **로고스**에 초점을 맞추고 있으며, 인문주의적, 인본적 모형이 의학의 **로고스**를 이끄는 것으로 **에토스**에 초점을 맞추고 있다는 면에서 의학의 본질을 탐구한다. 나의 제안은 **로고스**나 **에토스**의 측면이 아닌 **파토스**적 측면에서 현대 의학의 혁명을 진행해야만 한다는 것이다. 특히 **파토스**는 기술과 정보의 **로고스**를 지혜로 변화시킬 수 있다. 환자와 의사 모두의 존재와 행동의 최적의, 적절한 방법을 알아낼 수 있는 지혜 말이다. 파토스는 또한 생의학적 의사의 감정적으로 초연한 관심이나 인본적 의사의 공감적 돌봄의 정신을 부드럽고 제한되지 않은 동정적 사랑으로 변화시킬 수 있다. 이 사랑은 지나치게 감상적인 것이 아니라 질환의 고통으로 들어가는 적극적인 열정이다. 지혜와 사랑의 입장만이 돌봄의 질 위기에서 미국 의학을 구할 수 있을 것이다.

12　역자 주: 의학의 기능적·미적 차원을 의미하는 "art of medicine"이라는 표현은 의학이 지식(의과학), 기술(공학), 실천(윤리)과 더불어 예술적 측면을 지니고 있음을 강조한다. 그것은 의학이 인간 신체의 아름다움을 추구해야 한다는 의미가 아니라, 의료 행위 자체가 작품 창작 행위에 비견될 수 있음을 의미한다.

요약

여기에서 의철학은, 현대 의학이 당면한 돌봄의 질 위기를 마주하기 위해 생의학 모형과 인문주의적, 인본적 모형의 의학적 지식과 실천에 있어 형이상학적, 인식론적, 윤리적 경계를 분석하는 것을 통해 전개된다. 이 위기는 생의학 모형에 대한 다양한 인문주의적, 인본적 수정을 평가하기 위한 체계적 틀을 제시하기 위해 밀접한 철학적 분석을 필요로 한다. 이런 평가는 의학적 지식과 실천의 다양한 선택지 사이에서, 특히 의학의 본질 그 자체를 정의하는 데에 있어서 지혜롭게 선택될 필요가 있다. 돌봄의 질 위기는 의학의 본질에 대한 진정한 위기이다. 의학이 엄밀한 과학이어야 하는가? 의학적 기예가 임상에서 하는 역할은 무엇이며 무엇을 해야 하는가? 이들 질문과 유사한 다른 질문들, 그리고 돌봄의 질에 대한 문제를 제기하려면 철학, 역사, 사회학, 인류학, 사회과학과 같은 방법을 통해야 한다. 이 책의 목적은 철학적 관점에서 의학의 본질에 대한 체계적인 분석을 수행하는 것으로, 즉 "의학이란 무엇인가?"에 대한 질문의 답을 탐구하고 현대 미국 의학이 마주하고 있는 돌봄의 질 위기를 해결하는 것을 돕기 위함이다.

비록 현대 의학의 미래의 방향을 예측할 수 없고 취해야 할 방향을 결정할 수 없다고 해도, 그 중심 업무인 보건의료에 대해 큰 손상을 가해서도, 인간 조건에 대한 확고한 전념을 상실해서도 안 된다는 점은 자명하다. 의학적 지식과 실천에 대해 경쟁하고 진화하고 있는 모형의 철학적 경계를 탐구할 때, 현대 의학을 마주하고 있는 위기에 대한 단순한 해결책은 없다는 것은 명백해질 것이다. 의학에서 패러다임의 변화가 진행 중인 것은 확실하며, 21세기에도 의학이 성공하려면 이는 꼭 필요하다.

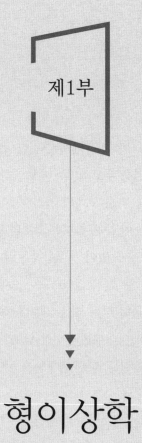

제1부

형이상학

　형이상학은 서양의 지적 전통에서 뚜렷한 주제로 아리스토텔레스 B.C.384~B.C.322 에 그 기원을 두고 있다. 비록 그가 이 용어를 만든 것은 아니지만, 그의 작업을 다룬 고대의 편집자들이 만들어내었고 이 제목으로 된 그의 저서는 이 주제에 대한 최초의 체계적인 탐구 중 하나이다. 아리스토텔레스에게 있어 형이상학은 문자 그대로 "물리학 다음 또는 그것을 넘어서는 것"을 의미하고 있으며, 이는 물리학이나 자연과학에 논리적으로 우선하는 것을 말한다(2001). 현대 철학에서 형이상학은 "물리학과 다른 대부분의 인간 탐구의 영역 깊은 곳에 위치하고 있는 것들에 관한 질문, 다른 탐구들에 있어 근본적인 가정과 이론적 토대에 관한 질문"을 다룬다(Horner and Westacott, 2000, p. 1).

　서양 철학에서 발달한 형이상학은 세상을 구성하고 있는 사물의 본질에 대해 고민하며, 이것이 자연적인지 사회적인지, 실재적인지 구성적인지를 다룬다. 현대 형이상학에서 포괄하고 있는 주제는 신의 개념에서부터 시간과 공간에 이른다(Crane and Farkas, 2004). 예를 들어 인격 또는 주체를 구성하고 있는 것이 무엇인가라는 주제는 형이상학적 탐구의 생동하는 영역 중 하나다. 또한, 형이상학은 사물의 근본적, 보편적 특성과 특질을, 기술적으로 말하면 존재론을 다룬다. 최종적으로 이것은 이들 특성 간의 관계, 특히 인과의 관점에서 이에 접근한다.

　이 부분에선 현대 의학의 생의학 모형과 인문주의적, 인본적 모형의 형이상학적 경계를 그것들이 포개진 더 큰 문화적, 과학적 세계관을 분석함으로써 검토한다. 사회와 자연에 대한 다른 관점이 생의학 모형과 인문주의적, 인본적 모형을 형성한다. 이들 세계관은 생의학적 또는 인문주의적 모형의 의료인에게 다른 세계에서의 실천을 허용한다. 첫 장에선 형이상학적 견해 또는 자세, 형이상학적 가정 또는 전제, 존재론적 개입의 관점에서 생의학 모형과 인본적 모형의 의학적 세계관을 탐구한다. 다음 장에서 인과와 실재론의 개념을 의학적 지식과 실천과 관련하여 검토한다. 마지막으로 구체적인 생의학 모형과 인본적 모형의 형이상학적, 존재론적 주제를 탐구한다. 여기에는 환자, 질병과 건강, 질환과 웰빙, 진단과 치료의 본질 등의 주제가 속한다.

제1장

의학적 세계관

세계관 eine Weltanschauung 은 임마누엘 칸트 Immanuel Kant, 1724~1804 가 『판단력 비판』에서 새로 만든 단어로, 세계를 지각하고 그 안에서 행동할 수 있게 해주는 믿음으로 구성된 개념이다(2000).[1] 비록 칸트가 세계의 지각 관념을 설명하기 위해 이 용어를 사용했지만, 이후에 더 확장된 의미를 취하게 되었다. 예를 들어 독일 철학자인 빌헬름 딜타이 Wilhelm Dilthey, 1833~1911 는 세계에 대해 알 수 있는 것과 그 지식이 어떻게 판단, 반응되는지를 통해 세계관을 정의하였다.[2] 여러 현대적 정의는 딜타이가 내린 정의의 특정 측면을 강조한다. 가장 일반적인 것

---

1 세계관의 개념의 기원과 사용에 대한 폭넓은 논의를 위해서는 나우글을 참조하라 (Naugle, 2002).
2 딜타이는 역사를 통해 순환하는 세 가지 세계관을 구별하였다(1960). 자연주의적 또는 물질적 세계, 관념론 또는 인격적 행위주체성의 자유, 그리고 객관적 관념론 또는 일원론이 그것이다. 비록 세계관에서 사실은 특정 세계관에 의존하거나 그와 관계를 맺고 있지만, 특정 세계관 내에서 진실은 객관적이다.

은 개인적 또는 사회적 이데올로기로 구성된, 모든 것을 인도하는 삶의 철학이라는 정의다. 예를 들어 니니안 스마트 Ninian Smart 는 다양한 세계의 종교와 관련한 전통적인 믿음과 감각을 탐구하기 위해 세계관 개념을 활용하였다(Smart, 2000). 비록 그가 개념을 정의하지는 않았으나, 세계관에 필수적인 변수들을 논의하고 있으며, 여기에는 신화적, 정서적, 윤리적인 것 등이 포함된다.

　과학철학자들 또한 세계관의 정의를 제안해 왔다. 예를 들어 마이클 폴라니 Michael Polanyi, 1891~1976 는 논리실증주의에 반대하여 "모든 지식은 게슈탈트적 틀에 의해 형성되고 인도되며 모두 암묵적이자 사적이다"라고 주장하였다(Naugle, 2002, p. 187). 리처드 드윗 Richard Dewitt 은 세계관에 대한 더 일반적인 정의, "연결된 믿음의 체계"를 제시한다(2004, p. 3). 이어 그는 "지구는 우주의 중심이며 고정되어 있다"와 같은 연결된 믿음으로 구성된 아리스토텔레스적 세계관을 예로 들어 설명한다. 과학적 세계관의 다른 예로는 세계가 거대한 기계라는 뉴턴적 세계관, 생물학적 세계는 진화하는 존재라는 다윈적 세계관 등이 있다. 따라서 과학적 세계관은 세계가 어떠한가에 관한 그들의 근본적 믿음과 개입, 세계는 어떻게 존재하는가, 그 본질을 어떻게 탐구할 것인지로 정의된다.

표 1.1　서양 의학 지식과 실천에 있어 생의학 모형과 인문주의적 모형의 형이상학적 견해와 전제, 존재론적 개입의 비교

	형이상학적 견해	형이상학적 전제	존재론적 개입
생의학 모형	기계론적 일원론	환원론	물리주의/물질주의
인문주의적 모형	이원론/전체론	창발론	유기체설

물리철학자인 애브너 시모니 Abner Shimony 는 세계관에 대한 다른 정의를 제안하였으며 이는 형이상학적 관점에서 좀 더 엄밀하다. 세계관은 "넓은 범위의 근본 물질들에 대한 태도의 집합"을 표현한다(1993, p. 62). 태도는 특히 세계의 존재론적 본질과 관련한 정신적 태도 및 가정에서 세계를 향한 자세나 관점을 가리킨다. 과학적 세계관에서 태도의 집합은 자연 세계를 구성하고 있는 존재론적 존재자에 관하여 설명하는 과학적 이론, 법칙, 가설을 공식화하는 데에 중요한 다양한 자세, 관점, 가정, 전제를 포함한다. 그렇다면, 이러한 세계관은 형이상학적 개념이며 형이상학적 관점, 전제, 존재론적 개입의 측면에서 분석될 수 있다.

현대 의학은 서양 문화를 구성하는 더 큰 세계관의 일부임은 분명하다. 이 장에서 모형에 관한 다른 형이상학적 주제를 검토하기 전에 생의학 모형과 인문주의적, 인본적 모형의 기반을 이루고 있는 형이상학적 관점, 형이상학적 전제, 존재론적 개입을 논의할 것이다. 의사가 환자와 다른 의학적 존재자에 대해 취할 수 있는 형이상학적 관점이나 자세에는 일원론, 이원론, 전체론이 있다. 이들 관점이나 자세와 관련된 형이상학적 전제는 환원론과 창발론이 있으며, 존재론적 개입에는 물리주의나 물질주의 그리고 유기체설이 있다(표 1.1). 나는 형이상학으로 시작하여 의학적 지식과 실천의 기초가 되는 관점, 전제, 개입을 분석하려 한다. 또한, 이들이 의학적 세계관을 구성하는 존재론적 존재자(신체, 사람, 약물 등)와 형이상학적 개념(인과, 질병, 건강 등)에 영향을 미치고 구속하는 방식을 다루고자 한다.

형이상학적 관점

형이상학적 관점은 세계관을 구성하는 데에 있어서 중요한 요소이다. 세계의 구성에 대한 근본적인 태도나 자세를 정의하기 때문이다. 이 절에선 생의학적 세계관을 구성하는 기계적 일원론과 인문주의적 모형을 구성하는 이원론/전체론의 형이상학적 입장을 논의하고 분석한다.

기계적 일원론

생의학 모형의 형이상학적 입장은 기계적 일원론이다. 일원론이란 세계를 구성하는 하나의 궁극적인 구성 요소가 있다는 개념 또는 원칙을 의미한다(Pojman, 1998). 생의학 모형에 있어서 이 궁극적인 구성 요소는 물질, 그에 부수하는 에너지의 표현 그리고 물질적 존재자 간 및 그 자체에 작용하는 힘이다. 무엇이 세계를 구성하는가에 있어서 일원론은 두 개의 기본적인 구성 요소가 있다는 입장인 이원론, 그리고 세 개 이상의 기본적인 구성 요소가 있다는 입장인 다원론과 구분될 수밖에 없다.

존재론에 있어서 생의학 모형의 일원론적 형이상학 입장은 물리주의로, 이전에는 유물론이라고 불렀다.[3] 그러나 물리주의 또는 유물론은 일원론의 한 형태일 뿐이다. 유물론이나 물리주의의 전통적인 반

---

3   오늘날 유물론의 제한적 본질로 인하여 물리주의가 더 선호되고 있다. 다시 말하면, 물리적인 것은 물질뿐만 아니라 힘 또한 포함한다. 유물론은 힘을 반드시 포함한다고 말하기 어렵다.

명제로 관념론이 있으며, 이는 정신이나 영혼이 세계의 궁극적인 구성 요소라는 견해이다(Pojman, 1998). 게다가 데이비드 흄(1711~1776), 바뤼흐 스피노자(1632~1677), 최근에는 윌리엄 제임스(1842~1910)가 취한 입장인 중립적 일원론도 있으며 이는 궁극적 구성 요소로서 물질이나 정신이 아닌 세 번째의 공통 요소가 있다는 관점이다(Pojman, 1998).

생의학 모형의 일원론에 있어 물질적, 물리적 차원에 더하여, 기계 작용적 mechanistic 차원도 있다. 기계 작용의 개념은 존재자나 과정을 이루는 부분과 부분 간의 관계를 가리킨다. 생의학적 과학자와 의료인 다수에게 기계 작용은 자연적인 존재자나 현상을 설명하는 방식이다. 폴 타가드 Paul Thagard 에 의하면 "기계 작용은 기계와 같이 작동하고 상호 작용하는 부분들의 체계로 힘, 동작, 에너지를 서로에게 전달한다."(1999, p. 106)

피터 마차머 Peter Machamer , 린들리 다르덴 Lindley Darden , 칼 크레이버 Carl Craver 는 더 구체적인 정의를 제시한다. "기계 작용은 시점이나 설정 단계부터 종결 또는 마지막 조건까지 규칙적인 변화의 산물로 조직되는 존재자와 활동이다."(2000, p. 3) 또한, 이들은 기계론을 A→B→C로 도해하였다. 여기에서 문자는 존재자를 표현하며 화살표는 시작부터 종결까지 기계론의 변화나 과정의 연속성을 부여하는 과정을 표현한다. 이런 기계론 개념에 기초하여, 생의학 모형의 기계론적 일원론은 환자가 각 신체 부위의 집합이며 특정 기능은 이들 부위의 조합의 결과로, 기계에 훨씬 가깝다는 형이상학적 관점을 취한다.

이원론/전체론

의학의 인문주의적, 인본적 모형의 지지자 대부분은 생의학 모형의 기계론적 일원론을 인식하고, 특히 그것이 의학적 지식과 실천에 가져온 기술적 발전의 면에서 그 가치를 높이 평가한다. 그러나 이 입장은 인본적 의료인에 의해 크게 약화하거나, 어떤 경우에는 거부되기도 한다. 종종 이런 의료인은 환자의 정신적, 사회적 차원을 독립된, 환원 불가능한 것으로 받아들인다. 또한, 질환의 진단에서 병인론적 요소 및 환자의 치료와 회복에서 치료적 요소로 받아들여, 뇌가 정신과 동일하다는 생의학 모형의 기계론적 일원론을 완화한다. 예를 들어, 엥겔은 당뇨와 같은 질병 뒤에 있는 생화학이 환자의 치료에 있어서 중요할지라도, 질환에 대한 환자의 증상 경험 또한 중요하다고 주장하였다. "[당뇨의 증상이] 어떻게 경험되고 개인이 이를 어떻게 보고하는지, 그리고 그것이 개인에게 어떤 영향을 미치는지에 있어, 모든 것은 정신적, 사회적, 문화적 요소에 대한 고려를 요청한다."(Engel, 1977, p. 132) 환자의 정신적, 사회적, 문화적 차원을 결합하기에 의학의 인문주의적, 인본적 모형은 이원론에 그 기반을 둔다.

위에서 적은 것과 같이, 이원론은 실제를 구성하는 두 가지의 분리된 존재가 있다는 형이상학적 견해이다(Pojman, 1998). 일반적으로 이 두 존재는 신체와 정신이다. 르네 데카르트(1596~1650)에게 기인하는 더 전통적인 입장에서 정신은 비물리적 사유 실체 *res cogitans*인 반면 신체는 공간에 연장된 물질 실체 *res extensa*다. 물리적 존재가 공간에 연장된 반면 정신은 그렇지 않으므로, 데카르트는 정신은 물리적 존재일 수 없다고 결론지었다. 비록 이들 존재가 다른 것으로 환원될 수는 없지만, 둘은 상호작용할 수 있다.[4] 예를 들어 정신은 의지의 작용을 통해 신체적 활동을 일으킬 수 있으며, 신체는 감각 인지를 통해 정신 상태에 영향을 줄 수 있다. 이 형태의 이원론을 전통적으로 이원론적, 데카르트적 상호작용설이라고 한다.

신체와 정신은 각각의 상태와 행동에 영향을 줄 수 있다. 즉 작용은 상호적이다. 인문학적 의료인 다수에게 있어 신체와 정신은 환자의 상보적 측면이며 진단을 내리거나 치료법을 결정하는 데에 있어 둘 다를 고려해야 한다는 점이 중요하다. 환자의 질환에 있어 단순히 유기적인 것뿐만 아니라 정신적인 것, 정보적인 것 또한 포함해야 한다. 예를 들어, 로렌스 포스 Laurence Foss 는 더 동정적인 "정신신체" 의학의 기반을 세우기 위해 '새로운' 이원론("정보/물질-에너지 이원론")을 도입하였다(2002). 신체, 정신, 정보 접속의 결과를 탐구하기 위해 그는 밈 ("사회문화적 유전의 운반체")의 사회생물학적 개념을 "자기복제적, 정신적 정보 단위"로 재정의하였다(Foss, 2002, p. 142). 이들 밈은 새로운 이원론의 기초를 형성하며 여기에서 대사 과정이 환자의 인지, 정서 상태와 연결된다.

인문주의적, 인본적 의학 모형 대부분에서 이원론적 견해를 구성하는 존재자에는 신체와 정신뿐만 아니라 환자의 환경적, 사회적, 문화적 배경 또한 포함된다. 예를 들면, 로비 데이비스플로이드와 글로리아 세인트 존은 연결의 측면에서 인문주의적 의학의 기본 원칙을 정

---

4   일부 논평가는 데카르트가 마음이나 영혼과 신체 사이의 상호작용이 없다는 입장을 취했다고 주장한다. 그러나 데카르트는 둘 사이의 상호작용을 위한 해부학적 위치로 송과선을 지목하였다(Switankowsky, 2000).

신-신체 연결과의 관련뿐만 아니라 "환자 자신, 가족, 사회, 보건의 료인의 여러 측면과 환자의 연결"이라는 이원론의 확장적 개념을 통해 구분지었다(1998, pp. 82-83). 비록 인문학적 의학의 형이상학은 보통 이원론이지만, 물리적 신체와 정신의 연결은 물질적, 정신적, 심리적일 수 있다.

이레네 스비탄코브스키 Irene Switankowsky 는 의학적 실천에 있어서 이원론적 상호작용설의 네 가지 장점을 구분하였다(2000). 첫째는 의사가 환자를 단지 질병이 있는 신체 부분이 아닌 전체적 인격으로서 대한다는 것이다. 질환은 단지 환자 신체의 일부가 아니라 환자의 다른 차원에도, 특히 실존의 문제에 있어 영향을 미칠 수 있다. 이것은 환자의 질환에 있어 "체험된 경험"에 대한 의사의 관심을 표현한다는 이원론적 상호작용설의 다른 장점으로 연결된다. 이 "체험된 경험"은 질환이 가져오는 물리적 혼란뿐만 아니라 정신적, 사회적 혼란도 포함한다. 스비탄코브스키에 따르면 "환자의 신체와 주체는 질환의 내재적 측면이며, 질환의 치료는 신체와 주체를 모두 치료하지 않는 한 성공할 수 없다."(2000, p. 575)

세 번째 장점은 질환의 객관적, 주관적 차원 모두를 포함하는 것과 연결된다. 의사는 실험실 검사와 정확한 의학적 병력을 포함하는 객관적인 증거뿐만 아니라 질환이 환자에게 의미하는 것이 무엇인지에 대한 주관적인 정보 또한 명확히 해야만 한다. 이러한 정보 없이 의사는 환자와 효과적으로 소통하는 데 실패할 수 있으며, 특히 환자의 실존적 문제에 있어서는 더 그렇다. 마지막으로 이원론적 상호작용설은 의사에게 환자의 이야기 전 범위를 질환의 진단과 치료에 모두 반영할 수 있도록 한다. 스비탄코브스키는 "질환의 이원론적 측면에 관심을 기울임으로써 의사는 환자의 질환을 이해할 수 있으며, 이는 질환에 대한 인문주의적 접근의 본질적인 부분이다"라고 결론짓는다(2000, p. 577).

상호작용설 이외에도 이원론의 다른 형태도 존재한다. 여기에는 부수현상론 epiphenomenalism , 병행론 parallelism , 양면 이론 double or dual aspect 등이 있고 인문주의적, 인본적 의료인은 여기에 동의할 수도 동의하지 않을 수도 있다(Pojman, 1998). 부수현상론에서 신체는 정신에 영향을 주지만 정신은 신체에 영향을 주지 못한다. 다시 말하면 정신적 사건은 신체적 과정의 잔여이나, 신체적 과정으로 환원될 수는 없다. 병행론에서 정신과 신체는 두 가지의 비슷한, 환원 불가능한 실체나 존재자이며 서로 상호작용하지 않는다. 오히려 그들은 두 독립적인 인과적 사슬로 "선확립된 조화" 내에서 서로에 대해 순서대로 또는 동시에 작동한다. 마지막으로, 양면 이론은 신체와 정신을 말 그대로 두 개의 분리된 실체가 아닌 같은 실체나 실제의 두 가지 분리된, 환원 불가능한 속성이나 특성으로 본다.

예를 들어, 카셀 Eric Cassell 은 어떤 면에서 이원론의 양면 이론을 따른다(2004). 그는 신체와 정신이 인간 인격을 구성한다는 고전적인 이원론적 상호작용설 관점을 거부하는 반면, 인격은 신체와 정신 둘 다의 조합 또는 통합이라고 주장한다. 그렇다면, 인격은 신체와 정신 둘 다의 특성을 표출하는 단일 존재이다. 이런 관점에서 그는 생의학 모형의 일원론적 견해보다 이원론적 견해에 더 가깝다. 그러나 카셀은 환원주의적 일원론 또한 거부한다. 이들 두 특성은 (정신과 신체 사이의 의미의 상보적 흐름을 통해) 인격 안에서 잘 통합되어 있지만, 어느 한쪽으로 환원될 수 없다. 그의 관점이 전체론적이라고 말하는 것은 이런 의미에서다.

전체론은 "'전체' 체계나 사물(세포, 인격, 사회 등)의 특성과 행위는 각 부분의 특성이나 행위로 환원될 수도 없으며, 각 부분을 참조하여 완전히 설명될 수도 없다"라는 형이상학적 입장이다(Woodhouse, 2000, p. 155).[5] 다시 말하면 그 특성으로서의 전체는 부분의 특성으로 환원될 수 없으며 오히려 이들 특성은 전체의 구조나 구성에서 발생한다. 따라서 유기적 존재의 행동은 비유기적인 요소로 환원될 수 없으며 유기적 존재의 특수한 구조에서 발생한다. 그리하여 인문주의적 모형 다수에서 환자, 질병과 같은 의학적 존재는 그 부분을 이루는 구성 요소 하나로 단순하게 환원될 수 없다. 오히려 그런 존재는 특정한 생물학적, 사회적 환경에 포개진 전체이다. 존재자는 여러 부분으로 구성되어 있으나 각 부분이 전체 존재자의 특성을 결정할 수 없다고 보는 존재론적 전체론은 인본적 의료인에게 있어 중요한 형이상학적 견해이다.[6]

---

5 비록 전체론을 생기론적 관점으로 생각하는 이도 있지만, 생기론의 전통적인 형태는 유기체의 개별 요소에 추가로 생명력이 있음을 가정한다. 전체론적 입장은 추가적인 생명력과 같은 것을 반드시 요청하지는 않는다(Marcum and Vershuuren, 1986).

6 이론적, 방법론적 전체론도 있으며 이는 특정 개념의 상위 수준 이론이나 법칙은 하위 수준 이론이나 법칙의 다른 개념으로 환원될 수 없다는 것이다. 다시 말해 설명은 상위 수준에서 발생하며 하위 수준의 설명으로 환원될 수 없다.

형이상학적 전제

형이상학은 또한 인식론적 공동체가 세계나 실재를 탐구하며 궁극적으로 이해하거나 설명하는 데에 있어 제일 원칙 또는 기본 가정을 다룬다. 이런 전제는 자연과학적 세계관에 있어 중요한 역할을 한다. 콜링우드 R. G. Collingwood, 1889~1943 의 『형이상학 소론 Essay on Metaphysics』에 따르면, 형이상학의 주요 임무는 자연과학을 밑에서 떠받치고 있는 전제의 매듭을 푸는 것이며, 이는 과학적 지식의 시대에서 형이상학의 역할을 거부한 논리실증주의자들의 견해와 대비될 수 있다(1998).[7] 이런 임무는 세상에 관한 질문을 제기하는 과학자들에 의해 제시된 전제들을 식별하고 설명하는 것과 관계되어 있다. 그 목적을 달성하기 위해 콜링우드는 전제들을 상대적인 것과 절대적인 것으로 나누었다.

상대적인 전제는 두 가지로 작용한다. 특정 조건 집단에선 질문에 대한 배경 가정으로, 다른 조건 집단에선 답변에 대한 배경 가정으로 작용하는 것이다. 반면, 절대적인 전제는 항상 질문의 배경 가정이며 답변에는 사용되지 않는다.[8] 예를 들어, 의사는 특정 질환이 환자의 주소[9]와 연관되어 있음을 전제하고 그에 따라 질문을 던질 수 있

---

7   버트(E. A. Burtt) 또한 과학적 지식의 생성에서 형이상학의 역할을 특히 구체적 범주와 관련하여 논하였다(1932).

8   콜링우드는 절대적 전제의 예로 뉴턴과 과학자들이 어떤 사건이 다른 것을 일으켰다고 전제하였다고 주장하였다(1998). 한편, 척도의 활용은 이산값이 척도로 측정될 수 있으며(질문의 답변), 그 측정은 신뢰할 만하다(질문 제기를 위한 배경 가정)는 것을 전제하며, 이것은 상대적 전제다.

9   역자 주: 주소(chief complaint)는 환자가 주로 호소하는 불편감이나 증상을 가

다. 이 전제는 질문을 제시하는 데에 사용되었지만, 진단이 그에 따라 확증되지 않으면 폐기되기 때문에 상대적이다. 절대적 전제는 질병이 특정 기계적 인과론으로 환원될 수 있다는 것과 같은 것으로, 폐기되지 않으며 오히려 진단 과정의 틀을 형성한다. 이들 전제의 논리적 유효성, 즉 세계에 관한 질문을 제기할 수 있는 능력은 그것의 진리값과는 독립적이라는 점이 중요하다. 오히려 이 유효성은 상정 주체에 의존한다. 따라서 절대적 전제는 자연 세계에 대한 질문의 틀을 형성하는 데에 필요하며, 자연과학의 분석에 있어서 결정적이다.

생의학적 과학자의 활동에서 기반을 제시하는 중요한 절대적 전제가 몇 가지 있다. 두세 가지 예를 들자면, 환원주의, 결정론, 창발론 등이다. 비록 이런 전제가 과학적 지식의 세대에서 중요하지만, 여기에 문제가 없거나 모든 생의학적 과학자에게 보편적으로 받아들여질 수 있는 것도 아니다. 예를 들어, 암 예방 이론에 있어 환원주의 가정인 체세포 돌연변이 이론은 창발론적 가정에 기반한 다른 이론의 지지자들에 의해 계속 도전받고 있다.[10] 결론적으로, 모든 생의학 과학자가 동의하는 배경 가정의 단일 집합은 없다. 오히려 이런 과학자들이 과학적 지식을 생성하기 위해 활용하는 넓은 범위의 가정과 그들의 조합이 있을 뿐이다.

그러나 생의학 과학자 대부분이 동의하고 있는 배경 가정이 하나

리킨다.

10 카를로스 손넨샤인(Carlos Sonnenschein)과 아나 소토(Ana Soto)는 암이 결함 있는 유전자가 아닌 결함 있는 조직의 질병이라는 의견을 제시했다(1999). 게다가 최초의 종양 형성 유전자와 암 억제 유전자를 복제한 로버트 와인버그(Robert Weinberg)는 이전의 단순 환원론적 입장과는 대조적인 이형 생물학(heterotypic biology)을 지지하고 있다(Hanahan and Weinberg, 2000).

있으며 그것은 자연주의이다. 자연주의를 정의하는 것은 벅찬 작업이지만, 일단 자연 현상은 자연적 사건과 힘의 산물로 인간 이성이 이들 사건과 힘을 이해할 수 있다는 것으로 자연주의를 기술할 수 있다. 다시 말해 자연 현상을 설명하기 위해 자연 밖의 힘을 상정할 필요는 없다는 것이다. 자연주의는 다른 전제들과 같이 현재의 논의와 관련하여 방법론적 자연주의와 이론적 자연주의 두 가지 형태로 나뉠 수 있다(de Vries, 1986).

방법론적 자연주의는 생의과학자는 자연 현상만을 탐구하여 이들 현상에 대한 물리적, 기계론적 설명만을 구성한다는 것을 전제한다. 그렇다면 이들 전제는 실험 전략의 전개나 생명의과학 연구를 이끄는 휴리스틱[11]의 한계를 설정한다.[12] 생의학 과학자들의 자연주의적 입장이나 태도는 자연 세계의 탐구에로만 제한되기 때문에 전제는 종교적 경험과 같은 물리 세계 밖의 현상에 질문을 제기하는 데에는 무능력하다. 신이 자연 현상에 간섭하는지 여부는 방법론적 자연주의를 가정하였을 때 쉽게 해결할 수 있는 문제는 아니다.[13]

반면, 이론적 자연주의는 자연적 현상이 존재하는 전부라고 전제

---

11 역자 주: 휴리스틱은 어림짐작 또는 직관적 판단이라는 의미를 가진 단어로, 최근 행동심리학에서 시간이 충분하지 않거나 판단을 내리기 위한 정보가 부족할 때, 또는 굳이 복잡한 추론을 해야 하지 않을 때 사람들이 적용하는 간단한 결정 방식을 가리키는 표현으로 자주 사용되고 있다.

12 과학이 지난 30년 동안 성공적이었다고 하여, 그 성공이 이런 가정을 정당화할 수 있는 기초가 될 수는 없다. 단, 콜링우드는 실천적 성공은 전제를 평가하는 데에 있어 중요하다고 본다. 전제를 경험적으로 평가하는 것과 같을 수는 없다고 해도 말이다.

13 어떤 인문주의적 의료인은 종교를 의학적 실천에 결합하기도 한다. 예를 들면, 회복에 있어 기도의 효용에 관한 상당한 논의와 실험이 있다.

한다. 프랜시스 크릭 Francis Crick 이 다소 조야하게 말한 것처럼 "당신, 당신의 기쁨과 슬픔, 기억과 야망, 개인 정체성과 자유 의지는 신경 세포와 관련 분자들의 광대한 집합 신호의 행동에 불과하다."(1994, p. 3) 이 명제 뒤에는 개인 정체성은 자연적 요소 단독의 결과라는 믿음이 있다.[14] 이렇다면 이론적 자연주의는 자연이 아닌 어떤 것의 존재도 부정한다. 또한, 이론적 자연주의는 실제의 본질에 대한 경험적으로 정당화되지 않은 형이상학적 주장을 제시하여 방법론적 자연주의의 면에서 전제된 것의 한계를 넘어선다. 그러나 초자연주의 supernaturalism 의 이론적 가정 또한 실제의 본질에 대한 경험적으로 정당화되지 않은 형이상학적인 주장을 하고 있다는 것에 주목할 필요가 있다.

환원주의

위에서 기록한 바와 같이, 생의학 모형의 절대적 전제에서 핵심은 환원주의이며 이것은 물리주의나 유물론의 존재론적 개입과 긴밀하게 연관되어 있다. 조프리 헬먼 Geoffrey Hellman 과 프랭크 톰슨 Frank Thompson 에 따르면 "전통적으로 물리주의는 환원주의의 형태를 취했다. 대략, 모든 과학적 개념은 물리적 개념으로 명백한 정의를 내릴 수 있다는 것이다."(1975, p. 551)[15] 이런 맥락에서 환원주의는 비물리적

---

14 오늘날 창발론이 크릭의 환원주의를 신경생리학의 일부 영역에서 대체하고 있지만, 형이상학적 자연주의는 여전히 신뢰받는 전제이다.

15 그러나 헬먼과 톰슨은 환원주의에 기반을 두지 않은 물리주의의 내재적 정의 가능성 논제를 제시하였다(1975). 이 논제에 대한 논평으로 이어먼을 참조하라 (Earman, 1975).

학문 분야의 개념과 이론을 물리적 과학의 개념과 이론으로 환원하는 것을 가리킨다. 그렇다면 이론적 환원주의는 하나 이상의 기본 이론의 개념으로 다른 이론의 개념을 환원하는 것을 포함한다(Marcum and Verschuuren, 1986). 그러나 모든 이론의 개념을 환원 이론의 물리적 개념으로 환원할 수는 없다는 점에서 이는 간단한 과정은 아니다.

그러나 환원주의는 다른 형태를 띠기도 한다. 예를 들면 장 뒤프레 John Dupré 는 "어떤 현상의 범위로, 다른 현상, 명확히 다른 범위의 현상과 완전히 동화될 수 있는 것"이라고 환원주의를 정의한 바 있다 (2000, p. 402). 이것은 상위 수준 현상은 하위 수준 현상에 의해 결정된다는 존재론적 환원주의이다. 제임스 마컴과 게르트 페르슐렌 Geert Verschuuren 은 "존재론적 환원주의는 더 높은 수준의 현상의 새로운 특성을 부정하는 단순화 과정의 결과이다"라고 주장한다(1986, p. 125). 마지막으로 세 번째 형태의 환원주의가 있으며 이는 방법론적 환원주의를 말한다. 이론적 환원주의가 이론을 단순화하고 존재론적 환원주의가 현상을 단순화하는 반면, 방법론적 환원주의는 상위 수준의 현상을 하위 수준의 구성 요소로 분석하는 것을 통해 연구를 단순화한다 (Marcum and Verschuuren, 1986). 예를 들면, 중간 대사 과정의 탐구는 개별 분자 요소의 관점에서 수행할 수 있다. 이런 탐구 후에 개별 요소는 다양한 경로를 생성하도록 연결된다.

또 다른 생의학 모형의 중요한 전제이며 환원주의와 자주 연관되어 간단히 살펴볼 필요가 있는 것은 결정론이다(Pojman, 1998). 결정론의 개념에 따르면 사건이나 행동은 선행 사건이나 조건에 의해 형성되거나 결정된다. 만약 이들 선행 사건이나 조건을 알 수 있다면, 후속 사건이나 효과는 발생 전에 알 수 있다. 결정론의 과학적 판본에서 결정

법칙을 따르는 초기 조건은 후속 사건이나 효과를 정밀하게 예측하거나 결정하기에 충분하다. 결정론자들은 세계의 사건이나 효과가 전개되는 데에 있어 우연의 작용을 부정한다. 그들에게는 자연법칙에 의해 결정되는 단 하나의 가능 세계만이 존재한다. 이 개념은 선행 사건이나 조건이 일들을 선결할 수 없는 우연적 세계관과는 대조된다. 이것은 자유 의지 문제에서 가장 잘 나타난다. 결정론자에게 자유 의지는 환상이다. 그러나 그렇다면 사람은 그들의 행동에 대해 어떻게 도덕적으로 책임을 지닐 수 있는가? 이것은 결정론자에게 난문을 제시하며, 쉽게 대답될 수 없다.

창발론

대부분의 인문주의적, 인본적 모형의 중심 절대적 가정은 창발론이다. 창발론의 개념은 하위 수준의 특성에서 상위 수준의 특성이 출현하는 것을 가리킨다(Clayton, 2004). 환원주의와는 대조적으로, 상위 수준의 특성은 하위 수준의 특성으로 환원하거나 그에서 추론할 수 없다. 다시 말해 복잡 존재자(E1)의 상위 수준 특성은 다음과 같은 경우에 창발적이다. 다른 복잡 존재자(E2)가 E1과 같은 부분으로 구성되어 있으며 심지어 이런 부분이 E1과 동일한 구조를 닮았음에도 불구하고, 그 창발적 특성을 가지지 않는 경우이다. 예를 들어 E1과 E2는 유사한 환경적 자극에 대해 다른 행동 양상을 보일 수 있다.

19세기 중엽에 시작한 영국 창발론자들은 창발론의 현대적 개념을 전개하였다(McLaughlin, 1992). 브라이언 맥러플린 Brian McLaughlin 은 "영국 창발론자들에 따르면 물질 입자의 조직적 복잡성의 수준에 계층이 있으며, 오름차순으로 보면 물리적, 화학적, 생물학적, 정신심리학적 수준이 있다"고 주장한다(1992, p. 50). 각 수준은 그 수준에 특정한 물질 요소들로 구성되어 있으며 이들 요소는 그 수준과 관련한 특유한, 창발적 특성을 나타낸다. 예를 들면, 소화와 생식과 같은 특성은 생물학적 유기체의 특별한 구조에서 창발한다. 존 스튜어트 밀 John Stuart Mill, 1806~1873 은 최초의 영국 창발론자 중 한 명이었으며, 이 개념을 그의 책 『논리학의 체계 System of Logic』에서 전개하였다(1875). 밀에 따르면 존재, 특히 생명 존재의 창발적 특성은 그 부분의 특성을 단순히 총합한 것의 결과가 아니다.[16]

대안적 입장으로서 창발론의 개념은 19세기 말에서 20세기 초에 벌어진 기계론자−생기론자의 논쟁의 중심에 있었다(McLaughlin, 1992).[17] 예를 들어 브로드 C. D. Broad, 1887~1971 는 『자연에서 정신과 그 위치 The Mind and Its Place in Nature』에서 이 논쟁에 대해 말하기 위해 창발론을 사용하였다(1925). "생명 행위"가 "비생명 행위"와 본질적으로 다른지가 문제가 되었다. 논쟁을 해결하기 위해 브로드는 기계론적 또는 "내차적 內次的, intra-ordinal" 법칙과는 구별되는 창발적 또는 "초차적 超次的, trans-ordinal" 법칙을 상정하였다. 창발적 법칙은 하위 수준 특성과는 다른 상위 수준 특성을 설명하는 환원 불가능한 비인과적 법칙이다. 이 법

---

16   알렉산더 베인(Alexander Bain, 1845~1928)은 『논리학(Logic)』에서, 조지 헨리 루이스(George Henry Lewes, 1817~1878)는 『생명과 마음의 문제(Problems of Life and Mind)』에서 밀의 창발론 개념을 더 발전시켰다(Bain, 1887; Lewes, 1874).

17   다른 영국 창발론자들도 생물학에서 창발론의 개념을 전개하였다. 예를 들어 로이드 모건(C. Lloyd Morgan, 1852~1936)은 『창발적 진화(Emergent Evolution)』에서 진화적 발달에 창발의 개념을 전유하였다(1927). 이후 카를 루드비히 폰 베르탈란피(Karl Ludwig von Bertanlanffy, 1901~1972)는 일반 체계 이론(general systems theory)에서 창발론의 개념을 상술하였다.

칙들은 기계론적 법칙과 동일한 발견적 장점을 제공한다. 유일한 차이는 발견에 있어서의 예측불가능성으로, 즉 하위 수준 특성에 관한 철저한 지식이 있다고 해도 창발적 법칙은 예측 불가능하다는 것이다.[18]

창발론 개념의 역사적 전개에서 아힘 스테판 Achim Stephan 은 창발 개념의 견고한 형태와 약한 형태를 제안하였다(1999).[19] 환원불가능성과 예측불가능성에 의존하는 두 가지 견고한 형태의 창발론이 있다. 첫번째 견고한 형태는 환원불가능성에 기반하며 공시적 창발론 synchronic emergentism 이라고 부른다. 스테판은 브로드의 의견에 동의하면서 환원불가능성은 체계나 창발적 특성이 "체계의 '고립'되어 있거나 다른 (더 단순한) 체계의 부분과 특성의 배합을 통해 추리될 수 없다"라고 주장한다(1999, p. 51). 이 개념에 포개진 것은 두 가지 형태의 환원불가능성이다. 첫 번째는 체계 구성 요소의 행위가 고립 요소나 단순 배열을 통해 추리될 수 없다는 것이다. 이 형태의 환원불가능성은 체계의 배열에서 부분으로 하향 인과를 포함한다. 두 번째 형태는 체계의 미시적, 거시적 구조의 분석 불가능한 특성과 관련되어 있다. 이들 특성은 기계론적 의미에서 인과적이지 않으며 오히려 부수현상에서 기원한다.

---

18   『공간, 시간, 신성(Space, Time and Deity)』에서 새뮤얼 알렉산더(Samuel Alexander, 1859~1938) 또한 창발론적 관점에서 생명의 개념에 접근하였다 (1920). 알렉산더에 따르면 비록 생명 유기체가 물리화학적 수준에 기반하고 있지만 그들의 특성은 그런 하위 수준에서 발생하는 것도 아니며 그 결과도 아니라는 것이다. 알렉산더에게 있어 상위 수준 특성은 하위 수준 특성의 개념으로 표현될 수 없다.

19   비슷한 구분을 클레이튼에서도 볼 수 있다(Clayton, 2004).

두 번째 견고한 형태의 창발론은 통시적 창발론diachronic emergentism
으로, 체계의 특성에 대한 예측불가능성 명제로 서술된다. 이 형태에
서 체계나 창발적 특성은 "최초의 예시 전에는 원칙적으로 예측할 수
없다."(Stephen, 1999, p. 49) 이런 특성은 새로운 것으로 여겨진다. 새로움
의 명제는 부분의 다른 조합에서 새로운 특성이 발생할 수 있다는 것
과 관련되어 있다. 예측불가능성 명제는 가변성 또는 새로운 특성, 스
테판이 "구조의 예측불가능성이라고 부른" 것을 생성하는 구조의 불
확정성의 결과일 수 있다. 구조적 예측불가능성은 새로운 특성을 일
으키며, 이 창조는 "결정론적 카오스의 법칙"에 의해 형성된다. 예측
불가능성의 다른 이유는 예측 가능한 구조라고 해도, 특성이 환원 불
가능하다는 것이다. 새로운 특성이 환원 불가능하기 때문에, 정의상
최초 발생에 대해 예측 불가능하다.

창발론의 약한 형태는 한 가지로, 다음 세 명제에 의존한다. 첫 번
째 명제는 견고한 형태와 공통되는 것으로, 창발적 특성은 체계가 가
지는 특성이라는 것이다. 스테판은 "한 특성을 체계가 보유하지만, 그
체계의 부분은 그 특성을 가지고 있지 않을 때만 그 특성은 체계의 특
성이다"라고 주장하였다(1999, p. 50). 또한, 환원불가능성의 견고한 형
태에 따라 약한 형태는 환원주의의 강한 관념을 부정한다. 그러나 약
한 형태의 다음 두 가지 명제는 견고한 형태와는 구별된다. 물리적 일
원론의 명제는 모든 체계가 물질적 부분으로 구성되었다고 주장하는
반면, 공시적 결정론 명제는 체계의 특성이 체계의 구조나 부분의 배
열에 의존한다고 주장한다. 약한 형태는 체계의 창발적, 체계적 특성
이 체계의 구조에 의존한다고 보기 때문에 특성 환원주의와 양립 가
능하다.

마지막으로 창발론 지지자들 사이에서 쟁점이 되는 문제는 하위 수준 특성과 창발적 상위 수준 특성 간의 상호작용 가능성, 특히 수반 supervenience 과 인과이다. 수반은 특성 집합 간의 관계를 가리키는 표현으로, P라는 특성 집합은 N이라는 특성 집합에 의존하지만 P는 N으로 환원되지 않는다(Kim, 1984). 이 경우 P는 N을 수반하며, 두 존재자가 N 특성을 공유한다면 이 둘은 P 특성 또한 공유해야만 한다. 그러나 역은 성립하지 않으며, 따라서 P 특성을 공유하는 두 존재자는 N 특성을 공유할 필요는 없다. 예를 들어, 심리적 특성이 신경학적 특성을 수반한다면, 심리적 특성이 다른 경우 신경학적 특성도 다르다. 그러나 신경학적 특성이 다르다고 해서 심리적 특성이 다를 필요는 없다. 일부 철학자들은 그들 사이의 상호작용이 있을 수 있다는 관점을 견지하며, 상위 수준 특성이 하위 수준 특성을 수반하고 이는 인과적 방식으로 작동한다고 주장한다. 다른 철학자들은 상위 수준 특성은 하위 수준 특성을 수반하나 이들 사이에는 어떤 직접적 인과관계도 없다고 주장한다.

존재론적 개입

형이상학에서 세계관은 세계가 무엇이며 세계에 포함된 것이 무엇인지에 관한 심원한 존재론적 개입으로 구성된다. 서양 철학에서 전개된 존재론은 근본적인 방향에서 세계를 구성하는 것이 무엇인지를 다룬다. 이것은 세계를 구성하는 존재를 분류하는 일반적 틀을 제공한다. 다른 존재론은 다른 범주를 가진다(Pojman, 1998). 예를 들어, 한 존재론적 체계가 세계를 보편과 특수로 나누는 반면, 다른 것은 추상과 구체로 나눈다. 보편과 추상 사이, 또는 개별과 구체 사이에는 어떤 유사성이 있지만, 보편과 구체 또는 추상과 개별 사이에는 유사성이 없다. 또, 보편은 특성, 종류, 관계로 세분화할 수 있는 반면, 구체는 물질과 비물질로 나눌 수 있다.

존재론적 개입은 세계관이 세계에 존재하는 것으로 가정하는 존재자의 본질을 가리킨다. 따라서 다양한 세계관은 다른 존재론에 찬동한다. 예를 들어, 기계론적 일원론의 자세와 환원론을 가정하는 세계관은 물리주의나 유물론의 존재론적 개입과 양립한다. 이런 세계관이 유기체설에 찬동하기는 쉽지 않다. 반면, 이원론이나 전체론적 자세를 취하고 창발론을 전제하는 세계관은 유기체설적 개입과 양립한다. 그러나 이런 세계관은 비환원적 물리주의나 유물론에 찬동할 수도 있다. 생의학 모형의 존재론적 개입은 물리주의 또는 그 이전에는 유물론이었던 반면, 인문주의적, 인본적 의학의 존재론적 개입은 일반적으로 유기체설이다.

물리주의/유물론

윌리엄 시거 William Seager 가 간단명료하게 적은 바와 같이 물리주의는 "모든 것이 물리적이라는 주장"이다(2000, p. 340). 다시 말해, 세계와 그 안의 모든 것은 본질적으로 육체적 또는 물리적이고 물리적이지 않은 것은 그 안에 없다는 것이다. 예컨대, 토마스 네이글 Thomas Nagel 은 물리주의를 "인격과 그의 심리적 특성 전부가 그 신체와 물리적 특성 이상이 아니라는 논제"로 정의했다(1965, p. 339). 사실 철학자들은 물리주의를 정신과 신체의 관계를 살펴보는 데에 활용하며, 여기에서 정신 상태는 뇌의 상태와 동일시된다(이를 동일론이라고 한다)(Pojman, 1998).[20] 물리주의의 이 개념에서 문제가 되는 것은 그 소박함인데, 물리주의 자체가 단순히 물리적인 것보다 더 복잡함을 경험적으로 드러내기 때문이다. 그러나 이 개념은 보이는 것처럼 단순하지 않으며 가정에 따라서 다양한 형태로 나타나게 된다.

소박한 형태와 관련된 문제를 피할 수 있는, 더 널리 퍼진 물리주의의 정의는 물리 과학에 기초를 두고 표현된다.[21] 예를 들어 팀 크레인 Tim Crane 과 데이비드 멜러 David Mellor 가 적은 것처럼, 물리주의는 전통적으로 "물리학이나 다른 물리 과학을 통해 연구되는 (…) 모든 존재자, 특성, 관계, 사실"로 규정되었다(1990, p. 394). 엥겔 또한 물리주의가 "화학과 물리학의 언어가 생물학적 현상을 설명하는 데에 궁극적으로 충분할 것이라고 가정"한다고 주장한다(1977, p. 130). 헬먼과 톰슨은 수리물리학이 "기초" 물리 과학 대부분을 가장 잘 실증한다고 본다(1975). 이와 같이, 물리주의의 정의는 합리주의와 경험주의에 기반을 두고 있으며 이는 자연과학이 향유하는 물리주의에 권위를 부여한다.

---

20 유물론의 관념 또한 정신−신체 문제를 논의하는 데에 사용되어 왔다(Smart, 1963a).

21 스마트(J. J. Smart) 또한 유물론을 물리학의 용어로 정의하였다. "유물론으로 내가 의미하는 것은 세계 내, 그리고 그 밖에는 물리학에서 존재가 가정된 것 외에는 아무것도 없다는 이론이다."(1963a, p. 651) 그는 특히 이전의 "당구공" 물리학을 부정하고, 물질과 에너지가 상호연관되어 있다는 현대 물리학을 채택하였다. 스마트와 다른 현대 유물론자에게 있어 세계의 궁극적 존재자는 "시공간점(space−time points)"이다.

유기체설

대부분의 의학적 지식과 실천에 대한 인본적, 인문주의적 모형은 생의학 모형의 환원주의적 유물론의 가치를 인식하고 인정하며, 특히 그것이 의학적 실천에서 가져온 기술적 진보를 받아들인다. 그러나 이런 가정은 인본적 모형에서 강하게 완화되거나 어떤 경우에는 심지어 거부된다. 인문주의적 모형은 환자의 통합적 체계를 질환의 진단을 위한 병인론적 요소와 회복의 치료적 요소로 포함시켜 환원주의를 완화하거나 거부하곤 한다. 환자의 체계적 차원을 포함하는 의학의 인본적 모형은 유기체설의 존재론적 개입에 기반을 둔다.

유기체설은 유기적 통합을 함의하는 개념이다. 특히 유기체적 organismal 단일체의 측면에서 그렇다. 이것은 조립과는 대조되는 방식으로 구조나 조직을 강조한다. 이런 의미에서 유기체설은 물리주의나 유물론에 의존할 필요가 없는데, 창발론적 특성은 물질이나 물리적 구성 요소로 환원될 필요가 없기 때문이다. 게다가 환원주의적 유물론자는 존재를 상향식으로 인지하는 반면, 창발론적 유기체설은 존재를 하향식으로 인지한다.[22]

물리주의나 유물론을 거부한다고 하여 유기체설이 생기론, 특히 창발론적 특성으로써 생의 도약 élan vital 이나 엔텔레키 entelechy [23]를 제시

---

22 본 베르탈란피 또한 창발론의 개념을 따라 유기체설의 개념을 전개하였다(1968). 그의 개념은 상호 연관되며 조정되는 부분들로 구성된 동적 전체에 기반을 둔다. 그의 유기체론 개념의 중심에는 상위 수준의 활동을 주관하는 수준 특이적 법칙이 있다.

23 역자 주: 아리스토텔레스가 질료에 형상이 부여되어 완성된 상태를 가리키는 술어로 사용한 엔텔레케이아(entelekheia)에서 유래한 단어로, 생명력이라는 의미를 지닌다.

하는 생기론을 수용한다는 의미는 아니다. 생명의 본질은 비환원적 유기체설의 개념에서 물질적, 생기론적 구성 요소의 총합이 아니다. 오히려 그것은 특히 그 정보 내용과 관련하여 전체에서 부분의 배치 assemblage [24]를 반영한다(Foss, 2002). 그 결과 발생한 특성은 고립된 개별 부분을 검토하는 것을 통해 얻어지거나 추론될 수 없다. 오히려 전체를 검토할 때만 창발적 특성이 설명될 수 있다.

그렇다면, 부분의 단순 조합 또는 집합에 집중하는 환원주의적 유물론과 생기론과 달리 유기체설은 부분의 복잡 행렬로써의 상호 연관성에 초점을 둔다. 생기론자의 관점에서 필요한 것과 같은 다른 추가적인 요소가 전체를 설명하는 데에 필요하지 않으며 환원주의적 유물론에서 충분조건인 고립된 부분 구성 요소의 단순 분석으로 전체를 설명할 수 없다.

요약

생의학과 인문주의적 모형의 세계관은 형이상학적 견해와 전제, 그리고 존재론적 개입에서 매우 다른 형이상학적 경계를 나타내는 상황에 처해 있다(표 1.1). 생의학 모형이 기계론적 일원론의 형이상학적 견해와 환원주의의 형이상학적 전제, 물리주의나 유물론의 존재론적 개

---

24   역자 주: 사건과 관련된 여러 행위자가 연결되거나 작동하는 방식의 패턴을 의미한다. 들뢰즈-과타리의 아장스망(agencement)은 공간적인 위치 지정이 아닌 사건의 발생을 가리킨다는 점을 강조하지만, 여기선 그런 함의를 포함하고 있지 않다.

입에 엮인 반면, 인본적 모형은 이원론이나 전체론의 형이상학적 견해와 창발론의 형이상학적 전제, 유기체설의 존재론적 개입에 엮여 있다. 따라서 현대 의학의 형이상학적 경계에는 큰 변화가 진행되고 있는 것처럼 보인다. 이 변화의 원동력 중 하나는 분명히 돌봄의 질 위기이다. 많은 의사와 환자들은 생의학 모형이 많은 질병의 훌륭한 기술적 치료를 산출하는 것에 성공했음을 깨닫고 있다. 그러나 그것은 고통받는 환자의 앓음 경험을 다룰 수 있는 뛰어난 돌봄을 산출하는 데에 실패했다.

형이상학적 견해와 전제, 존재론적 개입의 전환은 자연과학의 역사에서 흔하지 않은 일이라는 점이 중요하다. 예를 들어, 콜링우드는 뉴턴적 기계론적 우주에서 아인슈타인적 상대주의적 우주로 가정이 전환하는 것을 살폈다. 버트 E. A. Burtt, 1892~1989 또한 그의 책『현대 물리학의 형이상학적 토대 The Metaphysical Foundations of Modern Physical Science』에서 우주의 물리적 개념의 틀을 잡은 코페르니쿠스, 케플러, 뉴턴 사이 가정의 전환을 그렸다(1932). 현대의 철학적 문제(특히 우주의 물리적, 형이상학적 중심에서 인간이 추방된 것과 관련된 문제들)는 철학자들이 중세의 세계관에서 뉴턴적 또는 현대 과학적 세계관으로의 전환을 무비판적으로 받아들인 것을 반영하고 있다는 것이 버트의 논제이다. 그 전환은 특히 현대의 우주론에 대한 인지의 틀을 잡는 데에 사용된 형이상학적 범주에서 특히 명백히 드러난다. 구체적으로, 현대의 공간, 시간, 질량의 범주가 중세의 질료, 본질, 형상의 범주를 대체하였다는 것이다. 현대의 실제는 원자와 그 운동, 작용 인과 efficient causality, 뇌와 정신의 동일화로 나타나고 있다. 과학적 지식의 발달에 있어서 형이상학적 전제의 중요성을 입증한 버트의 작업은 자연과학에 있어 형이상학은 불필요하다는 당대의 논리실증주의자의 견해를 논박하였다.

마지막으로 토머스 쿤 Thomas Kuhn, 1922~1996 은 『과학 혁명의 구조』에서 과학 혁명에서 과학적 실천의 "전문 분야 바탕 disciplinary matrix "[25]을 주어진 패러다임에서 만들어내는 한 부분으로써 형이상학의 변화를 주목하여, 공동체의 "집합적 형이상학"이 이 바탕의 중요한 부분이라고 하였다(1996). 과학 공동체가 낡은 패러다임에서 새로운 패러다임으로 전환할 때, 공동체는 그 형이상학적 토대를 돌아보고 재검토한다. 지배 패러다임과 경쟁 패러다임의 토대들에 대한 논쟁은 강렬하며 두 패러다임을 뒷받침하는 토대의 통약불가능성을 반영한다. 게다가 논쟁은 경험적인 자료가 같은 표준으로 잴 수 없는 두 패러다임 사이의 경쟁을 해결할 수 없음을 반영하고 있다. 비록 경험적 자료가 쟁점의 점진적인 해소에 필수적이나 충분하지는 않다. 패러다임의 전환이 일어나려면 특정 세계관의 형이상학적 토대가 먼저 자리 잡아야만 한다.

쿤에 따르면 모형 또한 과학적 실천의 형이상학적 요소의 일부이다. 이 차원은 믿음을 포함하며, 여기에는 연구의 지침이 되는 휴리스틱 장치로서의 모형이나 세계를 조각하는 존재론적 원칙 등이 있다. 형이상학적 맥락 내에서의 모형은 또한 공동체가 받아들일 수 있는 은유를 설정한다. "이렇게 하여" 쿤은 논한다. "모형은 무엇을 설명으로써, 그리고 난문제의 해결책으로써 받아들일지를 결정할 수 있도록

---

25   역자 주: 전문 분야 행렬, 전문 분야 배경, 전문 분야 모형 등으로 번역되어 왔으나, 쿤은 여기에서 다양한 유형의 요소의 집합을 의미하고 있으므로 행렬은 의미상 적절하지 않으며, 배경이나 모형은 각각 base, model의 번역어이므로 적절하지 않다고 판단되어 바탕을 번역어로 사용하였다.

돕는다. 거꾸로 말하면, 모형들은 해결되지 않은 난문제의 목록을 결정하고 각각의 중요성을 평가하도록 거든다."(1996, p. 184)

명백히 떠오르는 질문은 생의학 모형에 대항한 인문주의적, 인본적 의학 모형의 도입이 패러다임의 전환을 나타내는지 여부일 것이다. 다시 말하면, 이 두 모형은 통약불가능한가? 어떤 의미에서는, 생의학과 인문주의적 모형이 기반을 두는 은유는 통약불가능하다. 생의학 모형이 세상에 대한 상향식 접근에 기반을 둔 세계관을 가지고 있는 반면, 인본적 모형은 하향식 접근에 기반하고 있으며 이들 사이의 교차점은 없는 것처럼 보인다. 이 명백한 교차점의 결여는 두 모형을 구성하고 있는 다양한 요소, 즉 환자, 질병, 건강 등의 개념 분석에서 분명해진다. 그러나 이 분석은 또한 교차점의 결여가 전반적인 것이 아니라 대개 단순히 국소적인 것임을 밝혀준다. 인문주의 모형의 지지자들 일부는 인문학적 모형이 생의학 모형에 포함된다고 본다.

제2장

의학적 인과와 실재론

    인과와 실재론은 모든 세계관, 특히 의학적 세계관을 이해하는 데에 있어 핵심이 되는 두 가지 중요 개념이다. 인과는 효과를 가져오거나 생성하는 행동을 가리키는 개념이다(Horner and Westacott, 2000). 다시 말해, 원인은 주어진 세계 내의 사건과 존재자의 구성이나 창조를 초래하는 것이다. 인과는 자연 현상이 그 자신이 아닌 다른 기원을 가질 수 있다는 원칙에 기반을 둔다. 이를테면, 자기 기원 또는 자기 발생적일 필요는 없다는 것이다. 인과의 개념은 철학 사상에서 떠들썩한 역사를 가지고 있으며, 특히 원인과 결과 사이에는 어떠한 필연적 연결도 없다는 흄의 고발이 큰 영향을 미쳤다. 그렇기는 하지만, 인과는 여전히 지식과 실천에 관련하여 거의 모든 의학적 세계관에서 중요한 역할을 담당하고 있다. 의사와 환자는 모두 질병과 나쁜 건강, 건강과 웰빙의 원인에 관심이 있다. 질병의 원인을 식별하는 것은 환자의 질병 상태나 질환을 치료하는 가능성으로 나아가는 첫걸음일 수 있다.

형이상학적 개념에서의 실재에 대해서도 또한 서양 철학의 역사 내내 강한 논쟁이 있었다(Horner and Westacott, 2000). 오늘날 그것은 마음과는 독립적으로 존재하는, 특히 관찰 불가능한 수준에서 실재하는 물체가 있다는 믿음과 연결되어 있다. 현대 실재론은 칸트의 초월적 관념론, 즉 우리는 실제를 알 수 없으며 그 자체는 우리의 인지적 능력에서 벗어나 있다는 주장, 그리고 헤겔의 절대적 관념론, 즉 마음이 모든 지식과 이해의 궁극의 근원이라는 주장에 대한 반발에서 출발하였다. 비록 다양한 실재론적 견해가 존재하지만, 크게는 직접 실재론과 간접 실재론으로 나눌 수 있다.[1] 실재론의 다른 형태는 정신과는 독립적인 특성이나 특질을 표현하는 대상의 존재에 대한 근본적인 믿음을 공유한다.

반실재론적 입장은 이들 실재론의 근본적 특성, 즉 존재와 정신 독립성 중 하나 또는 두 가지 모두를 거부한다. 현대 실재론의 두 가지 중요한 반테제는 도구주의 instrumentalism 와 구성주의 constructivism 이다. 전자는 실제는 도움을 받지 않은 감각으로 관찰 가능한 존재에만 제한되며 관찰할 수 없는 존재에 대한 이론은 단순히 예측이거나 유용한 도구라고 주장한다. 반면, 후자는 실제는 단순히 무엇이 실제를 구성하는지에 대한 전문가 공동체의 합의에 기반을 둔 사회적 구성체라고 주장한다. 인과와 같이 실재론 또한 의학의 현대 세계관에 중요한 역할을 담당하고 있다. 의사와 환자가 질병의 원인에 관심 있는 것처럼, 그들은 또한 질병과 그것을 일으킨 존재의 사실적, 존재론적 상태에 관심이 있다. 환자는 의사와 마찬가지로 자신이 정말 아픈 것인지

---

1   예를 들어, 수잔 하크(Susan Haack)는 실재론을 아홉 가지로 구분하였다(1987).

알기를 원한다. 다시 말하면, 질병을 일으키는 존재가 식별되어 근절될 수 있는가? 이 장에서 인과의 개념을 먼저 검토하고, 이어 실재론의 개념을 검토한다.

인과

서양 전통에서 인과에 대한 논의는 그리스에서 시작해야만 한다. 예를 들어 아리스토텔레스는 『형이상학』에서 자연 현상의 네 가지 원인을 구분하였다(2001). 이는 질료인, 형상인, 작용인, 목적인이다. 그의 목록은 소크라테스 이전부터 플라톤에 이르는 원인에 대한 논의의 최고조를 보여준다. 질료인은 대상을 만든 물질이나 성분과 관계되어 있는 반면, 형상인은 대상을 만든 계획이나 설계와 연결된다. 작용인은 대상의 생성에 책임이 있는 행위자나 최초 근원을 나타내는 반면, 목적인은 대상이 만들어질 때의 목적이나 기능이다. 예를 들어, 책상은 목수가 나무로 만들었다. 그것은 평평한 사각의 상판을 가지고 각 모서리에 상판과는 수직으로 네 개의 다리가 붙어있는 디자인을 가지고 있을 수 있으며 식사를 하거나 카드놀이를 하는 데에 사용된다. 프랜시스 베이컨 Francis Bacon, 1561~1626 은 16세기 과학 혁명이 시작하는 시기에 아리스토텔레스의 네 가지 원인을 질료와 동력 두 가지로 다듬었다(Bacon, 1994). 17세기에 도덕 철학자들은 동력인에 대한 문제에 대해 논쟁을 벌인 반면, 자연 철학자들은 질료 또는 기계적 인과에 관심이 있었다(Crane and Farkas, 2004).

17세기 초에는 아리스토텔레스의 원인을 다듬은 것과 나란히 인과의 개념이 철학의 쟁점이 되어갔다. 데이비드 흄이 도덕 철학자들과 개념에 대한 논쟁을 촉발시킨 장본인이다(Hume, 1975). 흄은 인과를 "우주의 접착제"라고 인식했지만, 그는 원인과 결과 두 사건 사이에 "필수적 연결"은 없다고 주장하였다. 오히려 우리가 하나에 원인, 다른 하나에 결과라는 인과적 연결을 부과하는 두 사건 사이에는 단순한 "지속적인 동시 발생"이 있을 뿐이다. 따라서 인과는 문화적, 사회적 신념을 반영하게 된다. 임마누엘 칸트는 "순수" 오성, 특히 자연 및 과학적 이해에 있어 책임이 있는 주요 범주 중 하나로 인과를 위치시켜 흄에 대답하였다(Kant, 1998). 칸트에게 있어 이 범주는 연관된 현상적 사건에 인과적 관계나 과학적 증거를 부여하는 인간 오성을 통해 과학적 법칙의 타당성을 보증한다.

현대적 인과

현대 철학자들은 명확한 해결책 없이 동력인의 본질에 대한 논쟁을 이어갔다. 그들은 동력인에 관하여 두 가지 주요 질문을 던졌다(Crane and Farkas, 2004). 첫 번째는 원인과 결과로써 작용하는 존재자의 유형에 관한 것이다. 예를 들어, 도널드 데이비드슨 Donald Davidson 은 이들 존재자가 시간을 통해 펼쳐지거나 일어날 수 있는 사건이라고 주장하였다(2004). 데이비드슨은 "철학자들이 원인과 인과 관계라고 말하는 것 대부분은 원인이 개별적인 사건이며 인과 관계가 사건 사이에서 지속하고 있다는 가정(때로 충분히 명백하다) 아래에서만 이해할 수 있다"라고 주장하였다(2004, p. 410). 그러나 데이비드 멜러는 인과에 대한 더 광범위한 해석을 제안하고 인과적 존재는 사실(실제 사태를 표현) 또는 개별자(사물이나 사건을 표현)라고 주장하였다(Mellor, 2004).

인과와 관련된 두 번째 질문은 원인과 결과 사이의 관계의 유형에 대한 것이다. 현대 철학자들은 자연 법칙, 단칭 인과 singular causation, 확률 인과를 통해 인과 관계의 본질을 논의하였다(Sosa and Tooley, 1993). 마지막으로, 원인과 결과 사이의 관계가 필요·충분조건의 면에서 논의되었다. 즉, 원인은 결과가 발생함에 있어 충분할 수도 필요할 수도 있다(Humphreys, 2000).

멜러는 네 가지 주요 "내포" 또는 인과 범주로 시간적, 인접적, 증거적, 설명적 내포를 구분하였다(Mellor, 2004). 시간적 내포나 범주는 원인은 일반적으로 일으킨 결과에 선행한다는 개념과 관련되어 있다. 인접 범주는 원인과 결과 사이의 연결을 포함한다. 증거적 범주는 원인과 결과가 서로를 확증하는 토대가 된다는 것과 연결되어 있다. 마지막으로, 설명적 범주는 원인이 결과를 설명하는 역할을 한다는 사실을 입증한다.

그렇다면, 멜러에게 있어 인과의 이론은 원인이 결과에 선행해야만 하며 근접해야 하는지에 대한 시간적, 공간적 문제 모두를 다뤄야만 할 것이다. 또한 그런 이론은 "무엇이 원인과 결과를 서로에 대한 증거로 만드는지, 그리고 어떻게 원인이 결과를 설명하는지를 말할 수 있는 증거와 설명에 대한 이론을 결합"해야만 한다(Mellor, 2004, p. 424). 이 방법으로만 인과 이론이 인과 관계를 설명할 수 있을 만큼 충분히 엄밀해질 수 있다.

인과의 본질은 자연과학 철학자에게도 중요하다. 특히 인과 관계의 발견이나 자연 현상 사이의 관계에 있어 그렇다. 과학자들에게 자연 현상의 원인이 되는 존재자와 그렇지 않은 것을 구분하는 것은 필수적이다(Humphreys, 2000). 특히 "새로운 실험적 경험론"을 옹호하는 과학철학자에게 있어 대조군 실험은 인과 관계를 발견하는 타당한 방법론이 된다(Ackermann, 1989). 독립 변수를 제한하여 연구자는 연구의 자연 현상 면에서의 종속 변수의 인과적 상태뿐만 아니라 원인과 결과 사이의 관계적 본질, 즉 그것이 선형인지 기하학적인지 또한 결정할 수 있다. 그러나 동력 인과에 대한 이런 접근법마저도 다수의 현대 철학자들에게는 문제적으로 다가온다.

그러나 실험 과학자들은 동력 인과의 문제에 직접 신경을 쓰지 않으며 오히려 자연 현상에 대한 질료적 인과에 관심을 두며, 이는 문제가 없다고 생각한다. 예를 들어 케네스 로스먼 Kenneth Rothman 은 생의학적 관점에서 인과에 대한 전형적인 정의를 제시하였다. "원인은 단독으로, 또는 다른 원인과의 결합으로 결과로써 나타나는 일련의 사건을 촉발하거나 허락하는 행동이나 자연의 상태이다."(1976, p. 588) 자연과학에서 인과는 결과를 생성하는 자연적 또는 물리적 행위나 상태를 식별하는 데에 주안을 둔다. 게다가 원인은 충분조건일 수도 필요조건일 수도 있다. 충분 원인은 결과를 끌어내는 능력이 있는 것인 반면, 필요 원인은 그것을 끌어내는 데에 요구되는 것이다.

의학적 인과

소수의 질병만이 단일 필요충분 원인의 결과이며, 대다수 질병은 단일 원인이 아니라 오히려 다수 원인에 의한 결과이다(Rizzi and Pedersen, 1992). 로스먼이 기록한 것과 같이 "의료 영역에서 관심 대상인 원인 대부분은 충분 원인의 구성 요소이지만, 그들 자체로 충분하지는 않다."(1976, p. 588) 다시 말해, 질병을 초래한 원인의 성좌 constellation 가 있다.

인과 관계는 일반적으로 원인과 결과 사이의 단순한 선형 관계가 아니다. 그 관계는 대개 복잡하고 다면적이다(Montgomery, 2006). 질병 원인에 대한 충분성, 심지어는 필요성마저도 일반적으로 단지 부분적일 뿐이다. 다시 말해 "우리는 절대 **전체** 인과의 그물이나 분지를 알 수 없고, 단지 부분적으로만 알 뿐이다."(Rizzi and Pedersen, 1992, p. 240) 필요조건든 충분조건이든, 원인 다수는 질병을 일으키는 데에 대한 "병인론적 비율"에 대해 백분율을 할당할 수 있다. 따라서 생의학적 인과는 엄격히 결정론적인 경우는 드물며 확률론적일 때가 많다(Giere et al., 2006).

생의학 모형에서 인과는 일반적으로 물리화학적 기전에 원인이 있다고 생각한다.[2] 앞에 서술한 바와 같이, 기전은 시간에 따른 존재자의 변화와 관련된 존재자 및 힘으로 구성된다. 그렇다면 기전은 서로 작용하는 존재와 힘으로 만들어진다. 마샤머 등이 기전을 표시하기 위해 사용한 방법인 A→B→C를 가져오자. 여기에서 각 글자는 존재자를 나타내고 화살표는 기전이 시작해서 끝날 때까지 기전의 변화나 과정의 연속성을 제공하는 활동을 표시하며, 기전은 한 사건이 다른 사건으로 이어지는 선형 전개라는 것이다. 이 도식에서 선행하는 글자인 A는 원인으로, 이어지는 글자 B는 결과로 간주되며, 화살표는 인과 관계나 변환에서 일어나는 변화나 전환을 가리킨다. 더구나 기

---

2   위트벡은 질병을 일으키는 "병인론적 행위자"의 여부를 결정하는 데에 대한 두 가지 범주를 제안하였다. "우선, 원인(遠因, remote cause)적인 것보다 근인(近因, proximate cause)적인 것에 대한 선호가 있다. 둘째, 환자 신체에 접촉하기 전에 환경에 존재하였으며, 이후 환자 신체에 작용했을 수 있는 요소에 대한 선호가 있다."(Whitbeck, 1977, p. 631)

전은 분지 구조와 피드백, 전향 통제 feed-forward 회로를 통해 훨씬 복잡해질 수 있다. 예를 들어 C의 생성은 A를 통한 B 생성으로 증폭(전향통제)되거나 억제(피드백)될 수 있다.

마지막으로 리찌와 페데르젠은 질병의 병인론에 대한 원인 요소, 특히 다요인적 원인을 가진 질병에 대한 유용한 분류법을 제시하였다(1992). 첫 번째 범주는 회피 원인 avoidable cause 이다. 원인 결합 causal nexus 에는 영향을 미치는 다양한 원인 요소 중 피할 수 있거나 보상할 수 있는 것이 있다. 비장 비대가 동반되는 단핵증 mononucleosis 에 걸려 활발한 신체적 활동을 피할 것을 권고 받았으나 권고에 유의하는 데에 실패하여 그 결과로 비장 파열로 고생하는 환자에서 그 예를 찾을 수 있다. 회피 가능 원인의 다수는 기술이나 지식의 면에서 인간 오류의 결과이다.

두 번째 범주는 회피 불능 원인 impervious cause 이다(Rizzi and Pedersen, 1992). 이 유형의 원인은 피할 수 없으며 보통 병태생리학적 과정의 결과이다. 위의 예에서 단핵증이 동반하는 비장 비대는 현재의 의학적 술기에선 피할 수 없다. 마지막 범주는 민감 원인 susceptible cause 이다. 이 유형의 원인의 예를 들자면 "달성 가능한 치료적, 예방적 방법의 잠재적, 실제적 후보, 개입을 통해 예방, 제거 가능한 요소, 환자를 저해하거나 손상을 입히며 위태롭게 하는 등의 요소로 임상의 대상으로 선언된 것"이 있다(Rizzi and Pedersen, 1992, p. 252). 예를 들면, 치료 측면에서 침대 요양은 단핵증 회복의 원인이다. 리찌와 페데르젠에 따르면 이들 원인 범주는 생의학적 임상가에게 다요인 질병 인과와 관련된 상호작용을 분석하는 데 도움이 된다.

헨레–코흐 공리

기전에서 생의학 인과의 고전적인 예는 감염 질병이 있다. 19세기 말, 야코프 헨레 Jacob Henle, 1809~1885 는 미생물이나 기생충을 특정 질병의 원인으로 확립하는 데에 필요한 공리를 제시하였으며 이후 그의 제자였던 로베르트 코흐 Robert Koch, 1843~1910 가 이를 수정하였다(Evans, 1976). 이 공리에서 1. 미생물이나 기생충은 질병의 모든 증례에서 존재해야 한다. 2. 숙주에서 분리할 수 있어야만 하며 실험실 환경에서 성장할 수 있어야 한다. 3. 분리, 실험실 환경에서 성장 후 건강한 유기체에 직접 노출하여 질병을 야기하거나 그 원인이 되는 것을 보일 수 있어야 한다. 그렇다면 기전의 면에서 인과 관계는 다음과 같이 도식화할 수 있다. A→B, A는 질병 상태 B를 일으킨 미생물이며 화살표는 유기체가 미생물의 병리적 작용을 통해 건강 상태에서 질병 상태로 전환되는 것을 표시한다.[3]

그러나 위의 인과 관계는 이렇게 직접적이거나 단순할 수 없다. 알프레드 에반스 Alfred Evans 에 따르면 "제시되었던 그 시점에서도 헨레–코흐 공리는 인과의 견고한 범주로 추천되지 않았으며 인과 관계가 거의 분명하다고 여겨진 경우에도 당시 다수의 질병에 적용되는 데에 실패하였다."(1976, p. 177) 후천 면역 결핍증 또는 AIDS의 원인 행위자를 정하는 데에 있어, 이 공리를 적용하는 데에 대한 몇십 년 동안의 논쟁이 그 예이다(Fujimura and Chou, 1994). 피터 듀스버그 Peter Duesberg 는

---

[3] 헨레–코흐 공리는 멜러의 인과 범주를 만족시킨다. 시간적, 증거적 범주는 세 번째 공리로 만족되며, 인접 범주는 첫 번째 공리로 만족되고, 설명적 범주는 두 번째와 세 번째 공리로 만족된다.

인간 면역 결핍 바이러스 또는 HIV를 AIDS의 원인 행위자로 확립하는 데에 대한 증거가 헨레-코흐 공리를 만족시키거나 충족할 수 없다고 주장하였다(1988; 1997). 그러나 다른 연구자들은 HIV가 AIDS를 일으키며 그것이 AIDS의 원인 행위자라는 증거가 공리를 만족시키거나 충족한다고 주장하였다(Cohen, 1994; O'Brien and Guider, 1996).

힐의 범주

인과 수립에 있어 생의학적 과학에 문제가 되는 다른 영역으로 역학이 있다. 예를 들어, 역학적 증거에 기반을 두고 흡연이 폐암의 원인으로 간주되고 있지만, 이것은 모든 흡연자가 폐암에 걸리지 않기 때문에 충분조건도 아니고 비흡연자도 질병에 걸리기 때문에 필요조건도 아니다. 오스틴 힐 Austin Hill 은 역학적 증거에 기반하여 두 사건이 인과적인지의 연관성 여부에 관한 아홉 가지의 "측면", "관점"(힐의 표현) 또는 범주(논문에서 사용된 표현)를 제시하였다(1965). 첫 번째 범주는 연관성의 강도이다. 즉 대조군과 비교하여 실험군에서 질병 출현 비율의 증가이다. 다음 범주는 연관성의 일관성으로, 다른 방법론으로 다른 시점과 장소에서 다수의 조사자에 의해 질병이 반복적으로 관찰되는지를 포함한다. 세 번째 범주는 연관성의 특이성으로, 즉 행위자가 다수의 질병이 아닌 특정 질환만을 일으키는 것이다.

힐의 네 번째 범주는 행위자와 질병 출현 사이의 연관에 있어서 사건의 옳은 시간적 관계로, 즉 원인 행위자가 질병의 출현에 시간적으로 선행해야만 한다는 것이다. 다음 범주는 행위자와 질병 출현 사이의 연관성에 있어 생물학적 경사 또는 용량-반응 관계와 관련된다. 여섯 번째 범주는 연관성의 생물학적 타당성으로, 특히 질병의 기전에 대한 현재 이론에 기초를 둔다. 다음 범주는 질병력에서의 알려진 다른 생물학적 사실에 있어서 연관성의 일관성이다. 여덟 번째 범주는 이를 지지하는 실험적 증거의 이용 가능성으로, 특히 동물 모형에서 질병의 발생이 있다. 마지막 범주는 그 질병이나 유사한 질병에서 인과 관계가 이전에 수립되었다면 그 유사한 상황에 호소하는 것이다.[4]

비록 힐이 이 용어를 사용하는 것에 대해 경고했다고는 해도, 위의 "측면"이나 "관점"은 다수의 원인 요소나 행위자를 지닌 많은 만성 질병의 인과를 수립하는 데에 있어 표준적인 범주이다. 예를 들어, 2004년 보건부 장관 보고서 「건강과 흡연 Health and Smoking」을 보면 위의 "범주"를 흡연과 폐암 간의 인과를 판단하는 데에 활용하고 있다(Carmona, 2004, p. 24). 예를 들면, 일관성은 흡연과 폐암 사이의 연결을 지속하여 증명하는 후향적, 전향적 연구의 숫자가 많은 것과 연결되어 있다. 반면, 생물학적 경사는 흡연자에서 피우는 담배 개비 수와 폐암 발생률의 양의 용량─반응 곡선을 끌어들인다. 비록 보고서는 이런 상황에서 인과성을 판단하는 것이 "어느 정도 항상 불확실하다"라는 것을 시인하고 있지만, 그런 판단이 "전체적인 과학적 증거에 기반을 두고" 내려질 수 있다고 말한다.[5]

---

4   힐의 역학적 인과 범주 또한 멜러의 인과 범주를 만족시킨다. 시간적 범주는 힐의 네 번째 범주에 의해 만족되고, 인접 범주는 힐의 두 번째 범주에 의해 만족되며, 증거적 범주는 힐의 첫 번째, 세 번째, 다섯 번째, 여덟 번째 범주에 의해 만족되고, 설명적 범주는 힐의 여섯 번째, 일곱 번째, 아홉 번째 범주에 의해 만족된다.

5   이 "범주"들의 타당성, 특히 흡연과 폐암 사이의 인과적 관계의 수립과 관련해서는 계속 논쟁이 있다(Burch, 1983).

진화적 인과

네스 Randolph M. Nesse 와 윌리엄스 George C. Williams 는 "왜" 질병의 기원을 문제로 삼는지에 대한 질문에 답변하면서 질병에 대한 진화적 인과의 개념에 힘을 실었다. 진화적 원인은 "일반적으로 왜 인간이 특정 질병에 취약하고 다른 질병에는 아닌지" 증명하는 데에 활용될 수 있다(Nesse and Williams, 1996, p. 6). 네스는 질병의 기원이 "왜?" 그리고 "어떻게?" 문제가 되는지에 대한 질문에 답변하는 근접 인과의 개념과 그들의 개념을 비교한다. 진화적 인과에는 여섯 가지 범주가 있으며, 여기에는 방어, 감염, 새로운 환경, 유전자, 설계 타협, 유전적 유산이 있다. 이 범주들은 종종 질병 인과를 가로지른다. "새로운 환경은 이전에 보이지 않던 유전적 특성과 상호작용하여 표현형에 더 많은 다양성을 가져오고, 이들 중 일부는 정상 범위를 넘어선다."(Nesse and Williams, 1996, p. 144) 예를 들어, 괴혈병과 같은 질병은 현대적 식사에서 비타민 C가 결핍되어 나타나는 문화적 질병이라는 것이다.

멜 그리브스 Mel Greaves 에 따르면 질병의 진화적 인과는 한 유전자가 환경에 대한 적응의 면에서 한때 유리했던 것이 환경의 변화에 의해 더 이상 그렇지 않다는 사실을 중심으로 삼는다(2002). 이것은 암의 인과에서 부분적으로 사실이다. 비록 암 인과에서 분자적, 유전적 요소가 중요하지만, 그것들은 근접 인과 요소이다. 더 온전한 인과적 설명은 역사적, 진화적 요소를 필요로 한다. "이 논의의 핵심 부분은 특정 정상(돌연변이가 아닌) 유전자와 유전자의 이형 또는 대립 형질이 과거에 선택되었다는 전제에 기초하고 있으며, 이는 유전자가 담고 있던 생존이나 번식적 장점을 부여하는 기능이 이제 동일 유전자가 동작하기 위해 필요한 생리학적 환경의 변화로 암 발생 위험을 간접적으로 증가시키는 잠재력을 가지게 되었다는 것이다"라고 그리브스는 주장한다(2002, p. 246). 예를 들어, 유방암 발생률은 서구 사회에서 더 높으며, 특히 로마 가톨릭 수녀에서 높은데, 이는 에스트로겐에 대한 노출이 다수의 임신에 의해 중단되지 않기 때문이다.[6]

인문주의적 염려

질병의 구분되는 원인이나 원인들을 결정하는 것이 생의학적 의료인에게 중요하긴 하지만, 인문주의적, 인본적 임상가는 그에 대해 덜 낙천적이다. 예를 들어, 카셀은 질병의 특이한, 기계론적 원인을 찾으려는 시도는 잘못 수립되거나 그른 방향성을 가지고 있다고 주장한다. "특정한 원인을 찾으려는 욕망이 자연스럽다고 해도, 그것은 질환이 발생하는 데에 대한 불완전한 시각에서 유래하였다."(1991, p. 109) 오히려 질환은 생명 체계의 혼란의 결과이다. 카셀은 일반 체계 이론[7]에서 조금씩 모은 통찰을 통해 질환에 대한 특정 원인을 결정하려는 노력이 무익하다고 강력히 주장하였다. "일반 체계 이론의 기여는 질병 단일의 관점으로만 질환을 볼 수 없다는 인식을 증진한 데에 있다."(1991, p. 111) 질환은 단순한 환자의 생리적 혼란을 넘어선다. 오히려 그것은 심리적, 사회적인 혼란을 포함한다. 그는 폐렴으로 병원에 이송된 노년 남성의 예로 이 지점을 설명한다. 최근에 상처喪妻한 뒤 잘 말을 듣지 않는 무

---

6   진화적 인과 또한 멜러의 인과 범주를 충족시킨다.
7   역자 주: 일반 체계 이론은 여러 학문의 개념적 특징을 구체적으로 나타내려고 시도하는 이론으로, 실세계에서의 일반적인 관계를 기술하는 이론적인 구조를 개발하기 위한 모형 작성의 개념적 수준을 동원한다. 카셀이 일반 체계 이론으로 전개하고 있는 것은 생물정신사회 모형으로, 건강은 생물학적, 정신적, 사회적 요소의 관계적 구조 모형을 지칭한다.

룷으로 고생하는 그는 충분한 영양을 섭취하지 못하여 박테리아에게 굴복한다. 여기에서의 문제는 이 사람의 질환 원인은 다요인이며 어느 하나의 원인도 우위를 차지하고 있지 않다는 것이다.

스테판 툴민 Stephen Toulmin 또한 의학에서 인과의 확장된 개념, 즉 신체적인 것뿐만 아니라 심리적, 사회적인 것을 포함시켜야 한다는 점을 옹호한다. "철학적으로 말해 신체적 요인이 관련된 다른 모든 종류의 요인과 조건보다도 더 인간 질환과 직접 관련되었다거나 인과적이라고 말할 특별한 이유는 없다."(1979, p. 68) 예를 들어, 그는 회사원의 궤양을 직업에 따라오는 스트레스는 무시한 채 신체적인 개입으로만 치료하는 것의 무익함을 언급한다. 뒤이어 그는 의사들에게 질환의 원인이 되는 사회적 문제를 질환의 인과적 개념에 포함시킬 것을 권유한다. "만약 그들이 의학적 인과의 더 넓은 관점을 발전시키려 한다면, 그들은 개입의 적법한 장소와 방법, 그리고 그들의 전문가적 책임에 대한 그들의 관념 또한 확장해야 한다. 예를 들어, 그들은 환자의 직업, 생활 방식, 개인적인 기질 등등에 대해 상담하는 것의 필요를 기쁘게 받아들일 수도 있을 것이다."(Toulmin, 1979, p. 68) 그때에만, 현대 의학은 자신의 질병 인과에 대한 근시안적 견해를 극복하고 환자의 질환 경험을 다룰 수 있다.

실재론과 반실재론

인과에 대한 논의를 시작하는 데에 그리스를 활용한 것 같이, 실재론의 개념 하나를 전개하는 데에도 활용할 수 있다(Horner and Westacott,

2000). 실재론은 세계가 어떻게 실제로 우리와 독립적인지를 밝히는 것이 세계에 대한 탐구라고 믿었던 아리스토텔레스, 그리고 그런 탐구는 우리에게 있어 독립인 세계를 밝히는 것이 아닌 그의 복제만을 알려준다고 믿은 플라톤 Plato, B.C. 427~B.C. 347 사이의 논쟁에 그 논의의 근저를 두고 있다. 중세에는 정신-독립적인 보편자와 그 일차적인 특성을 다루는 실재론과 정신-독립적인 보편자가 이름으로만 존재한다는 명목론으로 그 논쟁의 중심이 옮겨졌다.

그러나 계몽주의 시대에 실재론은 정신으로 만들어진 인상만 존재한다는 개념인 관념론과 충돌했다(Horner and Westacott, 2000). 조지 버클리 George Berkeley, 1685~1753 와 같은 관념론자에게 있어 물리적 대상은 단순히 감각 인식의 종합이며 인식과는 별개로 존재할 수 없다. 칸트는 경험적으로 알 수 있는 정신-독립적인 세계(경험적 실재론)가 사실 존재하지만 우리의 지식에 의존적(초월적 관념론)이라는 견해를 취했다.[8]

오늘날, 특히 논리실증주의 이후 실재론은 실제의 존재가 우리, 그리고 그들에 대한 우리의 지각과는 독립적으로 존재한다는 철학적 개념이 되었다. 다시 말해 실제는 세상이 어떠한지와 사실이 직접 대응한다는 것에 의존한다. 반실재론의 개념은 세계가 우리, 그리고 그에 대한 우리의 지각에 독립적으로 존재한다거나 세상이 어떠한지와 사실에 직접적인 대응 관계가 있다는 것을 부정한다.[9]

---

8   실재론은 정신-독립적인 세계가 존재한다는 형이상학적 개념이며, 또한 정신-독립적인 세계에 대한 지식이 습득 가능하다는 인식론적 개념이다.
9   그리하여 실재론자들에게 있어 사실은 문제가 없으며 세계의 온톨로지를 표현한다. 그러나 반실재론자들에게 사실은 문제가 있으며 세계의 온톨로지를 표현하지 않는다. 오히려 사실은 해석된 데이터이다.

현대의 이들 입장에 대한 두 옹호자를 들자면 힐러리 퍼트넘 Hilary Putnam 과 마이클 더밋 Michael Dummett 이 있다(Putnam, 1977, 1990; Dummett 1978, 1991). 퍼트넘은 실재론자로 출발하였지만, 그는 마음을 바꾸고 이제 "내재적 실재론" 개념의 지지자가 되었다. 이는 실재가 이론적 틀에 묶여 있다는 생각이다. 여기에서 실제는 틀에 의존하며, 특히 언어적 개념을 따른다. 이 틀 밖의 모든 담화는 의심에 붙여진다.[10] 퍼트넘과는 대조적으로 더밋은 실재론이란 문장의 의미를 그 조건(의미가 참 또는 실재가 되는)에 따라서 이해하는 견해라고 주장한다. 그가 옹호하는 입장인 반실재론은, 문장의 의미는 그 주장을 단순히 정당화하는 조건에 따라 이해할 수 있다(그 이상은 아니다)는 견해이다.

퍼트넘의 내재적 실재론과 더밋의 반실재론에 더하여, 다양한 실재론자, 반실재론자의 관점이 존재하며 철학뿐만 아니라 다른 분야에서도 중요한 역할을 수행한다. 이 논쟁은 예를 들면 다양한 실재론자, 반실재론자 견해가 제기되는 예술에서도 중요하다. 실재론(특히 절대적 판본)은 거부되는데, 이는 재현을 결정하는 범주가 문화적 가치에 상대적이기 때문이다. 최근 도미닉 로페즈 Dominic Lopes 는 이 문화적 상대성을 고려하는 회화적 실재론을 제안하였다(1995). 로페즈에게 있어 실재론은 적절한 정보의 측면에서 소통될 필요가 있는 문화 체계와 그 개입에 의존한다. "우리는 체계가 다음에 찬동하는 한에서 '적절히 정보적이다'라고 말할 수 있으며, 이때 주어진 맥락에서 수행하는 목적에 맞게 그림이 적절한 정보를 전달해야 한다는 요건을 만족시켜야

---

10   커티스 브라운(Curtis Brown)은 퍼트넘의 내적 실재론과 칸트의 초월적 관념론
      사이의 유사성을 탐구하였다(1988).

한다."(1995, p. 283) 예를 들어, 인상주의 회화는 작품이 표현해야 하는 어떤 정보에 관한 특정 관점을 가지고 있는 감상자에게는 실제적이다.[11] 이런 실재론/반실재론 논쟁이 흥미롭고 교육적이지만, 이어지는 논의는 직접적, 표현적, 비판적, 과학적 실재론의 견해와 도구주의와 구성주의의 반실재론 견해에 국한되어 있다. 그 다음, 의학에서의 실재론, 반실재론 입장을 논할 것이다.

실재론

직접 또는 순진한 실재론

직접 또는 순진한 실재론은 사물은 명확하게 한정된 장소에서 지각되며 대부분 그 존재를 정당화할 필요는 없다는 상식에서 출발한다. 이 견해의 지지자는 "세계에 대한 우리의 주장은 우리의 인지와는 독립적으로 단순히 세계가 어떠한지에 따라 참, 거짓이 결정된다"라고 말한다(Horner and Westacott, 2000, p. 37). 다시 말해, 우리의 감각은 세계에 대한 직접적인 접근 또는 직접 접촉을 제공한다는 것이다. 직접 실재론의 큰 매력은 "주관적 경험과 객관적 실제를 조화시키는 데에서의 회의적 의심의 발판을 부정한다"라는 점이다(Horner and Westacott, 2000, p. 37). 그러나 이 매력은 전적으로 타당하거나 문제가 없다고 말할 수 없다.

비록 직접 실재론이 회의주의에 영향을 받지 않는 것으로 보이는

---

11   로페스의 회화 실재론의 개념은 의학, 특히 미술 치료에서 중요한 함의를 지닌다. 예를 들어, 암을 가진 아이가 그린 그림은 아이의 암 경험에 대한 중요한 경험을 전달할 수 있다.

상식에 호소하지만, 무비판적이거나 순진한 상식은 종종 기만당한다. 예를 들어 몇백 년 동안 지구가 평평하다는 것은 상식이었다. 게다가 데카르트는 길을 지나는 두건을 쓴 사람의 형상을 보더라도 그가 사람인지 로봇인지 알 수 없다고 주장하였다. 따라서 지각은 주관적이며 그 진실성을 확증하기 위한 추가 증거에 의존적이다. 직접 실재론은 궁극적으로 사물에 대한 직접 접근이 없기에 실패한다. 오히려 직접 접근은 감각에 의해 시간적, 공간적으로 중개 또는 결정된다.

재현적, 표상적 실재론

재현적, 표상적 실재론은 실제를 검토할 때 감각 지각의 중개를 고려한다. 이것의 현대적인 뿌리는 17세기에 데카르트와 존 로크^{John Locke, 1632~1704}가 대상의 일차 속성과 이차 속성을 구분한 데에 있다. 일차 속성은 대상 그 자체에 정말로 속하는 것인 반면, 이차 속성은 대상의 내재적 특성이 아니다. 일차 속성의 예로는 동작, 양, 형태, 공간 연장 등이 있다. 이차 속성의 예로는 색깔, 맛, 냄새 등이 있다.

재현적 실재론은 "우리의 감각−지각은 수리물리학으로 서술 가능한 물리적 특성을 소유한 독립적으로 존재하는 물리적 존재자에 기인하며, 이들 특성은 우리의 감각−인상에서 추정될 수 있다"라는 견해이다(Horner and Westacott, 2000, p. 42). 이 실재론적 견해는 우리의 감각 지각이 세상이 어떠한지에 관한 직접적 접근을 제공하지 않고 이들 지각에 의해 유도되거나 추정된다는 견해를 취하는 데에서 순진한 실재론과는 다르다. 그러나 그것은 세계에 대한 지식이 사물과는 별도인 단순한 정신적 구성물이 아니라고 보는 데에서 관념론과도 차이가 있다.

재현적 실재론이 충분히 그럴듯한 것처럼 보이나, 감각 지각이 대상의 일차 속성이라고 해도 그 존재에 대한 추론을 허락하는지 아닌지에서 문제가 발생한다. 그러므로 직접 또는 순진한 실재론의 오류와 착각이 이 형태의 실재론에서도 문제로 남는다. 특히 사물의 존재를 정당화할 수 있는 감각-독립적인 방법이 존재하지 않는다. 이것은 해결하기 쉽지 않은 문제로, 해결될 수 있을지 가늠도 되지 않는다.

비판적 실재론

표현적 실재론을 계승한 비판적 실재론은 그 전자의 오류와 착각의 문제를 해결하기 위한 시도이다. 불행히도 그것은 특히 미국과 영국에서 다양한 형태를 가지고 있으나, 오늘날 가장 일반적으로 떠오르는 것은 로이 바슈카 Roy Bhaskar 의 것이다.[12] 근본적으로 비판적 실재론의 지지자들은 정신적, 인지적 활동이 세계를 이해하는 데에 있어 매개적 역할을 담당한다고 주장한다. 델라니 C. F. Delaney 는 "로크적 재현주의의 함정에 빠지지 않는 정신적 매개에 대한 설명을 만들기 위해" "알 수 있는 대상과 그것을 통해 알게 되는 정신 상태를 명확히 구분해야만 한다"라고 적었다(1999, p. 194).

1916년 비판적 실재론이라는 용어를 만든 로이 셀라스 Roy Sellars 는 비판적 실재론의 핵심 원리를 다음과 같이 제시하였다. "외부 사물과

---

12   바슈카는 심리학과 자연과학의 최근 발달을 받아들여 비판적 실재론을 전개하였다(1997; 1998). 바슈카의 비판적 실재론은 "초월적 실재론"과 "비판적 자연주의"로 나뉜다. 초월적 실재론은 과학자들이 자연 세계를 탐구할 때에 진행되는 과정을 가리키는 반면, 비판적 자연주의는 사회 세계와 자연 세계를 구분하고, 사회 세계는 인간 행위주체성에 의해 급속히 변한다고 본다.

과거 사건에 관한 지식은 이해된 술어의 면에서 이들 대상에 관한 해석이며, 인식 주체의 의식 영역에서 이들 대상의 축어적 존재와 관련되지 않는다."(1927, p. 238) 다시 말해, 대상은 그 지각과 별개로 존재하지만 동시에 사적, 문화적 요소에 의존적이라는 것이다.

비판적 실재론은 정신-독립적인 세계를 주장하지만, 그 세계는 우리의 지식이 발달(셀라스는 이를 "지식의 본질에 대한 재해석"이라고 불렀다)함에 따라 변한다는 철학적인 견해이다(1927, p. 238). 결과적으로 오류와 착각은 발전이나 재해석으로 설명될 수 있다. 셀라스와 일부 비판적 실재론자들에게 있어 정신적 매개는 본질상 물질적인 반면, 그렇게 생각하지 않는 비판적 실재론자도 있다. 비록 비판적 실재론이 실재론을 옹호하는 데는 도움이 됐을지라도, 정신 과학을 통한 정신의 설명이 그 자체로 개정되기 때문에 문제가 된다.

과학적 실재론

과학적 실재론은 논리 실증주의가 실재론적 질문을 형이상학적인 것으로, 따라서 거짓 질문이라고 여긴 것에 응답하며 전개되었기 때문에 "과학은 독립적으로 존재하는 실재의 진짜 그림을 보여준다"는 견해를 취한다(Horner and Westacott, 2000, p. 112). 과학적 실재론과 그 반테제인 반실재론은 최근 현대 과학 연구에 대한 논의에서 절대 다수를 차지하고 있으며, 특히 도구주의와 구성주의의 반실재론 견해가 그 중심에 있다(Devitt, 2005).[13]

---

13   이들 두 반실재론적 견해에 더하여, 현상주의와 경험론 또한 중요한 반실재론적 견해를 대표하고 있다. 예를 들어 바스 반 프라센(Bas van Fraassen)은 축어적

리처드 보이드 Richard Boyd 는 과학적 실재론의 네 가지 핵심 요소를 제시하였다(1991). 그는 과학의 기술적·도구적 성공은 이론에 근거하며, 이론에서 개념이란 세계의 진짜 본질을 근사 近似 하는 것이라고 주장하였다. 보이드에 따르면, 핵심 요소 첫째는 과학적 이론의 이론 및 관찰 불가능성에 속하는 개념이 실제 존재를 대표한다는 것이다. 다시 말해, 이들 개념은 실재론적 방식으로 해석되어야 한다는 것이다. 다음 요소로 과학적 이론은 실험적 방법과 같은 관찰적 방법으로 확증될 수 있어야 한다는 것이다. 비록 이 확증이 절대적인 것은 아닐지라도, 그것은 근사적이거나 그럴듯해야 한다. 이것은 세 번째 요소로 이어진다. 과학의 역사에서 명백하게 드러난 바와 같이, 성숙한 과학의 진보란 점근적 asymptotic , 즉 세계가 정말로 존재하는 방식에 점점 더 가까워지는 것으로 해석된다. 이론들은 하나씩 쌓여 과학적 탐구를 통해 실제를 풀어나가는 행진을 이어간다. 마지막 요소로 "과학적 이론이 서술하는 실제는 이론적 언표에 대한 우리의 생각에 대개 독립적이다"라는 것이 있다(Boyd, 1991, p. 195).

과학적 실재론의 전통적인 옹호 논증으로 "기적 없음" 논증이 있다(Smart, 1963b). "이 논증에 따르면, 전자와 원자에 대해 이야기하는 이론이 관찰 가능한 세계에 대한 정확한 예측을 내놓는다는 것은 엄청난 우연의 일치일 것이다. 전자와 원자가 실제로 존재하지 않는다면

진리가 아닌 경험적 충분성이 과학 이론 찬동의 기초라고 보는 "구성적" 경험론을 제안하였다(1980). 또한 아서 파인(Arthur Fine)은 과학적 실재론의 대안으로 그가 "자연 존재론적 태도"라고 부른 것을 제시하였는데, 이는 과학의 주장에 관한 최소주의적 입장이다(1996). 과학적 실재론자들이 이론적 주장을 사실로, 존재를 진짜로 받아들이는 반면, 파인은 과학적 이론과 존재를 평가적 판단 없이 받아들인다. 그는 이 관점이 반실재론이 아닌 비실재론이라고 주장하였다.

말이다."(Okasha, 2002, p. 63) 다시 말해, 실재론자들은 반실재론자들이 과학의 이론적, 기술적 성공을 설명하기 위해 기적에 기대야만 한다고 주장한다. 그러나 반실재론자들은 "기적 없음" 논증이 자신들의 견해 또한 지지하는 근거가 된다고 주장한다. 그들은 과학의 성공 및 이론과 그 존재자의 사실에 관한 똑같이 타당한(또한 아마도 더 인색한) 해석은 과학이 단순히 경험적 성공의 옳은 방향을 향하고 있다는 것일 뿐이라고 주장한다.[14]

"기적 없음" 논증의 반박에 더하여 반실재론자들은 다른 두 면에서 과학적 실재론에 반대한다. 첫 번째는 과거의 여러 과학적 이론 및 그 존재자가 현대 과학 공동체에서 더 이상 받아들여지지 않는다는 것이다. 이 반대 이론을 "비관론적 귀납"이라고 부른다. 과학적 이론의 오류 가능성과 이론적 존재의 허구적 본성을 증명하는 사례들이 역사적 기록을 통해 풍부하게 제시된다는 것이다. 예를 들어, 래리 로던 Larry Laudan 은 한때 과학 공동체에서 받아들여졌던 이론이 이후의 발전을 통해 반박된 수십 개의 예를 나열하고 있으며, 그 고전적인 예로 플로지스톤을 들고 있다(1981). 실재론자들은 역사적 기록이 다수의 과학적 이론이 결국 틀린 것으로 증명되었다는 것을 보여준다는 것을 받아들인다. 그러나 그들은 여전히 전체적으로 봤을 때 과학적 이론이 틀린 것에서 좀 더 사실에 근접하는 것으로 대체된다고 주장한다.

반실재론자들은 과학적 실재론에 대한 다른 반박을 제시한다. 미결성 underdetermination 논제, 즉 경험적 증거가 경쟁 이론 앞에서 특정 이

---

14 물론 여기에서 문제는 "옳은" 방향을 구성하는 것이 무엇이며 그것을 판별하기 위한 기준이 설정될 수 있는가 하는 데에 있다.

론을 (원칙상) 정당화할 수 없다는 것이다. 반실재론자들은 만약 증거가 어떤 이론도 정당화할 수 없다면, 이론적 존재나 과학적 이론의 사실을 받아들일 수 있는지 여부엔 의문의 여지가 있다고 주장한다. 실재론자들은 미결정성 논제가 관찰 가능한 존재자에도 적용되며, 따라서 자의적인 비판이라고 역설하여 받아친다.

과학적 실재론에는 여러 가지 형태가 있으며, 대개 반실재론자의 비판에 대한 응답으로 제시된다. 강조하는 부분이 세계의 형이상학적(존재) 차원인지, 또는 그 인식론적(진리 내용) 차원인지에 따라 구분할 수 있다(Devitt, 2005). 널리 퍼진 과학적 실재론으로 "존재자" 실재론이 있으며, 특히 이언 해킹 Ian Hacking 이 옹호하고 있다. 해킹에 따르면 "과학적 실재론은 옳은 이론에 의해 설명되는 존재자, 상태, 과정이 실제로 존재한다고 말한다."(1983, p. 21) 다시 말해, 원자, 분자, 유전자와 같이 과학적 이론에서 제안된 존재자는 실재하며, 특히 이들 존재자가 실험적으로 조작 가능한 경우 더 그렇다는 것이다. 양전자나 전자를 뿌려 니오븀 공의 전하를 바꾸는 것을 언급하는 유명한 구절에서 해킹은 "내가 아는 한, 만약 당신이 그것을 뿌릴 수 있다면 그것은 실재한다"라고 주장한다(1983, p. 23). 반실재론자들은 이 실재론의 형태는 관찰 불가능한 존재자의 본질에 대한 지레짐작에 의존하며 관찰 가능한 것과 관찰 불가능한 것 사이에는 경계가 있다고 주장한다. 반실재론자들은 직접 감각 unaided sense 으로 관찰 불가능한 존재자를 세계에 더하는 일을 불신한다.

과학적 실재론자에게 있어 이론적 존재자는 직접 감각으로 관찰할 수 없다고 하더라도 유기체와 행성과 같은 관찰 가능한 존재자만큼 실제다. 실재론자들은 과학의 목표는 자연을 그 전체성에서 이해하는 것이라고 주장하는 반면, 반실재론자들은 그 목표는 직접 감각으로 관찰 가능한 자연에 대한 이해일 뿐이라고 주장한다. 그로버 맥스웰 Grover Maxwell 은 반실재론자들이 의존하는 관찰가능성/관찰불가능성 구분을 비판하면서, 관찰 가능한 것과 관찰 불가능한 것 사이에는 점진적 이행이 있다고 주장하였다(1962). 그는 육안에서 출발하여, 유리창을 통한 시야로 나아가 현미경과 같은 더 복잡한 보조기구로 나아가는 상황을 제시하고 어느 지점에서 육안을 더 이상 믿지 못하는지를 묻는다. 그의 요점은 직접 감각/매개 감각의 구분은 자의적이며, 과학적 실재론을 자동적으로 배제시킬 수 없다는 것이다.

반실재론

도구주의

과학적 실재론자들이 과학적 이론이 실제를 내다보는 창문을 제공한다고 주장할 때, 도구주의의 지지자들은 이론이 그런 접근법을 제공하지 않는다고 받아친다. 도구주의자는 "이론은 현상에 대한 설명을 조직하는 데에 대한 도구나 계산 장비이며, 과거로부터 미래로 추론을 끌어내기 위한 것이라는 견해를 견지하는 사람이다." 해킹은 말한다. "이론과 법칙은 자체의 진리값이 없다. 그들은 도구일 뿐이고, 축차적 주장으로 이해되어서는 안 된다."(1983, p. 63) 도구주의자들은 진리를 따지는 대신, 예측을 할 때의 실용적인 결과와 관찰을 통해 예측을 확증하거나 반박하는 것을 중시한다. 예를 들어, 스티븐 호킹 Stephen Hawking 은 "[물리 이론]이 현실에 부합하는지 여부를 묻는 것은 의미가 없다"라고 주장하였다. "한 사람이 질문할 수 있는 전부는 예측이 관찰과 호응하느냐는 것이다."(Hawking and Penrose, 1996, p. 4) 따라서 도구주의는 세상이 어떠하다는 본질에 대한 직접적인 도전이며 과학적 실재론과는 겹칠 수 없다.

구성주의

구성주의자들 또한 과학적 이론과 그 존재자의 본질을 놓고 실재론에 도전한다. 실재론자들은 실제는 발견 가능하고, 실제와 그 발견 사이에는 인과적 연관성이 있고 본다. 사회적 구성주의자들이 가장 반대하는 것이 바로 이 인과적 연관성이다.[15] 예를 들어 브루노 라투르 Bruno Latour 와 스티브 울거 Steve Woolgar 는 과학적 실천에 대한 그들의 선구적인 책에서 "우리는 과학자들이 다양한 전략을 사용하여 미리 주어진, 그러나 지금까지는 숨겨져 왔던 진실 위에 드리워져 있었던 장막을 거둔다고 생각하지 않는다. 오히려 사물들은 (…) 과학자들의 교묘한 창조를 통해 구성된다"라고 주장한다(1986, p. 129). 라투르와 울거는 사실의 "견고함"에 대해 질문하는 대신, "사실은 그 사회적 구성을 통해 전적으로 이해 가능하다"라는 점을 논한다(1986, p. 107). 그들에게 있어 실제는 과학적 사실이나 지식의 **원인**이 아니다. 오히려 그것은 이 지식의 **결과**이다. 따라서 실제는 전적으로 (또는 그에 **한하여**) 사회적 구성의 과정에 의존하는 자연과학을 통해 표현된다.

의학적 실재론과 반실재론

실재론과 반실재론은 의철학에서도 논쟁을 벌이나, 직접 또는 표

---

15 구성주의자들의 철학적 견해에 대한 논의로 다음 문헌를 참조하라(Hacking, 1999; Kukla, 2000).

현적 실재론에 찬성하는 학자는 거의 없다. 예를 들면, 폴 타가드 Paul Thagard 는 위염에서 헬리코박터 파이로리 박테리아의 역학을 논하며 다음과 같이 의학적 실재론을 정의한다. "의학적 실재론이라는 용어로 내가 의미하는 바는 질병과 그 원인이 실재이며 과학적 탐구가 그에 대한 지식을 얻을 수 있다는 것이다."(1999, p. 81) 이런 의학적 실재론의 개념은 의학적 세계의 구성요소인 박테리아, 수단, 실험이 과학적 실천을 따르기에 과학적 실재론의 부분 집합이다.

타가드는 의학적(과학적) 실재론을 네 가지 측면에서 옹호한다. 첫째는 "실험의 어려움"으로, 의과학자들이 때때로 공공연하게 예측하지 못한 실험 결과를 얻어 내며 이는 공적으로 재현 가능하다는 것이다. 다음은 "도구의 신뢰도"로, "도구는 여러 사회 집단에 걸쳐 엄밀한 결과를 제공한다."(Thagard, 1999, p. 239) 셋째는 "이론의 인과적 유효성"으로 잘 확증된 이론은 질병을 치료하는 데에 있어 실용적 결과를 가져온다는 것이다. 마지막은 "과학적 담론의 사실적 본성"으로 의과학자들이 의학적 존재자와 인과에 대해 실재론적 용어를 사용한다는 것이다.

타가드는 경쟁 반실재론 입장인 경험주의, 개념론 conceptualism , 사회적 구성주의를 의학적 실재론과 대조한다. 도구주의의 일종인 경험주의는 눈으로 관찰 가능한 사물만이 실재이며 과학자들은 실재에 관한 주장을 눈으로 관찰 가능한 것으로 한정해야 한다는 견해이다. 따라서 위염과 같은 질병은 관찰 가능하므로 실재이나, 그에 대한 원인인 박테리아적 존재들은 아니라는 것이다. 관념론의 하나인 개념론은 자연과학, 의과학의 역사는 진보가 진리나 실재로 나아가고 있지 않음을 보여준다는 견해다. 오히려 역사는 패러다임의 전환이며, 각 패러다임은 서로 겹치지 않는 경우가 많다는 것을 보여준다(Kuhn, 1996). 마지막으로, 사회적 구성주의는 의학 및 과학의 지식, 즉 실재는 해당 의학, 과학 공동체 내의 사회적 합의의 결과물이라는 견해이다.

윌리엄 스템시 William Stempsey 는 의학적 실천, 특히 진단에 대한 다른 형태의 실재론(가치 의존적 실재론)을 제시하였으며, 이를 통해 과학적 실재론과 사회적 구성주의를 중재하려 하였다. 스템시는 "내가 지지하는 가치 의존적 실재론은" "실제가 우리의 이론과 독립적으로 존재하나, 그 실제를 서술하기 위해서는 특정한 개념 장치에 의존할 수밖에 없다는 점을 인정한다"라고 적었다. "실제에 대한 경험적으로 적절한 설명이 하나 이상일 수 있다."(2000, p. 48)

스템시는 사람들이 질병에 걸리고 그것이 원인이 되어 죽기 때문에 실재론자 입장을 수용한다. 질환 경험의 실제가 토대를 이룬다. 스템시는 "우리는 질병에 대한 견해가 20세기 서구 의학의 질병 치료에 경험적 성공을 가져온 기초 과학의 연구만큼 개인의 통증과 고통의 실제를 반영하기를 원한다"라고 주장한다(2000, p. 32). 그러기 위해, 사실과 가치 모두 질병 과정과 환자의 질환 경험을 이해하기 위해 불가결하다. 스템시는 결론짓는다. "가치 의존적 실재론은 사실이 무엇인지를 결정하는 데에 있어 가치가 필수적이라는 것을 인식하여 사실-가치 사이의 틈을 잇는다." "질병 개념, 질병 분류, 질병 진단을 설명하기에 적절한 틀에 있어, 가치는 사실만큼 중요하다."(2000, p. 33)

반실재론적 견해를 수용하는 인문주의적 의료인도 있다. 예를 들어, 카셀은 개념론의 한 형태를 옹호한다. "질병은 일반적으로 생각하는 것과 같은 방식에서 실재 사물이 아니다." "질병은 관념, 개념, 범주가 실재라는 것과 같은 의미로 실재한다."(Cassell, 1991, p. 105) 다시 말해, 질병은 박테리아와 같이 독립적인 존재가 아니다. 오히려 그것들은 의사가 직접 관찰할 수 없는 추상이나 개념이다. 추상 또는 개념으로서 질병은 병태생리학의 전체 현상으로 표현된다. "이 사례에서 질병 표현의 전체 총합만이 진짜 촉진할 수 있는 존재를 지닌다."(Cassell, 1991, p. 105) 따라서 그는 개념적 반실재론을 지지한다. 그의 목표는 환자보다 질병을 더 실재로 만드는 생의학 모형의 과도한 질병의 객관화를 역전하는 것이다.

요약

의학적 인과론과 실재론은 환자, 질병, 박테리아와 같은 존재자들이 실재하며, 정신-독립적인 대상이라고 보는 개념이다. 이것은 의학적 세계관을 점유하고 있으며, 그 사이에 인과적 연결이 존재한다. 이하의 장에서 논의될 신체 또는 인격으로서의 환자, 질병 존재나 건강 상태로서의 환자, 진단과 치료에 대한 철학적 논의를 진행하는 데에 있어 이런 개념은 대체로 표면 아래에 위치한다. 예를 들어, 박테리아와 같은 질병 존재자가 불러오거나 일으키는 감염 질환이 실재인지의 여부에 대한 질문은 논쟁의 대상이 아니다.

생의학 의료인 대부분은 실재론적 개념, 특히 과학적 실재론에 찬성한다. 의학적 세계관의 존재자들이 실재라고 믿거나, 세계에 관한 생각과 세계가 정말로 어떠한지 사이에 직접적인 연관 또는 직접성이 있다고 믿는 것이다. 따라서 박테리아는 실재하는 존재자로 진짜 질병을 일으키는 원인이라고 여긴다.

인문주의적 의료인 다수는 반실재론적 견해 또는 최소한 약한 형태의 실재론을 승인하며, 박테리아와 같은 보이지 않는 존재자들, 그리고 질병과 같은 개념은 실재가 아닌 추상이며 질병 인과는 단순히 단일 인자로 발생하는 것이 아닌 다중 인자와 연관되어 있다고 생각한다. 카셀과 같은 인본적 임상가는 의학적 실천에서 환자의 지위를 되돌리기 위해 반실재론을 옹호한다. 이런 의도에서 그들은 환자의 질환 경험보다 질병에 더 초점을 두는 생의학의 실재론이 돌봄의 질 위기를 가져왔다고 본다.

제3장

신체 또는 인격으로서 환자

　모든 의학적 세계관에서 가장 중요한 요소 중 하나는 환자의 본질이다. 환자는 의학적 세계관의 중심이자 초점이어야 한다. 환자 없이는 말 그대로 의학은 필요 없기 때문이다. 결과적으로 의학적 세계관은 환자를 인식하는 데에 있어서 중요하며, 이런 인식은 질병과 건강의 본질과 같은 의학적 세계관의 다른 구성 요소를 차례로 형성하게 된다. 생의학 모형은 환자를 기능적 목적으로 상호작용하는 분리된 부분으로 구성된 기계적 신체로 그린다. 비록 부분들 사이에 상호작용이 있지만, 그것은 본성상 최소적이며 신체 각부에 국한한다. 환자에 대한 이런 견해는 당연히 현대 의학의 돌봄의 질 위기의 주요한 이유이다.

　그러나 인문주의적, 인본적 모형은 환자를 정신과 신체 또는 정신/신체 통합의 관점에서 체화된 주체로, 또는 고유한 인격이나 자아로 그린다. 이에 더하여, 주체, 인격, 자아로서 환자는 문화적, 사회적 환

경 또는 생활세계 안에 위치한다. 환자에 대한 이런 인본적 의료인의
견해는 단순한 신체 각부가 아닌 인격으로 환자를 여김에 따라 돌봄
의 질 위기를 해결하는 데에 도움을 줄 수 있다. 이 장에서 환자에 관
한 생의학적, 인문주의적 개념의 차이를 고찰한다.

기계적 신체로서 환자

데카르트는 인간 신체의 기계화에 대한 전통적인 출처로 여겨진다.
그는 신체에서 정신을 분리하였으며, 한편 정신에 인격의 정체성과
생명력을 부여하고, 다른 한편으로는 신체를 불활성 원소로 구성된
기계로 환원하였다. 예를 들어, 데카르트는 『인간론』에서 "나는 신체
를 흙으로 만들어진 조각상 또는 기계라고 생각한다"라고 말한다(1998,
p. 99). 드류 레더 Drew Leder 는 데카르트적 신체를 시체에 비교하며 데
카르트적 시체가 현대 의학의 실천에 있어 결정적인 영향을 미쳤다고
주장한다. "깊은 곳에서 데카르트적 정신을 지닌 현대 의학은 시체를
방법론적 도구이자 규율적 이상으로 계속 사용해 왔다."(1990, p. 146)

의학적 실천에 있어 인간 신체 기계화의 정점은 아이작 뉴턴
(1643~1728)과 그의 기계론적 철학에 자극을 받은 의사들에 의해 성
취되었다. 예를 들어, 뉴턴의 기계론적 철학을 적용한 최초의 의사
중 하나인 아치볼드 피트케언 Archibald Pitcairn, 1652~1713 은 "수학적 의
술" 또는 의학을 주장하였다. "의사는 천문학자들을 모범으로 삼은
방법을 제시해야 한다."(Brown, 1981, p. 216) 뉴턴 이후, 의료적 기계론
iatromechanism 이 의학적 실천의 지배적 접근법이 되었으며 현재까지

그 실천에 가일층 영향을 미치고 있다. 오늘날 의학적 지식과 실천의 표준 모형은 단순히 뉴턴적 기계론 세계관의 연장과 적용일 뿐이다. 예컨대, 뉴턴적 기계론 모형은 유전학과 사이버네틱 신체로 확장되고 있다.

뉴턴적 기계론 세계관에 기반을 둘 때 신체는 분리된 신체 각부의 집합으로 환원되어 과학적 대상으로 변화한다. 다시 말해, 그것은 교환 가능한 구성 요소를 가진 기계일 뿐이다. 생의학적 의료인에게 있어 환자는 물질적인 대상 또는 기계로 상정되며, 물리적인 각부의 종합으로 환원, 결합 시 기계적인 체계를 형성할 수 있는 것으로 여겨진다. 프레드릭 스베너스 Fredrik Svenaeus 가 관찰한 것과 같이, "신체는 계층적 구조가 되었다. 유기체는 특정한 언어의 틀에 갇혔다"(2000, p. 49).

각 부로서 신체는 호흡기계나 순환계 같은 다른 해부학적 체계들로 구성된다. 이 체계들은 차례로 폐와 심장과 같은 다양한 기관들로 이루어지며, 이들은 상피, 근육, 신경, 선조직들로 만들어진다. 마지막으로, 이들 조직은 다양한 분자들로 만들어진 가지각색 유형의 세포로 구성되며 계층을 완성한다. 게다가 환자의 신체가 일반적으로 그 삶의 맥락에서 떼어내 진다는 것이 중요하다. 기계화된, 과학적 신체는 추상화된, 보편적 객체로 자연과학의 물리적, 화학적 법칙만 따르거나 그 대상이 된다.

생명기계론적 모형의 신체에 대한 관점의 발전에 있어서 중요한 구성 요소는 의학 기술의 향상이다. 현대 의학 기술은 환자의 질병 상태에 관한 중요한 객관적, 정량적 정보를 제공한다. 이언 매키니 Ian McWhinney 에 따르면, "[의학 기술]의 변함없는 주제는 의학이 객관성, 정확성, 표준화의 기계론적 가치로 지배되어야 한다는 경향성이다."(1978, p. 299) 이 경향성은 두 가지 이유에서 환자의 신체를 기계화하는 것을 조장한다. 먼저 그것은 환자 신체의 거시적(기관), 미시적(분자) 부분을 대체하거나 교체할 수 있는 인공 부품이나 조각을 제공한다. 둘째로, 그것은 환자의 신체에 연결되는 기계의 뼈대를 제공하여, 신체-기계 합성물을 형성한다. 그렇다면 기술은 의학의 기계-세계(의사들이 질병이 발생한 신체 부위를 진단하고 의약품이나 외과적 술식을 통해 수리하거나 교체하는 데에 유용할 수 있는 세계)가 성장하는 데에 크게 이바지한다(Marcum, 2004b).

환자의 신체가 위치하는 의학의 기계-세계는 지난 20세기 후반부에 무시무시하게 발전했다. 초기의 청진기와 현미경에서 오늘날의 심장-폐 또는 투석 기계와 컴퓨터 단층 촬영, 양전자 방사 단층 촬영에 이르렀다(Jennett, 1986; Reiser, 1984). 이 기계-세계 접근법은 인슐린, 헤파린, 다양한 항생제와 같은 질병 치료를 위한 여러 의약품의 개발을 도왔다. 확실한 것은 이들 기술적 진보가 현대 의학의 많은 수의 "기적"(개흉 심장 수술과 아동 백혈병의 치료)의 원인이라는 것이다. 게다가 기계-세계 접근법의 지지자들은 이 접근법을 환자의 신체를 기계적으로 재정의하는 데에 사용한다.

환자의 신체와 관련한 기계화의 결과는 네 겹으로 구성된다. 첫 번째는 파편화된 신체이다. 신체가 개별의, 고립된 부분으로 나뉜다. 다음은 표준화된 신체이다. 임상 자료로써 환자 신체는 포괄적 신체와 비교된다. 의사의 임무는 의학 공동체가 적절하다고 여기는 표준화된 신체에 일치할 수 있도록 환자의 신체를 형성하고 고치는 것이다. 대개 그 신체는 남성의 신체이며 최근에서야 여성의 표준 신체가 여성을 위해 활용되고 있다. 세 번째는 투명화된 신체이다. 의학 기술, 특히 영상 기술은 의사가 환자 신체의 내부를 엿볼 수 있도록 해주었다. 그러나 투명화된 신체가 문제가 없는 것이 아니다. "영상 기술은 신체를 투명하게 만든다고 주장한다. 그러나 영상 기술의 편재적 사용은 기술적으로 더 복잡한 방식으로 신체 내부를 그리고 있는 것뿐이다."(van Dijck, 2005, pp. 3-4) 영상 기술은 환자와 의사에게 종종 윤리적 딜레마를 가져온다.

기계화의 마지막 결과이자 환자를 가장 괴롭히는 것은 소외된 신체이다. 환자의 신체는 자신과 삶의 맥락 그리고 다른 사람에게서 소외된다. 환자는 더 이상 신체를 통제하지 못한다. 오히려 의료 전문가가 병든 신체나 신체 부분을 치료하기 위해 그 소유권을 가진다. 환자나 환자의 신체는 의사에 의해 식민지화된다. "어떤 사람이 환자가 되면 의사는 그 신체를 인계받는다. 의사의 신체에 대한 이해는 신체를 삶의 다른 부분으로부터 분리한다."(Frank, 2002, p. 52) 의사가 상정하는 "중심 무대"의 식민지화에 더하여, 환자는 또한 육신에서 분리된다. "내 몸 속 인격은 쫓겨나 수동적으로 관찰해야 하는 관중이 된다."(Frank, 2002, p. 53) 식민지화와 육신으로부터 분리의 최종 결과는 환자 자신과 삶의 맥락 상실이다.

생명 기계적 모형이 의학적 지식과 실천에 가져온 영향은 모두 너무 익숙하다. 기계로서 환자 신체는 환자 자신과 삶의 맥락에서 분리된다. 생의학 모형의 주요 가치는 분리의 원칙이다. "대상은 그 맥락 바깥에서 더 잘 이해될 수 있으며, 따라서 관련된 사물과 사람들로부터 절연되어야 한다."(Davis-Floyd and St. John, 1998, p. 17)

환자의 객관화된, 기계적 신체 앞에서 과학적 의학의 목적은 보통 환자의 삶의 맥락을 참조하지 않은 채 망가지거나 결손된 부분을 고

치거나 대체하는 것이 된다. 여기에서 환자의 신체는 거의 또는 기본적으로 동일하다. 신체를 부분의 집합으로 분리함으로써, 인격으로서 환자는 의사의 시선에서 사라진다. "인간 존재를 신체 부분과 부속의 집합으로 보는 것은 환자의 모든 도덕적, 사회적 차원을 박탈하는 것이다."(MacIntyre, 1979, p. 90)

생의학의 기계-세계는 기술적 장치들로 구성된 추상적, 과학적 세계이다. 파편화, 표준화, 투명화, 소외를 통해 환자의 신체는 이 기계-세계의 배경으로 물러나게 된다. 신체 부분으로서의 환자는 의학의 기계-세계(서로 연결된 기계의 세계로, 환자의 신체 또한 익명의 교환 가능한 장치 중 하나이다)의 톱니가 된다. 예를 들어, 신장 투석 기계는 비슷한 상태에 있는 다수의 환자에게 사용될 수 있다. 여기, 이 기계-세계 내에서 환자는 교환 가능한 기계적 장치이다.

결합된 신체 각부로서 환자는 의학의 기계-세계에서 단지 다른 하나의 기계적 장치이기 때문에, 환자는 육체로부터 분리 또는 투명화된다. 여기에서 환자의 신체는 이 기계적 세계의 배경으로 물러난다. 예를 들어, 의사는 환자의 질환 경험에 대한 설명보다 환자를 감시하는 데에 사용한 기계의 결과를 더 믿는다.[1] 체화된 사람으로서가 아니

---

[1]   현대 의학 기술의 배경으로 환자가 물러나는 것을 강력하게 보여주는 것은 "바버라" 사례일 것이다. 《갈림길에 선 의학(Medicine at the Crossroads)》의 '침묵의 규칙(Code of Silence)'이라는 방송에서, 한 무리의 의사들은 바버라(사지 마비 환자)의 상태를 확인한다(Thirteen/WNET, 1993). 주치의가 동료에게 환자의 생징후 통계를 설명하는 동안, 환자는 필사적으로 의사에게 호흡이 가쁘다는 것을 이야기하려고 한다. 의사는 환자에게 연결된 다양한 기계 감시 장치에 주의를 기울이고 있어 처음에 그녀의 말을 듣지 않는다. 그가 그녀의 이야기를 들은 다음에도, 그는 감시 장비가 혈중 산소 포화도를 100퍼센트로 표시하고 있기 때문에 아무런 이상이 없다고 그녀에게 알려준다.

라, 환자는 종종 의학적 기술을 이용하여 얻어 낸 검사 결과들의 집합이 된다.

신체의 생명 기계적 모형은 인간 신체에 대해 두 가지의 혼합 형태로 발전하고 있다. 그것은 유전적 신체와 사이보그 신체이다. 위에서 언급한 바와 같이, 환자의 신체는 개별 거시적 부분(기관)뿐만 아니라 미시적 부분(분자)으로도 환원된다. 서구 사회에서 상징적인 위치를 획득한 가장 중요한 분자는 당연히 유전 정보를 전달하는 거대분자, 즉 DNA이다. DNA의 분석과 그것이 구성하여 이뤄진 유전자는 유전 의학, 특히 휴먼 게놈 프로젝트에서 의학의 새로운 시대의 도래를 알렸다(Guttmacher and Collins, 2002). 질병은 이제 유전적인 것이 되었고, 치료는 유전자 결함을 고치거나 대체하는 것이 되어가고 있다. 예를 들어, 의과학자들은 유전자 치료에서와 같이 질병 치료를 위해 신체에 이질적 유전자를 도입하고 있으며, 이를 통해 유전적 혼종인 신체를 만들어내고 있다(Marcum, 2005b).

유전적 혼종 신체에 더하여 기계 부분과 인간 부분의 혼종, 즉 사이보그도 있다. 예를 들어, 1998년 8월 24일 케빈 워윅 Kevin Warwick 의 팔에 실리콘 칩 응답기를 심었다(Warwick, 2000). 칩은 그를 컴퓨터에 연결하여 영국 레딩대학교 사이버네틱스 학과 어디에 있든지 그의 위치를 확인할 수 있게 해주었으며, 그가 학과 안에서 이동할 때 컴퓨터는 그를 위해 문을 열어주거나 불을 켜주었다. 도나 해러웨이 Donna Haraway 에 따르면, 사람들은 이미 사이보그이다. "20세기 후반 우리의 시대, 신화의 시대에 우리는 모두 키메라이다. 이론화되고 짜여진 기계와 유기체의 혼종이다. 요약하면, 우리는 사이보그이다."(1991, p. 150) 우리는 사람과 기계 사이의 선이 불명료하고 흐려졌다는 의미에서 사이보그가 되어가고 있으며, 의학에서 특히 그렇다. "현대 의학 또한 사이보그로 가득 차 있다. 이는 유기체와 기계를 결합하여, 각각을 코드화된 장치로 여기는 데에 연유한다."(Haraway, 1991, p. 150) 사이보그와 유전적 혼종 모두 인간 신체의 능력을 증진할 수 있는 중요한 방법을 나타내고 있다.

인격으로서의 환자

의학의 인문주의적, 인본적 모형은 환자를 일반적으로 두 개의 분리된 부분으로 구성된 유기체로 본다. 하나는 물리적인 것, 다른 하나는 심리적 또는 정신적인 것이다. 유기체로서 환자는 신체와 정신으로 이루어졌다는 점에서, 그리고 환경에 포개진다는 점에서 차별화된다. 게다가 유기체는 단순히 그 부분들의 합이 아니라 부분들의 조직에서 창발하는 특징을 가진다. 환자를 물리적 신체 단독으로만 환원하는 대신, 인문주의적 의료인은 환자를 환경적 맥락 속에서 신체와 정신 모두로 구성된 유기체로 마주한다. "체화된 유기체는 복잡한 전체이다. 다양하게 상호 연관된 항들의 집합, 구조, 상호작용하는 패턴의 전체 계열은 복수적, 다수적 연결의 얽힘을 드러낸다."(Zaner, 1981, p. 45)

배경이나 틀에서 분리된 개별 각부로 구성된 기계 대신, 환자는 사회경제적 환경 속에 위치한 유기체가 된다. 유기체로서 환자는 그 부분의 집합을 능가하는 특징들을 나타낸다. 어떤 인본적 의료인에게 있어 환자는 여전히 환원 가능한 과학적 대상인 유기체와 그 환경 이상이다. 오히려 환자는 체화된 주체, 인격, 자아인 것이다. 이 절에서 현상학자의 체화된 주체의 개념, 에릭 카셀의 인격성 personhood 개념, 알프레드 토버 Alfred Tauber 의 자아성 selfhood 개념을 탐구하여 생의학 모형의 기계적 객체의 단순함보다 더 풍부한 환자의 개념을 제시하려 한다.

체화된 주체에 대한 현상학적 개념

인문주의적, 인본적 의료인은 현상학적 통찰을 이용하여 환자를 삶의 맥락 또는 후설적 개념에서 생활세계를 점유하는 주체로 여긴다.[2] 다시 말해, 환자는 현상학자에게 있어 특유한 생활세계의 주체로 물리적으로 체화된다. 미카엘 슈바르츠 Michael Schwartz 와 오스본 위긴스 Osborne Wiggins 에 따르면 "생활세계는 전과학적 prescientific 활동 공간으로 (…) 매일의 사회적 상호작용과 실천적인 과제의 영역이다. (…) 생활-세계에서 거주하고 행위하는 인간 존재는 체화된 주체이다."(1985, p. 341) 이 세계는 과학이 그리는 물리적 우주가 아니다. 오히려 그것은 우리의 개인적인 활동과 과제들로 만들어지는 매일의 세계이다. 그것은 우리가 신체로 살아가는 세계, 이를 통해 우리가 삶에 의미를 부여하는 곳이다. 환자는 지금 여기에서 (현상학적 공간과 시간) 견고하게 체화된다. 환자는 특정한 공간을 점유하지 못하고 특정한 시간에 발생하는 것도 아닌 보편적인 세계(물리적 공간과 시간)에서 추상화된 존재가 아니다.

---

2   의학적 지식과 실천의 영역에 있어서 후설의 생활세계와 하이데거의 세계-내-존재(being-in-the-world)에 대한 추가적인 논의를 위해서는 스베너스를 보라 (2000, p. 84).

20세기 에드문트 후설 Edmund Husserl, 1859~1938 , 마르틴 하이데거 Martin Heidegger, 1889~1976 , 장—폴 사르트르 Jean-Paul Sartre, 1905~1980 , 모리스 메를로퐁티 Maurice Merleau-Ponty, 1908~1961 와 같은 현상학자들은 매일의 삶의 경험을 근본적으로 개혁했다. 그들은 매일의 경험을 명시하고 그 지향적 구조를 분석하여 경험의 의미를 해명했다. 후설에 따르면 서양 과학은 큰 위기를 마주하고 있었다. 실증주의적 자연과학은 인간 본질과 존재에 대한 근본적인 질문에 답변하거나 심지어는 접근하는 데에도 실패했다. 그는 그 의미를 밝히기 위해서 과학적, 이론적 추상을 향하는 대신 "사물 그 자체"(견고한 현상)로 돌아가야 한다고 주장했다. 그런 추상을 가능하게 만드는 것은 우리가 매일 살아가는 견고한 세계이다. 이 매일의 세계 또는 생활세계는 인간 존재의 의미가 놓인 기반 또는 기초이다. 리처드 바론 Richard Baron 에 따르면, "현상학자들은 과학을 삶과 재결합하려 하며 과학의 추상적인 세계와 인간 경험의 견고한 세계 사이의 관계를 탐구하려 한다."(1985, p. 608)

현대 의학은 이전 과학이 마주했던 것과 같은 유사한 위기를 겪고 있다. 그러나 의학에 있어 위기는 환자의 견고한 세계와 의사의 질병에 대한 추상 세계 사이의 분리 주변에서 나타나고 있다. 현대 의학의 위기는 돌봄의 질에 있다. 의사의 시선, 청취, 촉진이 환자의 질병 걸린 신체를 향하고 환자의 고통에는 이차적으로 접근할 뿐이라는 것이다. 현재의 돌봄의 질 위기가 신체에 대한 생명기계적 모형에 크게 기인하고 있기에 이는 신체를 인공적인 기계—세계로 밀어붙이는 대신 환자를 매일의 생활세계의 맥락에 재위치하는 것으로만 접근할 수 있다. 바론을 다시 인용하자. "우리가 현상학적 관점을 취할 수 있다면, 우리는 의사가 설명한 질병의 세계에 우리 자신을 가두는 대신 환자

가 살아낸 질환의 세계로 들어가려 시도할 수 있다."(1985, p. 609)

체화된 주체 또는 생활하는 신체로서 환자는 개인의, 특유한 생활 세계를 만든다. 신체는 생활의 맥락이나 환경에서 개성화한다. 주체는 분리된 데카르트적 신체 각부로 구성된 것이 아닌, 특정 장소와 시간에 위치한 통합된 신체 단위가 된다. 체화된 주체로서 환자는 "스스로가 자신의 개별적인 신체적 상태를 전용하는 정도에 따른 신체를 지니며 통합된 (단지 결합된 것이 아닌) 정신적 존재가 된다."(Deutsch, 1993, p. 5) 전반성적 수준에서, 체화된 주체는 "순전히" 신체로 "존재한다." "나는 내가 내 **신체라는** (⋯) 의미에서 '체화되어 있다.'"(Toombs, 1993, p. 52) 다시 말해, 신체는 주체가 매일의 업무와 활동을 의도적으로 수행하는 매개체이다. 추상화가 아닌 살아냄을 통해 주체는 신체를 알게 된다.

그렇다면 신체는 주체가 대상으로서 소유하는 어떤 **것**이 아니다. 오히려 그것은 한편으로 신체, 다른 한편으로 정신으로 쉽사리 분리 가능한 것이 아닌 삶의 통합된 하나이다. 반성적 수준에서, 신체는 자신과는 구별된 대상으로써 이해될 수도 있다. 그러나 그것은 여전히 생활세계 내에 있는 대상이다. 그것은 단순히 과학적 탐구의 대상일 필요가 없다. 즉, 이론적이거나 추상적인 것이 아니라는 것이다. 다시 말하면, 신체는 분자, 세포, 조직 등으로 경험되지 않는다. 오히려 신체는 주체가 그 "안에서" 생활세계를 "살아가는" 것을 통해 통합된 하나로 경험된다.[3]

신체의 현상학적 모형은 현대 의학적 실천 앞에서 두 가지 방향으

---

3   레더 또한 비슷한 결론을 내린다. "[기술과 습관]은 내가 세계에서 **거주하는**, 당연한(taken-for-granted) 신체의 구조 안에 감싸여 있다."(1990, p. 32)

로 발전하고 있다. 첫째는 기계화된 신체(분자적, 사이보그적 표현 모두)에서 통합된 신체로 변형하는 것이다. 체화는 신체의 인공적 증진 또는 부가물을 포함하고 통합하는 방향으로 연장되었다. 예를 들면, 컴퓨터 칩이나 이질적 유전자 등으로 기계적 신체가 더 인공적으로 되어갈수록 통합된 신체는 특유한 생활세계에서 신체의 수정과 추가를 통합하려고 노력한다. 환자는 자신의 정체성을 추상적인 것이 아닌 체화된 주체로, 그리고 특유한 생활세계에 포개져 있는 통합된 신체 단위로 개정해야만 한다.

두 번째 발전은 의과적 병력과 검사에서 얻어진 텍스트로 표현되는 실증 텍스트 신체 empirical text body 에서 살아있는 신체로의 전환이다. 환자를 기계화된 신체로 환원하는 것에 더하여, 과학적 의학은 또한 환자를 실증 텍스트 신체로 환원하여 환자의 물리적 현전을 대체한다(Daniel, 1986). 예를 들어, 의사는 환자에게 질문한다. 그에 따른 질환 경험에 대한 추가적인 입력은 거의 없는 상황에서 환자는 답변한다. 여기에서 얻은 자료를 통해 실증 텍스트로 환자를 표현한 것이 병력이다. 또한 의학적 검사는 환자를 실증 텍스트, 즉 실험실 검사에서 얻어진 숫자의 집합 또는 의사가 환자 신체를 들쑤셔 얻은 기술적 문구들의 기록 집합으로 표현한다.[4] 스베너스는 주장한다. "만약 신체가 의미 있는 현상이라면 (…) 그것은 세계-내-존재의 측면에서 **생명을 지니기** 때문이지 기록되었기 때문이 아니다."(2000, p. 139)

---

[4]   의학적 면담과 검사로 얻은 환자 신체의 실증 텍스트는 환자 질환 내력의 서사 텍스트와 대비되어야만 한다. 후자의 텍스트는 더 인본적인 의학을 수행하려는 의료인에게 중요하다(Charon, 2001, 2006; Kleinman, 1988).

이런 영역(그리고 그것이 상정하는 환원된, 기계적 신체)의 이야기에 반하여, 환자의 신체에 대한 접근은 경이가 되어야만 한다(Frank, 2002). 프랭크에 따르면 "신체에 대한 경이는 그것을 신뢰하고 신체가 통제함을 인정하는 것을 의미한다."(2002, p. 59) 경이는 치료법을 대체하는 것을 의미하지 않는다. 오히려 둘 사이 관계의 방향을 새로이 하는 것이다. "경이는 어떤 치료가 가장 잘 진행될 수 있는지 여부를 따지는 태도이다."(Frank, 2002, p. 59) 신체에 대한 경이를 통해 환자는 자신을 회복할 수 있다. "질환은 나에게 내가 할 수 있는 것을 넘어, 그 신체가 단순히 어떤 것인지를 가르쳐 준다. 내 신체의 존재에서 나오는 지혜를 통해 몇 번이고 나는 자신을 찾아낸다."(Frank, 2002, p. 63) 그리하여 신체에 대한 경이감은 환자에게 그가 체화된 주체, 즉 그의 생활세계에 (건강하든 질환 중에 있든 상관없이) 의미를 부여하는 존재임을 깨닫게 한다. 신체를 신체 각부로 환원하는 모든 경우, 체화된 주체로서 삶의 경험의 완전성은 상실된다.

카셀의 인격 개념

카셀은 "다른 과학의 대상과는 달리 사람은 그것을 더 잘 이해하기 위해 부분으로 환원해선 안 된다"라고 주장한다(Cassell, 1991, p. 37). 그에 따르면, "20세기의 의학에서 결핍된 것은 인격으로서 환자의 위치에 대한 적절한 고려이다."(Cassell, 1991, p. viii) 이 결핍의 이유는 현대의학이 질병에만 초점을 두고 아픈 사람을 무시하였으며 같은 질병을 가진 다른 사람은 보통 같은 질환이나 고통을 가지고 있다는 신화를 받아들였기 때문이다. 그러나 같은 질환을 가진 다른 사람은 매우 다른 질환 경험을 가질 수 있다. 카셀은 말한다. "21세기 [의학의] 임무는 사람을 발견하는 것이다. 사람 안에서 질환과 고통의 원인을 찾고, 그 지식 안에서 고통을 덜어주는 방법을 발전시킴과 동시에 19~20세기가 신체의 힘을 밝혀낸 것과 같이 사람 안의 힘을 밝혀내는 것이다."(Cassell, 1991, p. x) 이 목적을 달성하기 위해 그는 특히 환자를 이해하는 것과 관련하여 사람의 본질을 구성하는 것이 무엇인지에 관하여 다른 개념을 제안한다.

카셀은 전통적인 물질 또는 상호작용적 이원론, 환원적 일원론 모두를 거부한다. 정신이 어떻게 신체에 영향을 미치는지에 대한 질문은 잘못된 질문인데, "이는 신체와 분리된 정신이라고 불리는 것이 있고, 신체는 정신에 수동적이며, 정신의 근원적 본질은 변화를 야기할 수 있다는 것을 가정하고 있기 때문이다."(Cassell, 2004, pp. 221-222) 카셀은 다른 가정에서 출발한다. 1.인격은 단일한 존재이며 2.마음, 신체, 환경적 맥락의 구분은 인위적이다. 카셀에게 있어 이들 인위적인 구분을 연결하는 것은 의미이다. **"의미는 생각이 신체로, 신체가 정신으로 흐를 수 있는 매개체이다."**(2004, p. 223)

특히 의미는 정서와 기분으로 매개된다. 다시 말하면 인격은 정서와 기분을 통해 삶의 경험에 다양한 의미를 부여한다. 다음이 중요하다. "정서 또는 정서가 그 일부인 의미는 물리적 현상의 **원인이 아니다.** 생리학적 반응은 정서와 의미의 **일부이다.**"(Cassell, 2004, p. 236) 의미와 그것이 의존하고 있는 가치는 환자의 질환과 그에 관련된 고통을 이해하는 데에 있어 중요하다.

인격이란 무엇인가? 카셀은 처음에 이 질문을 두 가지 별개 질문으로 대한다. 하나는 인격 앞 인격의 독자성에 대한 것, 다른 하나는 인격의 척도에 대한 것이다. 초기의 논의는 특히 질환 경험과 관련하여 고통의 본질에 포개져 있다는 점이 중요하다. 비록 카셀이 초기 서술에서 인격의 개념을 구성하는 열몇 가지의 특징에 대해 논의하고 있지만, 그것들은 두 가지 범주로 묶일 수 있다. 첫째는 개인으로서의 인격과 연결된 특징들로 이루어지며, 둘째는 사회적 맥락 안에서 인격의 특징이다.

개인의 면에서의 인격에 관한 카셀의 첫 번째 범주를 구성하는 특징은 개인의 신체, 개성이나 성격, 습관적 행위, 활동, 공적, 사적인 삶, 과거, 미래, 초월적 차원을 포함한다. 이 특징들 각각은 한 인격이 질환, 특히 고통, 그리고 질환에 의한 손해에 어떻게 반응하는지에 큰 영향을 미친다. 예를 들어, 개성이나 성격적인 특성에 따라 사람들의 질환에 대한 반응은 크게 다르다. 또한 한 사람의 과거는 질환 경험에 대한 맥락을 제공하는 데에 특히 중요하다. "삶의 경험(과거의 질환, 의사, 병원, 투약, 기형, 장애의 경험, 기쁨과 성공, 절망과 실패)은 질환의 배경을 형성한다."(Cassell, 1991, p. 38) 끝으로, 질환은 공적인 삶뿐만 아니라 비현실적인 환상 속에 거주하는 사적인 삶, 한 사람의 창조성과 생산적인 삶을 이끌어 나갈 수 있는 능력 또한 파괴한다.

카셀의 인격에 대한 두 번째 범주는 개인의 사적, 문화적 맥락과 관계 및 자신, 가족 관계와 사회적, 정치적 제도를 포함한다. 다시, 이들 특성은 질환 경험에 엄청난 영향을 미치며 질환은 이들 특성을 위태롭게 하거나 파괴할 수 있다. 카셀에 따르면 "아픈 사람이 맺는 관계의 범위와 본질은 질병이 만들어 낼 수 있는 고통의 정도에 강력하게 영향을 미친다."(1991, p. 40) 예를 들어, 환자가 개인이나 가족의 기대에 따라 살아내지 못하고 있다고 느낄 때 질환 경험은 악화될 수 있다. 물론, 사회가 병자를 어떻게 대하는지에 문화적 규범이 결정적인 역할을 한다. 카셀은 관찰한다. "문화적 규범과 사회적 역할은 어떤 인격이 다른 인격들과 함께 있을 수 있는지 아니면 고립되는지를, 병자가 불쾌한지 또는 받아들여질 수 있는지 여부를, 그들이 연민을 자아낼지 비난받을지를 규정한다."(Cassell, 1991, p. 39)

인격의 본질에 대한 일반적인 서술을 뒤에 놓고, 카셀은 임상의학과 특히 관련 있는 질문을 던진다. "이 인격은 누구인가?"(Cassell, 1991, p. 158) 카셀에게 있어 이 질문은 의과학과 임상의학을 구분하는 역할을 한다. 임상의학은 의사의 응시 앞에 있는 인격으로서 특정 환자를 대해야 하며, 의과학으로 시각화된 질병에 걸린 신체 부분으로의 추상화나 일반화를 따라선 안 된다. 그 목적을 달성하기 위해 의사는 환자의 세계나 맥락으로, 특히 환자의 세계를 둘러싸고 있는 의미나 가치 체계로 들어가야만 한다.

카셀에게 있어 환자의 세계에 접근하는 것은 의사가 환자의 질환 이야기를 말할 수 있도록 하는 것을 통해 이루어진다. 인격으로서 환자는 환자-의사 관계를 침해하는 것이 아니라 오히려 그 기반을 이룬다. 의사는 또한 환자 앞에서 진정한 인격으로 행동해야만 한다. 끝으로, 환자의 이야기에 접근하는 다른 중요한 출처는 의사 자신의 인격에 관한 지식이다. "의사의 인격에 대한 개인적인 지식(그들의 언어, 행동, 감정, 가치)은 개개 인격을 아는 기반을 제공한다."(Cassell, 1991, p. 172)

마지막으로 카셀은 인격의 척도에 대해 질문한다. 한 인격, 특히 환자는 양적인 자료로, 특히 단순한 수치나 거친 실험실적 사실로 측정될 수 없다. 카셀은 고백한다. "나는 의과학의 기초를 이루는 객관적인 사실이 그 필요만큼이나 임상가의 업무에 그 자체로 불충분하다고 믿는다."(Cassell, 1991, p. 179) 오히려 인격이나 환자에 대한 진정한 척도는 도덕적 가치와 개인적 미학 또한 포함해야 한다. 단순한 추상적 신체 각부나 정량적 자료가 아닌 이런 가치와 미학이 의사 앞에 서 있는 환자를 유일하게 만들어준다. 이는 "의사는 특정 시기에 특정 상황에 있는 특정 환자를 치료하므로, 그들은 개인과 순간을 개별화하는 정보를 필요로 한다."(Cassell, 1991, p. 179)[5]

과학자들이 과학을 가치중립적인 것으로 여기기 때문에, 의료인은 의학의 인식론적 주장을 정당화하기 위해 과학의 선례를 따라야 한다. 카셀은 "그러나 이 모든 명백한 매력에도 불구하고 가치중립적인 의학은 개념상 모순이다"라고 주장한다(Cassell, 1991, p. 185). 가치는 의학적 실천에 있어 불가결하다. "의과학을 특정 환자에게 적용하는 것은 신체의 객관적 사실에 대해 생각하는 것만큼이나 가치에 대해 생각할 것을 명령한다."(Cassell, 1991, p. 107)

카셀에 따르면 가치의 출처에는 최소한 다섯 가지가 있다. 첫째는 사회가 품고 있는 가치, 특히 그 구성원의 건강에 관한 가치이다. 둘째는 종종 질환 치료에 그 스스로의 목표를 반영하는 의학 전문직과 그 가치이다. 셋째는 의사로, 그의 개인적, 전문가적 가치이다. 다음은 아프거나 아프지 않은 개인이며, 마지막은 "체계들"을 구성하는 "전체들과 전체성"이다.

환자를 치료하는 데에 있어서 가치를 확인하고 활용할 수 있는 알

---

5   일반적, 추상적 지식은 그 자체로는 문제가 아니나 그 적용이 문제이다. 카셀은 말한다. "따라서 일반적, 보편적 범주는 개별화를 촉진하거나 가로막을 수 있다. 선택은 그것을 활용하는 사람에게 달려 있다. 일반을 특수에 적용함에 있어 문제는 일반적인 범주(일반으로서의 보편)에 놓여 있지 않으며 그것은 이 개인을 특수로 만드는 데에 있어 지식의 불충분함(개인에 대한 불충분한 기술)에 놓여 있다."(Cassell, 1991, p. 180)

고리즘은 없다. 그러나 카셀은 가치를 확인하는 것과 관련하여 세 단계를 제시한다. 첫 번째는 "사람은 세상에 대한 표현과 사용하는 언어, 그리고 다른 행동에 자기 가치를 드러낸다"라는 것을 인식하는 것이다(Cassell, 1991, p. 190). 의사는 자신이 쥐고 있는 다른 가치들과 환자의 가치가 일치하지 않을 수 있다는 것을 깨달아야만 한다는 점이 중요하다. 다음 단계는 "환자의 가치를 정밀하고 정확하게 반영할 수 있는 방법으로 이 정보에 접근하는 것"이다(Cassell, 1991, p. 190). 의사는 환자에게 열려 있어야 하며, 이를 통해 환자가 의사에게 환자의 가치를 가르쳐 줄 수 있도록 해야 한다. 환자의 가치에 접근하는 것은 부담스러운 일일 수도 있지만, "**이 인격**을 돌볼 수 있는" 능력이 보상으로 주어진다(Cassell, 1991, p. 192). 마지막 단계는 "논리적인 방법으로 가치를 판단하는 것"을 배우는 것이다(Cassell, 1991, p. 190). 환자의 가치가 개인적이고 주관적이라는 것이 의사가 그것들을 이성적인 방식으로 평가할 수 없다는 이유는 될 수 없다.

가치에 더하여, 인격에 대한 척도는 개인적인 미학도 측정해야 한다. 미학이 주관적이고 종종 기분에서 나온다고 해서 그것이 "특이함"을 의미하지는 않는다. 미학은 인격을 측정하는 데 있어 중요하며, 이것은 한 인격이 성장하는 자기-창조적인 과정에서 미학이 기능을 하기 때문이다. 인격은 항상 무엇인가 되어가는 과정 중에 있다. 미학은 의사에게 질환 경험에 대한 환자 이야기의 진실성을 평가하는 것을 돕는 정보를 제공한다. 카셀에 따르면, "미학적인 개념으로만 고려될 수 있는 인격에 관한 지식이 있으며, 이것은 환자의 삶 이야기의 '정확성'이다."(Cassell, 1991, p. 202) 그 지식 없이는 의사는 환자를 아는 데에도, 그의 고통을 경감시키는 데에도 실패할 수 있다.

토버의 자아 개념

『어느 의사의 고백』에서 알프레드 토버는 자아[6]를 통해 환자에 관한 개념을 전개한다. 그 또한 정신과 신체를 분리하는 전통적 이원론 모형을 거부하며, 물리적 신체만을 다루는 현대 의학의 환원적 모형도 거부한다. 정신—신체 이원론의 문제는 의학적 실천에서 정신과 신체를 연결할 수 있는 적절한 방법이 없다는 것이다. "의학적 맥락에서 정신/신체의 분리는 과학적 접근에는 유용할지도 모르나, 질환 치료는 인식론적인 문제가 독점할 수 있는 것이 아니다."(Tauber, 1999, p. 111) 오히려 질환을 치료하는 것은 근본적으로 윤리적 문제로, 여기의 신체 각부나 저기의 정신이라는 단순한 개념보다 환자에 관한 더 풍성한 개념을 요구한다. 토버의 환자 접근은 자아의 측면에서 이루어진다. 여기에서 자아는 단순히 고립된 것이 아니라 다른 자아들과의 관계 속에 있다.

토버는 계몽주의로부터 서양 사회의 전통이었던 다른 자율적 행위자에 독립적인 자율적 행위자로서 자아를 정의하는 것이 아니라 타자를 통해 자아를 정의하고 있다. "사람은 자립적(자기 규정적 또는 모든 의미에서 독립적으로 '확립'되는) 존재자가 아니다. [사람은] 타자와의 물리적, 사회적, 영적 만남으로 확증되어 간다."(Tauber, 1999, pp. 23-24) 따라서 자아로서 사람은 항상 타자를 포함하는 맥락에서 나온다. 자아와 타자는 친밀하게 연결되어 있으며, 둘은 관계적 전체를 구성하는 양극의 역할을 한다. 사실 "**타자**는 **자아**를 정의하는 구성적 역할을 담당한

---

6 역자 주: 일반적으로 주체로 번역하나 토버가 전개하고 있는 개념의 차별성을 드러내기 위하여 자아라는 표현을 사용하였다.

다."(Tauber, 1999, p. 43) 자아는 타자와의 관계 속에 있을 때 자신을 깨닫는다. 자아는 혼자서 자신을 깨달을 수 없다. "경험의 성찰을 통한 주체 경험을 멈출 때, 우리는 자신의 주체성을 상실한다. 대신, 그것은 소외된 객관성으로 대체된다. 이 객관성은 우리의 내적 정체성, 즉 경험하는 자아라는 표현을 통해 우리가 직관적으로 가리키는 바를 포착하는 데 근본적으로 무력하다."(Tauber, 1999, pp. 52-53) 자아는 객관적이나 주관적으로 경험되는 것이 아니라 성찰적으로 경험되는 것이다.

자아와 타자 사이의 관계적 토대로 인하여 자아는 도덕적 분류에 속한다. 토버는 역설한다. "'도덕'은 인간 관계성의 일반 영역에 부속한다. 이 관련성을 통해 자아는 우리가 어떻게 상호작용해야 하는지를 논의하는 데에 필요한 도덕적 수단이 된다."(Tauber, 1999, p. 81) 그는 에마뉘엘 레비나스 Emmanuel Levinas, 1906~1995 가 전개한 "타자"의 철학에 기초하여 도덕적 분류로서의 자아 개념을 세운다. 레비나스에 따르면, 개인은 타자나 타인의 일부로써 있다. "자아는 타자와의 관계로 정의될 뿐만 아니라, 우리 존재의 순전한 본질은 상호주관성에 귀속한다."(Tauber, 1999, p. 85) 자아에 관한 타자의 반응은 자아의 본질에 접근할 수 있는 근거를 제공한다. 이것은 한 사람이 세상에서 행위할 때 분명히 드러난다. 자아의 행위에 대한 타자의 반응은 자아의 규정을 돕는다. 따라서 자아는 변증법적 과정의 일부로써 발생한다. 이 과정이 관계적이기 때문에 그 행위는 근본적으로 도덕적이다. 즉, 우리는 앎의 동물이기 이전에 먼저 윤리적 동물이다. 이 자아의 도덕적 본성은 타자를 대면한 책임에의 요청에서 명백해진다. "자아는 타자로만 정의되는 것이 아니라, 타자에 대한 **책임**으로 정의된다."(Tauber, 1999, p. 90)

토버는 『환자 자율성과 책임의 윤리 Patient Autonomy and the Ethics of

Responsibility』에서 의료윤리와 환자−의사 관계의 쇄신을 위해 자아 개념을 더 전개해 나간다. 그는 과학적 의학의 사실이 환자와 의학 전문직 모두의 가치와 균형을 이루는 도덕적 인식론을 제안한다. 의학 전문직의 핵심 가치는 자율적 환자를 인본적 방법으로 돌보기 위한 책임이어야 한다. 토버는 외친다. "나는 자아성과 자율성을 다시 구성하고자 한다. (…) 이런 개념은 돌봄 윤리의 심원한 도덕적 의제와 양립할 수 있는 권리와 책임의 균형을 가져다 줄 것이다."(Tauber, 2005, p. 85) 이 목적을 달성하기 위해 그는 원자적 자아와 사회적 자아를 구분한다. 이런 구분은 특히 자율적 선택에서 이성과 정념의 역할, 개인과 공동사회의 권리와 책임에서 잘 드러난다.

사회적 자아는 "근본적으로 우리의 사회적 정체성이 우리에게 부여하는 것"이다(Tauber, 2005, p. 86). 비록 각 자아를 구성하는 생물학적 기질의 구분이 존재하지만, "핵심" 자아[7]란 존재하지 않는다. 사회화는 생물학적 기질에서 자아를 형성한다. 다시 말해, 사회적 경험과 분리된 자아는 없다. 반면, 원자적 자아는 세계가 우리에게 부여한 사회적 자아에서 구분될 수 있는 특유하고 개별적인 정체성을 나타낸다. 원자적 자아는 "이해의 특별한 장소나 고유한 초점을 점유하지 않는다. 여기에서 개인은 세계를 어떤 관점에서든 조사할 수 있는 안정적 객관성을 소유한다. 이것은 보편 이성에 닿을 수 있으며, 다른 모두가 그러하다고 가정되는 것처럼 세계를 합리적이고 객관적으로 볼 수 있다."(Tauber, 2005, p. 89) 원자적 자아의 개념은 과학적 활동에 있어 핵심

---

7   역자 주: 융의 분석심리학이 전제하는 개념으로, 의식의 중심에 자아가 위치한다고 본다.

이다. 그것이 세계를 탐구하는 데에 필요한 분리된 정체성, "핵심" 자아, 세계로부터의 독립을 제공하기 때문이다. 원자적 자아가 가장 잘 표현된 것은 미국 개인주의이며, 여기에서 개인으로서의 사람은 자립하여 타자에 대해 독립적이다.

마지막으로, 토버는 칸트의 이성적 주체 개념을 흄의 정념적 주체 개념과 대비하여 탐구하며, 후자를 윤리 및 책임 있는 행동의 기반으로써 탐구한다. 칸트에게 있어 주체는 이성적 행위자로 다른 모든 특성은 주관적이다. 이 견해의 결론에서 인격은 객관적 핵심이 된다. "자연 대상과 견줄 때 '자아' 또는 에고는 직접 인지될 수 없다. 그러므로, 자의식은 탐구를 위해 자연 대상의 하나가 되었다."(Tauber, 2005, p. 96) 칸트의 이성적 주체는 흄의 정념적 주체에 대한 응답이다. 토버는 말한다. "흄은 연속적 주체, 중심 정체성, 에고의 탐색을 포기한다. 기억으로 연결된 인지 다발은 인간성 식별에 있어 심리학적 용이성을 가져오기에 충분하다."(2005, p. 96)

토버에 따르면, 단순한 개인 권리의 존재에서 자율성을 구해내려면 자아 개념 사이의 긴장을 어떻게 해소할 것인지가 문제가 된다. 해결책은 개인 권리와 책임 윤리의 균형을 잡아 "관계적 자아"에 기초를 둔 "관계적 자율성"을 성취하는 것이다. 의학에서 자율적 자아를 보존하기 위해 원자적 자아와 사회적 자아, 이성적 주체와 정념적 주체를 종합할 것을 토버는 제안한다. 자아성에 관한 이런 점들은 자아와 주체에 대한 더 풍부한 개념을 제공한다는 면에서 서로 상보적이다.

요약

현대 생의학에서 지배적인 환자 모형은 기계이다. 생명기계적 모형을 따르는 의료인은 환자를 분리된, 개별적 신체 각부로 환원하여 진단하고 질병이 발생한 신체 부분을 치료한다. 이 모형을 사용하는 것은 부분적으로 의학의 돌봄의 질 위기를 낳고, 환자는 의사가 충분히 자신의 물리적, 실존적 고통에 대해 동정하거나 공감하지 못한다고 느끼게 된다.

환자의 인문주의적, 인본적 모형에는 현상학자의 체화된 주체 개념, 카셀의 인격 개념, 토버의 자아 개념 등이 있다. 이들은 환자가 신체 각부로 환원되는 것을 다루어 돌봄의 질 위기를 완화하기 위해 제안되었다. 이들 개념에 따르면 환자는 삶의 맥락 속 체화된 주체로, 또는 개인과 사회적 특징의 면에서의 인격으로, 또는 "타자"에 대한 관계와 "타자"의 요청에 대한 응답 앞 자아로 설명된다. 이런 관점을 통해 의사는 환자의 일상적 의미의 세계에 파열적 질환이 초래한 실존적 고통을 이해할 수 있게 된다.

제4장

질병 또는 질환, 건강 또는 웰빙

의학적 실천에서 질병, 건강, 질환, 웰빙 및 이와 연관된 아픔, 전체성 등 개념의 명확한 본질과 역할에 대해 최근 의학 논문에서 활발한 논쟁이 벌어지고 있다(Boyd, 2000). 예를 들면, 게르문트 헤슬로우 Germund Hesslow 는 건강과 질병 사이의 구분이 의학적 실천에 "부적절" 하다고 주장했다(1993). 이는 의학적 주의를 기울이는 데에 질병이 꼭 필요하지 않기 때문이다.[1] 이번 장의 목적은 논쟁의 결정적인 답변이나 해결책을 제시하는 것이 아니라, 추가적인 논쟁을 명확하게 하기 위해 답변이나 해결책의 가능성을 탐구하는 데에 있다. 로리 레즈넥

---

1   헤슬로우는 적는다. "비록 우리가 질병을 가지는 것이 의학적 처치를 찾는 충분한 이유라고 부정확하게 말하곤 하지만, 사실 질병의 존재는 핵심이 아니다. 일부 의학적 개입이 유용할 수 있으며, 그것이 환자를 돕는 의사의 권력에 내재한다는 사실이 중요하다."(1993, p.7) 성숙한 의료인은 질병 개념을 버리는 것이 더 나을 것이라고 헤슬로우는 결론짓는다.

Lawrie Reznek 이 주장한 바와 같이, 철학은 질병의 본질에 관한 논의와 직접적인 관계가 있다. "철학은 질병을 치료할 수 없으나, 부적절한 질병 귀인을 치료할 수 있는 것은 확실하다."(1987, p. 11) 나는 이런 태도를 따라 질환과 웰빙 개념에 관한 논의를 수행할 것이다.

논쟁에 참여하는 사람은 크게 두 진영, 자연주의자와 규범주의자로 나뉜다. 자연주의자에 따르면, 질병과 건강은 사람의 객관적인, 실재 상태나 수준을 명시하는 데에 사용될 수 있는 서술적인 개념이다. 그러나 규범주의자에 따르면 이들 개념은 개인적, 사회적 가치에 의존한다. 이 가치들을 반영하여 규범주의자들은 "질환", "웰빙" 등의 용어를 사용하여 한 인격의 주관적 또는 구성적 상태나 수준을 규정한다. 일반적으로 생의학적 의료인은 질병과 건강의 자연주의적 개념을 옹호하는 반면, 인문주의적, 인본적 의료인은 질환과 웰빙의 규범주의적 개념을 지지한다.

생의학적 모형은 산업화된 서구의 의학 실천을 특징짓는 질병과 건강 개념이 널리 퍼지는 원인이 되었다. 질병은 신체 부위의 기능 이상이나 상실로 할당된 반면, 건강은 질병 상태(의 부재)와 관련하여 정의된다. 명백한 질병이 없거나 치료를 필요로 하지 않을 때 한 사람은 건강하다. 그렇다면, 건강은 기본 상태이며 의사의 서비스에 협력하여 지킬 수 있는 것이다. 이런 질병과 건강 개념은 돌봄의 질 위기의 원인 중 하나다. 환자를 질병이 발생한 신체 각부로 환원하면서 환자의 고통과 실존적 근심은 생의학적 의료인에게 무시되고 주목받지 못했다.

생의학 모형의 인문주의적, 인본적 수정은 환자의 고통과 실존적 근심을 질환 경험의 일부로써 수용하려고 시도하며, 치료적 과정을 통해 이를 다루려 한다. 인문주의적 모형에 있어 건강은 기본 상태가 아니다. 건강은 적극적인 용어를 통해 정의되며, 대개 환자의 웰빙이나 전체성과 관련지어진다. 인본적 의료인의 관심은 환자의 질병 부재가 아니라 신체적, 정신적(때때로 영적) 웰빙을 추구할 수 있는 삶의 방식을 채용하는 데에 있다. 여기에선 생의학적 모형과 인문주의적, 인본적 모형 사이의 구분에 더하여, 적절한 경우 정신 건강과 질환에 대한 두 모형 또한 탐구하였다.

질병 또는 질환

생의학적 모형에 따르면 질병과 건강의 본질은 유물론적, 물리적인 면에서 정의될 수 있다. 마샬 마린커 Marshall Marinker 에 따르면 "질병에는 객관성이 존재한다. 이를 의사는 보고, 만지고, 측정하고, 냄새 맡을 수 있어야만 한다."(1975, p. 82) 그 원인을 과학적 탐구와 임상 진단으로 식별할 수 있는 질병은 객관적, 실재 상태로 유물론적, 물리적 존재나 상태로 환원될 수 있다.

이런 질병의 환원적 개념은 의학 사전에서 명백하게 드러난다. 예를 들어, 『스테드먼 의학 사전 Stedman's Medical Dictionary』 제26판에서 건강의 제일 정의는 "신체 기능, 체계, 기관의 방해, 정지, 이상"이다 (Stedman, 1995, p. 492). 심지어 정신 및 행동 질환마저도 뇌의 생화학적, 생리학적 작동으로 환원된다. 엥겔에 따르면 "생의학적 도그마는 '정신' 질환을 포함한 모든 질병을 내재하는 물리적 기전의 교란으로 개념화될 수 있어야 한다는 전제를 요구한다."(Engel, 1977, p. 130) 이런 질병 개념은 생의학적 모형에서 지배적이며 건강의 개념에 영향을 미친다. 이미 위에서 서술한 바와 같이 건강, 심지어 정신 건강도, 단순히 질병의 부재로 표현되는 기본 상태가 된다.

생의학적 의사가 환자의 질병 상태에 관심에 있다면, 인문학적 의사는 환자의 질환과 그에 관련된 고통에 대해 탄원 또는 공감한다. 카셀은 질병과 질환을 구분하였다. "질병은 (…) 신체의 일부, 기관, 체계의 구조나 기능의 이상으로 특징지어지는 특정한 존재자다. 질환은 (…) 인격 전체를 괴롭히며 기능, 신체 감각, 기분 이상의 집합으로 자신이 편치 않은 상태라고 사람들이 알게 되는 것을 말한다."(Cassell, 1991, p. 49) 의사는 질병을 객관적 존재로, 배타적으로 다루어서는 안 되고 아픈 사람 안에 위치시켜 다루어야 한다. "의사의 탐색 대상인 질병 존재자는 구체적인 실제에 존재하는 것이 아니다. 그것은 독립적인 존재가 없는 추상일 뿐이다. 의료인이 공을 들일 수 있는 것은 (의과학에겐 역설이지만) 이 아픈 사람뿐이다."(Cassell, 1991, p. 108)

이 절의 나머지에선 다양한 질병 개념(존재론적, 생리학적, 진화적, 유전적인 개념 등)을 먼저 논하고, 이어 인문주의적, 인본적 모형의 질환 개념을 논한다.

질병

전통적으로 질병에는 존재론적인 것과 생리학적인 것의 두 가지 개념이 있었다. 존재론적 개념은 질병을 일으키는 존재자에 대한 것인 반면, 생리학적 개념은 기능 표준에서의 일탈을 포함한다. 크리스토퍼 부어스 Christopher Boorse 는 가장 잘 알려진(또는 가장 많이 인정되었으며, 또한 논쟁을 일으키는) "종 설계"의 개념에 기반을 둔 질병의 생리학적 개념을 닮았다. 두 가지의 추가적인 질병에 대한 개념(진화와 유전)이 최근 문헌에서 옹호되고 있다. 이는 유전 개념이 무대 중앙을 차지하고, 특히 휴먼 게놈 프로젝트가 시작되면서 나타난 변화다. 비록 어느 하나의 개념도 질병의 본질을 완전히 나타내지는 못하지만, 생의학적 의료인에 따르면 이 개념들은 질병 상태를 결함, 기형, 장애와 구분할 수 있는 방법을 제시한다.

존재론적 개념

존재론적 개념에 따르면, "질병은 **사물**로, 그것을 가진 사람에서 분리할 수 있는 존재자다."(Cassell, 1991, p. 77) 그러나 엥겔하르트가 논하고 있는 바와 같이, 존재론적 개념은 사물(실재물*ens*) 을 가리키는 것인지 논리적 유형을 가리키는 것인지 애매하다. "강한 의미에서 의학적 존재론은 질병을 기생충과 같은 사물로 그리는 관점을 가리킨다. 이는 질병을 변하지 않는 개념적 구조로 이해하는 '플라톤적' 질병 존재자의 관점과는 대조적이다."(Engelhardt, 1975, p. 128)

강한 의미의 존재론적 개념에서, 질병 존재자는 감염 인자로 숙주나 환자를 침범하며 질병 상태의 직접적인 원인이다. 이들 인자는 예를 들면 병원체, 바이러스, 기생충, 박테리아일 수 있다. 그러나 루돌프 피르호 Rudolf Virchow, 1821~1902 에 따르면 질병 존재자 자체(질병 존재자 *ens morbi*) 와 질병 원인으로서의 존재자(질병 원인*causa morbi*)를 구분해야만 한다. 질병 존재자는 질병 증상 없이도 존재할 수도 있다(Virchow, 1958). 약한 의미의 존재론적 개념에는 증상에 대한 질병 패턴이 존재한다. 이것은 "물질적 질병 존재에 대한 특정한 이론과의 직접적인 연결 없이도 종종 지속되는 질병 유형으로 해석된다."(Engelhardt, 1975, p. 129)

가장 잘 알려진 존재론적 개념의 예는 질병 배종설胚種說이다. 배종설은 19세기 말에 처음 제안되었으며 항생제의 발견으로 더 이상 산업화된 서구에서 전염되고 있지 않은 치명적인 감염 질환 다수를 설명하는 도구였다. 그러나 최근 감염 질환을 일으키는 박테리아는 항생제에 저항성을 띠고 있다(Le Fanu, 2002).

배종설에 따르면 질병, 특히 감염성 질병은 신체의 면역 방어 체계를 뚫을 수 있어 환자의 조직과 기관에 피해를 줄 수 있는 미생물에 의한 결과이다. 예를 들어, 부패병putrid disease이라고 불렸던 패혈증은 감염된 유기체에서 기인한 "부패성 비브리오"(산화효소 양성, 그람 음성 간균) 때문이다(Pasteur, 1996). 물론, 페니실린을 발견하여 1941년 43세 경찰관에게 최초로 임상 적용한 것은 감염된 환자가 항생제를 통해 성공적으로 치료될 수 있다는 의학적 혁명을 가져왔다(Le Fanu, 2002).

생리학적 개념

전통적으로 질병의 생리학적 개념은 존재론적 개념과 대조되었다. 생리학적 관점에서 볼 때 질병은 추상적인 개념으로, 구체적인 대상과 혼동되어서는 안 된다. 생리학적 개념에 따르면 질병은 기능적인 기준이나 일반적인 질서에서의 일탈이다. 생리학의 법칙은 질병 상태의 병리적 본질을 이해하는 정수가 된다. 따라서 질병은 "실체적이라기보다는 맥락적이며, 질병 존재자로 인한 결과보다는 개인의 체질, 생리학적 법칙, 환경의 특이함으로 인한 결과에 더 가깝다."(Engelhardt, 1975, p. 131)

질병의 생리학적 개념의 기반은 정상성의 개념이다. 에드먼드 머피Edmond Murphy는 정상성의 종류 몇 가지를 특히 통계적인 변동의 면에서 구분하였다. 첫째는 "'정규 Gaussian '와 같은 용어로 편리하게 기술될 수 있는 특정 확률 밀도 함수의 개량적 변량"이다(Murphy, 1997, p. 145). 다음 두 종류는 종의 전형과 관련되어 있다. 평균, 최빈수, 평범한 것과 같이 종에서 빈번하게 경험되는 것이 속한다. 여러 생리학적 과정은 측정 수치의 정상 범위 안에서 다양한 값을 가진다. 예를 들어, 정상 혈압은 수축기에 90~140mmHg, 이완기에 60~90mmHg의 범위를 가진다. 한 사람의 육체적 활동에 따라, 혈압은 이 범위 안에서 다양하게 나타나며 휴식 상태에는 정상으로 돌아온다. 만약 혈압이 휴식 상태에서도 정상 범위 밖이라면, 그것은 질병 또는 병리적 상태를 가리키는 것일 수 있다. 이런 생리학적 과정을 관장하는 법칙은 안정적인 신체 기능을 보증하는 항상적 기전의 일부이다(Cannon, 1939).

1970년대 중반 크리스토퍼 부어스는 질병의 생리학적 개념을 제안하였으며, 여기에서 그는 질병과 질환을 일단 구분하였다. 부어스에 따르면 질병은 종의 일원에 의해 수행되는 특이적 기능이 방해받는 것이며 가치중립적인 개념이다. 그러나 질환 개념은 질병이 일반적으로 "바람직하지 않"다는 개인적·개체적, 사회적·문화적 가치를 포함한다(Boorse, 1975, p. 61). 다시 말하면, 질병은 자연적 개념이며 따라서 이론적인 반면, 질환은 규범적 개념이며 따라서 실용적이라는 것이다. 부어스에 따르면, 의철학자들 사이에 나타나는 질병의 규범적 개념은 질병의 "생리학적" 기반을 잘못 대표하는 "심리학적 전회"를 반영한다.

최종적으로, 부어스는 정상 기능을 통해 앞서의 질병 개념을 개선한다. "**질병**은 내적 상태의 한 종류로 정상 기능 능력의 손상(하나 이상의 기능 능력이 통상적인 효율 이하로 감소) 또는 환경 인자에 의한 기능적 능력의 제한을 가리킨다."(Boorse, 1977, p. 567) 이 개념은 "정상 기능 능력"을 중심으로 한다. 이것은 "준거 집단" 구성원, 즉 "동일한 기능 설계를 지닌 유기체의 자연적 집합"을 가리키며, 이들은 종의 생존과 번식에 전형적인 통계적 방법으로 기여한다(Boorse, 1977, p. 562). 기능성은 래리 라이트 Larry Wright 가 지지했던 것과 같은 기능의 인과적 역사가 아닌, 목적에 대한 기여에 의존한다(Boorse, 1976).

부어스는 이후 정상-병리의 구분, 특히 기능의 면에서 질병의 개념을 재구성한다(Boorse, 1987). 다시, 자연적인 것과 병리적인 것은 신체 각부의 통계적 최적 이하 기능으로 구분한다. 부어스에 따르면 "유기체 각부나 과정은 다음 조건에서 **병리적**이다. 해당 각부나 과정이 하나 이상의 종 특이적 기능을 수행할 수 있는 능력이 종의 적절한 준거 집단 구성원에서 대응하는 각부나 과정의 능력이 나타내는 통계적 분포의 중심 범위 밑으로 떨어지는 경우."(Boorse, 1987, p. 370)

부어스는 얼마 되지 않아 그의 자연주의적 질병(과 건강) 개념을 "생물통계이론 biostatistical theory, BST "으로 명명하였다. "이 이름은 분석이 생물학적 기능과 통계적 정상성에 의존한다는 점을 강조한다."(Boorse, 1997, p. 4) "종 설계"의 개념을 따르는 종 구성원의 무능력이 질병이다. 종 설계는 다음으로 정의된다.

생리학의 주제를 (신체의학과 관련하여) 형성하는 종 구성원의 전형적인 내적 기능 구조다. 세포 소기관, 세포, 조직, 기관, 전체 행위까지 모든 수준에서 기능적 과정의 서로 맞물린 층위로, 해당 종의 유기체는 이를 통해 삶을 유지하고 갱신한다(Boorse, 1997, p. 7).

그렇다면 질병 또는 병리적 상태는 상기 층위의 어떤 수준에 나타난 각부 기능의 혼란이다.

부어스의 질병 개념에 대한 비판은 다양한 관점에서 주어졌으나, 특히 그의 "종 설계" 개념에 대한 비판이 (진화적 관점에서) 강하게 제기되었다.[2] 예를 들어, 요제프 코바치 József Kovács 는 부어스의 개념이 지질학적 시간에 따른 종 설계의 변화를 고려하지 않았다고 주장한다 (1998). 사실, 종 설계와 환경 변화 사이에는 상당한 "시간적인 차이"가 존재한다. "종 설계가 항상 일반적인 건강을 의미하는 것은 아니다. 그것은 (환경의 극적 변화에 의한) 질병과 죽음을 나타낼 수도 있다."(Kovács, 1998, p. 32) 다시 말하면, 특정 종 설계는 보통 환경의 변화와 조화를 이루지 않는다. 게다가 개체가 편안함을 느끼는 이상적 종 설계는 존재한 적이 없었다. 단지, 환경의 변화를 마주하여 적응성을 유지하려는 상당한 양의 다양성이 존재했을 뿐이다(van der Steen and Thung, 1998).

진화적 개념

진화 생물학은 비정상성과 질병을 정의하는 데에 있어 다른 접근법을 제시한다. 랜돌프 네스에 따르면, 통계적 접근법은 무엇이 정상인지를 정의하는 데에 있어 불충분하다. "신체가 무엇을 위한 것인지, 어떻게 작동하는지, 그리고 특히 그것이 어떻게 하여 현재의 형태를 가지게 되었는지에 대한 완벽한 지식"이 요청된다(Nesse, 2001, p. 38). 신체의 설계와 기능은 진화적 과정의 결과이며, 특히 자연 선택을 통한 적응의 방법을 통해 이루어졌다. 신체의 종 진화 과정에서, 특정 적

---

2   부어스의 질병 개념은 상당한 수의 비판을 끌어내었다. 그의 응답은 부어스를 보라(Boorse, 1997). 최근의 비판은 다음을 참조하라(Cooper, 2002).

응 기전이 외부로부터 신체를 지키기 위해 진화하였다. 예를 들면, 신체의 온전성을 위태롭게 하며 특히 재생산 능력과 관련하여 유기체의 적합성을 저하시키는 미생물에 대항하여 진화가 나타났다는 것이다.

질병의 진화적 개념에 따르면, 질병은 적응 기전의 관점에서 정의된다. 다시 말하면, 질병은 부적응의 결과이다. 예를 들어, 신체에 심각한 손상이나 죽음까지도 초래할 수 있는 미생물을 피하기 위한 것이 질병이다. 네스는 말한다. "도전에 대한 반응으로 방어 작용을 발현시키는 데에 실패한 결과가 질병으로 나타난다."(Nesse, 2001, p. 38) 결과적으로, 진화 기전은 정상성과 그 유지를 만들어 내며, 질병은 "정상으로부터 불리한 차이"로 정의된다(Nesse, 2001, p. 41).

질병의 진화적 개념은 질병의 본질을 이해하는 데에 있어 중요한 영향을 미치고 있으며, 특히 질병을 일으키는 상태와 행위자들에 대한 신체의 방어 기전에 있어 그러하다. 네스에 따르면, 자연 선택과 같은 진화 과정은 "최선의 이익을 얻기 위해 방어 기전을 조절하는 기전을 형성해 나아갔을 것이다."(2001, p. 39) 예를 들면, 열은 생의학적 의료인이 치료하는 여러 질병의 증상이다. 그러나 열은 박테리아, 바이러스와 같은 감염 인자에 대항해 신체를 방어하기 위한 적응 기전이다. 네스와 조지 윌리엄스 George Williams 는 말한다. "열을 차단하는 약물은 신체의 감염에 대한 반응을 조절하는 정상 기능을 방해함이 명백하며, 치명적인 결과를 나타낼 수도 있다."(Nesse and Williams, 1996, p. 28) 성체 토끼에서 열을 차단하는 것이 사망률을 높인다는 것을 증명하는 연구들이 수행된 바 있다. 그러나 네스와 윌리엄스는 열을 차단하는 것이 필요한 경우가 있음을 알고 있다.

네스는 어떤 단일 정의도 불충분하다는 것을 인식하고 있었지만,

그는 생물학적 또는 진화적 기능의 관점에서 질병을 정의한다. "개체는 신체 기전이 불완전하거나 손상되거나 그 기능을 수행할 수 있는 능력이 없는 경우 질병을 지닌다."(Nesse, 2001, p. 45) 진화 의학의 비판자들은 사람의 질병이나 건강을 정의하는 데에 있어 생물학적 기능에 의거하는 것이 적절한지를 문제삼는다. 예를 들면, 안네 가멜가르트 Anne Gammelgaard 는 진화 이론에서 유래한 생물학적 기능은 의학적 유의성의 관점에서 기능을 정의하는 데에 불충분하고 주장한다. "진화적 관점에서 기능적인 것이 반드시 환자의 관점에서 기능적인 것은 아니다. 이것은 일차적으로 의사와 진화 생물학자가 신체 기능으로 여기는 것에 대한 관점의 차이에 기인한다."(2000, p. 112) 다시 말하면, 보건의료 전문가들은 개인 환자의 복지에 신경을 쓰는 반면, 진화 생물학자들은 선택 단위의 생물학적 적합성을 탐구하며, 이것은 특정 유기체의 건강에서 꼭 중요하지는 않을 수도 있다는 것이다.

유전적 개념

20세기 유전 혁명의 개시는 의학의 개념적 기초를 "유전화 geneticization" 했으며, 이에 따라 의학의 새로운 영역, 유전 의학이 부상했다(Guttmacher and Collins, 2002). 그 핵심 개념 중 하나는 질병의 유전적 개념이다(Hall, 2005). 이 개념은 돌연변이나 유전자의 부재, 특히 그 산물의 결함이나 결손의 관점에서 질병을 설명하는 것을 포함한다. 존 벨 John Bell 에 따르면 "현대 유전학 기술이 부여한 기회 중 하나는 이런 다수 질병의 병리적 기초를 명확히 할 수 있다는 것이며, 그리하여 대부분의 질병을 기전으로 더 명확히 정의할 수 있다는 것이다."(1997, p. 1052) 유전 질환은 당뇨가 그렇듯 일반적으로 기능 상실의 결과이다. 그러나 암에서와 같이 기능의 획득으로 이어지는 경우도 있다. 유전자 돌연변이는 간헐성, 즉 일생 동안 나타나는 환자 체세포의 유전자 변화의 결과일 수도 있으며, 유전성, 즉 환자의 부모 중 한 명 또는 둘 모두에서 유전되었을 수도 있다.

만약 하나의 결함 있는 유전자가 원인이고 유전되는 경우, 이것을 멘델 유전병 Mendelian disease 이라고 부르며 멘델의 유전 양상을 따른다.[3] 여기에는 상염색체 우성 또는 열성, X 염색체 우성 또는 열성, Y 염색체 패턴이 속한다. 인간에겐 대략 5,000 종류의 멘델적 특성이 나타나며, 수백 개의 멘델 유전병이 있다(McKusick, 1998). 전통적인 멘델 유전병, 그리고 최초로 "분자적"으로 설명된 질환은 겸형 적혈구 빈혈이다(Feldman and Tauber, 1997). 겸형 적혈구 빈혈은 적혈구 헤모글로빈의 결함에 기인한다(Stuart and Nagel, 2004). 1956년, 버논 잉그램 Vernon Ingram 과 헌트 J.Hunt 는 겸형 헤모글로빈의 경우, 정상 헤모글로빈에서 글루탐산의 자리에 발린이 위치해 있음을 증명하였다(Ingram, 2004).

만약 한 개 이상의 유전자가 연관되어 있으면 이것은 비멘델적 또는 다유전자 질환이다(Williamson, 1988). 다유전자 질환은 대부분은 또한 다요인적이며, 질환의 발현에 있어 환경이 핵심적인 역할을 한다. 다시 말하면, 질병 기원의 일부는 유전적일 수 있지만, 나머지는 환경적 요소의 결과일 수 있다는 것이다. 따라서 많은 흔한 질병들, 즉 암, 당뇨, 고혈압, 동맥경화와 같은 것들은 유전자와 환경의 상호작용을 수반한다. 유전된 유전자는 환자가 주어진 질병에 취약하게 만드나

---

3   역자 주: 최근에는 단일 염기 다형성(Single Nucleotide Polymorphism, SNP) 이라고 부른다.

특정한 환경적 조건에서만 발현된다. 예를 들면, 폐암은 흡연으로 실체화될 수 있는 가족력 구성 요소를 가지고 있다(Kiyohara et al., 2002).

암은 다유전자 또는 다요인적 질환의 주요한 예이다. 종양 형성 유전자의 활성과 암 억제 유전자의 불활성의 조합이 암 발생에 있어 필요하다. 그러나 MIT 화이트헤드 연구소의 로버트 와인버그 Robert Weinberg 와 샌프란시스코 캘리포니아대학교의 더글러스 해너핸 Douglas Hanahan 은 발암에 대한 최근의 논문들을 고찰한 후, 21세기의 연구를 안내할 새로운 패러다임을 제시한 바 있다. 암을 소수의 돌연변이 유전자로 설명하는 대신, 그들은 이것이 복잡하고 다면적인 질환으로 최소 여섯 가지의 다른 "특질"을 나타낸다고 주장하였다(Hanahan and Weinberg, 2000). 여기에는 성장 신호의 자기 충족성, 반성장 및 성장 억제 신호에 대한 무감수성, 조직 침범과 전이, 제한 없는 복제 능력, 혈관 신생의 유지, 세포사멸이나 예정세포사 豫定細胞死 의 회피가 포함된다. 해너핸과 와인버그는 암세포는 정상세포를 모집하여 성숙한 암종을 형성한다고 주장하는 이형 세포 생물학을 지지한다(Hanahan and Weinberg, 2000). 최근 세포외 기질의 결합 또한 암 발생의 병인 요소로 제안되고 있다(Marcum, 2005c).

마지막으로, 미토콘드리아 DNA의 원형 조각에 위치한 유전자의 돌연변이로 표현되는 유전 질환의 분류가 지난 10년간 활발하게 연구되었다(Taylor and Turnbull, 2005). 미토콘드리아는 진핵 세포에서 발견되는 세포 기관으로 유기성 호흡 또는 산화적 인산화 oxidative phosphorylation 를 담당한다. 이것들은 부계의 미토콘트리아가 수정 단계에서 파괴되기 때문에 기원상 모계이다. 미토콘드리아 유전자의 유전은 비멘델적 양상을 나타낸다. 미토콘드리아 유전자는 수십 개의 단백질의 정보를 담고 있으며 관련된 RNA 장치는 세포 호흡과 연관되어 있다. 미토콘드리아 질환에는 치매의 한 종류인 MELAS(미토콘드리아 뇌병증mitochondrial encephalopathy), 젖산산증, 유사 뇌졸중 발작, 간질의 한 형태인 MERRF(소모성 근섬유가 동반되는 간대성 근경련성 간질 myoclonus epilepsy with ragged red fibers), 레버씨 유전성 시신경 위축증(미토콘드리아 유전자의 돌연변이의 결과이자 유전성 골수 부전 증후군인 피어슨 증후군의 사례) 등이 있다. 비록 미토콘드리아성 질환을 이해하는 데에 있어 진전이 이루어지고 있으나, 그것들을 치료할 방법은 거의 없다.[4]

질환

인문주의적, 인본적 의료인은 질병의 추상적 개념을 거부하고, 대신 질환의 구체적 개념을 제시한다. 예를 들어, 카셀은 질병의 생의학적 개념이 지닌 두 가지 문제를 지적하였다(Cassell, 1991). 첫째, 생의학적 의료인은 각각의 질병을 단독의, 특유한 원인의 결과로 바라본다는 것이다. 비록 감염성 질환이 종종 단일 미생물에 의해 발생하기는 하지만, 다수의 질병(암이나 심장질환 같은)은 다수의 원인을 가진다. 분명, 여러 만성 질환을 일으키는 단일 원인이란 존재하지 않는다. 더하여, 여러 질병의 병인론은 사회의 문화적 구조에 포개져 있다. 카셀에 따르면 질환은 "그것이 발생한 생활 방식 및 사회적 환경과 분리되면 완전하게 이해될 수 없다."(Cassell, 1991, p. 14) 예를 들어, 제1, 2차 세계 대전 이후에 폐암의 급격한 증가는 이전 세대의 흡연 습관에 대한 사

---

4   역자 주: 유전자 조작에 의한 치료가 최근 크리스퍼의 등장과 함께 빠른 속도로 발전하고 있다.

회적인 허용을 반영한다.

둘째, 카셀에 따르면 생의학 모형에서 기능은 단순히 구조의 결과일 뿐이며, 기능이나 역기능의 변화는 구조의 변화를 반영한다는 생각이 문제가 된다. 이런 구조는 특정 시점에서 인공적인 구성 또는 순간이 지만, 질환은 병태생리학이 시간의 흐름에 따라 전개되는 역동성이다.

카셀은 질병의 존재론적 관점을 생리학적, 과정 지향적 관점과 대조한 다음, 질병의 본질을 이해할 수 있는 적절한 체계는 없다고 주장한다(Cassell, 1991). 그는 독자들에게 도전한다. "나는 당신이 행동의 실천적 지침으로 활용할 수 있는 막연하지도 않고 쓸모없지도 않은 어떠한 정의도 도출해낼 수 없으리라고 생각한다."(Cassell, 1991, p. 92) 케네스 보이드 Kenneth Boyd 는 질병, 질환과 같은 개념이 애매하다는 점에 동의하지만, 그 이유는 이런 개념이 가치에 기반을 두고 있기 때문이라고 주장한다(2000). 레스터 킹 Lester King 또한 질병의 본질이 불명확하다는 점에 동의하지만, 이 불명확함은 질병 상태가 보통 범위로 제시되기 때문에 나타난다고 주장한다는 점에서 차이를 보인다(1954). 예를 들면, 정상 혈액 헤모글로빈을 구성하는 것은 정확한 숫자가 아닌 범위이다.[5]

킹에 따르면, 질병은 순전히 인공적인 개념이다. 무엇인가를 질병으로 만드는 것은 생물학뿐만 아니라 사회적 가치이기도 하다. "질병은 지배적인 문화에 의해 판단되어 아픈 것, 장애를 일으키는 것으로 생각되는 것이며, 통계적 기준이나 어떤 이상화된 상태에서 벗

---

5   킹은 주장한다. "너무 정밀하려 하는 시도는 사고의 오해, 부정확, 쓸모없음을 가져오며, 철학적으로 매우 건전하지 못하다."(1954, p. 195)

어난 조건들의 집합체이다."(King, 1954, p. 197) 궁극적으로 질병은 "바위, 나무, 강과 같은 **사물**과 다르다. "질병은 패턴이나 관계를 나타낸다."(King, 1954, p. 199) 물론, 이 견해는 패턴이나 관계의 실제에 대한 존재론적 쟁점을 제기하며, 킹은 이 문제를 인식론적 틀에 포개어 해결한다.

조지 아지크 George Agich 또한 질병의 가치중립적 이론, 특히 부어스의 질병 기능 이론을 거부한다. 아지크는 질병 개념을 평가하는 데에 있어 자유가 중심적인 가치라고 주장한다. "다양한 종류의 고통, 기형, 지능 장애가 모두 개인의 행위 능력을 제한하므로, 인간 존재에게 적절한 것은 자유 또는 합리적 자유 행위주체성과 엮여 있다는 견해가 모든 질병 기준 밑에 깔려 있다. 자유를 지시하는 것은, (⋯) 질병 언어의 문제와 관련하여 흥미롭고도 중요한 함의를 지니는데, 그것은 **여러 목표**가 가능하며 특정 시점에서 전형적인 것은 없음을 함의하기 때문이다."(1983, p. 37) 이런 목표의 가능성은 엄격히 생물학적인 것이 아니며 또한 사회적인 것이기도 하다.

이어서 아지크는 부어스의 이론을 해석하는 데에 있어 해석학적 원칙으로 자유의 가치를 적용한다. "부어스의 관점에 있어 '질병'은 종 특이적 기능 결핍의 기술이다. 여기에서 '기능'은 '유기체가 사실상 추구하는 목표에 있어 표준 인과에 이바지하는 것'을 의미한다. 나는 제안한다. 만약, '유기체가 사실상 추구하는 목표'라는 어구가 사회적 개념이자 생물학적인 것보다는 자유의 측면에서 이해된다면(의학이 인간 질병을 다루므로), 질병을 다룸에 있어 가능성의 넓이와 질병 판단의 가치적재적 성격은 명백해질 것이다."(1983, p. 37) 부어스의 이론은 너무 단순하며 질병의 복잡성과 개인적, 사회적 차원을 담아내는 데에 실패하였다고 아지크는 결론짓는다.

캐롤라인 위트벡Caroline Whitbeck 또한 질병의 가치적재적 개념에 동의하며 자신의 정신-생리학적 과정에 자신의 개념을 위치시킨다. 이 목적을 위해 그는 질병을 다음과 같은 일반적인 용어를 사용하여 정의한다. "**어떤** 정신-생리학적 과정의 사례로서 사람들이 예방하거나 종결시킬 **수 있기를 소망하는 것**."(Whitbeck, 1978, p. 211) 게다가, 이 질병의 개념은 사람들이 원하는 것, 가능성을 기대하는 것과 관련하여 문화적 맥락에 상대적이다. 위트벡은 결론짓는다. "따라서 어떤 과정이 질병을 구성하는가에 대한 판단은 사회체 집단의 가치 판단에 의존한다. 병에 걸린 사람의 판단, 또는 단지 사회가 예방 및 치료법을 개발하고 적용할 책임을 지운 전문가의 판단에만 **의존하기보다는**."(1978, p. 211) 마지막으로, 그는 질병을 유기적, 정신적 기능 장애로, 질환을 기능 장애에 대한 주관적, 의식적 인식으로 구분한 머빈 수서 Mervyn Susser에 찬성한다. 이런 인식을 가능케 하는 것은 타당한 행동을 명령하는 사회적 가치이다.

풀포드K. W. M. Fulford 또한 질병의 가치적재적 개념을 제안한다. 개념적으로 볼 때, 의학은 그 근본에서 평가적이며 본성상 사실적이지 않기 때문이다(1989). 풀포드는 "전통"적 관점에서의 질병과 질환 사이의 관계와 "거꾸로 된" 관점에서 둘 사이의 관계를 비교한다. 전자의 관점에서, 질병의 가치중립적 개념은 질환의 가치적재적 개념에 우선하며, 질환은 질병의 하위분류이다. 거꾸로 된 관점에선 질환이 질병보다 우선한다. 풀포드는 주장한다. "의학에서 질환(무언가 잘못되었다는 환자의 직접 경험)이 보통 **무엇이** 잘못되었는지에 대한 임상적 진단과 구체적 질병에 선행하는 것처럼, 의학의 논리에 있어 우선적으로 고려되

는 것은 '질환'이다."(1989, pp. 262-263)

풀포드에 따르면, 질환을 질병에 논리적으로 선행하는 것으로 만드는 것은 전자가 행위 수행 실패의 개념에 기반을 두는 반면 후자는 기능 이상의 개념에 기반을 둔다는 점에 있다. 행위 수행 실패는 사람들이 "의도적 행위"를 수행하는 데에 있어서의 불능을 포함한다. 예를 들어, 망상은 환자가 사실 거짓인 것을 믿는 인지 기능 이상이 아니라, 행위에 대한 만족스러운 정당화를 제시하는 데에 있어 환자의 불능으로 망상이 주어진다고 풀포드는 주장한다.

마지막으로, 신체에 대한 현상학적 모형은 환자의 질병 경험에 있어 중요한 함의를 지닌다. 질환은 기계-세계 속 기계화된 신체나 신체 각부의 기능 이상이 아니라, 생활세계에서 체화된 주체의 혼란이다. "질환은 단순히 기계적, 생물학적 신체의 물리적 기능 이상으로 이해되어서는 안 되며, 신체, 주체, 세계(주체의 세계-내-존재)의 이상으로 이해되어야만 한다."(Toombs, 1993, p. 81) 그렇다면, 질환은 삶의 정상 경로에서 분리된, 이질적인 상태(자신 밖에 존재함ek-stasis)로 신체를 인식한 결과이다.[6]

현상학자들은 주장한다. 고통받는 환자는 신체의 제약과 한계에 대한 의식적 인식 없이 더는 일상생활을 수행할 수 없다. 공간과 시간의 차원에서 구속된 신체는 아픈 환자에게 자신을 부과한다. 때로 질환은 시간계를 확장하고 아픈 신체가 생활하는 공간계를 축소시킨다(Toombs, 1993). 예를 들어, 머리를 빗는 것과 같이 보통 시간이 거의 걸

---

6   "자신 밖에 존재하는 신체(ecstatic body)"에 대한 추가적인 논의로 레더를 참조하라(Leder, 1990, pp. 11-35).

리지 않는 일상적인 활동은 팔이 부러진 경우 훨씬 오래 걸린다.

　망가진 도구가 제작자의 계획을 좌절시키는 것과 같이 병든 신체도 환자의 계획을 방해한다. 엄밀한 의미에서 신체가 도구이며, 따라서 아픈 신체는 망가진 도구라고 말하려는 것이 아니라, 망가진 도구로서의 아픈 신체의 유비는 환자의 신체 경험에 질환이 가져오는 영향을 표현한다. "신체 각부를 도구라고 부르는 것은, 그것 또한 주체로서의 **현존재** *Dasein* 의 일부이므로 잘못된 일이다. 그것들은 도구들의 총체성의 일부일 뿐만 아니라, 생(몸 *leibliche*)의 총체성의 일부이자 주체의 투영적 힘에 속한다."(Svenaeus, 2000, p. 109)[7] 그러나 현상학적 신체의 대상화는 생명 기계적 신체의 대상화와는 다르다. 전자에서 환자는 객체이지만 체화된 주체로서 특유한 생활세계에 처하는 반면, 후자에서 환자는 탈체화된 인격으로서 공통의 기계-세계에 위치하는 객체로 놓인다.

건강 또는 웰빙

　생의학적 모형의 질병과 건강 정의의 문제 일부는 의학이 이론적인 학문 분야라기보다는 실용적인 분야라는 데에 있다. "의학과 그 '질병'과 '건강'의 개념은 의학적 행위, 의사와 환자의 관심, 과학의 발전에 묶여 있다."(Brown, 1985, p. 326) 인문주의적, 인본적 의료인은 환자의 회

7　인우드는 적었다. "하이데거는 현존재를 (구체적인) 인간 존재와 (추상적인) 존재로서의 인간 모두를 가리키기 위하여 사용하였다."(Inwood, 1997, p. 123)

복에 있어 매우 중요한 질병 경험과 관련한 환자의 실존적 문제에 괄호를 친다는 점에서 생의학적 모형을 비판한다. 마린커에 따르면, "질환은 감각이다. 온전히 사적인 불건강의 경험으로, 환자의 인격 내부에서 주어진다."(Marinker, 1975, p. 82)[8] 따라서 질환은 질병보다 더 확장적인 개념이며, 여기에서 환자는 질병의 증상을 나타내지 않을 수도 있지만 여전히 아플 수 있다.

따라서 인문주의적, 인본적 의료인에게 건강 또한 단순히 질병 상태와 관련한 기본 상태가 아니다. 오히려 그것은 웰빙이라는 긍정적인 용어로 정의된다. 마지막으로, 인본적 임상가가 질환을 정의할 때 필요로 한 것과 같이 환자와 의사의 관심과 가치는 건강을 웰빙으로 정의하는 데에 있어 중추적인 역할을 한다. 이 절의 나머지에서, 건강의 생의학적 개념을 논하고 이어서 웰빙의 인문주의적 개념을 검토한다.

건강

생의학적 의료인은 종종 질병 존재의 표현이나 질병 상태의 현상 측면에서 질병 부재의 부정적인 개념으로 건강 개념을 해석한다. 이런 건강의 부정적 정의는 많은 의학 사전에서 명백하게 나타난다. 예를 들면, 『스테드먼 의학 사전』 26판에서, 건강의 첫 번째 정의는 "질병이나 비정상성의 증거 없이 기능할 때 유기체의 상태"이다(Stedman, 1995, p. 764).

---

8   또한, 마린커는 질병, 질환에 대해 우환을 구분한다. "우환은 사회적 역할, 상태, 세계에서 협상된 위치다. 그것은 이제 '병자'로 불리기로 한 사람과, 그를 인식하고 부조하기로 한 사회 사이에 내려진 계약이다."(Marinker, 1975, p. 83)

스테드먼 사전 및 다른 의학 사전은 또한 정신 건강을 건강의 전체 정의의 일부로 포함시키고 있다. 예를 들면, 『블랙 의학 사전 Black's Medical Dictionary』 37판은 "좋은 건강은 개인의 주어진 능력하에 정신과 신체의 활력이 최고조의 상태에 달하고 이를 유지함으로 정의할 수 있다"라고 주장한다(Macpherson, 1992, p. 265). 심지어 정신 건강은 물질적, 물리적 존재자와 상태의 측면으로 환원되어 정신 질환의 부재로 해석된다. 따라서 건강 개념(신체와 정신 모두)은 전통적으로든 일반적으로든 질병의 부재(물질적인 상태)로 정의되며, 따라서 기본 상태로 표현된다.

부어스는 건강의 두 가지 개념을 구분하였다. 첫째, 질병의 부재라는 이론적인 개념이자 전통적 표현이 있다. 이런 전통적 개념을 전개함에 있어, 부어스는 최적 종 설계와 비교할 때 기능이 특정 수준 이하이면 질병이라는 개념과 연관 짓는다. "건강은 정상 기능이다. 여기에서 정상은 통계적인 것이며 기능은 생물학적인 것이다."(Boorse, 1977, p. 542) 이론적 개념은 가치중립적 개념이며, 이는 그것이 생물학적 사실에 근거하고 있기 때문이다.[9] 건강의 두 번째 개념은 실용적인 것이며 "대략 모든 치료 가능한 질환의 부재"로 정의된다(1977, p. 542). 이 개념은 이론적 개념만큼 이상적이지 않으며, 따라서 건강의 확고한 개념을 전개하기에는 불충분하다.[10]

---

9   부어스가 "중심" 의학에 있어서 건강을 가치중립적 개념으로 여겼지만, 그는 "주변" 의학(성형외과와 같은)에선 사회적 가치가 중요한 역할을 수행함을 시인하였다(Boorse, 1987).

10   부어스는 또한 내재적 건강과 도구적 건강을 구분한다(Boorse, 1977). 내재적 건강은 유기체의 일반 조건에 내재한 상태를 가리키는 반면, 도구적 건강은 유기체의 행위에 의해 보장되는 것, 특히 긍정적(positive) 건강의 개념을 가리킨다. 부어스는 긍정적 건강의 두 가지 개념을 구분하며, 여기에서 건강이 질병의 부재를

부어스는 건강에 대한 그의 기능적 설명을 아리스토텔레스의 목적론적 개념과 현대의 목표 지향적 개념에 기반을 두고 전개한다. 그가 설명에 틀을 부여하기 위해 활용하는 직관은 다음과 같다. "정상적인 것이 자연적인 것이다."(Boorse, 1977, p. 554) 건강은 개인이나 사회의 가치에 기반을 두지 않으며, 따라서 규범적인 개념이 아니라는 점이 중요하다. 이를 위해, 부어스는 건강을 다음과 같이 정의한다. "준거 계층 구성원의 **건강**은 **정상적인 생활 능력**이다. 일반적인 상황에서 신체 각부 각각이 정상 기능을 평상시의 최소 효율로 수행할 수 있는 준비가 되어 있는 상태를 말한다."(Boorse, 1977, p. 555) 준거 계층은 다시 종을 참조하지만, 기능은 목적에 대한 기여를 가리킨다. 건강은 종 연관 개념이며 여기에서 건강은 종 설계에 순응하는 종 구성원의 능력이다. "우리는 'X는 건강한 Y이다'를 기본 개념으로 가정해 왔다. X를 준거 계층 Y와 비교함으로써, X가 기능하고 있는 방식을 원래 기능해야 할 방식과 구분할 수 있다."(Boorse, 1977, p. 562) 그렇다면, 건강은 질병의 부재가 되며, 질병은 그런 설계에 따르지 못하는 불능이 된다.

부어스에게 있어 건강은 유기체의 정상 기능이며, 특히 그 생리학

넘어서는 것으로 그리고 있다(Boorse, 1977). 첫 번째 개념의 예로는 질병의 예방과 건강 유지가 있다. 그러나 부어스는 치료에서 예방 및 유지로의 전환은 내재적 건강에서 도구적 건강의 개념으로 전환이자 질병의 부재로서 건강과 근본적으로 다르지 않다고 주장한다. 이는 예방되는 것은 질병이며 유지되는 것은 질병의 부재이기 때문이다. 긍정적 건강의 두 번째 개념에 따르면, "의사 및 정신건강 보건 의료인은 개인이나 공동체를 능동적으로 도와 삶의 질을 최대화하고 그들의 인간적 잠재력을 완전히 발달할 수 있도록 해야 한다."(Boorse, 1977, p. 568) 부어스에게 있어, 이 개념은 실로 긍정적 건강 개념이다. 이 개념이 기능의 증대 또는 "기능적 우월성"을 의미하며, 의학 공동체가 이것을 꼭 발견할 필요가 없음에도 옹호하고 있기 때문이다.

이나 각부 기능의 면에서 접근하고 있다. 그는 "건강 수준"으로 건강 개념을 더 전개했다. 이 수준이 기초하고 있는 것은 죽음과 삶의 구분이다. 그곳에서 그는 편 well 과 불편 ill , 치료적 비정상과 정상, 진단적 비정상과 정상, 병리적 정상과 이론적 정상, 마지막으로 최적 하한으로서의 건강과 긍정적 건강을 구분해 나아간다. 그는 이제 긍정적 건강을 "완벽한 정상성의 유토피아적 목표를 넘어선 초건강 superhealth " 으로 정의한다(Boorse, 1987, p. 366). 그런 건강은 정상에서 1~2 표준편차 위의 범위에 속하며, 각부 기능의 효율성에 대한 분포도에서 오른편 아래쪽 끝부분일 것이다. 그러나 건강은 종 설계에 대한 정상 기능이며, 따라서 질병의 부재로 건강을 정의하는 것은 진부한 표현이 된다.

웰빙

웰빙은 건강의 규범적 개념이며 특정 문화의 가치를 반영한다. 따라서 의학적 행위의 주변적 영역을 포함한다(Boorse, 1987). 예를 들면, 성형 수술은 각부의 효율적인 기능을 유지하는 데에 필요하지 않으나 미에 대한 사회적 가치를 반영할 수 있으며, 한 사람의 전체적 웰빙을 증진할 수 있다. 엥겔하르트 또한 건강을 규범적 개념으로 정의하지만, 그것을 옳고 그름의 도덕적 의식과는 구별한다. "비록 건강은 좋은 것이고 건강하려 하는 것, 타인의 건강을 개선하려고 하는 것이 도덕적으로 칭찬할 만한 일일 수도 있으나, 그럼에도 다른 모든 조건이 동일하다면 건강이 나쁜 것은 불운이지 악행이 아니다."(Engelhardt, 1975, p. 125) 따라서 건강이나 웰빙은 미와 선처럼 형이상학적 개념이지 꼭 존재의 도덕적, 사실적 상태일 필요는 없다. 한 사람은 타인을 건강의 상실로 비난하지 말고 그의 불운을 동정해야 한다. 엥겔하르트에 따르면 건강 개념은 또한 기술적으로, 건강의 이중 본질(규범적·기술적)은 종종 건강과 웰빙에 관한 모호한 정의를 낳는다.

세계보건기구는 건강에 대한 표준이자 자주 인용되는 정의를 웰빙에 기초를 두어 제시한 바 있다. "건강은 완벽한 신체적, 정신적, 사회적 웰빙 상태로, 단지 질병이나 병약함의 부재가 아니다."(WHO, 1948, p. 35) 그러나 엥겔하르트는 이 건강 또는 웰빙에 관한 정의는 모호성 때문에 문제가 있다는 점을 살핀다(Engelhardt, 1975). 문제는 한 사람의 웰빙을 구성하는 규범들을 어떻게 정의할 것인지에 있다. 게다가 "완벽한"이라는 용어 또한 문제이다. "만약 건강이 완벽한 신체적, 정신적, 사회적 웰빙 상태라면, 건강한 사람이 있을 수나 있을까?"(Engelhardt, 1975, p. 126) 궁극적으로, 건강은 "의사가 환자를 인격이자, 질환의 피해자이자, 모든 관심과 행위의 이유로 간주하도록 하는 자율성의 규제적 이상이다."(Engelhardt, 1977, p. 139)

건강의 애매한 본성(특히 웰빙에 있어)은 예상되었던 일이다. 이는 웰빙을 구성하는 우리의 가치에 건강이 의존하고 있기 때문이다(King, 1954). 킹에게 있어 건강은 "문화적 관념이나 통계적 기준에 일치하는 웰빙 상태"이다(1954, p. 197). 웰빙이 생물학적 상태이기보다는 가치 판단이기 때문에, 그것은 부분적으로만 통계적 기준에서 유래한다. 따라서 건강과 웰빙 사이의 연관성은 일대일의 관계가 아니다. "웰빙 감각은 우리가 건강을 통해 의미하는 것과 자주 연관되지만, 연관성은 그리 높지 않다. 확실히 웰빙 감각은 질병의 존재를 배제하지 않지만, 이런 주관적인 느낌의 부재가 질병을 가리키는 것은 아니다."(King, 1954, p. 196)

위트벡 또한 건강의 개념을 인격의 웰빙과 관련된 가치적재적, 양성적 개념으로 보는 데 동의한다. "건강은 질병과 상처가 인격에게 발생하는 것처럼 어떤 것이 발생하거나 발생하지 않은 것이라기보다는, 넓은 범위의 활동에 자율적이고 효과적으로 참여하거나 활동할 수 있는 능력이다."(1981, p. 616) 그러나 이 활동 능력은 기능 역량을 넘어 개인의 목표, 관심을 달성할 수 있는 의도적 역량의 통합 또한 포함한다. 그렇다면, 위트벡의 건강 또는 웰빙의 개념은 몇 가지 요소로 구성된다. 첫째는 기능 역량의 신체적 적합성이며, 이는 특히 질병을 피하는 것과 관련된다. 둘째는 전체성으로, 여기에서 의도적 역량이 신체적 적합성과 통합된다. 구성 요소가 두 가지 더 있다. 이것은 "상황에 대해 일반적으로 인정되는 현실적 견해를 갖는 것, 그리고 부정적인 감정을 해소할 수 있는 능력을 갖는 것"이다(Whitbeck, 1981, p. 620).

캐롤 리프 Carol Ryff 와 버튼 싱어 Burton Singer 는 긍정적 건강을 통해 웰빙의 개념을 옹호한다(1998a). 이 개념은 세 가지 원칙에 기초를 둔다. 첫째, 긍정적 건강은 근본상 철학적인 것으로, 의학적 이슈가 아니다. 이를 위해, 그들은 건강한 삶을 사는 데에 필요한 "재화"를 검토한다. 다음, 마음과 신체는 긴밀하게 연결되어 있으며 특히 건강과 웰빙의 면에서 서로 영향을 주고받는다. 마지막, "인간의 긍정적 건강은 불연속적 최종 상태보다는 다차원의 역동적 과정으로 가장 잘 구축된다. 즉, 결국 인간의 웰빙은 인간의 지적, 사회적, 감정적, 신체적 가능성을 폭넓게 발현하는 것을 포함하는 생활 참여의 문제이다."(1998a, p. 2)

또, 리프와 싱어는 긍정적 인간 건강의 네 가지 필수적 요소를 분간한다(1998b). "1. 삶의 목적을 선도할 것, 이는 매일의 실존에 존엄성과 의미를 부여하는 계획과 추구로 구체화되며, 한 사람의 가능성을 실현하는 것을 허락함. 2. 타인들과의 양질의 관계를 가질 것, 따뜻하고 신뢰 받으며 사랑하는 대인관계를 누리고 소속감을 가지는 것 등. 3. 자존감을 가질 것, 이는 자기 수용과 자기 존중과 같은 특질로 특징지어짐. 4. 효율성과 관리 감각 같은 통제력을 경험할 것."(1998b, p. 69)

마지막으로, 레나르트 노르덴펠트 Lennart Nordenfelt 는 부어스의 개념과 대조되는 건강의 개념을 제시하며, 그는 이것을 "건강의 복지 이론"이라고 부른다(1993, 1995). 그는 행위 이론의 개념을 적용하여 특정 목적을 달성할 수 있는 능력으로 건강을 정의하며, 이는 좋은 건강과 동등하다. 여기에서 목적은 "사람의 **필수** 목적"을 포함하며, 개인의 기본적인 필요나 특정한 개인적인 목적으로 환원될 수 없다. 오히려 노르덴펠트는 필수 목적을 "인격의 최소 장기 long-term 행복의 상태를 실현하는 데에 필수적인 사태"로 정의한다(1995, p. 213). 행복은 인격의 정서 상태와만 연결되는 단수 개념이 아니며, 이런 정서의 의도와 대상을 포함하는 다면적인 것이다.

이어 노르덴펠트는 행복에 대한 인격의 필수 목적 관점에서 건강의 복지 개념을 정의한다. "주어진 수용된 상황에서, A는 자신의 필수 목적을 실현할 수 있는 신체적, 정신적 상태에 있고 오직 그럴 때에만 완전히 건강하다."(1995, p. 212) 건강은 평가적인 개념 또는 "이데올로기적 판단"으로 무엇이 건강한, 행복한 삶을 구성하는지에 관한 개인의 개념이나 판단에 의존한다. 그러나 건강의 복지 개념은 상대적인 것이 아닌데, 이는 "수용된 상황"이 개인의 판단뿐만 아니라 사회적 판단 또한 반영하고 있기 때문이다. 노르덴펠트에 따르면 "보건의료와 전통적 의학 교육 일반에서 건강의 결정인자와 구성 요소로써 실존적인 상태와 그 역할이 주는 통찰을 받아들이는 일은 도전적인 과제다."(1993, p. 284)

요약

질병과 건강, 질환과 웰빙의 본질은 의료인과 환자가 종종 자연스럽게 취한 형이상학적 견해에 의존한다. 만약 환자가 신체−기계로 구성되거나 다양한 부분으로 환원된다면, 질병은 기능 장애가 있는 신체 부위의 결과로 나타나는 상태 또는 존재자이며, 따라서 신체−기계의 효율적인 작동은 방해받는다. 건강은 그런 기능 장애의 부재이지만, 일 년에 한 번은 신체−기계의 점검이 필요할 것이다.

그러나 만약 환자가 세상에서 의미를 찾으려고 애쓰는 인격이라면, 생물학적 기능 장애에 더하여, 환자는 "편치 못한 dis-eased" 상태와 관련된 실존적 불안이나 그 효과로 "나쁜 편찮음 ev-il"을 경험한다. 건강은 신체나 각부 기능 이상의 부재를 넘어선다. 그것은 또한 한 사람의 전체적 웰빙을 포함한다.

마지막으로, 질병과 건강에 대한 이해를 볼 때 현대 의학에서 돌봄의 질 위기가 있다는 것은 놀라운 일이 아니다. 환자는 단순한 신체−기계가 아니라 자신의 신체적, 정신적(그리고 일부에게는 영적) 세계−내−존재에 대한 염려와 공포를 가진 사람이다. 분명, 인문주의적, 인본적 질환과 웰빙의 개념은 이런 염려와 공포를 고려한다.

제5장

진단과 치료

이 장에선 진단, 치료에 관련된 의학적 세계관을 구성하는 형이상학적 관점의 존재자들, 즉 생의학, 인문주의, 인본적 모형을 구성하는 진단과 치료의 "재료"를 검토할 것이다. 예를 들어, 질병의 원인을 아는 것은 지성적으로 구분과 처치를 하는 데 있어 중요한 역할을 하며, 진단과 치료의 합리적 기반을 형성한다(9장과 10장을 보라). 생의학적 모형에서 질병은 물리적 상태이며 기계적 인과론의 결과이기 때문에, 진단과 치료는 물리적이며 기계론적이다. 생의학적 의료인은 물리적 방법을 사용하여 환자의 질병 상태와 원인을 결정하는 데에 필요한 임상 자료와 정보를 수집한다.

생의학과 기술의학 모형의 진단 과정은 외부에서 안을 향하는 접근법에 의존한다(Davis-Floyd and St. John, 1998). 외부에서 안을 향하는 표준적인 접근법은 감별 진단법이다. 이 방법을 통해, 의사는 실험실 검사와 신체 검사에서 생성된 자료를 사용하여 환자의 질병 상태에 인과적 책임이 없는 다른 가설들을 제거해 나간다. 적절한 진단이 내려지고 질병 상태의 본성이 결정되면, 생의학적 의료인의 역할은 질병 과정에 개입하는 것이다. 진단 과정과 같이, 이 개입 또한 대개 외부에서 안을 향한다(Davis-Floyd and St. John, 1998).

이런 질병에 대한 외부에서 안으로의 접근법은 20세기의 치료 혁명을 이끌었으며, 이는 19세기 말의 감염 질병에 대한 이해와 치료에서 이루어진 발전의 끄트머리를 이었다. 그러나 이 혁명은 20세기 전반부에는 더뎠고, 이 시기의 의사들은 여전히 환자에게 효과적인 치료법을 제공할 방법을 별로 가지고 있지 않았다. "1933년까지도 과학적 의사가 제공할 수 있는 것은 위로뿐이었다!"(Golub, 1997, p. 179) 심지어 제1차 세계대전까지도 사혈이 시행되었다.

그러나 제2차 세계대전 이후, 의학에서의 기술적 혁명이 백신, 항생제, 다른 약물들의 성공적인 발달과 더불어 깜짝 놀랄 만한 속도로 이뤄졌으며, 여기에는 합성 마약과 외과적 술식, 그리고 관련 기술들 또한 포함되어 있다. 이 혁명을 우주 프로그램의 기술적 위업과 비교한 제임스 르 파누 James Le Fanu 는 "전후의 치료 혁명은 30년 이상 동안 뻗어나간 다양한 과학 분야의 무수한 발견들 중 최고의 것이었다"라고 주장한다(2002, pp. 159-160). 20세기는 유전자 혁명과 유전자 치료의 도입으로 그 정점에 달했다(Clark, 1997; Marcum, 2005b).

비록 생의학 모형이 현대 의학의 이런 "기적"들을 후원했지만, 오늘날 환자 다수는 생의학적 의료인과 외부에서 안으로의 접근법이 제공하는 돌봄의 질에 불만족스러워하고 있다. 이 접근법의 한계에 대해 논평하면서 데이비스플로이드와 세인트 존은 "그것은 인간성 그리고 질병과 살아야만 하고 아마도 죽어갈 환자의 경험을 보지 못하게 한다"라고 주장한다(Davis-Floyd and St. John, 1998, p. 28). 인문주의적, 인본적 의료인은 분명 진단과 치료 과정에서 이루어진 기술적 발전을 이용한다. 그러나 그들은 의학적 행위에 인간적 접촉을 주입하려 시도한다. 게다가 질병의 인과가 단순한 기계적 인과 이상이므로(오히려 그것은 다원적이며 환자의 생활 양식을 포함해야만 하므로) 치료는 질병 상태나 질환 경험을 초래한 물리적 원인에 대한 단순한 간섭 이상이다. 오히려 환자의 전체성을 복원시키는 것을 의미하는 치유는 생활 양식의 요소를 포함해야만 한다. 그것은 외적 개입 이상을 포함해야만 한다.

생의학이 취하는 외부에서 안으로의 접근법에, 인문주의적, 인본적 의료인은 내부에서 밖으로의 접근법을 더한다(Davis-Floyd and St. John, 1998). 이 접근법에 따르면, 의사의 역할은 환자가 신체 내 변화에 대해 적응할 수 있도록 환자−의사 간 소통을 통해 더 정확하고 전체론적인 진단을 내릴 수 있도록 필요한 정보들을 모으는 것이다. "[인문주의적 모형에서] 강조되는 환자−의사 간 소통은 의사에게 환자 안 깊이 있는 정보들을 끌어내어 객관적인 발견사항들과 결합할 수 있도록 해준다."(David-Floyd and St. John, 1998, p. 97) 마지막으로, 신체는 때때로 스스로를 치유할 수 있으므로 인문주의적, 인본적 의사는 오히려 신체가 스스로를 치유할 수 있는 자연적 능력을 돕는 단순한 치료 방법을 적용할 수도 있다.

진단

의학적 진단은 의사와 다른 보건의료 전문인이 환자의 질병 상태를 결정하는 방법이며, 그것은 현대 의학의 세계관과 형이상학의 중요한 요소를 대표한다. 기술, 특히 영상 기술의 발달은 질병 상태를 정확하게 결정할 수 있도록 환자의 신체 내부를 응시할 수 있는 의사와 의료기사의 능력을 강화했다. 이 기술들은 단순한 기술과 비침습적인 것에서부터 복잡한 기술과 침습적인 것까지 다양하며 청진기에서 MRI 스캐너에 이르는 기술 장비들을 포함한다. 생의학적 모형은 환자의 질병 상태를 결정하는 두 가지의 일반적인 방법에 의존한다. 이는 의학적 면담[1]과 신체 검사로, 대개 실험실 검사와 절차들이 뒤따라온다. 이 절은 의학적 면담, 신체 검사, 실험실 검사와 절차에 있어 진단에서 생의학적 임상가를 돕기 위해 개발된 인지적·기술적 도구들의 형이상학을 검토하였다. 이어서 이런 진단적 방법들의 인간화를 논의하였다.

의학적 면담

사람들은 자신에서 신체적, 전신적으로 무엇인가 잘못되었다는 것을 알기 때문에 의사를 찾는다(Black, 1968). 환자의 문제를 확인하기 위해, 의사는 환자에게 일련의 질문을 던진다. 이 과정이 의학적 면담으로 알려져 있다(Aldrich, 1999; Cole and Bird, 2000; Coulehan and Block, 2001). 비록 의학적 면담은 20세기 이전에 나타났지만, 펠릭스 도이치 Felix Deutsch 와 윌리엄 머피 William Murphy 가 1954년 『임상 면담 The Clinical Interview』을 출판하기 전까지 면담은 체계적인 분석의 대상이 되지 않았다(Billings and Stoeckle, 1999). 게다가 교육학적 문서들이 효과적인 의

---

1   역자 주: 임상적 상황에서는 일반적으로 문진으로 표현하나, 더 넓은 범위를 가리키고 있기 때문에 면담으로 번역하였다.

학적 면담과 관련된 단계들을 지시하기 시작하였다. 생의학적 의료인에게 있어 면담의 목적은 환자의 질병에 관련된 연관성을 띤 객관적인 정보, 자료를 모두 수집하는 것이다. 질문은 환자의 현재 질환과 과거 병력에서부터 환자의 사회적 상황과 개인적 습관까지 다양한 범위에 펼쳐져 있다.

의학적 면담은 "환자에 관한 수집된 정보, 데이터 해석의 방식, 어떤 의학적 행위가 수행되었는지를 담고 있는 저장소"로써 환자 의무기록의 일차적 구성 요소이다(Billings and Stoeckle, 1999, p. 271). 다시 말하면, 의무기록은 환자의 건강력과 의료적 돌봄에 대한 포괄적인 기록이다. 1970년대 초 로렌스 위드 Lawrence Weed 는 기록 작성을 구조화하기 위한 문제 지향 의무기록을 발표하였다(1971). 이 접근법에 따르면, 환자의 의학적 문제는 목록으로 열거되어 문제를 평가하고 치료 전략을 수립하는 데에 있어서 수행할 행위나 계획에 대한 정보를 제공해야 한다. 문제 목록에 더하여, 의무기록은 환자에게 투여된 약품의 목록을 담고 있다. 의무기록은 비밀 연대기로 환자를 돌보는 이들을 돕기 위한 것이기에 마땅히 존중받아야만 한다(Siegler, 1982).

기술

의학적 면담을 수행하기 위한 기술은 다양하나, 초기 불편감 또는 주소, 현 병력 present illness , 과거 병력, 가족력, 사회력, 증상의 평가 등 몇 가지 핵심 요소를 포함하고 있다(Greenberger and Hinthorn, 1993). 주소는 기술적으로 "현재 증상 presenting symptoms "으로 표현된다.[2] 의학적

---

2   역자 주: 주소와 현재 증상은 꼭 일치하진 않는다. 환자가 현재 가장 불편을 느끼

면담을 수행할 때 또는 과거에 알려진 병력을 조사할 때, 의사는 "현재 증상의 세밀한 분석과 그 병력으로 시작해야 한다. 현재 증상은 환자가 가장 관심 있는 것이며, 문제를 의사에게 상담하도록 만든 것이다."(Black, 1968, p. 31)

증상은 환자에 의해 경험된 질병의 주관적인 서술이며, 여기에는 우울함, 어지러움, 피로감, 통증, 숨가쁨과 같은 것들이 있다. 증상 기술은 의사가 초기 진단 가설을 형성하도록 돕기 때문에 중요하다. 즉, 이것들은 "질병이나 신체적 기능 이상을 암시하는 경험이다."(Greenberger and Hinthorn, 1993, p. 3) 마지막으로, 의사는 일차 불편감이 하나 있을 때 질병도 하나 이상일 수 있다는 점에 주의를 기울여야만 한다.

현재 증상을 확정한 다음, 이어서 현 병력을 구성한다. 쿨러한과 블록에 따르면 **현 병력**은 환자가 안녕하다고 마지막으로 느낀 시점부터 시작하여 지금까지 이르는 동안 주소 및 병존하는 증상들에 관한 전반적 정교화다."(Coulehan and Block, 2001, p. 45) 병력의 앞 절반이 환자의 자발적인 정보 제공에 의존한다면, 현 병력은 의사가 현재 질환에 대해 환자에게 묻는 질문에 따라 구성된다. 물론, 의사가 묻는 질문은 환자의 현재 증상에 대한 일차 설명에 의거한다. 일반적인 전략은 열린 질문으로 시작하여 좀 더 구체적인 질문으로 옮겨가는 것이다. 예를 들어, 의사는 주소에 대한 일반적인 서술 정보를 찾아내기 위해 시

는 항목을 간결히 기술한 것이 주소(주 호소 불편)이고, 현재 증상은 환자가 의료인을 찾게 된 초기 증상을 말한다. 주소를 기술적으로 현재 증상으로 표현한다는 것은 저자가 오해한 것으로 보인다.

도한 후 위치, 발생 시기, 강도와 같은 세부 사항에 초점을 맞출 수 있다. 목적은 현재 증상에서 언급되지 않은 추가적인 증상들에 대한 정보를 얻는 것이다.

의학적 면담의 다음 구성 요소로 의사는 환자의 과거 병력과 질병을 검토함으로써 환자의 현 병력에 대한 정보와 자료를 계속 수집할 수 있다. 이 요소를 과거 병력으로 부른다. 스티븐 콜Steven Cole 과 줄리안 버드Julian Bird 에 따르면, "과거 병력은 질환과 의학적 처치에 대한 환자의 과거 경험의 기록이다."(1991, p. 87) 여기에서 의사는 환자의 현재 증상과 직접적인 관계가 있는 과거 병력에 대한 세부적인 질문을 묻는다. 이 부분의 의학적 면담은 포괄적이어야 하며 타당한 감별 진단을 형성하는 과정을 시작할 수 있도록 의사를 도울 수 있을 만큼 충분히 세밀해야 한다. 과거 병력을 구성하는 주제에는 이전의 입원, 수술, 외상, 심한 신체적·정신적 질환, 알레르기, 과거와 현재 투약 및 약물에 대한 알레르기 반응, 면역, 임신, 식이 제한, 운동, 수면 습관 등이 있다. 현 병력과 같이, 전략은 열린 질문으로 시작하여 필요한 경우 구체적인 질문에 초점을 맞춘다.

가족력이 의학적 면담의 다음 부분을 구성하며, 여기에서 의사는 혈연이나 유전적 친척과 그들의 "질환, 건강 상태나 사인, 연령, 거주지, 의존 대상"에 대해 질문한다(Greenberger and Hinthorn, 1993, p. 13). 특별히 신경 써야 하는 질환은 유전 질환이다. 비록 전통적인 멘델 유전병은 흔하지 않으나, 암, 심장 질환, 우울증, 간질, 2형 당뇨병과 같이 유전적인 기반을 가지고 있는 다수의 질환이 있다. 가족력은 이런 유전 질환이 가족 내에서 발생하는 경향에 대한 정보를 제공하며 개개 환자의 질병 위험률을 평가할 수 있도록 돕는 데에 중요한 역할을 한다. 이를 위해 가계도를 작성한다. 유방암과 관상 동맥 질환과 같은 질병은 각각 BRCA I, II 또는 높은 혈중 콜레스테롤과 같은 유전적 표지를 가지고 있어, 질병의 발생을 막기 위한 예방적 수술과 식이 조절 등을 적용할 수 있다.

의학적 면담에서 끝에서 두 번째 단계는 사회력으로, 여기에서 의사는 환자의 개인사나 이력, 습관, 직업, 성생활 및 성적 지향을 질문한다. 환자 개인사에는 출생지, 생활 습관, 가족적 배경, 교육, 여가 활동, 거주 상태, 종교적 믿음과 같은 것들이 있으며, 이들은 질병을 진단하고 치료하는 데에 있어 중요한 요소들이다. 예를 들어, 여호와의 증인 신자는 수혈을 받지 않는다. 흡연, 음주, 불법 약물 복용 등과 같은 개인적인 습관은 특정 질환에 있어 중요한 위험 요소이다. 예를 들어, 흡연은 심장 질환, 폐암과 같은 몇 가지 질병의 위험 요소이다. 게다가 음주와 같은 특정 습관의 부정이나 왜곡은 흔한 일이므로, 필요한 정보를 모으기 위해 특별한 면담 기술이 필요할 수 있다. 직업 또한 환자가 노출되었을 수 있는 석면과 같은 환경 발암 물질이나 독소를 측정하는 데에 중요하다. 직업 다수와 관련된 다른 중대한 위험 요소는 스트레스이다. 성생활 및 성적 지향은 매독, 임질과 같은 성병의 위험도를 측정하는 데에 중요하다.

의학적 면담의 마지막 단계는 계통별 문진으로, 여기에서 의사는 증상 일람을 충족시키기 위해 신체 각부에 대한 체계적인 질문을 던진다. 빌링스와 스토클은 주장한다. "이 일람의 목적은 병력에서 아직 발견되지 않았을 수 있는 질병 과정을 선별하기 위함이다. 신체 계통 각각과 관련될 수 있는 흔한 불편들을 살피도록 조직된 체계적이고 전반적인 검토는 환자가 아직 언급하지 않은 증상과 질병에 대한 기억을 불러일으키고, 면담자에게 눈감고 넘어갔을 수 있는 문제들을 떠올리게 한다."(Billings and Stoeckle, 1999, p. 57) 질문은 보통 피부에서 시작하여 머리에서 아래로 내려가며, 각 주요 장기와 기관계의 증상을 묻는다. 비록 교육에선 이 단계가 마지막으로 제시되지만, 일반적으로 다른 의학적 면담 순서 또는 신체검사 과정에 같이 수행한다. 이 단계를 통해 의사는 환자의 완전하고 포괄적인 의학적 그림을 그려낼 수 있기를 희망한다.

인문주의적 수정

물론, 인문주의적, 인본적 의료인 또한 의학적 면담에 의지하지만 환자의 신체적 상태보다는 질환 경험에 대한 문제를 다루기 위해 면담을 수정한다. 나이트 알드리치 Knight Aldrich 에 따르면 "의학적 면담은 의사가 환자와의 관계를 수립하고 치료에서 환자의 협력을 요청하면서, 환자의 **질병**을 진단하기 위해 수행하는 첫 번째 단계로 환자의 **질환**을 이해하기 위한 시도를 하는 과정이다."(1999, p. 1) 수정 사항으로 환자의 병력과 관련된 실존적, 감정적 문제를 질문하는 것이 포함된다. 예를 들어, 생의학적 의료인은 왜 환자가 괴로워하는지 별로 관심을 가지지 않고, 무엇이 환자의 질병을 일으키는지에만 관심이 있다고 카셀은 주장한다. "많은 경우 환자를 괴롭히는 것은 이것이다. 의사 대부분이 그들에게 무엇이 문제인지를 알아내는 데에 관심이 있는 것이 아니라 어떤 질병이 질환의 원인인지를 밝혀내는 데에 신경을 쓴다는 것이다."(Cassell, 1991, p. 95)

환자의 실존적, 감정적 염려를 완화시키는 장소는 병력을 청취하는 바로 그곳이다. 환자를 면담하면서, 의사는 대개 환자의 고통의 원인인 염려들을 다룰 수 있다. 인본적 의료인에게 있어 의학적 면담의 목표는 생의학적 의료인의 목표보다 훨씬 확장적이다. "환자의 질환에 대한 관점과 그 중요성을 이해하는 것. 또한, (…) 정신적, 사회적, 문화적, 발달적, 개인적 특성이 그들의 질환 및 질환, 질병, 의료에 대한 반응에 영향을 끼친 사람으로 환자를 이해하는 것."(Aldrich, 1993, p. 23)[3]

『환자와의 대화 Talking with Patients』에서 카셀은 표준적인 의학적 병력을 통해 의사는 환자의 질환 경험에 대한 정보의 일부분만을 알아낼 수 있다고 주장한다(Cassell, 1985). 그는 세 가지 부분을 추가하고, 이를 "개인사"라고 부른다. 이를 통해 질환에 대한 더 포괄적인 설명과, 환자의 일상에서 질환의 의미와 영향을 알 수 있다. 첫 번째 부분에서 의사는 "환자가 어떤 유형의 사람인지, 그의 행동이 어떠한지, 이 특정 질환을 일으키는 병태생리학과 어떻게 상호작용하는지"를 조사한다(Cassell, 1985, p. 85). 다음 부분은 환자의 질환 경험과 관련된 개인적, 가족적, 사회적, 문화적 요소를 포함한다. 마지막 부분은 환자가 질병 경험을 어떻게 해석하는지, 특히 환자가 회복에 대한 기대를 어떻게

---

3   콜과 버드에게 있어, 전통적인 의학적 임상가의 의학적 면담의 주요 기능은 환자의 주소와 관련된 객관적 정보를 수집하는 것이다(Cole and Bird, 2000). 그들은 의학적 면담에 대한 "세 기능" 접근법을 개발하였다. 그중 하나는 질병 경험에 대한 환자의 정서를 평가하는 것이다. 나이트 알드리치 또한 의학적 면담이 환자의 삶의 상실과 관련된 감정을 다룰 수 있도록 환자를 돕기 위해 구조화되어야 한다고 주장한다(Aldrich, 1993). 그는 더 이상 화단을 가꿀 수 없어 독립적인 삶을 포기한 노년의 여성 환자 사례를 제시한다. "민감한" 면담 과정에서 환자는 울기 시작했고 의사는 위안이 될 만한 말을 생각할 수 없었다. 알드리치는 의사의 침묵이 모든 것이 잘 될 것이라는 진부한 안심의 말보다 훨씬 나았을 것이라고 주장한다. 그러나 그는 요양 시설의 삶이 환자에게 화단뿐만 아니라 독립적인 삶 또한 포기할 것을 요구한다는 것을 인정하는 것과 같은 "공감적인" 말이 화단과 독립성 상실을 애도하고 삶의 다음 단계로 나아가도록 도울 수 있다고 주장한다.

받아들이는지와 관련되어 있다. 의사가 취해야 할 태도는 환자의 처지에서 생각해보는 것이다. "우리는 만약 그 사건이 우리에게 일어났다면 우리가 어떻게 생각하고 느끼고 반응하고 행동했을지 계속 물어야만 한다."(Cassell, 1985, p. 109)

마지막으로 토버는 의학적 면담과 기록에 윤리 영역을 추가할 것을 요청하고 있다. 이 영역은 환자의 질환에 있어 윤리적 문제를 다룬다(Tauber, 2005). 그가 지적한 바와 같이 현재의 의무기록은 1960년대로 거슬러 올라가며, 이는 의료의 과학적 강조를 반영하고 있다. 윤리 영역을 더할 때, 보건의료 팀은 문제가 되기 전에 특정 환자의 윤리적 문제를 다룰 수 있는 기회를 가질 수 있다. 그러나 더 중요한 이득은, 의학 전문직의 뿌리가 도덕적 업무라는 것과 환자를 대하는 행동에 있어 윤리적, 도덕적 함의를 반영할 필요가 있음을 의사들이 깨닫도록 돕는 데에 있다. "임상의학이 윤리에 의해 결정되고 교사와 학생이 삶의 복잡한 도덕적 실제를 더 잘 이해할 때, 그들의 기술이 기술지배적, 관료적 강박에서 벗어나 더 인간적인 삶의 형태로 변화할 가능성이 높아질 것이다."(Tauber, 2005, p. 239)

신체검사와 실험실 검사

의학적 면담이 끝난 후 의사는 필요하면 신체검사 또는 임상 검사를 수행한다. 이것은 의사가 질병의 징후를 찾기 위해 환자를 신체적으로 검사하는 과정이다(Greenberger and Hinthorn, 1993; Kassirer and Kopelman, 1991b). 검사는 보통 머리에서 시작하여 몸통으로 이동하며, 말단부에서 끝난다. 신체검사에서 장기 계통에 접근하기 위해 시진, 촉진, 타진, 청진 등을 포함한 다양한 기법들을 사용한다. 검사에서 얻게 되는 정보에는 환자의 기본 생징후(체온, 호흡수, 혈압)와 일반 신체 계측 정보(환자의 체중, 신장), 각 장기 계통의 전반적인 상태 등이 있다. 일반 검사에 더하여, 증상이 없는 사람을 대상으로 매해 점검을 수행한다. 증상이 있는 환자에 대해서는 각 전문 분야에서 상세한 검사를 진행하여, 전문의가 관련 장기 계통, 즉 순환계, 신경계, 호흡계 등에 발생한 질병의 정확한 본질을 결정할 수 있도록 해준다.

증상은 질병에 대한 환자의 주관적인 경험을 표현한 것이다. 반면, 임상적 징후는 질병의 객관적 표현으로, 의사가 환자를 검사하여 관찰한 것을 말한다(Cale and Bird, 2000; Coulehan and Block, 1992). 징후는 종종 진단적 개입의 결과일 수 있으며 촉진을 통해 발견한 폐의 혹이나 청진을 통해 발견한 심장 잡음 등등일 수 있다. 많은 징후는 그것을 처음 기술한 의사의 이름을 따고 있다. 예를 들면, 보스턴 징후 Boston's sign 와 그라페 징후 Graefe's sign 는 안구가 안와에서 전돌한 것으로, 이는 갑상선기능항진증의 하나인 그레이브스-바세도 병 Graves-Basedow disease 을 지시한다.

지난 수십 년간 이루어진 실험실 검사와 과정의 발달은 깜짝 놀랄 만하다. 이런 발달의 예로 컴퓨터 단층 촬영, 양전자 방사 단층 촬영과 같은 검사 장비를 들 수 있다(Konofagou, 2004; McGoron and Franquiz, 2004). 첨단 기술 장비에 더하여, 다양한 신체 물질을 측정하는 데에 활용하는 다수의 실험실 프로토콜이 있으며, 이를 통해 콜레스테롤, 크레아티닌, 빌리루빈, 혈중 알부민 등을 측정할 수 있다. 마지막으로, 내시경의 발달은 내과, 외과 의사가 환자에게 최소한의 손상을 가하면서 신체 안으로 들어갈 수 있도록 해주었다(Wang and Triadafilopoulos, 2004). 그러나 자기 공명 단층 촬영 MRI 이 의공학의 발달을 아마도 가장 잘 설명해 줄 것이다.

레이먼드 다마디안Raymond Damadian과 동료들은 1977년 환자에게 최초로 MRI 검사를 수행하였다(Gore, 2003). 비록 결과는 미숙했지만, 이후 수십 년 동안의 MRI의 발달은 놀라운 것이었다. 현재까지 수십 개의 노벨상 수상이 MRI의 발전과 직간접적으로 연관되어 있다(Boesch, 2004). MRI가 작동하는 기본 원리는 강한 자기장 내에서 전자파를 통한 수소 원자의 에너지 흡수와 관련되어 있다(Roberts and Macgowan, 2004). 자기장은 수소 원자를 특정한 방식으로 배열시킨다. 파장 방출이 끝나면, 파를 생성했었던 코일이 수소 원자에서 나오는 신호를 검출하여 신호로 변환하여 영상으로 전환한다. 영상은 조직의 유형과 그것이 정상인지 아닌지에 따라 결정된다. MRI는 다양한 질병 상태를 검사하는 데에 사용되며, 척추의 추간판 헤르니아, 뇌와 다른 신체 부위의 종양과 감염, 뇌졸중, 다발성 경화증 등과 같은 질환에 사용된다. 또한 이 기술은 순환계 검사를 위해 개선되어 왔다.

실험실 검사의 인문주의적 수정에 있어 중요한 부분은 검사 결과가 무엇을 의미하는지 설명하는 과정 안으로 환자를 끌어들이는 데에 있다. 환자에게서 수집된 막대한 양의 정보를 본인은 듣지 못하고, 관련 있다고 여겨지는 것들만 사실로써 그들에게 주어진다. 현실에선 실험실 검사에 많은 불확실성이 존재하며, 데이터는 사실로 해석되어야 한다. 환자를 검사 과정의 일부인 해석적 과정에 노출시킬 때, 의사는 진단 경험을 더 충분히 납득할 수 있도록 환자를 도울 수 있다. 환자는 더 이상 의학 "게임"(토버의 표현이다)의 관중이 아닌 능동적인 참여자가 된다(Tauber, 2005). 따라서 환자는 높은 곳으로부터 주어지는 사실로 후원받는 것이 아니라 진정한 지식을 통해 역량을 강화한다. 물론 의사는 환자에게 민감해야만 하며, 안내 없이 단순히 실험실 자료를 제시하기만 해선 안 된다. 의학적 게임을 이해하기 위해서 의사는 수년간의 수련을 거치지만 결국 질환 경험을 가장 잘 이해하는 것은 환자이다.

감별 진단

병력과 신체검사, 실험실 검사에서 모인 임상적 증거를 통해, 의사는 감별 진단을 수행한다. 이 진단의 정확한 본성은 모호하며, 의료인들도 상당히 다양한 의미로 사용한다. 예를 들면, 제롬 카시러 Jerome Kassirer 와 리처드 코펠먼 Richard Kopelman 은 진단 검사의 다섯 가지 용법을 구분하였다(1990). 첫째, 임상적 증거를 설명할 수 있는 포괄적인 가능 질병의 목록이다. 목록에 확률론적 순위를 매기지 않는다는 점이 중요하다. 둘째, 유의미한 임상 자료 각각에 대한 가능 질병의 긴 목록이다. 셋째, 포괄적인 목록이지만 확률론적으로 정렬된 것이다. 넷째, 다량의 임상 자료로 지지되는 짧은 목록이다.

마지막으로 카시러와 코펠먼이 선호하는 용법은 "확률론적 추론, 인과적 추론, 환자의 복지에 대한 고려에 의해 움직이는 유동적이고 항상 변화하는 가설의 집합"이다(1990, p. 27). 그들은 용법에 각각에 장점이 있음을 인정한다. 그러나 그들은 가설의 진화하는 집합이라는 용법을 선호하며, 파종성 히스토플라스마증으로 최종 진단된 환자를 검사한 의사의 감별 진단의 진행을 설명한 사례 연구로 그 용법의 정당성을 주장하고 있다.

치료법

의학 치료법은 의사와 다른 보건의료 전문가가 환자의 질병 상태를 치료하는 방법이다. 지난 50년 동안, 치료 기술의 진보는 의학과 그 세계관에 혁명을 일으켰다. 이들 진보에는 신장 투석, 종양 화학요법, 항생제, 유전자 치료, 인공 심폐 장치 그리고 20세기 의학의 가장 현저한 진보 중 하나를 가능케 한 개심술 등이 있다. 이 절에서는 생의학 기술에 의해 가능해진 치료법에서의 진보를 의약품, 외과적 처치, 유전자 치료의 면에서 논한다. 추가로, 치료 도구로서 의사의 개념을 논의한다.

의약품

생의학 모형의 대두는 분명 19세기 후반과 20세기에 걸쳐 일어난 의약품의 발견과 발달에 의존했다. 이들 약품은 이른 죽음 대다수의 원인이었던 질병, 특히 감염성 질병을 치료할 수 있는 능력을 의학에 부여하였다. 아마도 약품 중 가장 기적적이었던 것은 항생제일 것이다(Hoel and Williams, 1997; Wainwright, 1990). 20세기 초중반의 발견과 발달로 인해, 항생제는 서구 사회를 휩쓸고 있던 설사와 장염, 폐렴, 결핵과 같은 감염성 질병을 근절하는 데에 사용되었다. 그러나 최근 항생제의 남용으로 인해 이들 약제에 대해 박테리아가 저항성을 띠게 되면서 위기가 발생하고 있다(Casadevall, 1996; Walsh, 2003). 비록 백신은 질병을 치료하는 약품은 아니지만, 이것들은 질병 예방에 있어 중요하다(Fletcher et al., 2004; Plotkin, 2005). 마지막으로, 단일 클론 항체와 같은 "맞춤" 약물이 미래 제약 산업의 일부로 부상하고 있다(Feig, 2002;

Richards, 1994; Rifkind and Rossouw, 1998). 이 절에서 약학의 발전을 묘사하기 위해 세 가지의 중요한 약품인 페니실린, 인슐린, 헤파린을 살핀다.

페니실린

임상용으로 발견되고 개발된 최초의 항생제 중 하나는 페니실린이었다(Hoel and Williams; Lax, 2004). 전통적으로 알렉산더 플레밍 Alexander Fleming 이 페니실린의 발견자로 명예를 누리고 있지만, 페니실리움 Penicillium 곰팡이의 항생 효과를 플레밍 전에 관찰한 사람들이 존재한다(Goldsworthy and McFarlane, 2002). 항생제로서 페니실린을 분리 및 개발한 공이 하워드 플로리 Howard Florey 와 조수 언스트 체인 Ernst Chain 에게 돌아가고 있지만, 임상적 사용을 위해 페니실린을 분리하는 최초의 상업적인 방법을 고안한 사람은 미국인이었다(Brown, 2004).

화학적으로 페니실린은 β-락탐 항생제 군에 속하며, 그람 양성 박테리아에 좁은 특이성을 가진다(Kucers et al., 1997). 페니실린을 수정하여 특이성을 넓혀 더 넓은 범위의 박테리아성 질병을 치료할 수 있다. 그 기능은 일차적으로 박테리아 세포벽의 펩티도글리칸 교차 결합을 억제하여 세포 용해를 일으킨다. 페니실린은 매독, 박테리아성 심내막염, 폐렴, 뇌수막염 등 폭넓은 질병의 치료에 사용되고 있다.

인슐린

20세기에 발견되고 개발된 다른 중요한 의약품도 많이 있으며, 인슐린과 헤파린도 그에 속한다. 이들은 당뇨와 같은 치명적인 질병을 치료하는 것과 개흉 수술과 같은 장대한 수술법을 발달시키는 것을 도왔다(Sneader, 2005). 인슐린의 임상적 사용은 당뇨 치료에 있어 극적인 결과를 가져왔다. 레오나드 톰슨 Leonard Thompson 은 14세에 당뇨성 코마 상태에 빠졌으나, 1922년 1월 23일 최초로 소 인슐린 주사를 투여받았다(Bliss, 1984). 그의 혈당은 점차 정상 수준으로 돌아왔으며 13년을 더 살았다.

인슐린은 랑게르한스섬의 β세포에서 생산되는 췌장 호르몬이다(Federwisch et al., 2002). 그것은 분자량이 5,808 Da인 단백질이며 1955년에 프레드 생거 Fred Sanger 에 의해 배열이 확인된 최초의 단백질이었다. 세포 표면 수용기에 결합하여 포도당 흡수와 글리코겐 합성을 증가시키는 기능을 한다. 인슐린 유전자는 염색체 11p15.5에 위치하고 있다. 복제된 인간 인슐린이 이제 당뇨 환자를 치료하는 데에 사용되고 있다. 유전자 치료가 이제 서막을 열고 있는 것이다(Chan et al., 2003).

헤파린

헤파린은 20세기 전반부에 존스홉킨스 의과대학 윌리엄 하웰 William Howell 연구실에서 발견된 혈액 희석제 또는 항응혈제이다(Marcum, 1990, 2000). 하웰은 미국 제약 회사인 힌슨 웨스트콧 앤 더닝 Hynson, Westcott and Dunning 의 관심을 얻어냈지만, 회사는 사람에게 사용할 수 있을 만큼의 충분한 순도를 얻지 못했다. 헤파린을 약품으로 사용할 수 있도록 발전시킨 것은 인슐린으로 명성이 높은 찰스 베스트 Charles Best 의 작업에 의해서였다(Marcum, 1997). 헤파린은 직접 혈액 응고를 억제하지 않으며 보조 인자로 작용하여, 항트롬빈 III와 결합하여 트롬빈과 팩터 Xa와 같은 응고 인자의 불활성화도를 높인다(Rosenberg et al., 1985).

헤파린과 관련된 주요 문제 중 하나는 생체 활성을 조절하는 것이다. 환자에게 주사할 경우 출혈의 잠재적 위험이 발생한다. 황산 프로

타민이 항응혈제의 작용을 조절하는 표준적인 방법이다. 그러나 임상가들은 18개 미만의 단당류를 포함하는 올리고당이 혈액 응고를 억제하는 더 안전한 형태의 항응혈제임을 밝혀냈다. 아벤티스 Aventis , 노바티스 Novartis , 화이자 Pfizer , 와이어스-에이어스 Wyeth-Ayerst 등 몇몇 제약회사는 저분자량 헤파린 조제법을 개발하였다. 저분자량 헤파린은 적극적으로 임상에 사용되었으며 현재는 혈액 응고 장애뿐만 아니라 염증성, 악성 질병을 치료하는 데에도 사용되고 있다(Messmore et al., 2004).

하웰은 헤파린의 생리학적 기능에 관심이 있었고 그의 혈액 응고 이론에 억제제를 도입하였다. 그의 이론은 당대 혈액 응고에 대한 이해를 지배하는 이론이 되었다(Marcum, 1992). 그러나 이후 세대는 하웰 이론을 부정하였으며 억제제의 생리학적 역할은 혈액 응고를 조절하는 임상적 역할과 비교할 때 퇴색했다. 게다가 헤파린을 만드는 세포인 비만 세포는 전략적인 이유로 보통 혈관계에 위치하지 않으며 헤파린은 병리적 조건에서만 혈액에서 발견된다. 1980년대의 연구는 헤파린과 유사한 다른 복합 탄수화물인 황산헤파린이 혈관 내피세포에서 합성되고 지혈 과정에 관여한다는 것을 밝혀내었다(Marcum and Rosenberg, 1991).

외과적 술식

외과적 술식의 발달과 관련 기술 또한 20세기에 깜짝 놀랄 만큼 이루어졌으며, 조직 이식과 같은 외과적 술식은 상기 의약품의 발견, 개발과 밀접하게 연결되어 있다.[4] 예를 들면, 혈관 수술의 발전은 안전

---

4   아자티오프린, 사이클로스포린과 같은 면역억제제의 발견과 개발은 조직 이식 수

하고 효과적인 혈액 항응고제나 희석제의 발견 없이는 불가능했다. 헤파린의 발견과 개발은 혈관 수술 기법뿐만 아니라 개흉 수술과 같은 세간의 이목을 끄는 수술 기법들, 인공 심폐 장치와 같은 관련 기술들의 발전 또한 가능케 했다(Bigelow, 1990; Le Fanu, 2002). 다음 사례 연구는 20세기 중엽의 수술 기법의 발전을 잘 설명하고 있다.

  팔로사징증 Fallot's tetralogy 또는 "청색 아기" 증후군은 발달 단계에서 심장의 두 심방 사이의 구멍이 닫히지 않는 상태이다(Bigelow, 1990; Le Fanu, 2002). 그 결과, 산소를 받은 혈액(빨간색)과 산소를 소모한 혈액(파란색)이 심장에서 섞여 신체로 퍼져 나가게 된다. 이것이 파란빛을 띠는 아이의 피부색을 설명해준다. 치료받지 못한 청색 아기의 기대 수명은 약 10년이다. 1944년, 존스홉킨스 외과 의사 알프레드 블라록 Alfred Blalock 은 동료 소아 심장과 의사 헬렌 타우시그 Helen Taussig , 의과 학자 비비앤 토마스 Vivien Thomas 와 함께 외과 술식을 개발하였다. 이는 블라록-타우시그 측로 수술로 소개되었다. 이 방법은 환자에서 필수적이지 않은 혈관을 취해 폐에서 혈액의 방향을 돌리는 것이다. 비록 치료법이 환자를 치료하지는 않았지만, 기대수명과 삶의 질은 극적으로 증가했다. 이 방법은 혈액 응고를 조절하는 헤파린 없이는 불가능했다(Bigelow, 1990).

  헤파린은 인공 심폐 장치의 개발과 개흉 수술의 발전에도 중추적인 역할을 했다(Bigelow, 1990). 다시, 항응혈제는 기계의 배관과 환자의 혈관에서 혈액이 응고하는 것을 막았다. 1930년대 초 외과 의사 존 기본 John Gibbon 과 그의 아내 말리 홉킨스(아직 결혼하기 전이었다)는 심장에

───

  술의 발달에 중대한 역할을 했다(Le Fanu, 2002).

서 혈액을 뽑아내 나선 배관에 돌려 혈액에 산소를 공급하고, 다시 심장으로 되돌리는 기계를 개발하였다. 1953년 기본은 몇 건의 심장 수술을 수행하였으나 성공은 제한적이었으며, 환자 다섯 명 중 한 명만이 살아남았다. 이 실패 후, 그는 수술에서 인공 심폐 장치를 사용하는 것을 중단하였다. 그러나 기본의 인공 심폐 장치를 개선한 사람들이 있다. 예를 들면, 메이요 클리닉 외과 의사 존 커클린 John Kirklin 은 병원을 설득하여 기본 펌프를 개량하였다. 1958년 그는 200명 이상의 환자에 대해 개흉 수술을 성공적으로 수행하였으며, "심장외과 팀의 표본"이 되었다(Bigelow, 1990, p. 164).

유전자 치료

유전자가 현대 의학에서의 미래의 물결이라면, 유전자 치료는 유전 질병 치료에 대한 접근법이다. 1990년대에 들어 유전자 치료는 인정받은 전문 분과가 되었으며, 학술지와 학회가 설립되었다. 예를 들어, 최초의 전문 학술지 『인간 유전 치료 Human Gene Therapy』는 프렌치 앤더슨 W. French Anderson 을 편집장으로 하여 1990년에 발간되었다. 오늘날 6개 안팎의 학술지가 유전자 치료만을 다룬다. 몇 년 전, 유럽 과학자들의 모임이 유럽 유전자치료학회 European Society of Gene Therapy 를 설립하기 위한 첫발을 내디뎠다. 1996년 미국 유전자치료학회 American Society for Gene Therapy 가 설립되었으며, 창립 회의가 몇 년 전 시애틀에서 열렸다. 다른 국가들에서도 유전자 치료를 장려하기 위한 학회들이 설립되고 있다.

임상 시험에서 유전자 치료로 치료하는 유전 질병에는 다양한 형태의 암, 낭포성 섬유종, 혈우병 및 다른 질병들이 있다(Marcum, 2005b).

예를 들어, 1980년대 후반기에 앤더슨과 다른 연구자들은 버블-베이비 증후군이라고 불리는 중증 복합형 면역 부전증 SCID 으로 고통받는 환자의 T 세포에 아데노신 디아미나제 adenosine deaminase 유전자를 넣는 데에 성공하였다. 조작 세포는 적정 수준의 효소 활성도를 나타내어 유전자 치료에 대한 자신감을 높였다. 1990년 9월 NIH의 앤더슨 등은 최초의 재조합 DNA 자문 위원회 RAC 에서 승인받은 인간 유전자 치료 시험을 ADA-SCID로 고통받는 여아에서 수행하였다(Anderson, 1995). 두 번째 여아가 4개월 뒤 치료받았다. 비록 치료법이 완전히 여아를 치료하지는 못했지만, 그들을 치료하기 위해 사용하는 PEG-ADA 약품의 사용량을 상당히 줄일 수 있었다.

1990년대가 지나면서, 연구자들은 RAC 승인을 받은 유전자 치료 기법에 대해 인간 질병에 대한 유전자 치료의 효능과 안전성을 시험하기 위해 동물 모형에서 추가 연구를 수행하였다. 90년대 중엽 유전자 치료 임상 시험이 암, 낭포성 섬유종, 가족성 고지혈증, 혈우병, 류마티스 관절염과 같은 수십 개의 유전 질환으로 고통받는 환자들에 대해 시행되었다. 그러나 90년대 말 직접적으로 유전자 치료에 의해 죽은 첫 번째 환자가 보고되었다. 먼저 유전자 조작 바이러스로 치료를 받은 뇌종양 환자에게 항바이러스제를 주입했는데, 환자가 며칠 뒤에 사망한 것이다(Johnston and Baylis, 2004).

1999년 대중에 널리 알려진 사례에선, 암모니아 이화 작용에 관련된 효소인 오르니틴 트랜스카르복실화 효소 ornithine transcarboxylase 유전자에 결함이 있는 18세의 소년이 임상 시험의 일부로 정상 유전자를 함유한 아데노바이러스를 투여받았다. 이 소년은 며칠 뒤 사망했고, 매개체에 대한 심한 알러지 반응으로 인한 다수 장기의 부전에 의한 것임이 명백했다(Lehrman, 1999; Verma, 2000). 죽음은 비극이었고 유전자 치료 시험에 영향을 미쳤지만, 추가적인 시험을 수행하려는 여세를 꺾지는 못했다.

20세기 말, 파리 네커 병원 Necker Hospital 의 알랭 피셔 Alain Fischer 와 마리나 카바자나-카르보 Marina Cavazzana-Calvo 가 동료들과 함께 X 염색체 연관 SCID가 있는 두 명의 남아를 치료하였다(Cavazzana-Calvo et al., 2005). 질병은 T 세포와 NK 세포[5]의 성숙과 관련된 인터류킨-2 수용체 γ-사슬의 유전자 결함으로 발생한다. X 염색체 연관 SCID가 유전자 치료에 있어 매력적이라는 점이 중요한데, 정상 유전자를 가지고 있는 골수 세포가 결함 유전자를 가지고 있는 세포보다 생장에 있어 우위를 보이기 때문이다. 팀은 정상 유전자를 가지는 조작 자가 골수 세포를 두 남아에게 투여하였으며 일 년 내에 아기들의 면역 체계는 정상이 되었다. 팀은 이후 이 방식으로 거의 12명의 남아를 치료하였으며, 대다수가 치료되었다. 그러나 2002년, 소년 중 두 명에게 희귀한 형태의 백혈병이 발생하였다. 그들의 유전자를 검사한 결과 유전자를 삽입하기 위해 사용한 레트로바이러스 LMO-2가 아동 백혈병과 관련이 있음이 밝혀졌다. 2005년 초, 프랑스 팀은 연구에 참여하였던 다른 소년에서 암이 발생하였음을 보고하였다. 몇 달 뒤 이에 대한 반응으로, FDA는 몇 개의 유전자 치료 시험을 보류하였다(Weiss, 2005).

---

5   역자 주: 자연 살해 세포라고도 하며 항원 자극 없이 작동하여 선천 면역을 담당한다.

치료 매개로서 의사

인문주의적, 인본적 의료인에 따르면, 의사는 환자의 회복을 위한 치료적 도구 또는 매개이다. 치료 과정에서 의사의 역할은 값을 따질 수 없다. "급성 질환, 만성 질환, 말기 질환에서, 능동적으로 임하는 의사는 치료의 일부분이다." 카셀은 이어서 쓴다. "나는 이것을 더 강조하는 것이 옳다고 믿는다. **의사가 치료이다**."(Cassell, 1991, p. 126) 치료의 다른 모든 요소는 환자의 질환 앞에서 의사에 부가적인 것이다. 의사는 환자가 현대 의학의 기술을 잘 넘길 수 있도록 돕는 안내자이다.

카셀에 따르면, "과학적 지식의 **이상**은 **바로 이** 의사의 도움 없이는 이 환자에게 미치지 못한다."(Cassell, 1991, p. 133) 더욱이 그는 회복의 근원은 환자 안에만 있는 것이 아니라 의사 안에도 있다고 말한다. 그것은 환자를 통제함으로 구현되는 것이 아니라, 의사의 자기 통제로 구현된다. "회복력은 (무엇이든 간에) 환자에게 이미 가지고 있는, 환자를 낫게 하는 어떤 존재나 힘일 뿐만 아니라 (…) 실질적으로 환자에 대한 통제가 아닌 의사의 자기 지배를 통해 의사의 회복력이 환자에게로 흘러 들어가는 것으로 이루어진다."(Cassell, 1991, p. 234)

카셀은 적정 치료를 위해서 임상 정보에 환자의 질환 경험에 대한 감정적, 주관적 차원을 포함해야만 한다고 주장하며 치료 매개로서 의사의 개념을 정당화한다. "환자에 대한 정보는 가치와 미적 판단하에서 얻어지고, 평가되며, 사용되어야 하며 여기에는 감정, 신체적 감각, 심지어는 영성(또는 그 초월)까지도 포함되어야 할 수 있다."(1991, p. 226) 신뢰할 만한 사람으로서 의사는 성실함으로 정보와 지식에 접근하며, 이는 개인적인 경험에 의존할 때에만 가능하다.

객관적인 지식을 오염시키는 것이 아니라, 개인적 정보는 공감을 통해 의사를 환자의 고통의 편에 서도록 이끈다. 카셀에 따르면 "인격으로서의 의사만이 아픈 사람의 경험을 공감적으로 경험할 수 있다."(Cassell, 1991, p. 227) 이 인간 경험의 유대는 의사의 지식을 주관적인 것으로 만들지 않는데, 이는 의사는 이런 지식을 적절히 다루는 방법을 배워야만 하기 때문이다. 이것은 교과서로 전달될 수 있는 기술이 아니다. 그것은 치료 매개로서 의사의 역할을 이해하는 숙련된, 공감하는 교육자의 지도하에서 병원에서만 배울 수 있다.

폴 프릴링 Paul Freeling 은 치료 도구로서 의사에 대한 인상적인 예를 제시한다(1983). 한 여성 환자는 그녀를 병들게 한 특정한 사회적 상황을 직면하지 못하였다. 주치의는 그녀가 특정한 사회적 관계를 끊어야 할 필요가 있음을 깨달았으며, 이것은 몇 년 동안 쌓인 의사와 환자 사이의 친밀함에 의거한 것이었다. 의사는 그녀에게 명확한 표현으로 관계를 중단할 것을 권했다. 환자는 조언에 대해 의사에게 감사를 표했으며, 사실 그녀는 의사의 조언을 듣고 따르기를 희망하고 있었다.

프릴링은 이 의사의 행동이 비판의 대상이 될 수 있음을 깨닫고 있었다. 그러나 그는 이 상황에서 의사를 "치료 행위자"로 해석하고 있다. "이 사례 기록이 의사–환자 관계를 진단과 치료에 사용하는 것을 보여주기는 하지만, 이것은 증상과 원인을 연결하는 기전에 간섭하는 종류의 치료이다."(Freeling, 1983, p. 171) 사실, 의사와 환자 사이의 밀접한 관계는 의사를 종종 치료 도구의 자리에 위치시킨다.

요약

진단과 치료의 형이상학은 의학적 지식과 실천의 틀을 짜는 데에 있어 중요하다. 20세기, 상당한 수의 진단, 치료 방법과 기술이 개발되어 의학적 세계관을 규정하였다. 환자의 질병과 그 원인의 본질을 결정하는 것은 질병의 진단뿐만 아니라 치료적 개입에 있어서도 중요하다. 생의학 모형에 있어, 진단은 의학적 면담과 신체검사를 통해 환자 질병 상태의 객관적 증거를 수집하는 것에 의존하는 기술이다.

비록 진단 기법과 기술이 생의학적 의료인에게 정확한 질병의 본질을 결정할 수 있는 이성적인 방법을 제공하여 확실한 진단을 내리고 안전하고 효과적인 의약품을 처방하며 환자의 질병 상태를 치료하는 외과적 술식을 수행할 수 있도록 하지만, 환자는 그들이 받는 돌봄의 질에 종종 불만족스러워한다. 그에 반응하여 인문주의적, 인본적 임상가는 환자의 질환 경험에 대한 개인적, 실존적 차원을 고려한 정보를 수집할 수 있는 기술을 받아들인다. 물론, 인본적 의료인은 생의학적 과학에 의해 발견되고 개발된 진단, 치료 기법들을 피하지 않는다. 그러나 그들의 목적은 진단에서 의사를 인격의 자격으로, 특히 현대 의학적 세계관에서 의사를 치료적 요소로 재위치하는 데에 있다.

제2부

인식론

　인식론은 지식의 본질에 관한 철학의 분야로, 그 근원, 획득, 정당화를 다룬다. 철학자들은 지식의 유형을 몇 가지로 분간한다(Pojman, 1998). 유형 하나는 직접지 acquaintance knowledge 로, 집의 설계도, 유기체의 해부, 자기 생각과 같은 누군가에게 친숙한 사물이나 관념이다. 다음 유형은 역량지 competence knowledge 로, "의식적, 무의식적으로 행할 수 있는 기술을 수행할 수 있는 능력과 관련된다."(Pojman, 1998, p. 130) 자동차를 운전하는 것이나 외과 수술을 시행하는 것이 이런 노하우나 실용적 지식의 예일 것이다. 마지막으로 명제지 propositional knowledge 가 있다. 이 유형의 지식은 진리치를 가지며, 그리스 시대로부터 이것의 전통적인 정의는 "정당화된 참인 믿음"이었다. 개인이 그런 지식의 면에서 생각하고 행동하는 주체가 되지만, 전문가나 일반인 공동체 또한 그런 지식을 인가하는 데에 있어 중요하다.

　제2부에서 생의학 모형의 인간화와 관련된 인식론적 문제들을 점검한다. 이를 위해, 6장에서는 의학적 사고를 인식이나 추론의 객관적, 비개인적, 주관적, 개인적 방식의 면에서 논한다. 생의학적 의료인은 종종 의학적 지식의 기반을 객관적인 추론이나 인식에 두는 반면, 인문주의적, 인본적 의료인은 일반적으로 주관적인 방법들을 포함한다.

다음 장에서 임상적 판단이나 의사결정을 생의학적, 인문주의적 모형 각각에 따라 검토한다. 8장에서 설명의 인식론적인 문제를 점검하며, 특히 생의학적 의료인과 인본적 의료인이 질병과 질환을 어떻게 설명하는지에 대해 접근한다. 다음 장에서, 환자의 질병, 질환 이야기에 대한 진단적 지식의 수립에 있어 생의학적 의료인이 이용하는 기술적인 방법과 인문학적 의료인이 이용하는 서사적 방법을 논의한다. 마지막 장에서, 치료 지식을 발견하고 정당화하는 데에 있어 의학 연구와 관련 기술의 역할을 임상 시험과 관련하여 탐구한다. 결론에서는 서사적 치료를 논의한다.

제6장

의학적 사고

여러 보건의료인에게 있어, (특히, 인식 착오 및 실수와 관련하여) 의사는 어떻게 사고하느냐는 중요한 문제이다. 또한, 이것은 최근에 발간된 두 책의 제목이기도 하다(Montgomery, 2006; Groopman, 2007). 생의학적 의료인은 일반적으로 사고나 추론의 객관적인 방식을 옹호하며 지식을 습득하고 확증하는 가장 좋은 방법의 예로 과학을 든다. 그런 지식은 비개인적이고 "어디선지 모를 곳에서의 시각"으로 기술되어 왔다(Nagel, 1989).[1] 다시 말해, 이 지식은 모든 시간과 장소에서 개인의 특정 가치나 편향, 문화적 맥락과는 상관없이 적용가능하며 타당하다. 객관적 사고의 지지자들은 우리의 세계에 대한 지식을 감정과 직관이 왜곡한

---

[1] 네이글은 우리 각자가 세계에 관한 사적 관점 또한 지니고 있다고 주장한다(Nagel, 1989). 두 관점이 종종 화해 불가능하다는 것에서 둘을 어떻게 통합할 것인지가 문제다. 그는 통합이 항상 가능한 것은 아니며 두 관점은 개인적 관점을 비개인적 관점으로 환원하지 않는 한 둘이 반드시 일치되어야 하는 것도 아니라고 주장하였다.

다고 주장하며, 이것들을 생략한다. 데이비스플로이드와 세인트 존에 따르면 생의학적 의료인에게 있어 "직관적 사고, 브레인스토밍, 창조적 선택지 생성, 개방형 질문은 일반적으로 금기이다."(Davis-Floyd and St. John, 1998, p. 33)

인문주의적, 인본적 의료인은 의학적 실천에 있어 객관적 지식의 유의성과 가치를 인식하더라도, 인식 주체의 직관, 가치, 아름다움을 포함하는 주관적 사고와 추론을 옹호한다. 특히 의학에서 이런 사고는 환자의 질병 경험에 대한 담화, 그리고 의사 자신에게 치료자라는 것이 무엇을 의미하는지에 관한 개인적 서사에 기반을 둔다는 점이 중요하다. 이 장에서 객관적 사고와 추론을 지식의 경험적, 합리적 정당화 간의 논쟁과 앎의 논리적 본성의 면에서 논할 것이다. 주관적 사고와 추론의 방법은 직관, 가치, 아름다움, 서사를 통해 논의한다. 이런 사고를 통해 인본적 의료인은 돌봄의 질 위기를 다룰 수 있다.

객관적 사고

객관적, 과학적, 비개인적 사고나 추론의 방식은 세계에 대해 보편적으로 참인 지식을 생성하는 것과 관련되어 있다. 이 지식은 사실에 입각한 것으로 받아들여지며 사실을 구성하는 것은 가치중립적인 것으로 생각됐다. 즉, 사실은 세계가 어떠한지에 대한 선결 관념에 의해 왜곡되지 않는다.[2] 카셀에 따르면 "사실은 검증될 수 있다. 즉, 경험적

---

2   객관적 앎의 다른 중요한 특징은 자연 현상의 측정이다. 측정은 과학자들에게 편

으로 증명될 수 있는 것으로, 사실이 아닌 모든 것은 피할 수 없이 의심스럽고 불확실하다."(Cassell, 1991, p. 176) 사실의 정당화는 경험적인 것뿐만 아니라 합리적, 논리적인 것을 포함한다. 사실적 지식 또는 명제지의 정당화에 대한 두 가지 접근법은 합리주의자와 경험주의자 간의 논쟁을 일으켰다(Pojman, 1998).[3] 이 절에서 이들 사이의 논쟁에 대해, 특히 생의학적 지식의 정당화와의 관계에서 검토할 것이다. 경험주의는 생명의과학자들이 의학적 지식을 정당화하는 방법이기도 하지만, 객관적 지식은 종종 합리적, 논리적인 것으로 여겨진다. 그러나 이 절의 소재들을 다루기 전에, 앎의 인식론적 조건을 먼저 논할 필요가 있다.

명제지의 전통적인 정의에 따르면, 누군가(S)는 명제(P)를 이때 그리고 오직 이때에만 안다. 1. S가 P를 믿는다, 2. P가 참이다, 3. S는 P를 믿을 만한 정당한 이유가 있다(Pojman, 1998). 지식이 명제적이 되기 위하여 만족시켜야만 하는 세 가지 조건이 있다. 첫 번째는 믿음 조건으로, 만약 개인(인식론적 공동체가 더 중요하다)이 무엇인가를 알고 있다면 그 사례를 믿어야만 한다는 것을 말한다.[4] 어떤 것이 진상이기 위한 필요 조건은, 그것이 진상이라고 믿어져야만 하는 것이다. 개인이나 인식

향이나 가치에 의해 오염되지 않은 사실 언명을 제시할 수 있도록 하였으며, 물론 이런 수량적 사실로 이루어지는 것은 왜곡과 편향으로 이어질 수 있다.

3   경험주의자와 합리주의자 간의 논쟁에 대한 더 상세한 소개로 케니를 참조하라 (Kenny, 1986). 지식의 정당화에 대한 인식론적 질문에 대한 경험주의적, 합리주의적 접근에 대해, 브루스 온(Bruce Aune)은 실용주의적 접근법을 제안하였다 (Aune, 1970). 마지막으로, 현대 인식론에서 논쟁은 내재주의(internalism)와 외재주의(externalism)로 표출된다. 내재주의적 정당화는 개인이나 공동체 내에서 이루어지는 것인 반면, 외재주의적 정당화는 개인이나 공동체 외부에서 이루어지는 어떤 것의 결과이다.

4   인식론적 공동체는 개개인의 인식론적 행위자로 구성되며, 이들은 전문인이나 일반인일 수 있고 지식의 생산, 정당화, 소비와 관련된다.

론적 공동체가 어떤 것에 대한 지식을 주장하지만 그것을 믿지 않는다는 것은 이상한 일이다. 그러나 이 조건은 믿어지지만 알 수 없는 어떤 것이 있으므로 충분조건은 아니다. 따라서 믿음은 개인 또는 공동체가 그 경우에 믿음을 두려는 의지에 따라 명제에 부속한다. 그 믿음은 대개 개인이나 인식론적 공동체가 세계를 탐구하는 데에 있어 동의하는 형이상학적 가정에 기초하고 있다(Collingwood, 1998). 마지막으로, 믿음은 일반적으로 의견과 대조되며, 의견은 종종 증거가 아닌 직관에만 기초한다.

앎에 대한 두 번째 조건은 진리 조건으로, 이 말은 개인이나 인식론적 공동체가 무엇인가를 진실로 안다면 그것은 참이어야만 한다는 것이다. 이 조건의 결론은 거짓인 어떤 것을 알 수는 없다는 것이다. 비록 믿음이 거짓일 수는 있지만, 지식은 거짓일 수 없다. 다시 말하면, 지식은 필연적으로 참이어야 한다. 물론, 참이 무엇을 의미하는가에 관한 질문이 제기될 것이다. 철학자들은 참에 대한 다양한 개념을 옹호해왔다. 가장 흔한 개념은 진리 대응설이다. 이 개념의 지지자들은 진리는 사실에 부합하는 명제에 부속한다고 주장한다. 다시 말해, 믿음은 세계나 실재가 어떠한가와 일대일 대응을 한다는 것이다. 널리 퍼진 다른 개념에는 진리 정합설이 있다. 이 개념은 명제가 다른 잘 알려지고 받아들여진 참 명제와 일치한다면 그 명제는 참이라고 언표한다. 어떤 명제가 참인지는 다른 알고 있는 참이나 사실과 맞는지 여부에 달려 있다. 이어, 진리의 실용주의적 개념은 명제가 실용적이거나 그것이 참이라고 믿는 것이 유용하다면 명제는 참이라고 말한다. 실용주의자들에 따르면 진리는 유효하게 작동하는 것, 특히 궁극적으로 인식 주체를 실용적 방법으로 만족시키는 어떤 것이다.

마지막으로, 진리의 정서적 개념은 진리는 우리의 정서나 태도에 의존한다고 주장한다. 이런 진리 개념은 모든 진리가 상대적이며, 한 명제는 나에게는 참이지만 상대방에게는 아닐 수도 있다는 인상을 줄 수 있다. 다시 말하면, 절대적인 관념에서 참된 믿음을 결정할 수 있는 범주에 대한 합의는 없다는 것이다. 이 개념에는 두 가지 문제가 있다. 첫째, 사실 진리는 상대적이라기보다 주관적이다. 즉, 나는 내가 원하기 때문에 그 명제를 믿는다. 이것은 두 번째 문제로 이어진다. 어떤 것을 아는 사람이나 인식론적 공동체에게 있어 명제가 참된 믿음이라고 주장하기 위한 어떠한 유형의 증거나 보증이 있어야만 한다. 이것은 결국 앎에 대한 마지막 조건으로 우리를 이끈다.

앎에 대한 마지막 조건은 정당화 조건이다. 참된 믿음을 가지는 것은 누군가 또는 인식론적 공동체가 어떤 것을 안다고 말하기에는 불충분하다. 어떤 사람이나 인식론적 공동체에게 있어 가장 중요한 인식론적 질문은 다음의 것이다. 누군가 또는 공동체가 알고 있는 것이 정말 그렇다는 것을 어떻게 아는가? 이 질문은 어떤 사람 또는 인식론적 공동체가 아는 것에 대한 정당화 또는 증명에 관한 것이다. 이것은 인식론적 질문의 중심으로, 특히 과학철학에서 한스 라이헨바흐 Hans Reichenbach 가 20세기 전반부에 발견의 맥락과 정당화의 맥락을 구별한 이후 중요하게 다루어졌다(1938). 과학철학자들 사이에서 이 질문에 대한 답은 라이헨바흐가 두 맥락을 구별한 이후 상당히 진전되었다.[5]

---

5   주관적 가치의 역할에 대한 쿤의 이론을 포함한 과학적 이론의 정당화에 대한 추가적인 논의로 브라운을 참조하라(Brown, 1979).

물론 인식론적 질문은 생명의과학에 있어서도 중요하다. "어떻게 치료법에 관한 주장이 정당화될 수 있는가? 치료법에 관한 주장에 확고한 믿음을 불어넣으려면 어떠한 방법이 사용되어야 하는가?"(Christensen and Hansen, 2004, p. 73) 물론, 진단적 지식의 정당화에 대해서도 동일한 염려가 제시된다. 의료인은 환자의 고통이 이것이고 다른 질병이 아님을 어떻게 아는가? 전통적으로 명제지에 대한 정당화에는 두 가지 접근법, 합리론과 경험론이 있었다. 이제 의학적 지식의 정당화에서 이들을 다루어 보자.

합리론과 경험론

토대

플라톤, 데카르트와 같은 합리론자들은 지식, 특히 분석적 또는 **선험적** 지식은 비록 그것을 직접 경험하는 것은 불가능하지만 정신의 활동을 통해 선천적으로 또는 직관적으로 알 수 있다는 의견을 주창했다(Pojman, 1998). 사실, 합리론자들은 감각적 지식은 쉽게 오염되며 감각은 쉽게 속을 수 있다는 것 때문에 그것을 피한다. 예를 들어, 플라톤에 따르면 지식은 생성 세계와 개별자를 극복하고 이상과 보편을 파악함을 통해 얻을 수 있다. 이 선천적, 직관적 지식을 일차 원리로 사용하여 다른 지식을 연역할 수 있다. 그런 지식은 절대적이거나 확실하며 모든 장소와 모든 시간, 모든 사람에게 참이라는 의미에서 보편적이다. 이 지식의 원천에서 만들어진 명제는 대개 자명하다. 데카르트가 논한 것처럼, 그런 지식은 명확하고 명료해야 하며 인간 정신은 그것을 알 수 있는 능력을 소유하고 있어야만 한다. 그러므로 합리론자들에게 있어 지식의 정당화는 엄격하게 합리적 또는 논리적인 일이다.

위에 적은 바와 같이 합리적 지식에는 몇 가지 종류가 있으며, 여기에는 직관적, 생득적 지식도 포함된다. 직관적 지식은 실제의 현상적 본성에 대한 이성적 통찰에 의존한다. 다시 말하면, 그것은 지식, 특히 수학적 지식을 이성적 방법을 통해 파악할 수 있는 인간 능력에 의존한다. 반면, 생득적 지식은 인간 본성상 구성적이다. 이런 지식은 태어날 때부터 가지고 있으며 경험에 의해 끌어내어진다. 그러나 이것은 경험의 내용이 지식을 초래한다고 말하는 것이 아니다. 직관적 지식과 생득적 지식 모두 진리는 직접 직관되거나 본유적이며, 따라서 연역을 통한 다른 확실한 지식의 기초를 형성할 수 있다는 인식론적 토대주의에 의거하고 있다.

반면 흄, 로크와 같은 경험론자들은 지식(종합적 또는 후험적 지식)은 감각 경험을 통해서만 얻을 수 있다고 주장한다. 예를 들어, 로크는 정신을 빈 석판으로 보고 지식은 경험을 통해 그 위에 쓰인다고 생각했다. 따라서 감각 경험은 지식의 정당화를 제공한다. 20세기 중반에 코넬리우스 벤저민 Cornelius Benjamin, 1897~1968 은 경험론의 정의에 대한 통찰력 있는 작업적 정의를 제시하였다. "경험론은 지식의 이론으로, 기술적 상징이 1. 의미 있고, 2. 확실한 소여 hard data 의 항을 통해 명시적으로 정의되며, 3. 확실한 소여를 지칭한다는 견해를 취한다."(1942, p. 498) "확실한 소여"는 러셀에서 인용한 어구로, 이는 "뚜렷하게 주어진 소여"를 가리킨다(Benjamin, 1942, p. 497). 예를 들어, 즉각적으로 감각되거나 명확히 명백한 "붉은 점"은 "확실한" 소여인 반면, 나 자신 또는 보편자는 "불확실한 soft " 소여이다. 상기의 정의를 통해, 벤저민은 경험주의를 세 가지 유형으로 나누었다. 이는 실증주의, 허구주의 fictionalism 또는 구성주의, 사실주의이다.

벤저민에 따르면, 실증주의(특히 "순수" 실증주의의 경우)는 위 정의에 두 명제를 추가한다. "I. 모든 다른 상징(예컨대, 가설적 상징)은 무의미하다. II. 불명확한 소여는 존재하는지 알 수 없다."(1942, p. 498) 논리 실증주의자와 경험론자는 분명 실증주의자이지만, 이런 두 가지 추가 명제에 비추어 본다면 이들은 "순수한" 실증주의자는 아니다. 허구주의 또는 구성주의(벤저민은 마하와 피어슨이 여기 속한다고 생각했다)는 다음 명제를 추가한다. "I. 가설적 상징은 1. 의미를 지니며, 2. 확실한 소여의 구성 작업을 통해 정의할 수 있고, 3. 무를 가리킨다. II. 불확실한 소여의 존재는 알 수 없다."(1942, p. 499) 마지막으로 사실주의(벤저민이 이를 통해 가리킨 것은 "사실적 경험론"이며 여기에 러셀, 화이트헤드, 메이어슨이 속한다고 생각했다)는 다음 두 명제를 더한다. "I. 가설적 상징은 1. 의미를 지니며, 2. 확실한 소여의 추론 작업으로 정의할 수 있고, 3. 불확실한 소여를 가리킨다. II. 불확실한 소여의 존재를 알 수 있다."(1942, p. 499)

지난 수십 년 동안 역사가와 과학철학자들의 작업에서 대두한 "신실험주의 new experimentalism" 또한 경험론을 지지했다. 전통적인 과학자들은 실험과 그에서 얻은 증거에 의존하여 과학 이론을 정당화했다. 주로 앨런 프랭클린 Allan Franklin 의 『실험의 경시 The Neglect of Experiment』와 피터 갤리슨 Peter Galison 의 『실험은 어떻게 끝나는가 How Experiments End』에 초점을 두어 신실험주의의 초기 작업을 검토한 로버트 애커먼 Robert Ackermann 은 이들이 물리학의 실험 행위를 검토하기 위해 의거한 "실험 순서 experimental sequences"에 관심을 두었다(1989). 신실험주의를 비판하면서, 데보라 메이요 Deborah Mayo 는 이들이 실험에서 통계적 방법의 역할을 무시하거나 평가 절하하고 있다고 주장하였다. 그는 "표준 오차의 통계적 도구(유의성 검정)와 [신실험주의자에 의해 제시된] 실험적 서사"를 결합하여 "(…) [예로, 갤리슨의 책『실험은 어떻게 끝나는가』에서 나타나는 개념과 같은] 사례들에서 중요한 것과 부산물을 구분하는 방식을 표현"할 것을 제안한 바 있다(1994, pp. 277-278). 이어서 메이요는 "오차 통계" 철학을 전개하였으며 여기에서 가설은 확충擴充적인 단편 검정을 통해 증거와 연결된다(1996).

최근 마컴은 메이요의 실험 철학의 일부 요점들, 즉 단편 검정, 검정의 엄밀성 증가를 통한 오차의 감소, 귀납 추론의 확충적 본질을 공유하는 실험 시리즈 experimental series 개념을 제안하였다(Marcum, 2007). 그러나 실험 시리즈의 개념은 실험 행위에서 통계적 방법 그 자체가 아닌 실험적 증거의 연결에 초점을 두고 있으며 이론의 정당화를 위한 단순 응집을 벗어난다.

의학

합리론자와 경험론자 간의 논쟁은 의학 내에서도 긴 전통을 가지고 있다. 예를 들면, 의학의 현대 이론(합리론)과 전통적 실천(경험론)의 문제는 17세기 의사들 간의 왕성한 토론 거리였다(King, 1978). 조르지오 바글리비 Giorgio Baglivi 는 당대의 합리적 의학에 맞서 경험적 의학을 요청하고 있다.

> 의학의 두 주된 기둥은 **이성**과 **관찰**이다. 그러나 관찰은 이성를 통해 누벼지는 실이다. 모든 질병은 가상이 아닌 확실한 개별적 본질을 지니고 있으며, 확실하고 특유한 원칙, 증가, 상태, 하강을 보인다. 이제, 이 모든 사항이 각각 정신에 일깨우는 바와 같이, 그 본질을 따를 때 우리는 교묘하게 속이는 언쟁을 필요로 하지 않을 것이다. 아픈 사람들 각각에게 어떤 일이 일어나는지에 대한 반복적이고 성실한 관찰만이, 그리고 본질의 측정에 적합하고 충실한 정신의 날카로움이 요구될 것이다(1723, p. 9).

바글리비 이후 수 세기가 흘러서야 경험적 의학이 의학적 행위의 표준이 되었다. 합리론 또한 생의학 모형에 있어 중요한 인식론적 요소이다. 그러나 "합리적 치료라는 주장은 대상 질병의 모든 관련 요소를 이론이 아우를 때에만 가능하다."(Christensen and Hansen, 2004, p. 74) 이 제한하에서, 현대 의학적 인식론의 대부분은 경험론과 그에 부속하는 기술로 움직이고 있다.

그리하여 생의학 모형의 인식론은 경험론의 하나이며, 방법론에서뿐만 아니라 기술을 뒷받침하는 실험 방법에 관해서도 그렇다. 생의학 모형 아래 의학적 지식과 행위는 자연과학, 특히 물리과학의 기술적 발전에 의존한다.[6] 의학적 지식의 습득과 이행은 이런 과학의 기술과 절차를 반영한다. 게다가 무작위화, 이중 맹검, 위약−대조군 임상 시험이 의약품이나 외과적 술식의 효능을 결정하는 "황금 표준"으로 여겨지고 있다.[7] 토비아스와 동료들에 따르면 "무작위 배정 대조군 임상 시험의 발전과 수용의 증가는 (…) 이 세기 의학 기술의 가장 큰 진보이며 (…) 우리는 다른 어떤 방법론으로도 얻을 수 없는 치료의 타당성 획득의 진보 앞에 서 있다."(Tobias et al., 2000, p. 1371) 이런 임상 시험과 다른 검정 방법들은 근거중심의학의 기초가 되었다(Sackett et al.,

---

6   기술적 측면에서 과학적 의학의 대두에 대한 더 세밀한 연구는 라이저를 참조하라 (Reiser, 1978).

7   사켓과 동료들에 따르면 "무작위 시험 및 몇 개의 무작위 시험에 대한 체계적 고찰에 의해, 우리는 더 많은 정보를 얻을 가능성이 커졌으며 호도될 가능성이 낮아졌다. 이는 치료가 손해보다 이익을 더 많이 가져다줄 것인지를 결정하는 데에 대한 '황금 표준'이 되었다."(Sackett et al., 1996, p. 72) 카트라이트는 이 시험들의 "황금 표준" 지위에 도전하여, 그들이 검정 집단에서 더 큰 집단으로 외삽하는 부분에서 약한 "외적 타당성"을 보인다고 주장하였다(Cartwright, 2006).

1996).[8] 이런 과학적 행위는 생의학 모형 내에서 받아들일 만한 의학적 지식과 행위를 정의한다.

　그러나 경험론과 합리론 사이의 논쟁은 생의학 지식의 정당화와 관련된 문제에 있어 해결책을 제시하지 못했다. 몇 세기 전 바글리비가 지적한 것과 같이, 앎에 대한 두 접근법은 모두 진료하는 의사에게 있어 중요하다.

> 경험론 의사든지 합리론 의사든지 간에, 이성과 경험을 대립시키는 사람들은 모두 미친 것처럼 보인다. 모든 지혜로운 사람이 알고 있는 것처럼, 어떻게 긴 시간의 진전을 통해 반복적으로 시도와 사용으로 획득된 과학의 모든 부분을 이성으로 만들어 낼 수 있는가? 반면, 왜 경험만을 고려해야 하며, 이성은 문 밖에 두어야 하는가? (…) 나는 모든 것 위에 위치한 이성의 여왕을 통해 의사가 질병의 원칙과 원인을 고찰하고, 그 진행과 일어날 일들을 예측하고, 현재의 상태에서 장래의 가능성을 수집해야 한다는 것을 안다(Baglivi, 1724, pp. 7-8).

　두 인식론적 견해의 종합 가능성이 있는지가 문제다.

　장 뱅 쥔 Jan van Gijn 은 의학적 지식의 생성과 정당화에 대한 "경험적 순환"을 제안하였다. 뱅 쥔에 따르면 "병태생리학적 추론은 가설로 나아가는 반면, 추론 과정의 내용은 많은 부분에서 실험 결과를 통해 움직인다. 가설은 임상 시험으로 이어지고 이 시험들의 결과는 병태생리학에 얻어진 새로운 통찰을 부여하고, 임상적 추론에 새로운 가설을 발생시킨다."(2005, p. 75) 다시 말하면, 의학적 지식의 생성은 지속적인 과정으로 경험적 결과가 이론적 통찰을 불러오고 이는 추가적인

8　　생의학 연구에 대한 추가적 논의는 타가드를 참조하라(Thagard, 1999).

실험 검정의 주제가 된다는 것이다.

이런 종합은 귀납 논리와 연역 논리의 용어로 정식화할 수 있다. 예를 들어, 생의학적 연구자가 다양한 의학적 현상에 대한 설명을 위해 다른 이론을 제시한다. 이들 이론은 항상 검정 대상이며, 이는 조사자가 수행하는 실험들로 이루어진다. 다시 말하면, 예측은 주어진 이론에서 연역되며 만약 예측이 입증되면, 이론은 연구를 인도하는 데에 계속 사용된다는 것이다. 그러나 만약 비정상이, 즉 이론으로 예측되지 않은 관찰이 관측된다면, 변칙적인 관찰에 기반한 새로운 또는 수정된 이론이 공식화될 수도 있다. 이 새로운 또는 수정된 이론은 실험적으로 검증되며, 성공한다면 이전의 이론을 대체할 수도 있다.

합리론–경험론 종합을 인지 과정을 통해 연결된 감각적·경험적, 이론적 활동으로 표현할 수도 있다. 경험론자들이 주장하는 바와 같이, 감각 소여와 관찰은 앎의 시작은 아닐지라도 그 열쇠가 된다. 그러나 합리론자들이 주장하는 것처럼, 그런 증거는 앎을 구성하지 않는다. 그것은 증거일 뿐이다. 인지 과정이 개입해야만 하며, 다양한 소여와 관찰 사이의 관계가 증거의 의미에 대한 통찰을 가져온다. 통찰에 기반을 두고 증거로 사용된 현상을 설명하기 위해 이론이 공식화된다. 물론, 모든 증거는 이론 적재적이지만 정도는 다양하며, 변칙적인 증거로부터 예측 검증을 증명하는 데에까지 이른다.

비록 생의학 모형이 의학적 지식 획득과 의학적 행위에 있어 중요한 방법론적 도구를 제공하지만, 그것이 마주하고 있는 인식론적 문제를 해결하기 위해서 경험적, 합리적, 철학적으로 더 많은 작업이 필요하다. 리베라티와 비네이스에 따르면 "증명, 증거, 불확실성의 본성에 대한 더 나은 이해를 위해, 더 균형 잡힌 연구 문제를 위해, 돌봄의 질을 개선하기 위한 더 논리적인 기작을 위해, 그리고 환자와 소비자의 지위를 향상하기 위한 더 현실적인 문화적 노력을 위해 해야 할 일들이 아직 많이 남아 있다."(Liberati and Vineis, 2004, p. 121) 합리적 관점에서, 여러 발전은 에드먼드 머피 Edmond Murphy 가 "의학의 논리"라고 부른 것에 의존하고 있으며, 이는 다음 절의 주제이다.

논리적 사고

비록 경험적, 특히 실험적 과정이 생의학 모형에 있어 의학적 지식을 정당화하는 지배적인 방법이지만, 의학적 인식론에 있어서 합리론은 완전히 중요성이나 의미를 상실하지 않았다. 생의학 모형에서 인식론적 주장은 연구실 실험과 임상 시험에서 얻어진 진술문의 논리적 관계에 의존하거나 의존해야 하며, 이는 특히 이들의 타당성과 건전성에 있어 더 그렇다. 예를 들어, 환자의 질병 상태에 대한 진단과 치료는 환자의 증상에 대한 평가에서부터 적절한 치료 방법을 결정하는데에 이르기까지 단계적, 논리적(귀납과 연역) 사고에 의존한다. 게다가 의학에서의 논리적 사고는 경험론에 의해 남겨진 간극을 메우는 것을 돕는다(van Gijn, 2005). 예를 들어, 『의학의 논리 The Logic of Medicine』에서 머피는 "의학적 개념을 다루기 위한" 절차를 제시한 바 있다(Murphy, 1997, p. 9). 이 절차는 "공식적 언표가 가능하다는 점에서 체계적이며 논리적인 비판의 대상이 될 수 있다." 이때, 의학의 논리는 명제의 관계뿐만 아니라, 의학적 자료 및 관찰의 분석과도 관련된다.

논리적 사고는 부분적으로 경험적 사실을 해석하는 데에 있어 중요하다. 뱅 쥔에 따르면 "이성은 임상 시험의 해석에서도 필요하다. 사실은 스스로 말하지 못한다."(van Gijn, 2005, p. 74) 확실히, 사실은 경험적 자료나 관찰과 동일하지 않다. 오히려 사실은 해석된 경험적 자료와 관찰이다(Lonergan, 1992). 다시 말해, 연구자는 경험적 자료 간의 관계를 이해가능성 intelligibility 으로 통찰해야 한다. 이런 이해가능성은 단지 경험적 방법으로 파악될 수 있는 경험적 대상이 아니다. 머피에게 있어, "증거의 규칙"이 사실적, 객관적 지식을 형성하는 해석적 과정에 있어 핵심이 된다(Murphy, 1997). 이들 규칙은 단지 명제와 사실의 관계를 다루기 위한 논리적, 이성적 규범뿐만 아니라 의학적 자료와 관찰의 의미와 유의성을 정하는 데에 있어 필요한 해석학적 규범을 형성한다.

　의학의 논리의 측면에서 합리론은 이론이나 가설을 검정하기 위한 새로운 실험을 계획하는 데에 있어서도 중요하다(van Gijn, 2005). 새로운 시험은 비용이 많이 들어가고 먼저 이전의 생의학 이론과 사실에서 의미가 통해야만 한다. 새로운 실험의 생성과 연관된 논리의 유형은 연역이다.[9] 새로운 가설이나 이론이 관찰을 예측하기 위해 사용되며, 이어서 실험적으로 검정된다. 이 접근법을 가설–연역법이라고 부른다. 만약 이론이나 가설이 검정을 통과하면, 즉 예측한 관측이 발생하면, 이론이나 가설이 검증되었다고(논리 실증주의자), 확증되었다고(논리 경험주의자), 또는 용인되었다고(포퍼주의자) 말한다. 그러나 이론이 검정을 통과하는 데에 실패하면, 즉 예측한 관측이 발생하지 않으면, 이론은 반증되거나 추가적으로 수정된다.

9　대조적으로, 귀납적 논리는 이론이나 가설을 공식화하기 위한 제한된 관찰의 집합을 일반화하는 것과 관련된다. 귀납의 문제는 결정적으로 증명할 수 있는 능력이 없다는 것으로, 관찰의 입증이 다른 조건에서의 이론이나 가설을 논파할 수 없다는 것이다. 예를 들어, 시종일관 동일한 결과가 얻어질 것이라는 예측은 보증이 불가능하다.

불행히도, 검증이나 반증의 과정은 둘 다 절대적일 수 없기 때문에 그리 간단하지 않다. 연구되는 이론은 직접 검정할 수 없는데, 이는 그 뒤에 있는 가정들이 서로 연결된 "믿음의 거미줄"을 형성하고 있기 때문이다(Quine and Ullian, 1978). 게다가 과학자들이 격돌하고 있는 이론을 구하기 위해 임시적 가설을 형성하기 때문에 반증 또한 간단하지 않다(Lakatos, 1970).

빈도주의 통계학

생명의과학에 있어 가설에 실험 또는 임상적 관찰을 적합시키는 것은 자연과학에서처럼 그리 간단하지 않을 때가 많다. 위에서 제기된 문제에 더하여 일부는 관찰자에 의해, 일부는 자연 현상의 변이에 의해 오차가 발생하기 때문이다. 생명의과학에서 적합의 유의성은 일반적으로 통계적 검정과 분석을 통해 결정된다. 머피는 통계학을 "무작위 과정과 그 세부에 관한 유한 표본에서의 추론에 대한 연구"라고 정의하였다(Murphy, 1997, p. 468).

통계적 검정에는 기술 통계와 추론 통계가 있다(O'Brien et al., 1989). 기술 통계에서 연구자는 모집단의 특성을 기술하는 반면, 추론 통계에서 연구자는 연구 대상인 모집단의 표본에서 얻은 관찰로 연구를 설계한다. 스튜던트 t-검정이나 카이 제곱 검정과 같은 전통적 또는 빈도주의 통계학 검정은 연구자에게 추론된 결과를 보증할 수 있는지를 결정할 수 있도록 해준다. 이 경우 통계적 판단은 의학적 지식에 관한 결론을 정당화할 수 있는 설득력 있는 방법을 제시한다.

통계적 분석에 대한 빈도주의적 접근은 특히 의약품이나 외과적 술기에 있어 두 집단의 비교와 관련되며, 한 집단은 실험군으로, 다른 집단은 대조군으로 설정된다.[10] 질문은 두 집단 사이의 차이가 실험적 조작에 의하여 실재로 또는 유의하게 발생한 것인지, 아니면 단지 우연히 나타난 것인지 여부가 된다. 차이가 유의한 것인지 결정하기 위해, 의학 연구자들은 확률값(P값)을 얻기 위한 통계적 검정을 수행하며, 여기에서 차이에 관한 신뢰 수준을 구할 수 있다.

이 과정의 첫 번째 단계는 귀무가설과 대립가설을 형성하는 것이다. 귀무가설은 유의한 차이가 없다고 언표하는 반면, 대립가설은 차이가 있다고 언표한다. 예를 들어, 의과학자가 약품의 유효성을 검정한다면 귀무가설은 약을 투여받은 집단과 투여받지 않은 집단 사이에 차이가 없다고 주장하는 것인 반면, 대립가설은 투여받은 집단이 대조군에 비해 약 때문에 평균적으로 더 나은 결과를, 예를 들면 암의 완화를 보인다고 주장하는 것이다. 데이터가 수집되면, 연구자들은 통계 검정을 수행하여 결과가 통계적으로 유의한지를, 즉 귀무가설이 기각되었는지의 여부를 결정한다.[11] 만약 귀무가설이 기각되면 대립가설, 즉 두 집단 간의 차이가 실제이거나 유의하며 약품이 효능을 보인다는 것이 자연스럽게 받아들여진다.

빈도주의 통계학 분석에서, 의과학자나 임상가는 귀무가설 검정에 있어 결과를 해석하는 데에 영향을 줄 수 있는 오류를 제거하는 데에 관심을 둔다. 두 가지 유형의 오류가 있다. 1종 오류가 발생한 경우,

---

10 루이스와 웨어스는 빈도주의적 접근법을 다음과 같이 정의하였다. "사건의 확률은 그 상황이 무한수로 재현된 경우에 어떤 비율이나 빈도로 나타날 것인가로 표시된다."(Lewis and Wears, 1993, p. 1329)

11 예를 들어 $P < 0.05$이면 차이가 유의하다고 주장하는 데에 충분한 것으로 여겨진다. 그러나 P값을 사용하는 데에 대한 적절성에 관한 상당한 논쟁이 있다 (Matthews, 2000).

귀무가설이 받아들여져야 함에도(즉, 두 군 간에 차이가 없는데도) 귀무가설을 기각하는 방향으로 통계적 검정이 연구자를 오도한다. 이 유형의 오류는 위양성으로 표현되며, 처치군과 비처치군 사이의 차이는 사실 통계적으로 유의하지 않은 것이다. 2종 오류에서는 귀무가설이 실제로는 거짓인데 통계 검정이 귀무가설이 참이라고 생각하도록 연구자를 오도한다. 이것은 위음성으로, 처치군과 비처치군 사이의 차이는 사실 통계적으로 유의하다. 효과 없는 약으로 치료하는 것과 같이 환자에게 피해를 입히는 상황이 벌어질 수 있기에 1종 오류가 2종 오류보다 더 큰 잘못으로 이어질 수 있다. 반면, 2종 오류에 의해 연구자는 실제 효과를 놓친다.

임상적 결과에 대한 통계적 분석의 빈도주의적 접근에는 몇 가지 문제가 있다. 우선, 빈도학파는 대립가설이 참이라는 직접 증거를 제시하지 않는다. 루이스와 웨어스에 따르면 "불행하게도, 제안된 증거에 따라 수용된 원래 가설과는 다른 다수의 대립가설이 존재할 수 있다."(Lewis and Wears, 1993, p. 1330) 따라서 P값은 대립가설의 참값과 관련되는 것이 아니라 귀무가설과만 관련된다. 다시 말하면, 다수의 대립가설이 존재할 수 있으므로 제안된, 또는 검정된 가설이 참이라고 확신할 수 없다. 이는 이것이 자연스럽게 참으로 간주되었을 뿐이기 때문이다.[12]

---

12   역자 주: 이는 통계 결과 해석의 가능세계와 관련되어 있는 문제이므로 사실 빈도주의 통계의 문제점이라고 보기는 어렵다. 게다가 분석하고 있는 대립가설이 단칭명제일 필요가 없음에도 불구하고 본문은 가설이 단칭임을 가정하기에 검정 가설의 참에 대한 문제가 발생하는 것처럼 문제제시를 하고 있으나, 사실 대립가설이 집합명제인 경우도 꽤 있다.

다른 문제는 빈도주의 통계 검정은 모집단에 관한 것이지 개인에 관한 것이 아니라는 점이다. 이에 반해, 의사가 상대하는 것은 대개 개개인의 환자이다. 이 통계적 접근법은 "단일 사건이나 가설에 확률을 할당하는 것의 의미를 부정한다. 확률 할당은 집단을 대상으로 하지, 개인을 대상으로 하지 않는다." 대니얼 앨버트 Daniel Albert 와 동료들은 "'이 환자가 오늘 밤에 죽을 확률은 얼마인가?', '이 진단일 가능성은 얼마인가?'와 같은 질문은 [빈도주의 통계] 관점에서 어떤 과학적 의미도 부여받지 못한다. 우리가 적법하게 물어볼 수 있는 것은 단지 '이 환자와 같은 부류가 오늘 밤에 죽을 비율은 얼마인가?'뿐이다"라고 결론짓는다(Albert et al., 1988, p. 64). 비록 빈도주의 통계학이 대규모 임상 시험의 연구 결과를 해석하는 데에 매우 유용하지만, 개인 환자에 대해서는 "매우 불만족스럽다."(Montgomery, 2006)

베이즈주의 통계

빈도주의 통계 분석에 더하여, 다수의 생명의과학자들은 실험과 임상 결과의 유의성과 의미를 결정하기 위해 베이즈주의 통계 분석을 활용한다(Broemeling, 2007; Kadane, 2005; Tan, 2001). 이 분석은 그 창시자인 18세기 비국교도 성직자 토머스 베이즈 Thomas Bayes 의 이름을 딴 정리에 기반을 두고 있다(Dale, 2003). 루이스와 웨어즈는 빈도주의와 베이즈주의 통계 분석 사이의 두 가지 중요한 차이를 "데이터에서 우리가 추정하려고 하는 확률의 본성, 그리고 확률 추정을 수정하기 위해 데이터를 사용하는 방식"으로 구분하였다(Lewis and Wears, 1993, p. 1329).

베이즈주의는 그 빈도보다는 사건의 필연성 추정에서 확률을 구한다. 사건이 일어날 비율을 구하기 위해 큰 규모나 표본에 의존하는 대신, 베이즈주의는 사건의 발생을 이전 경험에서 추정한다. 예를 들어, 만약 환자가 특정 처치에 반응하였는지 여부는 연구자나 임상가의 주관적 추정과 경험에 일차적으로 기반한다. 베이즈주의의 데이터 사용은 가설의 참을 결정하는 데에 있어 비조건적이라기보다는 오히려 조건적이다. 루이스와 웨어스에 따르면 "베이즈주의는 주어진 데이터의 집합에서 가설의 확률을 다루는 반면, 빈도주의자는 주어진 가설에서 데이터 집합의 확률을 다룬다."(Lewis and Wears, 1993, p. 1329)

베이즈주의 분석은 과거 데이터와 현재 데이터의 관계, 즉 "새로운 증거가 현재 증거의 상태를 논리적으로 유지하면서 과거의 증거와 체계적으로 결합할 수 있는 방식"을 다룬다(Murphy, 1997, p. 204). 다시 말하면, 현재의 증거에 더하여 이전의 증거를 미래 사건의 확률을 결정하는 데에 있어서 계산에 넣는다는 것이다. 베이즈주의 분석의 첫 번째 단계는 과거 데이터에 기반을 둔 사건 발생의 확률 분포를 정하는 것이다. 다음, 사건의 발생에 대한 데이터를 얻어 과거의 확률 분포를 개정하는 데에 사용한다. 베이즈 정리는 이전의 확률 분포를 현재 데이터와 결합하여 사후 확률 분포를 생성할 수 있도록 하여, 미래 사건의 발생 확률 추정과 의미, 유의성 결정을 가능케 한다.[13]

진단 사례가 베이즈주의 분석의 원칙을 명확히 하는 데에 도움을 줄 수 있을 것이다(Sahai, 1992). 주치의가 급성 충수염 [AA], 급성 췌장염 [AP], 또는 비특이적 복부 통증 [NSAP]의 확률을 통해 응급실을 방문하는 환자

13　피터 콩돈(Peter Congdon)은 이를 간결하게 정리하였다. "베이즈주의 추론과 관련된 학습 과정은 데이터를 관찰하기 전의 모수에 대한 초기 확률 진술을 갱신된 또는 후험적 지식으로 수정하여 이전 지식과 현재 데이터를 결합하는 것이다."(2001, p. 3)

를 진단하기를 원한다. 이들 상태의 발생률은 각각 AA 30퍼센트, AP 5퍼센트, NSAP 65퍼센트이다. 세 상태를 구분하는 데에 반동압통 검사를 사용한다. 검사는 환자의 복부를 천천히 누른 뒤 빠르게 압박을 제거하는 것으로, 찌르는 듯한 통증이 있는 부위에 복막염이 있을 수 있다. 이전의 연구는 80퍼센트의 AA 환자, 15퍼센트의 AP 환자, 20퍼센트의 NSAP 환자가 반동압통을 보였다는 것을 밝혔다. 사후 확률은 각각의 조건에 대해 쉽게 계산할 수 있다. AA 환자는 0.64, AP 환자는 0.02, NSAP 환자는 0.34이다.[14] 그 결과로서, 반동압통을 보이는 환자의 진단으로 AA가 가장 확률이 높거나 가능성이 높다.

베이즈주의 분석은 빈도주의 통계 분석에 대해 몇 가지 장점을 보인다. 우선, 이것은 임상가의 실용적 사고에 더 가깝다. "베이즈 방법은 상식적 해석과 조금 더 일치하는 모수에 대한 신뢰 구간과 가설에 대한 P값의 해석을 제시한다."(Congdon, 2001, p. 1) 게다가 사건의 확률 결정에 과거의 정보를 결합하기 때문에 이 방법의 미래 사건에 대한 예측이 더 정확하다. 빈도주의 통계는 이런 정보를 거의 사용하지 않

---

14 사후 확률은 다음과 같이 계산한다(Sahai, 1992). D1, D2, D3를 각각 AA, AP, NSAP의 확률 분포로, S를 반동압통의 확률분포로 두자. 본문의 데이터에 기반한 확률은 다음과 같다. P(D1) = 0.3, P(D2) = 0.05, P(D3) = 0.65, P(S|D1) = 0.80, P(S|D2) = 0.15, P(S|D3) = 0.20. 베이즈 정리를 사용하여 확률은 다음과 같이 결정된다.

$$P(D1|S) = P(S|D1)P(D1)/\sum_{i=3}^{3} P(S|Di)P(Di)$$
$$= (0.8)(0.3)/[(0.8)(0.3)+(0.15)(0.05)+(0.2)(0.65)]$$
$$= 0.241/0.3775$$
$$= 0.64$$

P(D2|S) = (0.15)(0.05)/0.3775 = 0.02
P(D3|S) = (0.2)(0.65)/0.3775 = 0.34

는다. 베이즈주의 분석은 더 동적이고 조정 가능한 통계학을 가능케한다. 다른 장점은 여러 경쟁 치료법의 치료 효능에 대한 중요한 정보를 임상가에게 제공한다는 것이다.

이에 더하여, 베이즈주의 분석은 빈도주의적 시험에서와 같이 시험의 오류율을 증가시키지 않고도 연구 시험의 데이터를 검토할 수 있도록 해준다. 루이스와 웨어스에 따르면, "시험을 빨리 종결할 수 있도록 하여 비효과적이거나 해로운 치료에 더 적은 환자가 노출되도록하며, 이것이 이 방법을 임상 시험에 사용하는 데에 대한 좋은 논거를제공한다."(Lewis and Wears, 1993, p. 1335) 마지막으로, 또 다른 장점으로는 베이즈주의 분석이 치료법과 같은 특정 사건의 타당성을 구체화한다는 점에 있다. 약품이나 외과적 술기가 성공할 가능성은 다른 비슷한 치료법의 성공 및 실패, 현재 생물학적, 의학적 지식, 개개 의사의경험에 부합해야 한다.

주관적 사고

비록 생의학적 지식이 특히 실험실 자료와 임상 관찰의 면에서 중요한 것이며 의학적 행위에서 필수 요소라고는 해도, 인문주의적, 인본적 의료인은 이 지식이 충분조건은 아니라고 말한다. 필요한 것은환자에 대한 인격적인 지식이다. 예를 들어 카셀에 따르면, "아플 때우리에겐 비인격적인 지식이 필요하지 않다. 우리가 필요로 하는 것은 **인격화된** 지식이다."(Cassell, 1991, p. 133) 카셀과 다른 인본적 임상가에게 있어 비인격적 지식에 대한 배타적 추구는 의사가 **이** 환자를 치료하는 데에 핵심적인 인격적 지식을 획득하지 못하도록 막는다.

인격화된, 또는 주관적 지식은 대개 과학적 의학에서 무시되거나 생략되는 정보이다. 의학의 인문주의적 모형은 "의사가 환자 깊은 곳의 정보를 끌어내어 객관적인 발견들과 결합할 수 있도록" 한다(Davis-Floyd and St. John, 1998, p. 97). 실험실 자료를 넘어서는 이런 정보는 로버트 스미스 Robert Smith 가 "인간 자료"라고 부른 것을 포함한다. 이런 자료는 "환자가 언어적, 비언어적으로 소통할 때 인간 고유의 표현 양태로 전달한 정보"와 관계되어 있다(Smith, 1996, p. 98).

인문학적 의료인에게 있어 생의학 모형의 문제는 의사가 더는 환자 개인 및 환자의 특유한 사정과 소통하지 않고 유사한 질병을 지닌 다른 환자들에서 통계적 분석으로 얻은 환자의 질병에 대한 추상적 일반성과만 교류한다는 것이다. 이 경향을 뒤엎기 위해 의료인은 단지 환자의 질병 상태에만 국한되지 않고 특정 질환으로 고통받는 환자에 대한 정보를 얻기 위해 노력한다. 생의학 모형에서는 실험실, 임상 기술 모두 질병을 식별하고 치료하는 데에 필요한 자료를 생성하는 반면, 인문주의적, 인본적 의학에서는 인격으로서의 환자에 대한 정보 또한 질환을 성공적으로 치료하고 그와 관련된 고통을 완화하는 데에 필요하다.[15]

카셀에 따르면, "아픈 사람에 대한 세 종류의 정보(경험적 사실, 윤리, 미학)가 의사의 업무에 필요하다."(Cassell, 1991, p. 178) 환자 질병에 대한 경험적 사실이 의학적 처치에 필요한 반면, 환자의 회복을 이끌어내는 데에 사실만으로는 불충분하다. 환자의 윤리적 가치와 미적 감각 모

---

15   추가적인 논의를 위해 카셀을 보라(Cassell, 1991, p. 23).

두가 환자의 질환을 이해하고 치료하며 그에 관련된 고통을 완화하는 데 필요하다. 의사가 이들 가치와 감각에 대해 알게 되었을 때에만, 그는 환자를 진실로 돌볼 수 있을 것이고 치료의 여정에서 환자를 도울 수 있을 것이다. 카셀에게 있어 "얻어지고, 평가되고, 이용되어 가치 및 감각 평가에 쓰이는 환자 정보에는 느낌, 신체 감각, 영적(초월적)인 것까지도 포함된다."(2004, p. 226) 이 정보는 객관적인 임상적 자료와 관찰로부터 생략될 수 없으며, 이 아픈 사람을 회복시키는 데 필요한 바로 그것이다. 이런 정보는 주관적 사고로부터 얻을 수 있다.

과학은 주관적, 인격적 사고나 지식을 꺼렸으며 이는 유일한 참된 지식이라고 여겨졌던 보편적, 객관적 지식을 왜곡한다고 생각했기 때문이다. 그러나 마이클 폴라니 Michael Polanyi 에 따르면 이런 보편적, 객관적 지식 또한 개인적이다(1962). 왜냐하면 그 습득과 정당화가 우리 자신의 고유한 관점, 즉 우리의 직관, 가치, 미적 감각 등에 기반을 두어 이루어지기 때문이다. 폴라니의 개인적 지식 개념은 그가 지성의 "암묵적 요소"라고 부른 것에 의존하며, 이런 요소 논리 이전의 앎의 양상으로 꼭 표현할 수 있는 것은 아니다. 이 요소를 통해 지식의 습득이 이뤄질 뿐만 아니라 인식 주체에게 있어 그 의미를 결정하는 수단이 되기도 한다.

객관적 지식은 세계를 이해하는 이야기의 일부일 뿐이며, 나머지 부분은 그 정보가 특정 인식 주체에게 무엇을 의미하는지로 이뤄진다. 폴라니는 사실/가치의 이분법을 거부하고 최근의 정서 지능의 발전에 필수적인 발판을 제공하였다(Tauber, 2008). 그의 개인적 지식은 다른 인식론적 기획들, 특히 인문주의적, 인본적 의학의 방법을 만들어 냈다. 이 기획들 중 두 가지(포스와 토버가 수행한)를 아래에서 간단히 논의하고, 이어 인격적, 주관적 지식의 구성요소(직관, 가치, 덕)를 추가적으로 고찰한다. 다음, 서사적 사고에 대해 논의한다.

로렌스 포스는 "정보의학 infomedical " 모형을 제안하였다(Foss, 2002). 여기에서 그는 정보, 특히 신경정신학적 정보를 의학적 행위에 통합하려 했다. 그의 주요 논제는 신체와 정신으로서의 자아가 의학적 실천에서 하나로 재통합되어야만 한다는 것이다. 그는 정보의학 모형을 사용하여 "자기 참조 self-referentiality 의 전체론적 과학"에 대해 논한다(Foss, 2002, p. 70). 물질을 연장 사물 res extensa 로 보고 인과를 엄격하게 상향적인 것으로 보는 대신, 그는 물질을 자능 自能 사물 res autopoietica 로, 인과를 상호 상향-하향하는 것으로 보아야 한다고 주장하였다. 정보의학 모형에 따르면, 정신과 신체는 정보로 연결되어 있다. 이 모형을 임상에 적용하기 위해서는 "상호 기호적 변환 intersemiotic transduction "에 기초한 정신-신체 사전이 필요하다. 여기에서는 예를 들면 정보가 정신(송신자)에서 보내져 신경체액 neurohumors (경로)을 통해 면역 세포(수신자)로 전달된다. 따라서 정신(의식, 무의식 모두)은 환자의 건강에 영향을 줄 수 있다.

포스는 또한 유기체의 기관들 사이에서, 그리고 유기체와 환경 간에서 이뤄지는 정보 전달의 기작을 제안한다. 그는 물질에 의식의 특성을 불어넣어 열역학 제2 법칙을 정신열역학 제2 법칙으로 재공식화하며, 이것은 "보편적 동역학은 생기적이며 자능적이다"라는 법칙이다(Foss, 2002, p. 233). 마지막으로, 포스는 객관성을 주관적 객관성으로 전환한다. "객체는 **주체**이고, 환자는 행위자이며, 각각은 제한된 자율성을 가진다."(Foss, 2002, p. 242)

포스는 생물학의 관계적 모형을 통해 의학에 인간화의 혁명을 일으키려고 시도한다. 여기에서 생물학의 관계적 모형이란 신체 각부에 관한 부가적인 정보는 유기체 내 각부의 맥락과 그 환경적 맥락에서 결정된다는 것이다. 이 정보로 유기체는 질병과 같은 외부의 도전에 반응하여 자신을 개선한다. 포스의 정보의학적 전략은 "전체로서 유기체는 유념적 mindful 자기 조절 행동을 보인다"라는 것이다(Foss, 2002, p. 269). 따라서, 인본적 의료인에게 주관적 지식(환자가 질환 경험을 어떻게 해석하고 그에 의미를 부여하는가)은 환자가 질환과 그 치료에 어떻게 반응하는지에 영향을 미친다.

토버는 인식 주체를 통해 앎의 객관적, 주관적 방식을 결합하는 의학적 앎의 모형을 제안한다. 그의 제안은 19세기에 실증주의의 대두 앞에서 지식의 객관화를 수정하려고 했던 헨리 데이빗 소로 Henry David Thoreau 의 시도에 대한 연구에 기반을 둔다. 토버에 따르면 "근본적 객관화는 비거주非居住의 관점이기에 인간을 그림 밖으로 내몰고, 여기에서 파생된 무관점은 무유의성, 무의미, 무규칙, 궁극적으로 무자아로 이어진다."(Tauber, 2001, p. 21) 객관화로의 모험에서, 인식 주체로서의 자아 또는 주관성은 앎을 이끄는 윤리성과 가치의 중요성과 함께 버려진다. 이것은 현대 의학에 큰 영향을 미쳤으며, 공감성을 냉정함으로 바꾸는 역할을 수행하였다. 토버에게 있어서 "현대 의학의 다양한 인식론적 실타래를 붙드는 접착제는 **개인적** 윤리성이다."(Tauber, 2005, p. 10) 다시 말하면, 그가 찾는 것은 실증주의가 조각조각 찢어버린 사실과 가치의 재결합이다.

토버는 그의 제안을 "윤리적 인식론"(윤리적이라 함은 임상적 평가와 돌봄이 가치 내재적임에 기인하며, 인식론이라 함은 의학이 지식의 형태로 표현되고 사용되기 때문이다)이라고 부른다(Tauber, 2005, p. 9). 사실은 항상 가치의 맥락 안에서 주어시며, 따라서 해석의 산물이다. 가치는 앎에 영향을 미치고 그를 인도한다. 실증주의적 대상화에서 사실을 구출하기 위해, 토버는 환자와 의학 전문직의 가치가 통합되는 공간을 연다. 그렇다면 의학의 윤리적 명령은 환자의 객관적인 임상적 사실에 위치를 부여하기 위해 환자의 주관적 가치를 식별하는 것이다. 의사는 윤리적으로 더 자기 반영적이 되어야 하며 이 윤리적 반영성을 의학의 기술적 요구에 통합시켜야만 한다. 토버는 그 목적을 위해 몇 가지 제안을 하며, 여기에는 의무기록에 윤리 부분을 추가할 것 등이 있다. 이런 주관적인 도덕적, 윤리적 앎은 객관적, 과학적 지식을 보완하여 환자에 대해 더 포괄적인 그림을 그려낼 수 있을 것이다.

직관

비록 의학적 실천에 있어 논리가 중요하다는 가정 등 생의학 모형의 인식론적 특징 다수를 인문주의적, 인본적 모형이 공유하지만, 그들은 인문주의적 의료인의 직관에도 일부 의지한다. 어바인 페이지 Irvine Page 에 따르면 "의학에서 직관은 핵심이다."(1978, p. 218) 그것은 "좋은" 의사의 핵심적인 기술이다.[16] 직관은 건전한 의학적 판단과 행위에 있어 반드시 장애물이 되는 것은 아니다. 생의학 모형의 인식론적, 경험적 테두리에서 신중하게 사용되고 제약된다면, 그것은 실험실 검사 결과와 같은 양화 자료를 넘어 환자의 질환에 대한 정보를 의사가 평가할 수 있게 한다. 의사가 직관적, 무의식적 능력을 사용하여

---

16   또한, 페이지는 기초 연구가 의학적 행위의 필수불가결한 요소임을 인정했다 (1978).

얻은 이 정보는 단지 객관적이거나 정량적인 것이 아니라 인간적이다. 그런 정보 뒤에는 "타자"의 얼굴이 있다(Tauber, 1999). 이런 정보는 인간적 의술을 수행하는 데에 있어 중요하다.

직관이란 무엇인가? 윌리엄 데이비슨 William Davidson 은 두 가지 정의를 제시하였다. 첫 번째는 어원적 정의이다. "눈에 제시된 대로의 사물에 관한 이해 또는 통찰."(Davidson, 1882, p. 304) 이것은 라틴 어원에 기초한 문자적 의미이다. 두 번째는 본질에 대한 철학적 접근이다. "관찰된 외부 객체에 대한 **직접** 인식."(Davidson, 1882, p. 305) 직관은 세계 속 대상뿐만 아니라 윤리적 질과 인지적 원칙에도 적용된다. 게다가 본성상 독립적 또는 시간적인 즉각성의 기준에 더하여, 직관의 두 가지 다른 기준으로 보편성과 불가항성 irresistible 이 있다. 직관은 "**예외를 허락하지 않는다**"라는 면에서 보편적이다. 한편, 불가항성은 끌림의 힘을 가리킨다(Davidson, 1882, p. 308).

현대 철학에서 직관은 정신으로 사물, 현상, 결정, 문제의 해결책을 즉시 이해하는 것을 말하며 어떤 의식, 인지 과정도 끼어들지 않는 상태를 가리키는 앎의 방식이다.[17] 트리샤 그린헐 Trisha Greenhalgh 은 "신속성, 무의식적 과정, 맥락 민감성, 실천성, 세부에 대한 선택적 주의, 원인-효과 논리로 환원될 수 없음, (…) 소여의 여러 복합적인 조각에 대한 지시, 통합, 이해"와 같은 직관의 여러 특징을 나열하였다(2002, p. 396). 직관은 의사의 경험이 늘어가면서 성숙해지는 암묵적인 과정이다. 그것은 또한 연역 논리에서의 추론 규칙과 같은 알고리즘이나 작

---

17 이미 기록한 바와 같이, 직관은 또한 선험적 지식을 제공하는 것으로 여겨진다. 이런 지식은 무모순율과 같이 자명한 것으로 간주된다.

동 규칙의 집합으로의 단순 환원을 거부하는 매우 창의적인 과정이다. 마지막으로, 직관은 예감에 관한 정신적 습관이다.

역사적으로, 직관은 종종 앎의 방식으로 이성과 서로 경합하여 비교되어 왔다. 이성이나 반성은 조정된 활동이다(Davidson, 1882). 예를 들자면 삼단 논법의 결론은 대전제의 탐구를 통해서 얻어지는 것이 아니라, 중간항의 조정을 통해 즉시 얻어진다. 반면 직관은 이런 과정을 통해 조정될 수 없다. 게다가 이성은 앎에 있어 직관보다 훨씬 상급의 방식으로 간주되어 왔다. 데이비슨에 따르면, "직관 단독으로는 단지 '불명료하고 흐릿한 의식'만을 전달한다. '명석하고 판명한' 의식을 위해서는 반성이 필요하다."(Davidson, 1882, p. 309)[18]

그러나 미란다 프리커 Miranda Fricker 는 그런 대조가 이성에 대한 "빈약한" 개념에 기초하고 있으며, 여기에서의 이성은 기준이나 규칙의 집합에 근거를 두고 있다고 주장하였다(1995). 그녀는 사고 과정에 직관을 포함시킨 "풍성한" 이성 개념을 주장하였다. 패러다임 변화의 설명에서 쿤이 직관을 사용한 것에 기반을 두어, 프리커는 직관을 "비추론적이며, 잠재 의식적인 가설 형성의 방식"이라고 정의하였다. "직관은 이성적 탐구에 있어 결정적인 역할을 하는 의식하 수준 sub-personal level 의 인지 작용을 구성한다. 직관적인 방식을 통해 과거의 빛은 새로운 문제의 해답을 제시한다."(1995, p. 184) 다시 말해, 직관은 문제의 가능한 해결책(가설)을 형성하는 데에 필요한 사고 과정의 기술이라는 것이다. 그렇다면 해결책이나 가설은 임의적이 아닌 선택적인 방식으

---

18   데이비슨은 전반적인 사고 과정의 측면에서 인지, 기억, 상상과 같은 공통의 특질을 직관과 사고가 공유한다는 점을 인정했다(Davidson, 1882).

로 생성되므로, 직관은 이성적인 것이 된다. 게다가 그것은 인지적인 결론의 수용성을 결정하는 데에 종종 연관된다. 결론적으로, 프리커의 "풍성한" 이성 개념은 직관과 "빈약한" 이성 사이의 상호적 관계를 포함하고 있으며, 특히 가설의 형성과 그 수용과 관련되어서 적용될 수 있다.

그린헐에 따르면, 의사 대부분은 임상적 사고와 실천에 있어 직관의 중요성을 인정한다. 그녀는 자신의 진료에서 직관의 사용을 묘사하고 있다. 복통이 주소인 남성 노인 환자를 검진한 그녀는 특이한 임상 증상을 발견하지 못했다. 그런데도 그린헐은 "그날 밤 집에 가서 남편에게 오늘 만난 남성이 곧 사망할 것 같다고 이야기했다."(Greenhalgh, 2002, p. 395) 그 남성은 교액 장염전증 strangulated volvulus 으로 4일 후 사망했다. 그녀는 자신의 예감을 직관으로 해석했다. 그린헐은 "그가 곧 사망할 것이라고 예측했을 때, 나는 나를 가설로 이끈 매개를 인식하지 못했다. 그러나 내가 결과를 듣고 그의 정상적인 소견에 대한 보고를 찾았을 때, 퍼즐의 조각이 우리 모두에게 계시되었다"라고 결론지었다(Greenhalgh, 2002, p. 399). 다른 의사도 직관의 중요성을 지적한 바 있다. 예를 들면, 토버는 "의과학은 자주 직관에 의해 인도된다"라고 적었다(Tauber, 1999, p. 7).

가치

20세기 전반부에 논리 실증주의자들은 과학적 지식의 객관성을 담보하기 위해서 자연과학은 가치중립적인 기획이 되어야 한다고 주장하였다. 그러나 20세기 후반부, 특히 과학철학의 역사기술학 historiography 혁명이 일어난 후, 가치는 과학적 기획에 있어 중요한 요소로 떠올랐다. 예를 들면, 쿤은 과학적 지식의 정당화에 있어 정확성, 일관성, 유익함, 시야, 단순성과 같은 객관적인 기준의 전환이 필요하다고 주장하였다(Kuhn, 1977). 비슷한 외연을 지닌 주관적인 가치들, 과학적 지식의 정당화에 영향을 미치지만 그를 결정하지는 않는 가치들로 전환해야 한다는 것이다. 이 경우 정당화는 "합리적인 사람이 동의하지 않을 수 있는 어떤 결정 과정을 필요로 하며, 이런 의견 차이는 철학자들이 크게 추구해온 공유 알고리즘[객관적 기준]에 의해 금지될 수 있다."(Kuhn, 1977, p. 332)

쿤 이후, 과학은 가치적재적 기획으로, 지식은 가치 의존적인 것으로 여겨지고 있다. 예를 들면, 로버트 프록터 Robert Proctor 는 과학적 지식은 중립적이지 않으며 오히려 정치적, 사회적 가치에 따라 움직인다는 의견을 주창하였다(1991). 다시 말하지만, 토버는 과학에서의 사실/가치의 분리는 허울일 뿐이며 과학은 인식론적 기능을 수행하는 가치에 물들어 있다고 주장하였다(Tauber, 2007). 인문주의적 의료인 또한 의학적 지식과 행위에서 가치의 중요성을 인정한다. 사실 카셀은 "가치중립적 의학은 용어적 모순이다"라고 주장한다(Cassell, 1991, p. 185).

그러나 가치란 무엇이며 그것은 인식론적으로 어떻게 사용되는가? 가치의 개념은 쉽게 정의할 수 없고 철학적인 저술에서 그 정의에 대한 접근은 다양하게 나타난다. 가치는 또한 다양한 방식으로 활용되어 왔다. 예를 들면, 토버는 네이더 Najder 의 분석에 기반하여 가치의 세 가지 사용을 분간하였다(Tauber, 2005). 수량적 가치는 대상의 가치를 의미한다. 속성적 가치는 대상에 가치를 부여하는 것을 의미한다. 가치론적 가치는 가치를 부여하기 위해서 사용한 원칙을 의미한다. 가치의 가치론적 사용은 11장에서 검토할 것이며, 이 절의 나머지에

선 과학과 의학 지식의 정당화뿐만 아니라 그 습득에 있어 가치의 활용에 관해 탐구할 것이다. 마지막으로, 윌리엄 스템시는 특히 의학에서 가치와 개인적 선호 사이의 차이에 대해 경고하였다. "개인적 선호는 건강과 질병의 가치에 대한 우리의 개념에 있어 중요한 역할을 한다. 그러나 나는 그에 대한 선호를 지녔는지 아닌지와 상관없이 모든 사람이 가치로 인식해야 하는 다른 객관적인 가치들이 있다고 주장할 것이다."(Stempsey, 2000, p. 42)

어난 맥멀린Ernan McMullin은 과학에서 가치의 사용을 두 범주, 인식론적인 것과 비인식론적인 것으로 나누었다(1982).[19] 인식론적 가치는 과학적 주장의 진실성을 높이기 위해서 사용되는 것이다. 이 가치는 과학적 이론과 자연 세계 사이의 "일치"를 평가하는 데에 중요하며, 여기에는 외부적 일관성, 생산력, 내부적 정합성, 예측의 정확성, 단순성, 통합적 능력과 같은 것들이 포함되어 있다. 비인식론적 가치는 인식론적 가치가 실험적으로 동등한 이론들 간의 구분에 실패한 경우에 사용될 수 있는 가치이다. 이 가치는 이론의 "인식론적 상태"를 증진시키지는 않으나 특정 문화적, 사회적, 정치적, 종교적 믿음을 반영한다. 비록 이들 가치가 연구 공동체 내에서 단기간에 영향력을 미칠 수는 있더라도, 점차 인식론적 고려들로 대체되어 가게 된다. 예를 들면, 19, 20세기의 진화 과학의 발전에 대한 연구에서 마이클 루스Michael Ruse는 그 실천에서 비인식론적 가치에서 인식론적 가치로의

---

19 또한 맥멀린은 가치의 두 가지 추가적인 "구성", 진실성과 윤리성에 대해 짧게 논의하였다(1982). 그러나 이론 선택에 있어서 그들의 직접적 중요성은 기각하였다. 라우단 또한 윤리적, 도덕적 가치에 대해서는 중요하게 생각하지 않았지만 "합리성의 형성에 있어서 인지적 가치의 역할"을 다루었다(Laudan, 1984, p. xii).

전환을 입증하였다(1999).[20]

가치를 인식론적, 비인식론적으로 분류하는 것에 더하여, 가치는 과학적 지식 및 다른 지식을 추구한다는 면에서 사실적인 것과 윤리적인 것으로 나뉠 수 있다(McMullin, 1982). 사실적 가치는 단지 과학적 이론의 세계에 대한 절대적 일치에만 국한되는 것이 아니라 추가적 증거를 고려할 때 과학적 이론의 수정 가능성에도 관련된다. 윤리적 가치는 전문가 공동체와 그 도덕적 기능의 적절성에 있어 중요하다. 예를 들어, 과학자들과 신학자들은 사실을 알고자 함과 그것을 보증하는 윤리적 가치를 따르는 것에 대한 진실한 욕망을 공유하고 있다. 실례로, 정직은 사실만을 말하는 것뿐만 아니라 거짓을 말하는 것을 피하려는 기질이다. 게다가 정직은 성격의 강직함 및 신뢰성과 관련된다.[21] 이 가치들은 학문 분야 대부분에서 지식의 습득에 있어 필수 불가결하다. 과학이 다른 분야들에 비해 더 객관적인 것으로 묘사되어 왔지만, 포스트모던 연구들이 과장을 수축시켰다.

의학에서 인식론적, 비인식론적, 사실적, 윤리적 역할을 하는 가치는 의학적 지식의 습득과 정당화에서 기능하며, 특히 인문주의적, 인본적 의료인에 있어 더 그렇다. 예를 들어, 카셀은 환자의 "개인적 지식"을 얻기 위해 환자의 가치를 알 필요가 있다고 주장했다(Cassell, 1991, p. 172). 이때 가치는 환자에게 적절한 치료를 하는 데에 필요한 환자의 총체적인 그림을 획득하는 데에 있어 핵심적인 역할을 한다. "의

20　루스는 또한 가장 확고한 과학에서조차도 비인식론적 가치는 여전히 은유로 작동할 수 있다고 주장하였다(1999).

21　덕과 인식론의 관계에 대한 논의로 재그잽스키를 참조하라(Zagaebski, 1996).

과학을 특정 환자에게 적용하는 것은 신체의 객관적 사실에 대한 사고만큼 가치에 대해서도 사고할 것을 명령한다."(Cassell, 1991, p. 107) 더불어, 가치는 건강과 질병의 본질을 명확히 하는 데에 있어서도 핵심적인 역할을 한다.

카셀은 의학적 지식과 행위에 필요한 가치의 다섯 가지 원천을 구분하였다(Cassell, 1991). 여기에는 사회가 건강과 질병에 둔 가치, 일반적인 의학적 돌봄의 목표, 의사의 개인적, 전문가적 가치, 각 사람의 개인적 가치, 복합적 단일체 또는 전체로써 체계의 작동을 뒷받침하는 가치가 있다. 카셀에 따르면 "따라서 가치는 과학적 사실처럼 아픈 사람에 대한 의사의 앎에 있어서 필수적이다."(Cassell, 1991, p. 184)

토버 또한 의학적 지식과 실천에 있어 가치의 중요성을 주장했다. "가치는 모든 사실을 체계화한다. 따라서 환자 돌봄을 최적화하는 가치 기반 선택에 좌우되는 규칙들에 의해 결정된 바에 따라 정리되고, 조직되고, 우선순위가 매겨지고, 행위될 때에만 사실은 의미와 유의성을 지닌다."(Tauber, 2005, p. 240) 사실과 가치의 전통적인 구분은 그른 이분법이며 토버는 도덕적(가치) 인식론(사실)으로 사실과 가치의 구분을 무너뜨릴 것을 제안한다.

도덕적 인식론을 뒷받침하기 위해 토버는 실증주의적, 비실증주의적 분류로 가치를 나눈다(Tauber, 2005). 실증주의적 가치는 과학적 앎과 같이 객관적, 중립적이며, 의학적 앎을 과학적 앎으로 보증한다. 의학적 지식에 가치를 결합하는 것이 이득을 가져오지만, 생의학 모형에서처럼 지식의 배타적 사용은 의학적 행위에서 인간적 차원을 빼앗는다. 이 인간적 차원은 비실증주의적 가치를 필요로 한다. 이 가치는 주관적이며 환자 및 보건의료인의 개인적 목표를 반영하고 있다.

다시 말하면, 실증주의적 가치는 환자에 대한 의사의 지식에 있어 필요조건이지만 충분조건은 아니다. "현대 의학의 다양한 인식론적 선을 모아 연결하는 것은 **개인의** 도덕적 특성이다."(Tauber, 2005, p. 19) 이 비실증주의적 가치에 기반을 두는 의학의 도덕적 차원은 의학을 응당 그래야만 하는 인간적 실천으로 변화시킨다.

덕

최근 지식의 습득과 정당화에 있어서 덕의 역할이 철학에서 두드러지고 있으며, 이에 대한 하위 분야를 "덕 인식론 virtue epistemology"이라고 부른다. 린다 재그잽스키 Linda Zagzebski 와 애브롤 페어웨더 Abrol Fairweather 에 따르면 "'덕 인식론'이라는 이름은 믿음이나 명제의 특성보다는 개인의 특성에 대한 인식론적 평가에 초점을 맞추는 최근 이론의 집합을 가리키기 위해서 사용되고 있다."(2001, p. 3) 덕 인식론은 덕윤리에 기초하고 있으며, 덕윤리에서 개인의 행동은 행동 자체보다 개인의 규범적 특성에 의해 분석된다. 비슷한 방식으로, 덕 인식론자들은 지식 자체보다 인격의 규범적 특성에 더 관심이 있다. 위에 적은 바와 같이, 전통적인 객관적 인식론은 지식을 생산하는 데에 사용된 증거나 방법에 대한 지식의 생산과 정당화에 초점을 둔 반면, 덕 인식론은 인식론적 행위자의 지적 덕목에 초점을 맞춘다.

지적 덕목은 두 유형으로 나뉜다(Greco, 2000). 첫째는 신뢰할 만한, 또는 적절한 인지 능력 또는 기능으로, 여기에는 시각, 기억, 직관, 추론적 사고, 내성과 같이 지식을 얻고 보증하는 데에 필요한 감각들이 포함된다. 이 종류의 덕 인식론을 "신뢰성 덕 인식론"이라고 부르며, 이는 정당한 참된 믿음으로써 지식이 인지 능력과 과정의 신뢰성에 기초하기 때문이다(Sosa, 1991; Greco, 2002). 지적 덕목의 두 번째 유형은 인식론적 행위자의 덕과 관련된 정직, 열린 마음, 겸손, 공평, 호기심, 끈질김, 성실과 같은 특징에 수반한다. 이 유형의 덕 인식론은 "책임성 덕 인식론"이라고 불리며, 이는 지식이 인식론적 행위자의 책임 있고 양심적인 행위에 기반하기 때문이다(Zagzebski, 1996; Roberts and Wood, 2007).

비록 덕 인식론이 현대 의학 인식론에서 완전히 활용되고 있지는 못하지만, 의사의 덕이 신뢰할 만한지, 믿을 만한지 아닌지는 임상적 행위에서 의학적 지식의 획득과 실증 모두에 있어 중요하다. 의사의 인지 기능과 능력이 적절히 작용해야만 할 뿐만 아니라, 그의 기질이 정확한 진단과 적절한 치료 방법을 보증하는 데에 있어 충분히 믿을 만 해야 한다. 예를 들면, 의사는 임상 자료와 관찰을 평가하는 데에 있어서 정직해야만 하고 그 해석을 왜곡할 수 있는 편향과 편견에 휩싸여선 안 된다.

서사적 사고

린다 헌트 Linda Hunt 와 쉐릴 매팅리 Cheryl Mattingly 에 따르면 "생의학적 사고는 현미경 차원의 사건과 추상적 원칙에 묶인 영역을 설명하는 데에는 충분할 수 있다. 그러나 원칙들을 물리적, 현상학적, 사회적 삶의 실제 세계의 자유로운 우주에 적용하는 데에는 다른 종류의 사고가 필요하다."(1998, p. 270) 생의학적 사고에 대한 더 나은 대안적 형태의 사고 중 하나는 서사적 사고이다. 객관적 사실 및 객관적, 생의학적 사고와 관련된 논리적 분석과는 대조적으로, 인문주의적, 인본적 모형은 환자의 질환 경험에 대한 서사를 의학적 실천에 결합하기 위해 주관적, 개인적 사고를 활용한다.

바바라 쉘 Barbara Schell 에게 있어 서사적 사고는 "이야기 형태의 사고와 관련되어 있다."(2003, p. 136) 이 형태의 사고는 인본적 의료인에게 환자의 삶을 붕괴시키는 질환에 대한 개인적인 정보에 접근하도록 한다. 그 주요 기능은 환자의 생활세계에 질환이 끌어들인 혼란과 걱정을 이해하는 것이다. 논리적인 생의학적 사고가 의학적 진술의 참 및 논증의 타당성, 건전성과 관련되어 있다면, 서사적 사고는 환자의 질환 이야기의 의미 및 유의성과 관련되어 있다. 서사의학 의료인은 환자의 질환 경험을 질문하는 반면, 생의학적 의료인은 질병 자체의 본질에 관해 질문한다.

캐서린 몽고메리 Kathryn Montgomery 또한 의학적 행위가 서사적 사고에 근거를 두어야 한다는 견해를 유지한다. "의사들은 과학 또는 가설 연역, 그리고 실용 또는 해석 및 서사 모두를 활용해야 하나, 그들을 의료인으로 만드는 것은 해석 및 서사이다."(2006, p. 45) 서사적 사고는 증례 기반 추론이며 환자의 질환 경험에 대한 해석과 관계지어진다. 서사적 사고는 추론 규칙 집합으로 환원할 수 없으며, 환자의 이야기를 해석하기 위한 해석학적 원칙을 필요로 한다. 일화적인 지식을 비난하기보다는, 서사적 사고는 그에 의거하여 최선의 임상적 판단과 결정을 내리려고 한다.

몽고메리에 따르면 서사적 사고는 퍼스 Peirce 의 귀추 abduction 와 유사하다(2006). 의료인은 그들 앞의 특정 환자에서 시작, 현재 증상에 기반하여 기초적인 증거를 모으고, 이들을 환자의 질환 경험에 대한 서사에 기초를 두고 해석한다. 의료인은 이어 환자의 이야기에 기초한 추가적인 증거를 모아, 환자의 질환의 원인을 명확히 한다. 이 과정은 "순환적, 해석적 과정"으로 의료인이 모으는 정보는 구별된 추상적 사실의 집합이 아니라 오히려 환자와 의료인 모두의 편에서 뒤엉킨 서사를 연결한 사실들이다(Montgomery, 2006, p. 47).

매팅리는 의학에서 서사적 사고의 세 가지 특징을 구분한다(Mattingly, 1998). 첫 번째는 환자의 이야기를 움직이는 동기로, 환자의 행동 및 그 행동의 결과와 관련되어 있다. 매팅리에 따르면 "서사적 사고에서, 동기와 욕망의 '내적 세계'는 사건들의 유의한 기저 원인으로 여겨진다."(Mattingly, 1998, p. 284) 의학적 인과는 생의학적 통계 분석보다 서사적 사고에서 더 잘 전개될 수 있다고 몽고메리는 생각한다(Montgomery, 2006). 비록 의학이 인과의 측면에서 단순성을 이상으로 삼아 노력하지만, 의학의 실천은 병태생리학적인 것에 더하여 정신적, 문화적인 것이 인과에 포함된다는 것을 보여준다. 질환은 이런 다양한 수준에서 표현된다.

과학적 인과의 이상을 향한 노력은 임상적 인과의 참된 본질을 오도할 수 있다. 몽고메리는 말한다. "임상적 사고는 후향적이기 때문에, 선형적 원인 효과가 아닌 더 크고 느슨한 인과의 개념을 허용하는 방식으로 기술될 필요가 있다. 필요한 것은 시간과 우연을 수용할 수 있는 진술이다". 이어 몽고메리는 "서사는 정황 또는 (아마도) 진단에 도움이 안 되는 세부를 제공한다. 서사는 시간이 지나며 전개되는 우연적, 관련적, 증폭적 원인의 공간을 제공한다"라고 결론짓는다(Montgomery, 2006, p. 80). 생의학적 사실 앞 의학적 행위에 안전한 기초를 세우는 데 임상적 인과에 대한 통계적 접근법이 필요하지만, 서사는 인과의 잠재적 차원에 접근할 수 있도록 해준다.

서사적 사고의 다음 특징은 환자의 사회 세계의 구성과 연관되어 있다. 서사적 사고는 의사를 환자의 사회 세계로 들어갈 수 있도록 하여 환자의 생활세계에 질환이 가져온 충격을 더 잘 이해할 수 있도록 한다. 매팅리는 "서사는 행위들을 이해하기 위한 놀라운 수단이며, 이는 행위자의 관점에서 행위에 어떻게 책임이 있는지 보여주어 행위들을 이해할 수 있도록 해주기 때문이다."(Mattingly, 1998, p. 285) 이 관점은 의사에게 환자의 질환 경험에서 중요한 요소이며 환자의 온전한 회복을 위해 다루어져야 할 필요가 있는 환자의 실존적 염려를 다룰 수 있는 중요한 정보를 제공한다. 리타 샤론 Rita Charon 은 말한다. "질환의 손 안에 있는 환자가 견디는 것이 무엇인지, 그에 따라 필요한 임상적 도움이 무엇인지 알기 위해서는 상상 속에서만이라도 의사가 환자의 세계로 **들어가** 환자의 관점에서 세계를 보고 해석할 필요가 있다."(2006, p. 9) 이 유형의 앎을 통해 생의학적 의료인과 진짜 치료자가 구분된다(Davis-Floyd and St. John, 1998).

서사적 사고의 마지막 특성은 논리적, 생의학적 사고의 결정, 필연성이 아닌 가능성, 개연성과 관련된다는 점이다. 매팅리에 따르면 "서사는 세계를 그 복잡성 속에서 관조하고 그곳에서 자신의 길을 나아가는 방법을 해독해 낼 것을 요청한다. 따라서 서사는 놀라움, 우연적, 부수적, 변칙적 사건들 위에 세워진다."(Mattingly, 1998, p. 289) 서사적 사고는 삶의 긴급 상황에서 똑바로 나아가고 상황을 이해할 수 있도록 돕는다. 왜냐하면 서사는 실용성, 실천지 phronetic 에 기반을 두기 때문이다(Charon, 2006; Mattingly, 1998; Montgomery, 2006). 실용적 사고로서 서사적 사고는 선과 관련되며, 의학에서 선은 환자에게 가장 좋은 것이 무엇인지로 정의된다. 이러하다면 환자 돌봄은 "실용적 사고 또는 프로네시스 phronesis 를 필요로 한다. 이것은 아리스토텔레스가 유연성, 해석적 능력이라고 설명한 것으로 이 능력을 통해 도덕적 판단자 (아리스토텔레스는 그를 의사와 항해자에 비교하였다)는 상황에 의거한 지식에 따라 최선의 행동을 결정할 수 있다."(Montgomery, 2006, p. 5)

몽고메리는 다양한 경험칙에서부터 시작해 금언과 관련하여 서사적 사고 과정을 검토해 나간다(Montgomery, 2006). 그녀는 이런 비공식 규칙을 현대의 의학 공동체에서 주요한 공식 결정 과정 분석과 대비한다. 비록 이런 공식 결정 과정이 임상에 도움을 주지만, 그녀는 결정 과정들이 금언을 대신할 수는 없다는 점에 주의를 기울인다. 게다가 비공식적 규칙들 또는 금언들은 일반적으로 모순되는 쌍을 이루는 방식으로 표현된다. 예를 들면, 병력 청취에 있어 의사는 환자의 현재 증상에 대한 표현이 진단의 열쇠라는 금언과 환자의 증상에 대한 표현이 정확하거나 신뢰할 만한 것인지에 대해 경계해야 한다는 금언 사이에서 의사는 균형을 잡아야만 한다는 것이다. 모순된 금언들에 대한 신뢰는 과학에 대한 신뢰를 칭송하는 전문직에게 품위 없는 일로 보이지만, 몽고메리는 의학적 실천의 일반 본질이 금언에 의지하는 것을 요청한다고 주장한다. 이들 규칙은 "보편적 적용을 의미한 적이 없다. 규칙들은 특정 상황에서 확인된 것과 아주 유사한 상황들에서 기인하며 (유용하다고 증명된) 상황적 지혜이다."(Montgomery, 2006, pp. 117-118)

또한 몽고메리는 임상적 만남을 인도하는 금언과 임상적 사고와 판단에 관련한 임상적 마음가짐을 인도하는 금언을 검토한다(Montgomery, 2006). 이들 금언은 메타 규칙 또는 프로네시스적 금언으로, 더 넓은 해석적 차원에서 기능한다. 몽고메리에 따르면 가장 중요한 금언 중 한 가지는 "발굽 소리를 들었을 때, 얼룩말을 떠올리지 말라"라는 것이다. 이 금언은 "몇 가지의 진단명에 공통되는 현재 증상과 징후의 존재가 목록에서 가장 희귀한 질병을 가리킬 가능성은 거의 없다는 사실을 의료인에게 떠올리도록 한다."(Montgomery, 2006, p. 122) 그러나 의사는 또한 환자의 증상이 희귀 질병을 가리킬 수도 있다는 점을 명심해야만 한다. 또한 임상적 사고와 판단을 좌우하는 다른 금언들이 있다. 예를 들면, 의학의 목적의 측면에서 가능한 모든 것을 하라는 금언과 해를 끼치지 말라는 금언은 모순이다. 그녀는 임상적 사고에 대한 이 프로네시스적 접근에서 몇 가지 배울 점이 있음을 지적하고, 특히 선배에게 배우되 그들이 가르치는 것이 무엇인지 질문하라는 교훈을 강조한다.

요약

생의학 모형은 객관적, 과학적 사고와 추론의 패턴을 따른다. 이 모형은 논증의 논리적 타당성과 명제지의 참 또는 정확성을 다룬다. 대조적으로 인문주의적, 인본적 모형은 직관, 가치, 덕, 질환 이야기를 포함하는 주관적 방식의 사고와 추론의 패턴을 따른다. 이에 더하여 주관적 방식의 사고는 객관적 방식의 사고에서 잘 다루어지지 않는, 환자의 웰빙에 있어 중요한 문제들을 다룬다. 그 자체로 이런 주관적 방식의 사고는 생의학적 의료인에게 치료받을 때 환자가 느끼는 소외와 대상화의 문제들을 풀어 나갈 방법으로 옹호되고 있으며, 결국 돌봄의 질 위기를 해소할 수 있게 될 것이다.

마지막으로 헌트와 매팅리는 객관적 사고와 주관적 사고 또는 추론이 서로 대조적인 것이 아니라 상보적인 것임을 주장했다(Hunt and Mattingly, 1998). 다시 말해, 주관적 사고나 추론은 객관적 사고나 추론의 구체적인 사례를 제시한다는 것이다. 로너간이 더 큰 관점에서 객관성과 주관성의 관계 해소를 명시한 바와 같이, "성실한 객관성은 확실한 주관성의 열매이다."(Lonergan, 1979, p. 292)

제7장

임상적 판단과 결정

 의사들은 진단과 치료의 불확실성과 선택을 마주했을 때 필요한 판단과 결정을 어떻게 내리는가? 임상적 판단과 결정이 내려지는 알고리즘이나 규칙이 있는가? 확실한 것은 어떻게 의사가 사고하는지가 그가 내리는 판단과 결정의 유형에 영향을 미친다는 것이다. 임상가들이 더 합리적으로 의학적 판단과 결정을 내리려고 노력하기 시작했던 것은 18세기 후반에서 19세기 초반이었다(Engelhardt, 1979). 그들의 노력은 20세기에 결실을 맺었다.

 생의학적 의료인에게 있어 의학적 판단과 결정은 객관적이며 자연과학의 판단과 결정 과정을 따라 모형화되어 있다. 매팅리는 "임상적 사고가 과학적 사고의 응용이라는 가정은 모든 의학 영역에서 임상적 사고를 포함하는 거의 모든 연구와, 진료하는 보건의료인의 비공식적 인식의 기초를 이루고 있다"라고 주장하였다(Mattingly, 1998, p. 275). 인본주의적 임상가에게 있어 임상적 판단과 결정은 주관적 사고 과정을 반영하며, 여기에는 환자의 개인적 정보와 가치 및 환자의 질환 경험에 대한 서사가 포함된다.

비록 생의학적 의료인과 인문주의적, 인본적 의료인 사이에 뿌리 깊은 차이가 있으나, 임상적 판단과 결정 과정의 일반적 개요는 어느 정도 유사하다. 엥겔하르트가 "여행"이라고 부른 이 과정은 자료 수집과 관찰로 시작하여 가설 형성과 검정으로 이어지며, 환자의 질병 상태 및 가장 좋은 치료적 방법에 관한 판단과 결정이 의사와 환자 모두에 의해서 내려진다(Engelhardt, 1979). 생의학적 의료인과 인본적 의료인의 차이가 있다면 이전 장에서 상세하게 다룬 것과 같이 행동의 최선의 진로를 판단하고 결정하는 과정에서 논리나 직관의 역할일 것이다. 논쟁은 의사가 지침을 엄격하게 따라야만 하는지 또는 육감을 따라도 되는지를 중심 주제로 삼곤 한다. 그러나 몇몇 논평가가 적은 것처럼, 임상적 판단과 결정은 복잡한 개념이며 "그 풍성하고 충만한 감각은 윤리적, 도덕적 가치와 같은 가치들로 채워져 있다."(Engelhardt, 1979, p. xxii) 이 장에서는 종종 본성상 비공식적인 것으로 여겨지는 임상적 판단의 본질을 먼저 검토한 후, 일반적으로 공식적인 모형을 가지는 것으로 여겨지는 임상적 의사결정을 검토한다.

임상적 판단

판단하기 judging 와 판단 judgment 이 특히 인식론적 관점에서 의미하는 바는 무엇인가? 그리고 특히 임상적 또는 의학적 판단이란 무엇인가? 일반적으로 판단은 다음 절의 의사결정에서 논의될 행동 경로

를 식별하거나 결정하기 위해 증거, 자료, 관찰을 평가, 사정하는 것
이다. 버나드 로너간 Bernard Lonergan 에 따르면, 판단은 인식적 도식에
포개지며 성찰적 통찰에서 비롯하는 성찰적 질문에 대한 답변이다
(1992).

로너간의 인식적 도식에는 작동의 세 가지 층위가 있다. 첫 번째 층
위는 경험 재현의 층위이다. 이 층위는 경험 자료와 관찰, 즉 소여와
관계되어 있다. 다음 층위는 지성, 이해의 층위로 여기에서 자료와 관
찰의 이해 가능성에 대한 통찰을 얻는다. 이 층위는 사고와 추론과 관
련된 사건들을 포함하며, 이는 마지막 장에서 논의된다. 이 층위에서
개인은 사실, 즉 누가, 무엇을, 언제 등의 질문에 답변한다. 마지막 층
위는 자료와 관찰의 이해 가능성의 통찰에 대한 성찰이다. 이 층위에
서 성찰적 질문, 즉 "그것이 정말 그런가?"가 다뤄진다. 이 질문에 답
하기 위해서는 사실에 관한 질문의 참, 거짓에 대한 성찰적 통찰이 필
요하다. 로너간에 따르면 "판단은 재현에서 시작하여 이해로 진전되
어 궁극적으로 성찰에 닿아 확증이나 부정을 공식화하는 일련의 지속
되는 행위이다."(1992, p. 301)

성찰과 판단의 질문 사이에서 답을 도출하는 것은 성찰적 이해와
통찰이다. 이 성찰적 이해와 통찰은 "증거의 정돈과 검토"의 결과로,
"증거의 충분함"에 관한 파악에 도달하는 것이다. 로너간에게 있어
"성찰적 파악 없이 판단을 말하는 것은 단지 추측일 뿐이다."(1992, p.
304) 그러나 판단을 내릴 정도로 충분히 증거를 파악했다는 것을 어떻
게 아는가? 로너간은 몇 가지 가능성을 제안한다(Tekippe, 1996).

첫째는 답할 연관 질문이 더 없을 때이다. 이해에 대한 충분한 통찰
에 도달하면, 적절한 판단을 내리는 것에 대한 정당화가 가능하다. 이

것과 유사한 것이 인접 문제에 대해 전문적 지식을 얻는 일이다. 문제에 대해 계속 배워 나가면, 성찰을 통한 질문에 답할 수 있는 적절하고 충분한 증거들을 더 많이 알게 된다. 다음은 개인의 지적 호기심에 대한 만족이 있다. 사람은 본성상 앎에 대한 원칙적인 무제한적이고 순수한 욕구를 지니는 생물이다. 이런 욕구가 충분히 만족되면, 판단을 말하는 것이 일반적으로 보증된다. 마지막으로 사람은 판단을 정당화할 수 있을 정도로 증거가 충분하다는 것을 지혜롭게 결정할 수 있는 능력을 보일 수 있다(그렇지 않으면 능력에 문제가 있는 것이다).

로너간이 일반적 판단에 대해 정확하고 명확한 분석을 제시했음에도 불구하고, 엥겔하르트는 임상적 판단의 개념이 모호하다고 주장한다(Engelhardt, 1979). 임상적 판단은 1. 판단이나 식별을 해내거나 환자의 질병 상태에 대한 결론을 내리는 것, 또는 치료를 위해서 밟아야 할 단계를 결정하는 것에 관한 "능력" 또는 2. 그 능력의 "경험적 기원"을 지시한다는 것이다. 생의학적 의료인에게 있어 임상적 판단의 기원은 논리이며, 과학적 추론을 포함한다. 일반적으로 이런 판단을 내릴 수 있는 능력은 규칙과 알고리즘에 기반한다. 이것은 인문주의적 의료인에게는 해당되지 않는다. 엥겔하르트는 "의사는 실제 경험에 기반을 두어서만 적절한 판단을 내릴 수 있다. 생리학, 약리학, 병리학의 일반 원칙들, 또는 과거 임상적 판단의 재구성에 기반을 두어서만은 임상적 판단을 내릴 수 없음을 그는 알게 될 것이다."(Engelhardt, 1979, p. xii) 다시 말해 임상적 판단의 능력은 규칙이나 알고리즘으로 단순하게 환원할 수 없다는 것이다. 오히려 판단은 암묵적, 직관적 차원에 의존한다.

결과적으로 임상적 판단의 기원과 판단을 내릴 수 있는 능력에 대해서 생의학적 의료인과 인문주의적, 인본적 의료인 사이에는 분명한 경계가 존재한다. 한편에서 판단은 객관적 과학적 추론의 결과를 반영하는 반면, 다른 편에서는 직관적 추론의 주관적 결과를 반영한다. 이 절에서 임상적 판단을 객관과 주관의 이분법과 기술과 과학의 이분법의 면에서 검토하며, 암묵적 차원과 프로네시스, 서사적 사고의 역할 또한 살펴볼 것이다. 마지막으로 좋은 임상적 판단의 개념을 논하려 한다.

객관 또는 주관?

임상적 판단의 직관적 또는 주관적 차원에 대한 날카로운 분석에서, 폴 밀 Paul Meehl 은 임상적 예측에 있어 통계적, 보험계리적 actuarial 방법이 직관적, 임상적 방법을 능가함을 입증했다(1954). 통계적 방법은 임상적 자료를 모아 보험계리적 표를 만들어 환자가 어떤 치료에 가장 잘 반응하는지를 결정하는 과정을 포함한다. 임상적 방법은 이런 표를 사용하지 않고 진행한다. 밀은 "의료인은 공식이나 표 없이 민감한 작업자의 풍부한 경험을 재현할 수 있을 것이라는 견해를 품고 있다"라고 보았다(1954, p. 26).

그러나 경험적 자료에 대한 밀의 분석은 직관과 같은 "특별한 힘"이 임상에서 효과적으로 작용할 수 없다는 견해를 드러내고 있다. 통계적 분석을 통해서만 효과적이고 "임상적으로 유용한" 치료 방법을 정확히 결정할 수 있다. 밀에 따르면 "다양한 증례로 뒤죽박죽되어 자료가 섞이고 판단이 복잡해지면 당신이 사용하는 방법이 성공할지를 쉽게 말할 수는 없을 것이다."(1954, p. 136) 의료인 대부분은 밀의 평가를 주관적 임상 판단에 대한 치명타로 해석했고 이를 보험계리적 표와 다른 수학적 모형의 객관성으로 대체해야 한다는 명쾌한 요구로 여겼다(Baron, 1988; Katsikopoulos et al., 2007).[1]

밀의 비판에 대한 반응 및 에곤 브룬스윅 Egon Brunswick , 케네스 해먼드 Kenneth Hammond , 호프먼 P. J. Hoffman 등이 수행한 판단에 관한 연구는 임상적 판단을 모형화하려는 시도와 이런 모형의 타당성에 관한 경험적 검증을 포함하였다(Goldstein and Hogarth, 1997). 모형 대부분은 인간 판단 개념을 "중요성에 따라 가중치를 부여한 정보 조각들을 조합하는 문제"로 보는 관점에 입각한다(Doherty and Brehmer, 1997, p. 547). 정보와 증거의 가중과 결합을 설명하는 가장 단순한 모형은 선형 모형이다. 이 모형은 의료인의 진단적 판단을 설명하는 데에 있어 가장 잘 들어맞는다. 예를 들어, 루이스 골드버그 Lewis Goldberg 는 대조군 실험에서 환자의 정신증 및 신경증을 평가하는 데에 있어 연언적, 선언적, 지수적, 대수적 모형과 같은 다른 비선형적 모형과 비교하였을 때 선형 모형이 의료인의 판단에 대한 밀의 자료를 잘 설명하고 있음을 증명하였다(1971).

선형 모형을 그토록 강력하게 만드는 것은 환자의 증상 소통과 의료인이 진단적 판단에서 그 활용의 "대리적 vicarious " 본질을 포착하기 때문이다(Hammond, 1955).[2] 비록 선형 모형이 강력하지만, 이 모형은 매우 제한적이다. 광물학에서 용어를 가져와 해먼드는 이런 모형이

---

1   비록 밀이 주관적 임상 판단의 개념에 대해 분노를 표하긴 했으나, 그는 "모든 방법의 정신적 속임수에 취약함에도 불구하고 임상 전문가에 대한 믿음을 절대 포기하지 않았다."(Westen and Weinberger, 2005, p. 1269) 오히려 이런 임상적 판단은 임상적 지식의 생성에 있어서 제한적인 역할을 수행한다.

2   추가적 논의를 위해서는 브레머를 보라(Brehmer, 1994).

"다형 가상多形假像,paramorphic "이라고 주장하였다(Hammond, 1955). 호프면에 따르면 "판단의 수학적 기술은 필연적으로 불완전하며, 이는 판단에는 기술할 수 없는 다른 특성들이 존재하기 때문이다. 기저의 과정을 얼마나 완전하게, 또는 얼마나 정확하게 표현할 수 있는지는 알 수 없다."(Hoffman, 1960, p. 125) 그러나 선형 모형의 다형 가상적 본질은 모형이 "인간 판단을 기술하고, 예측하며, 이해하는 데에" 도움이 되므로 완전히 나쁜 것은 아니다(Doherty and Brehmer, 1997, p. 546).

의학적 행위에서 컴퓨터의 보조를 확인하기 위해 실시한 임상적 판단에 대한 모의실험에서 존 게디 John Gedye 는 환자와 의사 사이의 임상적 만남에 판단을 위치시켰다. 게디에 따르면 "임상적 만남은 임상적 판단이 행사되는 자리로, 일반적으로 의사의 최상의 민감함을 활용해야 한다고 받아들여지고 있으므로, 이런 활동을 공식화하려는 시도는 유연성이 없는 개념의 세계로 되돌아가는 것처럼 보일 수도 있다."(1979, p. 95) 그러나 그는 이런 유연성이 없는 개념이 환자의 구체적인 필요에 "적절"하다면 환자의 질환에 대한 명석한 평가를 내리기 위해 그런 개념을 필요로 할 수 있다는 점을 인정하였다.

또한, 게디는 임상적 판단이 "과장인식적 hypergnostic " 논증, 즉 임상 자료와 관찰을 "넘어서는" 범위에서 결론을 끌어오는 논증에 의거하고 있다고 주장하였다.[3] 이 과장인식적 도약의 근거는 두 증례가 공유하는 다양한 특성 사이의 유사성이다. "과장인식적 문제의 해결 가능성은 근접성의 적절 범주를 나타낸다는 의미에 따른 자료의 표현을

---

3   어난 맥멀린은 게디의 "과장인식적"이라는 용어가 과학철학 문헌에서 보통 "확충 추론"으로 지시된다는 점을 지적하였다(McMullin, 1979).

얻거나 찾는 데에 의존한다."(1979, p. 110) 그러나 게디는 모든 임상적 판단이 본성상 과장인식적인 것은 아니며 추가적 분석과 연구가 필요하다는 점을 경고하였다.

기예 또는 과학?

임상적 판단에 대한 논의는 판단의 기예 또는 과학에 대한 논쟁의 형태를 취하곤 한다. 엘리엇 소버 Eliot Sober 는 임상적 판단이 기예인지 과학인지를 놓고 벌어지는 논쟁을 비판하면서, 논쟁의 네 가지 이항 대립을 구분하고 이것이 허구라고 주장했다. 첫 번째 이분법은 임상적 판단을 기예로 보는 의료인이 지지하는 견해이다. "숙련된 의료인은 내재적으로 비논리적인 직관적 통찰을 얻을 수 있는 능력이 있다."(1979, p. 30) 소버는 이 주장을 거부하였으며, 근거로 임상적 판단은 다른 전문직 분야와 같은 비신비주의적인 문제 해결 능력을 수반함을 들었다. 다음 이분법은 능숙한 임상적 판단은 환자의 특유한 개인 정보를 고려해야 하며 질병 상태의 일반적인 특징만을 따져서는 안 된다는 견해이다. 또다시 소버는 이 입장도 거부하였다. 그는 환자의 독자성이 지나치게 강조되고 있으며 과학이 비록 독자성에서 추상화한 것이지만 구체적 세계를 전적으로 추상으로만 표현하고 있지 않다고 주장하였다.

세 번째 이분법은 임상적 판단의 기술은 환자의 정서적 상태를 고려해야 한다는 견해이다. 그러나 소버는 환자의 질환에 대한 중요한 정보의 원천으로서 정서가 인식적으로 기능할 수 있다는 의견을 주창했다. 마지막 이분법은 임상적 판단의 기예는 질을, 과학은 양을 다룬다고 구분하는 견해이다. 또다시 그는 이 이분법도 거부하였다. 소버에 따르면 "[임상적 판단에서 유래한] 추론은 순전히 질적인 개념만 사용하며, 최상으로 연마한 수학만큼 정밀할 수 있다."(1979, p. 36)

소버는 논리적, 정신적 특징으로 이루어진 임상적 판단의 정보적 접근법을 옹호하였다. 소버에게 있어 "임상적 판단은 정보 처리 체계 내에서 발생하는 것으로 이해되어야 하며, 이는 관찰된 환자의 특성과 일부 실험실 자료의 상세를 입력으로, 감별 진단을 출력으로 한다."(1979, p. 32) 그렇다면 임상적 판단은 기예와 과학 모두를 필요로 하는 기량이다.

알반 페인스타인 Alvan Feinstein 또한 임상적 판단의 기예와 과학의 이분법에 대한 온건주의적 입장을 표했다. 비록 임상적 판단을 과학적 합리성의 면에서 정의하려는 전통적 시도가 인간 관찰, 자료, 부수 결정의 복잡성 때문에 실패했지만, 페인스타인은 이 실패를 임상적 판단과 관련된 다양한 종류의 관찰과 인지 능력을 구분함으로써 극복하려고 했다. 페인스타인은 주장한다. "관찰 자료를 질병, 질환, 신체에 대한 서술로 나누고, 치료적 결정과 환경적 결정을 분리하여 분석하는 것을 통해 임상가는 임상적 판단의 요소들을 판별할 수 있다."(1967, p. 28)

페인스타인에 따르면 임상 자료의 기술적 차원은 질환, 신체, 환경적 결정의 서술에 수반하는 관찰로 귀속되어야 한다. 그러나 임상적 판단의 과학적 차원은 질병과 치료적 결정에 관한 관찰에 할당된다. 페인스타인은 "임상적 판단의 이 측면은 의료인의 정신, 그의 세련된 지성과 지식의 산물이다"라는 의견을 제시한다(1967, p. 29). 따라서 그는 의료인에게 임상적 판단에 과학적 방법론을 결합할 것을 권하고 있다. 페인스타인은 결론짓는다. "그러므로 임상의학은 다른 모든 인

간 활동처럼 기예와 과학의 나눌 수 없는 혼합물이다."(1967, p. 295)[4]

암묵적 차원

길버트 골드먼 Gilbert Goldman 은 임상적 판단의 암묵적 차원을 탄탄하게 변호한 바 있다. 이를 위해 골드먼은 임상적 판단을 "임상가가 자료를 수집하고 해석하는 모든 단계에서 이루어지는 정신적 과정, 문제를 언표로 공식화하고, 진단 가설을 입증 및 반박하는 것, 가능한 진단과 치료 선택지, 검사, 개입을 고려, 계획, 시행하는 것, 가망성과 결과를 평가하는 것"으로 정의하였다(1990, p. 48). 골드먼에 따르면 임상적 판단에 대한 지배적 견해는 규칙, 공식적 모형, 컴퓨터 모의실험으로 환원될 수 있는 명백한 형태의 지식에만 배타적으로 기반하고 있다. 그러나 그는 이 관점이 실패했다고 주장한다(Goldman, 1991). 그 이유는 임상적 판단에 암묵적 차원이 있기 때문이다. 이 차원은 "의식이 자각하지 못하는 내재적, 보조적 수준에서 취해지고 사용되는 지식"으로 구성되어 있다(Goldman, 1990, p. 50).

골드먼은 임상적 판단의 암묵적 차원의 예로 봉합을 할 때 얼마만큼의 힘을 가할지 정확히 알고 있는 외과 의사를 들었다. 임상적 판단의 암묵적 차원은 본성상 물리적(외과 의사의 예에서처럼) 또는 인지적·정신적(임상적 판단에서처럼) 기술을 포함한다. 중요한 점은 암묵적 차원은 명시적 차원을 보충하며, 이는 "지식적 앎 knowing what "의 명시적 차원에 정초한 "실천적 앎 knowing how "을 재현한다(Goldman, 1990). 골드먼에

---

4   25년 뒤의 회고 논문에서, 페인스타인은 환자 돌봄 연구가 진보하였으며, 또한 임상적 결정 과정을 발전시킬 수 있는 공간이 충분히 남아 있음을 시인하였다(1994).

따르면, 암묵적 차원은 "행동의 명시적 규칙을 보충하는 일과적인 것들로, [의사에게] 언제, 어떤 경우에 어느 정보를 사용할지 알려주는 규칙이다."(1990, p. 53)

마이클 스크리븐 Michael Scriven 은 임상적 판단의 암묵적 또는 함축적 사고의 중요성을 알고 있었으나, 그는 그런 판단은 단순히 암묵적 지식의 문제가 아니라고 주장했다(1979). 같은 방식으로 규칙이나 알고리즘의 면에서 논리적 사고 또한 중요하다. 그러나 임상적 판단은 논리적 사고로 환원될 수 없다. 스크리븐에 따르면 "임상적 판단을 이끄는 임상적 추론에서, 우리는 개략적인 지침을 따라 움직이며 **이것들은 통계적 종합 또는 정밀한 종합으로 충분히 공식화할 수 없다.**"(1979, p. 15) 다시 말해, 임상적 판단은 직관적·논리적 능력이 아니라 기량이다.

스크리븐은 임상적 판단에 필요한 기량은 전통적인 수학과는 다른 논리에 기반하고 있다고 주장하였다. 이 논리는 "숙고"의 하나이다. 스크리븐이 말하고자 했던 바는 임상적 판단을 내리는 데에 필요한 정보의 다면적 차원을 조합할 수 있는 논리이다. 적절한 종합에 더하여 그의 "숙고의 논리는" 또한 "다수의 연관된 변숫값의 추정"을 포함한다. 결과는 그가 "약한 지식 이론"이라고 불렀던 인식론이다. 이 인식론은 인식적 기반에 "가능성과 추정"을 포함한다. 결론적으로 스크리븐은 비록 통계적, 보험계리적 방법이 직관적, 임상적 방법을 능가할 수는 있지만 이런 객관적 방법 모두가 항상 우세한 것은 아니라고 주장하였다.

프로네시스, 서사적 사고

최근 아리스토텔레스의 프로네시스 또는 실용적 사고의 개념이 인문주의적, 인본적 관점에서 임상적 사고를 해석하고 지지하는 데에 사용되고 있다(Jonsen and Toulmin, 1988; Pellegrino and Thomasma, 1981a). 예를 들면, 캐서린 몽고메리는 임상적 판단을 "실용적 사고나 프로네시스로 각 환자의 상황에 의사의 지식과 경험을 맞출 수 있게 하는 것"이라고 정의한다(Montgomery, 2006, p. 33). 몽고메리는 이 유형의 실용적 사고를 과학적 사고와 대조하여, 후자는 보편적인 종류의 사실을 얻는 것에 염두를 두는 반면 전자는 의사 앞 개개 환자의 사실을 염두에 두는 것으로 본다. 실용적 사고에 기반한 임상적 판단은 포괄적 조건의 집합하에서의 통계적 평균을 따지는 것이 아니라, 그 환자의 구체적인 상태에서 환자에 대한 최선의 행위로 이끈다.

반면, 더프 워링 Duff Waring 은 임상적 판단이 프로네시스적 사고의 결과라는 주장에 문제를 제기했다(2000). 워링은 임상적 판단은 테크네 techne 의 결과로 가장 잘 설명할 수 있으며, 테크네로써 임상적 판단의 실천은 건강의 산출로 나아간다고 주장했다. 반면 아리스토텔레스의 프로네시스는 "보편적으로 잘 사는 것"에 관련되어 있다. 워링에 따르면 임상적 판단은 프로네시스를 닮았을 수는 있으나, 그 예증이라고 볼 수는 없다.

인본적 의료인은 임상적 판단을 내릴 때 서사적 사고도 활용한다. 예를 들어, 몽고메리는 보편화와 특수화에 관한 임상적 판단에서 서사적 사고 대 과학적 사고의 역할을 검토하였다. 보편화, 특히 역학적 통계학이 의과학에서 중요하지만, 환자 개개의 가치와 염려에 대한 특수화 또한 건전한 임상적 판단에 있어 중요하다. 몽고메리는 강조한다. "생명과학 및 통계적 역학이 개인의 질환 상황과 부정확하게 연결됨에도 불구하고, 특수항을 이해하는 것은 의학의 주된 도덕적, 지적 과업이다."(Montgomery, 2006, p. 86)

인본적 의료인에 의하면 환자의 질환의 특수는 서사적 사고를 통해 가장 잘 기술될 수 있다. 이에 더하여 일화적 사례 연구는 의술에서 부수적인 것이 아니라 필수적인 것이다. 따라서 개개 환자는 임상적 판단과 의학적 행위에 있어서 주변이 아닌 중심이다. 환자에게 있어서 중요한 것은 몽고메리가 "개별 원인"이라고 부른 것으로, 이는 환자가 아프게 된 이유를 다루는 것에 우선 초점을 맞춘다. 이 개별 원인은 과학적 임상 판단이 아닌 서사적 임상 판단을 통해서 가장 잘 기술될 수 있다.

좋은 임상적 판단

좋은 임상적 판단이란 무엇인가? 이런 판단을 결정하기 위해 제안된 몇 가지 기준이 있다. 예를 들어, 아서 얼스타인 Arthur Elstein 은 좋은 임상적 판단의 몇 가지 특징을 분간하였다(1976). 첫째는 "정동적 민감성"이다. 얼스타인은 "때로 좋은 판단은 의사가 환자의 정서적 필요 및 중대한 질환이나 어떤 치료의 결과를 극복하는 데에서 자주 발생하는 정신적, 사회적 문제에 민감함을 보이는 것이라고 말할 수 있다."(1976, p. 698) 따라서, 좋은 판단은 환자의 생리적, 병리적 조건에 관한 임상 자료 이상을 고려할 것을 요구한다.

좋은 판단의 두 번째 요소는 경쟁 원칙들을 평가할 수 있는 의사의 능력과 관련되어 있으며, 해당 사례에 이 원칙을 적용할지, 아니면 다른 원칙을 적용하는 것이 성공적인지를 결정할 수 있어야 한다. 다시 말하면, 의사는 좋은 판단을 보이기 위해, 임상 전통과 달리 독창적으로 생각할 필요가 있다. 얼스타인은 울혈성 심부전과 상당량의 출혈로 고통받고 있는 환자의 예를 제시한다. 한 상태는 체액의 제거를 필요로 하고, 다른 상태는 추가를 필요로 한다. 얼스타인에 따르면 "좋은 판단을 내리는 의사는 명백히 경쟁적인 요구를 어떻게 중재할지 아는 사람이다."(1976, p. 698) 좋은 임상적 판단의 마지막 요소는 적절한 진단 가설이나 치료 방법을 선택할 수 있는 능력이다. 예를 들면, 다른 진단 절차와 연관된 어려움을 예상하여 환자를 위해 이를 완화하는 의사는 좋은 판단을 내린 것이다.

엥겔하르트는 좋은 임상적 판단은 진단과 치료 모두에 있어 사망률, 통증과 고통, 재정적 지출 등과 관련하여 환자의 비용이나 위험을 최소화할 수 있는 것과 관련되어 있다고 제안하였다(Engelhardt, 1981). 임상적 판단은 "의학적 문제"의 적절한 진단과 적절한 치료적 방법을 통해 문제를 해결하는 것 둘 다로 이루어진다. 엥겔하르트에게 있어 "좋은 임상적 판단은 가능한 진단적 유의성에 따라 다양한 임상적 발견에 적절한 가중치를 부여하는 한편, 다양한 이상반응 결과의 유의성을 고려하는 것을 의미한다."(Engelhardt, 1981, p. 314)

엥겔하르트에 따르면 좋은 임상적 판단의 기초는 신중함이며, 특히 건강과 아픔을 마주한 환자가 가치를 두는 것이 무엇인지에 관한 분별이다. 이런 판단은 의학적 문제와 그 해결책의 "배치"를 환자가 해결하도록 돕는다. 신중함은 환자와 의사 모두가 다양한 경쟁 가치 중에서 선택을 내릴 수 있도록 한다. 그렇다면 좋은 임상적 판단은 환자에게 최적의 임상적 결과를 가져오는 복잡한 과정이다. 마지막으로 좋은 임상적 판단은 "가능한 결과들의 유의성에 대한 다양한 환자 평가에 따라 반응을 변화시킬 것을 요구한다는 의미에서, 그것은 창조적인 과정이다."(Engelhardt, 1981, p. 314)

이미 언급된 바와 같이 서사적 사고는 좋은 임상적 판단에 필수적인 것으로 여겨지고 있다. 예를 들어, 몽고메리는 생명의과학이 과학이 되려고 시도하면서 거부하는 바로 그 특징이 건전한 임상적 판단과 좋은 의술에 필요한 것이라고 주장하고 있다. 이들 특징에는 "개개인과 일화적 사건의 올바른 평가, 한 사람의 고통에 대한 인식, 정서의 주목, 정서적 생활에 대한 인지, 타인의 삶에 대한 참여, 임상적 지식의 잠정적 본질에 관한 지식" 등이 있다(Montgomery, 2006, p. 174). 서사적 사고는 이 정보에 접근하는 데에 최선의 방법을 제공한다. 서사적 사고는 환자의 질환 이야기의 해석을 통해 질환과 관련된 고통에 대한 의사의 이해를 극대화하고 치료적 최선을 염두에 둔 적절한 임상적 판단을 내릴 수 있도록 한다. 트리샤 그린헐은 임상적 판단에서 서사적 사고의 역할에 대해 유사한 주장을 폈다(Greenhalgh, 1999). 그녀는 객관적 임상 자료뿐만 아니라 질환 경험에 대한 주관적 자료를 이해할 수 있는 "서사-해석 패러다임"을 주창하였다.[5]

---

5   그린헐은 임상적 판단의 객관적, 주관적 차원을 모두 통합하는 임상적 판단을 근거중심의학의 측면에서 논하였다. "성실한 근거중심 진료는 임상적 만남에서 주관성의 필요를 배제하지 않으며, 환자의 질환 경험에 고유한, 맥락적 방법으로 접근하는 해석적 패러다임을 전제한다. 게다가 이런 해석적 패러다임 안에서만 의사는 증거의 모든 측면(자신의 사례 기반 경험, 환자의 개인적·문화적 견해, 견고한 임상 연구 시험 및 관찰 연구의 결과)에서 의미를 끌어내어 통합적인 임상적 판단으로 나아갈 수 있다."(Greenhalgh, 1999, p. 325)

임상적 의사결정

판단이 증거의 평가에 수반하는 반면, 의사결정은 그 판단에 기반을 둔 행동과 관련되어 있다. 증거를 검토, 판단하여 최선의 행동 방향을 결정할 수 있다. 증거를 평가하지 않으면 보통 할 수 있는 것이 없다. 오히려 증거의 평가는 그 평가에 기반을 둔 어떤 종류의 행동을 요청한다. 예를 들어, 환자의 상태에 대한 실험실 증거를 수집하여 이를 평가하는 것은 어떤 식의 치료를 위한 행위로 나아가는 발단이 된다. 판단을 내린 다음 행동 결정 바로 앞에서 멈춘다면, 지성이 불러일으킨 온전한 작동을 완성하는 데에 실패한 것이다.

로너간은 그의 책 『통찰 Insight』에서 이전 셋으로 나누었던 인식 구조를 개정하여 네 번째 수준(결정 수준)을 추가했다(Lonergan, 1979). 증거에 대한 판단이 이루어진 뒤, 일반적으로 결정적 행동이 따라온다. 이런 행동이 자유가 발생하는 수준에 위치한다는 점이 중요하며, 이 자유는 자의식적 인식 주체의 책임을 수반한다. 로너간에게 있어 우리의 결정을 통해서만 우리 자신의 진정성이 확보된다. "자신을 발견하는 것은 자신을 어떻게 만들어 나갈지 결정하는 것이다. 자신을 증명하는 것은 실존적 결정의 순간과 동등하다. 진정한 인간이 되기 위해 개인은 후속 결정 모두에서 자신을 계속 증명해 나아가야만 한다."(Lonergan, 1979, p. 121)

비록 일반적인 의사결정이 중요한 존재론적 차원을 지니지만, 임상적 의사결정은 더 공식적인 결정 분석 과정을 통해 이루어지며, 이를 이 절의 첫 부분에서 검토할 것이다. 이어 임상적 의사결정에서 제안된 다양한 결정 모형들을 살필 것이며, 임상적 결정 과정을 설명하는 임상 사례를 제시할 것이다. 마지막으로 처리하기 쉬운 의사결정을 위한 가지치기 tree pruning 과정을 검토하여, 임상에서 공식적인 결정 분석을 적용하는 것의 장단점에 대한 논의로 마무리할 것이다.

결정 과정 분석

임상적 판단이 인간 인지와 감정적 자질의 잠재적, 암묵적 차원에 의존하는 반면, 임상적 의사결정은 순서도, 알고리즘, 특히 컴퓨터 기술의 보조를 받는 더 형식적인 전략들과 관련되어 있다. 다시 말하면, 임상적 판단이 환자 질환과 관련한 이해 및 그 이해가 임상적 증거의 평가 측면에서 정확한지의 질문을 다룬다면, 임상적 의사결정은 환자를 위해 어떤 행동을 취할 것인지, 그 행동이 최선인지를 결정하는 것과 관련된다. 의사결정을 움직이는 질문들은 다음과 같다. "사람들은 **행동** 경로를 어떻게 결정하는가? 사람들은 다음에 무엇을 할지, 특히 불확실한 결과와 상충하는 목표 앞에서 어떻게 선택하는가?"(Goldstein and Hogarth, 1997, p. 4) 이 질문들에 대답하기 위한 노력은 의학적 의사결정에 대한 엄청난 양의 문헌 발표를 자극해 왔다.

제롬 카시러 Jerome Kassirer 와 동료들에 따르면 "건전한 임상적 결정은 의학적 지식의 광범위한 저장소에서 환자의 상태와 관련된 다양한 사실들을 통합하는 것에 의존한다."(Kassirer et al., 1998, p. 212) 이 일반적인 접근법은 몇 단계로 나뉜다. 예를 들어, 데이비드 란쇼프 David Ransohoff 와 알반 페인스타인은 이를 다섯 단계로 분간하였다(Ransohoff and Feinstein, 1976). 첫 번째는 임상적 문제의 정확한 표현으로, 종종 가설의 형태를 취한다. 이어서 이에 대한 수학적 모형의 구성이 이어진다. 모형의 형태는 일반적으로 의사결정 나무 decision tree 로, 이것은 결정 및 가능성 노드 ^{node}를 연결하는 가지들로 구성되어 있다. 다음 단계는 의사결정 나무에서 불확실한 사건들의 객관적, 주관적 가능성을 결정하는 것이다. 피터 두빌렛 ^{Peter Doubilet}과 바버라 맥닐 ^{Barbara McNeil}은 이 가능성을 이전의 증거에 기반을 둔 객관적 가능값과 의사의 전문가적 의견이나 판단에 의존하는 주관적 가능값으로 나누었다(1998). 세 번째 단계는 각 예상 결과의 "효용"값을 결정하는 것이다. 이 값들은 환자나 의사의 개인적 가치나 선호에 종종 의존한다. 다음 단계는 의사결정 나무의 가능성과 효용값을 곱하여 각 분지의 기댓값을 계산하는 것이다. 마지막 단계는 최대 기댓값을 가지는 분지를 선택하는 것이다.

그렇다면 형식적 결정 과정 분석의 목표는 결정의 기댓값을 최대화하는 것이다. 인문주의적 모형에서는 결정 결과에 대한 환자의 가치나 선호도를 반드시 요인으로 포함시킨다는 점이 중요하다. 심지어 의사결정 나무의 한 분지가 최고 기댓값을 가진다고 해도, 환자의 가치에 의해 거부당할 수도 있다. 예를 들어 의료인은 결과적 사망에 0의 효용값을 배정할 수 있지만, 환자는 그렇지 않을 수도 있다. 게다가 두빌렛과 맥닐 및 결정 분석의 다른 지지자들은 민감도 분석이라는 단계를 추가한 바 있다. 이 단계는 첫 세 단계가 배정한 가정과 값을 체계적으로 변화시킴으로써 결정이 이들 가정과 값의 변화에 얼마나 민감한지를 확인하는 것을 포함한다(1988). 이 단계는 임상적 결정이 불확실성에 기반을 두기 때문에 중요하며, 의사들은 형식적 형태의 분석에 기반을 둔 결정이 불확실성을 설명할 수 없다면 그들의 임상적 판단을 신뢰하기 어려울 것이다.

결정 모형

최근 몇십 년 동안, 임상적 의사결정을 설명하기 위한 다양한 모형이 제시되어 왔다. 데보라 자린 Deborah Zarin 과 스테판 파우커 Stephen Pauker 는 모형 대부분의 일반적인 체계를 제시하였다(1984). 그들의 체계를 보면, 의사결정의 첫 세 단계는 입력, 즉 의사결정 나무, 결과의 확률이나 가능성, 결과의 가치나 효용의 입력 정보로 문제를 구조화하는 것에 상응한다. 이들 입력 정보는 통합 과정을 통해 결정과 후속 행동을 산출한다. 자린과 파우커는 가능한 네 가지 형태의 모형을 분간하였고, "각 모형은 1. 두 참여자(의사나 환자) 중 누가 각 입력 정보의 출처인지, 2. 통합 과정의 원천이 누구인지에 따라 차이를 보인다."(1984, pp. 185-186)

첫 번째 모형은 전통적, 인습적 후견주의 모형으로, 여기에서 의사가 모든 입력과 통합 과정의 원천이다. 다음 두 모형은 충분한 설명에 의한 동의의 원칙을 만족시키기 위해 노력하여 환자를 통합한다. 둘째 모형에서 의사는 환자에게 입력 정보와 가능한 결과들에 대해 설명을 제공한다. 그러나 환자는 수동적 행위자로 남아 있으며 여전히 의사가 통합 과정의 원천이다. 셋째 모형에서 의사는 환자에게 충분한 설명을 제공하나 어떤 입력 정보를 사용할지, 통합 과정의 원천이 되는 것은 환자이다. 넷째 모형에서 의사는 처음 두 가지 입력 정보, 즉 의사결정 나무와 결과의 가능성에 대해서, 그리고 이것을 환자에게 충분히 설명하는 데에 책임을 진다. 여기에서 환자는 세 번째 입력 정보, 결과의 가치나 유용성에 대해서 책임을 진다. 의사가 통합 과정의 원천이 된다. 자린과 파우커에게 있어 마지막 모형이 환자와 의사의 전문적 지식을 모두 포함하므로 최선의 임상적 의사결정이다.

예시

제롬 카시러가 임상적 의사결정에 대한 훌륭한 예시를 실제 임상 증례에 기초하여 제시하였다(Kassirer, 1976). 환자는 24세 여성으로, 양측성 부신종 bilateral hypernephroma 때문에 몇 년 전에 신장을 모두 절제하였다. 최근에 그녀는 신장 이식을 받았고, 비장 절제술을 진행했으며, 협막간균 패혈증과 폐렴 치료를 받았다. 그녀는 구토와 설사 때문에 입원했고, 고열(40℃)과 좌측 폐의 수포음이 관찰되었다. 증상이 악화하였으며, "그녀는 좌측 어깨로 방사되는 좌상 사분면의 심한 복부 통증, 전반적 복부 압통, 감소된 장음, 좌측 흉부의 부목고정 상태, 좌측 횡격막의 운동 이상을 보였다."(Kassirer, 1976, p. 156) 그녀의 백혈구 수치는 8,900이었다. 최초의 진단은 횡격막하농양으로, 이것은 횡격막 하방에 화농성 삼출물이나 농이 축적된 상태를 말한다.

진단이 불확실했지만, 주치의는 농양을 해소하기 위한 농 배출 수술의 임상적 결정 상황을 마주했다. 의사결정 나무는 두 가지 중심 가지로 이루어졌다. 하나는 수술을, 다른 하나는 수술을 하지 않는 것이다. 불확실한 진단하에서, 횡격막하농양으로 고통받는 환자가 수술로 회복할 가능성은 0.3이었다. 카시러에 따르면, 이 가능성은 "이 환자가 이날 보인 것과 동등한 임상적 이미지를 보인 환자의 30%가 횡격막하농양을 가졌을 것이고 70%는 그렇지 않다"라는 것을 의미한다(Kassirer, 1976, pp. 157-158).

두 중심 가지는 또한 두 갈래의 분기를 가진다. 첫 번째 분기는 수술로 처치 가능한 농양이며 다른 분기는 비수술적 방법으로 처치 가능한 농양이다. 농양을 해결할 가능성은 논문에 발표된 증거에 기반을 둔다. 최선의 결정을 내리기 위해 효용을 계산하였다. 최선의 결과로 여겨지는 비수술적 방법으로 농양이 자연적으로 개선되는 것에 임의적으로 100점을 배정하였고, 반면 최악의 상황, 사망의 경우 0점을 배정하였다. 다른 결과는 이 두 값 사이에 있었다. 공리에 기초하여, 수술의 기댓값은 62.5점이었고, 비수술적 방법의 기댓값은 81.1점이었다.

이 사례에서 임상적 의사결정은 환자를 항생제와 수액을 통한 비수술적 방법으로 치료하는 것으로 이루어졌으며, 비강 흡입관을 병용하기로 하였다. 초기에는 환자가 나아졌지만, 며칠 뒤 그녀의 증상은 악화하였다. 카시러가 이야기한 것처럼, "임상적 과정이 전개되면서 새로운 자료가 발생하였다. 백혈구 수치의 변화[증가]가 나타났고, 초음파 검사 및 방사선 사진 검사 결과 수술적으로 접근 가능한 병소의 가능성이 뚜렷하게 증가하였다."(Kassirer, 1976, p. 159) 비록 발표된 문헌에 선례는 없었지만 가능성을 재평가하여 임상적 이미지의 변화에 반영하였다. 이전과 같은 효용에 기반한 새로운 의사결정 나무의 결과는 원래의 것과 달랐다. 이제 수술적으로 농양을 해결하는 것의 기댓값은 38.9점이었으나, 비수술적 방법의 기댓값은 25.9점이었다. 비록 수술이 최선의 결정이었다고 해도, 카시러는 환자의 상태가 악화하고 있는 상황에서 수술이 심각한 위험이 없는 것은 아니라는 점을 지적한다.

의사결정 나무 가지치기

임상적 의사결정 나무는 상당히 크고 복잡해질 수도 있다(Kassirer, 1976). 그에 대한 응답으로, 의사와 환자는 나무의 세부 분지에만 집중하고 나머지를 무시할 수도 있다. 결과적으로 의사의 임상적 판단을 통해 이런 나무에서 세부 분지의 가지치기가 이뤄지곤 한다. 카시러는 주장한다. "검토하였을 때 결과의 가능성과 공리의 조합에 의해 결과에 거의 또는 전혀 이바지하지 않는 기댓값을 가진다는 것이 명백할 때에만 가지쳐질 수 있다."(Kassirer, 1976, p. 161)

비록 가지치기 과정이 대개 직관적, 본능적 수준에서 수행되지만, 가지치기를 하는 데에 사용할 수 있으며 본성상 더 논리적인 원칙들이 있다(Schwartz et al., 1973). 주요 원칙은 가능성과 위험도의 수준을 따른다. 슈바르츠와 동료들은 "만약 주어진 사건의 가능성과 연관된 위험도가 극단적으로 높으면, 가지치기를 할 수는 없다. 반대로 만약 가능성과 위험도가 모두 낮으면, 무사히 가지치기를 할 수 있다. 가지치기 여부의 결정은 가능성이 낮으나 상대적으로 위험도가 높을 때 더 어렵다"라고 주장한다(Schwartz et al., 1973, pp. 461-463). 가능성과 위험도에 더하여, 특히 환자의 관점에서 가지의 가치 또는 효용을 가지치기 여부의 결정 요인으로 삼아야 한다.

의사결정 분석의 장점

의학에서 주어진 불확실성의 수준과 불충분한 정보하에서 결정이 내려져야만 하는 상황에서, 의사결정 분석은 임상적 결정을 내리는 데에 있어 몇 가지 장점을 지닌다. 스테판 에라커 Stephen Eraker 와 피터 폴리스터 Peter Polister 에 따르면 "지지자들은 결정 분석이 논리적, 체계적 분석을 제시하고 의사결정자의 목표, 기대, 가치에 최대한 따르는 행동 경로를 결정할 수 있다는 점에서 효과적인 의사결정을 제시할 수 있다고 주장한다."(1988, p. 380)

특히, 에라커와 폴리스터는 임상적 의사결정에서 결정 분석의 세 가지 장점을 확인하였다. 첫 번째, 결정 분석은 임상적 문제의 전체 구조화, 특히 결정 나무의 형식화에 있어 명확하다. 에라커와 폴리스터의 관찰에 따르면, "결정 분석 틀을 통해 불일치의 영역이 발생하는 위치, 범위, 중요성을 확인할 수 있고, 그런 불일치가 지목된 결정에 시사하는 영향을 확인할 수 있다."(1988, p. 382) 다음 장점은 결정 분석이 가능성과 가치의 면에서 정량적인 성질을 가진다는 것이다. 이런 정량화는 다양한 임상적 결정을 평가하는 데에 있어 더 객관적인 방법을 제시한다. 마지막 장점은 결정 분석의 지시적 본질이다. 분석은 어떤 진단을 내릴지나 치료법을 결정하는지에 있어 최선의 선택지를 제시한다.

의사결정 분석에 대한 비판

의사결정 분석이 진단과 치료결정에 계속 영향을 미치고 있지만, 이에 대한 몇 가지 비판이 제기되었다. 예를 들어, 카시러의 1976년 논문에 대한 논평에서, 란쇼프와 페인스타인은 결정 분석의 전략에 몇 가지 문제가 있음을 인정하였다(Ransohoff and Feinstein, 1976). 첫 번째, 의사결정 나무가 모든 가능한 결과와 행동을 포함해야만 하며, 그렇지 못하면 임상적 문제를 왜곡한다는 것이다. 란쇼프와 페인스타인에 따르면 "만약, 이런 추가적인 행동 경로가 존재하고 합리적인데도 결정 분석에서 고려되지 않았다면, [의사결정 나무의] 구조는 문제가 전적으로 평가되지 않았기 때문에 불충족되고 따라서 결과가 왜곡될 수도 있다."(Ransohoff and Feinstein, 1976, p. 166) 다음 문제 집합은 다양한 결과 분지의 가능성 평가와 관련되어 있다. 문헌에서 가능성 대부분은 치료 중인 특정 환자에 대해서는 부적절할 수 있으며 이런 가능성을 정량화한다는 것은 아무리 낙관적으로 보아도 의사에게는 어려운 일일 수 있다(Ransohoff and Feinstein, 1976).

마지막 문제 집합은 효용값 배정을 중심으로 한다. 첫 번째 문제, "여러 중요한 결과값은 막연하여 쉽게 측정될 수 없다."(Ransohoff and Feinstein, 1976, p. 166) 두 번째 문제, 가능한 결과들을 비교할 때, 각 결과들의 특성이 달라 측정 시에 다양한 척도를 필요로 한다. 란쇼프와 페인스타인에 따르면 "막연하며 다중 속성을 지닌 결과들을 유의미한 숫자로 변환하는 이중의 작업은 큰 어려움이며, 이것은 의사결정 분석에 **내재적이다**. 이것은 쉽사리 해결되지 않는다."(Ransohoff and Feinstein, 1976, p. 167) 마지막 문제, 효용값을 누가 결정하는가에 있다. 환자, 의사, 병원, 의료관리기구 관리자, 보험 회사 임원, 또는 정치인들과 같은 사회 전반 중 누가 결정해야 하는가? 각각은 특정 결과에 대해 다른 결괏값을 배정할 가능성이 크다(Ransohoff and Feinstein, 1976).

결정 분석의 정량적 접근에는 다른 문제들도 있다. 예를 들어, 패트릭 크로스커리 Patrick Croskerry 는 임상적 의사결정이 복잡한 과정임을 지적한다. "각 임상적 결정을 인도함에 있어 단순한 정량적 접근법을 사용하기에는 임상적 상황에는 너무 많은 변수와 알려지지 않은 것들, 너무도 많은 윤리적, 경제적 제한, 다수의 자원적 한계가 존재한다."(2005, p. R5) 결정 분석과 관련된 논리적 규칙은 임상적 의사결정의 복잡성 중 많은 부분을 표현해 낼 수 없다.

또한, 크로스커리는 의사결정 분석의 정량적 본성에서 생태적인 문제 몇 가지를 분간하였다(2005). 첫 번째는 본성상 본능적 또는 행동적이라는 것이다. 의사결정의 근저에 있는 이성적 과정은 적응적 본성을 가지며 진화적 압력을 반영한다. 따라서 인간 의사결정의 다수는 자연선택을 통해 생래적으로 선택된 것들에 의존한다. 이에 더하여 성격과 성별 또한 임상적 의사결정에 영향을 미친다. 의사의 성격이나 성별을 반영하는 다양한 양식의 의사결정이 존재한다. 예를 들면, 마취과 의사들은 외과 의사에 비해 더 내향적이며 수술에 대한 외과 의사의 임상적 결정에 대해 마지못해 동의하는 경우가 종종 생긴다(Croskerry, 2005).

휴리스틱과 편견 또한 임상적 의사결정에서 중요한 역할을 한다(Croskerry, 2005; Tversky and Kahneman, 1974). 크로스커리에 따르면 "임상 현장에 대한 다양한 연구는 정보 처리와 진단 수립에서 휴리스틱과 편견의 중요성을 반복적으로 입증해 왔다."(Croskerry, 2005, p. R3) 휴리스틱은 경험칙으로, 의사가 결정을 내림에 있어 직관을 포함하거나 그 요소로 고려하도록 한다. 아모스 트버스키 Amos Tversky 와 대니얼 카너먼 Daniel Kahneman 에 따르면 "휴리스틱 원칙은 (…) 가능성 평가와 가치 예측이라는 복잡한 과정을 더 단순한 판단 작업으로 정리한다."(1974, p. 1124) 그러나 크로스커리의 논문에만 40개 가까이 실려 있는 여러 가지 편견이 존재하며 이것이 임상적 결정을 왜곡시킬 수 있다. 이런 편견에는 예를 들면 확인 편향 ascertainment bias , 자아 편향 ego bias , 성 편견, 결과 편향, 과잉확신 편향 등이 있다. 임상적 의사결정의 복잡성으로 인하여 크로스커리는 결론짓는다. "한 접근법이 모든 곳에 들어맞을 수는 없다. (…) 의사결정에는 항상 경사가 존재할 것이다. 이 경사는 환자 상황의 폭넓은 다양성과 연관되는 불확실성의 정도와 평행하며, 어느 정도 분야 특이적인 것이기도 하다."(Croskerry, 2005, p. R6)

요약

임상적 판단과 의사결정은 의술의 생의학적 모형과 인문주의적, 인본적 모형 모두에 있어 중요한 인식론적 요소이다. 생의학적 의료인에게 있어 임상적 판단과 의사결정은 과학적 사고에 기반을 둔다. 이것은 종종 환자가 판단과 의사결정 과정에 참여할 수 있도록 의학적 언어와 개념의 기술적 차원을 환자에게 설명하는 데에 어려움을 느끼거나 너무 시간이 많이 걸린다고 생각하는 의사를 후견주의적 태도로 이끈다. 물론, 이런 후견주의는 돌봄의 질 위기의 발생에서 중요한 역할을 하고 있을 뿐 아니라 이를 악화시키고 있다.

반면, 인본적 의료인은 환자를 임상적 판단과 의사결정 과정에서 능동적 행위자로 참여시키기 위해 노력한다. 환자를 이들 과정에 참여시키는 것을 통해 의사와 환자는 더 효과적으로 소통할 수 있다. 서사 중심 의학은 돌봄의 질을 더 증진시킬 수 있는 효과적인 의사소통을 촉진하는 방법으로 지지받고 있다.

제8장

의학적 설명

지식은 일반적으로 설명을 제시할 수 있는 능력과 연결되어 있다. 다시 말해, 만약 우리가 무엇인가를 안다면 우리는 앎을 설명으로 표현할 수 있어야 한다. 예를 들어, 만약 내가 질병의 원인이 무엇인지 안다고 주장하려면 나는 박테리아를 병인론적 인자로 하는 설명을 제시할 수 있어야만 한다. 전통적으로 설명은 현상, 사건, 행동을 해명하는 이유를 제시하는 논증이었다. 설명은 불명료한 것이나 미지의 것을 명확하고 이해 가능하게 만든다. 설명은 사건의 단순한 기술, 진술 또는, 방법이나 대상에 관한 질문에 답하기 위해 그 요소나 특징을 나열하는 것 이상이다. 오히려 설명은 이유에 관한 질문의 답변이다. 예를 들어, 설명은 왜 암이 인구 집단의 일부에서만 나타나고 다른 집단에서는 나타나지 않는지에 대한 설득력 있는 대답을 제시한다. 사건을 설명하기 위해 그 배경 또는 근저에 있는 것에 접근하기 위한 시도가 이루어지며, 이것은 사건을 통제하거나 조종할 수 있도록 사건을 이해하고 지식을 획득하기 위함이다.

설명에는 몇 가지 유형이 존재한다(Ladyman, 2002). 역사적 설명은 선행 사건이 과거 사건에 대한 이유를 제시한다. 예를 들어, 한 국가는 다른 국가를 침략하는 사유로 이전에 품은 유감을 언급할 수 있다. 정신적 설명은 유기체적 행동[1]을 해명한다. 예를 들어, 한 사람이 폭력적 행동을 보이는 것은 아동기 때에 학대당했기 때문이라는 것이다. 점성술학적 설명은 사건이나 행동을 설명하기 위해 별과 성좌의 배열에 의존한다. 예를 들어, 어떤 사람이 특정한 행동 양태를 보이는 것은 그의 별자리 때문이라는 것이다. 신학적 설명은 신적 행동에 호소한다. 예를 들어, 어떤 사람이 질병으로 고통받는 것은 신이 그의 부정이나 죄를 벌하기 때문이다. 목적론적 설명은 사건의 설명을 위해 목적을 요청한다. 예를 들어, 아리스토텔레스에 따르면 불은 그 자연적 위치가 땅의 중심에서 상방에 위치하기 때문에 위로 올라간다.

이런 다양한 설명이 일상 담론에서 일반적으로 사용되고 있지만, 과학적 설명만큼 설명력에 있어 정밀하지는 않다. 자연과학 그리고 생명의과학의 설명은 자연법칙 및 과학 이론과 본질적으로 연결되어 있다. 이론은 일반적으로 자연 현상을 설명하는 기능을 하며, 보편적, 통계적 법칙이 그 기초를 제공한다.[2] 그렇다면, 이론은 자연법칙의 적용을 통해 자연 현상과 사건을 설명할 수 있는 강력한 설명적 체계로

---

1   역자 주: 유기체 이론(organismic theory)에 기초하여 개인의 성격적 통합성에서 특정 행동이 나타난다고 보는 관점, 또는 그에 속하는 행동

2   피에르 뒤앙(Pierre Duhem)은 물리 이론은 단순히 설명이 아니라 실험 법칙을 표상하는 수학적 명제 집합이라고 주장하였다(1954). 뒤앙에게 있어 설명은 현실에서 "그것을 장막처럼 덮고 있는 외양을 제거함으로써 꾸밈없는 현실 자체를 보는 것"이다(1954, p. 7).

뒷받침된다. 설명적 체계를 부여하여 이론은 세계가 어떠한지를 포착하며, 세계의 관찰 가능한 영역과 관찰 불가능한 영역에 깔린 기작을 밝혀낸다. 이론이 부여하는 설명력은 일반적으로 자연 현상을 해명하는 데 사용한 법칙의 힘과 정확성에 달려 있다. 법칙에 더하여 이론에 의한 과학적 설명은 이유와 기능의 동일성 증명과 같은 다른 요인에 의존할 수도 있다. 예를 들어, 당뇨는 인슐린 결핍으로 설명될 수 있다.

이 장에서는 다양한 설명 체계를 살피고, 특히 과학적, 의학적 지식에 대한 설명을 검토한다. 몇십 년 동안 설명에 대한 철학적 이해를 주도해온 설명의 총괄 법칙 모형 covering law explanation 에서 시작해 논의는 총괄 법칙 모형에 연관된 문제를 해결하기 위해 제안된 설명 도식으로 눈을 돌린다. 처음의 그리고 가장 강력한 설명 도식은 인과적 설명으로, 그중에서도 폴 타가드가 질병을 설명하는 데에 사용한 인과 그물 예시화 도식을 살핀다. 케네스 쉐프너는 생의학 모형의 "여섯 요소" 설명 도식을 옹호하며 이것은 인과 기계론적 접근에 주안을 두고 이전의 설명 도식 여럿을 통합한 것이다. 최선의 설명으로의 추론과 기능적 설명 또한 자연과학에서 유의한 두 가지 중요한 설명 도식이다.[3] 그리고 이런 설명 도식은 생의학 모형에서 의학적 현상을 해명하

---

3   이 설명 체계에 더하여 과학 철학자들이 제시한 다른 체계들이 더 있다. 예를 들어 피터 아친스타인(Peter Achinstein)은 발화 내(illocutionary) 설명 도식을 제시하였으며 이는 무엇인가를 행동과 그 산물로 설명할 수 있다는 견해이다(1983). 아친스타인은 "설명 행동 자체, 즉 무엇인가를 설명하기 위해 누군가가 말하거나 쓰는 행동"에서 시작한다. 그는 결론짓는다. "그 행동에서 '산물'이 발생한다. 이것이 설명이다."(1983, p. vii) 이에 더하여, 마이클 프리드먼(Michael Friedman)은 통합주의자(unificationist) 설명 도식을 제안하였다(1974). 여기에서 과학적 설

는 데에 있어 성공 수준이 다양하다. 마지막으로 인문주의적, 인본적 의료인은 이런 설명 도식의 힘을 인정하지만, 또한 그들은 환자의 개인적 지식, 특히 환자의 질병 이야기를 포함하는 서사적 설명 도식을 종종 활용한다.

총괄 법칙 모형

1940년대 후반에 칼 헴펠 Carl Hempel 과 폴 오펜하임 Paul Oppenheim 이 과학의 법칙을 사용한 설명의 모형을 소개하였다. 그들은 설명이란 논증과 같다고 주장하였다. 여기에서 논증이란 설명되어야 할 현상을 기술하기 위해 사용된 언표인 결론 또는 설명주제 explanandum 가 설명하기 위해 사용된 언표인 전제 또는 설명소재 explanan 에서 논리적으로 연역되는 것을 말한다. 설명소재는 최소한 하나의 과학 법칙과 초기 또는 선행 조건으로 구성된다. 예를 들면, 환자의 심박출량^{CO} 이 4.91 인 이유는 초기 조건인 박동량^{SV} 70ml, 심박수^{HR} 분당 70회, 법칙

명은 자연 현상의 범위를 통합하려는 과학자의 시도로 표현된다. 필립 키처(Philip Kitcher)는 프리드먼의 도식에 대해 몇 가지 문제점을 제기하였다(1976). 그는 이후 몇 가지 요소로 구성된 통합주의자 도식의 개정판을 전개하였다(Kitcher, 1989). 첫째는 도식적 문장으로, 여기에서 비논리적 요소들이 기호로 대체된다. 다음은 충전 지시(filling instruction)로, 기호의 사례화를 인도한다. 사례화된 도식 문장의 순차 배열은 도식적 논증을 형성한다. 마지막은 분류로, 도식적 논증에서 전제와 결론을 정한다. 전체는 논증 패턴을 생성하며, 이때 설명은 가능한 한 최소의 엄격한 논증 패턴을 통해 여러 현상을 해명한다. 키처에 따르면 더 넓은 범위의 현상을 설명하는 데에 사용되는 양식이 더 적고 엄격할수록 더 통합적인 설명이다.

CO = SV × HR에 의해 설명된다는 것이다. 헴펠과 오펜하임의 설명 모형에서는 법칙이 필수불가결한 요소였기 때문에, 이것은 점차 "총괄 법칙 모형"으로 알려지게 되었다(Dray, 1954, 1957). 다시 말하면, 설명되는 것은 과학 법칙으로 총괄되거나 해명된다.

헴펠과 오펜하임은 설명 모형의 도식을 다음과 같이 제시하였다 (Hempel and Oppenheim, 1948).

$$
\begin{array}{c}
C_1, \ C_2, \ C_3, \ \cdots, \ C_n \\
L_1, \ L_2, \ L_3, \ \cdots, \ L_n \\
\hline
E.
\end{array}
$$

설명소재는 선 위에 위치하며, 초기 조건(C)과 법칙(L)들로 구성된다. 설명주제(E)는 선 아래에 위치하며 설명으로 구성된다. 설명소재와 설명주제 사이의 관계가 연역적이고 법칙이 보편적, 결정론적 일반화이기 때문에, 도식은 보통 "연역-법칙론적 DN" 설명이라고 불린다(Hempel, 1965).

비록 DN 설명이 자연법칙이 보편적·결정론적 일반화로 작용하는 많은 자연 현상을 해명하는 데에 사용될 수 있지만, 모든 현상이 이런 법칙을 사용해서 설명하거나 설명될 수 있는 것은 아니다. 어떤 현상은 확률론적, 통계적 법칙이나 일반화를 사용하여 더 잘 설명될 수 있다. 게다가 이런 경우 설명소재와 설명주제 간의 관계는 연역적이지 않고 귀납적이다. 결론적으로 헴펠은 이 도식을 "귀납-통계적 IS" 설명이라고 불렀다(Hempel, 1965). 예를 들어, 한 사람이 하루에 한 갑의 담배를 20~30년 동안 피웠을 때 폐암에 걸렸는지 여부는 여러 요소에 의존하며 확률로 배정될 수밖에 없다는 것이다. 다시 말하면, 흡연에 의해 폐암에 걸리는 것을 막을 수 있는 우연성이 존재한다. 결정론적 용어로는 대개 설명할 수 없는 우연성 말이다.

설명의 총괄 법칙 모형이 영향력 있었지만, 몇 가지 문제가 그 종언을 알렸다. 생물학과 의학 같은 분야에 적용하면서 문제는 두드러졌다. 먼저, 이 분야에는 보편적 일반화나 통계적 일반화를 할 수 있는 자연법칙이 거의 없다. 그럼에도 이들은 생물학적 현상에 관한 충분한 설명은 제공한다(Thompson, 1989).[4] 다음, 설명이지만 총괄 법칙 설명을 따르지 않거나, 총괄 법칙 설명을 따르지만 설명이 아닌 여러 반례가 있다(Okasha, 2002).

실바인 브롬버거 Sylvain Bromberger 는 설명소재와 설명주제 간의 대칭 관계를 놓고 문제를 제기하였다(1966). 몇몇 현상에서 이 대칭 관계가 유지되지 않았던 것이다. 예를 들면, 브롬버거는 총괄 법칙 모형이 진자의 주기를 길이와 단순 주기 운동 법칙으로 설명할 수 있다는 것을 인정한다. 그러나 진자의 길이는 진자의 주기와 단순 주기 운동 법칙이 아닌 다른 설명들로 해명될 수 있다. 또한, 웨슬리 샐먼 Wesley Salmon 은 적절성 문제를 지적하였다(1971). 예를 들어, 한 사람은 임신을 피하기 위해 경구피임약을 먹으며, 이 알약은 임신을 예방하는 데에 비교적 효과를 나타낸다. 그러나 만약 그 사람이 남자라면, 총괄 법칙 모형의 필요조건을 만족하지만 설명은 부적절하다.[5]

---

4   헴펠과 오펜하임은 그들의 체계가 모든 유형의 설명을 해명할 수는 없다는 점을 인정했다(Hempel and Oppenheim, 1948).
5   통계적 유관성 설명 개념을 더 검토하려면 샐먼을 참조하라(1971).

인과적 설명

설명의 총괄 법칙에 대해 많은 논평가는 관찰 불가능한 대상에 관한 헴펠의 반실재론적 견해 및 그가 기계적 인과 개념을 거부하는 것이 특히 대칭성과 적절성에 있어 문제를 일으킨다고 지적하였다 (Okasha, 2002). 그러나 전통적으로 인과의 개념은 설명과 연결되어 있었다. 아리스토텔레스의 사원인설은 대개 설명으로 제시된다. 따라서 설명은 고려 대상인 현상을 일으키는 다양한 원인을 언급하는 것을 포함한다. 예를 들어, 아리스토텔레스는 침대의 존재를 질료인인 나무, 형상인인 침대의 모양, 작용인인 침대 제작자, 목적인인 수면으로 설명하였다(Aristotle, 2001). 2장에서 적은 바와 같은 과학 혁명기에 아리스토텔레스적 원인은 질료인과 작용인 두 가지로 환원되었다. 과학자들은 자연 현상을 설명하기 위해 질료인의 개념을 도입하였던 반면, 철학자들은 사건 설명의 정확한 본성을 결정하기 위해 작용인에 대해 논쟁을 지속하였다.

인과적 설명은 전통적으로 연속적 사건의 시간적, 공간적 정규성에 의존해 왔다. 사건은 일으킨 사건보다 선행하고 규칙적, 일관적 방식으로 연결되어 있는 경우 다른 사건의 원인으로 간주된다. 이런 경우 한 사건은 그 선행 사건으로 설명된다. 예를 들어, 만약 유기체가 특정 질환에 걸리기 전에 박테리아에 일관되게 노출된 경우, 박테리아가 질병의 원인으로 여겨졌으며 질병을 설명하는 주요 병인론적 인자의 역할을 담당하였다. 인과적 설명에 있어 원인은 필요조건(원인의 부재가 작용의 부재를 보증), 충분조건(원인의 존재가 작용의 존재를 보증) 또는 둘 다일 수도 있다. 다시 말하면, 인과적 설명은 전통적으로 인과와 작용

간의 존재론적 관계를 가정하였다. 마지막으로 단순 또는 단칭 인과는 일반적으로 자연 현상 다수의 본질을 설명하는 데에 부적절하며, 이는 그 근저의 사건들이 복잡하며 복수의 상호작용하는 선행 사건들을 포함하기 때문이다. 이 경우들에서 인과적 설명은 단순히 단일 원인을 상술하는 것으로 포착될 수 없고 인과 행렬을 분석함으로써만 가능하다.

앞서 기록한 바와 같이 흄의 인과에 대한 비판은 "항상적 연접 constant conjunction " 개념을 중심으로 한다. 그가 인과적 연속의 규칙성 외의 인과에 대한 지식이 가능하다는 것을 부정하기 때문에 그의 인과에 대한 개념은 규칙성 견해로 알려지게 되었다(Beebee, 2006). 인과적 설명은 사건의 군집을 기술하는 것뿐이며, 연관성에 대한 존재론적 기반은 없다. 다시 말하면, 인과적 설명의 근저에 있는 실질적 인과 구조는 없다는 것이다. 따라서, 예컨대 질병이 박테리아에 의해 발생한다고 설명하는 데 필요한 것은 박테리아의 존재와 질병 발현의 규칙적 동시 발생뿐이다. 그러나 이런 인과적 설명의 최소주의적 기준은 인과적 설명이 과학자로 하여금 현상에 관한 이론적 해명을 전개하는 것, 이런 설명에 기초하여 현상을 조작하는 것 전체를 포착하지 못한다.

인과적 설명의 규칙성 도식과 관련된 당면 문제를 제기하기 위해 샐먼은 "인과 기계론적" 설명이라고 불리는 대안적 도식을 제안하였다(1984). 이 도식에서 인과는 실제 인과적 기작을 가리키며 설명은 이 기작의 전개에 기대고 있다고 그는 주장하였다. 샐먼의 도식 및 필 도 Phil Dowe 의 이론처럼 그와 유사한 것들은 과정적 설명 process explanation 이라고 불리며, 이는 원인과 작용 사이의 관계가 특정한 연속적 상호

작용이나 과정의 존재를 수반하기 때문이다(Dowe, 2000).

샐먼의 도식에서 중요한 요소는 인과적 상호작용 개념인데, 여기에서 두 인과적 과정은 공간적, 시간적으로 교차한다. 이런 상호작용은 인과적 과정의 특성이나 요소의 수정, 변화를 가져온다. 예를 들어, 감염성 질병은 박테리아와 유기체의 교차를 통해 기계적, 기계론적으로 설명된다. 그러나 설명적 유관 과정을 무관한 과정과 구분하는 방법이 문제가 되며, 특히 생물 유기체와 같은 복잡계에선 더 문제가 심하다.

제임스 우드워드 James Woodward 는 유관성 문제에 대처하기 위해 설명의 조작가능성 인과 도식을 도입하였다(2003). 이 체계는 각각의 가치나 특성에 기초한 원인과 작용의 가변성으로 서술된다. 원인에 개입한 경우 작용의 가치나 특성이 변할 때, 그리고 오직 그럴 때만 한 사건은 다른 사건의 원인이다. 작용에 대한 선행 사건의 인과적 기여를 결정하려면, 인과적 연결 관계에 있는 다른 변항이 고정되어 있어야 한다는 점이 중요하다. 실험들이 이 도식으로 가장 잘 표현되며, 여기에서 과학자는 원인을 조작하여 작용의 변화를 관찰한다. 이를 위해 우드워드는 무작위 대조군 임상 시험으로 그의 인과 도식을 예증하였다. 10장에서 논의하는 바와 같이, 이런 유형의 시험은 생명의 과학자와 임상 과학자들이 약의 효능을 측정하기 위해 위약 및 약의 작용과 관련 없는 다른 효과를 통제하는 방식으로 이루어진다.

생의학적 모형에 의거한 의학적 지식은 일반적으로 기계론적 인과로 설명되며, 이는 의학적 현상(질병이나 치료)의 객관적 이유를 표현한다. 의사들은 환자의 질병과 회복을 일으키는 물리적 원인, 유물론적 존재자 및 힘과 관련된 설명에만 관심이 있다. 과학자들이 자연 현상을 물질적 요소와 기작으로 설명한 것처럼, 생의학 의료인 또한 질병 현상을 물질적 존재자와 기작으로 설명한다. 예를 들어, 생의학적 의료인은 암의 원인을 여섯 개 정도의 유전자의 돌연변이로 환원하였다 (Hanahan and Weinberg, 2000). 인과적 기작이 확인되면, 치료나 치료법은 일반적으로 화학적, 물리적 개입에 기반을 두며, 의약품이나 수술 기법의 형태를 띤다.

타가드는 역학적, 생물학적 연구를 결합한 인과망 실현 설명 도식을 제시하였다(Thagard, 1999). 그의 설명 도식은 인과적 상호작용의 도식으로써, 여기에는 상관성, 대체 원인, 기작이 조건적 인과 확률과 함께 한 사람이 질병에 걸리는 이유를 설명하는 요소가 된다. 타가드에게 있어 "왜 사람이 특정 질병에 걸리는지를 설명하는 것은 질병과 가능한 원인 요소들 사이의 연관을 알아차리는 것에서 시작한다."(Thagard, 1999, p. 101) 이 연관성을 인과로 나아가는 상관성으로 간주하기 위해 연관성은 통계적이거나 확률적이어야만 한다. 확률은 단순한 조건 이상이며 인과적이기도 해야 하는데, 여기에서 확률은 단순히 작용과만 관련되어 있다기보다는 작용을 일으키는 질병에 대한 척도가 된다. 즉, 그런 확률은 인과력 causal power 을 측정한다. 이에 더하여 인과력은 질병의 다른 가능한 원인을 고려사항에 포함해야만 한다. 이들 원인을 제거하는 것은 인과력을 증가시킨다. 마지막으로 기저 기작에 관한 지식은 인과적 관계를 지지하지만, 이 관계를 추측하기 위한 필요조건은 아니다.

타가드는 인과망 실현 설명 도식을 예증하기 위해 십이지장 궤양의 증례를 활용하였다(Thagard, 1999). 그는 관절통 때문에 아스피린과 같은 비스테로이드성 소염제를 먹는 환자에서 출발한다. 약의 과용은 위산 분비를 증가시키고 빠른 위의 공복을 가져오며 이는 위벽에 손상을 줄 수 있는 여러 원인 중 하나이다. 이에 더하여 유전적 소인은 환자의 상태를 악화할 수 있다. 이들 요소 외에도 스트레스나 흡연과 같은 환경적 조건이 위산 분비량과 위 배출 증가에 이바지한다. 환자는 이제 배리 마샬Barry Marshall이 위염, 십이지장염, 궁극적으로 십이지장 궤양을 일으킬 수 있음을 증명한 헬리코박터 파일로리 감염에 취약하다. 타가드의 설명 도식이 질병을 발생시킨 것이 단일 원인이 아닌 복잡한 질병 과정을 해명하려고 시도했다는 점이 중요하다.

쉐프너 또한 다른 사람들이 제안한 다양한 설명 도식의 인과 기작 요소를 합쳐 다중 요소 설명 도식을 발표하였다(Schaffner, 1993). 쉐프너에 따르면 "과학적 설명에 대한 헴펠의 모형과 샐먼의 초기 S-R [통계적 관련성] 해명은 인과에 호소할 때 해결책에 도달할 수 있다고 생각한 결함으로 인하여 고통받았다."(Schaffner, 1993, p. 262) 이를 위해 그는 인과의 형이상학적, 인식론적, 논리적 요소를 분석하여 여섯 개의 구성 요소로 이루어진 설명 도식을 전개하였다. 첫째, 생의학적 체계 BMS를 구성하는 일련의 일반화로 구성된 의미론적 요소이다. 둘째, 원인적 요소로 결정론적이나 확률론적이다. 셋째, 생의학적 체계의 영역들이 통합되는 통합적 요소이다. 넷째, 전제 집합에서 도출한 인과적 결론이 설명주제가 되는 논리적 요소이다. 다섯째, 비교적 평가 귀납 요소로, 여기에서 설명주제의 베이즈주의 귀납 옹호를 다른 옹호와 비교·평가한다. 마지막, 일련의 배경을 이루는 "이상적" 설명 텍스트에서 실용적 고려를 통해 설명을 선택하는 이상적 설명 텍스트 배경 요소이다.

쉐프너는 이 도식의 설명력, 특히 원인적 요소에 대한 예시로 아플

리시아 캘리포니쿰 *Aplysia californicum* 군소[6]의 단기 기억과 장기 기억 학습을 들었다. 단기 기억 학습에 대해서는 전기 충격과 같은 자극이 머리나 꼬리에 가해지면 아가미와 수관이 외투막으로 수축되는 것을 관찰할 수 있다. 검사 자극 이전에 일정한 형태의 자극을 가하는 것을 통해 군소를 감작하여 수축의 지속 기간을 늘릴 수 있다. 이 감작의 분자 기전은 촉진 개재뉴런에서 신경 전달 물질이 분비되어 환상 AMP-단백질 인산화 효소의 단계적 반응을 통해 전시냅스 세포막의 칼륨 통로를 막는 것과 관계되어 있다. 결과로 전시냅스 세포막의 칼슘 수송 증가, 전시냅스구 presynaptic bulb 의 신경 전달 물질 분비 증가를 통해 수축 시간이 증가한다. 장기 기억 학습의 기전은 단기 기억과 닮았으나 유전자 조절과 "병렬 처리" 등 추가적인 복잡성을 포함한다.

쉐프너는 이 신경생리학적 예시의 유의성을 "여섯 가지 요소" 설명 도식, 특히 원인적 요소를 사용해 논의하였다. 쉐프너에 따르면 물리학에서 발견되는 같은 수준의 일반 법칙은 생명의과학의 일반 법칙처럼 구조적이지 않다. 쉐프너는 주장한다. "오히려 우리에게 주어진 것은 넓고 좁은 인과적 일반화에 적용할 수 있는 뒤얽힌 체계이다. 이것은 순수한 생화학적 용어로 틀 지울 수 없으며, 그 특성상 상호수준적 interlevel , 상호영역적 interfield 인 용어로 틀 지어진다."(Schaffner, 1993, p. 285) 다시 말해, 생의학적 체계는 다양한 범위의 상호작용하는 수준들로 이루어진 복잡한 체계이다. 예를 들면, 군소의 수관-아가미 수축 행동은 세포(뉴런)와 상호작용하는 고분자(신경 전달 물질)로 설명할 수 있으며, 이는 결국 조직(근육)과 상호작용한다. 그 결과는 도식적 형태로

---

6 역자 주: 연체 동물의 일종

이상화할 수 있는 인과적 일반화의 복잡한 상호수준적 체계이다. "특성상, 생물학적(그리고 생의학적)인 설명은 빈번하게 '원인/기계론적'"이라는 점이 중요하다(Schaffner, 1993, p. 296).

최선의 설명으로의 추론

1960년대 중반 길버트 하먼 Gilbert Harman 은 "최선의 설명으로의 추론 IBE "이라고 불리는 설명 체계를 도입하였다.[7] 하먼에 따르면 "한 사람은 전제 아래 주어진 가설이 다른 어떤 가설보다 증거를 더 '잘' 설명하는 한 주어진 가설이 참이라고 추정한다."(1965, p. 89) 다시 말하면, 한 가설이 경쟁 가설보다 현상을 더 잘 설명하여 따라서 참이라고 주장되기 위해서는 경쟁 가설이 현상을 설명하는 데에 있어 부적절하므로 제거되어야만 한다는 것이다. 경쟁 가설의 제거는 가능한 증거의 총체성에 기초한다. "자, 실제로 우리는 모든 관찰 가능한 A가 B라는 상황을 알고 [모든 A가 B라는] 추론을 하기 전에, 모든 증거를 고려하는 것이 좋은 추론 방법이라는 것을 알고 있다."(Harman, 1965, p. 90) 따라서 모든 증거를 고려하는 부담을 진 다음에야 한 사람은 어떤 가설이 경쟁 가설보다도 현상에 대한 좋은 설명이라고 선택한 것을 보증

---

[7] 하먼이 적은 바와 같이, 최선의 설명으로의 추론은 과학적 설명의 이해에 있어 귀납적 추론 체계의 오랜 전통에서 가장 최신의 형태이다(1965). 19세기 후반에 찰스 샌더스 퍼스는 그가 귀추(abduction)라고 부른, 이 전통에서 가장 잘 알려진 형태를 확립했다.

할 수 있다.[8]

과학철학자들, 특히 실재주의에 가까운 편은 최선의 설명으로의 추론을 활용하여 과학적 설명과 이론의 입증을 해명하며 과학자들이 세계의 실제를 표현하는 이론과 가설을 수립할 때 선호하는 방법이 최선의 설명으로의 추론이라고 주장한다. 예를 들어, 다윈의 진화론을 논의하는 데에 있어 리처드 밀러 Richard Miller 는 다윈의 생각이 "모호함, 불완전함에도 불구하고 자료를 가장 잘 설명할 수 있는지 여부가 다른 경쟁 가설에 대하여 자연 선택 가설에 우월성을 부과"했다고 주장한다(1987, p. 165).

다른 과학철학자들은 최선의 설명으로의 추론에 대해 그리 낙관적이지는 않다. 예를 들어, 비판자들에 따르면, 최선의 설명으로의 추론은 연역이 아니라 확충이다. 결과적으로 최선의 설명은 결국 거짓으로 증명될 수 있다. 다시 말하면, 최선의 설명으로의 추론은 귀납 문제가 가지고 있는 불리함을 그대로 이어받는다. 최선의 설명은 "쓰레기" 설명 중 최선일 뿐일 수도 있다(van Fraassen, 1989). 최선의 설명으로의 추론의 지지자들은 최선의 설명을 결정하는 데에 있어서의 특권적 위치를 가정하며 경쟁 설명 집합에서 최선의 설명을 확증하기 위한 적절한 기준을 전개하지 않는다.[9]

---

8   하먼은 『생각(Thought)』에서 최선의 설명으로의 추론에 대한 개념을 추가로 전개하였다(1973).

9   바스 반 프라센(Bas van Fraassen)은 최선의 설명으로의 추론에 대한 다른 비판을 제기했다. 그는 최선의 이론은 증거를 해명할 수 있는 이론의 무한 집합 중 하나일 뿐이기 때문에 대수롭지 않게 다뤄야 한다고 주장하였다. 반 프라센의 비판에 대해 최선의 설명으로의 추론을 옹호하는 논증으로 실로스, 레디먼 등을 참조하라(Psillos, 1996; Ladyman et al., 1997).

확실히 최선의 설명으로의 추론의 주요 쟁점은 한 가설을 최선으로 확증하고, 반면 다른 가설을 최선이 아닌 것으로 제거하기 위한 기준 집합의 전개에 있다. 타가드는 "어떤 기준으로 한 가설이 다른 가설보다 나은 설명을 제시한다고 판단할 수 있는가?"라고 묻는다(Thagard, 1978, p. 76). 하먼은 이 문제를 인정하고 있었지만, 그는 좋은 설명의 몇 가지 특징, 즉 단순성, 그럴듯함, 더 많이 설명함, 더 적은 임시변통을 나열하는 것 이상을 논의하지 않았다(Harman, 1965). 타가드에 따르면 하먼과 다른 사람들이 진행한 후속 분석은 일반적으로 받아들일 만한 기준 집합을 충분히 제시하지 못했다(Thagard, 1978).

타가드는 몇몇 경쟁 선택지 중에서 이론을 선택한 과학 사례 몇 가지를 뽑아, 최선으로의 설명 가설을 한정하기 위한 세 가지 기준을 분간하였다.[10] 첫째는 부합으로, 이것은 "이론이 얼마나 설명할 수 있는지의 척도로, 이것을 사용해 다른 이론보다 이 이론이 증거를 더 많이 설명하는지를 말할 수 있다."(Thagard, 1978, p. 79) 둘째는 단순성이다. 여기에서 더 나은 설명은 덜 복잡하거나 더 경제적이며 추가적 실험과 관찰 증거, 특히 제기된 이론에 정합하지 않는 증거를 해명하기 위한 임시변통적 수정을 필요로 하지 않는다. 마지막은 유사성으로, 최선의 설명은 다른 유사한 설명과 비슷하다. 예를 들어, 다윈의 자연 선택 개념은 널리 받아들여지고 있던 설명인 인위 선택과 유사점을 공유한다.

알렉산더 버드 Alexander Bird 는 위에 나열된 것에 더하여 최선의 설명

---

10   타가드는 이 기준들이 최선의 설명을 선택하는 데에 있어 필요조건도, 충분조건도 아님을 인정하였다(Thagard, 1978).

을 결정하는 추가적인 기준을 제시하였다(1998). 첫째 특징으로 설명은 현상이 작동하는 것을 해명할 수 있는 정확한 기작을 제시할 수 있다는 것이다. 이전에 적은 것처럼 기작은 현상이 어떻게 작동하는지를 설명하는 데에 있어 중요하다. 좋은 설명의 다른 중요한 특징은 일반성으로, 이것은 타가드의 부합과 같은 종류에 속한다. 다시 말하면, 가설로써의 설명은 여러 종류의 사실과 관찰을 통합하고 일체화할 수 있는 능력을 갖춰야 한다는 것이다. 마지막 특징은 일관성이다. 최선의 이론은 "다른 설명을 통합하고 연합할 수 있는 능력을 갖춘다."(Bird, 1998, p. 89) 확실히 어떤 하나의 특징도 최선의 설명을 해명하는 데에 충분하지 않으나, 이들 특징 대다수를 보이는 설명은 최선의 후보일 가능성이 가장 높다. 예를 들어, 하워드 테민 Howard Temin 의 DNA 프로바이러스 가설은 레트로바이러스 복제의 기작을 제시한 역전사효소의 발견 이전에는 받아들여지지 않았다. 이 가설이 가장 단순한 것도 아니었고 분자 생물학의 중심 원리에 부합하지도 않았던 것이다(Marcum, 2002).

피터 립톤 Peter Lipton 은 최근 가장 포괄적인 최선의 설명으로의 추론의 개념을 제시하였다(2004). 그는 대조적 설명에 초점을 두었으며, 여기에서는 최선의 설명과 그 경쟁 설명 간에 대조적 차이가 존재한다. 다시 말하면, 립톤은 왜 이 질문이 최선인지만을 고려한 것이 아니라 왜 이 설명이 최선이고 다른 것이 아닌지의 질문을 문제로 삼은 것이다. 그는 "차이 조건 Difference Condition "이라고 명명한 개념에 기반을 둔다. 이 조건은 한 가설적 설명의 승인과 다른 설명의 부인 사이에 인과적 차이가 있음을 명시한다. 즉 최선의 설명은 다른 설명에 빠져 있는 인과적 요인을 포함하고 있다. 다시 말하면, 최선의 설명은 다른 설명에 비해 인과적 대조에서 우위를 차지하고 있다.

립톤의 최선의 설명으로의 추론은 존 스튜어트 밀 John Stuart Mill 의 "차이법 Method of Difference "과 유사성을 공유한다. 밀에 따르면, 인과적 행위자는 두 상황의 차이로 식별할 수 있다. 다시 말하면, 다른 모든 조건이 동일할 때, 어떤 집단에서 한 사람이 식중독에 걸렸는데 그 사람만 대하 비스크를 먹었다면, 대하 비스크가 왜 그 사람이 식중독에 걸렸는지를 설명한다는 것이다. 립톤은 그의 인과적 대조 설명이 관찰되지 않은 원인의 추론과 다양한 차이에도 불구하고 한 가설적 설명을 선택하는 것을 해명할 수 있다고 주장한다.[11]

립톤에 따르면 최선의 설명으로의 추론 방법은 두 단계로 이루어진다. 첫 번째로 현상을 설명하는 잠재 추정적 가정의 생성이 이루어진다. 제한된 숫자의 가설만이 생성되는데, 이는 "인식론적 여과"가 그럴듯한 설명을 선택하기 때문이다. 립톤은 최선의 설명이 모든 증거를 해명해야 한다는 명제에는 크게 신경 쓰지 않았다. 이것이 중요하긴 하지만, 다른 것에 대한 대조적 우위를 가지는 것을 더 중시했기 때문이다. 이 우위는 종종 최선의 설명이 새로운 예측을 해명할 수 있는 반면 다른 경쟁 설명이 그러지 못할 때 얻어진다. 두 번째 단계는 최선의 설명의 선택과 관련된다. 최선의 설명의 선택은 그 "멋짐 loveliness "에 의존하지, 꼭 그 "가망성"에 의존하는 것은 아니다. 가장 멋진 설명은 "최대의 이해"를 가져오는 것인 반면, 가장 가망성 높은

---

11   스티븐 라파포트(Steven Rappaport)는 립톤의 1991년 판 책에 수록된 최선의 설명으로의 추론의 원래 형태가 밀의 차이법과 "동일하다"라고 논증한다(1996). 그러나 립톤은 밀의 방법이 인과적 대조를 확립하지 못했다고 주장한다(Lipton, 2004, pp. 126-128).

설명은 "최대로 보증된 것"이다(2004, p. 59). 한 설명을 다른 것보다 더 멋지게 만드는 것은 단순성과 통합력, 인과적 기작의 해명에 있어 설명적 장점에 있다.

립톤은 그의 최선의 설명으로의 추론을 이그나츠 제멜바이스 Ignaz Semmelweis 가 병원의 제1 산과가 다른 산과보다 산욕열로 인한 여성 사망률이 더 높은 것을 설명하기 위해 1844년부터 1848년까지 진행한 연구로 예증한다. 처음에 제멜바이스는 당대의 "유행성 영향력 epidemic influence " 개념에 기반을 둔 가설과 식이 및 일반 돌봄과 같은 다른 그럴듯한 가설을 고려하였으나, 그들을 하나 또는 다른 이유로 인해 기각했다. 그러나 두 병동을 비교해 보니 사망률이 높은 병동에서는 의과대학생들이 환자를 돌보고 있었다. 제멜바이스는 이 관찰을 해명하기 위한 몇 가지 가설을 제시했다. 의과 학생들이 환자를 더 거칠게 다룬다던가 하는 것이 그의 가설이었다. 다시, 그는 이 가설들을 배제하였다. 부검 중 자신을 찌른 동료가 산욕열과 비슷한 질환으로 사망한 것을 우연히 관찰한 제멜바이스는 의과대학생들이 시신에서 유래한 물질로 산모들을 오염시키고 있다는 가설을 세웠다. 환자를 검사하기 전에 의과대학생들의 손을 씻기는 것만으로도 사망률을 산과 병동의 수준으로 줄일 수 있었다.

립톤에 따르면 제멜바이스 사례 연구는 최선의 설명으로의 추론을 뒷받침하는 "금광"이다. 립톤은 "대조되는 것들을 통해 그의 설명적 관심(과 그의 관찰, 실험 방법)을 조정하여 그는 경쟁 가설을 분간하는 데에 도움을 얻었다"라고 논증한다. "제멜바이스는 넓은 범위의 대조점들(그리고 대조의 부재)에서 최선의 종합적 설명을 제시할 수 있는 가설을 판단할 수 있었고, 그리하여 어느 가설로 추론해야 할지 결정할 수 있었다."(2004, p. 81)

기능적 설명

래리 라이트 Larry Wright 에 따르면 기능은 "의미의 연속체"를 지닌 애매한 용어이다(1973). 그러나 기능은 철학에서 보통 목적론적인 용어로, 특정한 목표나 목적을 만족시키는 활동이나 행동으로 정의된다. 따라서 기능은 목적의 달성에서 기원한 수행적 개념이다. 베렌 앙 Berent Enç 은 기능적 문장을 다음과 같이 기호화하였다. "X의 기능은 Y를 행하는 것이다."(1979, p. 344)[12] 예를 들어 심장의 기능(X)은 피를 밀어내는 것(Y)이다. 이 예에서 심장의 목표나 목적은 신체의 피를 밀어내어 순환시키는 것이다. 게다가 심장의 구조는 펌프로 기능하는 데에 이바지한다. 심장은 피를 밀어낸다는 것과 같은 기능적 언표는 왜 심장이 피를 밀어내는지, 어떻게 심장이 피를 밀어내는지와 같은 추가적인 질문을 제기하며, 이런 질문은 설명을 필요로 한다.

하웁 드 용 Huib de Jong 에 따르면 "기능적 설명은 복잡 체계를 분해하는 형태를 취하곤 한다. 이것은 체계를 그것이 무엇을 하는지의 관점으로 기술한 뒤, 체계의 행위를 그것이 무엇인지의 관점으로 설명한다."(2003, p. 292) 다시 말하면, 특정 기능은 그 구조로 설명된다. 심장이 혈액을 밀어내는 예를 보자면, 심장은 그것이 펌프이기 때문에 혈액을 순환시킨다. 방법에 관한 질문은 심장의 구조와 그 근육 및 신경의 구조에 대한 세부를 제시하는 것을 통해 답변될 수 있다. 앙은 기능적 설명에 대한 다른 정식화를 제시하였다. "X는 Y를 하기 위해 S

---

12   앙은 활동과 과정에 귀속하는 기능은 대개 설명적 가설을 형식화하기 위해 사용되는 방법론적 제약을 표현한다는 흥미로운 주장을 하였다(1979).

한다."(Enç, 1979, p. 344) 혈액을 밀어내는 심장의 예를 들면, 심장(X)은 신체 조직에 영양을 공급하기 위해(Y) 피를 밀어낸다(S).[13] 이유에 관한 질문에 답변하기 위한 언어적 기능을 수행하는 것은 "~을 하기 위해" 이다.

기능적 설명은 특히 생물학과 심리학에서 흔하게 사용되며, 특히 생물 유기체와 그 행동의 복잡성 때문에 자주 사용된다. 어니스트 네이글 Ernest Nagel 은 이들 분야에서 기능적 설명을 구성하는 네 가지 유형의 기능을 분간하였다(1977). 첫째, 목적론적 중립 기능으로, 여기에서 기능 개념은 목적적 행동을 내포하지 않는다. 오히려 기능은 단순히 "생물학적 역할"로 표현되며 주어진 구조에서 유기체의 특성을 표현한다. 이 기능 개념에 기반을 둔 설명은 구조-기능 관계로 표현되며 물리학, 화학의 설명과 유사하다. 예를 들면, 신장은 대사 후 잔여물을 제거(생물학적 역할)하기 위해 사구체의 모세혈관 투과(구조)로 피를 여과한다.

둘째, "선택적 행위성" 기능으로, 여기에서 활동은 "선택된 결말을 성취하기 위한 목적적 행위자에 의해 유도된다."(Nagel, 1977, p. 280). 이 기능 유형은 인간적 활동·행위와 비인간적 활동·행위 사이 유비에 기초한다. 다시 말해, 특정 활동이나 행동은 유기체적 경제에서 특정 기능을 수행하기 때문에 선택된다는 것이다. 이것은 인간적, 의식적 기능으로부터 비인간적, 무의식적 기능으로의 "은유적 연장"을 표현한다. 선택적 행위성에 기반을 둔 설명은 의식적 설명과 같은 패턴을 지

---

13   물론 이 정식화는 방법에 관한 질문을 답하는 데에 사용될 수도 있다. 심장(X)는 피를 밀어내기 위해(Y) 수축한다(S).

닌다. 따라서 유기체에서 선택된 기능은 그 기능이 유기체에서 수행하는 작용"을 위해" 선택된다. 예를 들어, 척추동물에서 신장의 여과 기능은 유기체의 혈액에서 대사 후 잔여물을 제거하기 위해서 선택되었다.

셋째, "휴리스틱" 기능으로, 여기에서 기능은 "마치" 그것이 설계의 산물인 것처럼 인식된다. 그 지지자들에 의하면, "과정이 물리화학적 법칙에 기초하여 설명될 수 있는 경우 과정은 목적적인 것으로 적절히 특징짓기 어렵다. 또한, 명시된 작용을 산출하기 위해 과정이 **의도**되거나 **설계**된 경우에만 유기적 과정의 작용은 그 생물학적 기능의 하나로 간주할 수 있다."(Nagel, 1977, p. 290) 다시 말하면, 비인간 유기체에 기능을 귀속하는 것을 문자 그대로 받아들여선 안 되고, 연구를 인도한 "규제적" 원칙 또는 금언으로 수용해야 한다는 것이다. 기능적 설명은 설계적 기능의 면에서 기관이나 유기체의 특정 행동에 대한 언표를 나타낸다. 예를 들어, 신장은 마치 이 기능을 달성하기 위해 설계된 것처럼 혈액에서 대사 후 잔여물을 여과하는 기능을 한다.

앞의 기능 유형들이 그에 기반을 둔 설명 도식에 의심을 드리우는 결정적인 결함을 가지고 있기 때문에, 네이글은 그가 "목적 지지" 또는 "번영" 기능이라고 부르는 네 번째 유형을 지지한다. 여기에서 "기능적 언표는 논의 대상인 체계가 목표 지향적임을 전제로 할 뿐만 아니라, 대상에 귀속되는 기능은 체계가 그를 위하여 조직된 **어떤 목적**의 실현이나 유지에 **기여**한다."(1977, p. 296) 이 유형의 기능은 유기체의 번성에 있어 기능의 전반적 목표나 장점을 통합하는 더 일반적인 설명에 적합하다. 예를 들어, 제한된 확산 능력 환경 내에서 유기체 신장의 기능은 대사 잔여물을 제거하는 것이고, 이를 통해 유기체는 생명에 도움이 되는 혈액 조성을 유지할 수 있다.

알렉스 로젠버그 Alex Rosenberg 는 생물학의 기능적 설명 개념에 도전한다. 로젠버그에 따르면 "기능 생물학의 명백한 일반화는 사실 사건, 상황, 과정의 유한 집합이 나타내는 경향성과 동시 발생에 관한 시공간적으로 제약된 언명일 뿐이다."(2001a, p. 148) 다시 말해, 기능적 설명은 자연법칙을 표현한 것이 아니라 특정 장소의 조건과 다윈적 자연 선택 법칙에 의존적인 기술일 뿐이라는 것이다.[14] 예를 들면, 전통적으로 남방공작나비의 눈 모양의 무늬에 대한 기능적 설명은 잠재적 포식자의 주의를 다른 곳으로 돌리는 것이었다. 그러나 "생물학적 성질이란 환경에 의해 부과된 설계 문제 집합의 해결을 위한 변이의 선택이 가져온 결과이다. 따라서 생물학적 성질의 기능적 개체화는 자연 선택의 변덕과 변천을 반영한다."(Rosenberg, 2001a, p. 148)

마크 랭 Marc Lange 은 로젠버그의 주장에 문제를 제기하고 기능적 설명은 단지 국소 우발성과 자연 선택 법칙만으로 환원할 수 없다고 주장하였다(2004). 예를 들어, 그는 흡연하던 환자가 폐암으로 죽은 이유를 설명하면서 다음 표현을 인용한다. "의학은 인간 진화의 역사를 변수로 취하지 않는다."(2004, p. 107)

---

14   로젠버그는 "생물학적 설명은 역사적 설명으로 여기에서 함축되어 있는 법칙은 자연 선택의 원칙이다"라고 주장한다(2001a, p. 148). 로젠버그에게 있어, 생물학적 설명의 해명을 위해서는 헴펠의 총괄 법칙 체계로 충분하다(2001b).

서사적 설명

논리적, 과학적 설명 체계와 비교할 때 서사적 설명은 문제가 있는 것처럼 보인다. 존케이 아담스 Jon-K Adams 에 따르면 "서사와 설명에 대한 우리의 일반적인 개념은 둘이 너무도 떨어져 있어 양립할 수 없는 것처럼 보인다는 것이다. 서사는 일어난 일을 말해준다. 설명은 알기 쉽게 또는 이해할 수 있게 한다."(1996, p. 110) 그러나 서사는 설명의 원초적, 기본적 형태를 표현하며 상식적, 과학적 직관과 비교될 수 있다. 이야기를 통해, 사건은 응집, 구조화하여 의미, 목적, 유의성, 이해를 전달한다. 다시 말하면, 사건이 이해 가능해지는 것이다. 서사는 때로 이유에 관한 질문에 답변하는 강력한 방법이 될 수 있다. 특히 사건이 왜 일어났는지에 있어, 서술자가 선행 사건을 목적적, 의도적으로 구성하여 설명되어야 할 사건을 서사의 자연적 귀결로 보이게 만드는 것이다.

선행 사건과 설명될 사건의 연결에 기반하여, 아담스는 헴펠적 용어인 설명주제(설명되어야 할 사건)와 설명소재(설명주제에 선행하는 사건의 연속)를 통해 서사적 설명 구조를 구성한다. 아담스는 주장한다. "서사적 설명의 논리는 단일 사건을 이끌어내는 사건의 연속이 그 사건을 설명한다는 가정 위에 놓여 있다."(1996, p. 110) 따라서 서술자는 선행하는 사건이 이후 사건을 설명하는 것으로 조합하여 이해에 다다르려 한다. 설명적 이야기는 개개의 서술자뿐만 아니라 개개의 서술자가 거주하는 사회에 의해서도 말해질 수 있다는 점이 중요하다. 사실, 사회가 서술하는 이야기는 그 구성원을 정의하고 그 안에서 그들의 위치와 기능을 해명하는 데에 있어 중요하다. 이런 이야기들은 건강할 수도 있지만, 또한 파괴적이고 해로울 수도 있다. 사회 구성원의 건강뿐만 아니라 사회 전체의 건강에도 영향을 미치게 되는 것이다.

서사적 설명은 역사에서 특히 중요하다. 과학적 설명이 자연을 추상하고 이야기의 역사적 세부는 생략하는 반면, 서사적 설명은 역사적 세부를 전적으로 끌고 들어온다. 이런 세부가 없는 서사적 설명은 빈약하며 이야기되는 또는 검토되는 사건의 의미를 충분히 전달하는 데에 실패한다. 역사가 폴 로스 Paul Roth 에 의하면 서사적 설명은 "설명하고자 하는 결과로 이어지는 과정으로써의 사건들 사이의 결합에 관한 해명"을 제공한다(1998, p. 1). 설명될 사건 사이의 연결을 구성하는 것이 무엇인지의 이슈가 표면화된다. 과학적 설명에서, 이런 연결이나 결합은 보편 자연법칙에 호소하여 이루어진다. 그러나 역사가들은 전통적으로 자연법칙에 호소하지 않는다.

역사적 설명의 건전성을 강화하려는 시도에서, 헴펠은 일반 법칙이나 보편 가설을 포함하는 역사적 사건에 대한 설명 도식을 제안하였다. 역사가들이 "설명하고자 하는 사건에 연루된 바로 그 사람, 그 장소에 자신이 위치한 것으로 상상하여" 이루어지는 "공감적 이해의 방법"에 대하여, 헴펠은 일반 법칙과 초기 조건을 포함하는 자연과학의 설명과 유사한 역사적 설명의 논리적 구조를 제안하였다(Hempel, 1942, p. 44). 비록 헴펠의 제안이 몇몇 역사가에게 영향을 미쳤을지는 모르나, 그에 반대한 여러 사람이 있었다. 예를 들어, 윌리엄 드레이 William Dray 는 "역사에서 설명의 요구는 보통 적절한 답변이 서사적 형태를 지닌다는 가정 아래 해석된다"라고 주장하였다(1954, p. 17). 드레이에게 있어 문제가 되는 것은 사건의 필수성이 아닌 사건의 발생 가능성이다.

로스는 역사에서 서사적 설명에 대해 실증주의가 제기하는 두 가지 일반적 반론을 다루었다(Roth, 1988). 첫째는 본성상 방법론적인 것으로, 서사적 설명은 보편 사건이 아닌 특수를 상대하며, 따라서 설명을 정당화하거나 합법화할 수 있는 법칙에 호소할 수 없다는 것이다. 로스는 이 비판이 "엉뚱하며" 설명 도식 전개의 다른 방법들을 해명하는 데에 실패한다고 믿는다. 오히려 그는 이러한 비판에 이의를 제기하며 "서사적 설명이 객관적 평가를 위한 실용적인 후보가 될 방법을 확립하도록 그 설명의 충분한 형식적 속성을 [발견한다면]" 서사적 설명은 표준 도식의 대안이 될 수 있다고 주장한다.

두 번째 반론은 본성상 인식론적인 것으로 "서사를 어떻게 검증할 것인가"와 관련된다(Roth, 1988, p. 2). 서사적 설명은 전통적 개념으로 검증할 수 없다는 것과 픽션과 논픽션을 구분할 수 없다는 반론은 역사적 지식에 대한 대응 이론에 근거한다고 주장하였다. 이런 지식이 사실에 의해 구속된다는 것을 인식하고 있으나, 그는 참, 거짓의 범주가 서사적 설명을 평가하는 데에 적절한지를 묻는다. 로스는 객관적 서사의 개념은 일관적인 개념이 아니며 이는 "연대기에는 이상적인 사건이 없기" 때문이라고 주장한다(Roth, 1998, p. 8). 오히려 역사에 대한 객관적, 이상적 해명은 인간 서술자의 관점이 서사에서 배제될 수 없다는 사실로 인해 내파된다.

진리가 서사적 설명을 평가하는 데에 있어 부적절한 범주이므로, 그것을 평가하는 최선의 기준은 무엇인가라는 질문이 떠오르게 된다. 데이비드 벨레먼 David Velleman 은 이야기의 좋음이 적절한 기준이라는 의견을 제시하였다(2003). 좋은 이야기나 서사를 만들어내는 것은 겉보기에 다양한 불연속적인 사건들을 조직하여 이해할 수 있는 전체로 만들어내는 능력이라는 것이다. 이것은 실용적 사고를 필요로 하며, 이는 한 사람이 이해하는 것과 한 사람이 할 수 있는 것을 연결한다. 서사에 대해 실용적 사고가 제시하는 근거들은 인과적이라기보다는 정서적이라고 말할 수 있는 맥락의 설정을 통해 설명적으로 작동한다. 벨레먼에 따르면 이해는 종종 본능적, 신체적 수준에서 이루어진다. 그렇다면 좋은 이야기는 정서적 이해를 활용하여 서사에 설명력을 부여하는 것이다. 그러나 서사를 통해 달성된 정서적 이해는 인과적 이해와 대조되는 것이 아니라, 사건을 동시에 정서적, 인과적으로 이해하려는 시도에서 이를 보충하게 된다.[15]

마크 베버 Mark Bevir 또한 실증주의의 비판에 대해 서사적 설명을 변호하며, 과학적 설명에 역사적 설명을 동화하려 시도한다(2000). 서사적 설명의 일반 도식은 믿음을 연계태도 pro-attitude 에 관련짓는 것으로 이루어진다. "행위자는 행위 X를 행하는 것이 자신의 연계태도 Z를 충족하리리라는 믿음 Y를 견지하고 있기 때문에 X를 행하였다."(Bevir, 2000, p. 13) 두 가지 유형의 연결이 서사적 설명에서 믿음을 연계태도에 관련짓는다. 첫째는 조건적 연결로, 이것이 "행위자의 믿음과 연계태도를 서로 관련짓는다. 이를 통해 행위가 하나 이상의 연계태도를 충족할 것이라는 사실을 이해할 수 있다."(Bevir, 2000, p. 14) 이 연결은 인과적 필요조건이 아니며, 또한 임의적인 것도 아니다. 특정 믿음과 연계태도에 기반을 둔 핵심 행위자의 주제나 개념이 역사가가 확인할 수 있는 역사적 사건을 주도한다. 두 번째 연결은 의지적 연결로, 이

---

15 벨레먼이 서사적 설명이 "투영적 오류"로 문제가 될 수 있다는 점을 지적한 것은 옳다. 여기에서 서술자는 선행 사건에 결말을 투영함으로써 결말을 정당화하려 한다(2003).

것은 "행위자가 연계태도를 가진 것에서 행위를 수행하려 의도하고 그에 따라 행위했다는 사태로 옮겨갔다는 사실을 우리로 하여금 이해할 수 있게 한다."(Bevir, 2000, p. 15) 이 연결은 정신을 행동으로, 뇌의 상태를 의지 상태로 환원하는 것 대신 민속심리학folk psychology 에 의존한다.

역사적 서사적 설명은 픽션과는 구분되며, 이는 역사가들이 사실을 전하기 때문이다(Bevir, 2000). 다시 말하면, 역사가들은 믿음, 행위, 연계태도를 중심으로 삼아 주제를 분석하는 인식론적으로 적법한 서사를 제시할 수 있으며, 이는 사실이 순수한 지각에서만 주어지는 것이 아니라 항상 민속심리학이 제시하는 사전 개념들 속에 포개져 있기 때문이다. 과학적 설명조차도 합리적인 이론과 개념이라고 선언하는 합의에 따른 사전 개념 속에 포개진 사실에 의존할 수밖에 없다. 베버에 따르면 "순진한 실증주의의 거부는 과거가 고립된 사실의 연속으로 역사가에게 자신을 드러내지 않는다는 사실을 함축한다. 과거는 서사를 부과하여 사실을 정렬한다. 오히려 과거는 모든 경험과 같이 이미 구조화된 사실의 집합으로 자신을 드러낸다."(2000, p. 18) 다시 말하면, 역사적 사건은 이미 서사적 구조를 보인다는 것이다.

서사적 설명은 또한 임상의학의 인문주의적 접근에서 사용되고 있다. 글린 어윈Glyn Elwyn 과 리처드 권Richard Gwyn 은 "임상을 뒷받침하는 모든 과학에 있어 의사와 환자는 [질환의] 세계를 이야기의 방식으로 이해한다"라고 본다(1999, p. 186). 문제는 "증상적 행동symptomatic behavior 을 진단 분류에 맞추어 얻은 것에 증상적 행동을 삶-이야기에 맞추는 것이 이해를 더하는지 여부"에 있다(Velleman, 2003, p. 1). 인문주의적 의료인 다수는 이 질문에 전적으로 긍정한다. 환자의 개인적, 역사적 정보나 이야기는 환자의 질환 경험을 완전히 이해하고 설명하는 데에 있어 필수적이다. 이는 정확한 진단과 효과적 치료를 가능케 한다.

생의학적 모형의 설명이 추상적인 반면, 인문주의적, 인본적 모형의 설명은 추상을 역사적, 개인적 세부로 예시한다. 이에 더하여 생의학 모형의 설명의 범위는 물리적(정신마저도 물리로 환원된다)인 반면, 인문주의적 모형은 환원 불가능한 정신적, 사회적, 영적인 것마저도 포함한다. 인본적 의료인의 임무는 환자의 질환 경험을 전적으로 설명하기 위해 환자의 질환 경험에 관한 이야기나 서사를 듣는 것이다.

요약

설명 도식은 일반적으로 의학의 중요한 구성 요소이며, 특히 생의학 모형에서 중요하다. 생의학 의료인에게 있어 이들 도식은 의학적 현상의 이해 가능성을 해명할 수 있는 다양한 접근법을 나타내며, 자연과학에서 개발된 설명 도식에 의존한다. 객관적, 신체적 사실과 이론은 환자의 질병 상태와 같은 현상을 설명하는 데에 있어 결정적이다.

비록 생의학적 설명 도식이 지성적, 효과적 치료 방법을 설계하는 데에 있어 중요하지만, 이들이 돌봄의 질 위기에 기름을 부은 것도 사실이다. 환자들은 생의학적 의료인이 물리적 질병을 진단하고 그것을 치료하는 계획을 세우는 데에만 흥미를 보이며, 그들의 삶에 질병이 가져온 실존적 충격에 대해서는 의사가 신경쓰지 않는다고 여긴다.

인본적 의료인은 이 불만을 상대하기 위해 서사적 설명을 옹호한다. 서사를 통해 의사는 환자의 질환 경험의 실존적 차원뿐만 아니라 질병 상태를 밝히는 데에 필요한 정보에도 접근할 수 있다. 서사적 설명을 활용하여 인본적 의료인은 환자의 질환에 대한 포괄적 해명을 찾고 이를 통해 환자의 삶에서 전체성을 회복하려 한다. 이것은 만약 환자가 만성, 말기 질환으로 고통받고 있는 경우 특히 중요하다.

제9장

진단적 지식

제롬 브루너 Jerome Bruner 에 따르면 "인지 기능과 사고에는 각각 두 가지 양태가 있다. 각각은 경험을 정리하고 현실을 구성하는 별도의 방법을 제시한다."(1986, p. 11) 인지 기능의 두 양태는 패러다임 또는 객관, 그리고 서사 또는 주관이다.[1] 그들은 다른 종류의 앎을 표현하며 서로 환원될 수 없고 상보적이다. 첫 번째 앎의 방식인 패러다임(브루너가 선호한 용어이다)은 "서술과 설명의 형식적, 수학적 체계의 이상을 충족하려 한다. 패러다임은 범주화, 개념화하며, 체계를 형성하기 위해 어떤 범주가 확증, 예증, 이상화, 상호 연결되는지에 따라 작동한다."(Bruner, 1986, p. 12) 패러다임적 앎은 경험적 입증과 건전한 논증을

---

[1] 도널드 포킹호른(Donald Polkinghorne) 또한 그가 참조한 브루너와 비슷한 노선을 따라 사고의 두 형태를 구분한다(1988). 서사적 사고에 있어 그는 실제 사건을 보고하는 서사적 문장의 플롯 구조에 따른 조직화에 관하여 논의한다.

전개하기 위한 합리적 기술에 의존한다.

그러나 서사적 앎은 "인간이나 인간다운 의도와 행위, 그 과정을 나타내는 변천과 결과를 다룬다." 브루너는 "서사는 영원한 기적을 경험의 특수에 부여하려 애쓰고, 경험을 시간과 공간에 위치시키려 한다"라고 주장한다(Bruner, 1986, p. 13). 이 앎은 인간의 조건을 드러내는 좋은 이야기에 관한 것이다. 사라 워스 Sarah Worth 는 브루너의 패러다임 또는 논리-과학이라는 용어를 "추론 discursive "으로 대체한다(2008). 이는 추론이 이성과 앎의 즉각성, 직접성을 가장 잘 표현한다고 보기 때문이다. 이 장에서 그녀의 용어 사용을 받아들였다.

옥스퍼드 영어 사전에 따르면 진단은 두 개의 그리스어에서 유래되었다. dia는 '~을 통해서, ~로 인하여'라는 의미이고, gnosis는 '앎'이나 '배움'을 의미한다. 그렇다면, 진단 과정은 의사가 이를 통해 환자의 질병 상태에 대한 지식이나 배움을 얻는 인식론적 방법이다. 앎에 두 가지 방식 또는 유형이 있다는 합의를 따른다면, 진단 지식은 추론(객관)과 서사(주관)로 나눠질 수 있다. 추론적 진단 지식은 5장에서 논의한 의학적 면담, 신체검사, 실험실 검사와 방법의 생의학적 진단 과정을 통해 얻어진다. 서사적 진단 지식은 질병 증상이나 질환 경험에 대한 환자의 이야기를 통해 얻어진다. 두 유형의 진단 지식 모두 환자의 질병 상태를 명확히 하는 데에 있어 중요하다.

그러나 의사가 환자의 질병 상태나 질환 경험을 이해하려는 진단적 시도에서 얻은 정보가 얼마나 확실한지에 대한 인식론적 질문이 발생한다. 이 장에서 임상적 정보를 얻는 전통적 방법인 의학적 면담, 신체검사에 관련된 인식론적 쟁점 그리고 환자의 이야기나 서사를 통한 인문주의적 수정을 탐구할 것이다. 마지막으로 추론적 진단이 명백히 돌봄의 질 위기를 악화시키는 반면 서사적 진단은 그것을 진정시키거나 해소하려 한다는 것 또한 확인할 것이다.

추론적 진단 지식

앎의 전통적 형태는 추론적 사고에 기반을 두고 있으며, 이는 "방법" 또는 "대상"의 앎에 관한 질문을 제기하는 것이다(Worth, 2008). 이런 사고는 성질상 논리적(귀납 또는 연역이지만 귀추는 아닌)이다. 이는 논리적 논증에 의거하여 전제와 결론 사이의 연결을 형식화한다. 생의학적 의료인은 의학적 면담, 신체검사, 실험실 검사를 통해 진단적 지식을 얻는다.

옥스퍼드대학교 의과대학 흠정 교수였던 윌리엄 오슬러 William Osler, 1849~1919 는 20세기 초 현대 임상 진단의 기초를 세웠으며, 환자의 증상에 대한 병리학적 분석을 강조하였다. 그의 후임자[2]이자 선천적 대사 이상에 대한 작업으로 유명한 아치볼드 개로드 Archibald Garrod, 1857~1936 는 오슬러의 진단적 접근에 환자의 생화학적 조성을 포함하여 이를 발달시켰다. 오늘날에는 환자의 유전적 조성 또한 진단 과정에서 중요한 요소로 받아들여지고 있다. 이 절에서 생의학적 모형의 진단 과정인 의학적 면담 및 신체검사와 연관된 인식론적 쟁점을 논하였고, 특히 진단 가설과 의학적 오류의 생성과 정당화를 다루었다.

---

2   역자 주: 원문에는 전임자라고 적혀 있으나, 개로드는 오슬러의 후임으로 흠정교수로 임명되었기에 후임자로 교정하였다.

추론적 진단 지식의 생성

머피는 진단 과정에 대한 포괄적 분석을 제시하였다(Murphy, 1997). 이 분석은 생의학 모형의 전략, 실제 전술, 배경 논리에 초점을 맞춘다. 진단 과정의 전략은 분류와 측정 두 가지 중심 목표로 구성된다. 분류는 환자에서 질병의 징후와 관련한 표현의 다양성을 고려하지 않고 질병 상태를 범주화하는 것이다. 측정은 환자 증상의 정량화와 관련되어 있다. 생의학의 목표는 진단의 정확성과 확실성을 보장할 수 있는 적절한 환자 측정을 제시하는 것이다. 진단 과정의 전술은 질병 상태에 관한 사실을 획득하는 데에 유용한 방법을 수반한다. 마지막으로 진단의 논리는 사실을 활용, 해석하여 환자의 질병 상태를 결정하거나 진단을 내리는 방법의 과정과 관계되어 있다. 진단 과정에 있어 "진단의가 추가적인 자료를 **불필요한 것**이나 **부적절한 것**으로 여길 때"에 결론으로 나아간다는 점이 중요하다(Murphy, 1997, p. 311).

환자의 질병 상태에 대한 지식은 일단 환자가 표현하는 증상에 의해 얻어진다. 이 표현된 증상은 의사에게 환자의 질병 상태에 대한 질문을 형식화하는 데에 필요한 정보를 제공한다. 이 질문 중 다수는 질병의 임상 징후를 관찰함으로써 답해질 수 있다. 의사가 관찰한 징후는 환자의 질병 상태 진단에 대한 가설 형성의 기초를 제공한다. 쿨러한과 블록에 따르면 "징후는 병력을 통해 전개하기 시작한 가설을 입증하거나 부정하며, 때로 검사 결과는 전적으로 다른 가설을 제안하기도 한다."(Coulehan and Block, 1992, p. 126) 징후 및 증상(좁은 범위에서)은 진단 지식의 생성과 확립에 있어서 중요한 인식론적 역할을 한다.

병력과 신체검사가 끝나면 의사는 가능한 진단명의 목록을 서술할 수 있게 된다. 이 목록에 기반을 두어 추가적인 의학 검사를 시행하여 환자의 질병 상태와 관련된 자료를 더 모은다. 카시러와 코펠먼에 따르면 "타당하고, 적절하며, 적합한 일련의 가설은 과정의 다음 단계, 즉 추가 정보를 모으고 해석하여 적절한 진단 검사를 선택하는 데에 중요하다."(Kassirer and Kopelman, 1989, p. 34) 이 검사 결과로 의사는 감별 진단을 내릴 수 있으며, 이 과정에서 의사는 임상 자료를 해명할 수 있는 가능한 질병들을 고려한다. 감별 진단의 생성은 과학자가 임시 가설을 세우고 실험적으로 가설을 검증해 나아가는 과학적 방법과 동등하다. 실험 결과는 특정 가설의 타당성이나 정당성을 확립하기 위해 사용된다.[3] 비슷한 방법으로, 의사들은 기초 임상 자료를 모아 가진 tentative diagnosis 을 내리고 임상 검사를 진행하여 어느 진단이 옳거나 정당화될 수 있는지를 결정한다.

임상 가설의 생성 과정은 아직 충분히 이해되지 않았다.[4] 카시러와 코펠먼은 어느 의사에게 52세 남성의 임상 자료가 주어진 사례를 서술한다(Kassirer and Kopelman, 1989). 그는 30년 동안 하루에 한 갑의 담배를 피웠고 20년 동안 하루에 두 잔씩 술을 마셨다. 환자의 현재 증상은 지난 3개월 동안 점진적으로 우측 팔과 다리가 쇠약해진다는 것이었다. 의사는 흡연과 음주에 기반을 두어 증상을 해명하기 위해 28개의

---

3 과학철학의 주요 논제 중 하나는 과학적 이론이나 가설의 정당화이다. 논리 실증주의자인 라이헨바흐는 이것을 정당화의 맥락(context of justification) 개념이라고 불렀다. 그러나 이 개념은 많은 논쟁을 불러왔다. 여러 이론이 경험적 증거로 정당화되거나 명확해지지 않으며 불충분하게만 결정되기 때문이다.

4 과학적 가설과 이론의 생성 또한 잘 이해되고 있지 못하다. 전통적으로 이것은 라이헨바흐가 발견의 맥락(context of discovery)이라고 부른 것의 일부이다. 가설과 이론의 발견이나 생성을 철학자가 아닌 심리학자에게 맡기는 것이 최선이라고 논리 실증주의자와 그 후계자는 여긴다.

가설을 생성했고, 21번째 가설인 소뇌 종양이 뇌수술 후 확진되었다.

카시러와 코펠먼은 임상 진단의 가설 생성과 관련된 요소들에서 몇 가지의 중요한 관찰을 해냈다. 가장 영향력이 큰 요소는 휴리스틱 신호로, 이 증례에선 환자의 음주와 흡연이었다. 다른 중요한 요소는 의사 자신의 훈련이다. 카시러와 코펠먼이 보고한 바와 같이, "연구는 의사가 진단 가설을 생성할 때, 학회에서 가장 널리 퍼져 있는 진단 과정을 떠올림으로써 이를 수행함을 보여준다."(Kassirer and Kopelman, 1989, pp. 33-34) 확실히 의사가 이전에 알게 된 휴리스틱 단서, 특히 흡연과 같은 단서는 암과 같은 특정 질병의 종류에 초점을 두어 가설을 형성하는 성향을 띠게 만든다.

쿨러한과 블록은 의학적 면담 및 의학적 가설의 생성과 정당화를 이해하기 위한 피드백 루프 기전을 제안하였다(Coulehan and Block, 1992, 2001). 이 과정은 환자가 주소를 발화할 때 시작되며, 이어서 의사는 현재 증상의 병력에 관한 질문들을 제기한다. 교환이 일어남에 따라, 의사는 정보에 기반을 둔 가설을 생성하기 시작한다. 일반적으로 과정 초기에 가능성 있는 가설은 매우 많다. 의사가 의학적 면담을 통해 환자에 대해 가족력, 사회력과 같은 더 많은 것들을 알아가면서, 정보 피드백이 가설 영역을 한정하기 시작하고 몇 가지가 선택된다. 더 많은 정보가 "기술"과 "내용"의 피드백 루프를 통해 얻어지면서 가설의 짧은 목록이 완성되고 신체검사와 실험실 검사의 결과와 비교된다. 쿨러한과 블록은 알반 페인스타인이 의학적 진단을 과학적 실험과 비교한 것을 인용하면서 그를 승인하나, 의사는 과학자가 하는 것처럼 변수를 한번에 하나씩 바꿀 수는 없다는 점을 인정한다.

플랫 Frederic Platt 과 맥매스 Jonathan McMath 를 따라 쿨러한과 블록은

의학적 가설의 네 가지 다른 유형을 분간한다(Coulehan and Block, 1992, 2001). 첫 번째 유형의 가설은 질병 앞 진단에 관한 질병 가설로 의사가 형성한다. 먼저 언급한 바와 같이, 의사의 임무는 감별 진단을 생성하여 궁극적으로 환자의 질병 상태를 식별하는 것이다. 질병 가설과 관련된 것이 서사 가설로, 이는 의사가 환자의 이야기를 형성하는 것이다. 이야기가 합리적 관점에 일치하는가? 다시 말하면 의학적 면담의 다양한 부분들이 의사가 다양한 질병에 대해 알고 있는 것에 부합하는가? 환자의 현재 증상과 관련한 병력 그리고 면담의 다른 부분들에서 인과적 관계가 나타날 수 있는가? 의사가 환자의 이야기에서 형성하는 가설의 중심에는 환자의 성격에 관하여 의사가 형성하는 가설이 놓인다. 환자가 질병 경험을 정확하게 설명했다고 믿을 수 있는가? 환자는 잘 따라올 것인가? 마지막으로, 의사는 가능한 오류 및 그에 내재한 문제와 관련하여 의학적 면담 자체에 관한 가설을 수립한다. 이런 가설은 환자에 대한 정확한 임상적 지식을 전개하는 데에 있어 핵심적이다.

추론적 진단 지식의 정당화

의학적 면담과 신체검사, 실험실 검사에서 얻은 임상적 지식에 관한 중요한 인식론적 논점은 그 정확성에 있다. 카시러와 코펠먼은 정확성을 "그것이 기술하는 존재자 또는 현상의 참된 상태와 발견 사이의 대응"이라고 정의하였다(Kassirer and Kopelman, 1991a, p. 29). 의학에 있어 임상적 정보의 정확성에 문제가 발생한다. 이는 이런 정보가 임상적 면담과 검사에서 얻어지며, 이 정보들은 환자의 정확성에 의존하기 때문이다. 불운하게도 환자의 정확성은 편견과 불완전한 기억으로 왜곡될 수 있다.

카시러와 코펠먼은 정확성은 여러 맥락에 의존하는 정보의 타당성 면에서 평가되어야 한다고 제안했다. 첫째는 "대면" 타당성으로, 여기에서 의사의 통찰이 정보의 정확성을 지지한다. 다음 두 가지는 "구성"과 "기준" 타당성으로, 여기에서 정보는 각각 기능적 일관성을 지닌 값으로 표현되고 알려진 표준과 비교될 수 있다. 마지막은 "내용" 타당성으로, 여기에서 "자료는 평가되는 항목을 대표하며 측정된 항목의 모든 차원을 적절히 구현한다."(Kassirer and Kopelman, 1991a, p. 29)

진단 과정에서 얻은 임상적 지식의 타당성은 이런 지식의 정당화 기준의 문제를 제기한다. 카시러와 코펠먼은 이 문제를 다루기 위한 아홉 가지의 기준 또는 지침을 제시하였다(Kassirer and Kopelman, 1991a). 이 지침에는 과거의 의학적 정보에 의지할 때 조심할 것, 특히 이전의 진단이 불충분한 임상적 자료에 의거하고 있을 때 주의할 것 등이 포함된다. 다른 중요한 지침으로는 환자의 개인적인 습관에 관해 세밀한 질문을 제기할 것, 특히 불법적인 약물, 부적절한 성적 행위와 관련된 문제들을 다룰 것이 있다. 또한 의사는 환자의 편견과 왜곡된 기억을 경계해야만 한다.

사회적 요소 또한 중요하다. 예를 들어, 카시러와 코펠먼은 여성 환자가 사촌의 메디케이드 카드를 사용하여 진료를 받기 위해 신분을 속인 사례를 기록하고 있다(Kassirer and Kopelman, 1991a). 환자가 자신의 신분을 속였기에 정확한 진단이 나오는 데에 긴 시간이 걸렸다. 이에 더하여 환자는 질문을 적절히 이해할 수 있어야 하며, 특히 의사는 불필요한 특수 용어 사용을 피해야 한다. 마지막으로 환자가 오해하여 답변하지 않도록 질문을 던져야 한다. 오히려 의사는 "환자가 자신의 질환에 대한 이야기를 자유로운 서사적 방식으로 풀어놓을 수 있도록" 해야 한다(Kassirer and Kopelman, 1991a, p. 29).

환자의 질병 진단에 관한 임상적 판단은 환자의 징후와 증상에 대한 전체집합에 의존하는 것이 아니라 충분집합에 의존한다. 쿨러한과 블록에 따르면 "임상가는 주어진 질환이나 질병 상황, 또는 환자와 관련된 모든 자료를 가질 수 없다. 항상 빠진 게 있기 마련이며 모든 진단과 치료적 결정은 불확실성의 맥락 안에서 내려진다."(Coulehan and Block, 1992, p. 283) 불확실성은 생물학적 다양성에 의한 것으로, 의료 행위의 일부이다.

그러나 생명과학 및 다른 자연과학과 의학의 연결은 의료 행위의 불확실성을 최소화하려는 노력을 나타낸다(Botkin, 1992). 그러나 과학을 구성하는 보편자들을 특수한 환자와 결합하여 확실한 진단과 치료적 분석을 내리는 방법이 이슈가 된다. 헌터는 말한다. "막대한 양의 믿을 만한, 오랜 지지를 받아온 진단과 치료 방침에도 불구하고, 충분한 확신에 이를 수는 없다."(Hunter, 1991, p. 30) 그러나 의사는 이런 불확실성 앞에서도 행동해야 할 의무가 있다.[5]

환자의 질병 상태에 대해 의사가 모든 의학적 정보의 불완전성에 더하여 의학적 면담에서는 오류가 발생할 수 있다. 이 오류들은 진단의 정확성과 환자 돌봄에 있어서도 물론 강렬한 결과를 초래할 수 있

---

[5] 임상 자료의 부정확성과 불충분성 때문에 감별 진단에서 형성되는 다양한 가설은 포괄적이라기보다는 확률적으로 순위가 매겨진다. 카시러와 코펠먼은 목록을 "관찰된 모든 임상적 발견을 가진 환자가 각 질병을 가지고 있을 가능성에 따라 정렬"할 것을 추천하고 있다(Kassirer and Kopelman, 1990, p. 24). 옳은, 최선의 진단은 베이즈주의적 분석으로 결정될 수 있을 것이다.

다. 예를 들어, 의학적 오류는 미국에서 사망의 여덟 번째 이유이다 (Zhang et al., 2004).[6] 진단 오류는 몇 가지 다른 분류에 따라 나눠져 왔다.[7] 예를 들어, 찌아제 장 Jiajie Zhang 과 동료들은 행위 기반 인식 분류법을 사용하여 개개 환자 수준, 그리고 의학 기술과 의사의 상호 작용 수준에서의 의학적 오류를 분류했다.[8] 그들에 따르면 "의학적 오류는 인지 현상이다. 왜냐하면 의학적 오류는 인간 행동의 오류이며 이는 인지 활동이기 때문이다."(Zhang et al., 2004, p. 194) 다시 말하면 오류는 계획된 결과를 얻는 데 실패하는 것이지 우연히 발생하는 것이 아니다.

장과 동료들은 의학적 오류를 실수와 잘못의 두 가지 넓은 범주로 나누었다. 실수는 "옳은 행동 순서를 틀리게 수행한 결과"인 반면 잘못은 "틀린 행동 순서를 옳게 수행한 결과"이다(Zhang et al., 2004, p. 195). 예를 들어, 잘못은 불충분한 지식 때문에 발생하는 반면, 실수는 충분한 지식이 있음에도 옳게 행하는 데에 실패해서 발생한다. 실수와 잘못 모두 수행과 평가의 세부 분류로 나눌 수 있다. 평가 실수와 잘못은 목표, 의도, 행위 상세와 실시에 따라 더 나눌 수도 있다. 수행 실수와 잘못 또한 인지, 해석, 행위 평가에 따라 더 나눌 수 있다.

---

6   의학적, 진단적 오류의 감소는 의사들 사이에서 다뤄지고 있는 중요한 영역으로 그 목적을 위해 몇 가지 제안이 나와 있는 상태이다(Croskerry, 2003).

7   쿨러한과 블록은 다섯 가지 유형의 오류를 분간하였다(Coulehan and Block, 1992). 여기에는 의사에 의한 필요 정보의 무시, 현재 의학 병력의 부적절함, 생물학적 현상의 확률적 본성, 의사의 환자 신뢰 위배, 의사의 결함 있는 논리나 추론의 사용이 있다. 특정 의학 전문과목에 대한 의학적 오류의 분류법 또한 존재한다(Graber et al., 2005; Sirota, 2005).

8   또한, 장과 동료들은 의학적 오류가 발생할 수 있는 다양한 계층적 수준을 확인하였다. 이런 수준에는 다른 개인 집단에 사용되는 분배 체계, 소통 실패 또는 조직 기억(organizational memory)의 오류에 의한 조직적 구조, 정책과 지침에 관한 제도적 기능, 국가 규제가 포함되며, 이들 각각에서 질 통제 보증의 실패가 발생한다.

제롬 그룹먼 Jerome Groupman 은 편견과 선입관에 기초해 의사가 적절한 진단을 내리지 못하도록 막는 의학적 오류의 목록을 작성하였다 (2007). 이 오류들에는 전형 오류, 귀속 오류, 정서 오류 affective error 가 있다. 첫 번째 유형의 오류는 "원형"을 생각하는 데에서 발생한다. 예를 들어, 환자의 말쑥하고 정돈된 체격을 본 의사는 흉통을 심장마비의 표시와 연결짓지 않을 수 있다. 다음 오류는 "부정적 고정 관념"에 기초한다. 의사가 해로울 수 있는 생활 방식을 알아챈 경우 환자의 질병을 이 생활 방식에 흔하게 나타나는 질병으로 귀속시키는 것이다. 예를 들면, 술을 많이 마시는 환자의 복통을 간경화에 귀속시키는 것이 있겠다. 마지막 오류는 의사가 마음에 드는 환자에 대해 치명적인 질병 진단을 내리는 것을 피하려는 욕구에 기초한다.

생의학 기술

현대 의학 지식의 생성과 정당화는 기술 의존적이기도 하다. 지식은 환자의 질병 상태를 검사, 탐구하고 이런 상태를 완화하기 위한 치료에 사용되는 기술 장비들에 의해 생성되고 정당화된다. 르 파누에 따르면 기술적 진보의 세 집합, 생명유지 기술, 진단 기술, 외과술이 현대 의학 지식의 대두와 전개에 핵심적이었다(Le Fanu, 2002). 이 세 가지 중에서 진단 기술이 환자의 신체와 질병 상태에 대한 임상적 지식을 제공하는 면에 있어 가장 많은 이목을 집중시켰다. 예를 들어, 영상 기술은 임상적 응시 앞에서 신체를 거의 투명하게 만들었다. 한때 암흑과 불가사의에 덮혀 있던 것들이 이제 빛과 평범함에 드러났다.

르 파누는 "CT와 MRI 스캐너 덕에 뇌를 깜짝 놀랄 만한 뚜렷함으로 관찰할 수 있게 되었고, 한때 자궁 속에서 숨어 자라던 태아 또한 초음파 덕에 수정의 순간부터 실제적으로 관찰할 수 있게 되었다"라고 감탄한다(Le Fanu, 2002, pp. 187-188). 이들 기술이 환자와 질병 과정 모두에 대해 제공하는 지식은 비길 데가 없다.

비록 의학 영상 기술이 신체를 투명하게 만들었지만, "그들의 편재적 사용은 내부 신체를 더 기술적으로 복잡하게 만들었다."(van Dijck, 2005, pp. 3-4) 신체의 내부를 중개하는 이들 영상 기술과 관련된 투명의 개념과 관련된 복잡성은 문제가 없는 것이 아니다. 투명은 "다층적" 개념이며, 기반 층위는 물론 볼 수 있는 능력일 것이다. 그러나 다른 층위에는 추가적 정보들이 더해지며 여기에서 윤리적 문제가 발생한다. 이 정보는 신체의 내부를 투명한 대상을 넘어 문화적 대상으로 만든다. 호세 반 다이크에 따르면 "투명한 신체는 문화에 의해 복합적으로 생성된 것이다. 이 문화는 완전성과 순응성에 편승한다."(van Dijck, 2005, p. 5)

또한 의학 기술은 진단 정확성을 높이는 데에 영향을 끼쳤다. 기술은 객관적 증거와 환자 질병에 대한 관찰을 모으는 방법을 제공하여 정확하고 정밀한 진단을 내릴 수 있도록 하였으며, 특히 환자의 체액을 검사하는 데에 사용된 기계들이 그 중심에 있었다. 이 기계들은 사람의 편견과는 무관한 객관적 자료들을 생성하기 위해 사용되었다. 레이저는 주장한다. "19세기 중엽에 도입되면서부터, 그래프와 숫자와 같은 객관적 형식으로 결과를 생성하는 자동화 기계들은 주관적인 인간의 의견이 가져오는 왜곡으로부터 의료를 정화할 수 있을 것이라고 여겨져 왔다."(Reiser, 1984, p. 18)

그러나 인문주의적, 인본학적 임상가는 의학은 여전히 매우 인간적인 일이며, 기술적 발전과 정교화는 무관하다고 이야기한다. 비록 기술이 신체 검사에서의 진단적 정확성을 높이는 데에 도움을 줄 수 있을지라도, 진단을 보장할 수는 없다. 예를 들어, 의사가 진단에 대해 예상하고 있는 것이 때로 옳은 진단을 내리는 것을 방해하기도 한다 (Voytovich et al., 1985).

카시러와 코펠먼은 주치의가 환자의 질병이 간 기능 이상 때문에 발생했다고 추정한 임상 증례에서 발생한 문제들에 대해 논의한다 (Kassirer and Kopelman, 1991b). 환자는 37세 여성으로 복수와 전신 부종이 발생한 적이 있었다. 그녀의 현재 증상은 다리 부종이었다. 초기 감별 진단에는 신장, 간, 심장 질환이 포함되어 있었다. 주치의의 초점은 간에 맞춰졌지만, 소변, 혈액 실험실 검사는 결정적이지 못했고 간 생검은 크게 비정상적인 해부 구조를 밝혀내지 못했다. 마지막으로 초음파 심전도 검사로 환자에게 승모판 협착이 있었음을 알게 되었다.

이 증례에 대한 논평에서 카시러와 코펠먼은 환자가 현재 증상으로 부종뿐만 아니라 호흡 곤란도 호소하고 있었음을 밝힌다. 게다가 확장된 목 정맥과 심장 이상음이 임상 징후로 명백하게 나타났다. 왜 주치의는 이들 증상과 징후의 중요성을 인지하지 못했는가? 카시러와 코펠먼은 주치의가 환자 병력에 기초하여 간 질환으로 가정했기 때문이라고 주장한다.[9] 그들은 신체 검사를 "환자의 감별 진단 이상에 맞

---

9   카시러와 코펠먼은 심장 문제를 의심한 주치의 중 한 명이 "20년쯤 전이었다면 진단이 실패하지는 않았을 것이다. 당시엔 승모판 협착이 훨씬 흔한 질병이어서, 진

춰 주의 깊게 재단해야만" 한다고 충고하고 있다.

의학적 기술, 임상 지식의 발달로 질병과 건강, 삶과 죽음과 같은 개념의 정의는 개선되어 가고 있다. 예를 들어, 라에네크의 청진기가 도입되기 전에는 죽음의 임상적 정의에 대한 논쟁이 격심했다. 청진기 도입 이후로 심박음의 정지가 죽음을 정의하는 표준이 되었다(Jennett, 1986). 그러나 이것은 코마 상태에 빠져 호흡기와 경정맥영양으로 유지되는 환자의 숫자가 증가하면서 불충분한 정의가 되어 갔다.[10] 20세기 중반에 다른 기술(장기 이식)의 대두와 함께 죽음은 다른 기술을 통해 재정의되었다. 1968년 하버드 임시위원회는 죽음을 "뇌사"로 알려진 뇌 활동의 중단으로 재정의하였으며, 이는 뇌파검사기를 통해 측정되었다(Giacomini, 1997). 위원회는 코마 상태의 환자에서 장기 이식을 할 수 있도록 하는 죽음의 정의를 제시하는 것을 문제로 삼았다.

이후 1980년대 초에 의료 윤리 대통령 위원회는 죽음을 전뇌全腦와 관련하여 다시 정의했다. "뇌간을 포함한 전체 뇌의 모든 기능의 불가역적 정지."(President's Commission, 1981, p. 2) 그러나 "전뇌사"의 개념에도 문제가 있다. 예를 들어, 전뇌사로 선언된 환자 중에도 유발 전위와 신경호르몬성 활동과 같은 생리학적 활성을 보이는 경우가 있다. 이 문제를 해결하기 위해 연구자들은 뇌 활동의 상위 기능에 기반을 둔 죽음의 정의를 제안하였다. 예를 들면 영너와 바틀렛은 일반적인

료에서 정밀 심장 청취를 더 엄격히 시행했었다"라고 통탄했다는 점을 기록하였다(Kassirer and Kopelman, 1991, p. 21).

10   예로 1970년대 중반의 캐런 앤 퀸란(Karen Ann Quinlan) 사례를 보라(Colen, 1976).

뇌사 개념은 불충분하며 인지 기능의 상실에 초점을 둔 더 명확한 정의로 대체해야 할 필요가 있다고 주장하였다(Younger and Bartlett, 1983).[11] 마지막으로 톰슨과 코자트는 뇌사와 같은 죽음의 기술적인 정의에 저항하여 기술을 초월하고 윤리를 포함하는 인문주의적 죽음 개념에 대해 논하였다(Thompson and Cozart, 1981).

마지막으로 카셀은 기술이 현대 의학에 방심해선 안 되는 문제들을 일으키고 있다고 주장하였다(Cassell, 1997).[12] 특히 이 문제들은 치료적 기술, 특히 생명 유지 기술을 부적절하게 사용하는 데에, 또한 진단, 특히 환자 증상과 관계 없는 실험실 검사 지시에서 기술을 보장 없이 사용하는 데에 중심을 두고 있다. 이 문제들은 인간 본성의 여섯 가지 요소를 반영하고 있다. 즉 장치에 대한 매혹, 모호함이나 불확실성을 참지 못함, 권력과 통제에의 욕구 같은 것 말이다. 여기에 깔린 문제는 우리가 우리의 기술에 점점 예속되고 있다는 것이다. 카셀은 지적한다. "기술은 사용자를 섬기려는 목적을 가지고 태어났으나 궁극적으로 사용자들은 기술을 통해 자신들의 목표를 재정립한다."(Cassell, 1997, p. 63) 의학에 있어 기술은 질환으로 인한 환자의 고통에서 질병에 걸린 신체 부위와 관련된 환자의 통증으로 그 목표를 재정의한다.

---

11   다른 사람들도 비슷한 논증을 편 바 있다. 예로 마차도, 트루그와 파클러, 비치를 보라(Machado, 1994; Troug and Fackler, 1992; Veatch, 2005).

12   카셀은 의학 기술이 메스부터 MRI 스캐너까지 이르는 다양한 장비들을 가리킬 수 있음을 인정했으나, 그는 여기에서 기술을 "사용자와는 독립적으로 인간 행동, 감각, 사고의 힘을 크게 확장시키는 양식과 수단"으로 제한하였다.

서사적 진단적 지식

서사는 앞에서 적은 바와 같이 세상과 그 사건을 설명하고 조직하는 강력한 방법이다.[13] 서사를 의미하는 라틴어인 *gnarus*는 산스크리트어 *gna*에서 유래하였으며, 이 단어는 지식을 의미하는 *gnosis*의 어근이기도 하다. 어떤 의미에서는 서사는 세계를 구조화한다. 개리 모슨 Gary Morson 에 따르면 "우리는 서사가 필수적인 세상에서 살고 있다."(2003, p. 59) 서사가 없으면 세상은 민족지적 복합성과 관련한 응집적 전체성이나 통일을 상실한다(van Maanen, 1988). 서사가 이야기의 줄거리에 제공하는 구조화는 사건의 시간적 연속체가 융합하고 체계화될 수 있는 초점으로써의 역할을 담당한다. 논리나 인과보다는 줄거리가 사건을 연결하는 기능을 한다. 줄거리는 사건의 시간적 차원뿐만 아니라 비시간적 차원까지도 구조화한다(Worth, 2008). 줄거리는 또한 세상을, 우리와 세상, 그리고 서로의 관계를 이해하고 설명할 수 있는 방법을 제공한다. 다시 말해 줄거리는 사건들의 의미와 이해를 제공한다. 이 절에서 일반적 서사 지식의 생성과 정당화를 논의하고, 이어 의학적 서사 진단 지식에 대해 논의한다.

---

13 크라이스워스는 20세기 말 인문 과학과 자연과학은 서사적 전회(그는 서사주의자적 전회라는 표현을 선호했다)로 나아가고 있다고 주장했다(Kreiswirth, 2000). 이 전회는 이전의 전회들, 언어적, 수사학적, 해석적, 역사적 전회의 완성이 될 것이다. 크라이스워스는 지적한다. "이 과정은 일의적 연속 전치가 아니라 대화적 정교화이자 상호 재편성이다."(Kreiswirth, 2000, p. 299)

서사 지식의 생성

서사 지식은 이야기의 암묵적 차원에 의존한다(Polanyi, 1962). 이 지식은 이야기의 포괄성을 이해하는 데에 필수적인 함축적인, 언외言外의 실마리와 관련되어 있다. 다시 말해 서술자는 이야기가 말해지는 데에 관하여 특정한 관점을 취한다. 필수적, 암묵적 차원 없이 청자는 이야기의 전체 의미를 이해하는 데에 실패하고 제한된 사실에만 집중할 수 있으며, 이는 이야기의 진짜 의미가 왜곡되는 것으로 나타난다.

예를 들어, 리처드 와인버그는 만성 복통으로 그를 찾아온 젊은 여성에 대한 이야기를 늘어놓는다(Weinberg, 1995). 그녀는 여러 소화기내과 의사에게 보여 필요한 실험실 검사를 받았지만, 와인버그가 "질환"을 진단할 수 있었던 것은 환자와의 공동의 관심사인 나폴레옹이라는 이름의 패스트리[14]로 환자와 연결될 수 있었기 때문이다. 그 연결점을 통해 환자는 재내원하였고 그때 그는 그녀 눈 사이의 환형 자국들을 발견하고 그녀의 수면 습관에 대해 물었다. 이 암묵적인 실마리에서 와인버그는 그녀의 신뢰를 얻을 수 있었고 그녀가 거의 10년 전에 자매의 남자친구로부터 성폭행을 당했음을 알게 되었다. 환자와의 연결로 의사는 환자의 서사적 세계로 들어갈 수 있다. 그 세계에 대한 연결과 이해가 없다면 의사는 환자를 돕는 데에 있어 어떠한 도움도 받을 수 없을지도 모른다.

워드에 따르면 서사 지식의 생성은 이야기의 측면에서 "비슷한" 것이 무엇인지를 아는 것과 관련되어 있다(Worth, 2008). 그녀는 이런 지식을 소크라테스의 죽음 이야기로 설명한다. 소크라테스는 아테네인

---

14   역자 주: 빵의 한 종류로 파이 반죽으로 만드는 작은 케이크이다.

들의 전통적인 앎의 방식에 도전한 사람으로 이를 통해 그는 동시대인들 일부를 불안하게 만들었다. 그들은 소크라테스가 신을 모독했다고 주장했으며 소크라테스는 이교도로 몰려 독약을 마시도록 선고를 받았다. 워드는 이 서사적 설명을 삼단 논법으로 예증할 수 있는 일반적인 논리적, 추론적 설명과 대조한다.

> 소크라테스는 사람이다.
> 모든 사람은 죽는다.
> 따라서 소크라테스는 죽는다.

서사적 설명에서 명백한 것은 그 자체에 논리적 결론이 없지만, 소크라테스의 죽음을 둘러싼 사건들에서 드러나는 해명으로 지식이 전달된다는 점이다. 두 번째 설명 또한 지식을 전달하지만 그 지식은 단지 전제에 들어있던 것 뿐이다. 그것은 본성상 종합적이라기보다는 분석적이다(Ayer, 1952).

소크라스의 죽음에 대한 첫 번째 해명과 같은 이야기는 해명 중 사건의 "서사성 narrativeness"이나 전개를 표현하지만, 두 번째 해명은 서사성을 거의 드러내지 않는다(Morson, 2003). 모슨에 따르면 "과정의 의식, 주어진 과거에서 가능한 미래로 더듬어 올라가는 활동은 서사성의 핵심이다."(Morson, 2003, p. 61) 과정에 더하여 서사성은 "현재성"을 표출한다. 즉, 사건은 이전 사건의 단순한 논리적 유도체가 아니며 가능성의 배열에 열려 있다. 다시 말해 미래의 사건은 과거의 사건에 의존적이지만 또한 독립적이며 예측될 수 없다. 모슨은 "사건 자체는 어떤 쪽으로든 진행될 수 있으므로 만약 단계가 반복된다면, 결과는 다를 수도 있다"라고 주장한다(Morson, 2003, p. 63). 예를 들어, 소크라테스의 죽음에서 첫 번째 해명은 사건이 다른 방식으로 나아갈 충분한 공간을 제공한다. 예로, 소크라테스는 아테네인들에게 대항하는 것을 멈췄을 수도 있고, 아테네인들이 소크라테스의 이의를 받아들였을 수도 있다. 두 번째 해명은 소크라테스의 죽음을 피할 수 없는 것으로 만든다. 서사적 설명은 삶이 무엇인가와 관련하여 훨씬 많은 것을 담고 있다. "우리는 영원하고 영속적인 과정의 세상에 살고 있으며, 과정을 받아들이는 것은 삶 자체를 받아들이는 것이다."(Morson, 2003, p. 73)

따라서 서사적 사고와 서사 지식의 생성은 상상에 의존한다. 즉 상상할 수 있는 능력은 서사적 사고와 긴밀하게 묶여 있다(Worth, 2008). 우리는 학습할 때 학습 자료의 이미지를 형성하고, 이에 따라 기억은 문장을 외우는 것이 아니라 구성된 이미지에 기초한다는 것을 심리학 연구는 보여준다. 상상의 기술은 앎과 배움을 돕는다. 관련된 자료와 잘 짜여진 줄거리를 활용해 잘 구축된 서사는 따라가기 쉽고, 내재하는 인과적 연결이 명확한 반면, 어색하게 전개된 줄거리를 가진 잘못 구축된 이야기는 따라가기 어렵고 부적절한 세부와 사실의 긴장으로 내파된다.

추론적 사고가 논리적, 형식적 훈련을 통해 촉진되는 것처럼 서사적 사고는 잘 구성된 이야기를 보는 것으로 증진된다(Worth, 2008). 우리가 서사를 구성하고 생성하는 방식은 우리가 알고 이해하는 방식을 연결한다. 서사적 사고 기술이 추론적 사고처럼 명제적 지식으로 연결되지는 않을지 모르나, 서사적 사고는 정서적 의미와 관련된 앎으로 이끌며, 그 경우 서사적 세계는 추상적 세계보다 훨씬 풍성하고 더 많은 의미를 지니게 된다.

서사 지식의 정당화

서사가 삶의 과정에 대한 더 충분한 해명을 제시할 수는 있지만, 서사 지식에 있어 중요한 인식론적 논점은 서사적 설명에서 일찍이 살핀 것과 같이 그 타당성이나 진리 내용에 있다. 루보미르 돌레첼 Lubomír Doležel 의 주장에 따르면 "철학자와 논리학자에게 현실과 허구, 참과 거짓, 지시와 비지시 사이의 구분은 토대를 이루는 이론적 문제이다."(1980, p. 7) 특히 추론적 지식의 지지자는 서사 지식의 지지자들이 사실을 허구나 우화와 구분할 수 없다고 비난한다. 다시 말해 지식, 특히 추론적 지식의 정당화의 전통적인 방법이었던 단언 allegation 이 서사 지식에는 적용되지 않는다는 것이다. 서사 지식을 검증할 수 있는 경험적, 논리적 방법이 존재하지 않는다.

서사에 대한 역사학자들의 논쟁에 대한 논평에서 하이든 화이트 Hayden White 는 자연과학의 비판적 방법이 과학자들에게 자연 현상의 설명을 제시하였다는 것을 인정한다. 화이트는 "역사 연구를 과학으로 변형시키려는 다수에게 있어 역사가들이 재현의 서사적 양태를 계속 사용하는 것은 방법론적, 이론적 실패를 가리키는 지표를 의미한다"라고 적었다(1987, p. 26). 게다가 앤드류 노먼 Andrew Norman 은 서사주의자가 전서사적 pre-narrative 현상에 이야기 구조를 부여하여 이야기적, 서사적 지식을 얻는다고 주장한다(1991). 크라이스워스가 인정한 바와 같이 문제는 "의사소통 행위에 있어 실제로 일어난 것을 표현하고 있다고 주장하는 참인 이야기는 (…) 그런 주장을 하지 않는 허구적 이야기와 정확히 동일한 방식으로 작동한다"라는 것이다(Kreiswirth, 2000, p. 313). 서사주의자는 이 문제를 해결하기 위해 다른 접근법을 취한다.

서사적 자연주의자는 서사는 지식을 생성하는 타당한 형태이며 이는 그것이 기초적 수준에서 정신 활동의 산물이기 때문이라고 주장한다. 크라이스워스가 설명하는 것처럼 "서사적 자연주의자는 앎의 서사적 방식과 알려진 것 사이의 관계를 사실상 투명한 것으로 보고 싶어한다. 이야기는 일부가 주장하는 것처럼 정신적 재료의 미완성의 흐름에 추론적 질서를 부과하지 않으며 오히려 이야기는 정신이 작용하는 서사적 방식을 보여준다. 이 방법으로 이야기는 단지 창조할 뿐만 아니라 우리의 개념적, 인지적 장치의 일부로써 자연적으로 전개되며, 이는 우리의 논리적, 언어적 기구와 나란히, 또는 내재하여 나아간다."(Kreiswirth, 2000, p. 305)

비슷한 노선을 따라 마크 터너 Mark Turner 는 "문학적 정신"을 상정하며 여기에서 이야기, 투사, 비유는 서사적 지식을 정당화하기 위해 기능한다(1996). 그는 서사적 사고가 개념이나 인지보다 우선한 수준에서 작동한다는 입장을 견지한다. 서사적 사고는 일차적인 정신의 수단으로 이를 통해 지각이 서로 연결되어 사고와 지식을 생성한다. 터너는 지각의 혼란스러운 흐름을 조직하는 기질의 역할을 맡는 "작은 공간적 이야기"를 상정한다. 이 이야기에 우리는 다른 이야기를 비유로 투영하고 이것은 의미를 결정하고 이해를 확립하는 것을 돕는다.

그러나 서사적 구성주의자에게 있어 "이야기는 패러다임적, 정신적 작용을 반영하는 것이 아니라 경험과 의미 사이의 더 능동적인 거래, 특히 의식에서 시간성의 경험과 현상학적, 실존적 용어에서 가정되는 상호 이해와 표현의 방식에 따라 벼려진다."(Kreiswirth, 2000, p. 308) 예를 들어, 폴 리쾨르 Paul Ricoeur 는 서사성과 시간성의 상호적 관계를 전제하였다. "내가 이해하는 시간성은 서사성에서 언어가 닿는 존재의 구조이며, 서사성은 시간성을 궁극적 지시물로 하는 언어 구조이다."(1980, p. 169) 시간성은 "시간-내-존재성", "역사성"과 비교하였을 때 시간적 구조의 "가장 깊은 차원"을 나타낸다. 마지막으로 리쾨르는 서사성의 역할을 줄거리 내에 위치시킨다. "이야기는 플롯이 사건을 이야기로 **만드는** 범위에서 사건으로 **만들어진다.** 따라서 줄거리는 시간성과 서사성의 교차점에 우리를 위치시킨다."(1980, p. 171) 그렇다면 줄거리는 이야기를 "이해가능한 전체"로 구성하는 방법이며, 의미는 시간적 경험에 대한 서사성의 묘사에서 발생한다(Ricoeur, 1984).

다른 서사적 구성주의자에게 있어, 서사는 개인적 정체성과 그 구성의 측면에서 정당화된다. "우리는 우리의 삶을 필연적으로 '모험'으로, 서사의 형태로 인식할 수밖에 없다."(Taylor, 1989, p. 52) 정체성은 윤리적, 사회정치적 맥락 모두를 지닌다(Kreiswirth, 2000). 예를 들면, 윤리적 맥락에서 도덕적 주체는 우리의 사회적 역할이 무엇인지, 그 역할이 어떻게 수행되는지에 관한 서사의 전개를 나타낸다(MacIntyre, 1984). 무엇을 할 것인가, 어떻게 할 것인가는 사회 내 개인들의 맞물리는 서사를 통해 전개된다. 주체는 "서사적 모험"으로, "선"을 위해 애쓴다(MacIntyre, 1984, pp. 218-219). 개인의 이야기를 통해서만 주체, 특히 도덕적, 윤리적 주체가 드러난다. "이야기는 우리 자신과 타자에 대한 감각을 과거, 현재, 미래에서 전개되는 도덕적 행위자로써 담아낸다."(Kreiswirth, 2000, p. 309)

사회정치적 맥락에서 개체화하는 서사와 그 도덕적, 윤리적 차원은 문화적 표준에 의해 영향받고 평가된다. 크라이스워스는 주장한다. "젠더, 인종, 섹슈얼리티, 계층, 민족으로 정체화한 개인 또는 집단을 탐구하는 서사는 그 특수성, 신뢰성, 활력 및 문화적, 정치적 활동뿐만 아니라 사회적 정체성과 내부의 권력에 대한 주도적인 이야기 및 그 산물의 저항에 대한 반응을 어떻게 볼 수 있는지에 있어 말하기를 승인하는 경향성을 띤다."(2000, p. 310)

개인적 서사와 그 서사가 구축하는 개인은 "그들이 작동하는 담론의 지배적 규범을 통해 형성된다."(Rosenwald and Ochberg, 1992, p. 3) 조지 로즌왈드 George Rosenwald 와 리처드 옥버그 Richard Ochberg 는 "좋은" 이야기는 개체를 위해 "작동"한다는 약한 개념을 반박한다(1992). 오히려 그들은 개인이 사회적 맥락의 충돌을 통해 구축된다는 변증법을 가정한다. 로즌왈드와 옥버그는 주장한다. "욕망(그리고 그것이 표현되는 삶의 이야기)은 각 문화가 제시하는 원형에 의해 필연적으로 형성된다. 동시에 욕망은 이들 형태에 저항하여 긴장을 형성한다. 이야기의 침묵, 절단, 혼란과 행위의 갑작스런 돌발은 개체의 '공적' 서사와는 모순되지만, 우리에게(그리고 서술자의 인식에 협조를 얻을 수 있다면 서술자에게) 다른 무엇이 말해지고 사고될 수 있는지 지적해준다."(1992, p. 7)

서사주의자들은 추론 지식과 서사 지식을 본질적으로 구분하고 싶어 하며, 특히 주장의 참을 정당화하는 데에 있어서 둘은 다르다고 주장한다. 두 유형의 사고는 다른 원칙과 기준으로 작동한다(Worth, 2008). 따라서 서사 지식의 지지자들은 이야기된 지식을 정당화하는 비전통적, 대안적 방법을 전개해 왔다. 예를 들어, 전통적인 참에 대한 개념에 집중하는 대신 서사주의자들은 이야기의 생생함이나 믿을 만함에 초점을 둔다(Bruner, 1986). 이때 서사적 앎의 목표는 경험적 증명이 아닌 핍진성이 된다. 서사 지식은 세상의 참된 해명 대신 그럴듯한 해명을 제시한다(Hannabuss, 2000). 그럴듯함의 기준은 이야기의 타당성을 결정하는 데에 있어 플롯의 유의성을 가정하며, 이것은 이야기의 시간적 사건들을 구조화하여 결론으로 이끈다(Polkinghorne, 1995).

그러나 필립스$^{D.C.Phillips}$는 "그럴듯함, 환기, 매혹적인 플롯의 존재, 연극적 탐구의 생성 가능성"과 같은 범주들은 "(…) 불충분하다"라고 주장한다(1994, p. 13). 예를 들어, 필립스는 이야기의 타당성이나 참을 결정하는 데에 있어 플롯에 의존하는 것을 비판한다. "명확한 플롯의 필요가 이야기에 부과하는 조건은 **인식론적으로 부적절하다.** 명백한 사실은 서사가 시종일관 나아가는 데에 있어 명확한 결론을 가지는 경우 이야기가 참이 아님에도 서사의 결합이 달성될 수 있다는 것이다."(1997, p. 105)[15] 게다가 그럴듯함은 기준으로는 너무 약한데, 이는 처음에는 그럴듯하지 않아 보이는 이야기들이 참인 경우가 존재하기 때문이다. 서사로 달성할 수 있는 최선은 규제적 진리이다. "우리의 목표는 대개 진리를 발견하는 것이고, 최선을 다하기 위해 우리는 가능한 가장 강력한 인식론적 보증을 사용한다."(Philips, 1997, p. 108)

크라이스워스 또한 서사적 타당성이나 진리에 대한 질문을 제기하였다. "어떤 유형의 이야기, 이야기하는 사람을 승인해야 하고 어떤 목적에서 그래야 하는가? 그리고 승인의 기준을 무엇으로 따져야 하는가?"(Kreiswirth, 2000, p. 295) 자연주의자와 구성주의자가 이 질문에 대해 제시한 답변에는 문제가 있고, 특히 "말해지는 이야기가 '무엇'인지와 그것이 '어떻게' 말해지는가"라는 서사적 양가성의 면에서 문제가 발생한다(Kreiswirth, 2000, p. 302). 크라이스워스는 절제된 서사에 호소한

---

15   필립스에 따르면 플롯은 서사를 제약하는 반면 자연은 참된 과학을 제약한다. "과학인(또는 그렇고자 하는), 또는 참을 말하고자 하거나 참인 설명을 제시하려고 하는 모든 분야에서, 말해진 이야기(거칠게 표현하자면)는 상당 정도 자연에 의해 형성된다."(1997, p. 106)

다. 여기에서 인식론적 문제는 무시되지 않으며, 오히려 서사주의자들은 "이야기에서 무엇이 일어나고 있는지, 어디에서 일어나고 있는지, 주장하는 것이 무엇인지, 행하는 것이 무엇인지 알고자" 시도한다(Kreiswirth, 2000, p. 316).

로즌왈드도 이 문제를 다루면서 규칙있는 서사의 인식론적 기초를 제안한다(Rosenwald, 1992). 이를 위해 그는 더 나은, 좋은 이야기의 요소들을 기술한다. 첫 번째 요소는 더 나은 이야기는 서사 내의 특정 예들로 예증되는 서사적 일반화를 가지고 있다는 것이다. 로즌왈드가 두 번째 요소에서 지적하고 있는 것처럼, "더 나은 이야기는 더 복잡하게 구조화되고, 사건들이 더 다양하고 대조적이며, 표현된 감정을 수반하고, 더 흥미롭고 3차원적이다."(Rosenwald, 1992, p. 284) 그러나 더 나은 이야기는 또한 일관성을 띠고 있어야 하며 더 포괄적이고 상세해야 한다. "좋은 이야기는 수평적으로 일관적이기만 해서는(삽화들은 일반화를 보증하기 위해 서로 관계지어져야 한다) 안 되며, 또한 수직적 일관성을 지녀야 한다(삽화들은 행위, 감정 등으로 보증되어야 한다)."(Rosenwald, 1992, p. 285) 좋은 이야기의 마지막 요소는 서사가 더 명확히 표현되면서 새로운 행위들을 이끌어내야 한다는 것이다. 로즌왈드는 "서사의 진실은 따라서 표현적이거나 실용적이지 않고 오히려 변증법적이다. 재현적, 사회적 난제(모두 일상화된 고통의 형태인)를 풀어 나가는 노력을 간직하고 있을 때 이야기는 참이 된다. 그것은 선행하는 자기의식을 공들여 부정하는 만큼 참이 된다"고 결론내린다(Rosenwald, 1992, p. 286).

의학에서 서사 진단 지식

캐서린 헌터 Kathryn Hunter 에 따르면 "의학의 근본은 서사이며 (…) 일상적 진료 행위는 이야기로 가득 차 있다."(1991, p. 5) 따라서 인문주의적 의료인에게 있어 의학적 지식과 실천은 토대에서 본성상 서사적이다. 카셀은 "의사들은 일반적인 형태의 병력 청취를 통해 환자를 단순한 예–아니요 답변으로 제한하는 질문들을 사용하곤 하며, 이는 어떤 진단적 패턴을 드러내기 위해 설계되어 있다. 그러나 환자들은 거의 항상 이야기로 대답한다"고 말한다(1991, p. 167). 다시 말해, 생의학 모형의 진단 과정에서 수집된 객관적 자료는 중요하다. 그러나 인본적 의료인에게 있어 질병에 대한 더 풍부한 해명을 위해서는 환자가 질환 경험을 더 풍성하게 상술하거나 서술하는 것을 허용할 필요가 있다. 환자가 증상을 어떻게 서술하는가가 의학적 지식의 내용을 형성한다. 특히 진단을 형성하는 이 지식은 치료의 결과에 영향을 미친다. 예를 들어, 환자가 의학적 면담에서 질병의 중요한 증상을 언급하지 못했다면 의사가 정확한 진단을 내릴 수 있는 가능성은 급격히 감소하고 제안된 치료 방법은 효과적이지 못할 수도 있다.

인본적 의료인에게 환자는 해석이 필요한 텍스트이다. 헌터에 따르면 "의학의 실천은 해석적 행위이다. 그것은 과학의 추상을 개개 증례에 맞추는 기술이다."(1991, p. xvii) 생의학적 연구와 기술은 객관적 지식을 제공하며, 이는 진단과 치료에 대한 자료와 관찰을 제시하지만 환자의 실존적 염려와 개인적 삶을 생략하는 희생을 치렀다. 예를 들어, 앞서 소개한 카시러와 코펠먼의 사례 연구에서 연관성 있는 임상적 자료는 환자의 음주와 흡연밖에 없었다(Kassirer and Kopelman, 1989). 환자가 이런 남용적, 파괴적 행동 패턴으로 연결되는 생활 양식을 선택한 것에 관한 질문이 주어진 적은 한번도 없었다.

환자의 개인적 삶의 생략은 현대 의학의 돌봄의 질 위기에 주된 기여를 하고 있다. 인본적 의료인은 환자의 이야기를 받아들여 실존적 염려와 위기 자체에 대처하려 한다. 헌터는 말한다. "환자를 텍스트로, 의사를 그 텍스트의 잘 교육받은, 주의 깊은 자세히 읽기[16] 독자로 은유하는 것은 의사와 환자 사이의 정서적, 인식론적 관계의 복잡성을 담아 내기 위한 긴 여정으로 나아가게 할 것이다."(Hunter, 1991, p. 12) 그리고 이는 돌봄의 질 위기에 대처하는 긴 여정으로 나아가게 할 것이다.

생의학 모형의 문제 중 일부는 증상과 징후가 질병에 직접적 접근을 제시한다는 사고에 기인한다. 즉, 환자의 통증 보고가 의사가 관찰한 징후와 직접 연관되어 있어야 한다는 것이다. 만약 징후를 관찰할 수 없다면, 의사는 환자가 진실로 고통을 경험하는지 여부를 묻게 된다. 의사에게 중요한 것은 먼저 현재 증상이 환자의 증상이 되는 방식을 이해하는 것이다. 의과학은 증상을 보편적인 것으로 간주하나, 증상은 **이** 환자의 특수한 표현과 특성에 따른다는 데에서 문제가 발생한다. 환자는 독특한 신체의 기능 이상에 의미를 부여할 때 질환에 대

---

16   역자 주: 자세히 읽기(close reading)는 1950년대 미국 신비평의 독해 및 비평 전략이었으며, 텍스트를 저자의 의도나 사회역사적 배경, 정치철학적 의제와는 구분하여 그 자체의 형식적·맥락적 요소에 집중하여 해석하는 접근법을 가리킨다. 텍스트 외적 요소를 배제하는 태도에 비판이 주어지면서 신비평은 이후의 다른 비평 전략들에 의해 힘을 상실하였으나, 자세히 읽기 방법 자체는 이후의 비평적 태도 및 기술을 포함하면서 텍스트 자체의 다층성, 다면성에 접근하기 위한 전략으로 발전하였다. 리타 샤론의 서사의학은 수정된 자세히 읽기 전략을 훈련하는 것이 의료인의 인식적, 해석적 정확성을 향상하는 데에 도움을 준다는 전제에서 출발한다.

해 인지하게 된다. 카셀에 따르면 "신체 기능의 장애가 충분히 심각해질 때 질병으로써 유의성이 부여된다."(Cassell, 1991, p. 102) 의사의 역할은 의학적 면담을 통해 개개 환자의 의미의 세계를 밝히는 것이다.

환자의 증상은 환자가 질환을 살아낸 이야기에 포개져 있다. 이 이야기는 질환과 연관된 의미라는 면에서 생리학, 병리학적 징후로만 환원될 수 없다. 만약 의사가 치료나 회복을 가져오기 위해 도움을 제공하고자 한다면, 환자의 질환 경험으로 들어가기 위해 질환 서사에 접근해야만 한다. 예를 들어, 의학적 면담 과정의 병력 청취에서 인본적 의료인은 질환을 일으키는 것이 무엇인지, 무엇이 잘못되었는지 살피기 위해 환자의 조언을 요청하곤 한다.

빌링스와 스토클에 따르면 "의사는 질환이 환자에게 의미하는 것이 무엇인지를 이해해야만 한다. 이 의미는 환자가 무엇이 질환을 일으켰다고 생각하는지(질환 귀인)에 포개져 있는 경우가 많다."(Billings and Stoeckle, 1999, p. 113) 이런 귀인은 질병의 원인을 설명하는 과정일 수도, 질병의 원인 그 자체일 수도 있다. 이런 질환 귀인의 출처는 일반 의학 지식, 질병에 대한 문화적 믿음, 환자 개인의 경험이나 가족, 친구의 경험에서 얻은 개인적 의미일 수 있다. 빌링스와 스토클은 결론짓는다. "귀인을 이해함으로써 의사는 환자 행동의 기초를 배우게 되며, 이들에 반응함으로써 의사는 환자 돌봄을 촉진하고 개인화하며 증진한다."(Billings and Stoeckle, 1999, pp. 117-118)

환자의 서사는 단지 신체가 아닌 사람으로서 개개 환자에 대한 지식을 얻을 때에 중요하다(Cassell, 1991). 카셀은 아내가 죽은 뒤 영양 부족 상태로 폐렴에 걸린 노인의 예를 들어 주장한다. 과학적 "의학은 그의 신체에 무엇이 일어났는지**만을** 따지는 이야기를 붙들고 있으나,

우리는 이런 입장이 불충분하다는 것을 안다. 왜냐하면 서사의 비신체적 요소가 변한다면 그의 신체에 일어난 것이 무엇인지도 달라지기 때문이다."(Cassell, 1991, p. 112) 다시 말해, 질환은 그 기원과 영향이 개인에게 달려있다는 점에서 개인에 고유하다는 것이다. 질환 경험은 환자의 병력을 이해 가능하게 만든다. 카셀은 역설한다. "질환을 알기 위해서는 그 사람에 대한 어떤 것을 알아야만 한다. 그 사람을 알기 위해서는 서사에 대한 어떤 것을 알아야만 한다."(Cassell, 1991, p. 167) 따라서 질환과 인간에 대한 지식은 긴밀하게 연결되어 있으며 질환에 대한 지식, 최소한 이 환자에 대한 지식은 질환 경험에 대한 환자의 서사 없이는 불가능하다. 환자의 서사는 의학적 지식을 구조화한다.

그러나 이야기하기는 환자에서 의사 쪽의 단방향으로만 나타나는 것은 아니다. 의사 또한 환자에게 자주 이야기를 한다(Cassell, 1991, p. 167). 환자는 텍스트와 같고 의사는 환자의 텍스트에서 유도된, 환자의 질병에 대한 텍스트를 생산하는 문학 비평가와 같다. 환자의 텍스트가 질환 경험임에 반하여 의사의 생의학적 텍스트는 이 경험을 의학-과학 언어로(주로 평탄한 정동으로) 해석하는 것이다. 그 결과 의사의 "의학적 서사를 환자의 경험 서사처럼 이해하는 것은 거의 불가능하다."(Hunter, 1991, p. 13) 생의학적 서사는 본성상 기술적이므로 환자와의 의사소통에서보다는 환자 돌봄에 연관된 다른 보건의료 전문인과의 의사소통에 있어 중요한 역할을 한다.[17] 그러나 의사의 텍스트가 의학

---

17 매팅리는 기술적 생의학 서사가 사실상 서사가 아니라 반서사(anti-narrative)라고 주장했다(Mattingly, 1998). 공식적 생의학 서사에 그녀는 "차트 담화(chart talk)"라는 이름을 붙였다. 이 서사는 질환 경험의 사회적, 개인적 성분을 생략하는 반면 점심 식사와 같은 비공식적 환경에서 동료들에게 하는 이야기에서

공동체의 지배적 텍스트가 되며, 그것은 종종 환자의 텍스트를 가리곤 한다. 문제는 두 텍스트를 어떻게 연결하여 환자의 실존적 염려를 다룰 수 있는지에 있다. 돌봄의 질 위기는 두 텍스트의 분열에 위치해 있다.

마지막으로 일반적 서사에서처럼 의학적 서사, 특히 의사의 서사에도 사실에 대한 확증이 필요하다. 헌터는 바니 글레이저 Barney Glaser 와 안셀름 스트라우스 Anselm Strauss 의 기준을 도입하여 의학적 사실의 서사를 검증하려 한다(Hunter, 1991). 첫 번째 기준은 환자 질환에 관련된 증거와 관찰에 대한 서사의 적합성과 해명력이다. 예를 들어, 진단은 의사가 신체검사와 실험실 검사를 통해 얻은 환자의 현재 증상과 징후를 설명할 수 있어야 한다. 다음 기준은 보건의료인과 환자에 있어서 진단 설명의 수용성이다. 셋째 기준은 진단으로서 의학적 서사는 비슷한 증상과 징후를 가진 다른 환자에게 일반화할 수 있어야 한다는 것이다. 마지막 기준은 진단이 환자를 치료하는 효과적 치료법으로 의사를 이끌 수 있어야 한다는 것이다. 이들 기준에 기초하여 헌터는 "감별 진단에서 구현되는 추론의 방법은 (…) 가설의 적절성과 기술의 신뢰성 모두에 대한 검사 기준으로 작용한다"라고 결론 내린다(Hunter, 1991, p. 17).

보건의료인들은 이런 요소들을 포함하여 이야기함을 매팅리는 그가 연구한 작업치료사에서 발견할 수 있었다. "[작업치료사는] 이야기의 공유를 통해 인간 행위주체성, 복잡한 사회적 관계, 감정, 문화적 차이 등 규범적 담화에서 회피되는 다른 문제들을 나눈다."(Mattingly, 1998, p. 274)

요약

  생의학적 의료인의 진단적 지식은 추론적 틀에 기초하며, 이는 환자를 대상화된 조직이나 기관으로 환원한다. 물론, 이 진단 과정은 돌봄의 질 위기에 기여해 왔다. 이 위기에 대한 대응으로 인문주의적, 인본적 의료인은 환자의 인간적 차원을 주입하려 시도한다. 이는 환자의 질환 이야기에 대한 서사를 진단 과정과 그 결과로 생기는 지식에 포함시키는 것을 통해 이루어진다. 게다가 환자의 이야기는 단지 서사된 질환 경험을 객관적인 인식론적 세부 사항에 맞춘다고 해서 완전해지는 것이 아니다. 질환 경험의 윤리적, 도덕적 상세를 부가해야만 한다. 의학은 단순히 환자의 질병이나 질환에 대한 자료나 정보를 수집하는 것이 아니라 여기에 환자의 가치를 포함시켜야만 한다. 여기에서 환자의 전체성을 되살릴 수 있는 포괄적 진단 지식에 서사적 진단 지식이 요청된다고 하겠다.

제10장

치료적 지식

의학에서 치료적 지식은 어떻게 생성되고 정당화되는가? 진단과 치료 방법에 대한 현대 의학 지식은 5장에서 상세히 적은 것과 같이 확실히 50년 전보다는 더 기술 혁신에 의존적이다. 그러나 이 의존성은 의료 행위에 기술 장치를 필요로 하는 것을 넘어 인식론적 구성 요소를 한정한다. 이언 매키니에 따르면 "기술의 에피스테메*episteme*는 의학의 에피스테메가 되어가고 있다."(McWhinney, 1978, p. 299) 다시 말해 현대 생의학 지식은 기술, 연구의 혁신에 의한 기계적, 인식적 장치에 끌려가고 있다. 이 장에서 인식적, 연구적 장치에 대한 인식론적 논점을 첫 절에서 검토하고, 이어 기술적 장치를 다음 절에서 살핀다. 이 장은 대개 돌봄의 질 문제를 다루는 인문주의적, 인본적 임상가가 옹호하는 서사적 치료와 관련된 인식론적 문제를 검토하는 것으로 마무리한다.

생의학 연구

생의학 연구는 자연과학 연구의 유형을 따른다. 엥겔에 따르면 "생의학 모형은 질병을 연구하는 의과학자에 의해 고안되었다. 따라서 그것은 과학적 모형으로, 과학적 방법과 연구의 설계도 구성에 기초한 가정과 규칙의 공유 집합을 활용한다."(Eagel, 1977, p. 130) 생의학 연구는 특히 임상 시험에 있어 20세기 생의학 모형의 대두와 성공에 단일한, 가장 중요한 요소였다(Le Fanu, 2002).

임상 시험은 치료적 처치, 즉 의약품이나 외과적 술식 등의 효능에 대한 "사실"이나 "일반화된 지식"을 체계적으로 탐구, 조사하는 것이다(Pellegrin and Nesbitt, 2004, p. 2). 이런 연구는 환자의 침상에서가 아닌 전임상적 연구, 즉 새로운 약물의 발견과 실험실 동물에 대한 검사의 형태로 실험실에서 시작하게 된다. 이런 연구의 목표는 치료적 처치의 효능과 유해한 부작용 등 위험성을 평가하는 것이다. 실험 동물에 대한 실험에서 치료가 효과적이고 안전한 것이 증명되면, 임상에서 인체 시험을 수행한다.

새로운 치료나 요법이 치료적 목적을 위해 승인받기 위해서 성공적으로 완수해야 하는 삼상三相의 임상 시험이 있다. 치료법이 대중에게 공개된 이후에는 사상四相까지도 수행되며, 이는 효능과 안전성의 지속 평가를 보증하기 위한 것이다. 생의학 연구의 "황금 표준"은 무작위 대조군 시험 RCT 이다. "이 과학적 접근법[무작위 통제 실험]에 내재한 것은 치료법을 주장하는 것과 관련된 지식의 인식론적 지위이다."(Christensen and Hansen, 2004, p. 68) 무작위 통제 실험은 두 가지 주요 특징을 보인다. 하나는 처치군과 대조군을 동시에 비교하는 것, 그리고 편향偏向을 제거하기 위해 두 군에 환자를 임의로 배정하는 것이다 (Matthews, 2000). 그러나 모든 의학적 지식이나 실천이 무작위 통제 실험에 의존하는 것은 아니며 임상 시험의 다른 설계들이 의학적 지식의 생성에 충분한 것도 아니다.

임상 시험

매튜 J. N. S. Matthews 에 의하면 "임상 시험은 인간을, 일반적으로 환자를 대상으로 하여 탐구 중인 치료의 효능을 평가하기 위해 수행하는 연구이다."(2000, p. xiii) 효능 외에도 임상 시험은 치료의 안전성을 검사하기 위해서도 사용된다(Spodick, 1982). 처치는 의약품이거나 외과 술식일 수 있다. 임상 시험은 진단 절차나 선별 프로그램을 분석하기 위해 수행될 수도 있다. 임상 시험은 자연과학의 실험적 방법을 임상의학에 도입한 것을 대표하며, 이는 20세기의 임상 과학의 대두를 가져왔다. 오늘날 이것은 의료의 일상에 형식화되어 있다. "의료는 사실상 임상 연구의 수행이다. 질문이 제기되며 새로운 사실이 얻어지고 종합되고 분석되며, 그에 따라 이뤄진다."(Chalmers, 1981, p. 325)

경험적 증거를 표준으로 삼아 현대 의학은 치료의 효능과 안정성에 대한 인식론적 문제를 해결했다. 더 이상 일화적 증거나 권위적 의견은 치료법을 정당화하는 데에 충분한 것으로 여겨지지 않는다. 매튜에 따르면 "한 치료법이 다른 것보다 우위에 있다는 것을 그저 믿는 것만으로 그 믿음에 기초하여 행위를 정당화할 수 없다. 정당화는 믿음을 증명하거나 반박할 증거를 모을 것을 요구하며 현재무작위 통제 실험은 이를 수행하기 위해 받아들여지고 있는 도구이다."(Matthews, 2000, p. 3)

임상 시험에는 세 가지 유형이 있다(Lilienfeld, 1982). 첫째는 처치 시험therapeutic trial 으로 여기에서는 인슐린과 같은 의약품이나 우회수술과 같은 외과적 술식을 질병이나 상태를 치료하기 위해 사용한다. 임상 시험의 둘째 유형은 개입으로, 질병 증상을 부분적으로 나타내거나 질병에 걸릴 위험에 처한 환자에게 질병이 진행되기 전에 임상 과학자가 개입하는 것이다. 이런 개입의 예로는 유방암의 유전적 표지가 우세하게 나타나는 중년 여성에게 양측성 유방 절제술을 시행하는 것이 있다. 임상 시험의 마지막 유형은 예방으로, 증상이 없거나 정상인 사람에게 질병의 출현을 방지하기 위해 사용되는 약이나 술식을 적용한다. 전통적인 예로는 백신 시험이 있다.

세 유형의 시험 각각은 설명적 시험과 관리 시험으로 세분할 수 있다(Sackett, 1983). 전자의 시험은 치료법이 작용하는 기전을 제시하는 것에 관심을 두고, 일반적으로 특정 조건 아래 잘 정의된 대상 집단에서 수행된다. 후자의 시험은 "질환을 특정 방법으로 치료할 때 모든 실제 세상의 결과, 즉 좋거나 나쁘거나를 확인하는 데에, 그리고 치료법이 작용하는지의 여부를 판단하는 데에 관심을 두며, 일상적인 임상적 환경과 가까운 조건에서 수행된다."(Sackett 1983, p. 66)

무작위 통제 실험의 구조에는 다섯 가지의 중요 요소가 있다(Matthews, 2000). 첫째는 적격인 대상, 특히 환자에 있어 균일한 인구 집단을 구분하는 것이다. 둘째는 적격인 인구 집단에서 검정 대상을 선택하는 것이다. 선택 기준의 적절성은 실험·처치군과 대조군을 대조하는 것이 허용 가능하고 타당한 일이라는 것을 보증한다. 결과에 편향이 들어가지 않게 하기 위해 실험군과 대조군의 대상 배정은 무작위화를 통해 이뤄진다. 마지막 요소는 결과의 엄격한 분석으로, 특히 통계 분석에 있어 엄밀해야 한다. 무작위 통제 실험의 세 가지 중요 구성 요소는 대상의 무작위화, 환자와 의사의 무작위화에 대한 맹검, 현재 치료 기법이나 위약을 사용한 대조군이다. 이들 요소가 무작위 통제 실험을 "황금 표준"으로 만든다.

임상 시험의 성공을 위한 전제 조건

임상 시험의 네 가지 단계를 소개하기 전에, 이런 시험의 성공을 위한 몇 가지 전제 조건을 먼저 논의해야만 할 것이다(Sackett, 1983; Tobias et al., 2000). 성공은 시험에서 기대되는 결과를 얻는 것을 의미하는 것이 아니며, 오히려 결과가 의학 공동체의 합의를 가져올 수 있어야 한다(Tobias et al., 2000). 최초의 전제 조건은 널리 퍼지고 있는 질병 또는 소모성 질환을 치료할 수 있는 약품이나 술식에 대한 필요일 것이다. 다시 말해 질병을 치료하는 데에 충분히 효과적이거나 안전한 약품이나 술식이 현재 없거나, 있지만 바람직하지 않고 그것을 개선하는 것이 유익해야 한다는 것이다.

다음 전제 조건은 약품이나 술식의 효능과 안정성에 대해 제기된 질문의 적절성, 명백성과 관련되어 있다. 이에 더하여 질문은 환자의 시험 참여를 유도할 수 있도록 마음을 끄는 것이어야 한다. 사켓은 임상 시험에서 제기되는 두 가지 주요한 질문을 구분하고 있다. 첫째는 약품의 효과를 명확히 하려는 질문으로, "약품이 종양의 크기를 줄일 수 있는가?"와 같은 것이다. 반면 둘째는 그것이 가치 있는지, 안전한지를 질문하며, "종양을 지닌 환자에게 약품 A를 처방하는 것이 손해보다 이익이 많은가?"와 같은 질문이다(Sackett, 1983, p. 66). 질문의 유형을 구분하지 못하는 것은 종종 시험 증거 해석에 대한 논쟁으로 이어진다.

다른 전제 조건은 시험의 가능성 또는 실현성이다. 사켓에 따르면 이 전제 조건에는 세 가지 요소가 있다. "프로토콜은 잠재적인 임상 공동 연구자에게 매력적이어야만 하며, 적절한 유형과 숫자의 연구 대상 환자를 구할 수 있어야만 하고, 시험에 참여하거나 시험 참여를 중단하는 데 대한 최소의 수행 기준이 설정되어야만 한다."(Sackett, 1983, p. 74) 첫째 요소의 중심에 있는 것은 시험 설계가 의료인에게 미학적으로 호소력이 있어야 한다는 것으로, 특히 타당한 결론뿐만 아니라 적절한 일반화를 제시할 수 있어야 한다. 둘째 요소는 통계적 유의성을 위한 적절한 대상 수를 달성하기 위해서 시험의 선정, 제외 기준이 명확해야 한다는 것이다. 마지막으로 시험 중단을 위한 논리적이고 명확하게 정의된 기준이 필요하다. 종종 시험의 실현 가능성이 위의 요소들을 위태롭게 하지 않는 수준에서 예비 연구 pilot study 를 통해 결정되는 경우도 있다.

전제 조건의 핵심은 시험의 실용성이며, 특히 실시 요강이 환자의 직접적인 참여를 보장하고 문제가 없어야 한다는 데에 있다. "연구는 환자에게 매력적이고 호소력이 있어야만 하며, 이는 열렬한 참여를 보장하기 위함이다."(Tobias et al., 2000, p. 1372) 많은 연구는 환자에게 시험의 중요성이나 유의성, 또는 환자 편에서의 요구도나 희생을 명확히 전달하지 못하여 그다지 성공하지 못하거나 심지어 실패한다.[1] 따라서 임상 시험의 성공은 치료 방식의 성공에서처럼 시험 대상으로서

---

1   성공적인 임상 시험에 있어 이와 관련된 전제 조건은 환자와 임상가의 관계이다. "성공은 의사와 환자의 협력적 역할에 대한 유연성, 용인, 상호 인정을 필요로 한다."(Tobias et al., 2000, p. 1372) 이 전제 조건을 달성하기 위한 효과적인 방법은 시험 설계에 환자를 참여시키는 것이다.

의 환자와 임상 과학자로서의 의사 사이의 생생하고 역동적인 관계에 의존한다. "건강한 연구 공동체는 (…) 개별 의사-환자 관계의 통합성과 창조성에 의지하며, 연구 설계와 그 적용 양면에서 공동 책임의 의무를 부과한다."(Tobias et al., 2000, p. 1372)

임상 시험의 성공에 있어 다른 불가결한 전제 조건은 효과적인 관리 구조이다(Sackett, 1983). 이 구조는 매일의 활동과 문제를 다룰 수 있어야만 하며, 특히 시험에 참여하는 기관이 하나 이상일 경우 중요하다. 시험의 공동 소유권이 있는 경우, 특히 다기관 시험에서는 다양한 참여자의 결과의 질을 높은 수준으로 유지하는 것이 필수적이다. 이에 더하여 시험 감독자는 실험실, 임상 참여자와 통계학자를 최신, 최고의 사용 가능한 기법을 적용하여 연구를 수행할 수 있는 최고 수준의 인물들로 뽑아야 한다. 마지막으로 효과적인 시험 감독에 더하여 시험의 경비와 자원 활용은 효율적이어야 한다. 시험에 대한 충분한 경제적 지원은 최고 수준의 연구를 수행하는 것뿐만 아니라 후속 연구를 진행하는 것에 있어서도 핵심적인 역할을 한다.

마지막 전제 조건은 "시험 구조"의 타당성에 있다(Sackett, 1983, p. 69). 대부분의 임상 시험에 있어 주요한 문제는 혼란 변수를 설명하지 못하고 편향을 발생시켜 설득력을 잃는 것, 즉 "사실과는 체계적으로 다른 결론에의 도달"에 있다(Sackett, 1983, p. 69). 사켓은 혼란 변수를 피할 수 있는 몇 가지 방법을 구분하였다. 여기에는 연구에 참여하는 특정 환자의 선정을 제한하는 것에서부터 대조군과 실험군에 환자를 무작위 배정하는 것에 이르기까지 다양한 방법이 있다. 무작위화가 편향을 피하는 최선의 방법이지만, 약품이나 술식이 효과적일 가능성이 있는 사망률이 높은 질병에 대한 시험을 무작위화하는 데에 대한 윤리적인 염려가 드러날 수도 있다. 무작위화에 더하여, 대조군과 맹검이 편향으로 이끌 수 있는 혼란 변수들을 제거하는 데에 있어 중요한 역할을 한다.

임상 시험의 네 가지 단계

일상一相 임상 시험은 40~80명 사이의 건강한 자원자로 이루어진 크지 않은 집단에 대해 약 한 달 정도 이뤄진다. 이 상相의 목표는 약품의 안전성과 자원자들이 허용할 수 있는 최대치를 확인하는 것이다. 일반적으로 이 목표들은 상승 용량–반응 검사로 수행된다. 실시 요강은 약품의 투여, 이후 약품의 흡수, 분배, 대사, 배출 등의 약동학을 확인하기 위한 여러 번의 혈액 표본 채취로 구성된다. 이 상에서 얻을 수 있는 정보의 유형으로는 약품의 생리학적 효과, 특히 부작용이나 독성, 그리고 자원자들이 허용할 수 있는 최대 용량 등이 있다.

이상二相은 200명 근처의 큰 집단의 잘 선별된, 목적에 부합하는 질병으로 고통받고 있는 환자 자원자를 대상으로 한다. 이 상의 목표는 약품의 효능과 안전성을 확인하는 것이다. 이 상은 몇 달간 계속될 수 있다. 다시금 약품의 약동학, 효능, 안전성을 다양한 용량에서 확인한다. 일반적으로 연구는 이중 맹검, 무작위화, 여러 대조군의 설정하에 이뤄지며, 때로 위약 효과 대조군도 설정된다. 이 단계는 사실상 엄격하고 잘 정의된 기준으로 선택된 환자를 대상으로 한 예비 연구로 삼상 연구를 보증할 수 있는지 결정하기 위해 수행된다.

삼상은 기간과 계획에 있어 예상되는 치료 요법을 본떠 진행된다. 환자 집단의 크기는 수백에서 수천 명에 이르고 검사 대상 선택 기준은 이상 시험처럼 엄격하지 않다. 이 상의 목표는 이상에서 결정된 특정 용량의 약품이 보이는 효능과 안전성을 결정하는 것이다. 삼상 임상 시험의 설계는 무작위화, 이중 맹검, 위약 대조군 시험으로 구성된다. 만약 이 상의 시험이 성공하면, 미 식품의약국이 약품의 치료적 목적의 사용을 일반적으로 승인한다.

식품의약국이 요구하지는 않으나, 사상도 수행할 수 있고 이는 더 크고 더 다양한 환자 집단에 대해 치료의 효능과 안전성을 감시하기 위함이다. 이 단계는 몇 년 동안 계속될 수 있고 약품의 일반적 사용에 대한 정보를 제공한다. 이에 더하여 기준은 삼상 시험의 환자 선택 기준보다 훨씬 덜 엄격하다. 예를 들어, 당뇨와 같은 동반 질병이 있는 환자도 사상 시험에 참여할 수 있다. 이 단계에서 중요한 다른 목표는 약학-경제학적 자료를 얻는 것으로, 특히 다른 치료 방법이 존재하는 경우 중요성이 부각된다.

무작위화, 이중 맹검, 동시 대조군 임상 시험

임상 시험의 표준이 발달한 것은 18세기로 거슬러 올라가는 역사를 자랑하며, 최면술에 대한 프랑스 왕실 조사로 시작되었다(Green, 2002).[2] 이 시험에서 벤저민 프랭클린이 이끄는 왕실 조사단은 현재 임상 시험에 사용되는 두 가지 중요한 요소, "가짜 개입 shem intervention 과 그 개입의 본질이 가짜 bogus 라는 것에 대한 대상의 무지"를 도입하였다(Green, 2002, p. 311). 무작위 통제 실험의 원형은 20세기 중반, 의학적 지식과 실천의 생의학적 모형을 결합한 스트렙토마이신 임상 시

---

2   불(J. P. Bull)은 임상 시험의 역사적 발달에 대한 최초의 분석 중 하나를 제시하였으며, 이집트 의사들로부터 출발하여 20세기로 나아간다(1959).

험으로 그 모습을 점차 드러냈다(Doll, 1984).[3] 크리스텐센과 한센에 따르면 "스트렙토마이신 시험은 치료법이 경험적, 실험적 방법으로 평가될 수 있고 대상과는 무관한 확증을 필요로 한다는 것을 증명했다."(Christensen and Hansen, 2004, p. 68)

무작위 통제 실험이 가져온 혁명에는 시험 결과의 무결성이나 타당성을 위태롭게 할 수 있는[4] 가능한 편향과 혼란 변수를 제거하기 위한 무작위화, 맹검, 대조군이 있으며, 이는 치료나 술식의 실제 효능이나 안전성을 결정하기 위함이다(Green, 2002; Lilienfeld, 1982). 무작위 통제 실험은 그 목적을 "다른 모든 요소가 동일하다 *ceteris paribus* "는 조건에 의거하여 달성한다(Lilienfeld, 1982, p. 3).

편향과 위약 효과

무작위 통제 실험의 주요 목적은 선택 편향, 배정 편향, 측정(관찰, 정보) 편향, 정지 편향 등 실험군과 대조군 사이의 결과 비교를 훼손시킬 수 있는 편향의 가능성을 제거하는 것이다(Matthews, 2000). 편향은 "개인적 선호나 바라는 결과에 의한 판단, 행위의 왜곡"이다(Spodick, 1982, p. 21). 선택 편향은 대조군이나 처치군에 우선적으로 환자를 배정하는 것을 가리킨다. "선택 편향은 무작위 통제 실험에 환자를 참여시킬 때 환자가 어떤 치료를 받게 될지에 대한 지식에 영향을 받아 결정이 내

---

3   의학 연구에서 최초의 무작위 통제 실험이 무엇인지에 대해서는 얼마간의 논쟁이 있으며, 이에 관해선 노이하우저와 디아즈를 참조하라(Neuhauser and Diaz, 2004).

4   역자 주: 원문에는 comprise(포함되다, 구성되다)로 적혀 있으나, 편향이나 혼란 변수는 시험 결과의 무결성, 타당성을 해치는 요인이므로 compromise의 오기인 것으로 보고 교정하여 해석하였다.

려질 때 발생할 수 있다."(Matthews, 2000, p. 14)

배정 편향은 대상의 면역학적 반응성과 같은 특정 예후 지표를 가진 환자가 시험군이나 대조군으로 차별적으로 분포된 것을 가리킨다. 배정의 비대칭은 단순 무작위화의 확률적 본성의 결과일 수도 있으나, 무작위화의 방법을 더 확고히 적용하면 이 편향을 줄일 수 있다. 측정 편향은 시험의 결과에 대해 주관적으로 평가, 측정하여 발생한다. "만약 관찰자가 환자에게 주어진 처치를 알고 결과 변수 측정이 주관적 요소를 지니고 있다면, 관찰값이 치료에 대한 지식에 의해 영향받을 수 있다."(Matthews, 2000, p. 19) 마지막으로 정지 편향은 시험이 처치군과 대조군 사이에서 유의한 차이가 발생할 때까지 반복되는 경우에 발생할 수 있다.

편향에 더하여 임상 시험의 결과에 영향을 주거나 무효화할 수 있는 다른 중요한 요소는 위약 효과가 있다(Macedo et al., 2003; Papakostas and Daras, 2001).[5] 위약 효과는 몇 세기 전부터 알려져 있었지만, 근거중심 의학을 마주하면서 지난 몇십 년간 더 큰 중요성을 띠게 되었다. 위약 효과에 대한 정의가 몇 가지 제안되었지만, 현재 합의에 도달한 정의는 없다(de Craen et al., 1999; Macedo et al., 2003). 데이비드 쿡번 David Cockburn 에 따르면 "위약 효과는 측정될 수 있지만 적절히 설명될 수는 없다."(2002, p. 1) 현재로선 위약 효과를 "편향되지 않은 실험에서 위약 처

---

5   의학에서 위약 효과의 역할은 위약을 비처치군과 대조한 임상 시험들에 대해 수행한 체계적 분석에 의해 최근 달아오르고 있다. 예를 들어, 룝야르손과 굇췌는 위약 효과가 전통적으로 보고되었던 35%가 아니라는 것을 발견하고 위약은 일반적으로 유의한 임상적 효과를 가지지 않는다고 결론지었다(Hrójartsson and Gøtzsche, 2001). 그러나 그들의 결론이 논쟁의 여지가 없는 것은 아니다(Bailar, 2001).

치 군과 비처치 대조군 사이의 결과 차이"의 조작적 용어로 정의하는 것이 최선이다(Gøtzsche, 1994, p. 925).

위약 효과는 환자와 의사가 치료를 위해 만날 때 중요한 요소로 작용한다. 마세도와 동료들은 주장한다. "합의된 정의가 없다고 해도, 그리고 위약 효과가 위약 복용에만 전적으로 의존하지 않는 것 같다고 가정하더라도, 의심의 여지가 없어 보이는 이슈가 하나 있다. 어떤 이름으로 부르든지 간에 위약 효과가 의료와 임상 시험에서 나타난다는 것이다."(Macedo et al., 2003, p. 337)

위약 효과는 질병을 치료하는 치료 방법의 일반적인 결과이다. 거의 모든 치료법에 어느 정도 이바지하는 것이 확실하며 그것을 전적으로 제거하는 것도 불가능할 것 같다. 무작위화와 맹검이 그 역할이나 효과를 줄일 수는 있지만 말이다. 기작적 용어로 설명할 수는 없지만, 위약 효과는 정신의 기능 그 자체에서 나타나는 것으로 보인다. 왜냐하면 의식이 없는 환자에서는 끌어낼 수 없기 때문이다. 위약 효과를 해명하는 주요 이론에는 전통적 조건화, 반응 기대, 신경정신면역 반응psychoneuroimmunological response 이 있다(de Craen et al., 1999; Papakostas and Daras, 2001).

무작위화

무작위화는 편향을 피하는 데 있어 단연코 가장 문제가 적은 방법이다.[6] 그것은 "환자에게 특정 치료를 확률로만 배정한다"라는 것을

---

6 무작위화가 문제가 없어 보이지만, 워랄은 적용 가능성에 대해 문제(특히 윤리적 문제)를 제기한다(Worrall, 2007). 그는 신생아의 지속성 폐동맥 고혈압증 사망률

보증한다(Spodick, 1982, p. 21). 1920년에서 30년대에 피셔 R. A. Fisher 가 그 유의성과 필요성을 옹호하였으며 1940년대 이후 무작위화는 임상의 학에 받아들여져 의무가 되었다(Green, 2002; Lilienfeld, 1982). 무작위 통제 실험은 실험군과 대조군에 시험 대상을 임의로 할당하는 방식으로만 수행해야 한다. 간략히 말하면 무작위화는 치료와 대상을 동전 던지기와 같이 단순한 표준 실시 프로토콜에 따라 배정하며, 여기에는 난수표나 컴퓨터로 생성한 난수를 사용한다.

무작위화는 연령, 성별, 사회적 지위 등의 혼란 변수와 연관된 선택 편향이나 배정 편향과 같은 편향을 제거할 수 있다. 이런 편향은 임상 시험 결과의 유의성을 쉽게 무효화할 수 있다. 그러나 "무작위화는 다양한 형태의 편향이 나타나는 것을 제한하여 한 군에 있었다면 더 나은 결과가 나올 수 있었을 대상들을 다른 치료군으로 더 많이 이동시킬 수도 있다."(Heaney, 1991, p. 105) 마지막으로 무작위화는 치료군과 대조군의 결과를 비교하여 인과를 결정할 수 있도록 해준다. "무작위화는 치료군에서 나타나는 차이가 치료의 차이 때문에 일어났다고 말할 힘을 가진 방법이다."(Matthews, 2000, p. 10)

무작위화는 가능한 모든 편향을 피할 수 있게 해주는 것은 아니며 임상 시험의 결과의 타당성을 보증할 수도 없다. 사켓은 시험이 무작위화되었다고 해도 임상 시험에서 발생할 수 있는 편향을 피하기 위

이 80%이나, 체외막형산화장치(extracorporeal membraneous oxygenation)를 통한 치료로 생존률이 80%로 전환되는 사례를 든다. 위랄의 주안점은 무작위화가 모든 편향이나 혼란 변수를 통제하지 못하기 때문에 모든 사례에 전부 적용 가능하지는 않을 수도 있고 심지어는 필요하지 않는 경우도 있을 수 있다는 것이다.

해 마음에 새겨야 할 필요가 있는 몇 가지 문제들을 구분하고 있다 (1983, pp. 71-72). 첫째는 시험 대상인 약품이나 술식과 직접 연관되어 있지 않은 보조적 기술 또한 대조군에서 시행되어야 한다는 것이다. 다음 문제는 대조군이 시험 약품이나 술식에 노출되는 것을 피하는 것이다. 다른 문제는 약품 투여나 술식을 시행한 시험 대상에 의해 대조군이 오염되는 것을 피하는 것이다. 마지막으로는 위에 적은 것과 같이, 단순 무작위화가 배정 편향을 제거할 수는 없으며, "이는 어떤 치료가 배정될지에 대한 지식이 환자가 시험에 참여하는 데에 적절한지 아닌지의 여부와, 의사가 꺼리는 환자의 자원을 얻기 위해 설득에 들이는 노력에 영향을 미치기 때문이다."(Chalmers, 1981, p. 330) 그렇다면 무작위화 자체를 적절한 기법으로 알 수 없게 만드는 것 또한 필수적일 것이다.

맹검[7]

임상 시험에서 다른 중요한 요소로는 맹검이 있으며, 이것은 임상 시험과 관련된 편향, 특히 측정 편향을 제거하기 위해서 사용된다.[8] 맹검은 "의사, 환자, 또는 모두에게 검사 대상인 실제 물질의 본성을

---

7   연구자들 일부는 "맹검"이라는 표현을 피하고 "차폐(masking)"라는 표현을 선호한다. 이언 챠머스(Ian Chalmers)와 더글러스 알트먼(Douglas Altman)에 의하면 "'차폐'는 시각 장애가 있는 참여자들을 대상으로 한 시험에서 '맹검'의 완곡 표현으로 상대적으로 최근에 고안되었다."(2002, p. 257)

8   챠머스와 알트먼은 선택 편향을 다루기 위해 배정 은닉의 개념을 도입하고 측정 편향을 위해서 맹검을 남겨둔다. "배정 은닉은 (…) 할당 전까지 배정 순서를 보호하는 것이다. (…) 대조적으로 맹검은 (…) 배정 순서를 할당 후에 보호하는 것이다."(2002, p. 257) 그들은 편향을 예방하기 위해 맹검보다 배정 은닉이 더 중요하다고 주장한다.

계획적으로 은폐"하는 것이다(Spodick, 1982, p. 21). "맹검"이라는 용어는 1930년대 해리 골드 Harry Gold 와 동료들의 논문에 의해 도입되었으며, 그들은 이 용어를 영국 심리학자 리버스 H.H.R.Rivers 의 작업에서 채용하였다(Green, 2002; Strong, 1999).[9]

단측 맹검 시험은 임상가는 환자가 치료약이나 실험적 치료법을 처치 받는지 알고 있는 데에 반해 환자는 모르고 있는 상황을 가리킨다. 이 유형의 맹검은 치료가 심각한 부작용을 가지고 있어 지속적인 감시가 필요한 경우에 사용된다. 이 유형의 맹검에서 명백하게 관찰되는 문제는 임상가 쪽의 주관적, 무의식적 소통이나 행동의 가능성에 있으며, 이는 위약 효과를 끌어낼 수 있다. 이 편향을 제거하기 위해 대개 양측 맹검이 수행되며 여기에서는 조사자나 임상가와 환자 모두 누가 약을 처방받는지를 모른다. 무작위화 양측 맹검 대조군 임상 시험이 약품이나 술식의 효능을 검사하기 위해 선호되는 방법이다.

삼중 맹검 연구에서는 어떤 집단에 처치가 주어지는지를 배정하는 사람도 모르게 하거나 통계, 자료 분석가와 결과를 해석, 평가, 수집하는 사람도 어느 집단이 무엇을 대표하는지를 알지 못하게 하는 수준의 맹검이 도입된다. 만약 통계학자나 평가자가 두 명의 분리된 사람이고 이들 둘다에 대해 평가에 대한 맹검을 유지한다면, 이 연구는 사중 맹검이 된다.[10]

---

9 "맹"(盲)이라는 용어는 프랭클린과 회원들이 최면술의 주장을 검사하기 위해 대상에게 눈가리개를 한 것에서 유래되었다(Charmers and Altman, 2002).

10 챠머스와 알트먼에 따르면 문헌에서 "맹검"의 사용은 종종 일관성이 없거나 모호하다. 예를 들어, 양측 맹검은 통계학자나 조사자와 환자가 맹검되거나, 때로 셋 모두가 맹검되는 상황을 가리키고는 한다(Charmers and Altman, 2002).

동시 대조군

무작위화와 맹검에 더하여 편향은 실험군에 동시 대조군을 더하는 것을 통해 제거될 수 있다(Matthews, 2000). 대조군 시험을 할 수 있는 방법이 최소 세 가지가 있다. 첫째는 전통적인 대조군이다. 이 집단은 시험군이나 실험군, 즉 약을 투여받는 집단과 동일한 실험 요강이나 처치를 시행받지 못한다. 임상 과학자는 치료군과 비치료 대조군의 치료나 약품에 대한 질병의 반응을 비교하여 효능에 대한 결론을 내린다.

두 번째 의미의 대조군은 모든 위약 효과를 중화시키는 것으로, 일반적으로는 동일한 실험 요강을 수행하나 효력이 있는 처치만 시행하지 않는다. 만약 검사 대상이 약품이라면, 효능을 나타내는 성분을 뺀 알약이나 위약을 제공한다(전통적으로는 알약에 설탕을 넣어왔다).[11] 활성 위약도 있으며, 이것은 검사 치료법의 효과나 부작용을 흉내 내는 약품이다. 이 대조군을 통해 임상 과학자는 질병에서의 개선이 일반 조작에 의한 심리적 효과의 결과인지 아니면 처치의 결과인지를 결정할 수 있다.

마지막 형태는 활성 대조군으로, 여기에서는 효과가 있는 다른 치료법으로 처치하나 실험 처치법과는 다른 방식을 사용한다(Pellegrin and Nesbitt, 2004). 이 대조군의 목적은 실험 처치법이나 새로운 처치법의 효능을 알려져 있거나 이전의 처치법의 효능과 비교하여 새로운 처치법이 현재의 처치법보다 낮거나 우월하다는 것을 증명하는 것이다.

---

11   에든버러대학교의 가둠(J. H. Gaddum)은 이런 약품은 "위약"이 아닌 "모조품(dummy)"이라고 불러야 한다고 주장했다(Strong, 1999).

다른 임상 시험

무작위 통제 실험이 의학 인식론에서 "황금 표준"으로 여겨지고 있지만 모든 의학적 지식이 이런 시험으로 정당화되는 것은 아니다 (Hennekens and Buring, 1987; Thagard, 1999). 모든 약품이나 술식에 대해 치료 효능에 대한 필요 정보를 얻을 수 있는 임상 시험을 진행할 방법이 전혀 없는 경우도 있다. 예를 들어, 불소의 하루 사용량에 대해 현재는 이전에 추천하던 하루 75mg의 절반을 추천한다. 로버트 헤니 Robert Heaney 는 "어떻게 우리가 이것을 알게 되었는가?"라고 묻는다. "이 문제에 대한 무작위 대조군 시험은 시행되지 않았다. 지난 20년 동안 불소에 대해 연구한 임상 연구자들의 공동체에서 공유된 경험을 통해 답을 부분적으로 얻을 수 있을 것이다."(1991, p. 105)

게다가 "일상 임상에서 관리적 결정의 다수는 여전히 좋은 증거 없이 이루어져야만 한다."(van Gijn, 2005, p. 69) 이런 증거가 없는 이유에는 시험이 비실용적이거나 실현 가능성이 없는 것, 애매한 시험 결과 등이 포함된다. 마지막으로 좋은 임상적 실천은 대개 가능한 것 안에서 최선을 다하는 것을 의미하며, 이때 꼭 증거에 기반을 두는 것이 아니라 일화적 경험에 따를 수도 있다는 것이다. "근거중심의학은 무작위 시험과 메타 분석에 한정되지 않는다. 우리의 임상적 질문에 답할 수 있는 최선의 외부적 증거를 쫓는 것 또한 포함된다."(Sackett et al., 1996, p. 72)

타가드는 헨네켄과 버링의 연구를 활용하여 의학 연구의 다른 유형들을 두 가지의 주요 집단, 기술적 연구와 분석적 연구로 나누었다 (Thagard, 1999; Hennekens and Buring, 1987). 첫 번째 기술적 연구는 상관성 연구들로 구성되며 여기에서는 다른 인구 집단에서의 질병 빈도를 특정 기간 비교한다. 다른 유형의 기술적 연구에는 단일 증례 연구가 있으며 이는 단일 환자와 질병의 경로에 대한 상세한 기술이 제시된다. 마지막 기술적 연구는 횡단 연구로, 특정 기간 흡연과 같은 특정 위험 요인과 질병 발생에 대한 대량의 자료를 수집한다.

분석적 연구는 "질병의 위험 요소에 노출된 사람들과 노출되지 않은 사람들에 대한 계통적 비교"를 포함한다(Thagard, 1999, p. 76). 무작위 통제 실험에 추가로 두 가지의 분석적 연구가 존재한다. 첫째는 사례 조절 연구로 여기에서는 질병을 앓는 환자 집단을 질병이 나타나지 않은 대조군과 비교한다. 다음 분석적 연구는 코호트 연구로, 여기에서 위험 요소에 노출된 집단과 노출되지 않은 집단을 시간의 흐름에 따라 추적하여 질병의 전개와 발생을 확인한다.

생의학 기술

기술 혁신과 관련된 주요 인식론적 문제는 그 평가에 있다. 약품의 효능이 무작위 통제 실험으로 결정되는 반면, 기술적 고안, 특히 새로운 외과적 술식에 대해 사용 가능하거나 받아들여진 표준적인 평가 방법은 없다. 제넷에 따르면 "외과적 수술과 집중 치료와 같은 복합적 치료 체제를 평가하는 데에 있어 무작위 통제 실험이 시종일관 사용되는 경우는 상당히 적고, 이는 대서양 양편 모두에서 질책 대상이 되고 있다."(Jennett, 1986, p. 233) 외과적 연구는 무작위 통제 실험이 약품에 대한 연구에서 마주치지 못했던 특별한 문제들을 발생시킨다. 여기에는 술후 처치와 위약 효과 등이 있다.

외과 술식은 쉽게 무작위 통제 실험화 할 수 있으나, 외과 문헌에 대한 분석은 외과적 술식의 40% 정도가 무작위 통제 실험을 사용해 평가되었다는 것을 보여준다(Solomon and McLeod, 1995). 한계가 있긴 하지만, 외과적 술식을 평가하는 데에 있어 무작위 통제 실험을 사용하는 것이 권장되고 있다. "무작위 통제 실험이 의학 요법의 평가를 위한 황금 표준이라는 것에는 의심할 여지가 없다. 이것은 외과 수술에서도 마찬가지이며, 우리는 모든 외과 의사가 이런 연구를 수행하기를 단호히 권장한다."(Sauerland et al., 1999, p. 426) 그러나 무작위 통제 실험의 한계가 외과적 술식을 적절히 평가하는 것을 방해한다고 주장하는 사람들도 있다. 예를 들어, 닉 블랙 Nick Black 은 몇 가지의 제한점을 열거하였다(1999). 개별 환자에 대한 무작위 통제 실험의 일반화의 결핍, 무작위 통제 실험을 수술에 적용하는 것에 있어 지나친 단순화, 무작위 통제 실험이 "지나가는 유행"일 뿐이라는 주장 등이 그것이다.[12]

조나단 미킨스 Jonathan Meakins 는 외과적 술식을 평가할 수 있는 전략을 제안하였으며, 이 방식은 외과적 연구에 맞춰진 증거 규칙들에 의존한다(2002). 사켓이 처음 제안한 증거에 통용되는 규칙에 대해(Sackett 1987), 미킨스는 외과의가 관찰 연구의 결과를 활용할 수 있는 공간을 만들어내었으며 균형 잡히지 않은 외과 술식의 효능과 안전성을 이를 통해 결정할 수 있도록 하였다. 미킨스에 따르면 "수술적 외과 연구에 만연해 있는 '내 방식대로' 접근을 줄일 수 있는 유일한 방법은 최선의

---

12   외과 연구에 무작위 통제 실험을 적용하는 것에 제한이 있으며 외과 논문의 5% 미만이 무작위 통제 실험을 활용한다. 그러나 여전히 무작위 통제 실험을 통해 외과적 술식의 질을 검사하려는 움직임은 여전히 탄력을 받고 있다(Solomon and McLeod, 1995; Wente et al., 2003).

자료를 정의하고, 그것이 결손된 곳이 어디인지를 확인하고 답을 얻는 데 필요한 연구를 하는 것이다."(Meakins, 2002, pp. 401-403)

외과적 연구의 체계적 분석을 수행하기 위해, 특히 무작위 통제 실험의 적용을 위해 미킨스는 고려 대상인 문제를 체계적으로 그리고 철저하게 검토하여 이전의 해결책이 타당한지를 결정하고, 현재 상태가 이치에 맞는지를 따지는 초기 단계를 선정하는 것을 옹호하였다(Meakins, 2002), 만약 무작위 통제 실험을 사용할 수 없으면 전향적, 비무작위화 관찰 연구를 수행해야만 하며, 따라서 결과를 예상보다는 빨리 얻게 된다. 결과의 평가는 편향을 줄이기 위해 제삼자에 의해서 수행되어야만 한다.

이런 일반적인 문제들에 더하여 의학 기술은 또한 인식론적 문제를 발생시킨다. 특히 환자에 대한 지식에 관련된 문제들이 발생한다. 카셀은 오늘날 우리의 지식, 특히 과학적 지식이 기술적이라는 것에 동의한다. 그러나 그는 한탄한다. "아픔과 고통에 의해 가정된 현존이 제기한 도전에 대한 응답으로 의학의 과학적 지식과 뒤이은 기술이 전개되었다. 이것이 아픈 사람 자신의 현실보다 훨씬 설득력을 지닌다."(Cassell, 1997, p. 75) 결과는 기술이 환자와 의사 사이의 분열을 조장하며, 의사는 환자가 가지는 인간으로서의 고통이 아닌 환자의 질병에 걸린 신체 부위에서 발생한 통증에 초점을 맞추게 되었다.

현대 의학 지식과 실천은 질병이 발생한 부위에만 제한되고 환자의 고통을 염두에 두지 않는다. 카셀에 따르면 해결책은 현대 의학 기술을 내던지는 것이 아니라 그가 "진단과 치료의 제 일의 수단"이라고 여긴 의사들에게 그들 자신을 위해 기술의 발달에 저항하여 의학적 실천에서의 어느 정도의 모호함과 불확실성을 견디고 환자에게 권력을 나눠주도록 가르치는 것이다(Cassell, 1991).

서사적 치료

서사는 의학적 지식과 실천에 대한 인문주의적, 인본적 모형의 논의에서 크게 떠오르고 있으며, 특히 추론, 판단, 설명에 대한 인식론적 분석에서 대두되고 있다. 게다가 서사는 진단 과정에서도 중요하지만 치료에 대해서도 핵심적인 역할을 할 수 있다. 서사[13]는 옳은 진단을 내리기 위해 환자의 질환 경험을 전적으로 이해하기 위해서뿐만 아니라 타당하고 효과적인 치료 술식이나 술기를 제시하는 데에 있어서도 핵심적인 역할을 한다.

질환 경험에 대한 환자의 서사에 더하여, 의사는 그것에 대한 의학적 번역을 제시해야 한다는 요청을 받는다. 두 서사 사이에는 근본적인 차이가 있으며, 이 차이는 효과적인 치료에 있어 중요하다(Hunter, 1991). 만약 이 차이가 의사에 의해 고려되지 않으면, 환자는 전적으로, 심지어는 충분히 회복되지 못할 수도 있다. 전통적으로 의사는 환자의 서사를 의학적 용어와 개념으로 전치하고 전환하여 해석하였다. 헌터에 따르면 "환자의 이야기에 대한 의학적 해석은 회복의 강력한 힘을 지닌다."(Hunter, 1991, p. 124) 그러나 서사적 진단 지식의 정당화에서와 같이, 이런 회복력에 대한 경험적 보증은 인식론적으로 정당화

---

13 역자 주: 원문에는 The physician으로 되어 있으나 문맥상 Narrative에 대한 언급인 것으로 보아 교정하여 해석하였다.

하기 불가능하다.

생의학 모형의 문제의 일부는 의사의 진료실에서 발생한다. 질환 경험에 대한 환자의 서사를 의학적으로 번역하는 것은 효과적 치료를 위해 환자의 이야기를 전적으로 담아낼 수 있다고 가정되어 왔다. 하워드 브로디 Howard Brody 는 여기에 이의를 제기한다. "의사는 의료 업무에서 환자가 최대의 혜택을 받기 위해, 의학적 이야기가 환자의 이야기라거나 두 이야기 사이의 협의는 필요 없다고 단순하게 가정해서는 안 된다."(2003, p. 10) 헌터와 다른 인문주의적 의료인처럼 브로디는 주장한다. 의사는 환자의 서사에 포개진 의미에 세심한 주의를 기울여야 할 필요가 있으며 신뢰감 있고 정확한 예후를 통해 환자에게 희망을 줄 수 있어야 한다. 예를 들어, 위약 효과에 관한 연구는 정확한 해명을 제시하고 환자의 질환을 투사할 수 있는 의사의 능력이 환자의 회복에 유의미한 영향을 미친다는 것을 증명한다(Brody, 2003). 브로디에 따르면 "예후를 정확하게 예측할 수 있는 능력, 즉 이후의 질환에 대해서 이야기를 하는 것은 통제감을 유지하여 약리학적인 방식은 아니지만 상징적인 방식으로 치유의 증진을 가져온다."(2003, p. 15)

근본적으로 서사적 치료는 환자의 무너진 삶—서사 life-narrative 의 회복과 관련되어 있다. 헌터는 지그문트 프로이트 Sigmund Freud 가 자신의 정신분석학 작업을 환자의 서사를 복구하는 것으로 분석함을 언급한다. 헌터는 "환자는 몸과 이야기 양쪽에서 병을 보인다. 질환의 서사를 고쳐 쓰는 것에 대한 희망과 의학적 서사를 통한 해석은 증상에 대한 이해로 이끌고, 따라서 완화와 치료를 가져온다"라고 적고 있다 (1991, p. 130).

또한 브로디는 환자의 질환 이야기를 효과적 치료를 제공하기 위해 바꾸어 말할 수 있는 의사 능력의 중요성을 인정한다. 브로디는 주장한다. "환자는 깨진 이야기를 가지고 의사에게 온다. 부러진 뼈, 망가진 몸과 함께."(2003, p. 16) 아픔에 대한 환자의 이야기를 바꾸어 말하는 것은 공식으로 환원될 수 없다는 것과, 생의학 모형에서 의사가 환자의 질병 이야기에 대한 표준화된 질문을 던지고 관련 있는 사실만을 기대하는 것처럼 진행될 수는 없다는 것이 중요하다. 제럴드 몽크 Gerald Monk 에 따르면 "사실 만약 [서사적 치료가] 공식이나 처방처럼 사용된다면, 상담 대상은 수동성을 경험하고 대화에서 소외되었다고 느낄 것이다."(1997, p. 24) 그 결과, 치료의 효과는 떨어진다.

비록 인식론적으로 보증할 수 있는 서사적 치료, 특히 서사적 질문 집합의 표준 순서는 없지만, 그 효과를 보증할 수 있는 "형식"은 존재하며 이는 전통적 생의학 치료와 비교할 수 있다(White and Epston, 1990). 이 서사적 치료의 형식이나 구조는 여러 다른 요소로 구성된다. 첫 번째, 서사적 치료는 생의학적 의료인의 보편적이고 의료화된 이야기와는 달리 환자의 질환 이야기나 삶의 경험을 심각하게 받아들이고 특권화한다. 환자의 이야기 안에서 질환과 관련되어 포개진 의미는 치료의 성공에 있어 중요하다. 두 번째 요소는 환자 서사의 시간적 배열이며, 여기에서 의미는 새 형태를 취할 수 있다.

세 번째 요소는 서사에서 활용되는 언어와 관련되어 있다. 생의학적 담론의 직설법 대신 서사적 치료자는 "명백한 의미보다는 함축적 세계를 만들기 위해 주관적 방식을 활용한다. '가정을 발생'하여 가능성의 영역을 넓히고, '복수의 견해'를 위치시키며, '독자'를 고유한 의미 수행에 관여시킨다."(White and Epston, 1990, pp. 81-82) 이 차원과 관련된 것은 환자 서사를 다각적으로 독해하는 것에 대한 권유로, 생의학적 의사의 표준적, 단일적 텍스트와는 차이를 보인다.

서사적 치료의 네 번째 요소는 개인적, 능동적 작용과 관련되어 있다. 생의학 모형에서처럼 환자를 수동적 행위자로 예속시키는 대신, 서사적 치료에서 환자는 치료 과정에서 무너진 서사를 개정하는 능동적 행위자의 자리에 위치한다. 환자의 서사는 "해석적 행위의 세계, 이야기의 모든 재서술이 새로운 서술인 세계, 개인이 타인과 '재저술 再著述'에 참여하여 자기 삶과 관계를 재형성하는 세계"를 반영한다 (White and Epston, 1990, p. 82). 마지막 요소는 의사와 환자의 관계적 위치와 관련되어 있다. 생의학 모형에서처럼 의사를 환자 "위"에 두는 대신 환자는 회복 서사의 공동 제작자로서 핵심적이고 중요한 위치를 차지한다. 서사적 치료에 있어 환자는 생의학 모형에서처럼 객관화되지 않고 오히려 개인화된다.

또한, 브로디는 의사와 환자의 아픔에 대한 이야기를 공동으로 구성하는 것이 성공적이고 효과적인 치료에 필수적이라고 주장한다 (Brody, 2003). 그 목적을 위해 그는 공동 서사를 구성하는 데에 필요한 네 가지 기준을 분간한다. 첫 번째는 치료적 서사를 공동으로 구성하는 과정 자체와 관련되어 있다. 환자의 질환에 대한 의사—주도적 이야기는 일반적으로 효과가 없다. 브로디에 따르면 "이상적으로 '공동 저작 coauthorship'에서 의사의 역할은 단서 제공, 살짝 밀기 nudge, 서사적 재료의 제공으로 이루어진다. 환자는 이 재료들을 모아 결과물로서의 이야기를 최종적으로 소유하는, 자기 삶에서 무엇이 일어났는지에 대한 이야기를 만들어낼 수 있는 최선의 사람이다."(Brody, 2003, pp. 16-17) 헌터 또한 비슷한 결론에 도달한다(Hunter, 1991). 그녀는 환자가 자기 서사를 다시 만들 수 있도록 회복하는 것을 돕는 것이 의사의 의무라고 주장한다. 다음 기준은 서사는 생의학적 지식의 최선의 선 안에 존재해야 한다는 것이다. 서사는 환자의 기분을 좋게 하는 것을 넘어서 환자를 회복시켜야 한다.

성공적인 서사적 치료의 셋째 기준은 공동 회복 서사를 소유하는데에 있어 환자가 지는 책임이다. 브로디에 따르면 "이상적인 회복 서사는 단순하게 '나는 내 문제를 무엇이 일으켰는지 알고, 다른 사람들이 내가 나아지기 위해 신경 쓰고 있다고 느끼며, 나에게 고통을 주는 것을 다루기 위해 어떤 것이 이뤄질 수 있다'라고 말하는 것이 아니다. 오히려 이상적 서사는 '(…) (이상적으로) 동의한 치료 프로그램을 수행하는 데 필수적임을 알고 있는 구체적인 단계를 실제 수행하는 사람으로 내 자신을 본다'라는 내용으로 이어진다."(Brody, 2003, p. 17) 예를 들어, 만약 환자가 동의한 치료 서사의 일부가 환자의 콜레스테롤 수치를 낮추는 것이라면, 환자는 치료 서사의 일부를 따라야만 하며 콜레스테롤을 줄이기 위해 필요한 과정을 따라야 한다는 것이다.

마지막 기준은 질환이 급성인지 만성인지의 여부에 달려 있다. 급성 질환인 경우, 공동 치료 서사는 환자가 질환 이전에 누리던 정상적인 삶으로 환자를 복귀시키는 것을 돕는 역할을 한다. 만성 질환인 경우 치료 서사는 더 복잡하고 엄격해진다. 브로디는 "환자의 임무는 이제 환자가 지향했던 방향대로 완성될 수 없는 이전 삶의 이야기를 상실한 것을 슬퍼하는 동시에 아픔이 강제하는 현실과 제약 안에서 행해 나갈 수정된 삶의 이야기를 구성하는 것이다"라고 말한다(Brody, 2003, p. 17).

요약

치료 지식의 생성과 정당화의 생의학적 접근은 무작위 통제 실험과 생의학 기술로 이루어진다. 이 인식론적 도구들은 생의학적 의료인에게 치료 방법과 기술이 효과적이고 안전하다는 것을 보증한다. 오늘날까지 소수의 치료적 개입만이 이런 도구들로 정당화되었기에, 목표는 모든 의료 행위를 이들을 통해 정당화하는 것이다. 생의학 의료인의 치료적 돌봄은 매우 기술적인 이야기에 의존하며 이는 환자의 실존적, 감정적 필요에 대한 이야기와 겹치는 부분이 없다.

헌터는 "의사와 환자의 이야기 사이의 차이를 무시하는 돌봄을 받을 것이라는 예상은 현대 의학에 대한 광범위한 불만족의 원인이 되고 있다"라고 경고한다(Hunter, 1991, p. 123). 이 불만족에 대한 응답으로 인본적 의사는 환자의 실존적, 감정적 필요를 치료 이야기에 받아들이는 서사적 치료를 수행한다. 이런 이야기가 생의학 치료를 정당화하기 위해 사용되는 고도의 기술적 도구들로 정당화될 수는 없지만, 서사적 치료의 지지자들은 그 효능이 위약 효과와 관련된 이득을 닮았다고 주장한다(Brody, 2003). 결과적으로 서사적 치료는 생의학 모형에 의해 촉발된 돌봄의 질 위기를 구제하는 데에 크게 이바지하고 있다.

제3부

윤리학

윤리는 도덕적 법칙, 원칙과 관련된 인간 행위와 태도를 연구하는 학문이다. 윤리는 인격을 가리키는 그리스어 *ethikos*에서 유래되었으며, 일반적으로 기술 윤리학, 규범 윤리학, 응용 윤리학으로 나눈다. 기술 윤리학은 우리가 어떻게 행위하는지를 행위와 태도의 세부 측면에서 말해주며, 도덕 규약으로 행위를 평가하지는 않는다. 그것은 "도덕적 행위와 믿음에 대한 사실적 기술과 설명"이다(Beauchamp and Walters, 1999, p. 2). 기술 윤리학은 본성상 경험적이며, 주어진 조건과 상황에서 공동체의 일원들이 내리는 선택을 관찰하는 것으로 이뤄진다. 결과는 보통 수행 규칙이나 예의의 확인이며, 그 옳음이나 그름을 도덕화하진 않는다.

반면, 규범 윤리학은 공동체의 일원에게 어떻게 행위해야 하는지를 이야기하며 통용되는 도덕적 가치에 기반을 둔다. 규범 윤리학은 일반적으로 윤리 이론과 관련되어 있다. 다양한 규범 윤리 체계와 선, 옳음과 같은 개념에 내재하고 있는 기초를 분석하는 것을 메타 윤리학이라고 부른다. 또한 메타 윤리학은 "윤리적 성질의 본질에 관한 형이상학적 질문과 윤리적 지식의 주장을 어떻게 평가할 수 있는지에 관한 인식론적 질문들"을 다룬다(Solomon, 2004, p. 813). 응용 윤리학은 규범 윤리학의 특정 형식을 상업이나 의학과 같은 특정한 분야에 적용하는 것을 다룬다.

3부의 첫 장은 생명윤리의 기초를 이루는 가치론과 가치를 다룬다. 다음 장에서는 생명윤리의 발전, 특히 미국에서의 전개와 현대 생명윤리가 기초하고 있는 여러 규범 윤리학 이론들을 논의한다. 이어지는 장에서는 원칙주의(생명윤리의 지배적인 윤리적 접근법)와 이를 구성하는 네 가지 원칙을 상세히 검토하며, 이어 생명윤리의 미래를 짧게 논의한다. 이 부분의 네 번째 장에서는 생의학 의료인의 감정적으로 분리된 관계와 인문주의적, 인본적 의료인의 공감적 돌봄에 관해 논한다. 마지막 장에서는 여러 종류의 환자—의사 관계를 탐구하였다. 윤리학은 돌봄의 질 위기를 다루는 데에 있어 핵심이며, 이는 환자와 의사 사이의 관계를 좌우하기 때문이다. 현대 의학에서 나타난 돌봄의 질 위기는 환자와 의사 사이 기초적 관계의 붕괴를 나타내며, 관계를 회복하는 것으로만 해결책은 영향력을 나타낼 수 있다.

제11장

의학적 가치론 및 가치

생명윤리를 포함하여 모든 윤리가 확립되는 데에 있어 기초 역할을 하는 것은 가치이다. 환자와 보건의료인이 가지고 있거나 동의하는 가치들은 현대 의학적 지식과 실천 자체 및 그 활용에까지 영향을 미친다. 가치는 근본적으로 상대적(또한 절대적) 유용성을 정하는 역할만을 하는 것이 아니다. 가치는 "우리가 다양한 실체들이 어떻게, 그리고 왜 상관하는지를 설명하는 데에 사용하는 개념이다. 가치를 구체적인 물건과 혼동해서는 안 된다. 가치는 개념, 이미지, 관념이다. 가치는 우리를 끌어당긴다."(Ogletree, 2004, p. 2540) 가치에 더하여 무가치 disvalue 도 존재하며 이것은 무엇이 가치가 없는가를 정의한다. 토마스 오글트리 Thomas Ogletree 에 따르면 "무가치는 우리가 특정 현상에 대해 무엇을 바람직하지 않게, 해롭게, 쓸모없게 여기는가를 보여준다. 그들은 우리가 저항하거나 피하려고 노력하는 현실을 알려준다."(2004, p. 2540)

즉, 본래부터 가치와 무가치는 인간의 행동을 감싸고 있으며 인간의 필요와 밀접한 연관을 지니고 있다. 새뮤얼 하트 Samuel Hart 는 말한다. "우리의 열정, 관심, 합목적적 행동 뒤에는 우리가 가치 있다고 여기는 것에 대한 믿음이 있다."(1971, p. 29) 가치와 무가치는 인간의 행위를 촉진하거나 억제하는 동기 부여 요소로 작용한다. 예를 들어, 건강의 가치와 질병의 무가치는 콜레스테롤을 낮추는 특정한 음식을 먹는 것과 콜레스테롤을 높이는 음식을 피하는 것에 대한 유인誘因을 제공한다.

가치에 관한 연구, 그리고 가치 분석에 사용하는 이론에 관한 연구는 철학의 한 분야로 가치론이라고 불린다. 배리 스미스 Barry Smith 와 앨런 토머스 Alan Thomas 는 "가치론은 실용 철학의 분과로 가치의 본성이 도덕적인지, 타산적인지, 미학적인지에 대한 이론적 해명을 제시하려고 노력하는 분야이다"라고 정의한다(1998, p. 609). 가치에 관한 연구는 서양 철학에서 오랜 역사(특히 진, 선, 미와 같은 가치를 탐구한 그리스에서부터 시작하는)를 지니고 있다. 그러나 가치에 대한 기획적, 과학적 연구는 19세기 후반에서야 특히 독일-오스트리아 학파 Austro-German school 를 중심으로 시작되었다(Smith and Thomas, 1998; Rescher, 1969).

가치론이라는 용어는 유용성이나 가치를 의미하는 그리스어 *axios* 에서 유래되었으며 20세기 초반까지는 지적 지평의 일부가 아니었다. 분석 철학의 대두에서 가치론은 배제되었지만, 오늘날 윤리적 이론화에서 두드러진 위치를 향유하고 있다(Smith and Thomas, 1998). 의사와 환자의 윤리적 입장을 특징지을 수 있는 다양한 가치들이 존재하며, 여기에는 건강, 회복, 질병 예방, 도움, 정상, 진실, 선택 등이 있다. 이장은 여러 가치론 체계와 가치 중 하나를 선택하려는 독자의 성찰 과정을 돕기 위해 구성되었다. 이 목적을 위하여 먼저 가치론의 일반적 성질 및 가치가 무엇인지에 대한 주요 질문들을 논의한 뒤 현대 의학의 가치들을 탐구하려 한다.

가치론

가치와 가치론에 대한 체계적 연구는 주로 가치의 본질을 다룬다. 이것은 세 가지 과업을 포함한다. "1. 가치의 **일반** 개념을 정초하여 평가가 수행되는 맥락의 넓은 다양성에 통합된 기초를 제시, 2. 일반적인 가치 판단의 현상학적 연구, 3. 가치 평가의 보편 법칙을 규약화하는 가치 공리 체계의 개발."(Rescher, 1969, pp. 50-51)

첫째 과업은 가치 평가의 객관적, 주관적 정초로 나뉜다. 객관적 정초에 따르면 가치는 대상의 특성과 같다. "따라서 가치는 사고, 감정, 경험과 독립된 객관적인 기반을 가지며, 그 결과 가치 경험은 적절하거나(옳거나) 부적절하다(그르다)."(Rescher, 1969, p. 52) 주관적 정초에 따르면 가치는 사람의 정신에 달린 것으로 개인의 욕망이나 열정에 종속되어 있다.

첫째 과업에 대한 다른 접근 방법으로 내재적 가치 대 도구적 가치의 결정이 있다. 이 접근법은 목적적 가치 end-value 대 수단적 가치 means-value 의 논쟁으로 이어진다. 중심 논제는 다른 모든 가치를 수단적 가치로 기능하게 하는 단일한 목적적 가치가 존재하는가의 여부이다. 목적적 가치는 주요 윤리 체계를 구분하는 데에 사용되곤 한다. 레셔는 "목적으로 중요시 된 것으로 **쾌락**(키레네 학파), **행복**(아리스토텔레스), **지식**(플라톤), **덕**(스토아 학파), **선의지**(칸트), **보편 복지**(공리주의) 등이 있다. 분명한 것은 이들이 단일한, 역삼각형의 가치 구조를 찾는 **최고 선** *summum bonum* 이론이라는 점이다. 이들은 다른 모든 것을 수단으로 삼는 가치를 찾고자 하였다"라고 적고 있다(Rescher, 1969, p. 54). 문제는 어떤 가치는 수단적 가치로 여기기 쉽지 않아, 하나 이상의 궁극적인 목적적 가치가 존재할 가능성을 열어두어야 한다는 데에 있다.

둘째 과업인 일반적인 가치 판단의 현상학적 연구는 무엇에 가치를 둘 수 있는지를 결정하는 것과 관련되어 있다. 근본적인 문제는 가치화의 정초에 두 가지 가능성이 있다는 점이다. 어떤 것은 가치롭기 때문에 가치를 부여받는다(객관적 가치화). 또는, 어떤 것은 가치를 부여받기 때문에 가치롭다(주관적 가치화). 가치화에 대한 일반 이론은 이 난처함을 해결해야만 한다. 레셔는 이 문제를 간단히 정리한 바 있다 (Rescher, 1969). 가치화에서는 둘 다 기능하며 모두 고려해야만 한다는 것이다. 이 경우 거의 모든 것에 가치가 부여될 수 있다.

가치화는 관계적(집단과 사물 사이에 가치가 존재)이며 합리적(가치화에 대한 이유가 반드시 있음)이다. 레셔에 따르면 "어떤 것에 합리적으로 가치가 부여된다면, 가설에 따라 *ex hypothesi* 그것에 긍정적(부정적) 평가를 부여하는 '근거'를 구성하는 가치화의 이유가 존재한다."(Rescher, 1969, p. 57) 이 가치화는 주로 합리적 과정으로, 가치는 "한 사태를 다른 사태보다 선호하는 좋은 이유에 대한 질문에 불가분 묶여 있다."(Rescher, 2004, p. 25) 가치화의 합리적 본질은 가치론의 셋째 과업의 기반을 형성한다.

셋째 과업은 가치화의 규칙 확인이다. 이 규칙들은 형식적 분류와 물질적 분류로 나뉜다. 레셔에 따르면 "독일-오스트리아 학파의 가치 이론가들이 직접 설정한 주요 과업 중 하나는 가치 이론의 기본

이 되는 형식적 일반 규칙의 발견에 기초한 '가치화의 논리'를 고안하는 것이었다. 이 규칙은 정초에서 객관적이며 무제한적 적용 가능성에서 보편적이고, 전체 가치 영역에 적용 가능한 것이다."(Rescher, 1969, pp. 57-58) 그는 이 규칙들에 대한 몇 가지의 예시를 프란츠 브렌타노 Franz Brentano 가 공식화한 규칙들에서 제시한다. 예를 들면 "어떤 것이 가치를 가질 때, 그 존재는 가치롭고 그것의 비존재보다 더 가치 있다."(Rescher, 1969, p. 58) 그러나 이 규칙들은 그 타당성을 논박할 수 있다.

반면, 가치화의 물질적 규칙은 대상 및 항목의 물질적 구성과 연결된다. 이 규칙들에는 몇 가지 문제가 있다. 주요 문제 중 하나는 이 규칙들이 "보편 가치를 확보"하는 데 실패한다는 점이다. 이 규칙은 "독자적 sui generis 가치(잘 규정된 특징적인 속성에 관한 구체적인 사례가 지니는 가치)만을 확보한다."(Rescher, 1969, p. 59) 다시 말하면, 존재자의 특성은 해당 범주 내에서 존재자를 평가하는 데에 사용할 수 있지만 다른 범주의 다른 존재자에 대해서는 사용할 수 없다는 것이다.

전통적으로 가치 이론이나 가치론 체계는 주관주의와 객관주의로 나뉘어 왔다. 앨런 토머스에 따르면, "가치 있는 재화란 감각성을 지닌 존재의 주관적 상태일 뿐이라고 주관주의자들은 주장한다."(Thomas, 1998, p. 582) 가치는 인격의 정신적 성향에 기반을 두며, 인격에 독립적으로 존재하지 않는다. "하나의 가치 경험과 다른 가치 경험의 차이에서 **충분조건**은 전적으로 주관적이다. 즉, 어떤 자극이 주어졌을 때 의식 반응의 본질에서 가치는 확인된다."(Lee, 1940, p. 629) 평가는 본성상 상대적이며, 존재자나 사건에 유용성이나 유의성을 투사함으로써 나타난다. 그렇다면 가치는 관찰자의 눈에 달려 있으며 사람의 느낌이나 정서에 의존한다. 주관주의에 대한 일반적인 비판은 가치 평가를 임의적인 것으로 만든다는 데에 있다.

반면, 객관주의자들은 주장한다. "정서와 분리된 가치의 근원이나 표준이 존재한다. 따라서 행위, 특징, 대상에 대한 감정적 반응이 유발되지만, 그것은 가치에 영향을 미치지 않는다."(Halliday, 2004, p. 1536) 그렇다면, 존재자나 사건의 가치는 그에 내재한다. 이런 극단적 객관주의 외에 온건한 견해도 있다. "온건한 객관주의자는 가치가 인간 중심적 범주라는 것, 그리고 삶에서 좋은 것들의 목록은 인간의 염려와 관련될 수밖에 없음을 인정한다. 그러나 그들은 좋은 삶의 요소를 선호하는 것은 그들이 가치 있기 때문이지, 그 역은 아니라고 주장한다."(Thomas, 1998, p. 582) 객관주의의 문제 중 하나는 가치 식별의 객관적인 충분조건이 명백하게 만들기가 쉽지 않다는 데에 있으며, 이는 때로 "가치 맹목"으로 이어진다(Lee, 1940).

하트는 가치론적 체계에 관한 더 정련된, 미묘한 분류를 제시하였다(Hart, 1971). 여기에는 가치론적 플라톤주의, 가치론적 직관주의, 가치론적 정서주의, 가치론적 자연주의가 있다. 가치론적 플라톤주의는 플라톤의 이데아 개념에 기반을 두고 있다. 여기에서 가치는 플라톤적 이데아이거나, "가치는 사실 세계와 분리된 완벽한 존재자 또는 실체라는 믿음"이다(Hart, 1971, p. 37). 이런 유형의 가치론은 어반 W.M. Urban , 알프레드 노스 화이트헤드 Alfred North Whitehead 와 같은 철학자에게 영향을 미쳤다. 가치론적 직관주의는 "계발된 가치 의식"을 통한 가치 직관에 기반을 둔다. 하트에 따르면 "가치 직관주의자들은 어떤 행위에 대한 선악, 옳고 그름을 윤리적, 비자연적, 인지적 속성에 대한 직접적, 즉각적, 비추론적 직관으로 알 수 있다고 믿는다."(Hart, 1971, p. 33) 이 유형의 가치론을 대표하는 두 명의 철학자로는 무어

G. E. Moore 와 로스 W. D. Ross 가 있다. 가치론적 정서주의는 느낌, 욕망, 정서적 태도에 기반을 둔다. 에이어 A. J. Ayer 가 이런 가치론적 체계를 옹호하였으며, 가치는 언표의 사실적 내용에 아무것도 추가하지 않으며 단지 개인의 정서적 경향만을 표출할 뿐이라고 하였다. 가치론적 자연주의는 개인의 경험에 기반을 두며, 주 지지자로는 존 듀이 John Dewey 가 있다. "듀이는 자신의 자연주의적 태도에 부합하도록 가치론적 비판의 규범을 경험 자체에서 끌어내었다. 비반성적, 충동적, 관습적 가치 판단에서 비판적 평가로의 변화는 경험을 통해 학습한 결과이다."(Hart, 1971, p. 38)

하트에 따르면, 클라렌스 루이스 Clarence Lewis, 1883~1964 또한 중요한 가치론적 자연주의자이다. 그는 제임스와 퍼스에게 깊은 영향을 받았으며, 1946년 『지식과 가치에 대한 분석 An Analysis of Knowledge and Valuation』이라는 영향력 있는 저작을 발표하였다. 루이스는 가치를 내재적인 것과 외재적인 것으로 나누었다. 내재적 가치는 "그것 자체로" 가치를 획득하는 것이지만, 외재적 가치는 "다른 것 때문에" 가치를 얻는다(Lewis, 1946, p. 392). 이어서 그는 외재적 가치를 고유적 가치와 도구적 가치로 나눈다. 고유적 가치는 "가치가 기인하는 대상 자체의 경험에서 발견된 것"을 가리키지만, 도구적 가치는 "다른 어떤 것을 경험하여 깨달을 수 있는 가치로, 이때 대상은 도구적일 수 있다."(1946, p. 392) 다시 말해, "루이스의 목표는 대상을 경험할 때 바로 가치를 부여하게 되는 사물과 (…) 다른 가치 있는 사물의 수단이기에 가치를 부여받는 사물을 구분하는 데에 있었다."(Gaus, 1990, p. 127) 가치화의 자연주의적 견해는 "**내재적** 가치의 시금석으로 사용하기 위해 자연적 인간의 자연적 경향에 적절한 수정을 가할 필요가 없다고 주장한다. 이 견해는 내재적 가치에 대해 우리가 자연적으로 무능하거나 죄악 속에서 태어났다는 개념을 거부한다. 대신, 기적적으로 획득한 통찰이나, 자신의 자연적 경향을 거스를 수 있는 사람의 고유한 소질에 대한 어떤 암시를 통해 그 가치를 판별할 수 있다고 본다."(Lewis, 1946, p. 398)

가치론적 프로그램은 가치와 가치 판단에 관한 중요한 질문 몇 가지를 제기한다. 예컨대, "과학적 탐구 방법을 가치 판단에 적용할 수 있는가?"(Hart, 1971, p. 30) 이 질문을 하트 대신 탐구한 이들이 있다. 예를 들어, 로버트 하트먼 Robert Hartman, 1910~1973 은 유명한 과학적 가치론을 전개하였다.[1] 하트먼에 따르면 가치론적 과학은 그가 "가치의 공리"라고 부른 것에 기반을 둔 형식적, 과학적 체계이다. 선과 같은 가치는 존재자의 속성이 아니라 존재자에 관한 관념이라고 공리는 선언한다. 하트먼은 주장한다. "이를 통해 가치의 현상적 영역과 동형인 가치론의 체계를 전개할 수 있으며, 따라서 가치를 과학적으로 상술할 수 있다."(1967, p. 104)

하트먼에 따르면 가치의 과학적 구체화는 가치 공리의 네 가지 과학적 특성으로 인해 가능하다. 첫째, 공리는 논리적 개념으로 가치를 분석하며, 이는 존재자의 개념, 정의, 지시체의 관계와 관련하여 이뤄진다. 다음 특성으로, 공리는 산술적 수와 유사한 존재자의 개념으로 가치를 서술한다는 것이다. 셋째 특성은 공리의 "형식적 성질"로, 공리는 "변항으로 구성된다. 즉 특정 가치가 아닌 모든 가능한 가치의 상술을 결정하는 형태로 이루어진다."(Hartman, 1967, p. 105) 마지막 특성은 가치 측정과 연결되어 있다. 측정되는 것은 가치의 "강도" intension

---

[1]   하트먼에 대한 반응은 특히 철학계에서 엇갈리게 나타났다(Mueller, 1969).

이다. 개념은 그 의도가 실현되는 정도에 따라 가치를 지닌다. 이들 특징을 통해 하트먼은 현상적 경험에 대한 가치를 형식적으로 상술하는 방법을 제시한다.[2] 그는 형식적 가치론의 성취가 "새로운 사람들에 의한 새로운 사회의 건설로 인도할 것이며, 더 높은 수준의 의식과 전혀 예기치 못한 통찰을 소유한 삶으로, 도덕적 현실에 대한 섬세함과 깊이로 이끌 것"이라는 포부를 밝혔다(Hartman, 1967, p. 311).

가치

가치의 개념을 정확히 전개하는 것이 어렵기 때문에 가치론자들은 이 개념에 대한 몇 가지의 정의를 제시한 바 있다. 레셔는 동료 커트 바이어 Kurt Baier 가 수집한 가치의 아홉 가지 정의를 열거하였다. 하워드 베커 Howard Becker 는 "가치는 필요에 따른 대상이다"라며 모호한 정의를 내렸다. 필립 제이콥 Philip Jacob 과 제임스 플링크 James Flink 가 제안한 더 명확한 정의는 다음과 같다. 가치는 "인간 존재가 선택에 있어 인식한 행위의 대안적 경로로 인하여 그 선택에 영향을 미치는 규범적 표준"이다. 이렇게 가치의 정의는 폭넓다(Rescher, 1969, p. 2). 랄프 페리 Ralph Perry, 1876~1957 도 유명한 가치의 정의를 제시한 바 있다. **"한 대상**(모든 대상)**은 본래적, 포괄적 개념에서 관심**(모든 관심)**의 대상이 되었을 때 가치 있거나 가치롭다."**(1954, pp. 2-3)

---

2   하트먼은 가치의 목록을 전개하였으며, 이는 그가 설립한 하트먼 가치론 연구 학회(Hartman Institute for Axiology Studies)의 주안점이 되었다(1966).

최근 브룬과 핸더슨은 의학적 가치에 관한 연구에서 가치를 "특정 수행 양태가 반대 수행 양태보다 더 선호할 만하다는 것의 지속"으로 정의한 바 있다(Bruhn and Henderson, 1991, p. 33). 레셔 또한, 가치에 대한 정의 또는 원칙을 제안하였다. 그는 "**가치는 행위에 대한 합리화를 제시할 수 있는 표어로, 유익한 사태로 알려진 것에 관한 긍정적인 태도로 대표될 수 있다**"라고 주장한다(Rescher, 1969, p. 9). 다시 말해 가치는 한 사람에게 유익하게 행위하려는 동기를 부여하는 "표어"로 행위에 관한 정당화나 합리화를 제공한다. 마지막으로, 로버트 할리데이는 가치의 개념이 지닌 복잡성을 나타내는 정의를 제시하였다. 가치는 "상대적 유용성, 선함, 유의미성, 실용성, 속성, 사건이다. 또는 내재적 유용성을 지닌 무형의 특질 또는 속성이다"(Halliday, 2004, p. 1535).

다양한 유형의 가치가 구분되어 왔는데 "감각적 가치, 유기체적 가치, 인격적 가치, 대인적 가치, 사회적 가치, 문화적 가치, 영적 가치" 등이 있다(Ogletree, 2004, p. 2540). 이 목록은 분명 완전하지 않다. 유기체적 가치는 특히 의학에서 관련성이 있으며 신체적 건강, 온전성과 같은 육체적 조건을 가리키지만, 인격적 가치는 존엄성과 독립성 등을 포함한다. 문화적 가치는 경제적, 정치적, 법적 가치 등을 포함한다. 사회적 가치는 인지적, 미학적 관심과 연결된다. 영적 가치는 평화와 화합 같은 다양한 종교적 가치를 포함한다.

윤리적 관점에서 가치는 도덕적인 것과 비도덕적인 것으로 나뉘기도 한다. 가치의 두 유형 사이에 경계선을 긋는 것은 어렵다. 단지, "손쉬운 극단을 생각해 보자. 이웃의 복지에 가치를 두는 것은 도덕적이지만, 땅콩 캐러멜에 가치를 두는 것은 도덕적이지 않다"(Quine, 1979, p. 473). 웨인 레이스 Wayne Leys 에 따르면 "가치는 의무나 승인을 인식할 수 있는 느낌을 불어 넣을 때 도덕적이다"(1938, p. 66) 그렇다면, 도덕적 가치의 식별은 권리와 의무, 특히 책무와 금지에 기초를 둔다(Ogletree, 2004). 이들은 의학이 가지는 도덕적 본질 때문에 의학에서 특히 중요하다(Cassell, 1991; Tauber, 1999). 예를 들어, 의사는 자신이 가진 능력에서 최선을 다해 환자를 치료할 의무가 있으며, 이것은 환자의 도덕적 상태와는 무관하다. 이것은 환자가 아동 성추행자와 같이 알려진 중죄인일 경우 특히 심각한 문제가 된다(Klein, 1997).

도덕적 가치의 책무적 본질에 기초하여, 콰인은 이타적 가치와 의례적 가치를 나누었다. "**이타적** 가치는 다른 사람의 만족이나 그런 만족을 얻는 방법을 중시하는 가치로, 자신에게 발생하는 이면裡面의 만족과는 관련되지 않는다. **의례적** 가치는 말마따나 사회나 사회 집단의 관행을 중시하는 가치로, 이 또한 자신에게 생기는 이면의 만족과는 관련되지 않는다."(Quine, 1979, p. 474) 이타적이든 의례적이든 간에, 도덕적 가치의 중요한 요소는 타자를 향한 지향 및 개인을 감싼 사회 구조이다.

도덕적 가치는 사회 구조에 깊숙이 스며들어 있다(Quine, 1979). 사회 구성원의 도덕적 기질은 그 사회의 건강과 보편적 웰빙에 있어 중요한 요소이다. 따라서 도덕적 가치는 일정해야 하며 사회 성원들의 동의를 얻어야 한다. 콰인에 따르면, "도덕성에서는 도덕적 가치의 일률성에 프리미엄이 붙는다. 그를 통해 우리는 다른 사람들의 행위를 따지고 위반자에 대항해 함께 일어설 수 있다."(Quine, 1979, p. 476) 도덕적 가치의 일률성이 없다면 사회는 도덕적 혼돈에 빠져 붕괴될 위험에 처한다.

가치와 그 다양한 유형의 개념이 가지는 복잡성 때문에 그것들을 분류하는 것은 신중을 요하는 일이다. 게다가 위의 논의에서 분명히 알 수 있듯이, 가치는 본성상 유동적이고 다른 조건하에서 다양한 의미와 유의성을 나타낸다(Ogletree, 2004). 결과적으로 가치의 유형에 대한 다양한 분류 체계가 존재한다. 위에서 적은 바와 같이 루이스는 가치를 내재적 가치와 외재적 가치로 나누고, 후자를 고유적 가치와 도구적 가치로 나눈다.

하트먼 또한 내재적 가치와 외재적 가치의 분류를 사용하며 세 번째 분류인 체계적 가치를 더한다. 내재적 가치는 "단칭 개념"으로 개인이나 유일 존재자를 나타내며 게슈탈트적으로 측정된다. 그가 그 자체로 가치 있는 것이라는 의미로 내재적 가치를 언급한 적은 거의 없다.[3] 하트먼은 "나는 통증이 있다"라는 문장으로 내재적 가치의 예를 제시한다(Hartman, 1967, p. 255). 외재적 가치는 특정 집단의 구성원임이 주는 가치를 가리키며 술어로 측정된다. 하트먼은 두 사람이 통증을 겪는데 한 사람이 더 심하게 고통받는 경우를 예로 든다. 여기에서 "두 통증은 통증 집단의 구성원으로써 판단되며 비교된다."(Hartman, 1967, p. 256) 하트먼이 외재적 가치를 도구적 개념, 즉 목적을 위한 수단으로 언급하는 경우도 거의 없다.[4] 체계적 가치는 본성상 가장 추상적이며 구체적으로 서술된 개념과 관련되어 측정된다. 그는 어떤 병실에 입원한 환자가 흉쇄유돌근에 연관통聯關痛을 겪는 상황을 예로 든

---

3   에드워즈는 하트먼이 내재적 가치를 적용하는 다른 두 가지 방식을 지적하였다. "불가산 무한한 특성을 지닌 존재자"와 "지각 불가능한, 비-시공간적 존재자"(Edwards, 1979, p. 134).

4   에드워즈는 하트먼이 외재적 가치를 적용하는 다른 두 가지 방식을 지적하였다. "가산 무한의 특성을 지닌 존재자"와 "지각 가능한, 시공간적 존재자"(Edwards, 1979, p. 135).

다. 이 예에서 통증은 "그 인격에게 발생한 것이 아닌, 특정 생리적, 의학적 존재, 특정 병실에서 특정 병리적 증상을 지닌 구성 단위에게 발생한 것이다. 여기에서 통증은 관계망 속에서 명확히 결정되며 체계적 가치 언어에 속하게 된다."(Hartman, 1967, p. 256)

이런 일반 분류 체계에 더하여 레셔는 여섯 가지의 부가적 체계를 분간한다(Rescher, 1969). 첫째는 "승인 자격" 또는 가치를 쥔 사람에 기초한다. 가치는 가치를 쥔 개인이나 다양한 사회 집단에 의해 분류된다. 예를 들어 개인의 가치는 지성인 반면 집단의 가치는 정의일 수 있다. 이 가치들은 "적용 가능성의 영역"에 종속되며, 따라서 정의 또한 개인으로부터 기인할 수 있다. 다음 체계는 가치가 부여되는 대상의 특성에 기초한다. 예를 들어, 대상은 그 아름다움나 선함에 의해 가치를 얻을 수 있다.

셋째 체계는 "당면한 (인간의 요구, 필요, 관심의 실현에 따른) 이득의 본성"에 기초한다(Rescher, 1969, p. 16). 여기에서 이득은 건강과 같이 물질적인 것에서부터 사랑과 같이 감정적인 것에까지 이른다. 다음 체계는 가치가 수행하는 목적에 따라 서술된다. 예로 억지적 가치는 타인이나 자신이 특정 방식으로 행위하는 것을 단념시키는 역할을 하는 반면, 설득적 가치는 한 사람의 관점으로 다른 사람을 포섭하는 역할을 한다.

다섯 번째 체계는 승인자와 수혜자 사이의 관계에 기초한다. 이 관계는 승인자와 승인자 자신 또는 승인자와 타인 사이에서 나타날 수 있다. 전자의 관계에서 가치는 자기중심적이며 후자의 관계에선 무관심함을 반영한다. 마지막 체계는 가치들 사이의 관계이다. 가치는 자기충족적, 일차적, 부차적, 이차적 등으로 분류할 수 있다. 일차적 가치는 내재적, 목적적 가치이지만 이차적 가치는 도구적, 수단적 가치이다.

가치의 다른 유형과 분류에 더하여 가치에는 서열도 존재한다. 리쉬에리 프론디시 Risieri Frondizi 에 따르면 "서열은 분류와 혼동되어선 안된다. 분류는 꼭 중요성의 순서를 의미하지는 않는다."(1971, p. 11) 그러나 서열이라는 것은 결국 중요성으로 가치에 순서를 매기게 된다. 막스 셸러 Max Scheler, 1874~1928 는 "가치-인식의 특수 행위인 **선호** 행위"에 기초하여 가치의 서열에 대한 다섯 가지 기준을 구분하였다.[5] 첫 번째 기준은 지속이다. "가치는 충분한 시간 동안 존재'할' 수 있는 현상이 가지는 특질을 통해 **지속한다**."(1973, p. 91) 가치가 오래 유지될수록 더 높은 위치를 점한다. "가장 가치가 낮은 것은 동시에 '**가장 순간적인**' 것이며, 가장 가치가 높은 것은 동시에 '**영원한**' 것이다."(Scheler, 1973, p. 92) 다음 기준은 가분성 可分性 이다. 즉, 더 높은 가치를 가지는 것은 나눈다고 하여 가치를 잃거나 축소되지 않는다.

셋째 기준은 기초성이다. "특정 가치 B가 주어졌을 때에만 특정 가치 A가 부여된다면 가치 B는 가치 A의 '기초'이다."(Scheler, 1973, p. 94) 기초적 가치는 항상 더 높은 가치이며, 이는 다른 가치에 의존하지 않거나 최소한으로만 의존하기 때문이다. 다음 기준은 충족의 깊이로, 이는 즐거움이 아니고 "성취의 경험인 [충족]은 가치를 향한 의도가 가치의 현현을 통해 성취되었을 때에만 생긴다."(Scheler, 1973, p. 96) 마지막 기준은 상대성으로, 특히 절대적 가치에 얼마나 근접했는지에

---

5   셸러는 선호를 선택, 의지와는 구분해야만 한다고 주장했다(Scheler, 1973). 선호는 가치에 대한 선지식을 가정하지 않는다는 것이다. 게다가 그는 선호의 경험적, 선험적 행위를 분리하였다. 전자는 사물의 다양한 유형에 대한 선호를 가리키는 반면, 후자는 사물과는 무관한 가치에 대한 선험적 선호를 가리킨다.

달려 있다. 셸러에 따르면 절대적 가치에 더 가까울수록 더 높은 가치이다.[6] 이 기준들에 기반하여 셸러는 가치 분류에 대한 서열을 다음과 같이 매긴다. "생기적 가치의 양상은 동의 가능한 것, 동의 불가능한 것보다 **높다**. 영적 가치의 양상은 생명적 가치보다 **높다**. 성스러움의 양상은 영적 가치보다 **높다**."(1973, p. 110)

마지막으로 하트먼은 "풍성함"의 개념에 따라 가치의 순위를 정했다(Hartman, 1967). 체계적, 외재적, 내재적 가치 범주는 "풍성함의 위계를 구성한다. 내재적 존재는 외재적 가치보다 질에서 더 풍성하며, 외재적 가치는 체계적 가치보다 질에서 더 풍성하다."(Hartman, 1967, p. 114) 위계는 가치의 발달에 있어, 특히 고양에 있어서 중요하다. 따라서 고양을 통해 가치는 체계적 범주에서 외재적 가치로, 다시 내재적 가치로 상승하며, 내재적 가치가 한계이다. 하트먼에 따르면 "현재 보편 인간적 가치 능력은 내재성(무한성이 쌓여 무한성으로, 신비의 광희의 경험으로, 더 높은, 더 넓은 인식의 확장으로 나아가는 곳)을 넘을 수 없는 것으로 보인다."(Hartman, 1967, p. 224) 통증의 예시에서 다시 살펴본다면, 최악의 통증은 내가 가진 것(내재적 가치)인 반면, 두 번째로 심한 통증은 상대나 타인이 가진 고통(외재적 가치)이고, "가치론적으로" 가장 덜한 통증은 "체계에 의해 구성되거나 구성하는 통증(체계적 가치)이다."(Hartman, 1967, p. 257)

---

6   셸러는 기준에 대한 간결한 요약을 제시한다. "가치는 **더 지속**되고 **'확장'**에 덜 참여하며 **가분성**이 있을 때 더 '높다'. 가치는 다른 가치가 그 '기초'에 **덜** 위치할수록, 그와 연결된 감정의 **'충족'**이 더 **'깊을'** 때 더 높다. 이에 더하여 가치는 특정 사람의 '느낌'과 '선호'의 위치에서 **덜 상대**적인 것으로 느껴질 때 더 높다."(1973, p. 90)

의학적 가치론과 가치

생의학 모형에 따르면 과학적 의학은 가치중립적 분야이다. 가치는 본성상 주관적인 것으로, 자연과학의 지식과 실천을 따르는 의학적 지식이나 실천에 있어 위치할 곳이 없다. 폴 훼너 Paul Hoehner 에 따르면, "자연과학을 의학에 받아들임을 통해 의사는 치료 계획, 진단, 그리고 환자와 맺는 관계가 가치, 믿음, 느낌 등 '비과학적인' 편견에 의해 영향받는 것을 막기 위해 가치중립성, 즉 완전한 객관성을 전제해야 했다."(2006, p. 341) 전통적으로 자연과학이 표출한 가치가 있다면 이전 절에서 언급한 바와 같이 객관성과 중립성의 가치뿐이었다.

의과학과 임상 진료에서 객관성과 중립성을 가치로 삼은 결과는 특히 의료윤리에서 의사 역할의 불편부당성 또는 의사와 환자 사이의 감정적 거리로 나타났다. 의사는 초연한 채로 환자의 질환 경험에 신경을 써야 하며 질병과 질병이 발생한 신체 부위 자체에만 초점을 맞추어야 한다. 이 두 가치가 자연과학과 의과학의 물질적 성취에 기름을 부은 것은 사실이며 질병과 장애와 같은 자연 현상을 통제하고 조작하는 데에 있어 성공적이었다. 그러나 또한 이들은 현대 의학이 당면한 돌봄의 질 위기에 이바지한 바 크다.

인문주의적, 인본적 의학의 지지자들에 따르면, 비록 의학이 과학에 의존하고 과학이 전통적으로 가치중립적인 분야라고 해도, 의학 자체, 특히 임상 진료는 가치중립적인 분야가 아니다. 사실 의학은 주관적 가치에 물들어 있으며 그 핵심엔 도덕이 있다(Cassell, 1991; Tauber, 1999, 2005). 의학에서 주관적 가치는 좋은 의학적 지식과 실천의 중요한 구성 요소로서 역할을 수행한다(Bruhn and Henderson, 1991; Cassell,

1991; Gracia, 1999; Hoehner, 2006; Napodano, 1986; Pellegrino and Thomasma, 1981b, 1981c; Tauber, 1999, 2005; Wright, 1987).

루돌프 나포다노 Rudolph Napodano 는 "의료 전문직의 행위 중심에" 가치, 미덕, 원칙이 있다는 의견을 표력한다. "내 견해로는 진단과 치료 행위로써 의학의 모든 분야에 있어 실천과 이론의 많은 부분을 구성하고 있는 것은 가치와 원칙 등이다. 이들은 의사 양심의 기초이며 전문인으로서 환자를 대하는 행동과 관련되어 있다."(1986, p. 52) 훼너는 "의사는 환자와의 관계를 수립해 나아갈 때 견지하고 있는 모든 가치에 관여해야만 한다. 진정으로 가치중립적인 의사는 유의미한 환자-의사 관계를 맺을 수 없다"라고 주장한다(2006, p. 342).

펠레그리노와 토마스마는 의학에서 가치가 기능하는 방식을 세 가지로 구분한다. "건강의 선을 목표로 함, 그런 선을 향한 평가의 인지적 기예, 그런 선과 관련한 덕스러운 경향의 표현."(Pellegrino and Thomasma, 1981b, p. 5) 첫 번째 기능에 있어 건강 자체가 의학적 지식과 실천을 인도하는 가치가 되며, 특히 회복의 측면으로 이끌어 나간다. 가치의 다음 기능에 있어 의학 이론은 "가치적재적"이며 의학은 의과학의 "옳은" 결정만을 배타적으로 따지지 않고 환자(와 의사)의 가치 구조에서의 "선한" 선택을 추구한다. 마지막 기능은 덕으로서의 의학과 관련되어 있으며, 이는 그 목표가 선함으로써의 건강이기 때문이다. 이들 세 가치에 기초하여 펠레그리노와 토마스마는 도덕적 실천으로서의 의학을 인도할 세 가지 가치-원칙을 정의한다. "건강한 것은 선한 것이다", "개인은 내재적 가치를 가진다", 개인은 "인류의 유적 구현"을 나타낸다(Pellegrino and Thomasma, 1981b, p. 5).

건강에 더해 의학적 실천을 특징짓는 여러 가치와 무가치가 더 존재한다. 예를 들어, 나포다노는 의학 전문직의 "일반적" 가치를 다음과 같이 나열하였다. "아프고 고통받는 사람을 돕는 데에 대한 성실한 관심과 헌신", "진실함", "선을 행하고 해를 끼치지 말 것", "전문적 행위에서의 도덕적 행위자", "처음부터 끝까지 생명을 존중함", "자신을 믿음", "평생의 공부, 연구, 학식", "이타주의와 이기주의 간의 평형", "개인적 건강", "성숙함과 사회 및 더 넓은 세상에 대한 전적인 이해", "아프고 고통받는 모든 사람에게 양질의 돌봄을 베풀려는 의지."(Napodano, 1986, pp. 53-55)[7]

이 절에선 가치로서 건강과 안녕의 개념, 질병과 질환과 관련하여 무가치로서 통증과 고통의 개념을 각각 논의한다. 카셀이 적절히 관찰한 것처럼 "건강과 질환의 정의는 **항상** 기능 이상, 고통, 결함의 허용을 구성하는 것이 무엇인지에 대한 사회와 성원에 의한 가치 판단을 포함한다."(Cassell, 1991, p. 154) 디에고 그라시아 Diego Gracia 도 같은 점을 지적한다. "건강과 질병은 사람들과 의사들이 일반적으로 생각하는 것처럼 객관적, 순간적 사실이 아니라 문화적, 역사적 가치이다."(1999, p. 88)

건강과 안녕

가치로서의 건강은 특히 생의학 모형에서 몇 가지 다른 방식으로 정의된다. 예를 들어, 커트 골드슈타인 Kurt Goldstein, 1878~1965 은 건강을

---

7   존 브룬(John Bruhn)과 조지 핸더슨(George Henderson) 또한 건강, 예방, 정상, 선택, 회복, 도움, 진실 및 통증과 고통의 무가치와 같은 의학의 가치, 그리고 의학적 가치에서의 종교적 믿음의 역할에 대해 논의한다(1991).

자기실현에 관련된 가치로 정의하였다. "자신의 본성을 어느 정도까지 실현할 수 있는 개인의 능력을 위해, 적어도 개인에게 [건강]은 필수적이다."(1959, p. 183) 또한, 골드슈타인은 건강을 "가치의 원형"으로 여겼다. "특정 조건에서 경험한 다른 모든 가치는 그 가치를 통해 이해 가능하다." 그는 "건강은 사람의 자기실현을 보증하므로 중요하다"라고 주장했다(1959, p. 188). 브룬과 핸더슨 또한 건강을 "중요한 긍정적 가치로 사람에게 필수적이고 의미 있는 것들을 달성할 방법을 제공한다"라고 정의하였다(Bruhn and Henderson, 1991, p. 33). 마지막으로, 그라시아는 건강을 행복으로 정의하며, "건강은 질병의 부재, 즉 생물학적 무결성뿐만 아니라 한 사람의 가치 및 행복의 개념과 직접 연결되어 있는 전기傳記적 상태이다."(Gracia, 1999, p. 95) 가치로서 건강에 대한 이러한 정의는 대개 신체에 초점을 두고 있으며 때로 정신이나 심리에 주안을 두기도 한다.

로버트 다우니 Robert Downie, 캐롤 탄나힐 Carol Tannahill, 앤드류 탄나힐 Andrew Tannahill 은 건강은 공리주의적 가치이자 "그것 자체가 목적인" 가치라고 주장하였다(1996). 공리주의적, 도구적 가치로서 건강은 한 사람이 가치롭게 여기는 다른 대상들을 얻는 것을 촉진하거나 유리하게 만들기 때문에 선택된다. 그러나 문제는 가치로서 건강이라는 사실 자체를 어떻게 옹호 또는 정당화할 것인가에 있다. 그들은 후자를 몇 가지 근거에 기초하여 변호한다. 다우니와 탄나힐은 주장한다. "건강 그 자체를 목적으로 가치를 부여하는 명백한 이유 중 하나는 다음과 같다. 질병, 질환, 아픔, 장애는 거의 고통스럽거나 불쾌하다. 그러나 건강의 정점에는 긍정적 즐거움, 양호함의 감정 등이, 일반적인 좋은 건강에는 웰빙의 감각이 주어진다."(Downie et al., 1996, p. 174) 또 다른 이유는, 인간에게 신적으로 약속된 계획을 체화로 실현하는 것과 관련되어 있다. 다시 말하면 신이 사람과 그 신체를 건강하도록 만들었기에 건강은 일차적 가치라는 것이다. 관련된 비종교적 근거를 대자면, "인간 본성을 피워내는 것이 인류에게 주어진 책무라고 할 수 있다."(Downie et al., 1996, p. 175) 이 경우, 건강은 성장과 성숙의 선천적인 힘에 대한 자체적 가치를 획득한다. 마지막으로 다우니와 탄나힐은 주장한다. "건강이 가치라는 개념은 건강에 대한 미학적 관점과 관련되어 있다. (…) 건강은 우리 몸을 일치시키려고 노력해야 하는 이상적인 설계안이다."(Downie et al., 1996, pp. 175-176)

의철학에서 의료윤리를 정초하기 위해 펠레그리노와 토마스마는 건강을 의료 행위와 의료윤리 모두의 핵심 가치로 만든다. 펠레그리노와 토마스마에 따르면 "살아있는 유기체의 기초적인 필요로써 건강은 모든 생명체 개별에 공통적인 절대적, 내재적 가치라고 말할 수 있다."(Pellegrino and Thomasma, 1981b, p. 8) 이 경우 건강은 "평가 요소"라는 의미에서 규범으로 작용하여, 의학과 의료윤리의 다른 모든 가치가 이를 통해 위계적으로 정렬될 수 있다. 펠레그리노와 토마스마는 "건강이 다양한 해석의 대상이긴 하지만, **건강한 것이 좋다**라는 원칙은 의료윤리의 결정에 있어 규범으로써 기능할 수 있을 것이다"라고 말한다(Pellegrino and Thomasma, 1981b, p. 8). 앞서 살핀 것처럼, 이를 위하여 펠레그리노와 토마스마는 의료윤리의 존재론 정초를 위해 공리 셋을 유도하여 세 가지 적용 방법을 논의한다.

펠레그리노와 토마스마의 입장에 대한 대응으로 카젬 사다크-자데이 Kazem Sadegh-Zadeh 는 의학의 가치에 대한 대체 이론을 전개한다 (1981). 그는 건강은 절대적 가치가 아닌 상대적 가치라고 주장한다.

사다크–자데이는 펠레그리노와 토마스마의 건강에 대한 보편 테제에 대해 그가 "반테제"라고 부르는 것을 제안한다. "건강은 보편 인류의 절대적 가치, 보편 인류의 내재적 가치라고 말할 수 없다."(1981, p. 111) 그는 반테제에 대한 두 가지 증거를 자신의 임상 경험에서 취한다. 첫째 증거는 단지 죽기를 원해 치료를 거부한 몇 명의 환자이다. 둘째 증거는 25명을 대상으로 실시한 여론 조사로, 이들 중 두 명이 병에 걸려 있었다. 그들에게 건강의 가치가 외재적, 내재적, 상대적, 절대적인지를 물어보았다. 아픈 두 명만이 건강이 내재적 가치를 가진다는 선택지를 골랐다. 그렇다면, 다른 모든 가치와 같이 가치로서 건강은 한 사람의 상황에 따라 상대적이라는 것이다. "특정 시간에 무엇인가가 누군가에게 어떤 종류의 가치나 무가치 또는 가치중립적이게 되는 것은 그의 사태 공간, 행동 공간, 인식 공간 또는 의무 공간의 변화에 의한 가치 동학動學을 따른다. 따라서 사람의 가치, 무가치, 가치중립성은 개별 역사와 삶의 맥락에서 분리될 수 없다. 건강의 가치화도 예외는 아니다."(Sadegh-Zadeh, 1981, p. 112)

사다크–자데이의 비판에 대한 반응으로 펠레그리노와 토마스마는 원래 의도가 절대적 가치로서의 건강을 모든 상황에서 변호하려는 것이 아니었다고 주장했다(Pellegrino and Thomasma, 1981c). 그 목적을 위해 그들은 하트먼의 가치에 대한 내재적, 외재적, 체계적 또는 계통적 구분 및 절대, 상대의 구분을 이용하여 가치로서의 건강을 분석하였다.

1. **절대적·내재적 가치로서 건강:** 살아있는 유기체의 신체적 필요로서 건강, 그것 없이는 신체가 기능하거나 생존할 수 없는 물질의 자격에서 신체의 선

2. **상대적·외재적 가치로서 건강:** 다른 가치 있는 사태 중 행위자에 의해 순위 매겨진 비교적 가치로서의 건강

3. **절대적·외재적 가치로서 건강:** 의사-환자 관계의 목적으로서의 건강, 환자의 최선의 이익, 병든 사람이 추구하는 바이자 의사의 전문가적 행위로 약속된 선한 목적

4. **상대적·체계적 가치로서 건강:** 획득된 다른 재화 중 온당한 사회에 의해 순위 매겨진 하나의 가치로서의 건강

5. **절대적·체계적 가치로서 건강:** 공공 보건 프로그램이나 병원에 의해 달성될 수 있는, 또는 질병에 대한 과학적 판단에서 규범이나 표준으로서의 건강(Pellegrino and Thomasma, 1981c, pp. 339-340)

펠레그리노와 토마스마가 인정했듯 이 건강 체계는 인위적이며 가치로서 건강의 정의들은 실제 세계에서는 중첩된다. 궁극적으로 건강은 선으로 평가될 수 있으므로 도덕적 가치이다.[8] 펠레그리노와 토마스마는 결론짓는다. "의학의 맥락 안에서 건강은 여러 가지로 구분된, 상호 연관된 방식의 가치로서 기능하며 환자, 의사, 사회의 행위에 대한 도덕적 정당화 가부에 영향을 미친다."(Pellegrino and Thomasma, 1981c, p. 340)

의료 행위와 윤리에 대한 인문주의적, 인본적 모형에 있어 웰빙 및 그와 관련된 개념인 웰니스wellness를 일차적인 가치 중 하나로 여긴

---

8 다우니 등 또한 건강은 "건강을 소중히 하는 사람은 승인되는 반면 건강을 낭비하는 사람은 비난받는다는 점에서 도덕적 가치이다"라고 주장하였다(Downie et al., 1996, p. 175).

다. 웰빙에는 기본적 필요로서의 신체적 건강뿐만 아니라 정신적, 사회적 건강 또한 포함된다. 제임스 그리핀 James Griffin 에 따르면 "건강은 항상 (⋯) 좋은 삶을 사는 데에 있어 필요조건"이며 따라서 웰빙의 중요 구성 요소이다(1986, p. 296). 그러나 그가 이해하는 방식을 따르면, 건강은 하나의 구성 요소일 뿐이다.[9] 다른 가치가 중재될 수도 있고, 특히 기본적 필요를 능가하는 욕망으로써 나타날 수 있다. 이에 더하여 사람들은 질병으로 고통받을지라도 좋은 삶을 살아가거나 전반적인 웰빙을 누릴 수도 있으며, 신체적으로 건강한 사람이 인식 불가능한 질환으로 고통받을 수도 있다. 웰빙이 단순한 신체적 건강, 심지어는 건강의 긍정적 개념보다도 훨씬 큰 가치이기 때문에 이런 모든 전개가 가능하다. 웰빙의 가치는 한 사람이 승인한 주관적 가치에 따른다. 웰니스와 주관적 웰빙의 개념은 일차적 가치로서의 좋은 삶이라는 더 큰 개념을 담아내는 두 가지 모형이다.

가치로서의 웰니스의 개념은 건강의 주관적 모형에 기초한다(Larson, 1991). 예를 들어, 할버트 둔 Halbert Dunn, 1896~1975 은 웰니스를 단순한 신체적, 정신적 건강과 비교하여 전체론적, 영적, 예방적, 긍정적 건강 또한 포함하는 더 확장적인 개념을 지지하였다. 그는 이 목적을 달성하기 위해 "높은 수준의 웰니스"라는 문구를 새로 만들어냈다. 둔은 높은 수준의 웰니스를 다음과 같이 정의하였다. "한 사람이 기능하는 환경 내에서 개인이 소유한 잠재성을 최대화하는 방향으로 나아가는

---

9   사실 그리핀은 다섯 가지의 "신중한" 가치들을 나열했다. 여기에는 성취, 힘과 자유 같은 인간 실존의 구성 요소, 이해, 향유, 깊은 인간적 관계가 있으며, 이들은 "건강의 요구가 전적으로 달성되었을 때"를 명확히 하는 데에 있어 필수적이다.

기능의 통합."(1977, p. 9) 웰니스는 건강의 표준 개념과는 반대로 동적인 개념이며 개인뿐만 아니라 사회에도 적용 가능하다. 듄은 사회적 "개성"과 세계 문화의 출현을 그렸다.

웰니스를 확립하기 위해 듄은 인간 본성을 다섯 가지의 영역으로 나누어 분석하여 충족되어야 할 열두 가지의 필요를 나열하였다. 여기에는 생존, 소통, 동료 의식, 성장, 상상, 사랑, 균형, 환경, 보편과의 교류, 삶의 방식, 존엄, 자유와 재량이 있다(1977, p. 12).[10] 듄은 "높은 수준의 웰니스라는 개념은 그 목적을 매일의 삶 속에서와 전체로써의 인류 속에서 어떻게 달성할 것인지에 대한 도전을 제시한다"라고 결론짓는다(1977, p. 16). 그 목적을 위해 「건강의 가치: 높은 수준의 웰니스 달성 Health Values: Achieving High Level Wellness」이라는 학술지가 1970년대 말에 발족하여 듄의 생각을 진척시켰다.[11]

웰니스는 1970년대에 유행하기 시작하여 오늘날에 이르렀으며, 특히 건강에 좋은 음식을 먹는 것과 규칙적인 운동과 같은 생활습관 변화로 나타나고 있다. 피터 콘래드 Peter Conrad 에 따르면 "웰니스 혁명"이 인기를 끌게 된 이유 중 하나는 밑에서 떠받치고 있는 도덕성, 특히 덕을 주요 가치로 삼고 있기 때문이다. "건강이 지배적 가치가 된 현대 사회에서 신체는 도덕 담론의 장을 제공하며 웰니스 추구는 자신을 덕 있는 사람의 하나로 위치시키는 수단이 되었다."(1994, p. 398)[12]

---

10 듄에 따르면 인간 본성을 구성하는 다섯 가지 영역은 "전체성, 독특성, 재량하에 있는 에너지의 조직, 살아가는 내적, 외적 세계, 자기 통합과 에너지 사용 간의 상호관계"이다(Dunn, 1977, p. 10).

11 학술지는 이제 「미국 건강 행동 저널(American Journal of Health Behavior)」이라고 불리며 더는 듄의 높은 수준의 웰니스 개념만을 배타적으로 추구하지 않는다.

12 콘래드는 주장한다. "웰니스 추구자는 무엇이 좋고 나쁜지에 대한 몸의 도덕성을

에드 디에너 Ed Diener 와 동료들도 최근 또 다른 웰빙의 개념인 주관적 웰빙을 건강의 주요 가치 중 하나로서 지지하고 있다. "우리는 주관적 웰빙이 다양한 가치 중 하나이지만, 널리 받아들여진 개념이라고 믿는다. 이는 주관적 안녕이 사람들에게 자신의 가치와 표준에 따라 자기 삶을 판단할 수 있도록 해주기 때문이다."(Diener et al., 1998, p. 36) 디에너 등은 무엇이 좋은 삶을 구성하는지에 대한 스스로의 평가에 대해 설문조사를 실시하였다. 디에너 등은 자료에 기초하여 견해를 제시한다. "우리는 사람들이 통제감을 갖는 것, 목표를 향해 나아가는 것, 각자의 기질, 관심 있고 즐거운 활동에 몰두하는 것, 긍정적인 사회적 관계로부터 주관적 웰빙이 나온다고 믿는다."(Diener et al., 1998, p. 34)

문헌 고찰을 통해 디에너는 주관적 웰빙과 관련된 세 가지 중요 요소를 구분하였다(2000). 첫째이자 가장 중요한 것은 적응이다. 몇몇 연구는 사람들 다수가 긍정적, 부정적 사건에 적응하여 기저 주관적 웰빙으로 돌아온다는 것을 보여주었다. 다음 요소는 성격 또는 기질이다. 여러 연구는 한 사람의 주관적 웰빙이 유전에 상당히 좌우된다는 것을 보여준다. 마지막 요소는 한 사람이 처한 환경에 의해 영향을 받는 목표 또는 기대이다. 이에 더하여 한 사람이 목표와 기대에 대해 더 유연할수록 자신의 주관적 웰빙은 더 크다. 결론적으로 디에너는 "행복이 널리 가득 찬 더 나은 사회를 만들기 위해" 주관적 웰빙의 본성과 상태에 대한 추가적인 연구를 요청한다(2000, p. 41).

창조하였다. 몸에 좋은 것으로 여겨지는 행위는 칭찬받는 반면, 몸에 나쁜 행위는 회피의 대상이다."(1994, p. 393)

다우니와 탄나힐은 주관적 웰빙을 비판하면서 그것이 객관적 기준이 아닌 주관적 감각에만 너무 의존한다고 주장한다. 주관적 웰빙은 "개인 및 사회의 기능이나 피어남flourishing [13]이 전반적으로 저하될 때에도 나타날 수 있다."(Downie et al., 1996, p. 18) 그들은 사람의 기분을 고양하기 위한 마약 처방의 예를 든다. 게다가 웰빙에 대한 비판적·객관적 분석을 고려해야 한다. 이는 "웰빙의 감각에 대한 기초이다. 우리는 진정한 웰빙은 역능강화라고 지칭해야 하는 특성에 관계되어 있으며 또한 이를 반영한다고 주장한다."(Downie et al., 1996, p. 19)

역능강화 또는 자율성은 자기 결정성, 극기, 책임감, 자기계발 네 가지 가치를 수반한다(Downie et al., 1996, pp. 164-165). 역능강화는 주관적 웰빙과는 대조되는 웰빙의 구조화된 개념을 규정하며, 특히 "좋은 삶"이나 피어나는 삶의 성취를 제시한다. 불행히도 주관적 웰빙은 건강 문제를 빠르게 해결하려는 생의학 모형의 시도에 포함되며, 다우니와 탄나힐이 지지하고 있는 건강 촉진 모형과는 대치된다. "건강에 대한 생의학적 접근은 웰빙에 대한 주관적 감각을 끌어들이는 경향이 있으며 이는 약으로 유도될 수 있다. 반면 건강 촉진 접근법은 '당신이 할 수 있는 최대한의 존재가 되는 것'에 강조점을 두며 (…) '좋은 삶'이라는 감각을 전제한다."(Downie et al., 1996, p. 20)

---

13   역자 주: flourishing은 특히 센과 누스바움의 역량 접근법(capabilities approach)을 옮긴 문헌 등에서 "번영"으로 표현하고 있으나, 번성과 영화를 말하는 번영이 국가나 집단이 아닌 개인에 적용되는 것은 이상하다. 게다가 정치철학에서 flourishing은 경제적 부의 확대만이 아닌 개인이 삶에서 가능성을 실현해 가는 모든 방향성을 포괄하므로, 명백히 경제적 의미로 제한된 번영이라는 의미는 잘못이다. 이 책은 그 역어로 "피어남"을 제시하며, 이는 개인의 성취와 발전을 포괄("그의 삶이 이제야 피어나고 있다")하는 의미로 해석될 수 있다.

질병과 질환

생의학 의료인은 질병 및 관련된 통증을 사실, 즉 물질적인 것과 물리적인 것으로 정의하며, 가치는 거의 참조하지 않는다. 질병과 통증은 가치중립적인 것, 또는 사소한 가치가 부여되었을 뿐인 어떤 것이다. 반면 인문주의적, 인본적 임상가는 질환 및 관련된 고통을 가치적재적 또는 무가치적재적인 개념으로 여긴다. 레온 아이젠버그 Leon Eisenberg 에 따르면 "의사들은 질병을 신체 기관과 조직의 구조와 기능에 발생한 비정상으로 개념화하도록 교육받았다. 그러나 환자는 질환으로 고통받는다. 그것은 존재의 상태와 사회적 기능에 발생한 무가치의 경험이다."(1988, pp. 198-199)

질환과 그에서 유래한 고통은 사회적 개념이며 사회가 그에 부여한 가치에 의존하는 개념이다. 이 평가는 학습하는 것이며, 따라서 자신의 상태에 대한 개인의 반응에 영향을 미친다. 그러나 최근 의철학자들은 건강과 웰빙이 사람들을 특정 방향으로 행위하도록 동기를 부여하는 가치인 것처럼, 질병과 질환, 그리고 통증과 고통의 무가치 또한 동기를 부여한다고 주장하고 있다. 이 무가치는 건강이 좋은 것과 관련된 도덕적 가치인 것과 같이 본성상 도덕적으로 나쁜 것과 관련되어 있다. 다시 말해, 질병과 질환은 신체 상태에 대한 부정적 평가이다.

질병의 개념과 이 개념을 표현하는 언어에 대한 전통적인 관심사는 "질병의 본질, 임상과 의과학에서 질병 언어의 지위와 같은 인식론적, 형이상학적 질문과 주로 관련되어 있다. (⋯) [현대의 논의에 있어] 질병과 질병 언어의 문제는 주로 윤리적 색채를 띤다."(Agich, 1983, p. 27) 애지쉬는 질병의 본성을 표현하는 데에 있어 가치의 역할에 대한 윤리적 차원에 대한 연구를 수행했다. 윤리적 가치는 질병 자체의 본질을 명확히 하는 데에 있어 중요하다.

가치는 환자의 질병 상태에 대한 정확한 진단뿐만 아니라 환자가 고통받는 질환 또는 질병에 걸린, 아픈 사람에게 사회가 부여하는 병자 역할sick role에 있어서도 중요한 역할을 한다. 애지쉬에 따르면 "질병의 언어는 적절하고 바랄 만한 인류의 상태를 위태롭게 하는 것이 무엇인지에 대한 평가와 가치 판단에 필연적으로 연결되어 있다. 이 상태의 본질은 자유이다. 따라서 가치는 질병 언어의 일반적 사용에 있어 내재적, 외재적 측면 모두에 함축되어 있다."(Agich, 1983, pp. 37-38) 자유가 인간의 조건과 관련된 중심 가치임을 전제할 때, 질병, 질환, 아픔의 무가치는 자유의 상실로 다가온다. 질환의 핵심 무가치 중 하나는 친숙한 세상에서 행위하는 자유를 상실함이다(Toombs, 1993).

일차적·의학적 무가치로서 질병과 질환의 개념에서 중심 구성 요소는 인간 존엄의 개념이다. 대릴 풀먼Daryl Pullman은 인간 존엄을 연속체의 양극으로 나누었다(2002). 한쪽 극단에는 기본 인간 존엄이 있으며, 이것은 모든 사람이 선천적으로 가지고 있다. 이 존엄에 대한 감각은 도덕적 절대성을 나타내며 질병이나 질환으로 축소되지 않는다. 다른 쪽 극단에는 개인적 존엄이 있으며, 이것은 "개인의 목표와 사회적 상황에 묶인, 사회 세계 속 개인으로서 감각"이다(Pullman, 2002, p. 76). 이 존엄의 감각은 개인의 감각 면에서 주관적이며 외부 요소에 의존적이다. 질병과 질환은 온전성의 손상이며, 사람의 전체 존엄, 특히 개인의 건강과 전반적 웰빙 모두를 줄인다. 급성 질병과 관련된 통증, 만성 질환의 고통은 사람을 부자유하게 하며 인간 존재로서 최대의 가능성을 달성할 수 있는 능력을 강탈해간다.

존엄의 감각은 선택이 인간 존엄을 정의한다는 개념에 기반하고 있다(Pullman, 2002). 선택의 상실은 존엄의 상실과 동등하다. "우리는 존엄한 삶에서 독립성과 자기충족에 가치를 부여하는 문화를 가진 사회에 살고 있다. (…) 이 관점에서 고통 앞 존엄의 반응은 혼자서 견디는 것이다. 신체 기능의 통제나 독립성을 상실한 사람은 자신과 타인에게 혐오스럽게 보일 수 있다."(Pullman, 2002, p. 89) 이와는 대조적으로 인간 존엄은 선택과 독립성이 아닌 의미의 미학과 사랑의 관계에 기초해야 한다. "아름다운 삶(존엄한 삶)은 우리가 서로와 공유하는 돌봄의 관계에서 나타난다."(Pullman, 2002, p. 89)

역설적으로 질병과 고통은 한 사람에게 있어 긍정적인 가치일 수 있다. 결국 통증은 육체의 문제를 사람에게 경고시켜 주는 적응 기전이며, 추가적인 고통과 손상으로 이어질 수 있는 현재의 위험에 대해 경고하는 것이다. 어떤 점에서 질병과 질환은 처음에 의학적 돌봄을 찾도록 동기를 부여한다는 점에서 건강이나 웰빙보다도 더 일차적인 의학의 (무)가치이다.

가타드 부스 Gotthard Booth 도 심신적 관점에서 질병을 긍정적 가치로 해석한다. 그는 질병은 메시지라고 주장한다. 한 논평가가 주장한 바와 같이, "질병은 인격 전체의 메시지이다."(Slater, 1981, p. 100) 부스에 따르면 "심신 의학은 질병이 긍정적, 영적 측면 또한 가진다고 제안한다. 질병은 개인성의 한계에 대한 무의식적 자기 계시이다. (…) 이 측면에서 질병의 각 사례는 싸워야 할 악일 뿐만 아니라, 삶의 목적을 생각나게 하는 것으로도 여겨야 한다. 내가 말하고자 하는 바는, 모든 인간 행위와 노력이 세계의 달성을 초월하는 무엇을 향해야 한다는 것이다."(1951, p. 18)

부스는 이후 질병과 그 치료의 긍정적 가치를 표현한 바 있다. "정신 치료의 금언, 당신의 자발적인 세상에 대한 독특한 인상을 과대 평가하지 말라. 하나의 방식으로 사는 데에 매달릴수록, 질병은 당신이 과도하게 분화한 기능을 희생하도록 강제할 가능성이 높아진다."(Booth, 1962, p. 315) 다시 말하면, 질병은 세상의 수수께끼 앞에서 우리를 겸손하게 하고 무절제하지 않도록 조언한다.

요약

펠레그리노와 토마스마는 주장한다. "의학의 가치론은 너무 원시적인 상태에 있다. (…) 의철학의 명백한 임무 중 하나는 가치 이론을 정식적, 확장적으로 정교화하는 것이다."(Pellegrino and Thomasma, 1981c, p. 340) 의학적 가치론의 수립을 위해 펠레그리노는 다음 목표를 제안한다. "[의학적 가치론은] 의학의 발전 자체가 창조한 인간 가치의 긴장을 다루어야 할 것이다. 가치론은 현대 인류의 가치 체계를 재구조화, 재통합하는 데에 어떻게 의학이 이바지할지를 정의해야 한다." 그는 "이 가치들은 모든 의사의 사회적, 개인적 행동을 결정할 수 있도록 정의되어야 한다"라고 결론짓는다(Pellegrino, 1979a, p. 211). 브룬과 핸더슨이 의학을 움직이는 다양한 가치를 열거한 것이 이 영역을 개척하는 데에 많은 도움이 되었지만, 의학적 가치론을 더 전개하는 데 필요한 이론적 기초를 제시하는 데는 실패하였다. 의학적 지식과 실천이 고유의 가치론을 확립할 만큼 특별한지에 관한 질문이 제기될 수 있다. 의학적 지식과 실천이 그러하다는 데에 대한 합의는 이루어졌으나, 그 입장에 대한 이견 또한 존재한다.

그라시아에 따르면 "건강은 도덕적 기획이며, 이는 자연적 술어가 아니라 가치이다."(Gracia, 1999, p. 95) 여기에서 중요한 질문은 건강과 질병의 본질을 결정하는지에 사용되는 도덕적 개념과 가치가 누구의 것인지에 있다. 그는 가치가 기능하는 두 수준을 사적, 공적 수준으로 구별한다. 건강은 사적 가치에서 출발하며, 특히 개인에게 이상적인 건강을 구성하는 것이 무엇인지라는 점에서 그러하다. 그라시아는 주장한다. "건강은 도덕적 이상으로 모두가 자기 가치 체계에 따라 달성해야만 하는 이상이다."(Gracia, 1999, p. 98) 그는 사적 가치를 자율성 및 선행과, 공적 가치를 정의 및 악행금지의 윤리적 원칙에 동일시한다. 비록 건강과 도덕적 삶이 이들 사적 가치에서 출발하지만, 이 가치들이 공적 가치와 충돌할 때 공적 가치에 의해 통제될 수 있다. 사회는 형평을 이루기 위해 모든 성원에게 공적 가치를 적용해야만 하며, 그렇지 않으면 부정이 발생한다. 그는 다음과 같이 결론짓는다. "문제는 우리가 건강 개념의 위기를 우리 가치 체계와 도덕적 이상의 위기로서 이해해야 하는지에 있다."(Gracia, 1999, p. 99) 건강의 위기, 그리고 궁극적인 가치의 위기는 더 큰 돌봄의 질 위기로 이어지고 있다. 이후의 장에서 가치의 위기를 배경으로 하여 돌봄의 위기를 검토한다.

제12장

생명윤리와 규범 윤리학의 기원

생명윤리는 길고 풍성한 전통 안에 있다(Cantrell, 1997; Jonsen, 2000). 로버트 칸트렐 Robert Cantrell 에 따르면 "의사는 사회에서 특별한 위치를 점유하여 항상 윤리적 도전을 마주해왔고 그들 중 다수는 윤리를 공부하여 윤리적 표준을 마련하고 그를 따라 살기 위해 노력했다."(1997, p. 447) 의학이 몇 세기에 걸쳐 발전하면서, 그 지식과 실천과 관련하여 윤리적 문제의 복잡성 또한 커졌다.

이렇게 윤리적 복잡성이 커진 것은 의학에서 윤리의 본질과 역할을 나타내는 표현들이 증가한 것에 반영되어 있다. 이런 표현에는 (몇 가지를 들자면) 의료윤리, 임상 윤리, 생명윤리, 생명의료 윤리, 보건의료 윤리 등이 있다. 각 표현은 의학사의 특정 시기에 문헌에 도입되었으며 이는 특정 사건과 상황 때문이었으나, 그 사용은 상당히 겹치는 부분이 있다. 일반적으로 의료윤리, 임상 윤리가 초기를 다룬다면, 생명윤

리, 생명의료 윤리, 보건의료 윤리는 최근을 나타낸다.[1]

이 장에선 생명윤리의 대두를 먼저 재구성하고, 이어 의학적 실천과 관련된 다양한 규범 윤리학 이론을 논의한다. 규범 윤리학은 20세기의 개념으로, 이 세기 동안 상당한 발전을 이루었다. 예를 들어, 무어는 규범 윤리학을 결의론과 메타 윤리학 사이에 위치시키고 특정한 선 또는 선의 의미에 관한 질문보다는 선의 종류에 관한 질문에 집중하였다(Solomon, 2004). 오늘날 규범 윤리학의 범위는 더 확장되었다. 예를 들어, 여기에는 "어떻게 행위할 것인지, 어떻게 살 것인지, 어떤 사람이 될 것인지에 대한 현실적 제안"이 포함된다(Kagan, 1998, p. 2).

한 사람이 어떻게 행위해야 하는가는 그 사람이 지닌 도덕적 가치와 원칙에 기초한다. 도덕적인 가치가 무엇인지, 한 사람이 인정한 도덕 원칙이 무엇인지를 이해하는 것을 통해 왜, 어떻게 한 사람이 행위하는지, 행위해야 하는지를 더 잘 탐구하고 이해할 수 있다. 이에 더하여 이 가치들과 원칙들은 한 사람의 행위를 도덕적으로 정당화하는 데에 사용되곤 한다. 행위는 다른 가치와 원칙들에 의해 뒷받침되므

---

1   역자 주: 이것은 저자의 특정한 관점일 뿐, 전혀 일반적인 용법이 아니다. 물론 의료윤리를 히포크라테스까지 거슬러 올라가는 개념으로 해석한다면, 의료윤리 및 임상 윤리는 고전적인 분야다. 반면, 1970년대 이후 대두한 학문적 흐름으로 생명윤리와 생명의료 윤리를 받아들일 수 있다. 그러나 현재 어휘 사용에서 의료윤리는 의학적 문제에 관련된 윤리적 담론을, 생명윤리는 생물학 및 의과학에 관련된 윤리적 담론을 가리키는 것으로 사용되고 있으며, 특히 영어 표현인 bioethics는 의료 영역과 생물의과학 영역 모두를 포괄하는 윤리적 접근을 의미하는 것으로 사용된다. 이런 어휘들의 활용이나 적용 범위는 최근 논쟁적인 부분이 있으므로, 그 사용이 다양하게 나타날 수 있다는 것만 여기에 적어두도록 한다. 예컨대, 최근 논자들은 생명윤리가 위축되는 것, 또는 의료윤리로의 환원을 염려하고 있다.

로 다양한 윤리 이론들이 존재하며, 각각은 고유한 장점과 문제를 가지고 있다. 마지막으로 윤리 이론은 돌봄의 질 위기를 제기하는 데에 있어서의 열쇠이며 이는 이 위기의 상당량이 윤리적, 도덕적 기반을 지니고 있기 때문이다.

생명윤리의 기원

생명윤리학자의 기원은 그리스까지 거슬러 올라간다. 히포크라테스 Hippocrates, B.C. 460~B.C. 370 가 대표적이며, 히포크라테스 선서는 이런저런 형태로 의대 졸업식에서 낭송되고 있다(Amundsen, 2004a; Ficarra, 2002; Jonsen, 2000).[2] 선서를 쓴 것이 히포크라테스라고 여겨지진 않으나, 선서는 사회적 계약(적어도 현대 미국 의학에서는)으로 의학적 실천의 윤리적 차원을 정의한다. 그러나 고대의 문건과 현대판을 대조해 보면 내용에서 상당한 차이가 발견된다(Graham, 2000). 선서는 작성된 당시의 전형적인 모습을 하고 있다. "선서는 건강의 신들을 증인으로 요청하는 것으로 시작한다. 스승에 대한 충성의 서약을 하고, 선서자가 피해야 할 여섯 가지 행위를 나열한 후, 지시의 준수와 위반에 따른 보상과 처벌의 승인으로 끝난다."(Jonsen, 2000, p. 4)

히포크라테스 대전에서는 다른 윤리적 명령도 찾아볼 수 있다. 가

---

2 데일 스미스(Dale Smith)는 현대 의학에서 히포크라테스 선서가 가지는 세 가지 기능을 구분하였다(1996). 여기에는 전문가적 의무의 개요 설명, 의학의 도덕적 성격에 대한 공적 성명, 의학의 윤리적 유산의 주장이 있다.

장 널리 알려진 것은 『감염병 1권 Epidemics I』에 나와 있는 것으로, 이 책은 히포크라테스에 의해 작성된 것으로 여겨지고 있다. 이 문헌에는 다음 문장이 기록되어 있다. "질병에 있어, 두 가지를 습관화할 것. 도움을 주고 해를 끼치지 말라."(Jonsen, 2000, p. 3) 히포크라테스 전통은 중세 후반 의료 윤리가 기독교적 가치와 결합될 때까지 중요한 역할을 수행했다(Amundsen, 2004b, 2004c). 비록 이 전통이 르네상스 동안에는 큰 영향을 미치지는 못했으나, 계몽주의 시대에 전통의 부흥이 일어났다(Cook, 2004; Smith, 1979).

히포크라테스 전통은 의학적 실천의 초기 윤리적 규약의 발전에 있어 분명히 중요한 위치를 차지했다. 그리고 이 규약들은 환자 머리맡에서, 그리고 의사의 특성과 행동에서 발생하는 윤리적 문제와 관련되어 있었다. 이반 워딩튼 Ivan Waddington 에 따르면, "그러나 만약 우리가 의료 윤리에서 특히 현대 규약의 발전을 이해하려 한다면, 고대 그리스가 아닌 19세기 영국, 특히 토마스 퍼시벌 Thomas Percival, 1740~1804 과 1803년에 출판된 그의 책 『의료윤리 Medical ethics』를 보아야 하며, 이 시점이 고대와 현대 의료윤리의 중요한 구분점이다."(1975, p. 36)[3] 퍼시벌이 윤리 서적을 작성한 동기는 "공무상의 행위 및 의료인 사이의 상호 교류가 명확한 품위와 정직의 인정된 원칙들에 의해 규제되어야 한다고 여겼기 때문이다."(1975, p. 65) 이 목적을 위해 그는 일반 진료, 병원, 보조 기관에서의 수행 원칙들을 고안하였다. 퍼시벌은 그의 의료윤리 책에서 윤리적 실천을 돌보는 사람으로서의 의사와 더 큰 공

---

3   워딩튼은 퍼시벌이 18세기 후반과 19세기 초반의 의사들이 제기한 윤리적 문제를 다룬 여러 의사 중 하나였음을 인정한다.

동체 사이에서의 계약으로 간주하였다(Haakonssen, 1997).

미국에서 의사들은 퍼시벌의 규준을 받아들여 수정하였다. 1847년 새로 조직된 미국의사협회American Medical Association, AMA 는 이를 활용하여 국가 수준의 진료 윤리 규약을 개발하였다(Jonsen, 1998). 이 규약은 20세기 초반에 몇 차례 추가 개정을 거쳤다. 각 개정에서 윤리적 규칙과 원칙의 수는 줄어들었으며, 규약은 점차 환자의 복지를 지키기보다는 "전문가의 유대와 체면"을 유지하기 위한 도구가 되어 갔다(Jonsen, 1998, p. 8). 19세기 후반, 미국의사협회는 미국식 의학의 수위를 확고히 하려 했다. 20세기 초반, 미국의사협회는 의료와 의약품 판매를 통제하는 입법 행위를 지지함으로써 목적을 이루어냈다. 칸트렐에 따르면 "이 시기의 의료윤리는 비평가들에게 의료 행위를 '정통파' 의사들의 방식으로 제한하고 행동을 규제하기보다는 의학의 독점을 확립하기 위한 것으로 비추어졌다."(Cantrell, 1997, p. 448)

미국의사협회는 과학적 의학 지식과 실천을 강조하여 "정통파"의 독점을 성립하는 데에 성공하였으나, 의사의 인격과 행실을 무시하였다. 20세기에 여러 의학의 기적이 일어났음에도 불구하고, 그 결과는 재앙이었다. 예를 들어, 앨러배머주 터스키기에선 매독의 자연사[4]를 추적하는 연구가 진행되었다(Jones, 1981). 약 400명의 아프리카계 미국인이 매독으로 진단을 받았지만 치료를 받지 못했다. 심지어 항생제가 개발된 이후에도 치료는 이뤄지지 않았다. 연구는 1932년부터 1972년까지 지속되었으며, 정부 위원회가 연구를 비윤리적이라고 규정하면서 갑자기 중단되었다. 1970년대 초반에 이뤄진 연구의 공론화

---

4   역자 주: 인위적 개입이 없을 때 질병의 진행 과정을 말한다.

는 미국 대중에게 깊은 영향을 끼쳤다. 존슨에 따르면 "폭로는 나치의 의학 실험의 공포를 구현했다. 누구도 이런 일이 미국에서 일어나는 것은 불가능할 것이라고 여겼던 것이다. 우리의 선한 과학과 의학의 세계에 말이다. 십 년 동안 차분한 "감시" 아래 있던 연구윤리는 대중의 눈앞에 터져 나왔다."(Jonsen, 2000, p. 109)

1970년대 초반, "생명윤리"라는 용어가 두 개의 매우 다른 맥락에서 나타나 두 가지 구별된 내포를 가지게 되었다.[5] 터스키기 연구와 같은 의학 연구의 남용에 더하여 몇 가지의 의학적 발전, 특히 수정과 재생산을 조절하고 죽음을 늦추는 것과 관련된 사항들이 기술적 발전의 적용을 이끄는 새로운 윤리의 개발을 고무하였다.[6] 주디스 스와지 Judith Swazey 에 따르면 "1960년대 후반 생명의료 연구의 사회적 맥락을 변화시킨 중요한 요소는 이런 연구가 인간 건강과 복지에 있어 무조건적 이익을 가져올 것이라는 강한 확신이 깨어진 데에 있었다. 여러 생의학 연구 분석가와 논평가, 기자, 국회의원, 그리고 대중까지 행동 통제, 유전자 조작, 인간 시험, 장기 교체와 같은 새로운, 전망 있는 발전이 가져올 부정적인 사회적, 윤리적, 법적, 경제적, 정치적 함의의 가능성에 대한 염려를 표출하기 시작했다."(1993, p. S5)

사실 꽤 많은 사람은 생의학 모형의 비호 아래 전개되고 있던 현대 의학의 진보에 윤리적 반영이 필요함을 느끼고 있었다. 데이비드

---

5   워렌 라이히(Warren Reich)는 생명윤리라는 용어가 "동시에 두 위치에서 탄생"
     했다고 보았다(1994). 1970년 위스콘신 매디슨의 포터, 1971년 워싱턴의 안드레
     헬레거스(André Hellegers)가 그 출처다.
6   존슨은 생명윤리의 시작에 있어 도구적 역할을 한 열두 가지 이상의 사건들을 나
     열하고 있으며, 여기에는 신장, 심장 이식과 경구 피임약 등이 포함되어 있다
     (Jonsen, 1998, 2000).

토마스마가 설명했듯이, "현대 의학의 돌봄은 사람을 [물적] 대상으로 다루는 것을 북돋는 위험한 윤리를 숨기고 있다."(Thomasma, 2002, p. 335) 이런 위험한 윤리에 대한 대응이 다수에게 민감하게 받아들여졌기 때문에, 생명윤리를 다루는 다양한 단체가 생겨났다. 가장 유명한 단체는 1969년에 설립된 윤리·사회·생명과학협회 Institute of Ethics, Society and the Life Sciences 와 1971년에 설립된 인간 재생산·생명윤리 연구 조셉, 로즈 케네디 연구소 Joseph and Rose Kennedy Institute for the Study of Human Reproduction and Bioethics 일 것이다. 두 단체는 이제 각각 헤이스팅스센터 Hastings Center , 케네디윤리연구소 Kennedy Institute of Ethics 로 불린다(Jonsen, 2000; Reich, 1996).

종양 생물학자 반 포터 Van Potter 는 생명윤리에 대한 더 폭넓은 개념을 전개하였다. 논평가에 따르면 이는 생명윤리 분야의 발전에 즉각적인 영향을 미치진 않았다. 포터의 관심사는 인간을 자연환경과 연결하는 윤리에 있었고, 이는 생태학자인 알도 레오폴드 Aldo Leopold, 1887~1948 로부터 취한 개념이었다. 포터는 "생존의 과학"을 요청하였으며, 여기에서 보편적 선의 지혜를 통해 생물학적 사실과 윤리적 가치가 융합된다. 포터에 따르면 "생존의 과학은 과학 이상이어야만 한다. 따라서 나는 '생명윤리'라는 용어를 제시하며, 이는 꼭 필요한 새로운 지혜를 얻기 위한 두 가지의 가장 중요한 요소인 생물학적 지식과 인간적 가치를 강조하기 위함이다."(1970, pp. 127-128)

이를 위해 포터는 "생명윤리 강령"을 제안하였다. 이것은 초기 다섯 가지 신념 및 이를 달성하기 위한 부속 서약으로 구성되어 있었다 (1971). 강령은 모두의 생존과 번영을 증진하기 위해 인간, 환경, 인간과 환경의 관계에 초점을 두었다. 1988년 포터는 생명윤리에 대한 그의 초기 개념에 인간 건강을 포함시켰다. 이 확장판을 그는 "세계 생명윤리"라고 불렀다. 포터에 따르면 "세계 생명윤리는 보건의료와 자연환경 보전에서의 결단을 요청하는 도덕의 전개에 대한 비종교적 프로그램으로써 제안되었다."(1988, pp. 152-153) 이 목적을 위해 그는 초기 강령의 신념과 서약을 약간 수정하고 개인과 가족 건강에 관한 추가적인 신념과 서약을 더하였다.

에드먼드 펠레그리노는 생명윤리의 발전을 두 단계로 나누고, 초기 원형 생명윤리 proto-bioethics 를 1960년에서 1972년까지로 보았다. 원형 생명윤리는 의학적 지식과 실천을 "인간화"하려는 노력을 대표한다. 그는 에이브러햄 플렉스너 Abraham Flexner 가 일찍이 의과대학생의 과학적 교육을 유연하게 만들기 위해 의학 교육에 인문학을 포함시켜야만 한다고 경고했음을 적는다. 다음 단계는 전문가 생명윤리의 철학적 시대로 1972년에서 1985년까지이다. 펠레그리노에 따르면 "담론의 주제는 생명윤리의 이론적 토대에 초점을 맞추었다. 원칙주의, 의무론, 공리주의, 덕이론, 결의론, 페미니즘 윤리, 돌봄 윤리, 서사 윤리, 그리고 이들 중 몇 가지를 조합한 것이 제시되었다."(Pellegrino, 1999, p. 82) 이 시기에 생명윤리는 학문 분야가 되어 진정한 학계의 일원이 되었다. 세 번째 단계는 1985년부터 지금까지로, 이를 펠레그리노는 세계 생명윤리라고 불렀다. "세계"라는 용어는 포터의 이전 생명윤리의 외연을 상기시키나, 펠레그리노가 지칭한 것은 그 지평을 넘어선다. 펠레그리노에 따르면 "생명윤리가 선택한 논제의 폭과 분야의 넓이는 위원회와 상담의 작업으로 명백해지고 있다. 여기에서 윤리적 문제는 정신−사회적, 경제적, 법적, 종교적 문제와 밀접하게 얽혀 있다."(Pellegrino, 1999, p. 84)

규범 윤리학

다양한 규범 윤리학 이론의 분류법에도 여러 가지가 있다. 예를 들면, 비첨과 월터스, 비첨과 칠드리스는 규범 윤리학을 일반과 실용의 범주로 나누었다(Beauchamp and Walters, 1999; Beauchamp and Childress, 2001). 비첨과 월터스에 따르면, **"일반 규범 윤리학**은 도덕적 삶을 규정하는 기본 원칙과 덕을 정식화하고 옹호하려 시도한다.*"*(Beauchamp and Walters, 1999, p. 2) 이 분류에는 공리주의와 덕윤리 등 전통적 이론이 포함된다. 실용 규범 윤리학은 쓸모 있는 규칙과 규범을 개발하는 데에 관심을 둔다.

데이비드 솔로몬은 규범 윤리학을 세 가지 종류로 나눈다(Solomon, 2004). 덕이론, 의무론, 결과주의 이론이 그것이다. 이들은 인간 행위의 세 가지 핵심 요소에 기초하고 있다. 즉, 각 이론은 행위자, 행위, 결과에 기초하고 있다. 솔로몬에 따르면, "덕이론은 행위자나 사람의 판단을 가장 기초적인 것으로 여긴다. 의무론은 행위의 판단을 가장 기초적인 것으로 여긴다. 결과주의 이론은 결과의 판단을 가장 기초적인 것으로 본다.*"*(Solomon, 2004, p. 814)

이 절에서는 연속체 분류법 continuum-taxonomy 을 활용하여 규범 윤리학 이론을 분류한다(Horner et al., 1999). 이 분류법에 따르면 규범 윤리학 이론은 절대주의와 상대주의 두 극 사이에 분포한다. 의무론, 신정론, 자연법 이론과 같은 절대주의적 윤리 이론은 이성, 신성, 자연법 등에 기초하며 본성상 객관적이다. 윤리적 주관주의, 문화적 윤리 상대주의, 윤리적 이기주의와 같은 상대주의적 윤리 이론은 개인의 느낌, 문화적 권위, 이기심에 기초하고 있다. 절대주의적 이론은 자연법의 경우에서처럼 보통 인간에 의해 발견되는 반면, 상대주의적 이론은 인간의 의도와 관습에 의해 구조화되고 표현된다. 이 두 극단 사이에 결과주의, 공리주의, 상황 윤리와 같은 다른 윤리 이론들이 존재하며, 두 극의 특성을 모두 가지고 있다. 마지막의 덕윤리와 진화 윤리는 행위나 규칙의 개념으로 쉽게 분류할 수 없으며, 의학적 실천에서 중요한 윤리 이론이다.

절대주의적 윤리 이론

절대주의적 극단에는 객관적 윤리 이론들, 즉 의무론, 신정론, 자연법 이론 등이 있다.[7] 객관적 이론들은 절대적 도덕 가치들이 존재하며 윤리 규범이나 절대적 규칙은 개인적, 사회적 관점과는 분리, 독립적이라고 주장한다. 이들 가치와 규범, 규칙은 보편적인 것으로 모든 문화, 상황에 대해 구속력을 가진다. "절대적 규칙이란 예외가 없는 것으로, 규칙이 규정하는 것이 도덕적으로 결정적이며 다른 고려사항들에 우선하는 것을 가리킨다."(Boyle, 1998, p. 72) 이런 규칙의 일반 형식은

---

[7]   합리적 선택 윤리학은 객관적 윤리 이론의 다른 예이다. 또한, 이것은 특히 자유롭고, 공정하며, 교양 있는 반성적, 이성적 행위자에 의존한다. 자유로운 행위자, 통제되거나 조종받지 않는 행위자만이 어떻게 행위할지에 대한 최선의 선택을 내릴 수 있다. 행위자는 또한 공정해야만 하며, 이는 자신이나 타인에 대한 호의나 편견이 없어야 한다. 선택은 그것을 선택하는 사람 모두에 대해 최선이어야만 한다. 마지막으로 교양 있는 행위자란 행위의 대안과 그 결과를 이해하는 사람을 가리킨다. 이 경우 합리적 선택 윤리학은 지역적, 문화적 관점과 상대주의를 극복하고 "비교 문화적 수준에서 가치들에 대한 궁극적 동의에 도달할 수 있는 가장 그럴듯한 기초를 제시한다."(Horner et al., 1999, p. 168) 이 윤리 체계의 문제 중 하나는 설사 이런 체계가 있다고 해도 그렇게 계몽된, 자유로운 상태의 사람이 거의 없다는 것이다. 우리는 문화의 산물이기에, 문화의 도덕 체계를 받아들여 구성하고 있는 문화적 유산에서 사회가 자유로워질 수 있는지는 의심스럽다.

다음과 같다. "T 유형의 행위는 C 상황에서 항상 수행된다(수행되지 않는다)."(Solomon, 2004, p. 815) 예를 들어, 의사는 자신의 위치나 권위를 남용하여 무고한 사람을 죽여서는 안 된다.

의무론적 이론에 있어서 그 근원은 이성 법칙이지만, 신정론과 자연법 이론에서는 각각 종교적 권위와 자연법이 그 근원으로써 작동한다. 이 이론들의 동기는 "**양심**, 즉 개별 사례에 예외를 두고자 하는 어떤 유혹하에서도 꼼꼼하게 규칙을 따르는 마음을 갖게 하는 기질의 상태"이다(Solomon, 2004, pp. 815-816). 비록 이런 이론이 어떤 행위의 도덕적 상태를 결정하는 기능을 하지만, 다른 행동, 특히 치료할 수 없는 질환을 가진 환자의 안락사나 줄기세포 연구를 위해 인간 배아를 희생하는 등의 사례와 같은 의학적 행동의 윤리·도덕적 본질에는 상당한 논쟁이 있다. 신정론의 한 정식과 아퀴나스적 자연법 이론을 제외한 절대주의적 이론의 주요한 문제는 이들이 특정 역사 시기(계몽주의 시대)에 속하는 특정 유형의 합리성에 기초하고 있다는 것이다. 오늘날의 포스트모던 세계에서 그 합리성은 이전의 권위를 더 이상 지니지 못하고 있다. 게다가 자연법과 종교적 권위에 기반한 절대주의적 이론은 해석에 의존하며, 이는 문화적, 해석학적 맥락을 필요로 한다.

의무론

솔로몬에 따르면 "의무론적 규범 이론은 행위의 도덕적 판단을 기본으로 둔다. 또한, 사람의 기본적인 윤리적 과업을 옳은 것을 행하는 것으로 여긴다. 더 일반적으로 말하면, 잘못된 것을 행하기를 피하는 것이다."(Solomon, 2004, p. 815) 옳은 것을 행하거나 잘못된 것을 피하는 것은 절대적 규칙을 따르는 한 사람의 의무 또는 책무를 수행하는 것이다. 마이클 슬로트 Michael Slote 는 "현대 의무론은 도덕적 책무를 행위의 필요조건으로 부과한다. 더 큰 범주에서 행위의 효과는 우리 자신의 선이나 웰빙을 가져오는지와 독립적이다. 심지어, 우리 행위가 타인의 웰빙에 미치는 영향에도 상당히 독립적이다"라고 적고 있다(2004, p.796). 다시 말해, 의무론은 비결과주의적 윤리 이론이며 행위의 도덕적 가치는 행위자가 특정 목표나 목적을 달성하고자 하는 욕망보다는 의무감이나 의무 deon 에 관한 추론에 의해 수행되었는지에 의해 정해진다.

칸트는 가장 널리 알려지고 영향을 미친 의무론적 윤리 이론을 전개하였다(Kant, 2002). 그는 절대적 윤리 규칙을 정당화하기 위해 정서, 욕망 대신 이성을 활용하였으며, 이를 그는 정언명령이라고 불렀다. 이 규칙들은 예외를 허용하지 않는다는 점에서 정언적이며 명령의 형식으로 표현된다는 점에서 명령이다. 칸트는 정언을 가언과 대조하였다. 후자는 원하는 특정 목표나 목적을 달성하기 위해서 충족되어야만 할 조건과 연결된다. 즉, 가언 명령은 한 사람이 특정 목표나 목적을 달성하기를 원한다면 지정된 행위 경로를 따라야만 한다고 주장한다. 칸트의 정언명령은 조건 선언을 배제한다. 한 사람은 욕망하는 목표나 목적과는 무관하게 이 행위 경로를 따라야만 한다. 예를 들어, 의사는 환자를 사업의 성공이나 칭송을 위해서 치료해서는 안 되며 단지 그것이 옳은 일이기 때문에 치료해야 한다.

칸트의 의무론적 윤리에는 몇 가지 문제가 있다. 우선 그는 절대 도덕 원리들 간에 충돌이 있을 때 판결을 내릴 방법을 제시하지 않았다. 칸트의 정언 명령은 "매일의 삶에 실제로 적용하기에는 너무 융통성이 없다."(Card, 2004, p. 30) 예를 들어, 치료할 수 없고 참을 수 없는 고통과 고뇌를 안기는 치명적 질환 때문에 자살을 원하는 사람을 마주한 의사는 환자를 도와야 하는가? 한편으로 칸트적 정언 명령은 자살하지 말 것을 명한다. 그러나 다른 편에선, 인격을 목적으로 존중하라는 명령이 있으며, 이는 자살하지 말 것과 같은 특정 정언 명령에 대한 수단으로 그를 대해선 안 됨을 의미한다.[8]

칸트의 의무론적 윤리에 있어서 또 다른 문제는 절대적 규칙을 불변적, 절대적으로 따라야 하는지 여부에 있다. 예를 들어, 의사가 환자에게 질환 상태에 대한 진실을 말하는 것이 환자의 웰빙을 위태롭게 할 것이라고 느끼는 경우 의사는 거짓말하지 말 것이라는 절대적 규칙을 따라야만 하는가?[9] 마지막으로, 도덕은 의무 또는 머리보다는 정서 또는 가슴에 의존하는 경우가 있다. "환자는 전문가적 책임을 지고 '의무'로만 다가오는 의료인을 원하지 않는다. (…) [오히려] 의료인이 진실한 인간적 느낌을 가지고 자신을 특별한 사람으로 대해주길 원한다."(Tong, 2007, p. 16)

---

8   역자 주: 의무론적 관점에서 안락사를 지지하는 논변은 다음과 같다. 자연은 인간의 번성을 명하며, "자살하라"라는 이성(자연이 인간에게 부여한 능력)적 명령은 그 자체로 모순이 된다. 따라서 "자살하지 말라"가 법칙으로 확립된다. 그러나 말기 환자에게 이 명령이 같이 적용된다고 보기 어려운데, 이는 말기 환자(즉, 몇 개월 안에 사망할 것이 확실한 환자)는 번성하라는 자연의 법칙에서 이미 물러나 있기 때문이다. 따라서 말기 환자를 대할 때엔 그를 오로지 목적으로 대할 것을 최우선에 두며, 여기에서 환자의 자기 법칙 수립자로서 존엄은 그의 삶을 완성하는 방식을 환자에게 묻는다. 환자가 삶의 완성을 위해 자살의 조력을 요구한다면, 의료인(및 의료 시스템)은 그를 도울 책무를 지닌다.

9   역자 주: 거짓말을 하는 것 외에 정보를 공개하지 않는 선택지가 있으므로, 이 비난은 적절하지 않다. 환자에게 질병에 관한 내용을 언급하는 것이 정말 환자에게 심대한 위해를 끼칠 것이라고 생각된다면, 일단 별다른 언급을 하지 않고 기다리는 방법을 선택할 수 있다. 사실, 이 논의는 칸트 윤리학에 제기되는 대표적인 비판이다. 집에 유대인을 숨겨주었는데, 그를 찾아 나치 경찰이 쫓아왔다면 "거짓말하지 말라"라는 명령에 따라 무조건 그의 위치를 안내해 주어야 한단 말인가? 그냥 말하지 않는 방법도 있다.

신정론

칸트 이론과 같은 의무론은 이성으로 동기를 부여하지만, 종교에 기반을 둔 절대주의적 이론, 특히 신정론으로 설명되는 이론은 그렇지 않다. 신정론의 지지자에 따르면 "도덕적 상태 M은 신의 행위 A에 대한 의존 관계 D에 달려 있다."(Quinn, 2000, p. 53) 이 의존 관계는 일반적으로 신의 명령으로 표현된다. 다시 말하면, 도덕적으로 옳고 그른 것을 결정하는 것은 신성이나 신이며 이것을 윤리적 명령을 통해 인간에게 전달한다는 것이다. "무엇이 옳고 그르냐 하는 것은 완전히 객관적인 문제이다. 즉 신이 명한 것은 옳고, 신이 금한 것은 그르다."(Rachels, 1986, p. 41) 이 경우 구약의 십계와 같은 계율을 통해 신은 한 사람이 도덕적으로 행위하고 처신할 도덕적 표준을 제시한다.

전통적으로 신정론에는 플라톤이 『에우튀프론 Euthyphro』에서 경건의 개념에 대해 분석한 것에 기반을 둔 두 가지의 넓은 정식이 있다. "경건한 자는 경건하기 때문에 신에 의해 사랑을 받는가, 아니면 신에게 사랑을 받기 때문에 경건한가?"(Plato, 1997, 10a) 첫 번째 정식은 강한 신정론으로, 행위가 옳은 것은 신이 그것을 명령했기 때문이라고 한다. 강한 신정론의 문제는 이런 도덕이 변덕과 무위로 끝나곤 한다는 것이다. "신의 판단은 '날것의' 승인에 기초하며, 이는 신이 명령했다는 사실을 벗어나면 그가 명령한 것에 대한 명령의 이유는 없다는 것을 의미한다!"(Card, 2004, p. 13) 또는 신에게 이유가 있지만 우리는 그에 대해 관여할 수 없다. 어떤 경우에도 도덕성은 행위의 본성이나 특별한 이유에 기초하지 않는다.

신정론의 두 번째 정식은 약한 형태로, 여기에서 신은 행위가 옳기 때문에 그것을 명령하거나 최소한 "신이 명령한 것은 옳은 것과 같은 외연을 가진다."(Wierenga, 1983, p. 387) 다시 말하면 도덕성과 윤리적 표준은 신과는 독립적이다. 해리스는 이 정식을 "신과 인간의 도덕적 영역의 공유"라고 부르고 이에 대한 몇 가지 해석을 내놓았다(Harris, 2003). 여기에서 신의 명령(심지어 신의 의지)은 도덕성의 필요충분조건이 아니다. 그는 또한 인식론적 해석을 제시하였으며, 여기에서 신의 명령과는 독립적으로 도덕적 지식을 얻을 가능성이 존재한다. 마지막으로 해리스는 이 정식의 더 확고한 형태를 주창하였다. "도덕성이 전적으로 신에게 독립적일 뿐만 아니라, 신이 도덕성에 속박되어 있다. 따라서 신은 부도덕한 것을 행할 수도 명령할 수도 없다."(Harris, 2003, p. 22) 다시 말하면 신은 세계의 도덕적 구조를 창조하였으며 그에 거슬러 행위하지 않는 것을 선택한다.

약한 신정론은 첫 번째 정식의 문제를 피하는 것처럼 보이지만, 행위의 도덕적 용인가능성을 명령된 것이 아니라 행위의 내재적 본질을 통해 부여함으로써 이 형태의 중요한 문제가 생긴다. 행위 자체의 도덕적 본질이 신의 본질 자체를 초월하는 것이다. 그러나 신이 전지하고 완벽하다면 이 정식은 신의 본질과 모순된다. 따라서 신정론의 두 가지 정식에는 딜레마가 존재한다. 도덕적 표준이 신의 명령에 의존하고 인간은 이성과는 상관없이 그에 복종하거나, 도덕적 표준이 궁극이며 신은 완벽하지 않다. 신정론의 지지자들은 "완벽이 신의 정수라면, 신의 의지는 옳은 도덕적 원칙에 완벽하게 합치한다"라고 주장함으로써 이 딜레마를 회피한다(Card, 2004, p. 15). 다시 말하면, 신은 도덕 원칙에 종속하지 않으며 여전히 그 창조자이다.

자연법 이론

신정론을 거부하는 자연법 이론의 지지자들은 신정론의 두 번째 정식의 장점을 취한다. 우주에는 확립된 자연적 선이 존재한다. 예를 들어, 토마스 아퀴나스는 신이 특정 목적 또는 텔로스를 달성하기 위한 자연적 목적 또는 설계하에 도덕을 포함하여 우주를 창조하였다고 주장한다.[10] 다니엘 오코너 Daniel O'Conner 에 따르면 "건축가의 계획이 선재하여 그가 설계한 건축물의 건설을 통제하는 것처럼 신의 계획은 선재하고 세계를 통제한다. 따라서 영원한 법은 그의 창조물의 운동과 행위를 각자에게 적절한 방식으로 이끄는 신의 지혜이다."(1967, p. 59) 자연법은 이 영원한 법의 반영으로, 신의 목표와 목적에 공헌한다.

자연법 이론은 본성상 목적론적이다(Card, 2004). 신은 인간에게 실용적 이성을 부여하여 자연적 목적이나 법칙을 한정할 수 있도록 하였다. "자연이 자연법('자연의 법칙')에 일치하여 작동하는 것처럼, 우리가 어떻게 행해야 하는가를 결정하는 자연법이 존재한다."(Rachels, 1986, p. 45) 도덕 철학의 임무는 인간 행위를 결정하는 자연/도덕 법칙을 한정하거나 확인하는 것이다. 이 경우 도덕 철학은 변덕스러운 신의 명령이 아닌 신이 자연 세계에 구축한 목적이나 목표에 의해 인도된다.

현대의 자연법 지지자는 자연법을 창조한 신에 대한 명시적인 종교적 믿음이 아닌 도덕적으로 옳은 것을 정의하는 데에 사용되는 특정한 기본 인간재 human goods 에 기초하여 자연법 윤리를 진전시킨다.

---

10 전통적인 아퀴나스적 자연법 이론은 현대의 과학적 사고의 최전선을 역행한다. 현대 과학, 특히 현대 진화 과학에 따르면 우주와 인간의 도덕적 본성은 신의 계획이나 목적을 따라 진화한 것이 아니라 맹목적으로, 목적 없이 진화하였다.

이 형태의 자연법 윤리에 있어 근본 원칙은 이런 기본재 중 하나에 반하는 행위를 절대적으로 금지하는 것이다. 예를 들어, 존 피니스 John Finnis 는 재화의 목록으로 삶, 지식, 놀이, 미적 경험, 사회성(우정), 실용적 분별, "종교"를 꼽았다(1980). 이 재화들은 그 자체로는 도덕적 재화가 아니지만, 그가 "인간의 피어남"이라고 부른 것에 있어 중요하다(Finnis, 1980). 저메인 그리시즈 Germain Grisez 또한 재화의 목록을 제시하였으며, 그는 이들을 두 부류로 나누었다(1983).[11] 첫째는 반영적, 실존적 재화로 자기 통합, 종교, 고결함 등을 포함한다. 두 번째 부류는 비반영적, 실체적 재화를 지시하며 삶 자체, 아름다움의 감상과 진리에 관한 지식, 숙련된 작업과 놀이 활동 등이 포함된다.[12]

자연법 윤리의 근본적인 문제는 기본 인간재에서 특정한 도덕적 선택으로 나아가는 방법에 있다. 그리시즈에 따르면 그가 "도덕성의 첫째 원칙"이라고 부른 것을 통해 이를 달성할 수 있다. **"한 사람이 인간재에 따른 자발적 행위 및 그에 반하는 것을 피하기를 선택하거나 의욕할 때 이 가능성하에서만 한 사람의 선택이 총체적인 인간 실현을 향한 의지와 양립한다."**(1983, p. 184) 이 원칙에서 파생되는 것이 "책임의 양태"로, 기본재에 대한 성취를 이루기 위해 자신을 제한하는 금지를 가리킨다.[13] 이런 양태는 기본재를 따라 행위할 수 있는 근본 도덕

---

11 그리시즈는 재화를 감성적인 것과 지성적인 것으로우선 나누었다. 전자는 정서적 욕망을 가리키는 반면, 후자는 인간의 성취나 성숙 앞에서 선으로 판단될 수 있는 재화를 가리킨다. 기본적인 인간재는 지성적 재화이다(1983).
12 오랜 시간을 거쳐 그리시즈는 목록을 고쳐갔다. 예를 들어, "양상에 따라 실체적일 수도 반영적일 수도 있는" 여덟 번째 재화인 "결혼과 가족"이 추가되었다(Grisez and Shaw, 1991, p. 56).
13 양상의 목록에 대해서는 그리시즈를 보라(1983, pp. 225-226).

원칙과 매일의 윤리적 염려 및 문제를 연결하는 기능을 한다. 그 결과는 필수적인 인간 실현에 있어 도덕적 삶의 형성으로, "여기에서 모든 인간재는 전체 인간 공동체의 실현에 기여한다."(Grisez, 1983, p. 222)

러셀 히팅거 Russell Hittinger 는 그가 "그리시즈-피니스 자연법 체계"라고 부른 것에 대한 예리한 분석과 비평을 제안하였다(1987).[14] 그의 주된 염려는 인간재에 기반을 둔 현대 자연법 윤리의 목적론적 본성에 있었다. 히팅거에 따르면 "그리시즈와 피니스는 재화로 우리를 함께 공략하려 한다. 그러나 재화나 인간성 자체가 포괄적인 텔로스를 향유한다고 믿을 만한 어떠한 이유도 존재하지 않는다."(1987, p. 178) 그의 다음 염려는 기본 인간재에 대한 그리시즈-피니스 이론의 "충분함"에 있다. 그리시즈와 피니스는 재화에 대한 완전한, 포괄적인 이론을 전개하지 않았다. 즉, 그들은 "재화들을 조정하는 데에 대한 비임의적인 원칙"을 진전시키지 않아, "도덕성이 단지 임시변통의 배치에 맡겨지는" 결과를 낳았다는 것이다(Hittinger, 1987, p. 181).

또한, 히팅거는 그리시즈와 피니스에 반대하여 "인간 주체는 추구하는 재화의 총합을 넘어서는 존재이다"라고 단언하였다(1987, p. 185). 그리시즈와 피니스가 불완전한 주체 개념에 의존하였으며, 이는 신에 대한 주체의 개방성을 정당화하는 데에 불충분하다는 것이다. 히팅거에 따르면 "적어도 우리는 도덕적 주체와 그 자기초월 능력에 대한 이론을 필요로 하며, 이는 초자연적 문제에 대한 준비 연구가 될 것이

---

14   히팅거는 그리시즈-피니스의 결합을 정당화한다. "그리시즈와 피니스는 비평가들에 대해 논문을 공동 작성하였으며, 공공연하게 체계의 공통된 분야를 인정하였다."(1987, p. 8)

다."(1987, p. 185) 마지막으로 그리시즈와 피니스는 자연법 윤리의 전개에 있어서 너무 많은 지름길을 취하였다. "자연법 이론은 어떻게 자연이 실용적 이성에 대해 규정적인지를 보여야만 한다. 이것은 그리시즈-피니스 방식으로는 달성될 수 없다."(Hittinger, 1987, p. 192)

상대주의적 윤리 이론

반대쪽 끝에는 윤리 주관주의, 문화적 윤리 상대주의, 윤리적 이기주의가 있다. 윤리 주관주의는 특정 개인의 상대적 가치에 기반하는 체계인 반면, 문화적 윤리 상대주의는 특정 문화의 상대적 가치에 기반하고 있다. 통 Tong 에 따르면 "주관주의자와 문화 상대주의자가 가지는 각각의 견해는 윤리에 대해 '뭐든 다 아는 체 하는 사람' 또는 자신의 특정한 도덕적 관점이 모든 사람, 모든 곳에 절대적으로 옳은 도덕적 관점이라는 실수를 범하는 문화 제국주의자가 되지 않으려는 욕망에 의한 것이다."(Tong, 2007, p. 7) 다시 말해, 어떻게 행동해야 하는가는 한 사람의 느낌이나 문화가 요구하는 바에 따라 결정된다. 윤리적 이기주의는 각자의 사욕에 상대적이다.

상대주의적 윤리 입장의 근본적 문제는 가치의 입증이 꼭 개인 또는 사회의 느낌이나 믿음, 각자의 사욕에 수반하지 않는다는 데에 있다. 개인이나 사회가 행위의 옳은 방향을 알고 있다는 가정은 본질적으로 방어 불가능하다. 역사는 자신이 윤리적으로 행위한다고 생각했지만 그렇지 않았던 개인과 사회의 예들로 가득하다. 또한 통은 이런 견해가 "비뚤어졌다"라며 부정한다. 그는 어린이를 학대하거나 고문하는 것을 잘못되었다거나 비도덕적이라고 여기는 등 윤리적 판단을 내리는 것을 상대주의자가 거부하는 것이 "대화를 중단시키는 해로운 일"이라고 주장한다(Tong, 2007, p. 7).

윤리 주관주의

윤리 "주관주의는 도덕성이 이성에 기초하지 않는다는 기초적 믿음에서 출발하여, 행위를 도덕적으로 정당화하는 방법은 개인의 느낌이나 믿음밖에 없다고 주장한다."(Card, 2004, p. 6) 개인은 자신의 윤리적 견해의 기반이다. 즉, 더 높은 권위는 존재하지 않는다. 따라서 만약 의사가 환자의 질환 상태와 관련하여 환자에게 거짓말하는 것이 옳다고 믿는다면, 거짓말은 도덕적으로 정당하다. 행위가 도덕적으로 용인 가능한지를 판단하는 외적 표준은 존재하지 않으며, 오히려 한 사람의 윤리적 감성이라는 내적 표준만이 존재한다.

윤리 주관주의에는 두 가지 유형이 있다. 실존주의자들은 개인의 경험을 강조하며, 언어 이론가들은 가치에 대한 정서 이론을 강조한다(Honer et al., 1999). 실존주의자들은 가치 판단은 정당화될 수 없고 단지 주장될 뿐이라고 하는 반면, 언어 이론가들은 가치 판단은 도덕적 개념의 정서적 사용을 반영한다고 주장한다.

주관주의에는 몇 가지 문제가 있다(Card, 2004). 우선, 주관주의자들은 도덕 규준에 따른 윤리적 결정을 비판할 수 없다. "윤리 주관주의에서 한 사람의 행위가 잘못된 것으로 판단될 수 있는 유일한 경우는 자신의 믿음과 모순되게 행위했을 때뿐이다."(Card, 2004, p. 7) 또, 다른 사람의 윤리적 견해를 용인해야 한다고 느끼지 않는다면, 주관주의자는 이를 용인할 필요가 없다. 이것은 윤리 주관주의가 개인적인 입장을 우선하지만 타인의 입장을 보증할 수 없다는 역설을 형성한다.

마지막으로, 윤리 주관주의는 도덕성을 포괄적으로 설명하는 데에 있어 무력하다. 다시 말해, 주관주의로는 다른 행위보다 이 행위가 낫다는 정당화가 불가능하다. 예를 들어, 조력 자살[15]에 참여하는 의사가 그 행위를 온당한 일이라고 믿는다는 것이 그 행위를 도덕적으로 정당화하지 않는다는 것이다. 결론적으로, "행위 수행의 도덕성에 대한 우리의 믿음이 어느 정도의 중요성을 가지긴 하나, 믿음을 도덕성의 기초로 간주하는 것은 심대한 문제가 있으며 따라서 윤리 주관주의는 도덕적 관점으로 받아들일 수 없다."(Card, 2004, p. 7)

문화적 윤리 상대주의

문화 상대주의자는 윤리적 가치가 사회적 권위에 의존하며 모든 문화에서 참인 보편적 가치는 없다고 주장한다. 오히려 가치는 문화가 믿거나 주장하는 것에 따라 정당화된다. 다시 말해, "한 사람의 문화 규범에 일치하는 경우 행위는 도덕적으로 옳으며, 그렇지 않은 경우 도덕적으로 그르다는 견해를 고수한다."(Card, 2004, pp. 7-8) 예를 들어, 의사가 조력 자살에 연관되는 경우 미국 등에서는 의사에게 부여된 문화적 규범에 어긋나며, 의사는 그의 문화에서 비도덕적으로 행위하는 것이다. 그러나 만약 의사가 다른 문화나 국가, 즉 이런 행위가 도덕적이고 법적인 네덜란드나 벨기에 등으로 이주하게 된다면 그의 행위는 도덕적인 것이 된다. 주관주의에 비해 문화 상대주의의 장점(특히 객관주의자의 입장에서)은 최소한 한 사람의 행위가 용인될 만한 도덕적

---

15 역자 주: 의사 조력 자살(physician assisted suicide)은 법에 따라 안락사의 하위 개념 또는 독립된 개념으로 이해되고 있으며, 환자가 자살할 수 있는 약물에 대한 처방전을 의사가 발부해 주는 것을 가리킨다.

행동에 대한 문화적 표준에 부합하지 않는다면 비도덕적이라고 판단할 수 있다는 것이다.

문화적 윤리 상대주의가 어떤 형태의 도덕적 판단을 허용하긴 하지만, 여전히 문제가 있다. 주된 문제는 문화를 어떻게 정의할 것인지에 있다. 문화는 일반적으로 본성상 이질적이므로 주어진 문화 안에서도 도덕 규약에 상당한 편차가 있을 수 있다. 게다가 전문직 사회는 사회의 다른 하위문화나 더 큰 사회 자체의 윤리적 규범과는 다른 규범을 가지고 있을 수도 있다. 여기에서 문제는 의학과 같은 특정 하위문화의 자율성과 권위에 있다. 예를 들어, 미국에서 합법화되기 전까지 수십 년 동안 임신중절은 불법적으로 행해졌다. 그리고 여전히 미국에서 임신중절의 적법성을 뒤엎으려는 사람들이 존재한다. 이 개혁가들은 부도덕한 것일까? 문화 상대주의자들에 따르면 그들은 부도덕하다. 그러나 사회의 법 체계나 주요 규칙이 사회의 가지각색의 하위문화에서 도덕적으로 용인되는 것을 결정할 수 있는가? 특히 현재의 미국과 같은 다원론의 사회에서 이런 결정이 가능한가? 문화 상대주의자의 관점의 단순성은 이 질문의 도덕적 뉘앙스나 복잡성을 다룰 수 없다. "도덕적 윤리 상대주의자는 다양한 문화 구성원에서 나오는 문화 사이 충돌하는 실천들을 다룰 수 있는 자원이 없다."(Card, 2004, p. 11) 따라서 대부분의 윤리학자들은 이 도덕 체계를 거부한다.

윤리적 이기주의

윤리 주관주의 및 문화적 윤리 상대주의와 같이, 윤리적 이기주의는 상대주의적 극에 가까우며, 주관주의처럼 윤리를 정당화하는 데에 있어 주체에 초점을 둔다. 그러나 윤리 주관주의가 윤리적 선택은 한 사람이 지지하는 것으로 정당화된다고 주장하는 반면, 윤리적 이기주의는 한 사람에게 이득이나 이익을 주는 것이 정당한 선택이라고 주장한다(Card, 2004; Rachels, 1986; Regis, 1980). 다시 말하면, 윤리적 이기주의는 사람들이 보통 극대화하려 하는 사욕에 기반하고 있다. 윤리적 이기주의자는 모두가 사욕에 따라 행위한다고 주장하는 심리학적 이기주의의 입장을 취하지 않고, 각자는 사욕에 따라 행위해야 한다고 주장한다. 이 윤리적 견해의 근본 원칙은 개별 주체에게 최선인 것을 행하라는 것으로, 이 행위에서 타인에게 발생하는 것에 대해서는 신경쓰지 않는다.[16]

커트 바이어는 윤리적 이기주의의 강한 형태와 약한 형태를 구분한다(Baier, 1991). 강한 형태는 "자신의 최선의 이익을 겨냥하는 것은 항상 (도덕적으로, 칭찬할 만하게, 덕 상) 옳으며 (…) 그렇게 행하지 않는 것은 항상 옳지 않다"라고 확언하는 반면, 약한 형태는 "자신의 이익대로 행하는 것은 항상 옳으나, 그렇게 행하지 않는 것은 (…) 꼭 그르지는 않다"라고 말한다(Baier, 1991, p. 201). 다시 말하면, 강한 형태에 따르면 자신의 사욕을 최대화하는 것은 도덕적으로 옳으며 그렇게 행하지 않는 것은 도덕적으로 그른 반면, 약한 형태에 따르면 자신의 사욕을 최대

---

16 윤리적 이기주의에는 세 가지 형태, 개별적, 개인적, 보편적 이기주의가 있다 (Thiroux, 1998). 개별적 윤리적 이기주의는 모두가 자신의 사욕에 따라 행위해야 한다는 견해이다. 반면, 개인적 윤리적 이기주의는 자신은 사욕에 따라 행위해야 한다고 주장하지만, 타인이 어떻게 행위해야 하는지에 대해서는 어떠한 요구도 하지 않는다. 많은 윤리학자는 두 형태의 이기주의가 일반화될 수 없기에 윤리 이론으로써 부적합하다고 생각한다. 보편적 윤리적 이기주의만이 타당한 윤리 이론으로써 옹호된다. "모두는 자기 사욕에 따라 항상 행위해야 하며, 타인의 이익이 그들 자신의 이익에 도움이 되지 않는 한 이에 대해서 상관하지 않는다."(Thiroux, 1998, p. 38)

화하는 것은 도덕적으로 옳으나 그렇게 행하지 않는 것은 반드시 도덕적으로 그르지는 않다. 마지막으로 윤리적 이기주의는 한 사람의 행위가 자신의 웰빙을 손상시키더라도 타인에게 이익을 끼쳐야 한다고 말하는 윤리적 이타주의와 종종 비교된다.

윤리적 이기주의의 주된 문제는 윤리 주관주의와 문화적 윤리 상대주의와 같이 윤리적 선택의 진실성이나 실용성이 사욕을 꼭 따라가지 않으며, 어느 정도는 임의적이라는 데에 있다(Rachels, 1986). 예를 들어, 이기주의적으로 행하는 것은 단기적으로는 한 사람의 이익을 극대화할 수는 있으나 장기적으로는 해로울 수 있다. 윤리적 이기주의의 약한 형태의 지지자들은 한 사람의 행위는 우연히 다른 사람에게 이익을 줄 수 있다고 주장한다. 예를 들어, 토마스 홉스 Thomas Hobbs, 1588~1679 는 이런 형태의 윤리적 이기주의를 받아들여 한 사람이 타인에게 이득이 되도록 행하는 것은 단기적으로는 아닐지라도 장기적으로 보았을 때 자신에게 이익이 되기 때문이라고 주장했다.

두 번째 주요 문제는 "이기주의의 역설"이다. "모두가 제한되지 않은 사욕을 추구하는 것은 이기주의자의 사욕을 거스르는 사태를 초래한다."(Harris, 2007, p. 65) 다시 말하면, 모두가 자신의 이익대로 행위하면 윤리적, 도덕적 혼란이라는 결과로 귀결된다는 것이다. 억만금의 이익을 취하기 위해 항암제를 희석한 약제사의 예를 보라(Card, 2004). 윤리적 이기주의에서 진짜 문제가 되는 것은 약제사의 도덕적으로 옳고 그름을 모두 변호 가능하다는 데에 있다. 윤리적 이기주의에 대한 다른 주된 비판으로는 사욕의 충돌을 해결하는 데에 무능하다는 점이 있으며, 여기에는 어떤 형태의 도덕적 지침이나 규칙이 필요한 법이다(Baier, 1958; Rachels, 1986). 게다가 윤리적 이기주의는 의학 등 남을 돕는 전문인의 역할과 모순되며, "심하게 자기 이익적인 태도는 이런 전문가들 중 누구에게도 도움이 되지 않는다"는 것은 명백하다(Thiroux, 1998, p. 41).

에드워즈 레지스 Edward Regis 는 윤리적 이기주의를 작동할 수 없게 만드는 다른 문제를 찾아낸다(1980). 타인에게 해를 끼치지 않으면서 사욕을 추구한다는 제약을 만족시키는 것이 불가능하다는 것이다. 에드워드에 따르면 윤리적 이기주의의 좀 더 견고한 형태는 다음 세 가지 조건을 만족시켜야만 한다. "a. 사욕 추구를 강조해야만 한다. (…) b. 이런 추구가 행위의 배타적, 유일 목적이기를 요구해서도, 또는 개인의 이익이 될 행위를 모두 행해야 한다고 주장해서도 안 된다. (…) c. 타인의 선을 위한 긍정적 행위가 도덕적 책무라는 견해를 거부해야만 한다."(1980, p. 60)

다음, 에드워드는 이런 조건을 만족시키는 윤리적 이기주의를 제안한다. "한 사람은 자신의 웰빙과 행복을 추구해야 한다. 동시에, 한 사람은 타인의 이익을 위해 봉사해야 한다는, 스스로 선택하지 않은 도덕적 책무나 의무를 지지 않는다."(1980, p. 61) 그의 윤리적 이기주의는 사욕을 반드시 개인의 유일한 중심 목표로 만들지 않는다. 또, 사욕이 타인의 이익을 촉진할 필요도 부정한다. 레지스의 윤리적 이기주의는 비고의적 피해의 문제를 남겨두지만, 이 견해는 윤리적 이기주의자에게 모두가 "목적 그 자체"라는 것과 그러한 한에서 각자의 권리는 존중되어야만 한다는 것을 인정하도록 강제한다.

결과주의와 상황주의

절대주의와 상대주의의 두 극 사이에 위치하는 두 가지의 다른 규범 윤리 이론이 존재한다. 이들은 결과주의 및 관련 이론인 공리주의, 그리고 상황주의이다(Honer et al., 1999). 결과주의는 절대주의와 상대주의 윤리 이론 모두의 특징을 보인다. 결과주의는 만족의 수준이 경험적으로 결정되거나 검정되어야 한다는 점에서 절대주의적인 반면, 이를 지지하는 가치가 주관적인 인간의 만족에 기반한다는 점에서 상대주의적이다. 그러나 결과주의는 만족 수준에 대한 경험적 결정에 주로 의존한다는 점에서 상대주의 이론보다는 절대주의 쪽에 더 가깝다. 결과주의의 가장 잘 알려진 형태가 공리주의로, 이는 최대 다수의 행복을 최선의 도덕으로 간주한다.

상황주의나 상황 윤리 또한 절대주의, 상대주의 윤리 이론 두 가지의 특징을 모두 보인다. 대부분의 상황 윤리가 단일한 도덕 규칙을 시인한다는 점에서 절대주의적인 반면, 그 맥락에 있어 문화적, 사회적으로 의존한다는 점에 있어 상대주의적이다. 그러나 상황주의는 사회적 맥락에 주로 의존한다는 점에서 절대주의 이론보다는 상대주의 이론에 더 가깝다. 이 절에서 결과주의와 공리주의를 먼저 논한 후, 상황주의 또는 상황 윤리에 접근한다.

결과주의와 공리주의

전통적으로 "**결과주의**는 한 사람의 행위 결과나 결말만이 내재적으로 중요하다는 입장을 취하는 도덕적 견해이다."(Card, 2004, p. 24) 다시 말하면, 결과주의 이론에 있어 한 사람의 행위의 결과가 가지는 가치가 그 도덕적 가치를 정당화한다. 이에 더하여 이런 행위들은 수행하는 사람뿐만 아니라 가능한 한 최대의 사람에게 혜택을 끼쳐야만 한다. 결과주의자의 "윤리적 중심 과업은 이론이 가장 가치 있다고 지시하는 것을 최대한 이뤄낼 수 있도록 행위하는 것이다."(Solomon, 2004, p. 816) 도덕적으로 선한 것은 "무엇이든지 좋으며", 따라서 도구적일 수도 내재적일 수도 있다. 내재적 선은 그것 자체로 선한 것인 반면 도구적 선은 본질적 선을 가져오는 행위이다.

결과주의적 이론은 최대 다수 사람의 내재적 선을 극대화하는 것을 바란다. 도구적 선이 선의 최대량을 가져오는 데에 있어 때로 도움이 될 수도 있으나, 사소한 거짓말의 경우와 같이 도구적 선을 행하는 것은 때로 비도덕적일 수도 있다. 이에 더하여 결과주의적 이론은 일반적으로 행위 유형과 규칙 유형으로 나뉜다. 행위 결과주의는 최대 다수의 사람에게 최대의 선을 달성하는 행위를 해야 한다고 말하는 반면, 규칙 결과주의는 최대 다수의 최대 선을 극대화할 수 있는 도덕 규칙을 따라야 한다고 말한다.

결과주의에서 가장 잘 알려지고 인정된 형태는 공리주의이다(Thiroux, 1998). 공리주의는 일반적으로 『공리주의 Utilitarianism』라는 짧은 책을 쓴 존 스튜어트 밀 John Stuart Mill, 1806~1873 로 연결되지만, 공리주의 원칙을 정식화하여 영국 법 체계를 개정하는 데에 최초로 적용한 것은 제레미 벤담 Jeremy Bentham, 1748~1832 이었다. 존 스튜어트의 아버지인 제임스 밀 James Mill, 1773~1836 은 벤담의 지지자였으며 존 스튜어트 또한 벤담의 작업을 읽고 지지자가 되었다(MacKinnon, 2007). 공리주의는 단어 "공리"에서 유래하였으며, 이는 특정 목적에 대한 유용성을 가리킨다. 벤담이 정식화하고 이후 밀이 전개한 공리주의의 전통적인 원칙은 윤리적인 것, 선한 것은 최대 다수의 사람들에게 최대의 공리나 유용성을 가져오는 것이라고 주장한다. 다시 말해, 공리주의자는 공리를 최대화하는 것이 도덕적으로 옳다고 주장한다.

벤담은 공리를 "어떤 대상의 속성으로, 그것을 통해 이해관계의 대상 집단에게 이익, 이점, 즐거움, 선, 행복을 생산하거나 (…) 손해, 고통, 악, 불행의 발생을 막는 것"으로 그 구체적 정의를 제시하였다 (MacKinnon, 2007, p. 61). 이어 벤담은 공리의 원칙을 "이해관계의 대상이 된 집단의 행복을 증진시키거나 감소시키는 것으로 보이는 경향에 따라 모든 행위를 승인하거나 부인하는 원칙"이라고 표현하였다 (MacKinnon, 2007, p. 61).

이후 밀은 도덕적 표준으로서의 벤담의 원칙을 개정, 해명하여, 문제가 된 행위자의 공리나 행복만이 아니라 최대 다수의 사람을 포함시켰다. "표준이 되는 것은 행위자 자신의 최대 행복이 아니라 전체의 최대 행복이다. 고결한 성품이 그 고결성 때문에 항상 더 행복한지에 대해서는 의심이 가능하지만, 타인을 행복하게 만들어 일반 세계가 몹시 이득을 얻게 될 것이라는 데에는 의심의 여지가 없다."(MacKinnon, 2007, p. 68)

공리주의의 실증은 존 듀이 John Dewey, 1859~1952 가 "결과의 검증"이라고 부른 것, 즉 행위가 경험적 증거로 정당화되어야 한다는 개념에 의거하고 있다(Honer et al., 1999). 이 목적을 위해 공리주의자들은 행위가 일으키는 공리나 행복의 양을 측정하려 시도했다. 공리의 계산은 몇 가지 요소에 의거하여 결정되며, 여기에는 "행복의 총량, 강도, 지속 기간, 결실, 이를 초래할 행동의 가능성" 등이 있다(MacKinnon, 2007, p. 52). 도덕성에 대한 두 행위 사이의 결정은 행위의 결과가 최대 다수의 최대 행복을 가져오는지에 대한 계산에 따른다.

벤담에게 있어 공리의 양은 행위의 도덕적 본성을 결정하는 데에 있어 충분했으나, 밀은 공리의 질 또한 계산에 넣어야만 한다고 생각했다. 밀에 따르면 사람은 만족한 돼지보다는 불만족한 사람이 되기를 원한다. 맥킨논은 주장한다. "이 논증의 요점은 우리가 즐거움의 총량이 더 적은 삶(인간 삶의 총 만족에서 불만족을 뺀 것)을 즐거움의 총량이 더 큰 삶(돼지의 삶)보다 선호하는 유일한 이유는 우리가 즐거움의 총량 외의 어떤 것에 가치를 두고 있기 때문이라는 것이다. 즉, 우리는 즐거움의 종류에 가치를 둔다."(MacKinnon, 2007, p. 54)

공리주의에는 몇 가지 문제가 있으며, 비판자들이 이에 대해 제기한 곤란한 질문들에서 명백하게 나타난다. 예를 들어, 다수에게 용인되는 인간 공리나 행복을 어떻게 정의할 것인가? 그리고 최적 공리를 어떻게 계산할 것인가? 공리의 계산은 위에 나열한 요소들에 더하여 실제적으로는 엄청난 양의 변수들을 고려해야 하며, "공리주의자가 요구하는 변수들을 모두 고려할 수 있는 사람은 없다."(MacKinnon, 2007, p. 54) 다시 말해, 공리는 객관적인 요소뿐만 아니라 주관적인 요소 또한 고려해야 하는 복잡한 개념이다. 게다가 공리나 행복의 정의가 특정 집단의 가치에 의존하고 있지는 않은가? 가치적재적이지 않은 특정 가치에 의존하여 어떤 유형의 경험적 증거를 얻을 수 있는가? 또한 공통의 선을 위해 한 사람의 행복이나 즐거움을 희생해야 하는지의 여부에 대한 질문이 제기된다. "우리 자신에게 어떤 선호를 부여하지 않는 것은 인간적 온전성에 대한 모욕이다."(MacKinnon, 2007, p. 55) 게다가 한 사람은 자신이 빈곤해질 정도로 가난한 사람에게 기부할 수 있는가?

마지막으로 문제가 되는 질문은 목적이 항상 방법을 정당화할 수 있는지 여부에 있다. 공리주의자들이 행위(방법)를 결과(목적)로 정당화했기에, 한 사람의 방법이 비도덕적이라고 해도 목적을 도덕적으로 정당화할 수 있는 것으로 보인다. 연구자들이 정신적으로 도움이 필요한 어린이에게 간염 면역법의 효능을 시험한 의학 실험의 예를 보자(Harris, 2007). 어린이의 부모들에게 허가를 받았다고는 해도, 연구자들은 어린이들을 집단으로 나누어 모두 간염 바이러스를 접종하되 한쪽에는 최선의 면역적 처치를 한 반면 다른 쪽에는 차선의 면역적 처치를 수행하였다. 차선의 처치를 받은 집단은 간염에 걸렸지만, 질병의 경과를 겪고도 살아남았다. 연구가 공개되었을 때, 대중은 격노하였다. 연구자들은 연구에서 얻은 지식이 바이러스에게 노출될 더 많은 수의 아동에게 도움이 될 것이라고 주장하며 자신들의 행위를 정당화하였다. 그러나 이 합리화는 대중의 분노를 달래지 못했다. "많은 사람이 어린이를 도덕적으로 받아들일 수 없는 방식으로 '사용'하였다며 반대하였다."(Harris, 2007, p. 120) 공리주의에 대한 비판자들은 간염에 걸릴 수 있는 아동에게 유익하다는 목적이 있다고 할지라도 정신적으로 도움이 필요한 아동을 대상으로 한 방법은 정당화될 수 없다고 주장한다.

이 문제에 대한 대답으로 많은 공리주의자는 행위와 규칙 공리주의를 구분한다. 해리스에 따르면 "행위 공리주의는 행위 자체가 최대의 공리를 생산하는지, 또는 최소한 다른 행위만큼의 공리를 생산하는지에 따라 행위의 도덕성을 판단한다."(Harris, 2007, p. 127) 문제는 위에서 적은 바와 같이 거짓말이나 도둑질처럼 행위가 비도덕적이라고 해도 최대 다수의 사람에게 많은 양의 공리를 가져온다면 허용될 수 있다는 것이다. 해리스에 따르면 "규칙 공리주의는 행위의 도덕성을 행위가 가정하고 있는 도덕 규칙이 일반적으로 최대의 공리를 생산하는지, 또는 최소한 다른 규칙만큼의 공리를 생산하는지에 따라 판단한다."(2007, p. 127) 이 유형의 공리주의의 주요 문제점 중 하나는 예외 없이 모든 상황에 적용할 수 있는 규칙을 정식화하는 것이 가능한지에 있다(Thiroux, 1998).

상황 윤리

상황 윤리 또는 상황주의는 행위를 수행하는 행위자나 행위 자체, 심지어 행위 결과는 두고 행위하려는 결정이 내려진 맥락이나 상황에 집중한다. 솔로몬에 따르면 "상황 윤리는 한 사람이 특정한 도덕 문제의 해결책에 접근할 때 개별 상황의 세부에 주의 집중하기 위해 모든 보편 행위 지침을 회피해야 한다고 주장한다."(Solomon, 2004, p. 822) 다시 말해, 상황주의는 윤리적, 도덕적 선택이 이를 마주하게 된 맥락이나 상황에 의존한다고 주장한다. 이런 점에서, 상황주의는 상대적이다.

반면, 가장 유명한 상황주의의 지지자인 조셉 플레쳐 Joseph Fletcher 와 같은 윤리학자에게 있어서 상황주의는 절대주의적이다. 그는 유일한 절대적 도덕 가치(사랑)가 존재한다고 주장한다. 플레쳐에 따르면, "상황 윤리는 구속적이고 예외를 허용치 않으며, 상황에 무관하게 단 하나의 항상 선하고 항상 옳은 규범, 원칙, 법칙(원하는 쪽 어느 것으로 불러도 좋다)을 가진다. 그것은 '사랑', 신을 사랑하고 이웃을 사랑하라는 계명의 요약인 아가페 agapē 이다."(1966, p. 30)

플레쳐는 모든 윤리적 선택과 결정에 있어 사랑의 원칙에서 출발한다. 하지만, 이것으로 정적인 윤리 체계를 만들 수는 없으며 오히려 동적이고 발달적인 체계가 형성된다. 상황은 동적으로 변하고 변이하기 때문이다. 게다가 상황주의자들은 윤리에 있어 변화에 저항하기보다는 사랑을 인도적 원칙으로 삼아 변화를 반긴다. "따라서 각 사람은 도덕적 중요성에 대한 개인적 결정을 상황 아래에서 내려야 하며, 염려에 따라 사랑을 가진 사람으로서 지식과 경험을 다해 결정에 대해 최선을 다해 행위해야 한다."(Honer et al., 1999, p. 167) 다시 말하면, 상황 윤리, 또는 플레쳐가 "새로운" 도덕성이라고 부른 것은 전통적인 도덕 규칙이 기반을 두고 있는 "낡은" 도덕성이나 율법주의보다 훨씬 유연하다는 것이다. 그러나 반율법주의에 이르기까지 상대적인 것은 아니며, 오히려 상황주의는 두 입장 사이에 위치한다(Fletcher, 1966).

플레쳐는 상황주의자에게 있어 윤리적 결정 과정의 중심에 있는 여섯 가지 정신 또는 원칙을 분간한다. 첫째, "한 '가지', 즉 사랑만이 본질적으로 선하다. 다른 것은 없다."(Fletcher, 1966, p. 57) 사랑은 다른 모든 가치가 수단적 가치가 되는 목적적 가치이다. 다음으로, "기독교인의 결정에 있어 결정의 규범은 사랑 외에 다른 것은 없다."(Fletcher, 1966, p. 69) 플레쳐에게 있어 사랑은 법을 "대체"하며, 그는 성 어거스틴 Augustine, 354~430 을 인용하여 자기 입장을 변호한다. "돌봄과 함께 사랑하고 그 **다음에** 네가 의욕하는 것을 행하라. *Dilige et quod vis, fac.*"(1966, p. 79) 셋째, "사랑과 정의는 같으며, 사랑으로 정의가 분배된다. 다른 것은 없다."(Fletcher, 1966, p. 87) 사랑은 행위를 올바른 것으로 보증하기 위해 분별과 주의 깊은 숙고를 필요로 한다.

넷째, "사랑은 이웃을 좋아하는지의 여부와 무관하게 그의 이익을 바란다."(Fletcher, 1966, p. 103) 사랑은 감성이 아니라 이웃의 이익을 고려하는 태도이다. 다음, "목적만이 수단을 정당화한다. 다른 것은 없다."(Fletcher, 1966, p. 120) 플레쳐와 같은 상황주의자에게 있어 "목적을 의욕하는 것은 수단을 의욕하는 것이다." 비록 "낡은" 도덕성하에서는 부도덕한 행위로 이어질지라도 말이다(1996, p. 133). 마지막, "사랑의 결정은 규정적이 아니라 상황적으로 내려진다."(Fletcher, 1966, p. 120) 다시 말해, 행위의 도덕성은 행위 자체에 위치하는 것이 아니라 맥락에 위치한다.

상황 윤리는 1960년대 후반과 1970년대 초에 플레쳐의 책 출판과 함께 상당한 대중의 동요를 일으켰다. 플레쳐의 여섯 가지 정신에 많은 비판이 가해졌다. 예를 들어, 로버트 피치 Robert Fitch 는 사랑과 정의는 두 가지의 구별되는 원칙이라고 주장하였다. 기독교의 계명은 사랑을 정의와 구분하는 반면 상황주의는 "창조 행위처럼 생명을 주기는커녕 폭약처럼 발산시킨다."(Fitch, 1968, p. 118) 피치는 역사에서 사랑의 이름으로 자행된 악에 기절할 것 같다고 말한다.

그러나 가장 심한 비판에 노출된 정신은 다섯 번째 것이었다. 존 몽고메리 John Montgomery 는 플레쳐와의 공공 토론회에서 이를 공격했다. "사랑 안에서 목적이 수단을 정당화한다는 명제를 수용하는 상황주의자가 당신에게 거짓말을 하지 않는다고 말하면, 그를 믿을 수 있습니까?"(Fletcher and Montgomery, 1972, p. 32) 이에 더하여, "선과 '사랑함'의 의도는 선하고 바랄 만한 결과를 보증하지 않는다"라고 주장한 이들도 있다(Davis, 1990, p. 2). 예를 들어, 1960년대 초에 임신한 여성을 탈리도마이드로 치료하려던 의사의 의도는 선했음에도 불구하고 결과는 재앙이었다.

마지막으로 비판자들은 상황 윤리의 맥락적 유연성은 단순한 상대주의에 불과하다고 주장한다. 사랑은 행위에 대한 도덕적 지침으로 삼기에는 너무 모호하다는 것이다(Honer et al., 1999). 게다가 어거스틴의 "사랑하고 의욕하는 것을 행하라"라는 금언은 어거스틴이 사랑을 도덕적 행위의 충분조건으로 여기지 않았다는 점을 인식하지 못했으며,

이는 어떤 행위는 자체로 부도덕하기 때문이라는 것이다(Outka, 1998). 1980년대가 되자 상황주의에 대한 논쟁은 진정되었으나, 이 윤리적 입장에는 여전히 배울 만한 가치가 있는 가르침들이 있다고 주장하는 사람들도 있다(Outka, 1998).

대안적 윤리 이론

윤리적 행위와 규칙에 초점을 둔 이런 윤리 체계에 더하여, 대안적 윤리 체계도 검토해야만 한다. 이들이 생명윤리학자들에게 활용되고 있기 때문이다. 이 이론에는 덕윤리와 진화 윤리 등이 있다. 각 이론은 행위자에게 더 집중하며, 각각 성격과 계통 발생에 방점을 둔다.

덕윤리

덕윤리는 도덕적 행위자의 성격이나 덕에 초점을 둔다. 문제는 특정 맥락에서 따라야 할 도덕적 규칙이나 가치, 또는 한 사람의 행위 결과에 있지 않고, 오히려 한 사람이 어떤 종류의 사람이 되길 원하는지, 도덕적 행위자가 취하거나 표현코자 하는 특성이나 덕이 어떤 종류인지에 있다.

덕윤리는 시초에 그리스에서 전개되었으며, 『니코마코스 윤리학 Nicomachean Ethics』에서 아리스토텔레스는 덕을 지성적 덕과 윤리적 덕으로 나누었다. 그는 지성적 덕을 이론적 지혜, 소피아 *sophia* 와 실천적 지혜, 프로네시스로 구분하였다. 윤리적 덕에는 용감, 정의, 신중함, 중용과 같은 덕이 있다. 아리스토텔레스에게 있어 덕은 두 극단 사이 평균이다. "덕은 두 악덕 사이의 평균으로, 악덕의 한 쪽은 과잉이며 다른 쪽은 결핍이다."(Aristotle, 2001, 1107a3) 예를 들어, 동정은 무정함과 관대함 양편 사이의 평균이다. 아리스토텔레스에 따르면 덕 있는 삶 또는 도덕적 삶을 사는 것의 결과는 에우다이모니아 eudaimonia 또는 피어남의 상태이다. 마지막으로 덕은 잘 형성된 습관의 결과로, 사회가 이를 육성한다. 그 결과 이런 성격을 습관으로 가지게 되는 사람은 도덕적인 삶을 살기를 희망한다.

덕은 윤리적 이해에 있어, 특히 중세에 토마스 아퀴나스에 의해 중대한 위치를 차지했으며, 이는 윤리학자들이 사람보다는 행위에 집중하기 시작한 계몽주의 시대까지 이어졌다. 이어진 세기에서 윤리에 대한 두 가지 주요 접근법은 결과주의와 의무론 윤리였다(Oakley, 1998). 그러나 1958년 엘리자베스 앤스컴 Elizabeth Anscombe 은 큰 영향을 미친 그녀의 논문 「현대 도덕 철학 Modern moral philosophy」에서 두 접근법의 패권에 도전하였다. 그녀는 결과주의와 의무론 윤리가 윤리를 정초하는 데에 불충분하다고 주장하였다. 오히려 그녀는 미덕을 통해 윤리와 도덕을 정초하기 시작하였다. 알래스데어 매킨타이어 Alasdair MacIntyre 와 필리파 풋 Philippa Foot 과 같은 철학자들이 이 도전을 지원하였다.

현대 덕윤리 기획은 두 가지 프로그램으로 구성된다(Louden, 2007). 첫째, 비판 프로그램으로, 여기에서 덕윤리학자들은 결과주의와 의무론적 접근법을 비판한다. 비판은 두 접근법이 도덕적 선택을 내리는 데에 있어 율법주의, 이성주의, 형식주의에 의존하고 있음에 초점을 둔다. 두 번째 프로그램은 본성상 구성적이며 덕을 정의하고, 정당화하고, 도덕적 상황에 적용하는 것을 둘러싼 논제들에 초점을 맞춘다.

그렇다면 덕윤리란 무엇인가? 덕윤리는 "도덕적 행위자의 성격, 즉 그가 가진 덕이 윤리적 수행에 있어 근본적 중요성을 가진다는 것이다."(Jansen, 2000, p. 262). 현대 덕윤리에는 다양한 형태가 있지만, 저스틴 오클리 Justin Oakley 는 덕윤리를 규정하는 여섯 가지의 공통 요소를 찾아 이를 결과주의 및 의무론 윤리와 구분하였다(1998). 첫째는 옳은, 도덕적 행위는 주어진 상황에서 덕이 있는 사람이 행할 바로 그것으로 결정되거나 정당화된다는 것이다. 다음 요소는 도덕이나 옳음을 결정하기 전에 특정 행위나 특정 상황의 선을 구성하는 것을 먼저 확립해야 한다는 것이다.

덕윤리의 세 번째 요소에 있어 "덕으로 구체화된 내재적 선을 유용성과 같은 단일한 기본 가치로 환원할 수 없다. 기본 가치는 복수複數이다."(Oakley, 1998, p. 90) 다음 요소는 미덕은 객관적으로 선하고 선함은 인간의 특성으로 결정될 수 있다는 것이다. 다섯 번째 요소는 덕은 결과주의처럼 행위자―중립이라기보다는 행위자―관련적 성격을 띤다는 것이다. 마지막 요소에 대해 오클리는 "옳게 행한다는 것은 행위자가 최선의 결과를 가져올 수 있도록 행할 것을 요구하지 않는다. 오히려 많은 덕윤리학자들은 인간의 **탁월함**을 열망해야 한다는 의견을 주창한다"고 주장한다(1998, p. 91).

덕윤리에 대한 일반적인 비판은 덕이 특정 문화나 특정 윤리 체계에 의존한다는 것이다. 따라서 덕윤리는 매우 상대주의적이다(Honer et al., 1999). 다시 말하면, 주어진 맥락하에서 모든 상황에 적용될 수 있는 단일의 덕이나 덕의 집합이 없다는 것이다. 이에 더하여, 덕 개념의 모호함 때문에 덕이 어떤 상황에서의 도덕을 결정할 수 있는 필요 지침을 제공하는 기능을 수행할 수 있는지 확실하지 않다. 예를 들어, 한 친구가 옷에 대한 평을 요청할 때 두 가지의 미덕이 상충할 수 있다. 한 사람은 정직하여 친구에게 입발린 말을 하지 않을 수도 있지만, 어떤 사람은 친절하여 친구의 감정을 상하게 하기를 원치 않아 그것이 보기 좋다고 말할 수도 있다. 레이첼스와 레이첼스는 이것을 불완전성의 문제라고 부른다. 그들은 "덕스럽게 행하라는 충고는 그 자체로 큰 도움이 되지 못한다. 그것은 어떤 덕을 선행해야 할지 사이에서 갈팡질팡하게 만든다."(Rachels and Rachels, 2007, p. 189)

덕의 본성의 문제에 더하여, 도덕적 행위자로서 덕 있는 행위자의 본성에도 문제가 있다. "덕스러운 성품은 여럿이며, 덕을 가진 모든 사람이 이 품성을 같은 정도로 소유하고 있지는 않을 것이다. 따라서 덕스러운 사람은 상황에 항상 같은 방식으로 반응하지 않을 수 있다."(Oakley, 1998, p. 93) 게다가 덕스러운 도덕적 행위자에게 호소하는 것은 행위의 도덕적 본성을 정당화하는 데에 불충분하다. 말기암 환자에게 진실을 말하기를 주저하여 가족에게 속이는 데에 참여해달라고 요청하는 "자비심 많은" 의사의 예를 떠올려보라.

덕윤리는 생명윤리와 의학적 실천 양쪽에서 열광적으로 수용되었다. 예를 들어, 로잘린드 허스트하우스 Rosalind Hursthouse 는 덕윤리로 낙태와 관련된 도덕적 문제를 분석하였다(1987). 가디너 P. Gardiner 는 의학에서 도덕적 딜레마를 해소하는 데에 있어 덕윤리를 옹호하여 장기매매나 전통적인 수혈과 관련된 여호와의 증인 사례 등에 적용하였다(2003). 피터 툰 Peter Toon 또한 의학적 실천에 일반적으로 덕윤리를 적용하는 것을 지지하였다(2002). "덕은 의학적 실천을 풍성하게 하는 데에 필요한 특성이다."(2002, p. 695)

생명윤리와 의학적 실천에 있어서의 덕윤리에 대해 모든 주석가들이 열광적이었던 것은 아니다. 예를 들어, 툰에 대한 응답으로 다이앤 리브스 Diane Reeves 는 덕윤리가 의학적 실천과 의학적 딜레마의 해소에 불충분하다고 주장하였다(2002). 그녀는 툰이 의학적 문제를 해결하기 위해 도덕 규칙에 의거하고 있다고 적었다. 린 잔센 Lynn Jansen 또한 의학에 덕윤리를 적용하는 것에 대해 별로 낙관적이지 않다(2000). 잔센은 덕이 의학에서 어떤 역할을 할 수는 있겠지만, 의무와 규칙의 역할에 대해 보조적일 뿐이라고 주장하였다.[17] 덕윤리학자들은 맥락 독립적인 지평은 없으며 미끄러운 비탈길만 존재한다고 주장하여 전통적인 윤리학자들을 불편하게 만들었다.

진화 윤리

진화 윤리는 다소 조악한 과거를 지니고 있다(Ruse, 1993). 찰스 다윈 Charles Darwin, 1809~1882 이 생물학적 진화에 대해 자연 선택을 통한 견고한 기전을 제시했음에도 불구하고, 이 기전을 윤리에 적용하는 것은 실패에 가까웠다. 다윈의 열정적인 지지자 중 한 사람이었던 허버트 스펜서 Herbert Spencer, 1820~1903 는 "적자 생존"으로 알려진 다윈적 적응을 활용하여 사회 다윈주의를 조성하였다. 스펜서는 자유방임적 개인주의와 진보주의에 기초한 진화 윤리를 제시하였다. 마이클 루스 Michael Ruse 에 따르면, "스펜서는 자유가 행복을 촉진하기에 도덕적으로 선하다고 믿었으며, 따라서 한 사람은 가능한 최대한의 자유를 추구할 의무가 있다고 생각했다."(1993, p. 136)

사회 다윈주의의 기전은 사회의 자유와 발전에 대한 정부의 불간섭 추구에 기반을 둔다. 이것은 적합자들의 지출로 비적응자들을 돕는

17　툰과 리브스의 비판에 대한 변호로 거베이스 버논(Gervase Vernon)은 덕윤리와 의무론 윤리의 수렴이 의학의 윤리적 문제를 해결하기 위해 필요하다고 주장하였다(2003).

사회적 프로그램들을 제거할 것을 요구했다. 사회 다윈주의자들은 비적응자들이 진화를 돕기보다는 역행시킬 것을 두려워했다. 토마스 헉슬리 Thomas Huxley, 1825~1895 와 같은 비판자들은 사회 다윈주의를 강력하게 비난했다. 그러나 가장 주요한 비판자는 무어로, 그는 사회 다윈주의가 "자연주의적 오류"를 범하고 있다고 단언했다. 다시 말하면, 데이비드 흄 David Hume, 1711~1776 이 논한 것처럼 "이다"를 "해야 한다"로 바꿀 수는 없다는 것이다.

진화 윤리 또는 사회 다윈주의는 20세기 전반기 동안 평판이 좋지 못했다. 특히 제2차 세계대전의 극악함이 이를 더 악화시켰다. 20세기 후반기에 들어서야 진화 윤리는 사회생물학자들에 의해 재편되기 시작하였다(Ruse, 1993, 2006). 예를 들면, 에드워드 윌슨 Edward Wilson 은 윤리의 "생물학화"를 시작하였다(1975, p. 27). 윌슨은 왜 사람들이 선을 행하는지, 또는 선을 행해야 하는지를 자연 선택, 특히 유전 선택의 수준에서 설명하려는 프로그램을 지지하였다. 다시 말해, 도덕성은 자연 선택의 결과로 생존을 위한 선택 이득을 부여한다는 것이다.

유기체의 자연적 경향이 이기심을 향해 있고 이는 음식과 성생활에서 특히 강하게 나타나지만, 협동은 인간에게 혼자서 하는 것보다 더 많은 것을 준다. 사회생물학자들에 따르면 이 협동이 도덕으로 설명되었을 뿐 그 이상도 이하도 아니라는 것이다. 루스는 이것이 "새로운" 진화 윤리라는 견해를 피력한다. "윤리는 단지 인간을 좋은 협력자로 만들기 위해 자연 선택이 위치시킨 유전자의 집합적 환상일 뿐이다."(Ruse, 2006, p. 480) 앤서니 오헤어 Anthony O'Hear 는 이 "새로운" 진화 윤리에 이의를 제기하여, 진실과 아름다움 같은 목적은 선택적 적응과는 무관하며 오히려 방해가 될 수도 있다고 주장하였다(1997).

현재까지 진화 윤리는 여러 가지 이유에서 의학에 폭넓게 적용되고 있지 않다. 예를 들어, 케니스 칼먼 Kenneth Calman 은 의료윤리와 실천에 있어 가치가 결정적이라고 주장한다(2004). 그에게 있어, 진화 윤리의 이슈는 이 가치들이 유형과 정도에서 변화할 수 있음과 연결된다. 예컨대 핵심 가치인 인권과 같은 것은 변하지 않겠지만, 의료의 윤리와 실천에 영향을 미치는 주변적 가치들은 상당한 변화를 겪게 될 것이라고 그는 주장한다. 예로 칼먼은 의료 상황의 변형을 가져오는 유전자 복제와 선별, 장기 이식에 수반하는 주변적 가치의 변화를 인용한다. 칼먼에 따르면 "근본적으로, 새로운 지식은 **가능성과 능력**을 가리킨다. 제기되어야 할 질문은 우리의 **당위와 의무**가 무엇인지이다."(2004, p. 368)

진화 윤리의 열성 지지자는 이런 변화, 특히 의학의 핵심 가치의 변화가 사회의 핵심 가치의 변화를 반영하고 있다고 한다. 사회적 가치의 변화를 분석하는 데에 실패하였음에도 의학적 실천을 규정하려 하는 사람들에 대해 진화 윤리학자들은 비판적이다. 이렇게 하는 것은 사회를 형성하고 규정하는 맹목적인 힘에 전문직을 노출시키는 것이다. 그러나 칼먼에게 있어 핵심 가치는 의학의 본성을 규정하는 데에 있어 근원적인 위치를 가진다. "가치는 전문가 집단의 조화를 가져오고 목적 의식을 부여하며, 표준을 인지하고 감시할 수 있는 방식을 제시한다. 가치가 전문직을 규정한다."(2004, p. 370) 이 가치들을 조금이라도 변화시키려면 환자가 필요로 하는 동정과 돌봄을 느슨하게 하지 않을 수 있는 주의 깊은 고려가 필요하다.

요약

경쟁하고 있는 다양한 윤리 이론들의 주요한 문제는 생명윤리와 의학적 실천에 적절한 최선을, 특히 돌봄의 질 위기 앞에서 어떻게 결정할 것인지에 있다. 예를 들어, 어떤 윤리학자들은 환자의 복지를 윤리적 숙고와 의학적 실천의 일차적 목표로써 보장할 수 있는 결과주의 이론 중 하나를 지지하는 반면, 다른 윤리학자들은 결과를 배제한 의무나 규칙을 조성할 수 있는 의무론적 이론 중 하나를 선호한다. 이에 더하여 다른 생명윤리학자들은 해당 이론과 밀접한 관계가 있는 특정 이유에 의거하여 다른 윤리 이론 중 하나를 장려한다. 그러나 어떤 윤리 이론이 생명윤리의 난문이 요청하는 숙고를 만족시킬 수 있을지에 대한 합의는 없다. 이에 대한 (최소한 일부분의) 해결책은 다음 장의 주제인 원칙주의의 형태로 나타난다.

제13장

원칙주의와 생명 윤리의 미래

　경쟁 규범 윤리 이론과 관련된 문제들 때문에, 일부의 생명윤리학자들은 대안적 접근을 찾는 것으로 문제를 전복 또는 해결하려 했다. 접근법 중 하나는 윤리적 의사결정을 합의에 도달할 수 없는 윤리 이론들 중 하나에 정초하는 것이 아니라, 윤리적 원칙에 정초하는 것이다. 도널드 아인슬리 Donald Ainslie 에 따르면 "이론 수준에서의 차이에도 불구하고, [생명윤리학자들]은 원칙 수준에서 합의에 도달하였다. 다른 이론들은 동일한 원칙 집합에서 수렴하였다."(2004, p. 2100) 이 장에선 이런 접근법을 널리 알린 원칙주의를 검토한다. 이 논의가 생명 의학 문헌에 등장하기 시작한 1970년대 중후반부터 시작하여, 이후 생명윤리학자들이 빠르게 전용한 것을 살필 것이다.

　원칙주의가 특히 자율성을 강조하면서 돌봄의 질 위기를 해결해야 함에도 불구하고, 오히려 원칙주의는 "병든 자율성"으로 이 위기를 악화시켜왔다(Tauber, 2005). 원칙주의에 대한 비판과 지지자들이 내놓은 변호 또한 검토한다. 마지막으로 원칙주의의 대안인 연역주의 deductivism , 공통도덕, 결의론, 서사 윤리를 검토한다. 이 장은 생명윤리의 미래에 대한 짧은 논의로 마무리하려 한다.

원칙주의

원칙주의의 성립에 이바지한 많은 윤리학자들이 있지만, 윌리엄 프랑케나 William Frankena 의 작업이 특히 영향력을 끼친 것으로 여겨지고 있다(Beauchamp and Childress, 1979; Clouser and Gert, 1990). 예를 들어, 프랑케나가 "행위−지침 action-guides "을 사용한 것이 생명윤리적 윤리 원칙 개념의 전조로 간주한다. 사실 그의 논문「도덕성의 개념 The concept of morality」은 생의학 및 행동 연구에서 인체 피험자의 보호를 위한 국가 위원회 National Commission for the Protection of Human Subjects of Biomedicine and Behavioral Research 의 위원들에 의해 자주 인용되었다(1978). 논문에서 프랑케나는 행위−지침의 도덕적 본성에 관심을 두고, "어떤 '형식적' 요소"의 측면과는 반대되는 "'물질' **사회적** 요소"를 분석하였다(1970, pp. 151-152). 다시 말하면, 행위−지침의 도덕성은 "사회성"에 의존하거나 사람들 사이의 동료 의식을 필요조건으로 지닌다.

프랑케나의 책『윤리학』은 원칙주의의 발전에 큰 영향을 미쳤다. 이 책에서 프랑케나는 윤리적 원칙을 "옳게, 의무적으로 행해야 하는 행위 유형"으로 정의하였다(1963, p. 48). 그는 다섯 가지의 원칙을 구분하였으며, 여기에는 선행, 정의, 신중한 또는 합리적인 이기주의, 보편화 가능성, 공리가 있다.[1] 이런 원칙 중에서 원칙주의의 설립자들은 선행과 정의를 선발해 냈다(Beauchamp and Childress, 1979). 프랑케나에 따르면 선행의 원칙은 "선을 행해야 하며 해를 끼치는 것을 막거나 피해야 한다"라는 것을 의미한다(1973, p. 45). 이 원칙은 공리 원칙의 기초를 이루고 있다.

프랑케나는 정의의 원칙을 "분배 정의"로 규정한다. 즉 "선과 악의 분배"로 접근한 것이다(1973, p. 49). 정의의 원칙의 핵심 개념은 평등이다. 프랑케나에 따르면 "사람들을 평등하게 대우하는 것은 그들을 동등하게 대하는 것을 의미하지 않는다. 정의라는 것이 그렇게 단조롭지 않다. 여기에서 정의란 그들의 삶의 선함에 대해 상응하도록 제공하는 것(이것은 조력 또는 필요에 따른 도움과 같다) 또는 그에 상응하는 희생을 요구하는 것(이것은 능력에 따라 요청하는 것이다)을 의미한다."(1973, p. 51) 그의 목적은 인구 집단의 일부가 다른 집단의 몫으로 이득을 취하는 것을 예방하는 것이었다.

윤리 원칙에 대한 프랑케나의 작업에 더하여 1974년부터 1978년까지 열린 생의학과 행동 연구에서 인체 피험자의 보호를 위한 국가 위원회도 생명윤리의 문제에 대해 협의하기 위해 윤리 원칙을 적용하는 것을 지지하였다.[2] 위원회는 행동 과학자, 물리학자, 변호사 및 다른 전문가로 구성되어 있었으며, 두 명의 윤리학자 앨버트 존슨 Albert Jonsen 과 캐런 레벅 Karen Lebacqz 또한 함께했다. 지원 자문에 두 명의

---

1   『윤리학』 초판에서 프랑케나는 선행과 유용성의 원칙을 결합하고 있다(1963).
2   위원회는 부분적으로 터스키기 연구에서 행해진 잔인성에 대한 반응으로 열린 것이었다(Beauchamp, 2004a).

철학자도 있었다. 이들은 특별 상담역을 맡아 위원회의 윤리적 결론의 초안을 작성한 스테판 툴민 Stephen Toulmin 과 "자문 철학자"의 역할을 맡아 보고서의 최종안을 담당한 톰 비첨 Tom Beauchamp 이었다(Jonsen, 1998).

위원회는 윤리적 결론을 『벨몬트 보고서 The Belmont Report』로 발표하였다. 이 이름은 최종 보고서가 작성된 스미소니언 협회의 벨몬트 회의장 Smithsonian Institution's Belmont Conference Center 의 이름을 딴 것이었다(Jonsen, 1998). 인간 대상 연구의 도덕적 본질을 결정하는 규칙 집합을 규정하는 대신, 위원회는 윤리적 원칙에 초점을 맞췄다. 그 이유는 다음과 같았다. 도덕적 "규칙은 복잡한 상황을 담당하기에 불충분할 때가 있다. 규칙은 서로 충돌할 수도 있으며, 해석과 적용이 어려운 경우가 많다. 더 넓은 윤리 원칙은 특정 규칙이 규정되고 비판되며 해석될 수 있는 기반을 제시할 것이다."(National Commission, 1978, p. 1) 이 목적을 위해 위원회는 인간 대상 연구의 윤리적 본질을 규정하는 세 가지 "기본 윤리 원칙"을 규정하였다.[3]

제일 원칙은 "인격 존중"이다. 이 원칙은 시험 대상을 자율적 행위자로 여겨야 하며 자율성이 손상된 사람의 경우 남용에서 보호되어야 한다는 믿음을 포함한다. 위원회에 따르면 "자율적인 사람은 개인적인 목표를 숙고할 수 있으며 그 숙고에 따라 행위할 수 있는 개인을 의미한다."(National Commission, 1978, p. 5) 이 경우 인격 존중은 그의 자

---

[3] 위원회는 이 세 가지 기본 원칙을 "다양한 특수 윤리 명제의 기초 정당화와 인간 행위의 평가를 담당할 수 있는 보편적 판단"으로 정의하였다(National Commission, 1978, p. 4).

율성을 존중하는 것으로, 그의 최선이 아닌 방향으로 강압해서는 안 된다는 것을 가리킨다.

다음 원칙은 "선행"으로, 구제에 가깝지만 책무에도 연결된다. 이에 대해 위원회는 "이런 의미에서 선행의 보완적 표현을 위해 두 가지 일반 규칙을 정식화할 수 있다. 1. 해를 끼치지 말 것, 2. 가능한 이득을 최대화하고 가능한 손해를 최소화하라."(National Commission, 1978, p. 6) 따라서 연구의 윤리적 본질을 결정하기 위해 연구자들은 시험 대상에 대한 전반적 이익 대 전반적 손해를 평가해야만 한다. 손해가 이익보다 큰 경우 연구는 정당하지 않다.

마지막 원칙은 "정의"로, 연구의 이득과 부담, 위험을 분배하는 것과 연결된다. 위원회는 "누가 연구의 이득을 취하며 부담을 지는가?"라고 묻는다(National Commission, 1978, p. 8). 이 원칙은 평등의 개념에 기반한다. 즉 "평등한 사람은 평등하게 대우받아야 한다"라는 것이다 (National Commission, 1978, p. 8). 다시 말하면, 연구에 의해 인구 집단의 일부가 위험 부담을 지는 반면 다른 집단이 그에서 발생한 이득을 거두게 되는가? 위원회에 따르면 이런 상황은 확실히 비윤리적이다.

이 외에도 위원회는 연구에 이 세 가지 윤리 원칙을 적용하는 데 따르는 세 가지 필요조건을 제시하고 이에 대해 토의하고 있다. 첫 번째 필요조건은 "충분한 설명 후 동의"이다. 이 필요조건은 인격 존중이라는 첫 번째 윤리 원칙을 적용하는 데에 있어 핵심이며, 생의학 연구에 참여하는 것을 결정할 수 있는 것은 자유로우며 강압에 처하지 않은 행위자뿐이라는 것을 의미한다. 위원회는 이 필요조건을 세 가지 구성 요소로 나누었다. 첫째는 실험 방법과 그 위험에 대한 정보이다. 둘째 구성 요소는 이 정보에 기반을 둔 연구 대상자 측의 이해이다.

마지막 요소는 자발성으로, 즉 "연구 참여 동의는 자발적으로 이루어졌을 때만 효력이 있는 동의로 여길 수 있다."(National Commission, 1978, p. 14)

두 번째 필요조건은 "위험과 이득의 평가"이다. 연구자들은 연구의 이득뿐만 아니라 위험의 본성과 범위까지도 체계적으로 평가해야 한다. 선행의 두 번째 윤리 원칙을 적용하는 데에 있어서 이득과 위험의 비율을 알 필요가 있다. 마지막 필요조건은 "대상자 선택"으로, 정의의 윤리 원칙을 적용하는 것과 연결된다. 이 필요조건은 공정의 개념에 기반하며, 특히 개인과 지역사회에 적용하여 연구 위험의 부담을 공정하게 분배해야 하며 특정 인구 집단, 즉 수용된 사람들이나 소수민족 등에게만 부과해서는 안 된다는 것이다.

벨몬트 보고서는 행동, 의학 연구 공동체뿐만 아니라 생명윤리와 의료 공동체에까지 폭넓은 영향을 미쳤다. 비첨에 따르면 "보고서의 불후의 유산은 생명윤리, 도덕 이론, 일반 연구 표준, 정부의 규제 행위, 생명윤리 상담, 의학적 실천에까지 이르는 모든 활동 영역에 영향을 주었다는 데에 있다."(Beauchamp, 2004a, p. 3) 그런 영향력이 나타나게 된 이유 중 하나는 원칙주의의 주 고안자인 두 생명윤리학자인 비첨과 칠드리스에게 있었다. 이 생명의료윤리학자들은 "[교과서인『생명의료윤리의 원칙들』을 쓰는 동시에 위원회에 소속되어 있었기에, 상호 영향은 필연적이었다."(Jonsen, 1998, p. 120) 비첨은 이후 "이 두 기획(『원칙들』과『벨몬트』)은 많은 점에서 상호 교차하고 있어 서로 득이 될 수 있었다"라는 점을 인정하였다(Beauchamp, 2003a, p. 20).

교과서인『생명의료윤리의 원칙들』초판에서 비첨과 칠드리스는 말한다. "이 책은 생의학에 적용되어야 할 도덕적 원칙에 대한 체계적 분석을 제시한다."(Beauchamp and Childress, 1979, p. vii)[4] 그들의 동기는 임신중절과 안락사 등 생의학의 문제에 대한 다양한, 때로 상충하는 윤리적 입장을 분석할 방법을 제공하는 것이었다. 비첨과 칠드리스에 따르면 "도덕적 원칙을 검토하고 그것들이 사례에 어떻게 적용되고 부딪히는지를 명확히 할 때만 이런 문제들의 논의에 대한 어떤 질서와 통일성에 이를 수 있다."(Beauchamp and Childress, 1979, p. vii) 그 목적을 위해 그들은 자율성 존중, 악행금지, 선행, 정의의 원칙을 도입하였다. 네 원칙은 『벨몬트 보고서』의 세 가지 원칙에서 유래하였다. 기본적으로 그들은 보고서의 선행의 원칙에서 악행금지의 원칙을 분리하였다.[5] 그들의 생명윤리에 대한 접근법은 "조지타운 접근법"으로, 네 원칙은 "조지타운 만트라"[6]로 알려지게 되었다(Ainslie, 2004; Clouser and Gert, 1990).[7]

---

4   툴민은 이후 생의학에서 원칙을 활용하는 것을 비판적으로 평가했다. 그는 이런 사용이 "특정 윤리적 판단을 더 견고한 지반에 올리는 것이 아니라, 전체 위원회의 종합적인 윤리적 결론을 위원 개인의 다른 비윤리적 신념에 조화시킨 것뿐이다"라고 결론짓는다(Toulmin, 1981, p. 32). 윤리적 협의에서 원칙의 왜곡된, 전제적 영향을 벌충하기 위해, 그는 개별 뉘앙스와 차이를 포함하는 신중함의 윤리를 권하였다.

5   비첨이 나중에 설명한 것을 보자. "짐 [칠드리스]는 선행의 원칙이 악행금지의 원칙에서 구분되어야 한다고 생각하고 강하게 주장하였다."(Beauchamp, 1993, p. S9)

6   역자 주: 이것은 이들이 조지타운대학교 소속이라는 점을 반영한 것이다. 한편, 원칙을 "조지타운 만트라"라고 부르는 것은 부정적인 표현으로, 생명윤리 논의에서 원칙 네 가지를 주문처럼 읊으니 제대로 주장을 전개할 수 없다고 비판하는 것이다.

7   비첨과 칠드리스는 그들의 원칙 분석을 그들이 "응용 규범 윤리"라고 부른 것의 범위 안에 위치시켰으며, "이는 생명의료윤리가 일반적인 도덕적 행위-지침을 생의학에 적용하는 것이기 때문이다."(Beauchamp and Childress, 1979, p. 9) 이에 더하여 비첨과 칠드리스는 프랑케나가 원칙과 규칙을 "행위-지침"으로 지시한 것을 따랐다고 적고 있다(Beauchamp and Childress, 1979, p. 5).

네 가지 원칙

비첨과 칠드리스는 네 가지 원칙을 다음 위계 구조에 위치시켰다 (Beauchamp and Childress, 1979, 2001). 특정 행위와 윤리적 판단 → 도덕 규칙 → 윤리 원칙 → 윤리 이론. 다시 말하면 윤리 원칙은 명시적 윤리 규칙과 특정 윤리 이론 사이를 중재한다. 윤리 규칙이 특정 행위의 도덕성에 대한 윤리적 판단을 "정당화"하는 데에 사용되므로, 윤리 원칙은 윤리 규칙을 정당화하고 정초하는 데에 사용된다. 비첨과 칠드리스는 다음과 같은 예를 제시하였다. "양수 진단[특정 행위]을 수행하는 것을 거부하는 의사는 (⋯) 무고한 사람을 의도적으로 죽이는 것은 도덕적으로 그르다[윤리적 판단]는 견해를 취한 것일 수 있다. 더 나아가면, 그는 인간 생명 존엄의 원칙을 참조하여 무고한 사람을 죽이는 것에 반대한다는 도덕 규칙을 선언하여 자신을 정당화할 수 있다."(Beauchamp and Childress, 1979, p. 5)

비첨과 칠드리스는 "행위-지침"이 도덕 규칙 또는 윤리 원칙인지를 결정하는 세 가지 기준을 제시하였다.[8] 첫째는 "최우선성"으로 "사회가 행위 판단에서 **최고, 최종, 최우선**으로 여기는 것"에 연결되어 있다(Beauchamp and Childress, 1979, pp. 15-16). 두 번째 기준은 "보편화 가능성"으로 "모든 관련 유사 사례를 비슷한 방식으로 다룰 수 있어야 한다."(Beauchamp and Childress, 1979, p. 16) 마지막 기준은 "타인의 복지"로 이는 형식보다 원칙의 내용을 가리키며, **"타인의 행복"**과 관련된다

8　비첨과 칠드리스는 위계 내의 모든 수준을 가리키는 데에 프랑케나의 "행위-지침" 개념을 사용하며, 특히 원칙과 규칙에 더 강하게 적용한다(Beauchamp and Childress, 1979, p. 5).

(Beauchamp and Childress, 1979, p. 17). 이 세 가지 기준을 만족시킬 때에만 원칙이 도덕적 지침으로 여겨질 수 있다.

비첨과 칠드리스는 생명윤리에 대한 원칙주의적 접근을 옹호했지만, 윤리 이론 자체의 역할을 부정한 것은 아니며 단지 그것들을 위계 구조에서 모든 것에 앞서는 요소로 위치시켰다. "**이론**은 원칙과 규칙의 본체이며, 사실상 체계적으로 연관되어 있다. 이론은 충돌이 있을 때 무엇을 해야 할지에 대한 이차 원칙과 규칙을 포함하고 있다."(Beauchamp and Childress, 1979, p. 5) 다시 말하면 윤리 이론은 도덕적 행위자가 윤리적, 비윤리적 행위를 구분할 수 있도록 해준다는 것이다.

또한, 비첨과 칠드리스는 윤리 이론의 충분성을 검토하는 데에 사용할 수 있는 네 가지 검토 사항에 대해 논의하였다. 첫째는 윤리 이론의 내적 일관성과 일치로, 어떤 이론이 다양한 시기의 다른 사람들에게 같은 결과를 낼 수 있음이 필수조건이다. 다음 시험은 윤리 이론의 완전성 또는 포괄성으로, 즉 이론은 어떤 "틈이나 구멍"을 보여서는 안 된다. 셋째 시험은 윤리 이론의 단순성으로, 규칙과 원칙의 수와 관련되어 있다. 마지막 시험은 윤리 이론의 복잡성이다. "이론은 우리의 일상적 판단을 포함하는 전 범위의 도덕적 경험을 해명할 수 있을 만큼 복잡해야 한다."(Beauchamp and Childress, 1979, p. 13) 마지막으로 비첨과 칠드리스는 어떤 윤리 이론도 모든 시험을 만족시킬 수 없다고 인정하였으나, "우리는 이론의 어떤 요소를 받아들일지 결정하려고 노력하는 데에 있어 이 시험들에 호소하고 호소해야만 한다."(Beauchamp and Childress, 1979, p. 12)

비첨과 칠드리스에 따르면 생명윤리에서 가장 두드러진 윤리 이론 두 가지는 공리주의와 의무론이다(Beauchamp and Childress, 1979). 비첨은 공리주의에 찬동하는 반면, 칠드리스는 의무론에 찬동한다(Jonsen, 1998, p. 332). 선이나 행복 등 공리의 기능에 관하여, 공리주의와 의무론은 서로 근본에서 반대 지점에 놓이지만, 두 이론은 어떤 유형의 규칙에서 통합될 수 있다. 이 규칙들은 경험 규칙, 절대 규칙, 일응 *prima facie* 의무에 기반을 둔 규칙일 수 있다. 경험 규칙이 특정 조건에서 면제될 수 있는 반면, 절대 규칙은 예외를 허용하지도 않고 허용해서도 안 된다. 악행금지와 같은 일응 의무에 기반을 둔 규칙은 더 구속적인 의무와 상충하지 않는 한 구속력을 가진다.

비첨과 칠드리스는 규칙의 사용을 설명하기 위해 다음의 예를 제시한다. "정당화되지 않은 살해"로서의 살인이 사례 대부분에서 그른 반면 자비 살해[9]와 같은 경우 허용될 수 있다. "그러나 일응 의무의 개념에 있어 핵심은 어떤 행위가 살해를 수반한다면, 그 행위는 그르다는 것이다[악행 금지]. 그러나 살해는 다른 일응 의무[예로 선행]을 만족시키는 유일한 방법일 수 있다."(Beauchamp and Childress, 1979, p. 46) 규칙의 다양한 적용에 대한 판결을 위해서는 예로 악행금지나 선행 등의 규칙이 기반을 두고 있는 원칙에 대한 이해가 필요하다.

자율성의 원칙

비첨과 칠드리스는 자유와 자기 결정권에서 자율성의 원칙을 논의한다. 그들이 정의한 자율성은 "개인적 행위의 자유의 형식으로, 각자

---

9   역자 주: mercy killing은 안락사로 표현하기도 하지만, euthanasia와 구분하기
     위해 자비 살해로 번역하였다. 안락사는 환자가 직접 생명을 마감하는 것을 포함
     하나 자비 살해는 그렇지 않다.

가 자기 행위 경로를 자신이 결정한 계획에 따라 결정하는 것을 말한다."(Beauchamp and Childress, 1979, p. 56) 자율성의 개념 중심에 있는 것은 자율적인 사람의 개념이다. 비첨과 칠드리스에 따르면 "자율적인 사람은 계획을 숙고하고 선택할 뿐만 아니라 그런 숙고에 기초하여 행위할 수 있는 사람을 말한다."(Beauchamp and Childress, 1979, p. 56)

비첨과 칠드리스의 자율성의 개념은 폭넓어 칸트적 의지 개념과 밀적 행위 개념, 즉 칸트의 의지 자율성과 밀의 행위 자율성 모두를 포함한다. 칸트에게 있어 도덕적인 사람은 욕망에 따라 행위하지 않고 자율적이며 원칙적인 이성이나 의지에 따라 행위하는 반면, 밀에게 있어 도덕적인 사람은 외부에 순종하여 행위하는 것이 아니라 자율적인, 자유로운 선택에 따라 행위한다. 비첨과 칠드리스는 자율적 행위자는 오롯이 권위에만 기반을 둔 문화의 도덕적 표준에 복종할 수 없다는 점에서 두 접근법의 유사성을 인정한다.

자율성과 자율적인 사람의 개념에 더하여 비첨과 칠드리스는 자율적인 사람에 대한 존중의 개념을 논한다. 비첨과 칠드리스는 "자율적 행위자를 존중하는 것은 때로 판단에 실수가 있다고 여겨질지라도 그들 자신의 가치 판단과 견해가 응당 받아야 할 평가를 인정하는 것이다"라고 주장한다(Beauchamp and Childress, 1979, p. 58). 그들에게 있어 이 개념은 칸트와 밀의 자율성에 대한 입장에서 유래한다.

자율성의 원칙은 사람을 수단이 아닌 목적으로 대하는 칸트적 개념에 의거한다. "타인의 자기 본위적 행위를 평가하는 데에 있어 우리 자신에게 주어진 것처럼 그들도 자신의 판단에 대한 동일한 권리를 가지고 있음을 존중해야 한다."(Beauchamp and Childress, 1979, p. 59)[10] 그들은 또한 "이것은 밀에 의해 발전된 견해에서 유래하며, 자율적 행위자의 행위가 타인의 자율적 행위를 침해하지 않는 한 어떤 사람은 그가 바라는 어떤 행위도 수행할 자유가 있다. 심지어 그것이 행위자에게 심각한 위험을 가져오고 다른 사람들이 어리석다고 여길지라도 말이다."(Beauchamp and Childress, 1979, p. 59) 따라서 자율성의 원칙은 가능한 한 자유롭게 행위할 자유를 요청한다. 이에 더하여, 이 원칙은 자유로운 선택을 할 수 있는 행위자에게만 해당된다. 선택의 자유가 없는 사람은 위해로부터 보호하는 것이 사회의 의무이다.

또한, 비첨과 칠드리스는 자율성 보호의 면에서 충분한 설명에 의한 동의의 개념을 제기하였다. 충분한 설명에 의한 동의가 자율성을 보호하는 방법 중 하나는 "보건의료 전문가가 더 많은 정보를 가지고 훈련을 쌓았다 할지라도 환자에게 자기 삶에 영향을 미칠 것에 대해 결정할 권리"를 부여하는 것이다(Beauchamp and Childress, 1979, p. 63). 그들은 충분한 설명에 의한 동의의 개념을 정보 요소와 동의 요소로 나누었다.

충분한 설명에 의한 동의의 정보 요소는 환자에의 공개와 환자의 이해 모두와 연결된다. 정보의 공개는 "이성적인 사람이 의사결정 과

---

10   재미있는 점은 비첨과 칠드리스가 "밀과 칸트가 취한 접근법이 현저히 다른 행위 경로로 나아갈 것인지는 의심스럽다. 밀의 견해는 사회에서 타인의 자율성에 대한 불간섭주의를 도덕적으로 요청하는 방향으로 나아가는 반면, 칸트의 견해는 타인의 개성과 믿음에 대해 틀을 형성하는 어떤 존중의 태도로 이끈다. 결국 이 매우 다른 두 철학자는 서로 받아들일 만하고 크게 양립하지 않는 부분이 없는 자율성에 대한 관점을 제시한다"라고 역설하는 데에 있다(Beauchamp and Childress, 1979, p. 59).

정에 필요하다고 판단하는 것은 무엇이든지 공개되어야 하며, 추가로 개개 환자에게 알고 싶은 것이 더 있는지 묻고 어떤 질문이든 그에 대해 진실한 대답을 하는 과정을 통해 남은 정보 자료 또한 제공되어야 한다."(Beauchamp and Childress, 1979, p. 73) 이런 정보 "자료"에는 예를 들면 수술 방법에 대한 정보, 대안적 방법, 각각의 위험률 등이 포함된다. 정보의 이해는 의학적 정보를 합리적으로 충분히 이해할 수 있는 환자의 능력을 가리킨다.

동의 요소는 자발적 동의 및 동의 역량과 연결된다. 자발적 동의는 "자신의 목표를 선택할 수 있고, 다양한 선택권이 주어진다면 여러 목표 중 선택할 수 있는 능력으로, 타인이나 제도의 대안에 지나치게 영향을 받거나 강요받지 않는 상태"를 포함한다(Beauchamp and Childress, 1979, pp. 80-81). 마지막으로 동의 역량은 동의할 수 있는 이성적 능력과 관련된다. "한 사람은 합리적 이성에 기반을 두고 결정을 내릴 수 있을 때에만 [동의] 역량을 가진다."(Beauchamp and Childress, 1979, p. 69)

악행금지의 원칙

비첨과 칠드리스에 따르면 악행금지는 일반적으로 선행의 원칙과 연결된다.[11] 예를 들어, 그들은 프랑케나가 선행 원칙을 정식화하면서 해를 끼치지 않는 것이 선을 행하는 것보다 우선한다고 한 것을 인용한다. 그러나 그들은 몇 가지 이유에서 악행금지를 선행과는 분리된 원칙으로 분간한다. 첫째는 "둘을 혼동하는 것이 일상적인 도덕적

---

11 비첨과 칠드리스는 규칙 의무론적 이론과 규칙 공리주의 이론의 지지자 또한 악행금지의 원칙 분리를 인정할 것이라고 평가했다.

담론에 대한 불명료한 구별로 이어질 수 있다."(Beauchamp and Childress, 1979, p. 98) 이에 더하여 때로 악행금지의 의무가 선행의 의무에 우선한다. 그들은 수영할 수 없는 사람을 깊은 물에 던져 넣으면 안 된다는 의무와 우연히 그런 위험에 빠진 사람을 구하는 의무의 예를 제시한다. 악행금지는 또한 악의 없음과 구분되며, 전자는 행위와 관련된 반면 후자는 동기나 미덕과 관련되어 있다.

비첨과 칠드리스에 따르면 (악행금지의 개념을 명확히 하기 위해 사용되는) "해악"과 "손상"이라는 개념은 애매하다. 그러나 그들은 "신체적 손상" 개념을 한정하여 "통증, 고통, 장애, 사망을 포함한다. 여기에서 정신적 해악과 다른 손상의 중요성을 부정하지 않는다." 비첨과 칠드리스는 "특히 우리는 죽음의 리스크[12]를 의도하고, 일으키고, 허가하고, 부과하는 것에 강조점을 두며, 다른 해악에도 마찬가지로 이해한다"라고 주장한다(Beauchamp and Childress, 1979, p. 99).

비첨과 칠드리스에 따르면 악행금지의 의무는 해악을 의도하거나 해악의 위험을 부과하는 것을 삼가는 것이다. 해악을 의도하는 것은 특수하고 한정된 조건에서만 허락되는 반면, 해악의 위험을 부과하는 것은 목적이 "충분히 중요하고" 의사가 "돌봄을 위해" 행하는 한 허락된다. 비첨과 칠드리스는 "보건의료 전문가에게 있어 마땅한 돌봄의 법적, 도덕적 표준에는 지식, 기술, 근면함이 포함된다"라고 주장한다(Beauchamp and Childress, 1979, p. 100). 이 경우 의사들은 의술을 행할 때

---

12   역자 주: risk는 해악의 크기나 가능성을 알 수 있는 위험을 가리킨다. 반면 불확실성은 해악의 크기나 가능성, 또는 둘 다를 알 수 없는 경우를 가리킨다. "위험(danger)"은 이 모두를 포함하는 개념이다.

악행금지에 관한 마땅한 돌봄의 표준을 지켜야 하며, 이에 따라서 행하지 못하는 것은 도덕적, 법적 태만의 결과를 가져온다.

존슨의 악행 금지에 대한 개념 분석 유형학을 언급하며, 비첨과 칠드리스는 위험-이익 분석과 손해-이익 분석 간의 차이에 대해 논의한다. 전자의 분석은 선행의 원칙에 있어 중요한 반면, 후자는 악행금지의 원칙에 있어 중요하다. 손해-이익 분석은 "절차나 이익과 동시에 발생하는 손해"를 가리킨다(Beauchamp and Childress, 1979, p. 101). 그들은 사지 중 하나를 절단해야 하는 환자를 예로 든다. 이 환자는 수술의 이익에만 관심이 있는 것이 아니라 그것이 가져올 해악이나 손해에도 관심을 가진다. 끝으로, 악행금지의 원칙은 보건의료인을 신뢰하는 사람에 대한 위해를 금지하는 것으로 정의된다.

마지막으로 비첨과 칠드리스는 이중 효과의 원칙 principle of double effect 에 대해 논의한다. 이 원칙에 따르면, "위해한 효과, 즉 죽음은 항상 도덕적 금지, 즉 살인, 자살, 임신중절 등의 범주에 속하지는 않는다. 위해한 효과는 행위의 직접적, 의도적 효과가 아닌 간접적 또는 단지 예견된 효과로 여겨질 수 있다."(Beauchamp and Childress, 1979, p. 102) 그들은 로마 가톨릭에서 임신중절을 허용하는 경우, 예로 임신한 여성이 자궁암에 걸린 경우를 제시한다. 암이 발생한 자궁을 적출하는 것이 여성의 생존을 위해 필수적이지만, 태아가 사망함에도 이는 허락되어야 하며 이는 태아의 사망이 의도된 것이 아니라 자궁 적출의 결과이기 때문이다. 다시 말하면, 자궁 적출이 의료 술식의 주된 의도이지 임신중절로 태아를 사망케 하는 것이 의도가 아니라는 것이다. 후자의 행위는 예측가능하다 해도 부차적인 의도일 뿐이다.

비첨과 칠드리스는 대부분의 생명윤리학자들이 이중 효과의 원칙을 여러 근거에서 거부할 것이라는 점을 인정했다. 예를 들면, 공리주의자는 자궁암 적출이나 개두술의 결과가 동일(태아의 사망)하기 때문에 적절하지 않다고 주장할 것이다. 이 원칙의 지지자들은 선 대 악의 효과의 비율에 따라 구분할 수 있음에 주목하여 대응한다. 불행히도, 때로 이를 지지하는 사람들과 공리주의자를 구분하는 것은 어려울 수 있다.

선행의 원칙

자율성 존중과 해악을 끼치지 않을 것에 더하여, 도덕성은 또한 한 사람에게 이익을 주는 것과 관련되며, 특히 그 사람이 위험한 상황에 몰아넣어지고 있는 경우에 이것은 더 강조된다. 악행금지가 환자에게 해악이나 손해를 끼치지 않는 것과 관련되어 있는 반면, 선행의 개념은 "해악의 방지, 해로운 조건의 제거, 이익을 향하는 것"과 관련되어 있다(Beauchamp and Childress, 1979, p. 135). 다시 말해, 선행은 단순한 자선 이상을 의미한다. 그것은 타인의 해악이나 손해를 제거하거나 그에게 해악이나 손해를 입히지 않을 것을 넘어, 타인에게 긍정적인 영향을 미칠 것을 요구하는 의무다. 의사에게 있어 선행의 개념은 건강 또는 웰빙을 촉진하기 위해 환자의 질병이나 질환을 치료하는 것을 포함한다. 비첨과 칠드리스는 선행의 원칙을 두 가지 원칙으로 나누었다. "첫째 원칙은 이득의 **충족**을 요구하며, 둘째 원칙은 이득과 손해의 **균형**을 요구한다."(Beauchamp and Childress, 1979, p. 136)

첫째 원칙은 긍정적 선행과 연결되며, 이것은 한 사람이 타인에게 이득을 끼쳐야 할 도덕적 의무가 있음을 말한다. 이 원칙에는 문제가 있다. 즉, 이것은 의무라고 하기 어려우며 오히려 초과의무 supererogatory 이다. 다시 말하면 다른 사람에게 긍정적 이득을 주는 것은 칭찬할 만한 일이지만 의무일 필요는 없다. 타인에게 긍정적 이득을 주는 것이 의무가 되려면 만족해야만 할 조건 집합이 있다. 이는 "X는 다음의 조건 각각이 만족될 때에만 Y에 대한 선행의 의무가 있다. 1. Y는 심각한 손해나 피해를 입을 위험에 처해 있다, 2. X의 행위가 이 손해나 피해를 막는 데에 직접적으로 연관되어 있다, 3. X의 행위는 그것을 막을 가능성이 있다, 4. Y가 얻을 이득은 X가 겪을 손해를 넘어서며 X에게 최소한의 위험 이상을 미쳐서는 안 된다."(Beauchamp and Childress, 1979, p. 140) 이 조건들은 특히 의학에서 만족 가능하다. 즉, 의학에서는 의사가 환자에게 긍정적 이득을 줄 도덕적 의무가 있는 것이다. "실제적인 또는 인지된 타인의 필요는 이 부조 관계의 기초를 형성한다."(Beauchamp and Childress, 1979, p. 142)

둘째 원칙은 공리이다. 비첨과 칠드리스에 따르면, 이 원칙은 "이득을 최대화하고 손해의 위험을 최소화하기 위해 가능한 이득과 가능한 손해를 평가하고 균형잡을 도덕적 의무"에 기초한다(Beauchamp and Childress, 1979, p. 143). 도덕적인 삶에서 한 사람의 행위가 단지 이득만을 주고 해를 절대 끼치지 않는 간단한 과정인 경우는 드물다. 항상한 사람의 행위는 어느 정도 손해의 위험을 포함하며, 더군다나 의사의 행위에는 위험이 늘 수반한다. 그러나 이 원칙은 여러 원칙 중 하나로, 눈에 가장 잘 띄는 자리를 부여받지 않았다. 이 원칙을 설명하기 위해, 비첨과 칠드리스는 환자를 치료하는 데 필요한 것들이 가능한 자원의 범위를 넘어서서 결국 치료를 거부할 수밖에 없었던 사례를 든다. 이 사례에서, 윤리적, 도덕적 문제는 개인의 권리와 사회체적 자원의 할당 사이의 충돌에 있다. "개인의 필요는 어느 지점에서 사회의 제공 능력과 균형을 이루어야만 한다."(Beauchamp and Childress,

1979, p. 145) 이런 윤리적 문제에 대한 결정은 비용 효과 분석에 의거한다.

비첨과 칠드리스는 인간 건강과 복지에 대한 다양한 개념들을 정의하여 비용 효과 분석의 본성에 대한 논의를 시작한다. 비용은 "인간 건강과 복지를 줄이는 부정적인 가치 모두"인 반면 효과는 "건강과 복지를 가져오는 어떤 긍정적인 가치"이다(Beauchamp and Childress, 1979, p. 146). 그들은 리스크의 개념 또한 분석한다. 이는 "미래의 가능한 손해를 가리킨다."(Beauchamp and Childress, 1979, p. 146) 손해의 개념은 "고통 및 정신적, 신체적 능력의 감소"로 정의된다(Beauchamp and Childress, 1979, p. 147). 리스크 개념은 비용 평가에서 결여된 개연적 요소들을 포함하며, 리스크는 높을 수도 낮을 수도 있다. 비용과 리스크는 경제적 개념으로 측정되며, 의사결정에 대한 객관적 자료를 제시한다. 그러나 이런 객관성은 때로 임의적이며, 비용, 위험, 효과를 정확히 평가하는 데에 있어, 특히 정신적 요소를 계산에 넣을 때에 문제를 일으킨다.

정의의 원칙

비첨과 칠드리스에 따르면 정당함에 대한 감각 또는 직관이 행위의 강력한 동기이며 "우리는 사회의 부담과 이득이 어떻게 분배되어야 할지 결정할 수 있는 정의에 대한 **타당한 원칙**이 있다고 생각한다."(Beauchamp and Childress, 1979, p. 168) 이 목적을 위해 그들은 공정과 같은 정의의 다양한 개념을 논의한다. 그러나 이런 개념들은 너무 임의적이어서 그들은 덜 임의적인 개념인 분배 정의에 의지하려 한다. 이 정의의 개념은 사회 성원에 이득과 위험을 분배하는 것과 관련된다. 즉 어떤 구성원은 생의학 연구의 실험 대상으로서 부담이나 위험을 짊어지고, 다른 사람들은 그 연구의 혜택을 누리는 것이다.

비첨과 칠드리스가 관심을 둔 분배 정의의 유형은 개인의 정당함에 관한 요구에 의존하는 비교적 정의로, 이런 요구와는 독립적인 무비교적 정의가 아니다. 분배 정의의 중심 논제는 자원의 부족 아래 이득과 부담 또는 리스크를 어떤 방법으로 분배할 것인지에 있다. 예를 들어, 대상 가능 인력이 제한된 생의학 연구에서 누가 시험 대상이 되어 연구의 위험을 짊어지려 할 것인가?

상기의 질문에 답하기 위해 비첨과 칠드리스는 정의의 형식적, 물질적 요소에 호소한다. 형식적 요소는 아리스토텔레스의 "같은 것은 같게, 다른 것은 다르게 대하라"는 개념에 기초한다(Beauchamp and Childress, 1979, p. 171). 비첨과 칠드리스에 따르면, "이것은 평등한 자가 동등하게 대우받아야 함에 있어 따질 특정 측면을 언급하고 있지 않으므로, … 정의는 **형식적**이다." 이 정의는 그저 어떤 측면을 고려하든지 간에, 사람들이 해당 측면에 대해 동등하다면 그들을 평등하게 대접해야 한다고 말하고 있다."(Beauchamp and Childress, 1979, p. 171)

그러나 누가 동등한지, 누가 동등하지 않은지를 어떻게 결정하는 것이 최선인지에 대한 질문이 제기될 것이다. 다시 말하면, 이득과 리스크를 분배하는 데에 대한 관련 기준이나 조건은 무엇인가? 비첨과 칠드리스는 질문에 답하기 위해 정의의 물질적 요소를 활용한다. 이 요소에 따르면 관련 조건은 개인의 특정 소유를 의미한다. 예를 들어 관련된 물질적 조건은 개인의 필요나 공적 merit 일 수 있다.[13] 그들은

13　비첨과 칠드리스는 "분배 정의의 이론은 다른 도덕적 원칙과의 관련하에서, 분배 정의의 여러 물질적 원칙을 체계적으로 정교화하는 과정에서 발전하였다"라고 적고 있다(Beauchamp and Childress, 1979, p. 173). 예를 들어 마르크스주의 이론은 공적이나 기여와는 대조적으로 필요에 초점을 맞춘다.

필요의 초점을 "근본적" 필요로 좁힌다. 비첨과 칠드리스는 "누군가 가 무엇에 대해 '근본적 필요'라고 말하려면, 그것을 얻을 수 없는 경 우 그 사람이 근본적으로 해악을 입거나 해로운 영향을 받아야 한다" 라고 주장한다(Beauchamp and Childress, 1979, p. 174).

관련된 개인의 소유에 대한 다른 질문도 제기될 수 있다. 이런 소유 는 어떻게 확립되거나 정당화되는가? 도덕적으로 관련 있는 조건이 나 재산은 전통이나 도덕적 원칙의 측면에서 확립되거나 결정되곤 한 다. 비첨과 칠드리스는 "그러나 논쟁적 맥락에서 이전에 확고히 수립 된 적이 없는 관련 대우를 확립하는 정책을 수립하거나, 표준적인 '관 련' 대우를 개정하는 새로운 정책을 개발하는 것은 도덕적으로 적절하 다"고 지적한다(Beauchamp and Childress, 1979, p. 176).

도덕적으로 관련된 소유나 조건을 선택하는 것의 문제를 설명하기 위해 비첨과 칠드리스는 생존을 위해 신장 이식을 필요로 하는 여성 의 사례를 제시한다. 그녀의 열네 살 난 딸, 그리고 정신적으로 도움 이 필요한 서른다섯 살 남동생이 조직적합성에서 일치를 보였다. 누 구의 신장을 쓸 것인가? 도덕 원칙과 같은 전통적인 기반에서는 이 질문에 답할 수 없으나, 관계자의 상황과 소유에 대한 관련 조건을 도 덕적으로 숙고하고 결정하는 것을 통해 답을 제시할 수 있다. 비첨과 칠드리스는 결론짓는다. "이 사례는 상당히 구체적인 정책을 공식화 할 때, 정의의 추상적 원칙은 단지 대략적인 일반 지침을 제시할 뿐임 을 보여준다. 또한, 실제 선택에 기초하여 구체적인 관련 속성을 결 정하는 데에 있어 추가적인 도덕적 논증이 필요하다."(Beauchamp and Childress, 1979, p. 177)

정의의 원칙은 성별이나 정신적 상태와 같은 연관 측면에서 "공정한 기회"의 개념 또한 포함한다. 이 측면들은 개인의 선택이 아닌 자연적 귀결의 결과이다. 이런 측면이 이득과 리스크의 분배에서 지니는 연관성은 무엇인가? 비첨과 칠드리스에 따르면 공정한 기회라는 개념은 "누구도 자신의 '유리한' 소유에 기초하여 이득을 얻어서는 안 된다고 말하며, 또한 누구도 자신의 '불리한' 소유에 기초하여 **이득을 받지 못해서도** 안 된다고 말한다. 그들은 이런 소유에 대한 책임이 없다."(Beauchamp and Childress, 1979, p. 183) 다시 말하면, 소유한 것을 획득하는 데에 대한 공정한 기회가 제공되지 않기에 이것이 이득과 리스크를 할당하는 기초가 되어서는 안 된다는 것이다.

사람들은 이득에 대한 공평한 몫을 받아야 하고 이런 이득이 만드는 리스크에 대해 책임이 있다고 공정한 기회의 개념은 말한다. 하지만, 무엇이 "공정한 몫"을 구성하는지에 대한 질문이 제기될 수 있다. 이는 거시 분배와 미시 분배의 문제로 연결되며, 윤리적 고려뿐만 아니라 경제적 고려 또한 수반한다. 거시 분배적 문제는 보건의료 자원의 분배와 사회의 보건의료적 필요에 대해 어떻게 자원을 분배할 것인지 결정하는 정부의 역할과 관련이 있는 반면, 미시 분배적 문제는 개개 병원과 의원이 각 환자의 보건의료적 필요에 대해 맡는 역할과 관련된다.

원칙주의의 영향

원칙주의는 거의 30년 동안 생명 윤리의 주 접근법이었으며, 비첨과 칠드리스의 책은 5번의 개정판이 출판되었다.[14] 비평가가 적었듯

---

14   역자 주: 2022년 현재 8판까지 출간되었다.

이, "비첨과 칠드리스의 『생명윤리의 원칙 Principles of Bioethics』 [원문대로]은 (다양한 개정판에서) (…) 이 분야에서 원칙주의를 지지하고 있는 가장 영향력 있는 책이다."(Green et al., 1993, p. 477) 원칙주의의 핵심 지지자 중 한 명은 일반의인 래넌 길론 Raanan Gillon 이다. 그는 비첨과 칠드리스의 네 원칙에 동의하지만, 그가 "적용 범위"라고 부른 것과 관련하여 자신의 진료에서 나타난 문제들에 적합하게 이를 수정해 나갔다.

『철학적 의료윤리 Philosophical Medical Ethics』에 더하여 길론의 지지가 낳은 최고의 업적은 그의 책 『보건의료 윤리의 원칙들 Principles of Health Care Ethics』로, 거의 백 명에 가까운 의사와 생명윤리학자들의 중요한 논문을 모은 것이다(Gillon, 1986; Gillon, 1994). 주제는 이론에서 실제까지, 임신중절과 사망, 죽어감의 문제까지 폭넓게 분포해 있다. 칭찬할 만하게도 길론은 원칙주의의 옹호자뿐만 아니라 대너 클로우저 Danner Clouser 와 버나드 거트 Bernard Gert 같은 원칙주의의 비평가도 끌어들여 원칙주의의 적용뿐만 아니라 그 한계 또한 설명하려 했다. 길론은 원칙주의가 윤리적 딜레마를 해결하는 알고리즘이 아님을 알고 있었다. "원칙과 범위적 접근이 우리에게 **줄 수 있는** 것은 도덕적 의무에 대한 일반 집합, 공통된 도덕적 언어, 특정 사례에서 고려해야 할 도덕적 문제의 공통 집합이다. 답에 도달하기 전에, 선호하는 도덕 이론이나 다른 접근법을 사용하여 이들 원칙이 충돌할 때 선택할 수 있어야 한다."(1994, p. xxii) 모든 생명윤리학자들이 길론처럼 원칙주의에 대해 낙관적이거나 열광적인 것은 아니다.

원칙주의가 생명윤리에 상당한 영향을 미쳐 왔으나 비판자들도 존재한다. 예를 들면, 비첨과 칠드리스의 책에 대한 초기의 논평에서 아서 캐플런 Arthur Caplan 은 "이 책의 가장 중대한 흠은 이것이 윤리 자체의 맥락을 제공하는 데에 실패했다는 점이다. 보건의료 전문인들은 다양한 유형의 가치들(경제, 정치, 사회, 문화와 같은) 사이에서 도덕적 고려에 어떻게 비중을 두어야 하는지를 알고 싶어한다."(1980, p. 54) 원칙주의는 도입 후 거의 10년 동안 줄어들지 않는 성공을 누렸다. 이제키엘 이매뉴얼 Ezekiel Emanuel 은 "비첨과 칠드리스의 접근법은 큰 영향력을 보였다. 윤리학자들 사이에서, 의학에서의 윤리적 딜레마를 다루기 위해 네 원칙에 호소하는 것은 병원 검토회에서, 유명한 의학 잡지에서, 정책 보고서에서 볼 수 있는 표준적인 접근법이 되었다"라고 주장한다(1995, p. 37).

그러나 비판은 손상을 입힐 만큼 힘이 커지는 데까지 이르렀다. 예를 들어 1990년 12월, 그리고 1991년 10월에 건강, 신앙, 윤리 연구를 위한 파크리지 센터 Park Ridge Center for the Study for Health, Faith, and Ethics 는 원칙주의의 존속력을 탐구하기 위한 회의를 개최하였다. 회의에서 출판된 논문에서 편집자는 "현대 의학에서 제시된 미국에서 유행하는 윤리적 문제 접근법은 병들었다는 인식은 생명윤리 공동체 안팎에서 꽤 널리 퍼져 있다. 원칙주의는 환자다"라는 의견을 제시했다(DuBose et al., 1994, p. 1). 제임스 윈드 James Wind 가 논문의 발문에서 지적한 것처럼, 회의 참석자들의 주된 염려는 "원칙주의가 인간(돌봄의 공급자와 수혜자 모두)을 본래보다 훨씬 작게 축소시키며, 이러한 축소는 건강하지 않다"라는 것이었다(1994, p. 364).

그러나 가장 주목할 만하고 잘 알려진 비평은 「의학과 철학 학술지 Journal of Medicine and Philosophy」 1990년 판에 실린 두 개의 논문이다. 첫째는 다트머스대학교의 신학자 로널드 그린 Ronald Green 에 의해 작성되었다. 그린은 원칙주의와 관련하여 생명윤리의 방법론에 본질적 "문제"가 일어나고 있음을 기술하고 이를 비탄했다. 그에 따르면 이런 생명윤리는 "응용 윤리"로, 부수하는 이론적 분석이 너무도 부족하다. 그린은 "그것은 특징적으로 도덕적 추론과 정당화 과정의 본질과 토대에서 이론적 탐구의 지속을 특징적으로 억제한다. (⋯) 대신 주요 이론적 설명에서 제시되고 정당화되었다고 믿어진 도덕 '원칙' 집합의 확인으로 바로 넘어간다"라며 한탄했다(1990, p. 187). 그는 생명윤리의 기초에 대한 이론적 분석의 회피가 당황스러우며, 특히 도덕 원칙들이 상반되는 윤리적 자세와 견해를 낳는다는 것을 발견하였다. 그린의 원칙주의에 대한 주요 비판은 다음과 같다. "도덕적 분석은 그 과정이 아무리 세련되었다 해도 도덕적 원칙의 확인과 적용의 과정으로 제한될 수 없다. 이들 원칙의 기초, 의미, 범위를 추론하는 핵심 작업이 이루어지지 않은 채로 남아있다면 말이다."(1990, p. 190)

클로우저와 거트는 "생명윤리의 자각에 대한 개종자의 무리로 인해 편만한 땅에서 주문이 들려온다. (⋯) '선행 (⋯) 자율성 (⋯) 정의' (⋯) 우리의 검토를 불러온 것은 생의학적 딜레마 앞 이 주문 영창이다"라고 주장한다(Clouser and Gert, 1990, p. 219). 그들의 검토에서 클로우저와 거트는 네 가지 원칙(또는 그들이 창조한 신조어인 원칙주의)은 생명윤리의 진퇴양난을 해결하는 데 필요한 체계적, 이론적 지침을 제공하지 않는다는 결론에 도달한다. 클로우저와 거트에 따르면 "유효한 원칙을 이론의 대용물로 사용하는 것은 네 가지 유형의 주요 윤리 이론에 대한 무의식적인 집착으로 보인다. 선행은 밀에, 자율성은 칸트에, 정의는 롤스에, 악행금지는 거트에 포함되어 있다. 다수의 원칙을 내용으로 제시하는 것은 원칙이 하나의 통합 이론으로 집대성될 수 있다는 점을 제안하고 있으나, 실상은 정확히 반대이다."(Clouser and Gert, 1990, p. 223)

클로우저와 거트에 따르면, 원칙주의는 특히 공리주의와 의무론 윤리 이론을 결합하려 했으나 실패하고 결과적으로 "1. 원칙이 유래된 것으로 보이는 이론들, 2. 특정 사례에 적용될 수 있는 개별 규칙과 이상, 3. 특정 사례의 규칙 적용에 사용될 수 있는 절차, 4. 전문인의 특정 의무에 대한 선언 모두에 대한 **무시**로 귀결한다."(Clouser and Gert, 1990, p. 235)

원칙주의 방법을 변호하기 위해 앤드류 러스티그 Andrew Lustig 는 그린, 클로우저와 게르트의 비판을 재비판한다(1992).[15] 러스티그는 이 비판들에 대한 세 가지의 주요 비판을 제기한다. 첫째는 그린이 원칙주의를 응용 윤리라고 비판한 것은 적용 시 고려해야만 하는 맥락을 무시한 채 원칙을 도덕적 딜레마에 단순히 적용하기만 했기 때문이라는 것이다. 러스티그는 그린의 비판을 근거가 없다고 받아치면서 "비첨과 칠드리스는 특정 사례에 규칙과 원칙의 적용을 문맥에 맞추기 위해 필요를 강조한다."(1992, p. 489) 또한, 원칙의 적용은 원칙과 이론의 상호 강화의 결과를 가져온다.[16]

───

15 러스티그가 원칙주의에 대한 변호를 제시한 학술지의 동일 권호에서, 데이비드 데그라지아(David DeGrazia) 또한 원칙주의에 대한 변호를 실었으며 그가 "구체화 원칙주의(specified principlism)"라고 부른 원칙주의의 수정판을 제시하였다(1992). 헨리 리차드슨(Henry Richardson)의 구체화 개념에 기초하여, 데그라지아는 구체화 원칙주의의 특성을 다음과 같이 서술하였다. "(1) 하나 이상의 (그 이상일 수도 있다) 일반 원칙을 '꼭대기'에 둔다. (2) 결의론을 필요로 하나 결코 그것으로 환원될 수는 없다. (3) '유도'나 '수반'으로 환원할 수 없는 다양한 수준의 관계를 가지는 규범들 사이의 관계에 대한 설명과 묘사를 허용한다. (4) 체계를 통한 논변적 정당화를 허용한다."(1992, p. 523) 이어 그는 구체화 원칙주의가 생명윤리의 숙고를 인도할 수 있는 적절한 이론이라고 결론짓는다.

16 러스티그는 비첨과 칠드리스가 도덕적 원칙이 "도덕적 통찰과 결정의 순간에서 어떤 식이든 '명백'하게 보인다"라고 하는 로스(W. D. Ross)의 직관주의 개념에 의존하는 데에 문제가 있음을 인정한다(1992, p. 491). 그는 이런 의존이 원칙의 본

다음, 러스티그는 비첨과 칠드리스가 이론적 관점에서 네 가지 원칙을 설명하는 데에 실패하여 이를 실용적으로 적용하는 데에 "혼란"을 가져왔다는 클로우저와 거트의 비판을 검토한다. 러스티그는 비첨과 칠드리스의 원칙이 전통 윤리 이론처럼 작동하지는 않지만, 이들 원칙이 복잡한 윤리적 딜레마에 대한 판결을 내리는 데에 충분하다고 되받아친다. 러스티그는 "내가 보기에 비첨과 칠드리스는 치료와 연구에 있어 다수의 임상 사례에 원칙을 적용하기 위한 섬세함과 치밀함을 보여주었다"며 이의를 제기한다(1992, pp. 494-495).

마지막으로 러스티그는 "이론적 불가지론"이라고 자신이 명한 문제, 즉 그린이 비첨과 칠드리스가 생명윤리의 이론적 이슈를 피했다는 문제 제기를 검토한다. 러스티그는 윤리적 숙고는 이론적 기반 없이도 가능하다는 마이클 왈저 Michael Walzer 의 주장에 호소한다. 러스티그는 "저자의 경험상, 그 근본적 개입의 차이(및 실제적 의제에서도 종종 주목할만한 차이)에도 불구하고 윤리학자, 관리자, 의료인의 판단은 원칙의 수준에서는 하나로 모일 수 있다. 실상, 무엇을 할 것인지에 대한 논증은 그곳에서 끝난다"라고 결론짓는다(1992, p. 498).

차례로 그린, 거트, 클로우저는 원칙주의에 대한 자신들의 비평에 대한 러스티그의 반박에 답했다. 답변에서, 그들은 러스티그가 "우리가 중요하게 생각한 부분은 전혀 다루지 않았고 그는 그가 엮으려 한 주변적인 부분도 오해했다"라고 주장했다(Green, Gert and Clouser, 1993, p. 478). 그들은 먼저 원칙이 일반적으로 공허해 도덕적 숙고를 인도할

질을 너무 "일상과 멀어지게" 만들며 그들의 책에서 지지하고 있는 것만큼 실용적이지 않다고 생각한다.

수 있는 능력이 없다고 한 클로우저와 거트의 비판에 대한 반론에 재반론한다. 그린, 거트, 클로우저에 따르면 "우리의 주안점은 원칙주의가 원칙 간의 충돌을 다룰 수 있을 만한 체계적인 방법이 없다는 것이었다."(Green, Gert and Clouser, 1993, p. 479) 그들은 러스티그의 비판이 오히려 자신들의 요점을 보강했다고 믿는다.

다음 그린 등은 정당화와 관련된 윤리적 방법론을 문제 삼은 그린의 비판에 대한 러스티그의 반론을 겨냥했다. 이들은 러스티그의 주장에 반대하며, 비첨과 칠드리스의 책에서 찾을 수 있는 구체적인 사례 연구와 관련된 도덕적 판단의 수렴이 원칙 숙고의 결과가 아니라고 말한다. 오히려 이들은 이것이 일반적인 도덕적 추론의 결과라고 주장한다. 그린, 거트, 클로우저는 "우리는 비첨과 칠드리스가 실제 사례에 대해 세세한 논의를 한 것에 대해 반대하지 않는다. 우리의 반대는 오직 그들의 도덕적 판단에 대한 이론적 설명과 정당화에 대한 것이다."(Green, Gert and Clouser, 1993, p. 481) 그들은 생명윤리의 숙고에 대한 이론적 기초가 있다는 견해를 끈질기게 붙들고, 논문 나머지 전부를 이를 옹호하는 데에 들였다.

비첨과 칠드리스는 『생명의료윤리의 원칙들』 4판에서 비판, 특히 클로우저와 거트의 비판을 다루었다(Beauchamp and Childress, 1994). 그들은 도덕적 행위가 유래할 수 있는 단일 윤리 이론이 합의로 도출될 수 있다는 비판자들의 근본 가정을 거부하였다. 오히려 그들은 그런 방법론에 대해 회의적이었다. 비첨과 칠드리스는 그들이 인지한 세 가지 비판에 대해서 원칙주의를 변호한다. 첫 번째 비판은 윤리적 원칙이 도덕적 상충을 인도하거나 해결하는 데에 거의 아무런 도움도 되지 않는 가치에 부여된 이름일 뿐이라는 것이다. 그들은 원칙이 효과적으로 활용되기 위해서는 더 진전된 구체화와 내용이 요청된다고 주장하였다. 비첨과 칠드리스는 "원칙이 해석되고 분석되기까지 (⋯) 그리고 구체화되어 다른 규범에 연결되기까지 (⋯) 규범적 내용을 조직할 수 있는 분류 체계 이상의 것을 기대하는 것은 불합리하다"라고 결론짓는다(Beauchamp and Childress, 1994, p. 106).

비첨과 칠드리스는 두 번째 비판(원칙주의가 전체를 포괄하는 이론을 제시하지 않는다)을 "부적절한" 것으로 여기고 이런 이론을 찾아낼 수 없다는 견해를 취한다. 마지막으로 원칙주의가 원칙들 사이의 충돌을 해결할 수 없다는 비판에 대해, 그들은 도덕적 딜레마에 판결을 내릴 수 있는 알고리즘은 없다는 주장으로 받아친다. 도덕적 삶은 너무도 혼란스럽다. 비첨과 칠드리스는 비판이 "체계적 통합의 이상에 기대를 걸지만, 우리는 도덕적 삶의 측면들에 불일치, 충돌, 도덕적 모호함이 만연하고 있음을 본다"라고 결론짓는다(Beauchamp and Childress, 1994, p. 107). 그들에 따르면 원칙주의는 도덕적 숙고 및 도덕적 삶과 연관된 딜레마에 대한 현실적 반영이다.

원칙주의에 대한 논쟁은 뒤이은 몇 년간 가열되었다(Beauchamp, 1995; Emanuel, 1995). 리처드 데이비스 Richard Davis 는 이에 대한 통찰력 있는 평가를 제시했다(1995). 그의 주요 논제는 논쟁 참여자가 서로 동문서답을 하고 있으며, 이는 그들이 특정한 인식론적 견해에 기초한 다양한 도덕 이론의 개념을 가정하고 있기 때문이라는 것이다. 예를 들어, 데이비스는 클로우저와 거트의 비판을 네 가지 원칙이 지니는 명료함 및 연관성에 대한 것으로 재구성한다. 네 원칙은 잘 정의된 조건에서 도덕적 선택에 필요한 지침을 제시하지 않는다. 오히려 각 원칙은 "느슨히 연결되어 때로 부딪히는 도덕적 고려사항의 집합을 제시할 뿐이다."(Davis, 1995, p. 89) 따라서 원칙주의는 잘 정의된 윤리 이론이 지니는 명료성의 필요를 충족시키는 데에 실패한다. 네 가지 원칙의 연관성에 있어서도 원칙주의는 잘 정의된 윤리 이론에 필요한 요소를 도출하는 데에 실패한다. 클로우저와 거트의 비평에 대한 데이비스의 재구성에 따르면, 네 가지 원칙은 윤리적 결정을 인도하는 데에 있어 체계적인 연관성이 충분하지 않다. 따라서 원칙주의는 단일의 이론을 구성하는 데에 필요한 요소를 도출하지 못하므로 윤리 이론을 대체할 수 없다.

데이비스는 이어 원칙주의의 지지자에 의한 변호를 재구성한다. 그에 따르면 그들에게 열려 있는 길은 두 가지가 있다. 첫째는 원칙주의가 체계적으로 연결되어 있지 않다는 의견을 부정하고 서로 어떻게 연결될 수 있는지를 보여주는 것이다. 데이비스는 이것이 러스티그의 접근법이었다고 주장한다. 데이비스의 견해에 따르면, 러스티그는 윤리 이론에 필요한 명료성도 연관성도 만족시키지 못한다. 러스티그는 원칙의 직관적 균형이나 비중 주기, 또는 비직관적 조건의 나열을 강조했기 때문이다. 데이비스는 비직관마저도 "'원칙' **간의** 판결을 내릴 더 엄밀한 정초가 되지는 않으며, 주어진 '원칙' **사이에** 담긴 다채로운 요소를 묶어내지도 못한다. 따라서 원칙주의의 정확한 요구를 해결하는 데에 실패한다"라고 믿는다(1995, p. 95).

두 번째 길은 네 가지 원칙이 서로 체계적으로 연결될 필요는 없다고 주장하는 것이다. 데이비스에 따르면 이것이 원칙의 일관성을 통한 비첨과 칠드리스의 접근법이었다.[17] 그들에게 있어 이 일관성은 이

---

17   데이비스는 비첨과 칠드리스의 정합론적 접근법을 "러스티그적 직관적 균형과 데

론으로써 충분하다. 이 견해의 문제는 이것이 "도움이 되기에는 너무 전개가 되지 않았다는 것이다. 필요한 것은 일관성에 대한 충분한 설명이다. 일관성의 필요조건과 충분조건은 무엇인가?"(1995, p. 100) 전체적으로 데이비스는 클로우저와 거트의 이론과 비첨과 칠드리스의 이론 중 한쪽을 선택할 만한 결정적인 이유를 발견해내는 데에 실패한다. 데이비스는 "따라서 내가 보기에 원칙주의 논쟁의 두 견해 모두 (어느정도) 결론을 이미 보증하고 있는 방식으로 그들의 개념을 정의하고 있다"라며 한탄한다(1995, p. 103). 그는 논쟁의 참여자들이 인식론적 차이, 특히 그들의 도덕 이론을 정당화하는 데에 있어 무엇이 최선의 방법인지에 주의를 기울이지 않는 한 논쟁의 진척은 일어나지 않을 것이라고 결론짓는다.

미하엘 크반테 Michael Quante 와 안드레아 피트 Andreas Vieth 도 "원칙주의의 인식론은 [『원칙들』 4판이 나온] 지금까지도 거의 불충분하게 정의된 상태로 남아있다"라는 점을 인정한다(2002, p. 625). 비첨과 칠드리스가 『원칙들』 4판에서 원칙의 정당화에 있어 직관과 관련된 표현을 삭제했음에도 (대신 그들은 정합론으로 정당화를 시도했다) 크반테와 피트는 원칙주의의 정당화는 약한 직관주의를 요청한다고 주장하였다. 로버트 아우디 Robert Audi 의 한정, 무한정 직관의 구분을 활용하여 그들은 주장한다. "비첨과 칠드리스의 주장과 관련 있는 직관의 개념은 가치—판단이며, 이는 윤리적 성찰의 시작점을 형성하는 자명한 지식이다. a. 이성의 논변적 활동으로 도달한 것이 아닌 직접지식이지만, b. 내적

그라지아적 구체화의 독특한 혼합"이라고 설명한다(1995, p. 98). 또한 그는 데그라지아의 구체화 원칙주의가 더 옹호할 만한 입장이라고 생각한다.

인 성찰 구조 없이 존재하는 것은 아니다."(Quante and Vieth, 2002, p. 625)

크반테와 피트는 비첨과 칠드리스가 원칙주의를 옹호하고 있는 원칙의 4판과 5판의 여러 단락에서 한정 직관을 대입하는 것을 정당화할 수 있는 부분들을 찾는다. 첫째, 그들은 비첨과 칠드리스가 도덕적 믿음을 정당화하기 위해 "숙고된 판단"이라는 표현을 쓰고 있음을 지적한다. 다음, 그들은 정신적 활동을 통한 지각된 일응 의무는 도덕적 가치의 "직접 포착"을 입증한다고 주장한다. 추가로, 원칙의 구체화는 "반성의 특별한 기술"을 필요로 하며 이를 통해 그 내용이 풍부해진다. 크반테와 피트의 결론은 다음과 같다. 이런 단락들이 "원칙주의를 한정 직관주의로 해석하는 것을 유리하게 만든다. 이것은 그들이 상당한 경험이 있는 사람은 상황에 대한 민감성을 가지고 있다는 것을 보여주고 있기 때문이다. (…) 이것은 전체로써 이론적 구조화를 이룬다."(2002, p. 627) 다시 말해, 한정 직관은 단순한 윤리적 의견에 의존하는 것이 아니라 경험을 통해 형성된 통찰력 있는 판단에 의거한다는 것이다.

원칙주의의 대안

『생명의료윤리의 원칙들』 4판에 대한 평론에서 이제키엘 이매뉴얼은 말한다. "비첨과 칠드리스는 과거[이전 세 판본]의 접근법을 버렸다. 이것은 '원칙주의'의 끝이 도래하고 있다는 표식이다."(Emanuel, 1995, p. 37) 이매뉴얼은 비첨과 칠드리스의 공통도덕 이론을 언급하며, 이것이 원칙주의에 대한 그들의 초기 개념과는 근본적으로 다르다는 입장을 유지한다. 비첨과 칠드리스는 공통도덕을 주장하였다. 연역론, 결의론, 서사 윤리와 같은 윤리 이론과 접근법을 제시한 이들도 있다. 이런 원칙주의의 대안 또는 경쟁자를 이 절의 남은 부분에서 검토하려 한다. 그러나 일찍부터 로버트 비치 Robert Veatch, 트리스트람 엥겔하르트, 펠레그리노와 토마스마와 같은 몇몇 생명윤리학자들은 원칙주의와는 대조를 이루는 생명윤리의 이론적 토대를 제시하고자 노력하였다.

『의료윤리의 이론 A Theory of Medical Ethics』에서 비치는 히포크라테스적 전통이 숙명적인 흠결을 지니고 있으며 현대 생명윤리, 특히 윤리적 원칙에서 수립된 생명윤리의 기반으로는 타당하지 않다고 주장한다. 이 원칙들은 종종 서로 충돌한다. 오히려 비치는 "계약 또는 서약" 이론을 통해 관계의 윤리를 제시한다. 비치에 따르면 "의료윤리의 계약적, 서약적 기반은 도덕적 공동체의 살아있는 육체적 관계를 의미한다. 이것은 단지 전문가적 합의라기보다는 의료윤리에서 무엇이 필요한지를 근본적으로 아는 것이다."(1981, p.8)

비치는 생명윤리에서의 "삼중 계약"을 정식화한다. 첫째 계약은 윤리 체계를 만드는 기본 요소로, 발견되거나 창조된 것이다. 윤리 원칙이 결정되면 다음 계약은 사회와 전문직 사이에서 이뤄지며, 전문직이 사회 구성원에 대해 가지는 도덕적, 윤리적 의무가 부과된다. 마지막으로 셋째 계약은 전문직의 특정 구성원과 사회 사이에 부속한다. 계약을 인도하는 원칙들은 비결과주의적 원칙인 계약 엄수, 자율성, 정직, 살인 금지, 정의 및 결과주의적 원칙인 선행과 악행금지이다. 이 원칙에 기반을 두어 비치는 의료윤리 서약 초안을 제시하였다(1981, pp.327-330).

『생명윤리의 토대 The Foundations of Bioethics』에서 엥겔하르트는 비종교적, 다원주의적 사회를 좀먹는 윤리적 충돌을 해결하기 위한 생명윤리의 토대를 제시하려고 시도한다. 엥겔하르트는 "좋은 삶에 대한 특정 견해의 근거를 수립하고 권위의 수립에 대한 보편 합리적 논증을 보장할 수 있는 정초를 찾으려 노력하였다. 내 낙담과 비탄은 이런 것이 불가능하다는 데에서 연원한다"라며 슬퍼한다(Engelhardt, 1986b, p. viii). 그의 목표는 비종교적 윤리 그 자체를 옹호하려는 것이 아니라 그것의 "필연성"을 증명하는 것이었다.

엥겔하르트는 자율성이나 선행과 같은 원칙에 기초하지 않고, 자유 존중과 상호 존중을 윤리적 불일치나 충돌에 대한 비종교적 합의를 이룰 수 있는 생명윤리의 최소 조건으로 삼으려 한다. 엥겔하르트는 주장한다. "도덕적 논쟁에서 평화로운 협의를 이끌어 내기 위한 방법으로 윤리의 최소 개념에 호소하는 것을 통해 우리는 윤리의 필요 조건이 도덕적 논쟁 참여자의 자유를 존중할 필요라는 것을 발견하게 된다."(Engelhardt, 1986b, p. 42) 도덕적 권위는 다원주의적 사회에서 관련 단체 사이의 상호 합의를 통해 이뤄지는 정책 수립 및 그와 유사한 인정을 통해 달성된다. 엥겔하르트에게 있어 이것은 본성상 계약적인 도덕 규칙의 절차적 집합을 필요로 한다.[18]

---

18 『토대』 2판에서 엥겔하르트는 모두가 동의할 수 있는 생명윤리의 "비종교적" 도덕 성을 계속 추구해 나아간다(Engelhardt, 1996). 그러나 이 비종교주의는 "거듭난 텍사스 정교 가톨릭 신자"의 눈으로 본 것이다(Engelhardt, 1996, p. xi). 엥겔하르트의 개종의 영향은 『기독교 생명윤리의 토대(The Foundations of Christian Bioethics)』 발간 전까지는 느껴지지 않았다(Engelhardt, 2000). 여기에서 그는 생명윤리의 비종교적 기반을 부인하고 합리적 신학에 기초를 두려 한다. 엥겔하르트에게 있어 기독교 생명윤리의 진정한 기초는 "논변이나 학자적 사고에 의한 것이 아닌, 신의 계시로 부여된 인식 주체의 변화"를 통한 신학적 이론이다(Engelhardt, 2000, p. xvi). 비평가들은 이에 대해 전혀 관심을 보이지 않았다(Spicker, 2002; Welie, 2001).

펠레그리노와 토마스마는 『의술의 철학적 기초 A Philosophical Basis of Medical Practice』에서 신체의 존재론, 특히 의료적 돌봄의 구체적 가치에 기초한 의료윤리를 제시한다(Pellegrino and Thomasma, 1981a). 이 목적을 위해 그들은 세 가지의 근본 가치를 설정하고 여기에서 행동 지침을 위한 세 가지 윤리적 공리를 유도한다. 첫째 가치는 개인의 건강으로, 여기에서 환자의 신체에 "해를 끼치지 말 것"이라는 윤리적 공리를 유도한다. 펠레그리노와 토마스마는 "해를 끼치지 말 것"이라는 공리는 실제적인 인간적 조건 못지않게 의학 자체의 본성에 대한 기초가 된다. 이것을 위반하는 것은 의학의 본질을 위반할 뿐 아니라 그 가능성의 조건마저도 위반하는 것이 된다"라고 경고하고 있다(Pellegrino and Thomasma, 1981a, p. 184). 다음 가치는 각 개인이 내재적 가치를 소유하고 있다는 것으로, 여기에서 환자 신체의 독특성과 취약성이라는 윤리적 공리를 유도한다.

마지막 가치는 신체적 특징을 공유한다는 측면에서 인격의 공통성을 인간의 표상으로 여기는 것이다. 이 가치를 통해 공동선의 측면에서 모든 환자에 대한 형평이라는 공리를 유도한다. 이 가치들에 기초하여 펠레그리노와 토마스마는 의료 도덕성의 개혁을 제안한다. 이 개혁은 의사에게 기술적 역량, 환자의 도덕적 주체성 보장, 의학적 만남에서의 개인성 존중을, 환자에게 의사의 역량 신뢰, 의사의 도덕적 주체성 존중, 질병 경험에 대한 진실 말하기, 치료에 대한 합리적인 기대를 요청한다.

철학적 기초의 후속작인 『환자의 선을 위하여 For the Patient's Good』에서 펠레그리노와 토마스마는 (원칙주의를 강조하며) 환자 자율성에 대비되는 선행에 생명윤리를 정초하려 시도한다(Pellegrino and Thomasma, 1988). 그들은 존재론적 분석을 연장하여 "신탁적 선행 beneficence-in-trust"을 포함시키며, 이는 신탁적 계약의 일부인 의학적 만남에서 환자의 가치에 의사가 협력하는 것을 의미한다. 다시금, 펠레그리노와 토마스마의 접근에서 다루어지고 있는 것은 "생활신체 lived body"이다.

논제는 자율성이 의료윤리의 주된 목표여야 하느냐는 것이었다. 펠레그리노와 토마스마는 묻는다. "신체를 회복할 수 있는 효과적인 방법이 있음에도 불구하고, 신체를 과잉(담배, 알코올, 약품, 음식, 나태)으로 학대하거나 회복에 실패하는 것은 신체의 선을 위반하는 것이 아닌가?"(Pellegrino and Thomasma, 1988, p. 44) 이런 물음은 자율성의 약점을 지적하고 균형을 잡기 위해 선행의 필요성을 요청한다. 이 약점을 해결하고 균형을 가져오기 위해 그들은 선행과 자율성을 "단일" 원칙으로 합한다. 이것이 신탁적 선행이다. 펠레그리노와 토마스마는 설명한다. "신탁적 선행이란 의사와 환자가 관계 속에서 서로에 대한 최선을 행위의 목표로 두는 '신탁(라틴어로 fiducia)'을 지키는 것을 의미한다."(Pellegrino and Thomasma, 1988, pp. 54-55)

생명윤리의 기본 도덕 이론을 제시하려는 상기의 시도는 초기 분야가 가지고 있던 충실함을 담아내는 데에 실패했으며, 이는 "비치의 삼중 계약은 너무 가설적이며, 엥겔하르트의 '다수성의 논리'는 도덕적으로 너무 빈약하고, 펠레그리노와 토마스마의 신탁적 선행은 너무 존재론적"이기 때문이다(Jonsen, 1998, p. 331). 이 절의 나머지 부분에서 연역론, 공통도덕, 결의론, 서사 윤리를 전통 원칙주의의 대안으로 검토한다.

다트머스 연역론/서술주의

원칙주의를 변호하면서 러스티그는 "다트머스 연역론"이라고 부르는 것을 비판한다. 러스티그는 이 이론 중 특히 거트가 주장한 형태를 비판하고 있다. 그러나 이 이름표는 점차 클로우저와 그린 등 다른 다트머스의 동료들까지 칭하는 이름이 되어 갔다. 그러나 윤리 이론으로서의 연역론은 다트머스에 국한되는 것은 아니고 긴 전통을 지니고 있다. 연역론의 정수는 윤리 원칙이 잘 형성된 이론에서 연역될 수 있다는 것이다. 데그라지아에 따르면, "한 사람을 윤리 이론 연역론자로 만드는 이유는 충분히 잘 정의된 이론적 구조에 있다. 그것은 모든 (또는 특정 영역 내에서) 정당화된 도덕적 판단은 (관련 사실에 대한 주어진 지식에서) 원칙상 구조에서 연역 가능하다는 주장이다."(DeGrazia, 1992, p. 512)

연역론에 있어 중요한 점은 도덕, 윤리 규칙과 신조의 (직관 대신) 합리적 필연성이다. 즉, "신조는 모든 합리적 존재가 **지켜야만** 하는 것이다."(Levi, 1996, p. 11) 도덕 규칙이나 신조가 경쟁하는 경우, 이들 중 하나를 선택할 수 있는 합리적 방법이 존재해야만 한다. "궁극적으로 다른 모든 특수한 도덕적 판단의 최종 정당화로 기능하나 이상의 일반 규범이 반드시 있다."(DeGrazia, 1992, p. 513)

거트는 『도덕성 Morality』 1966년 초판에서 도덕 규칙의 정당화를 제안하였으며, 여러 개정을 거쳤다. 1988년의 재개정판에는 『도덕 규칙의 새로운 정당화 A New Justification of the Moral Rules』라는 부제가 붙었다. 거트에게 있어 도덕성은 공공성의 핵심이다. 그가 정의하는 바로 "**도덕성은 모든 합리적인 사람에게 적용되고, 타인에게 영향을 미치는 행동을 규율하며, 악의 최소화를 그 목적으로 가지고, 일반적으로 도덕 규칙이라고 알려진 것을 그 핵심으로 하는 공적 체계이다.**"(Gert, 1988, p. 6)

거트의 도덕 체계는 여러 가지 요소로 이루어져 있다. 첫째는 열 개의 도덕 규칙이다. 구체적으로 말하면, 여기에는 "살인하지 말라", "아픔을 끼치지 말라", "속이지 말라", "약속을 지켜라"와 같은 규칙이 포함된다(Gert, 1988, p. 157). 규칙은 해악 방지뿐만 아니라 도덕적 삶의 다른 차원 또한 다룬다. 다음 요소는 도덕적 태도로, 도덕 규칙의 정당화와 관련된다. 각 규칙은 편견 없는 사람이 그것을 어기는 것이 공공연하게 정당화되지 않는 한 모든 합리적인 사람이 따라야 하는 것이다. 이에 더하여 도덕성의 목표는 선이나 기쁨의 극대화가 아닌 악의 최소화이다.

규칙에 더하여 거트의 도덕 체계는 도덕적 이상과 공리주의적 이상, 즉 악의 방지와 선의 추구를 포함한다. 마지막 요소는 도덕적으로 적절한 요소들, 특히 도덕 체계의 위반과 관련된 요소들로 구성되어 있다. 결론적으로 거트는 이런 도덕 규칙이 단일한 도덕적 명령으로 환원될 수 없다는 것에 슬퍼하지만, 더 한탄해야 할 만한 일은 "삶의 도덕적 지침에 있어 적절한 요약을 제시하기 위해 가장 친근한 도덕적 명령이 수정되거나 해석되어야만 한다"라는 사실이라고 한다(Gert, 1988, p. 302). 그러나 그는 자신의 도덕 규칙이 도덕성을 명확하게 서술하고 있다고 생각한다.

러스티그의 비판은 거트가 도덕적 사고를 통해 도덕 규칙을 정당화하는 것의 연역적 본질에 중심을 두고 있다. 러스티그는 "난처한 문제에 대한 도덕적 숙고에 있어 사려 깊고 자의식을 가진 사람 대부분이 더 큰 맥락의 정당화 속 도덕 규칙에 호소한다고 하는 것이 그럴듯해 보이긴 한다. 이런 규칙은 거트의 연역적 설명이 제안하고 있는 공평한, 합리적 적용이 가능한 '명백한' 규칙이 아니라, 원칙이 수용되는 더 넓은 정당화의 맥락 안에서 더 **해석될 수 있는** 단일 규칙이나 복수의 규칙들이다"라고 비판한다(Lustig, 1992, p. 502). 다시 말하면, 거트의 도덕 규칙은 너무 지나치게 단순하다.

러스티그에 따르면 도덕적 삶은 도덕 규칙의 집합에서 연역되기에는 너무 복잡하고 유동적이다. 게다가 그는 클로우저와 거트가 도덕적 합의와 불일치, 그리고 도덕적 요소가 서로 어떻게 관련되어 있는지를 설명하고 있는 도덕 이론의 기준(Clouser and Gert, 1990)을 거트의 도덕 이론이 만족시키지 못한다고 생각한다. 마지막으로, 러스티그는 거트의 공공 도덕 체계는 도덕성을 구성하기에는 애매하다고 주장한다. 러스티그는 "도덕적 호소의 맥락을 상실한 규칙 자체로 '충분한' 이유라고 간주할 수 있는 것을 평가하는 일은 논증이 아닌 임의의 주장 수준에 머물고 만다"라고 비난한다(Lustig, 1992, p. 505). 그는 거트와 다른 다트머스 연역론자들에게 더 정교한 도덕 체계를 제시하라고 도전하면서 마무리를 짓는다.

러스티그에 대한 대응으로 거트 등은 자기 입장을 변호한다. 그들에 따르면 "'다트머스 연역론'이라는 명칭에서 '다트머스' 부분이 표적이 되고 있지만, '연역론'은 정확하지 않을 수 없다. 사실 '연역론'은 우리가 단호히 거부하는 몇몇 이론적 경향을 암시한다."(Green et al., 1993, p. 481) 이 경향에는 "비맥락적" 합의로 이끄는 도덕 원칙에 대한 "유사 기하학적" 추론 과정 등이 있다. 그들은 자신들의 도덕 체계가 도덕적 전제에서 유래한 추론 방법을 포함하고 있으며, 이 전제에는 맥락적 상세가 포함되어 있어 불일치나 결론에 대한 논의를 허락하는 여지를 두고 있다고 주장한다.

거트의 도덕성 개념에 기반하여 거트 등은 도덕성의 세 가지 특징을 분간한다. 첫째, 도덕성은 체계적으로, 규칙은 다른 규칙과의 관계에서만 이해될 수 있다. 다음, 도덕성은 공적 본질을 지닌다. 반면, 마지막 특징은 도덕성이 모든 합리적인, 편견 없는 사람에게 적용된다는 것이다. 그들은 이런 특징이 다수의 윤리 이론에서 발견된다고 주장하지만, 그들은 자기 이론과 다른 이론의 경계선이 있다고 주장한다. "그것은 함께 도덕적 결정의 실례에 적절히 적용될 수 있다는 확신이며, 이들 특징이 사려깊은 사람들이 어떻게 도덕적 결정을 내리고 새로운, 복잡한 질문들에 관한 결정을 내리는 데에 있어 튼튼한 기초를 형성하는지를 설명해준다."(Green et al., 1993, pp. 481-482) 자신들의 도덕 이론의 서술적 본성에 기초하여, 그들은 자신을 "다트머스 서술주의자"라고 부른다.[19]

거트 등의 도덕 이론에 부여된 다른 이름은 규칙–결과주의이다. 이 이론이 규칙에 기반을 두기 때문이다(Keulartz, 2004; Sheehan, 1999). 그러나 연역론이라는 표현을 반대하는 것처럼 거트 등은 규칙–결과주의도 거부한다. "우리 접근법이 자주 '규칙–기반 윤리'로 서술되고 있는데 이것은 말 그대로 틀렸다는 점을 지적하고 싶다. 규칙은 우리의 도덕성에 대한 설명의 한 측면이지만, 이 도덕 체계에는 다른 핵심 요소들이 있다. 첫째, 이상, 둘째, 사실을 살피고 비교하는 데에 중심을

---

19 스스로 인정하는 것처럼 다트머스 서술주의자들 사이에는 미묘한 차이가 존재한다. 예를 들어, "거트는 매우 단순한, 일반 규칙과 예외를 규칙으로 정당화하는 올바르게 설정된 절차를 선호하며, 절차는 규칙을 설정한 최초 절차와 밀접하게 닮았다. 반면, 그린은 칸트적 배경을 반영하듯 기초 방법론을 강조하며 새로이 도덕적 의사결정을 진행할 수 있는 모든 사례를 허용하는 것을 선호한다. 이것은 일반적으로 훨씬 복잡한 사례를 규율하는 관련 규칙을 편견 없고 합리적인 사람이 제안하고 투표할 수 있는 가설적인 도덕적 '입법' 과정이다."(Green et al., 1993, p. 482)

둘 수 있도록 돕는 상황의 도덕적 연관 요소들의 구체화, 셋째, 규칙과 이상의 충돌을 다룰 수 있는 명시적인 절차."(Gert et al., 1997, p. ix) 자신들의 주장을 정당화하기 위해 거트 등은 자신의 도덕 체계를 [만성]질환, [동의] 역량, 후견주의, 안락사와 같은 몇 가지 중요한 생명윤리 주제에 적용한다.

마지막으로, 러스티그는 거트 등의 도덕 체계가 크게 도움이 되지 않는다고 역설한다. 러스티그는 "어려운 사례들을 마주하여 저자에게 더 명확한 지침을 기대한 독자들에겐 실망스럽게도 판단을 위한 공통 척도 없는 여러 규칙으로 금지된 통약불가능한 해악들을 비교할 필요만이 남는다"라고 주장한다(Lustig, 2001, p. 323). 사실, 칼슨 스트롱 Carson Strong 은 이들의 도덕 체계를 적용하는 것이 "한 사람의 숙고된 도덕 판단과는 부딪히는 답을 도출할 수 있다"라고 강력히 주장한다(2006, p. 52). 예를 들어, 그는 헌팅턴병의 가족력을 가지고 있는데 누이에게 검사 결과에 대해 거짓말하고 있는 남동생의 사례를 언급한다. 보건의료인에게 거짓말에 참여해달라는 요청이 들어오면 어떻게 해야 하는 가? 거트는 거짓말을 정당화할 수도 있지만, 스트롱은 "충분한 정보를 제공받았으며, 편견 없고 합리적인 사람은 이런 유형의 규칙 위반에 대해 동의하지 않을 수도 있다"라고 주장한다(2006, p. 53).

공통도덕

『생명윤리: 근본으로의 복귀 Bioethics: A Return to Fundamentals』에서 거트와 동료들은 성숙한 형태의 도덕 이론을 제시한다(Gert et al., 1997). 헨리 리처드슨 Henry Richardson 은 이를 "최고 업적"이라고 부른 바 있다(1999). 거트 등은 특히 도덕 이론 논의가 현대 생명의학 교과서에서 부족하다는 점에 대해 슬퍼한다. "다양한 접근법에 대한 체계적 연구가 없으며, 접근법의 기초를 탐구하거나 입증하려는 시도도 없고, 의료윤리의 문제들을 체계적으로 해결하기 위해 이런 접근법을 연결하려는 구체적인 시도도 없다."(Gert et al., 1997, p. vii) 다시 말해, 현대 생명윤리는 단순히 임시변통이며 윤리적 딜레마의 분석에 있어 체계적이지 못하다는 것이다. 거트 등의 목표는 생명윤리의 이론적 기초를 제시하여 이 문제를 시정하는 것이며, 특히 거트가 초기에 전개한 노선을 따라 이를 달성하려 한다.[20] 따라서 이전의 도덕성이 지닌 체계적, 공적 특징이 그들의 논의 위를 크게 드리우고 있다.

거트와 동료들은 이제 "공통도덕"을 전개한다. 이는 "도덕적 문제 대부분에 대한 광범위한 동의"로, 공적 도덕성 개념의 틀을 제시할 수 있는 것을 가리킨다(Gert et al., 1997, p. 16). 도덕성은 본성상 비형식적인 공적 체계("정답을 결정할 수 있는 권위적 판단이나 절차가 없는 체계")이며 법과 같은 형식적 체계, 또는 게임과 같은 형식적 공적 체계와 대조된다(Gert et al., 1997, p. 22). 이것은 "합리적으로 요청된 믿음"에 기반을 두며, 이 것은 만약 이를 의심한다면 그 사람은 비합리적이라는 꼬리표가 붙는 결과를 낳는 믿음이다. 거트와 동료들에 따르면 "모두가 공유하는 믿음, 즉 합리적으로 요청된 믿음을 활용하지 않는다면 모든 합리적인 사람이 동의할 수 있다는 보장은 없다."(Gert et al., 1997, p. 33)

---

20 그들의 책 『생명윤리』는 이전의 두 책, 『의철학(Philosophy in Medicine)』과 『도 덕성: 그 본질과 정당화(Morality: Its Nature and Justification)』에서 제시된 개념을 종합한 것이다(Culver and Gert, 1982; Gert, 1988). 그러나 퀸타가 적은 것처럼, 그들의 책은 이전 저작들과 특정 요소들을 공유하지만, 생명윤리와 도 덕성 사이의 더 깊은 연결을 세우기 위해 이전 작업을 포기한다(Quanta, 2000).

공통도덕은 공유된 도덕적 직관 가까이에서 도덕성의 이론적 정당화를 제시한다는 점에서 원칙주의의 대안으로 회자되었다. 클로우저의 주장에 따르면 "이 대안적인 도덕성에 관한 설명은 통상적인, 공통도덕의 규칙과 이상과 함께 한다. 이는 결국 인간 본질의 양상에 정초한다."(Clouser, 1995, p. 219) 거트 또한 공통도덕에 대한 정밀한 정의를 제시한다. "사려 깊은 사람들이 사용하는 도덕 체계로, 보통 은연중에 그들이 도덕적 결정과 판단을 내릴 때에 드러난다."(Gert, 2004, p. v) 공통도덕이 다양한 도덕적 논제에 판결을 내리는 체계이지만, 논쟁적인 문제에서 항상 같은 답을 내릴 필요는 없다. 사실, 거트는 공통도덕이 "편견 없는, 합리적 사람들은 때로 도덕적으로 어떻게 행해야 하는지에 대해 불일치할 수도 있음을 허용한다"라고 인정하고 있는 것이다 (Gert, 2004, p. 6). 그와 같은 공통도덕은 본성상 복합적이며, 그 정초인 인간 본질 자체만큼이나 복합적이다. 거트는 "공통도덕은 체계이지만, 인간 판단의 필요를 제거하지 않는다."(Gert, 2004, p. 148)

공통도덕의 해설에서 클로우저는 원칙주의와 동일한 문제를 제기한다. 그것은 "임시변통이며, 합리적 기초가 없고, 호도하며, 지침을 줄 수 없다."(Clouser, 1995, p. 235) 비첨과 칠드리스는 이 비판에 대응한다. 흥미로운 점은, 그들이 이제 네 원칙을 정초하기 위해 자신들 나름의 공통도덕을 옹호하기 시작했다는 것이다. 비첨과 칠드리스는 "우리는 도덕적으로 진지한 모든 사람들이 공유하는 규범 집합을 **공통도덕**으로 지칭할 것이다. 공통도덕에는 모든 장소의 모든 사람들을 구속하는 도덕 규범이 속한다. 도덕적 삶에서 이것보다 더 기본인 규범은 없다."(Beauchamp and Childress, 2001, p. 3)

비첨과 칠드리스의 공통도덕에 대한 호소는 규범적, 비규범적 본성 모두를 가지고 있다는 점이 중요하다. 공통도덕은 도덕적 표준 집합을 제시한다는 점에서 규범적이다. "이 표준을 받아들이지 못한다는 것은 적절하지 않은 처신에 관여한다는 의미이다."(Beauchamp and Childress, 2001, p. 4) 그들의 비규범적 호소는 본성상 경험적이다. 비첨과 칠드리스는 "모든 문화권에서 **도덕적 처신에 관해 진지한** 사람들은 공통도덕의 요구를 수용한다"라고 확언한다(Beauchamp and Childress, 2001, p. 4). 이에 더하여, 그들은 공통도덕의 규범이 본성상 절대적이지 않고 특정 상황에서 위반될 수 있다는 점을 인정한다.

공통도덕에 대한 상당한 비판이 있고, 특히 비첨과 칠드리스가 지지한 형태에 비난이 집중되었다. 예를 들어, 레이 터너 Leigh Turner 는 공통도덕이 존재한다고 주장할 만한 경험적 증거가 없다고 주장한다 (2003). 이를 지지하기 위한 현장 연구가 수행된 적이 없다. 오히려 터너는 문화 의존적인 윤리적 규범의 다수성이 존재할 뿐이라고 주장한다. 데그라지아는 비첨과 칠드리스의 공통도덕을 비판한다. 그의 주장에 따르면 "이 저자들의 공통도덕 논의가 (민주적 본능과 혁신의 의지 모두를 깊이 반영한다는 점은 훌륭하지만) 반이론의 방향으로 너무 멀리 나아갔으며 현재의 도덕을 암묵적으로 용인한다고 믿는다."(DeGrazia, 2003, pp. 224-225) 그가 두려워한 것은 이런 도덕성이 쉽게 부도덕으로 나아갈 수 있다는 것이다.

비첨은 상기의 비판에 대응한다(Beauchamp, 2003b). 그는 어떤 도덕적 규범은 문화 의존적이라는 점을 인정하나 공통도덕을 구성하는 도덕적 규범의 핵심 집합은 그렇지 않다고 말한다. 이 핵심 규범은 넓은 규범 집합이 아니라 거짓말이나 도둑질과 같은 특정 행동이 틀렸다는 인식으로서 좁은 범위를 가진다. 사실, 비치는 케네디연구소가 공통

도덕의 기본 견해를 검증할 현장 연구를 후원하고 있다고 말한 바 있다(Veatch, 2003).

결의론

결의론은 명암이 교차하는 과거를 가지고 있다(Jonsen and Toulmin, 1988). 그 기원은 고전 그리스 시대로 거슬러 올라가며, 결의론은 16세기 중반에 절정에 이른다. 결의론의 초기 지지자 중 한 사람은 키케로 Cicero, B.C. 106~B.C. 43 로 그는 저서 『의무론』에서 도덕적으로 논쟁의 여지가 있는 사건들을 제시한 바 있다. 존슨과 툴민에 따르면, "키케로의 『의무론』은 도덕 논리를 분석하기 위해 몇 개의 사건을 관련 지은 최초의 '사례집'이었다."(Jonsen and Toulmin, 1988, p. 75) 키케로의 영향은 이후 몇 세기 동안 유지되었으나 점차 다른 도덕 접근법에 의해 쇠퇴해 갔다. 그러나 1960년대 도덕적 딜레마의 대두와 함께 결의론 부활의 시간은 무르익어 갔다. 이 부활은 그 실현 가능성을 의학에서 찾았는데, 이는 의학에서 사례들이 문제의 기본 단위였기 때문이다. 결의론의 지지자들이 고심한 풍부한 도덕 이론적 배경이 존재했음에도 불구하고, 결의론에 포개져 전개된 이론은 존재하지 않았다. 오히려 "결의론자들은 이 이론적 배경을 당연한 것이라고 생각했다."(Jonsen and Toulmin, 1988, p. 250)

이론적 토대의 결핍에 더하여, 명시적인 결의론의 방법론이나 사례 분석 절차도 존재하지 않았다. 결의론의 실제에 대한 설명에서 존슨과 툴민은 이런 방법 또는 절차를 정의하는 여섯 가지 단계를 구분하였다(Jonsen and Toulmin, 1988). 첫째 단계는 패러다임과 유추에의 종속이다. 특히 확실한 사례는 패러다임이 되며, 다른 모든 사례에 유추로 적용된다. 둘째 단계는 도덕적 금언을 사례 분석에 활용하는 것이다. 이 금언은 대개 실용적 지혜를 요약한 것으로, 입증되거나 정식적으로 논증된 바는 거의 없다. 셋째 단계는 사례의 상황을 고려하는 것으로, "누가, 무엇을, 어디에서, 언제, 왜, 어떻게, 어떤 방법으로"를 따진다(Jonse and Toulmin, 1988, p. 253).

넷째 단계는 사례를 가능성의 면에서 한정하는 것이다. 사례의 가능성은 "매우 확실"에서부터 "거의 불가능"까지의 범위에 이른다. 다섯 번째 단계는 누적된 논증에 호소하여 고려 대상인 사례의 특정 도덕적 입장을 지지하는 것이다. 존슨과 툴민은 주장한다. "어떤 견고한 논리가 아닌 (깊은 주의를 기울이지는 않더라도 결의론자는 논리에 유념하지만 말이다) 다수의, 다양한 지지 근거의 축적으로 인하여 의견에 '더' 그럴듯한, '덜' 그럴듯한 것으로 순위가 매겨진다는 결론이 도출된다."(Jonsen and Toulmin, 1988, pp. 255-256) 마지막 단계는 분석 사례의 해결책에 대한 선언이다. 존슨과 툴민에 따르면 결의론의 사례 분석은 원칙주의의 대안으로 의학의 윤리적 논제에 적용할 수 있다.

존슨은 현대 결의론, 특히 현대 생명윤리에서 사용되는 결의론에 대한 종합적인 정의를 제시한다. "도덕적 난문제의 실례를 특정한 실례에 비추어 일반 도덕 규칙을 해석함으로써 분석하고 해명하는 방법."(Jonsen, 2004, p. 374) 그는 결의론적 방법이 생명윤리, 특히 현대 기술의 도입이 생명의 시작과 끝의 문제에 관한 도덕적 경계를 흐릿하게 하고 있는 상황에 적용 가능하다고 주장한다. 존슨은 "개별 환자의 상황, 주제(의료-윤리적 결정을 요인으로 넣을 수 있는 유효 범주), 금언('해를 끼치지 말라' 또는 '환자의 충분한 설명에 의한 결정을 존중하라' 등)의 차이는 각 사례의 해결에 있어 제각기 결정적인 역할을 한다."(Jonsen, 2004, p. 379)

그러나 존슨에 따르면 결의론 그 자체는 원칙[주의]에 반대되는 것이 아니라 오히려 원칙을 보충하는 역할을 한다(Jonsen, 1995). 그것은 본성상 상황적이거나 맥락적이지 않다. 오히려 원칙은 사례 해결에 다양한 정도로 기능한다. 어떤 사례에는 원칙이 불가피해 보이는 반면, 다른 사례에서는 원칙의 한정이 필요하고, 또한 요청된다고 하겠다. 마지막으로 결의론은 이론 독립적이지 않으나 어느 특정 윤리 이론에도 적합시킬 수 있다.

로날드 칼슨Ronald Carson도 원칙주의의 대안으로 결의론의 한 형태를 제시하였다(1997). 그의 원칙주의에 대한 주요 비판은 그것이 도덕적 결정 수립 과정을 논리 알고리즘으로 환원하여 축소한다는 것이다. 칼슨은 주장한다. "내 견해에선 원칙과 적용principles-and-applications 접근법은 자체로 흠결을 지닌다. 왜냐하면 의료의 도덕적 범주가 논리의 필요조건을 거의 허용하지 않기 때문이다."(1997, p. 184) 경험을 통해 칼슨은 환자가 자기 질환에 대한 사실을 임상에서 마주한다는 사실을 관찰해낸다.

의료 전문직의 과업은 환자들이 질환 경험을 말로 표현할 수 있도록 돕는 것이다. "의사가 맡아야 하는 중심 도덕 과제 중 하나는 아픈 사람이 '자신의 목소리를 찾을' 수 있도록 돕는 것이다."(Carson, 1997, p. 182) 이 과업을 수행하기 위해 칼슨은 매우 기술적이고 때로 혼란스러우며 겁먹게 하는 의학적 세계에서 환자의 질환 경험 해석자로서 의사 역할을 받아들여야 한다고 주장한다. 이 역할에 있어 중요한 필요조건은 공감이며, 공감은 의사가 환자의 질환 경험에 대한 은유적 이야기에 접근할 수 있도록 한다. 칼슨은 설명한다. "은유 능력은 '이것이 무엇과 같아야만 할 것인지'를 상상하는 능력이다. 확실성을 통해 다른 사람에게 이것이 어떨 **것인지를** 아는 것이 아니라, 이러저러하게 고통받은 것이 무엇과 **같은지에** 대해 상상하고 이를 통해 잠정적인 감각을 얻는 것이다."(1997, p. 182) 따라서 의사는 질환 경험 동안 환자를 돕기 위해 환자와 접촉해야 하며, 특히 치료 과정에서 발생할 수 있는 윤리적 딜레마를 고려하여 관계를 지속해야 한다.

윤리적 의사결정에서 적절한 공감을 얻는 데에 있어 칼슨은 원칙이 아닌 금언의 활용에 의지한다. 금언은 "잠정적으로 확립된 의견"으로 의사의 반성 도덕적 탐구와 실천을 인도하는 기능을 한다. 금언은 행위 경로를 지정하는 대신 이를 조명한다. 칼슨은 설명한다. "구체적 상황에 잠정적으로 확립된 의견의 빛을 비추어 [금언은] 선을 유지하고 촉진하기 위해, 그리고 그 목적에 가장 적합한 행위를 선택하거나 고안하기 위해 후속 사건이 취해야 할 방향이 무엇인지를 밝힐 수 있도록 한다."(1997, pp. 185-186)

금언은 특히 "경험칙"에 일치하며, 이는 역사를 통해 발전되어 왔다. "결의론은 수용된 지혜를 담은 금언을 예기치 못한 사례와 새로운 문제로 확장한다." 칼슨은 주장한다. "이 방식은 알려진 것을 알려지지 않은 것에 적용하는 것이 아니다. 이것은 확장이며, 앞으로 빛을 비추어 상황을 해석하고 뒤로 금언을 비추어 새로운, 지금까지 상상하지 못한 상황을 설명하도록 수용된 지혜를 조정한다."(1997, p. 186) 칼슨의 도덕적 숙고 결의론은 윤리적 숙고에 대해 환자의 특정 질환 이야기뿐만 아니라 통념적 지혜 또한 고려에 넣는다. 이 경우 윤리적 숙고와 진전을 가능하게 하는 특수와 보편의 상호적 관계가 존재하게 된다.

서사 윤리

지난 몇십 년 동안, 윤리학자들은 도덕성에 대한 서사적 접근을 전개해왔다. 서사 윤리학자는 "도덕 이론에 '인격적 전회'를 가져왔다. 윤리가 이방인들에게 옳은 것을 수행하는 것에 주안점을 두고 있다는 원론적 가정은 보편화 가능성을 지니지만, 누구에게도 맞지 않는다고 그들은 도전한 것이다."(Nelson, 1997, p. viii) 예를 들어, 데이비드 버렐 David Burrell 과 스탠리 하우어스 Stenley Hauerwas 는 윤리적 추론이 서사적 맥락과 분리될 때 왜곡된다고 주장한다. 오히려 그들은 "서사는 실용적 사고에 적합한 어떤 객관성을 정당하게 다룰 수 있는 틀을 구성한다"라고 주장한다(1977, p. 112).

서사 윤리는 표준의, 엄정한 윤리 체계와는 달리 도덕적 숙고와 추론에 있어 개인의 이야기의 세부를 주변화하거나 제거하는 대신 오히려 결합하려 한다. 몇몇 서사 윤리학자는 "모든 도덕적 지식은 한 사람이 속한 사회 집단의 이야기에 기초하며, 따라서 보편 구속적 도덕 원칙을 주창하려 했던 소위 '계몽의 기획'은 필연적으로 실패할 수밖에 없다"라고 주장한다(Arras, 1992, p. 1201).

토마스 머레이 Thomas Murray 는 서사의 본성을 검토하여 윤리에 적용하려 한다(1997). 그는 서사가 "도덕적 통찰"의 습득을 돕는다는 것을 인정하며, 이는 한 사람의 도덕적 통찰을 변화시키는 데에 영향을 미칠 수 있다. 서사가 어떻게 이 변화에 영향을 미치는지는 명확하지 않으나 머레이에 따르면 "도덕성에 관한 새로운 명제를 배우는 것이나, 이전에 들었으나 그 증명이 손에 들어오지 않았던 어떤 명제의 진실을 파악하는 것으로 환원할 수는 없는 것으로 보인다."(1997, p. 5)

머레이는 서사가 윤리적으로 기능할 수 있는 네 가지 가능성을 분간한다. 첫째는 도덕 교육을 통해서이다. 예를 들어, 어린이들에게 동화로, 성인들에게 문화적 신화로 이야기되는 이야기는 도덕적 감수성을 형성하는 데에 있어 중대한 역할을 한다. 이 기능에 대해 논쟁을 제기하기는 어렵지만, 서사 윤리가 실체적 방식에서 어떻게 기능할지, 특히 의학에서 어떠해야 할지에 대해서 질문을 제기할 수는 있다. 그는 이 질문에 대해 서사의 방법론적 역할을 검토함으로써 접근한다. 머레이는 주장한다. "우리가 아는 것은 옳음과 그름이 사례에서 구체화된다는 것이다. 도덕적 내용은 사례에 귀속된다. 우리가 사례에서 끌어내는 명제는 그 내용의 해석이다."(1997, p. 8)

또한, 머레이는 도덕적 담론에서 서사의 역할에 대해 논한다. 그는 윤리학자가 서사를 담론으로 활용하는 몇 가지 방식을 구분하며, 여기에는 가설적 이야기, 토대적 이야기 등이 있다. 머레이는 주장한다. "전부는 아니더라도 도덕 이론을 포함한 도덕적 담론의 다수는 서사에 포개지며, 조건 지어지며, 서사를 통해 수행된다. 충돌을 완전히 벗어나 있다고 주장하는 생명윤리의 특정 성과마저도 단지 우리에게 주어진 것을 사유 단독으로 설명했을 뿐이라는 의심을 지우기 어렵다."(1997, p. 10)

서사의 넷째 역할은 도덕적 정당화에 있다. 머레이에 따르면 "이야기에서 파악한 옳음과 그름은 윤리에 대해 우리가 가지고 있는 어떤 명제에 대한 믿음보다도 더 확고할 수도 있다. 사실 이야기는 의심스러운 명제에 대한 우리의 신뢰를 강화하거나, 그 결함을 보여주는 기능을 한다."(1997, pp. 9-10) 서사는 이야기의 플롯에서 핵심 요소에 관한 동일시를 통해, 또한 명제 윤리에서 종종 무시되는 요소들을 제시함을 통해 도덕적 지식을 보증한다.

위에서 의학과 그 윤리가 서사적 분석에 특히 열려 있다고 언급된 것은 병력과 의무기록이 의학적 실천의 중심 텍스트이기 때문이다. 그러나 전에 검토한 바와 같이 의무기록은 환자의 질환 이야기의 과학적, 기술적 요소에 집중하고 개인의 세부 사항은 무시한다. 리타 샤론 Rita Charon 은 의료윤리와 실천에 대한 서사적 접근법을 전개하여 전통적인 의무기록에 대항하려 했다(2006). 이 접근법은 그녀가 "서사적 역량"이라고 부른 것에 기초하며, 이런 능력은 환자의 이야기에 대한 집중 또는 유념, 질환 이야기를 민감하게 재현할 수 있는 능력, 그리고 환자의 이야기과 연합할 수 있는 능력으로 이루어진다.

서사적 역량은 의학적 실천과 생명윤리에 근본적인 영향을 미친다. 샤론은 "서사적 역량이 간호사나 의사의 진료실 및 병동에서의 행위를 변화시키는 것과 같이, 서사적 역량은 윤리학자가 환자, 가족, 보건의료인, 자신에게 행하는 것을 근본적으로 변화시킨다."(2006, p. 203) 이 윤리학자의 변화는 환자를 더 가깝게 느껴 이해하고 공감할 수 있도록 함으로써 환자의 가치와 동조하여 위원회에서 역할을 담당할 수 있도록 한다.

마지막으로, 앤 존스 Anne Jones 는 의학에서 서사 윤리의 확장된 형태를 제시하였다. 존스에 따르면 "이 형태에서 서사 윤리는 환자와 가족(의료와 윤리적 결정의 결과에 따라 계속 삶을 살아가야 하는 사람들)을 강화하는 비위계적 서사 패러다임을 제안하여 자기 삶을 결정할 수 있도록 하며, 가능한 한 의사에게 윤리에 대한 전문적 의견을 묻기보다는 의학에 대한 전문적 지식을 묻는다."(1997, p. 194) 이 목적을 위해 그녀는 어떤 행위 경로를 취할지에 대한 합의에 다다를 수 있는 환자와 의사 사이의 "대화적" 과정을 옹호하였다.

예를 들어 대런 사례, 즉 페리 클라스 Perri Klass 의 『타인의 아이 Other Women's Children』에서 에이즈로 죽어가는 어린 소년에 대한 허구적 사례를 통해 존스는 서사적 접근이 특히 이런 사례와 같은 죽음의 자리와 양육의 문제 등 의학의 윤리적, 법적 딜레마를 해결할 수 있는 철학적으로 확고한 방법을 제시할 수 있다고 강력히 주장한다(1996). 존스는 "서사적 접근은 본성상 비위계적이고 대화적이어서, 특정 윤리적 딜레마에 관련된 모두가 그 해결책을 찾도록 격려한다. 윤리적 결정은 매우 감정적인 존재인 사람에 의해서 성립되어야 하기 때문에, 추상적 논리는 최상의 해결책을 얻는 방법으로는 충분하지 않을 수 있다."(1996, p. 283)

생명윤리의 미래

생명윤리가 거의 반 세기 동안 전개되어 오면서, 논평가들은 생명윤리가 생의학적 질서와 결탁하고 있음을 한탄하였다. 예를 들어, 생명윤리의 시초에 대한 문헌 고찰에서 로버트 마텐센 Robert Martensen 은 다음과 같이 말하고 있다. "지난 30년 동안, 생의학은 미국 및 기타 국가에서 기업의 손을 굳게 잡았으며 생의학 기업 복합체는 분야의 전망, 이익과 보건의료를 하나로 합치고 있다. 더 난처한 일은, 인구 기반의 건강 증진에 더 나은 결과를 보여왔던 공동체적 보건의료 접근법을 쫓아내는 데에 부분적으로 생의학이 성공하고 있으며, 이것이 생명윤리의 주장이 부여한 적법성 아래 이루어지고 있다는 점이다."(2001, p. 175) 그는 포터의 생명윤리에 대한 더 넓은 개념을 헤아리

는 포괄적인 생명윤리를 호소한다.[21]

마텐센은 생명윤리가 진화하고 있다는 인식으로 고찰을 결론짓는다. 이 진화의 일부는 로즈마리 통Rosemarie Tong이 최근 제안한 "대부분의 의료윤리와 생명윤리의 문제뿐만 아니라 우리가 사는 시대를 특징짓는 보건의료에 관련된 다양한 문제들 또한 망라하려 하는" 포괄적 보건의료 윤리를 포함하고 있다(2007, p. 1). 이 문제들의 범위는 생과 사를 다루는 전통적인 문제에서부터 유전자 치료, 재생산과 치료 목적의 복제에까지 이른다. 그녀도 포터의 더 넓은 개념을 인정하고 그녀의 보건의료 윤리를 마이클 보일란Michael Boylan의 "개인적 세계관에의 명령"에 기초한다. 이 명령은 다음과 같이 말한다. "모든 사람은 선하며, 매일의 삶에서 행해 나갈 수 있도록 애써야 하는 단일의, 포괄적이고 내적으로 일관성 있는 세계관을 발전시켜야만 한다."(Boylan, 2000, p. 22) 이 목적을 위해 통은 "우리는 다양한 범위의 윤리 이론을 모두 고려하여 어떤 이론이 우리 자신의 세계관을 가장 잘 반영할 뿐만 아니라 합리적 수용 가능성의 표준을 만족시킬 수 있는지를 결정해야만 한다"라고 주장한다(2007, p. 9).[22]

---

21 피터 화이트하우스(Peter Whitehouse)는 "생명윤리학자들은 보건의료 체계의 가치에 도전하기보다는 그것을 반영하기만 한다"라고 적고 있다(2003, p. W30). 포터와의 공동연구에서 그는 윤리적 사고의 사회적, 영적 양상을 결합하는 "깊은 생명윤리(deep bioethics)"의 개념을 도입한다. 화이트하우스는 포터가 깊은 생명윤리를 세 번째 "물결"이라고 생각했지만, 이후 그것을 버렸다고 적고 있다. 화이트하우스는 이제 깊은 생명윤리에 기초한 생명윤리의 부활을 요청한다.

22 모든 의료윤리학자들이 개념에 대한 이런 해석에 동의하는 것은 아니다. 예를 들어, 로이(Loewy)는 다음과 같이 적고 있다. "일반적인 생명윤리는 보건의료의 윤리에 직접 관계된 논제뿐만 아니라 더 넓은 생물학적 문제도 다룰 수 있는 더 포괄적인 표현으로 이해되어야만 한다. 반면, 보건의료 윤리는 질환과 건강의 문제만을 다루는 것에 국한되는 것으로 보통 이해된다."(2002, p. 388)

마지막으로, 생명의과학에 윤리를 적용하는 방식과 관련하여 의료와 그 다양한 활용에서 윤리의 다양한 표현을 다룰 수 있기에 생명의료윤리의 개념을 옹호하는 이들이 있다. 먼저 생명의료윤리의 개념은 생물학 연구에서 발생하는 문제도 다루기 때문에 의료윤리나 임상윤리의 개념보다 더 포괄적이다. 사울 로스 ^{Saul Ross} 와 데이비드 말로이 ^{David Malloy} 에 따르면 생명의료윤리는 "의학적 실천 및 (…) 의학과 보건 의료에 관련된 연구 영역에서 탄생하는 복잡한 도덕적 논제들"을 수용한다(1999, p. 42). 둘째, 생명의료윤리의 개념은 생명윤리와는 대조적으로 "의학적 실천과 관련된 논제들을 다루는 데에 있어 더 명시적으로 접근하려는 장점을 지닌다."(Mappes and DeGrazia, 2006, p. 1) 마지막으로, 의학적 지식과 실천에 사회적, 법적 차원을 포함시킨 통의 보건의료 윤리 개념에 비해 생명의료윤리 개념은 확장적이지는 않다.

요약

현재 생명윤리와 원칙주의는 생의학 모형의 형이상학적, 인식론적 차원에 의해 움직이고 있다. 원칙주의가 자율성을 강조하면서 돌봄의 질 위기를 해결해야 했음에도 불구하고, 원칙주의는 오히려 위기를 악화시킨 "병든" 자율성으로 나아갔다(Tauber, 2005). 이 모형의 인문주의적, 인본적 수정은 그 범위에 있어 생명윤리에 대한 더 인문적인 접근을 이룰 수 있다. 이에 더하여 의학은 환자와 의사라는 양쪽의 동의가 있어야 하는 도덕적 업무로 보아야 한다(Cassell, 1991; Tauber, 2005). 따라서 이 관계가 윤리적 고려를 움직여 나가야 하며, 이는 차례로 인본주의적 모형의 형이상학적, 인식론적 차원을 다루게 될 것이다. 한편에는 서사 의료윤리가 있으며, 이는 원칙주의적 접근을 대체하고 윤리적 문제의 해결책을 결정하는 데에 있어 환자의 질환 이야기와 가치를 회복시키는 역할을 한다는 점에서 지지받고 있다. 서사적 접근은 돌봄의 질 위기의 해결책으로써 열렬한 지지를 받고 있다.

제14장

정서적으로 초연한 관심 또는 공감적 돌봄

건강과 웰빙의 가치, 질병과 질환의 무가치, 규범 윤리 이론과 현대 생명윤리 원칙주의를 뒷받침하는 네 가지 원칙에 더하여, 현대 의학 지식과 실천은 의사의 윤리적, 도덕적 입장이나 태도를 특징짓는 두 가지 주요 가치에 의해 영향을 받는다. 정서적으로 초연한 관심과 공감적 돌봄이 그것이다. 생의학 의료인에게 주요 가치는 정서적으로 초연한 관심이다. 매니쉬 라지 Manish Raiji 에 따르면 "의학에 진입하는 사람들이 병자에 대한 **염려** 밖에서, 그들에게 더 많은 의욕을 지닐 때 사회 전체에 이득이 될 것이다."(2006, p. 295, 강조 추가) 확실히 생의학 의료인들은 환자의 질병 상태에 관심을 두나, 정서 상태(특히 환자와 의사의)에 초연한 관심을 보인다. 정서는 자연과학의 실천에서 그런 것처럼 과학적 의학의 실천에서도 해로운 것으로 여겨졌다. 그러나 인문주의적, 인본적 의료인에게 있어 과학적 의학은 환자와 의사의 정서 상태를 포함하는 공감적 돌봄에 포개진다.

워렌 라이히는 정서적으로 초연한 관심과 공감적 돌봄 사이의 구분을 두 가지의 극단적으로 다른 돌봄의 의미로 고쳤다. "보건의료의 맥락에서 돌봄의 관념은 두 가지의 주된 의미를 지닌다. 1. 병자에 대한 돌봄은 기술적 돌봄의 전달에 강조점을 두며, 2. 병자에 마음을 쓰는 것[1]은 인격으로서 타인을 향한 헌신과 염려를 발휘하는 덕을 제안한다."(Reich, 2004a, p. 361) "돌보는 일"은 감정적 관계 없는 의사의 기술적 역량을 가리킨다. 이는 환자의 질병 상태와 연결된 객관적 임상 자료에 대한 관심이며 "정당한 돌봄"의 법적 최소치로 환원되곤 한다(Reich, 2004a). 그러나 "마음 씀"은 의학적 실천의 핵심 요소로 공감적, 정서적 관계를 포함한다. 이는 이타적 가치를 포함하며 인문적 의학적 지식과 실천을 뒷받침하는 도덕 구조의 일부를 이룬다(Reich, 2004a). 이 장에선 생의학 모형의 정서적으로 초연한 관심("돌봄")을 먼저 탐구하고 이어 인문적 의료인이 최근 공감적 돌봄("마음 씀")을 통해, 특히 돌봄 윤리를 통해 던지는 도전을 다룬다.

정서적으로 초연한 관심

「진심으로 From the heart」라는 제목의 수필에서 레이첼 레먼 Rachel Remen 은 농구를 하다 선천성 심장 기형으로 갑자기 쓰러져 죽은 의과대학

---

1   역자 주: 돌봄(taking care)과 마음 씀(caring for)은 돌봄 윤리 문헌에서 구분된 개념으로, 진정한 돌봄은 기술적 측면과 정서적 측면을 모두 아우른다. 국어로는 둘을 유사하게 표현할 방법이 없어 다른 개념으로 쓰지만, 돌보다(care)라는 단어로 두 측면이 연결되어 있으며 하나의 행위를 구분해서 가리키고 있다는 점에 유념할 필요가 있다.

1학년생의 이야기를 떠올린다. 이듬해 이 학생의 심장은 그가 다니던 학교의 병리학 실습실에서 기형을 설명하기 위해 사용되었다. 학생 중 한 명이 심장이 누구의 것인지를 알아보았고 그녀는 "곁눈질하였다. 누구도 반응을 나타내지 않는 것 같았다. 모든 급우들은 정서에 초연한 과학적 관심을 보이고 있었다."(Remen, 2002, p. 93)

이어, 레먼은 직업적 수행을 위한 전문가의 가면 또는 의사의 응시를 상술한다. 그 응시가 매일의 삶에서 의학이 가져오는 감정적 동요로부터 의사를 보호한다. 레먼은 "의학 수련은 특정한 과학적 객관성이나 거리를 주입한다. (…) 특히, 마음에서 우러나오는 시각은 미숙하거나 심지어 위험한 것으로 여겨진다."(2002, p. 93) 생의학 모형은 정서적으로 초연한 관심의 가치를 단언하였고, 이는 현대 의학이 당면한 돌봄의 질 위기의 주요한 원인이다.

20세기 초중반 의료인과 교육자들은 의사가 직업을 수행하기 위해서는 환자나 자신의 정서에 의해 방해 받아서는 안 된다는 개념을 지지하였다. 의사의 기술적 역량은 동정적인 돌봄과는 구분되어야 한다. 예를 들어 리차드 캐봇 Richard Cabot 은 이 견해를 옹호하여 의사는 신체, 특히 질병에 걸린 신체 부위를 돌보아야 한다고 주장하였다(1926). 또한 환자에 대한 정서적 애착 대신, 의학적 모형의 으뜸은 "가망이 없는 인간성의 낡은 난파선에 대한 관용의 '기술'"이라고 주장하였다(1926, p. 26).

캐봇은 이 관용의 윤리적 개념을 그의 상관 한 사람과 여성 환자의 임상적 만남으로 설명하였다. 캐봇은 만남을 서술하면서, "그[상관]는 이 독기 찬 안개[환자]에게 여름 정원의 공기를 불어 넣었다. 안개는 꺾이지 않았다. 그 여성은 그의 친절에 약간의 감사도 표하지 않고,

그대로 경멸을 표출하였다. 그러나 그는 면담을 완수하였고 그녀의 등에 웃으며 인사하였다. 그녀는 시무룩하여 비틀거리며 가 버렸다"라며 의기양양하게 이야기한다(1926, p. 32). 캐봇에게 있어 윤리가 임상적 만남에서 의사의 행동에 어떤 중요성을 가진다면, 그것은 윤리적 수행 규준에 의해 결정되어야 한다.

20세기 초에 정서적으로 초연한 관심은 의학 사회 구조, 특히 환자−의사 관계에 있어 불가결한 요소로 알려졌다. 로렌스 핸더슨 Lawrence Henderson , 탈콧 파슨스 Talcott Parsons , 르네 폭스 Renée Fox 는 각각 의학 사회 구조 내에서 초연한 관심의 위치를 분석하였다. 유명한 생리학자인 핸더슨은 (비록 응용 과학이라 해도) 의학이 히포크라테스 시대의 사회 구조를 그대로 유지하면서 수행되고 있다고 논하였다. 그는 윌러드 깁스 Willard Gibbs 의 물리−화학 체계의 유비에 기초한 환자−의사 관계에 대한 새로운 이론을 제안하였다. 의학과 같은 사회 체계에서 감상이나 정서의 위험성을 인식한 핸더슨은 "수행 규칙. 의사는 환자의 감상이 자신의 감상에 영향을 미치지 않도록 해야 함. 또한, 이에 따라 자기 행동을 수정해선 안 된다는 것을 주지할 것. 환자의 감상에 좌우되지 말고, 잘 짜여진 계획에 따라 행위하도록 노력하라."(1935, p. 821)

또한, 핸더슨은 자기 느낌과 정서가 환자 돌봄에 "해"롭고 "부적절"하므로 조심할 것을 의사들에게 권고하고 있다. 의사는 "약이나 칼로 하는 치료에서뿐만 아니라 자신의 감상과 정서를 드러내는 말로 하는 치료에서도 가능한 한 최소한의 해악을 끼치려고 노력해야 한다. 항상 환자 자신의 감상을 고쳐 득이 될 수 있도록 해야 하며, 이 목적을 위해 환자에게 당신이 전심으로, 전적으로 환자의 복지에 관심을 쏟고 있다는 믿음을 심어 주는 것 이상으로 효과적인 것은 없다는 사실을 기억해야 한다."(1935, p. 823)

파슨스는 의료체계에 대한 현대의 사회학적 분석을 최초로 수행하였고, 환자의 "병자 역할"과 그에 대한 의사의 반응을 분석하였다(Parsons, 1951). 이 반응은 환자 치료에 대한 의사 행동을 이끄는 네 가지 특징으로 구조화된다. 이 특징들은 의사가 "환자가 자신의 기능을 수행할 수 있는 '개별적 연결 particular nexus '"에 접근하도록 하는 구조를 구성한다(Parsons, 1951, p. 459). 여기에는 "보편적 성취"(모든 의료인이 일반적으로 적용할 수 있는 의학 지식), "기능적 특수성"(기술적 전문성), "집합 지향성 collectively-orientation "(이타적 행동에 대한 사회적 합의)이 포함된다(Parsons, 1951, pp. 454-465).

마지막 특징인 "정동적 중립성"은 의사의 감정적 반응과 밀접한 관계가 있다. 파슨스에 따르면, "의사는 객관적 문제를 객관적이고 과학적으로 정당화할 수 있는 개념으로 다룰 것이라는 기대를 받는다. 예를 들어, 의사가 어떤 환자를 인격적으로 좋아하는지 싫어하는지를 따지는 것은 부적절하며, 특정 질병을 어떻게 다룰 것인지가 가장 순수하고 객관적인 문제로 여겨진다."(Parsons, 1951, p. 435) 환자의 정서적 필요는 환자 및 가족의 책임이지 의사의 책임이 아니다. 그렇다면 정동적 중립성 개념은 "의료인이 환자의 상황에 너무 동정적으로 다가가는 것을 막는 비판적 거리두기 반응이다. 의사는 판단에 있어 중립적일 것, 감정 통제를 훈련할 것을 요청받는다."(Ford et al., 1967, p. 3)

폭스는 파슨스의 정동적 중립성의 개념을 가져와서 실험적 치료법이 환자를 치료하는 데에 사용되는 연구 병원에서의 환자-의사 관계에 대한 사회학적 연구에서 얻은 증거를 해석하는 데에 사용한다. 그는 "초연" 및 "관심" 개념을 활용하여 의사가 의학적 실천에서 마주하는 긴장을 서술하였다. "환자와의 관계에서 '감정적 측면'에 대해 의사는 '초연'과 '관심'의 태도 사이에서 동적 균형을 유지할 것을 요청받는다. 그는 견실한 의학적 판단을 내리고 침착을 유지할 수 있도록 환자에 대해 충분히 초연하거나 객관적일 것을 요청받는다. 또한, 그는 환자에게 동정적인 돌봄을 줄 수 있도록 환자의 복지에 대해 충분히 관심을 가질 것을 요청받는다."(Ford et al.에서 재인용, 1967, p. 4)

이후 하워드 리프 Howard Lief 와의 협력 아래 폭스는 유명한 논문 「의과대학생의 '초연한 관심' 훈련 Training for 'detached concern' in medical students」을 발표했으며, 여기에서 "초연한 관심"이라는 표현을 사용하여 환자와의 감정적 연관에서 의과대학생들이 스스로를 어떻게 분리할 수 있는지를 교육받는 프로그램이나 과정을 기술하였다(Lief and Fox, 1963). 일반적으로 인정된 것처럼, 대부분의 의과대학생은 사람들을 도우려는 마음속 깊은 곳의 의식과 함께 의과대학에 입학한다. 그러나 의사가 되어가는 과정에서, 그들은 환자의 질병과 죽음에 대한 정상적인 감정적 반응에서 스스로 거리를 두도록 교육받는다.

초연함을 향한 첫걸음 중 하나는 전신 해부학에서 이뤄진다. 카데바를 해부하는 데에 사용되는 몇 가지 기제가 있으며, 이는 거의 무의식적으로 학생들의 정상적인 감정적 반응을 죽은 사람의 얼굴에서 벗겨내는 역할을 한다. 가장 심오한, 흥미로운 것은 카데바에 붙인 이름이다. 연구 시점에서 "엘머"와 "본즈"가 흔했던 반면, 이전 세대의 의과대학생들에겐 "히틀러"와 "무솔리니"가 흔했다. 카데바의 이름은 "죽은 사람의 것이라고는 해도 사람의 신체를 모독하는 무의식적 환상에서 유래한 죄책감을 줄이는 데 도움이 된다."(Lief and Fox, 1963, p.

18) 또한, 이름짓기는 환자를 대하는 데에 있어 레지던트들과 다른 병원 직원들에게 중요한 기제가 된다. 예를 들어, 상당히 아픈, 무력한 노인 환자는 보통 "심기증 환자 gomers"라고 불린다(George and Dundes, 1978; Leiderman and Grisso, 1985).

정서적으로 초연한 관심은 동정의 가치에 대한 반응에서 나온 것이었으며, 의사와 그들의 감정, 환자와 그들의 감정은 의학적 지식과 실천의 불가결한 부분이었다. 동정적인 의사는 히포크라테스 시대로부터 워딩턴 후커 Worthington Hooker 와 같은 19세기 의사에 이르기까지 표준으로 자리매김해왔다. "히포크라테스로부터 후커까지의 의학적 사고의 궤적에서, 의사가 지닌 정서에 대한 전문적인 관용은 환자의 정서 이해를 가능케 하여 신뢰성과 효험을 증진시켰다."(Halpern, 2001, p. 21)

어떤 면에서, 동정은 환자를 치료하는 데에 있어 의사에게 명령을 내리는 신비한 힘이다. 이 힘의 토대에 있는 것은 환자의 통증과 고통에 대한 맹목적 정서 반응이다. 그것이 도덕적으로 칭찬할 만한 반응일지라도, 보통 무능하며 이익보다는 손해를 더 많이 끼친다. 게다가 "빅토리아 시대의 문화는 꾸준히 감상화, 여성화되었고 동정의 내포적 의미를 주변화한 반면, 동시에 동정이라는 용어는 의학의 과학적, 전문가적 담론에서 천천히 가치가 낮아져 갔다."(More, 1994, p. 20) 20세기 초에 동정적이라는 표현은 비과학적이라는 의미를 갖게 되었다.

동정의 남용에 대한 대응으로 의사들은 맹목적 정서주의를 벗겨낸 공감의 다듬어진 형태를 제안하거나, 의사가 환자의 감정적 상태와 그와 관련된 문제를 인지하기 위한 공감의 다른 형태를 제시하였다(Halpern, 2001; More, 1994). 예를 들어, 널리 퍼져 큰 영향을 미친 1958년 「미국의사협회지」 논문에서 찰스 에어링 Charles Aring 은 환자를 치료하는 데에 있어 의사의 효율을 방해하는 동정과 효율을 증진하는 공감을 구분하였다. 에어링은 공감의 의미를 "훌륭한 사전"에서 끌어내어 "밀접한 관계, 연관, 관계로 한쪽에게 미치는 것이 다른 쪽에게도 비슷하게 영향을 미치는 것"으로 정의하였다(1958, p. 449). 그는 뿌리 깊은 정서적 문제를 가진 환자에 대해 불운하게도 의사 또한 같은 방식으로 반응하여 결국 의사의 역량에 의문을 품게 된 "도발적인" 환자의 예를 설명하였다.

이와는 대조적으로, 에어링은 공감의 개념을 제안하였다. 이것은 의사가 환자의 정서적 상태를 "이해"한다는 점에서 동정과 유사하지만, 의사는 관심을 가지면서도 초연함을 유지한다. 의사에게 문제가 되는 것은 환자의 감정적 상태에서 발생하는 문제에 의해 무력해지지 않는 것이다. 에어링은 "환자의 문제를 함께할 필요는 없다"라고 조언한다(1958, p. 449). 다시 말하면, 의사는 환자를 효과적으로 치료하기 위해 이런 문제에서 초연한 상태를 유지하도록 노력해야 한다는 것이다. 에어링은 "행복한 의료의 섬세하고 의미심장한 특징으로 환자의 문제에 얽매이지 않는 채로 남는 것을 꼽을 수 있다"라고 결론짓는다 (1958, p. 452). 공감의 열쇠는 개인의 경험에 기반을 둔 의사 자신의 정서적 경향에 대한 반성과 환자의 정서적 필요나 상태를 다루기 위한 성찰적 과정을 지적인 형태로 적용하는 것에 있다.

허먼 블룸가르트 Hermann Blumgart 는 에어링의 환자의 정서 상태에 대한 이해 개념이 의학 공동체에서 "중립적 공감"으로 불리고 있다는 의견을 표한다(1964). 그러나 블룸가르트는 "동정적 초연함"이 에어링의 개념에 대한 더 나은, 더 적절한 기술이라고 생각한다. 에어링의 개념이 미친 영향을 얕잡아 보아선 안 된다. 예를 들어, 블룸가르트는 의과대학 마지막 해에 겪은 개인적 만남을 이야기한다. 그는 애디슨병[2]으로 고통받는 환자를 배정받아 농양이 생긴 치아의 외과적 배농을 권하였다. 그의 교사였던 윌리엄 스미스 William Smith 는 환자가 배농 과정에서 죽을 가능성이 상당히 높다는 것을 지적하고 블룸가르트에게 그런 상태에서 환자가 죽었다면 어떤 기분이었을 것 같냐고 물었다. 블룸가르트는 "매우 기분이 나빴을" 것이라고 대답하였다.

> [스미스가 말했다.] 좋아, 그렇다면 너는 그 순간에 학교를 떠나야 했을테고 의학 전문직을 그만두어야 했을테지. 모든 정력을 들여 최선을 다해 위험과 이익을 평가했겠지만, 너는 불운을 한탄했을테고 네 삶은 과거의 고통에 시달렸을 것이며 너는 현재의 네 환자에게도, 미래의 네 자신에게도 아무런 도움도 되지 못했을 거야. 각각의 모든 환자에 대해 너는 최선을 다해야 해. 그런 다음 행운도 불운도 감수해야하지. 이것을 배우지 못한다면, 넌 의사가 되지 않는게 나을지도 모르겠구나(1964, p. 451).

  임상 진료에 필요한 감정적 초연함은 블룸가르트가 절대 잊어버리지 않는 교훈이 되었다.[3]
  감정적으로 초연한 관심의 핵심 가정 중 하나는 환자(및 의사)의 정서적 상태에 대한 객관성 또는 중립성이다. 할편에 따르면 "초연한 관심 모형은 환자가 어떻게 느끼는지를 아는 것이 환자가 특정 정서 상

---

2 역자 주: 부신 피질의 스테로이드 생성에 문제가 생긴 것으로, 만성피로와 무기력이 나타나고 피부에 검은색 색소 침착이 관찰된다.

3 메닝거 또한 의대와 수련 과정에서 학생들에게 초연함을 가르쳐야 함을 인정한다 (Menninger, 1975, p. 837). "수련 과정에서 의사는 환자에 대한 정서적 거리를 유지할 수 있도록 교육받아야 한다. 즉, 환자의 경험에 대해 너무 동정적으로 엮이지 않는 한에서 공감하여 의사로서의 이성적, 효과적 임상 판단이 감정적 관여로 인해 손상되지 않도록 해야 한다."

태에 있다는 것을 아는 것과 다르지 않음을 가정한다."(Halpern, 2003, p. 670) 의학적 실천에서 객관성은 오슬러의 평정심 equanimity 모형의 역사적 귀결이다. "오슬러는 의사의 효율이 환자와의 감정적 참여에 의존한다는 것을 부정했다."(Halpern, 2001, p. 22)

오슬러는 1889년 펜실베이니아대학교에서의 고별사 "평정심"에서 의사는 환자를 적절히 평가하기 위해 환자의 상태에 대한 자신의 정서에 초연해야 한다고 주장했다. 그는 임상적 성공의 두 가지 덕을 구분했다. 첫째는 물리적, 신체적 덕목인 "침착"으로, 이것이 의미하는 바는 "어떤 상황에서도 냉정하고 침착함, 폭풍 한복판에서의 평온함, 중대한 위험의 순간에 판단의 명확함, 부동성, 무표정함"이다 (Osler, 1943, p. 4). 정신적 덕목은 평정으로, 이는 의사가 "이웃의 불운을 침착함으로 견딜 수 있도록" 한다(Osler, 1943, p. 7).[4] 할펀에 따르면, "오슬러의 수사는 초연함이 이성적 역할을 할 수 있다는 개념을 조장한다. (…) 사람의 상황에 대한 정확성과 적절성의 정서적 측면을 비교할 수 있는 어떤 의미 있는 방법도 존재하지 않는다. 인간에 관하여 유일하게 신뢰할 만한 사실은 사물로서의 신체에 대한 객관적 사실뿐이기 때문이다."(Halpern, 2001, p. 24)

현대 의학적 지식과 실천의 생의학적 모형에서 환자의 신체 및 각 부에 대한 의사의 관심은 환자와 의사의 정서에서 분리되어 있다. "현대 의학은 '주관적' 증거(환자의 정서와 환자에 대한 의사 자신의 관찰)에 기초

---

4   할펀이 인정한 것처럼, 오슬러는 자신이 항상 환자와의 감정적 거리를 일관되게 유지하지 못했음을 시인했다. "평정의 교리를 설교하는 나 자신도 표류해 왔다."(1943, p. 10)

한 진단적 판단을 실험실 절차와 기계적, 전자적 장비로 얻을 수 있는 '객관적' 증거에 기초한 판단으로 대체할 수 있는 지점까지 진화하였다."(Reiser, 1978, p. ix) 초연한 관심의 개념은 의사의 견해가 환자의 신체적 필요와 맞물려야 하지만 이것이 염려의 형태로만 이뤄져야 한다는 필요성을 만족시킨다. 엘렌 모어 Ellen More 는 "'초연한 관심'의 모형은 전문가의 중립성과 객관성에 대한 요청을 희생하지 않으면서도 효과적이고 동정적인 소통의 필요성을 인정한다. 환자와 전문가는 '분리된' 입장으로 나뉘어 있어야 한다"라는 의견을 피력한다(1994, p. 31).

의학 전문직이 초연한 관심이나 공감의 억제된 형태로 의학적 실천에서 정서를 배제하려고 하는 데에는 몇 가지 이유가 있다. 할펀은 그중 네 가지를 구분하였다(Halpern, 2001). 첫째는 의사가 종종 자신의 정서에 큰 타격을 줄 수 있는 어렵고 고통스러운 술식을 시행해야 한다는 것이다. 정서적으로 초연한 관심의 가면은 이런 만남의 정서적 통증으로부터 의사를 보호한다. 다른 이유는 감정적으로 초연한 관심이 의사를 소진, 특히 감정적 소진에서 보호한다는 점이다. 다음, 정서적으로 초연한 관심은 관리 의료의 시간 제약 아래 느낌에 기초해 어떤 환자를 다른 환자보다 선호하는 일 없이 의사가 공정하고 공평하게 보건의료를 배분할 수 있도록 허용한다. 정서적으로 초연한 관심은 공평무사함을 보증한다.

할펀에 따르면 가장 중요한 이유는 정서가 너무 주관적이어서 환자를 정확히, 옳게 진단하거나 치료하는 데에 방해가 된다는 점이다. 정서적으로 초연한 관심을 통한 응시는 "의사 자신의 정서적 편견에서 벗어나 환자의 정서적 경험을 정확하게 이해할 수 있도록 한다."(Halpern, 2001, p. 17) 젠더 관점에서 이유를 더 구체화할 수도 있다.

억제된 공감은 "남성 중심적 전문직의 역할, 가치, 개인적 안도감을 위협하지 않는 대화적이지만 근본적으로 초연한 관계"를 제공한다 (More, 1994, p. 31).

마지막으로, 어떻게 관심이 가치일 수 있는가? 관심은 타인의 상태나 처지에 대한 인간 존재의 이해를 형성하는 강력한 기본적, 원초적 가치이다. 이것은 타인의 선이나 향상을 위해 행위하고 때로 영웅적 행동을 보이도록 사람들에게 동기를 부여한다. 이미 적은 바와 같이, 다수는 아닐지라도 많은 의과대학생들은 환자를 돕는 것에 관한 마음속 깊은 관심으로 의과대학에 입학한다. 불행히도, 의과대학생 대부분은 타인의 복지에 대한 타고난 관심을 충분히 계발하지 못한다. 학생들은 의과대학의 주입식 과정 앞에서 관심을 유지하지 못한다. 타고난 관심을 촉진하고 키우는 대신, 의과대학 과정은 정서적 부분을 억압하여 환자의 질병을 돌보는 데에 대한 상냥함과 과학적 관심으로 축소시킨다. 예를 들어 "괴롭히기, 낯설게 하기, 상징적 전도顚倒"는 의과대학생과 수련의들이 가진 환자의 고통에 대한 타고난 공감을 벗겨내는 효과적인 방법이다(Davis-Floyd and St. John, 1998, p. 51).

공감적 돌봄

그녀 이전의 다른 사람들처럼, 할편은 의학적 실천에 긴장이 필수적임을 경험적으로 알고 있다. "한편으로 의사는 개인적인 느낌과 무관하게 모든 환자에게 믿을 만한 돌봄을 제공할 수 있는 초연함을 위해 노력한다. 그러나 환자들은 의사로부터 거짓 없는 공감을 원하고 의사는 공감을 주고 싶어 한다."(Halpern, 2003, p. 670) 긴장은 해결되지 않는 채로 남는다. 이는 의학 전문직이 정서적으로 초연한 관심이나 억제된, 남성화된 공감을 진실한, 진심에서 우러나온 공감적 돌봄보다 높이 평가하기 때문이다. 현대 의학의 돌봄의 질 위기에서 가장 큰 책임이 있는 요소는 정서적으로 초연한 관심에 부여한 가치이다.

월터 메닝거 Walter Menninger 가 인정했던 것처럼, 여러 의사는 의학 기술에 있어 유능하지만 사람을 대하는 기술에 있어서는 무능하다. 메닝거에 따르면 "우리가 최신 지식과 기술에 있어 절대적으로 우수한 기술자라는 증거는 수없이 많다. 그러나 환자에게 이런 냉정한 태도로 접근하는 것은 의심과 고통을 일으킨다."(1975, p. 837) 이 문제를 해결하기 위해 그는 환자에 대한 정서적 애착을 권했다.

오늘날, 특히 의학적 지식과 실천의 인문주의적, 인본적 모형의 관점은 의학의 진실한 공감적 돌봄의 기반을 되찾으려 한다. 윌리엄 맥밀란 William McMillan 에 따르면 "초연한 관심은 더 이상 도움이 되지 않는다. 환자들은 당신이 얼마나 신경을 쓰는지 알기 전까지는 당신이 얼마나 아는지에는 신경을 쓰지 않는다."(1996, p. 223) 이 운동에는 두 가지 차원이 있다. 첫째 차원은 공감의 개념을 도입하고 재정의하는 것으로, 다음 절에서 이를 논의하려 한다. 두 번째 차원은 돌봄 윤리를 개발하는 것으로, 이는 특히 페미니즘 운동과 다른 견해가 지지하고 있다. 이 내용은 마지막 절에서 탐구할 것이다.

공감

정서적으로 초연한 관심이 생의학 모형의 지배적 가치였지만, 레먼은 자신의 임상 경험에서 이것이 임상의학에 실제로 위험을 가져올 수 있다는 점을 역설한다. "나는 업무를 위해 내 인간성을 포기하는 것이 나를 소진, 냉소, 무감각, 외로움, 우울로 상처받기 쉽게 만든다는 것을 발견했다." 이 모든 문제는 원래 초연한 관심을 통해 의사가 보호받는다고 가정했던 것들이다(Remen, 2002, p. 93). 전문가적 초연함의 가면은 의사에게만 나쁜 것이 아니라 환자를 치료함에 있어서도 나쁘며 현대 의학의 돌봄의 질 위기의 가장 주요한 원인 중의 하나이다. 의학의 핵심은 감정적으로 초연한 관심이 아니라 타인에 대한 공감적 돌봄 또는 동정이 되어야 한다. 레먼에 따르면 "가슴은 경험을 전환할 힘을 가지고 있다."(Remen, 2002, p. 93) 다시 말하면, 의사는 환자와 분리되기보다는 연결되어야 하며, 특히 정서적 상태와 연결되어 진정한 치유를 일으키도록 해야 한다는 것이다. 즉, 깨어짐과 아픔을 전체성과 치유로 전환해야 한다는 것이다.

또한, 할편은 정서적으로 초연한 관심, 분리된 공감, 환자의 감정 상태를 겨우 분간하는 것이 임상의학에 적절한지 묻는다. 초연한 관심은 환자(심지어 의사)의 정서적 비합리성으로 인한 의학적 오류의 원인이 된다. 이 오류는 환자와 의사의 의학적 세계관을 왜곡시킨다. 할편은 당뇨 합병증으로 두 번째 절단 수술을 받고 신부전과 남편이 떠난 일로 모든 희망을 잃은 한 여성과 관련된 임상 사례를 인용한다. 환자는 상황 때문에 생긴 우울증으로 치료를 거부하였고 의료진은 그녀의 의사를 존중하였다. 과거에 환자가 우울증을 겪었으나 의료적 개입으로 이를 극복한 바가 있었음에도 말이다. 그녀는 결국 곧 사망하였다.

할편은 환자와 의료진 모두가 선한, 윤리적 의학을 행하려 노력했으나 환자(그리고 자신들)의 비합리적인 공포를 다루는 데에 실패하였다고 주장한다. 할펀은 "초연함은 의학을 더 합리적으로 만들기는커녕 숨어있는 비합리성을 끌어낸다. 비합리성은 미래에 대한 비합리적 가정을 확실한 것으로 여기게 만든다. 초연함은 결함이 있는 전략이다. 초연함은 환자가 정서적 비합리성을 극복하도록 도울 수도 없고 의사가 자신과 환자의 정서적 비합리성을 간파하도록 도울 수도 없다"라는 의견을 내놓았다(Halpern, 2001, p. 29). 그녀는 초연함에 의해 발생하거나 촉진된 정서적 비합리성에서 생겨난 오류들을 공감이 치료할 수 있다고 단언한다.

공감은 사실 몇몇 의료 전문가에게 정서적으로 초연한 임상적 시선을 고쳐 환자와 의사를 특히 정서적 수준에서 다시 이어주는 재집결점이 되어 주곤 했다. 이 용어는 로베르트 피셔 Robert Vischer, 1847~1933 가 만들고 테오도르 립스 Theodor Lipps, 1851~1914 등이 19세기 후반 독일 미학에서 미의 대상에 자신을 투사하는 과정을 기술하기 위해 사용한 단어 감정이입 Einfühlung 에서 유래하였다(Halpern, 2001; Katz, 1963; More, 1994; Peitchinis, 1990; Wispé, 1987). 1909년 열린『사고 과정에 관한 실험 심리학 강의 Lectures on the Experimental Psychology of the Thought Processes』에서 에드워드 티치너 Edward Titchener, 1867~1927 는 이 용어를 심리학으로 가져와 그리스어 empatheia를 "공감"으로 번역하였다. 여기에서 em은 "안으로"를, pathos는 "정서"를 의미한다. 그러나 티치너의 생애를 거쳐 용어의 의미는 변하였다. 비스페에 따르면 "처음[1909년] 공감은 (립스를 따라) 특정 유형의 경험을 통해 발생할 수 있는 시각과 근육/운동 표상의 결합을 의미하였다. 이후[1915년] 단어는 감정 또는 자신을 사물로 투사하는 것을 의미하게 되었으며, 함의는 좀 더 사회적으로 변하였다. 공감은 '우리 주변을 인간화'하는 방법을 의미하게 되었다."(Wispé,

1987, p. 23)

티치너 이후로 공감에 대한 다양한 정의가 제시되었다. 예를 들어, 하워드 스피로 Howard Spiro 는 공감을 "우리 주변의 사람이나 사물을 우리 감정과 사고를 투사한 것으로 보는 감정"이라고 정의하며 "'나와 너'가 '나는 너이다', 최소한 '나는 너일수도 있다'가 될 때 명확해진다" 라고 하였다(1993a, p. 7). 어빈 스타우브 Ervin Staub 는 일반적인 표현을 사용하여 공감을 **"다른 사람의 내적 세계를 이해하고 타인의 감정에 참여하는 것"**으로 정의하였다(1987, p. 104). 마크 바넷 Mark Barnett 은 공감을 "다른 사람의 감정에 부합하는, 그러나 꼭 동일하지는 않은 감정의 대리 경험"이라고 정의하였다(1987, p. 146). 데이비드 버거 David Berger 는 공감을 정신분석적 용어를 사용하여 "환자를 이해하는 상담자의 정신내적 과정으로 특히 감정적 이해, 타인이 느끼는 것을 느낄 수 있는 능력이 높아진 것"이라고 정의한다(1987, p. 8). 마지막으로, 로버트 카츠 Robert Katz 는 공감이 그것이 사용되는 분야에 따라 다른 차원에 위치한다고 주장한다. "생물학에서 [공감의 내연은] 본능적 반향이며, 정신분석 이론에서 공감의 정의는 동일화의 형식이다. 사회심리학에서 동등한 위치를 지니는 것은 실험적 역할극이며 사회학에서는 같은 내집단 구성원 간의 상호 이해이다."(1963, p. 2)

공감에 대한 다양한 정의가 있지만 각각을 분류할 수 있는 공통 특징이 존재한다. 예를 들어, 낸시 아이젠버그 Nancy Eisenberg 와 자넷 스트레이어 Janet Strayer 는 공감의 공통 특징 두 가지를 구분하였다(1987). 첫째이자 주요 특징은 정서적이라는 것이다. 공감에 대한 거의 모든 정의가 공감자 empathizer 와 공감 대상 empathizee 사이의 정서 공유를 포함하고 있다. "다른 사람의 정서 상태나 조건에서 생겨난 정서적 반응이자 타인의 정서 상태나 조건에 부합하는 정서이다."(Eisenberg and Strayer, 1987, p. 5) 두 번째 특징은 본성상 인지적이라는 것이다. 그들은 비스페가 하인즈 코헛 Heinz Kohut 을 통해 이 특징을 설명하는 것을 인용한다. "공감은 복잡한 심리학적 형태의 지각에 구체적으로 동조하는 인지의 '양태'이다."(Wispé, 1987, p. 30)

루스 맥케이 Ruth MacKay 는 공감을 분류할 수 있는 세 가지 특징 또는 방식을 구분하였다(1990). 첫째는 관찰하거나 지각한 타인의 고통에 대한 행동적 반응이다. 그녀는 바예 S. K. Valle 를 인용한다. "공감은 환자가 경험하는 정서와 그 이유에 관해 환자를 이해하는 방식으로 반응할 수 있는 능력이다."(MacKay, 1990, p. 9) 공감의 다음 분류는 성품에 관한 것이다. 여기에서 그녀는 포사이스 G. L. Forsyth 를 인용하여 이런 유형의 공감을 설명한다. "공감하는 개인은 타인에 대한 예리한, 상상에 의한 통찰과 사회적 예민함을 가진 사람이다."(MacKay, 1990, p. 6) 마지막으로 맥케이는 "경험된 정서"라는 표현을 사용하여 조력자가 정서적 수준에서 조력 대상을 인지하고 반응하는 것을 의미한 정의들을 언급하고 있다(1990).

스토브는 공감에 대한 가장 포괄적인 분류법 중 하나를 제시하였다(Staub, 1987). 다른 분류의 전제 조건이 되는 가장 기초적 분류는 인지적 공감이다. 스토브에 따르면 인지적 공감은 "타인의 상태·조건·의식 또는 타인에게 일어난 어떤 일로 인하여 어떻게 영향을 받았는지에 관한 인지·이해·앎"이다(Staub, 1987, p. 104). 두 번째 분류는 참여적 공감으로, 일상 경험에서 나타나는 더 일반적인 형태의 공감이다. 참여적 공감은 인지적 공감으로 시작하나 곧 그것을 넘어선다. 스토브는 주장한다. "한 사람은 다른 사람의 세계로 들어가 타인과 동조하며, 타인과 같이 느끼고, 타인이 겪는 경험에 참여한다. 하지만, 자기 자신의 강한 정서나 느낌을 가지진 않는다."(Staub, 1987, p. 105) 다음 분류인 정동적 공감은 정서와 느낌을 포함한다. 그러나 정서와 느낌의 경험은 직접적이지 않고 대리적이다. 마지막 분류는 공감적 결합으로 여기에서는 정서와 느낌이 대리적이지 않고 상호적이다. 스토브에 따르면 공감적 결합은 "참여적 방식과는 달리 타인의 경험으로 들어가 **정서를 공유**하게 하며, **타인의 경험은 자신에게도 같은 경험을 일으킨다.**"(Staub, 1987, p. 107)

한 사람에서 공감의 성립은 단일 사건이나 느낌의 결과라기보다는 다단계 과정의 결과인 것 같다. 예를 들어, 테오도어 라이크 Theodore Reik 는 다른 사람에게 공감하게 되는 과정을 네 단계로 구분하였다 (1948). 첫째는 인식으로, 공감자가 공감 대상의 필요를 인식하는 단계이다. 다음 단계는 포함으로, 공감자가 공감 대상의 정서 상태를 내면화하여 자신의 것으로 만드는 단계이다. 세 번째 단계는 반향으로, 공감자가 공감 대상의 정서적 상태에 반응하는 단계이다. 마지막 단계는 분리로, 공감자가 공감 대상의 감정 조건을 완전히 이해하기 위해 공감 대상과의 융합에서 물러나는 단계이다.

반면, 요하단 벤바사트 Jochanan Benbassat 와 르우벤 바우말 Reuben Baumal 은 최근 세 단계만을 제시하였다(2004). 첫째는 환자의 정서 상태에 대한 통찰이다. 다음 단계는 참여로, 이때 환자의 상황에 대한 동정과 환자의 편에 개입하고 싶은 욕망이 발생한다. 이 세 단계는 라이크의 분리에 대한 마지막 단계를 제외한 처음 세 단계와 유사하다. 그러나 제임스 마르시아 James Marcia 는 라이크의 단계를 의학의 공감에 전용하여 마지막 단계에서 치료자와 환자의 정서적 상태 사이의 구분을 유지하도록 하였다(1987).

문헌에서는 둘 사이의 역사적 관련성 때문에 동정과 공감의 구분에 어느 정도의 혼란이 있었으며 이들을 구별하려는 시도가 여러 번 있었다(Eisenberg and Strayer, 1987; Katz, 1963; MacKay, 1990; More. 1994; Spiro, 1993a, 1993b; Wispé, 1986). 예를 들어, 카츠는 공감과 동정을 상응하는 목적에 따라 구별했다. "공감하는 자는 타인의 인격에 대한 객관적 지식에 구속된다. 자신의 감정을 다룬다는 것은, 타인이 실제로 소유한 정서를 더 잘 배우기 위한 목적에서이다. 그러나 우리는 자기 필요를 만족시키기 위해 자신의 정서를 활용하지는 않는다. 우리가 동정할 때, 우리는 자신의 마음 상태를 인식하고 우리 주의의 상당 부분은 여전히 자신의 필요에 전념한다. 우리가 공감할 때 우리는 자신의 필요에서 완전히 빠져나올 수는 없지만 우리의 정서를 인식의 도구로 활용하도록 자신에게 질서를 부여한다."(Katz, 1963, pp. 8-9)

비스페 또한 공감과 동정을 구분하였다. "공감에서 공감자는 타인에게 '도달한다'. 동정에서 동정하는 사람은 타인에 의해 '마음이 변한다'. (⋯) 공감의 목표는 타인을 '이해'하는 것이다. 동정의 목표는 타인의 '웰빙'이다. (⋯) 간단히 말해, 공감은 '앎'의 방식이다. 동정은 '관계'의 방식이다."(Wispé, 1986, p. 318) 마지막으로, 스피로는 공감과 동정에 대한 구분에 대해 다음과 같이 적었다. "동정은 측은함을 가져온다. '나는 너를 돕고 싶다.' 그러나 공감은 정서를 끌어들인다. 정서 없이 공감도 없다."(Spiro, 1993a, p. 2) 다시 말해, 스피로에 따르면 공감은 "정념 passion"을 수반한다는 것이다. 공감의 역할은 평정심과 관련 기술이 정서적으로 초연한 관심을 위해 추방시켰던 이 정념을 회복하는 데에 있다. 스피로는 말한다. "컴퓨터 단층 촬영이 측은함을 주지 않는다. 자기 공명 영상에는 인간의 얼굴이 없다. 남자와 여자만이 공감할 수 있다."(Spiro, 1993b, p. 14)

특히 할펀은 최근 임상적 공감이 환자의 감정 상태가 "어떨지"에 대해 의사가 "반향"하고 "상상"하는 감정적 추론에 기초한다고 주장하였다(Halpern, 2001). 한 사람이 공감 대상을 이해하도록 하는 공감의 인지적 차원이 존재한다. 이것은 "한 사람의 인격을 숙고 대상으로 투사하여, 전적으로 이해할 수 있도록 하는 힘"이다(Selzer, 1993, p. ix).[5]

할펀에 따르면 정서적 추론에는 네 가지 양상이 있다. 첫째는 "유대적 연결"로, "공감적 의사는 환자의 이미지 및 생각에 연결되기 위해 자신의 유대 능력에 의지한다."(Halpern, 2001, p. 41) 정서적 추론의 다음 양상은 "육감"으로, 본성상 전인지前認知적인 자발적 감정이다. 이 정서는 의학적 지식과 실천에 있어 (확증 아닌) 휴리스틱으로 기능한다. 세 번째 양상은 "정서적 관성"이다. 자발적이지 않은 이런 정서는 그 배경에 역사를 지니고 있으며, 의사가 환자의 정서 상태를 상상하도록 돕는 역할을 한다. 마지막 양상은 "기분과 기질"로, 의사와 환자가 자기 세계를 다루는 데에 있어 배경이나 맥락을 제공한다. 이 감정적 추론은 의사가 환자의 질환 경험에 있어 상당한 영향을 미치는 중요한 정서적 정보를 얻도록 이끄는 데에 있어 휴리스틱 또는 전략적 기능을 수행한다는 면에서 "전논리前論理적"이라는 점이 중요하다.

이 정서적 추론의 개념에 기반하여 할펀은 공감의 억제된, 남성화된 형태에 대한 대안적 개념인 정동적 누그러짐 affective melting 을 제안

---

5   이 정의는 옥스퍼드 영어 사전에 등장하는 것(또한, 이는 립스의 정의를 닮았다)과 유사하다(Halpern, 2001, p. 75).

하였다(Halpern, 2001). 이 유형의 공감은 의사가 환자의 정서적 상태에 반향할 수 있도록 한다. 할펀은 "반향은 화자와 청자 사이의 조화로운 감정적 배경을 제공하기 때문에 공감에 있어 매우 유용하다"라고 설명한다(Halpern, 2001, p. 92). 이런 배경은 환자가 아플 때 어떤 방식으로, 어떻게 느끼는지 의사가 상상할 수 있도록 해준다.

할펀은 성공한 사업가이지 가족의 개조였던 한 나이 든 남성 환자의 사례를 설명한다. 환자는 신경 질환으로 고생하여, 사지 마비가 와서 호흡기에 의존하고 있었다. 할펀이 환자와 처음 임상에서 만났을 때, 그녀는 동정과 연민으로 접근하였다. 환자는 반응하지 않았다. 환자에게 반응하고 질병이 환자에게 어떤 의미인지를 상상하려 시도하다가, 그녀는 갑자기 환자가 경험했던 분노, 공포, 부끄러움을 깨달았다. 이윽고 그녀는 환자에게 이러한 관점에서 접근하였고 그가 반응을 보이는 것을 발견하였다. 할펀은 "공감에서 감정적 반향은 어조를 결정한다. 그러나 환자의 삶의 세부와 뉘앙스를 통합된 정서적 경험으로 일체화하기 위해서는 상상의 작업이 반드시 필요하다"(Halpern, 2001, p. 88)[6]고 결론짓는다.

그렇다면 공감은 환자의 전적인, 전체적인 그림을 얻을 수 있도록 임상의 객관적 지식을 보충하고 보완한다. "공감적 소통은 환자가 자신의 건강과 관련된 낙인화된 문제들을 이야기할 수 있도록 한다. 이런 것은 다른 방식으로는 밝힐 수 없다. 따라서 공감적 소통을 통해 환자의 질환 경험, 건강 습관, 정신적 필요, 사회적 상황에 관한 더 풍

---

6   할펀은 공감의 정확성은 환자와 의사 사이의 개방형 대화에 의존한다는 점을 인정하였다(Halpern, 2001).

성한 이해로 나아갈 수 있다."(Halpern, 2001, p. 94)

앞에서 적은 바와 같이, 모어는 20세기 공감의 남성화 및 그로 인하여 발생한 틈을 동정의 여성화로 채우는 것을 자세히 설명하였다. 그녀는 "우리의 임무는 상호주관적 지식으로서 공감의 타당성을 재주장하면서도 그것을 동시에 배제하지 않는 것이다"라고 주장한다(More, 1994, p. 33). 이를 위해 그녀는 공감의 "관계적" 모형을 특히 해석학적 실천의 용어로 제시한다. 이 실천은 "반성적 이해"를 수반하며 여기에는 "환자의 관찰과 우리의 관찰 사이의 일정한 진동을 통해, 충분한 정보에 의한 이해를 위해 상상, 감정, 기억, 인지를 통합한다."(More, 1996, pp. 244-245) 이 과정을 통해 의사는 공감적인 "관계적 지식"에 도달한다.

모어에 따르면 "공감적 의사는 객관적이거나 주관적이지 않고, 분리되거나 동일시되지도 않으며, 객관과 주관을 통합하는 성찰적 이해의 계속되는 순환에서 환자와 대화적으로 연결된다."(More, 1996, p. 245) 그 결과로 의사는 환자와 거리를 두는 것이 아니라 공감을 표현하게 된다. 많은 인문주의적, 인본적 의료인과 여러 페미니스트는 진실하고 진정한 공감의 관계적 차원은 전통적인 보살핌 caring [7]의 개념을 수정하여, 또한 현대의 돌봄 윤리를 통해 진전될 수 있다고 믿는다.

---

7   역자 주: 저자가 caring과 care를 엄밀히 구분하지 않고 있으나, 주로 전통적인 개념을 언급할 때는 caring을, 최근의 논의를 언급할 때는 care를 사용하고 있다. 전자는 보살핌, 후자는 돌봄으로 구분하였으나 여러 부분에서 두 단어가 혼용되고 있으며, 번역에서도 구분하여 표현할 수 없었다. 양해를 구한다.

보살핌

보살핌 개념은 서양 사상 깊이 뿌리내려 있으며, 의학 및 보편적 웰빙과 관계 맺고 있다. 라이히는 그 기원의 두 가지 중심을 구분하였다 (Reich, 2004b). 첫째는 그리스-로마 문화에 기원을 둔 "큐라^{Cura}" 신화이다. 요약하면, 큐라 여신은 땅에서 인간을 만들어 냈으며 주피터 신에게 그들을 번성하게 해달라고 간청했다. 큐라와 주피터가 이 존재자의 이름을 어떻게 붙일지 합의하지 못했기 때문에 사투르누스가 개입했다. 죽으면 인간 영혼은 주피터에게로 돌아가지만 몸은 땅에 남는다. 그러나 살아있는 동안, 인간은 큐라의 세심한 돌봄 아래 있다. 라이히에 따르면 "큐라는 평생 사람을 돌본다. 땅의, 신체적 요소는 땅(근심)으로 끌어내리며 영적 요소는 신성의, 위를 향하려 노력하는 측면을 부과한다."(Reich, 2004b, p. 350)

큐라 신화는 돌봄의 전통적 의미에 담긴 긴장을 반영하고 있다. 돌봄은 근심이자 짐이다. 또한, 돌봄은 타인의 복지에 대한 염려와 헌신이다. 신화가 말하고 있는 핵심은 인간 의미의 중심에 돌봄과 마음 씀이 위치한다는 것이다. 라이히는 적는다. "사실, 돌봄의 신화는 인류의 우화적 이미지를 표현하고 있다. 즉 인간의 기원, 삶, 운명의 가장 주목할 만한 특징은 그들이 돌봄 받는다는 것이다."(Reich, 2004b, p. 350)

서양 사상에서 돌봄의 뿌리의 두 번째 줄기는 "영혼에 대한 돌봄" 전통이다. 라이히에 따르면 영혼 개념은 전통에서 다양한 의미를 지닌다(Reich, 2004b). 그러나 주로 영혼은 영적인 것과 같은 한 차원만을 가리키는 것이 아니라 인간 전체, 또는 "성품의 정수"를 가리키며, "이는 인간 신체와 관련되어 있으나, 단지 신체적 생활의 표현이나 기능은 아니다. 영혼은 광활한 범위의 경험을 수용할 수 있으며 무질서와 고뇌에 영향을 받기 쉽다."(McNeill, 1951, p. vii) 보살핌 개념 또한 다차원적이며 복잡하다. "영혼에 대한 돌봄에서 **돌봄**이라는 단어는 한 사람이나 집단에 대한 돌봄에 수반하는 업무들과 돌봄의 대상에 대한 염려, 신중함의 내적 경험 모두를 가리킨다."(Reich, 2004b, p. 351)

이 경우 "영혼에 대한 돌봄" 전통에는 두 가지 기원이 존재한다. 첫째는 내적인 것으로 개인의 영혼에 대한 돌봄과 관계된다. 둘째는 다른 영혼에 대한 것으로, 그들의 고통과 그 완화와 연결된다. 영혼에 대한 돌봄은 치유와 전체성으로 나아가게 하는 치료적 개입을 포함한다. 존 맥닐 John McNeill 에 따르면 "인간은 건강의 추구자이다. 그러나 이 건강은 신체의 건강만을 의미하지 않는다. 신체의 건강은 인격의 건강에 도움이 될 수는 있으나, 이를 보증하지는 않는다. (…) 궁극적인 추구로써 건강은 물질적 의미 단독으로만 보장될 수 있는 어떤 것이 아니다. 그것은 영혼의 웰빙이다."(1951, p. vii)

몇 세기가 지나면서, 돌봄은 의학적 실천의 핵심 요소가 되었다. 돌봄과 치료는 임상이라는 같은 동전의 양면이다. 조엘 하웰 Joel Howell 에 따르면 "명목상으로 보건의료인은 항상 그들이 보살피는 사람들을 돌봐야 한다는 의무를 부여받았다. 의료인에게 있어 돌봄은 보통 전문가적 책임이라는 더 큰 집합의 일부였다."(2001, p. 77) 의학의 역사에서 의사가 할 수 있는 것이 돌봄밖에 없는 경우가 많았다. 19세기 이전의 의학적 지식과 실천은 환자와 의사 사이의 돌봄의 관계를 조성했다. "각 사람은 독특하며, 각 사람의 기질은 진단과 적절한 치료를 정하는 데에 있어 의사의 손을 이끄는 데에 중요한 역할을 한다."(Howell, 2001, p. 83)

원래 환자에 대한 앎과 돌봄은 함께 했으나, 19세기 후반, 20세기

초반이 되면서 질병 인과 이론과 의학 기술은 의사에게 돌봄의 손길이나 태도보다 더 많은 것을 주기 시작했다. 치료와 동일시되었던 돌봄의 전통적 개념은 과학적 의학의 기적적 치료에 의해 가려졌다. 시대에 뒤떨어진 돌봄은 이제 과학적 치료에 의해 한물간 것이 되어 그 존재가 희미해져 갔다.

프랜시스 피바디 Francis Peabody 는 이런 경향에 대해 1927년 하버드대학교 의과대학 조지가이 강연에서 답하여, 환자 돌봄의 비밀은 환자에 관한 관심에 있다고 주장하였다. 피바디에 따르면 이런 돌봄은 이차원적이다. 첫째는 최신의 과학적 발전과 기술을 진단과 치료에 적용하기 위해 의사가 알고 있어야만 하는 기술적 차원이다. 둘째는 인문적, 인간적 차원이다. 의사는 환자의 감정적, 인격적 필요나 염려를 돌보아야만 한다. 피바디는 말한다. "질병의 치료는 완전히 비인격적일 수도 있다. 그러나 환자의 돌봄은 온전히 인격적이어야만 한다."(1984, p. 814) 이 인간적 차원은 환자의 질병 부위에만 관심을 두는 것이 아니라 전인격적 관심을 필요로 한다.

피바디에 따르면 "'임상의 모습'이라고 불리는 것은 병으로 침대에 누워 있는 사람의 사진이 아니다. 이 모습은 집, 직장, 관계, 친구, 즐거움, 슬픔, 희망, 공포로 둘러싸여 있는 환자에 대한 인상주의 화풍의 그림이다."(1984, p. 814)[8] 이 인상주의 화풍의 그림의 핵심 요소는 환자의 감정적 상태이다. 질환은 환자에게 상당한 불안을 초래하며 전

---

8   피바디가 그린 임상의 모습은 환자 측의 고뇌와 염려(걱정)가 의사의 동정적 손(돌봄)을 필요로 하는 것이었다. "여기에 걱정하고, 외롭고, 고통받는 사람이 있다. 만약 당신이 그에게 동정과 보살핌, 이해로 다가간다면, 당신은 신뢰를 얻을 수 있을 것이며 그는 당신의 환자가 될 것이다."(1984, p. 817)

체로서의 사람을 치유하기 위해서 이를 돌보아야만 한다. 게다가 피바디와 동료들이 치료한 환자들의 절반 이상에서 질병에 대한 생물학적 기반이 없었음에도 정서적, 정신적 기반만으로도 치료가 이루어졌다. 그의 원고 마지막 절("인격적 관계의 중요성")에서 피바디는 결론짓는다. "환자의 [감정적 삶을] 무시한 채로 환자를 돌보려 하는 의사는 그의 실험에 영향을 미칠 수 있는 모든 조건을 통제하는 것을 포기한 연구자처럼 비과학적이다. (…) 환자 돌봄의 비밀은 환자에 관한 관심에 있다."(1984, p. 818)

피바디의 영향은 상당한 것이었지만 한 세대가 더 흘러 과학적 의학의 비인도적 결과가 오늘날의 돌봄의 질 위기로 결과지어지기 전까지는 온전히 받아들여지지 않았다. 예를 들어, 메닝거는 기술 의학의 초연한 관심을 보완하기 위해 피바디의 환자 돌봄에 대한 요청을 끌어들였다. "돌봄은 형식적 관심 이상을 의미한다. 돌봄은 환자의 질병만이 아닌 전체로서의 환자에 대한 더 넓은 관심을 의미한다."(Menninger, 1975, p. 836)[9]

특히 카셀은 환자의 고통에 대한 돌봄을 의학의 주요 목표 중 하나(단일의 주요 목표는 아니지만)로 내세웠다. "의사가 그 사람에게서 보는 모든 것은 그 사람의 돌봄에 직접적으로 연관된다. 수십 년 전 프랜시스 피바디가 의사에게 주는 도덕적 교훈으로 말한 것은 결국 의학의 근본적 필요가 되었다. '환자 돌봄의 비밀은 환자에 관한 관심이

---

9   메닝거는 모든 질환은 환자의 전체 삶의 질에 중요한 의미를 지니는 정서적 요소를 가지고 있으며 진실하고 진정한 돌봄이 환자의 전적인 회복에 필요하다는 점을 인정했다(Menninger, 1975).

다.'"(Cassell, 1991, p. 155) 요컨대, 피바디의 돌봄에 관한 접근을 명확히 표현하면 다음과 같다. "이런 종류의 돌봄은 환자가 어떤 종류의 사람인지에 대한 주의와 기민함, 환자의 전체 상황에 대한 동정, 신뢰를 끌어내는 호의, 환자의 신뢰를 보증하는 '작은 우연'의 행위에서 표현되는 이해를 필요로 한다."(Reich, 2004a, p. 364)

개리 벤필드 Gary Benfield 는 의학적 실천에서의 돌봄 두 종류를 특히 중환자 관리와 관련하여 구분하였다(1979). 첫째는 질병 중심 돌봄으로, 환자의 질병 부위에 대한 돌봄에 초점을 두는 것이다. 이 유형의 돌봄은 "'생명'이 문제의 모든 것이다"라는 철학에 기초한다(Benfield, 1979, p. 509). 죽음은 적이며 어떤 비용이 들더라도 피해야 하는 것이다. 돌봄은 기술적 역량으로 포장된 것으로, "어떤 의사는 회복의 기예에 대한 더 인본주의적인 접근을 행하기보다는, 어떤 비용을 들여서라도 치료하고 낫게 만드는 법을 훈련받았다고 느낄 것이다."(Benfield, 1979, p. 509) 대조적으로, 인격 중심 돌봄과 인문주의적 접근은 "개개 환자의 필요"에 집중한다(Benfield, 1979, p. 508). 이 돌봄의 기초는 "삶의 질"의 철학이다.

벤필드는 몇 가지의 임상 사례를 들어 두 유형의 돌봄을 대조한다. 질병 중심 돌봄을 그려내는 것은 자동차 사고로 코마 상태에 빠진 중년 남성의 사례이다. 의사는 환자의 예후를 염려하는 가족이나 간호사들과 효과적으로 의사소통하지 못했고 그것은 부정적인 영향을 미쳤다. 인격 중심 돌봄을 보여주는 것은 죽어가는 영아의 부모가 영아의 상태에 대해 충분히 설명을 듣고 영아의 죽음 곁을 지킨 사례이다. 벤필드는 인격 중심 돌봄을 막는 요소 다섯 가지를 구분한다. 보건의료 팀의 협력 부재, 시간 부족, 기계를 돌보는 기술자로서의 역할을 부여받은 간호사, 돌봄 훈련의 부족, 의사소통의 결핍이 그것이다.

마지막으로 돌봄은 인간 질환에 대한 다양한 반응과 그에 관련된 무력함을 다루는 의학의 목표이자 보편 주제이다. 레이턴 클러프 Leighton Cluff 와 로버트 빈스톡 Robert Binstock 에 따르면 "돌봄은 인간의 나약함, 결점, 통증, 고통에 대한 폭넓은 반응으로 구성된다. 그 요소를 설명하기 위해 많은 어휘가 사용될 수 있다. 측은함, 안심, 공감, 동정, 친절, 부드러움, 경청, 격려, 함께 있기 등이다."(2001, p. 1) 대니얼 캘러핸에게 돌봄은 특히 병과 병듦으로 나타나는 취약함에 대한 특정한 유형의 반응이다. 캘러핸은 주장한다. "우리의 질서와 합리성에 질병이 들여오는 공격, 파괴, 파괴의 위협을 견디기 위해 서로를 도우려면 돌봄이 필요하다. 질서의 세계 속 습관적인 건강은 가지고 있을 때는 보이지 않으나, 결핍되었을 때는 가슴이 미어지고 완전히 소진시킨다."(Callahan, 2001, p. 14)

캘러핸은 돌봄의 필요를 두 수준으로 나눈다. 첫째는 돌봄에 대한 일반적 필요로, "거의 항상 환자가 필요로 하는 것으로, 환자의 상황과 돌보는 사람의 상황과는 무관하다."(Callahan, 2001, p. 20) 일반적 돌봄에는 네 가지의 하위수준이 있다. 이는 인지적 필요, 정동적 필요, 삶의 가치에 있어서의 필요, 관계적 필요를 충족시키는 것이다. 두 번째 수준은 개별적 돌봄이다. 이것은 "이때, 이 상황의 이 환자를 이해하기 위한 돌봄의 결정적 방식으로, 환자와 그의 필요에 있어 고유한 것을 찾기 위한 노력이다."(Callahan, 2001, p. 20)

돌봄 윤리

현대 돌봄 윤리는 1980년대 초 캐럴 길리건 Carol Gilligan 의 한 획을 그은 작품인 『침묵에서 말하기로』의 출판으로 시작되었다(Jecker and Reich, 2004; Little, 1998; Rudnick, 2001). 이 책에서 길리건은 로렌스 콜버그 Lawrence Kohlberg 의 도덕적 추론과 발달에 대한 이론에 도전하였다 (1982). 콜버그는 길리건의 박사 학위를 지도했으며, 도덕적 추론과 발달은 정의와 옳음 같은 도덕 원칙을 어떻게 사용하는 것이 적절한지 배우는 데에 기반을 둔다고 주장하였다. 그러나 콜버그의 이론은 여성의 도덕적 추론과 발달을 표현하지 못한다고 길리건은 단언하며 그가 연구에 남성만을 배타적으로 포함시킨 것을 그 이유로 제시하였다. 그녀는 여성을 대상으로 하여 연구를 수행하였으며 여성의 도덕적 추론과 발달에 상당한 차이가 있음을 발견하였다.

길리건은 여성 연구 대상자가 원칙과 위계적 관계에 의지하는 대신, 도덕적 딜레마의 맥락에 더 신경을 쓰며 자신의 최선과 타인의 최선을 더 고려하는 경향이 있다고 보고하였다. 길리건에 따르면 "따라서 돌봄의 이상은 관계의 활동이자 필요를 보고 반응하는 것이며, 누구도 소외되지 않도록 연결의 그물을 유지하여 세계를 돌보는 활동이다."(1982, p. 62) 그녀는 이 도덕적 사고를 정의의 윤리와 대비하여 돌봄 윤리라고 불렀다.

길리건의 작업은 윤리학, 특히 페미니즘 윤리학의 발전에 큰 영향을 미쳤다(Jecker and Reich, 2004). 예를 들어, 넬 나딩스 Nel Noddings 는 돌봄과 관계에 기반을 둔 페미니즘 윤리를 논리와 초연함에 기반을 둔 남성적 윤리와 대조하면서, 보편적인 자연적 보살핌에서 돌봄 윤리의 개념을 발전시켰다(1984). 남성적 정의의 윤리와 비교할 때 돌봄 윤리의 본질적 요소는 자연스러운 윤리적 개입 또는 행위의 의무다. 나딩스에 따르면 "보살핌은 나로 하여금 헌신적 행위에 관한 기본적인 [자연의] 충동에 반응하게 한다. 나는 보살핌 받는 자 cared-for 를 위한 공개적인 행위에 개입하거나 (…) 내가 해야만 한다고 생각하는 것에 개입한다."(1984, p. 81)

나딩스는 돌봄 윤리에 있어 두 가지 주요한 필요조건, 열중과 동기 전이를 구분한다. 나딩스에게 "돌봄"은 "자신의 준거 기준을 타인에게 옮기는 것을 포함한다. 우리가 돌볼 때, 우리는 타인의 관점, 그의 객관적 필요, 그가 우리에게 기대하는 것이 무엇인지를 숙고한다. 우리의 관심, 우리의 정신적 열중은 보살핌 받는 자를 향하며 우리 자신을 향하지 않는다. 그렇다면 [동기 전이 또는 이동] 행위에 관한 추론은 타인의 필요와 욕망, 그가 처한 문제 상황의 객관적 요소 모두를 다루어야 한다."(1984, p. 24) 이때, 보살핌은 스스로 좋은 사람이 되고자 하는, 특히 타인과의 관계에 있어 선하고자 하며 그들의 돌봄의 필요를 채우고자 하는 윤리적 이상에 기초한다. 그러나 나딩스의 돌봄 윤리는 엄격한 방식에 매인 의무가 아니라 보살핌 받는 자와 돌보는 자 모두에게 보살핌이 가져오는 즐거움으로 둘러싸인다.

리타 매닝 Rita Manning 은 돌봄 윤리가 지니는 다섯 가지 특징을 분간하였다(1998). 첫 번째는 도덕적 주의 집중으로, 도덕적, 윤리적 상황을 구성하는 다양한 연관된 (때로 명백히 관련 없는) 세부 사항에 집중하는 것을 가리킨다. 다음은 동정적 이해이다. 매닝에 따르면 "내가 동정적으로 상황을 이해한다는 것은, 그 상황에 있는 사람을 동정하고 심지어는 그에 동일시하는 데에 열려 있다는 것이다. 나는 그 상황의 타인들이 나에게 무엇을 원하는지, 그들에게 있어 최선이 무엇일지, 그들의 소망과 관심을 위해 내가 어떻게 움직이길 원하는지를 인식하려 한다."(1998, p. 98) 세 번째 요소는 관계적 인식으로, 사람들 서로를 연결하는 관계망과 연결된다. 관계에 있어 중요한 요소는 상호 신뢰이다. 마지막 두 요소는 필요에 대한 타협과 반응이다. 예를 들어, 의사는 특히 환자의 필요에 타협할 수 있어야 하며 구체적으로 반응해야 할 것이다.

길리건의 돌봄 윤리는 특히 콜버그를 옹호하는 이들의 다양한 검토와 비평의 대상이 되었다(Jecker and Reich, 2004; Larrabee, 1993). 예를 들어, 이도 란다우 Iddo Landau 는 정의의 윤리와 돌봄 윤리가 성별이 아닌 사회–경제적 요소로 초래된 결과라는 견해를 제시했다(1996). 그는 길리건이 연구에서 사회–경제적 요소를 통제하지 않았다고 주장하였다. 그러나 해당 요소를 통제하면 성별은 결정 요소가 아니며 사회–경제적 요소가 결정적인 요소가 된다는 것이다.[10] 이에 더하여 그는 롤즈의 정의론과 같이 정의와 돌봄 윤리를 결합한 폭넓은 윤리 이론이 이미 존재한다고 결론짓는다.

길리건을 변호하면서 수잔 멘더스 Susan Mendus 는 길리건이 정의의 윤리와 돌봄 윤리를 동등한 기반에 놓을 것을 요구하고 있으며 돌봄 윤리는 성별에만 배타적으로 기초하고 있는 것이 아니라 평등과 폭력에도 존재론적 기초를 두고 있다고 주장했다(1996). 사실 길리건은 책 서론에서 다음과 같이 경고한 바 있다. "여기에서 설명하려고 하는 다른 목소리는 성별이 아니라 주제로 특징지어진다. 이 목소리가 여성

---

10   란다우는 말한다. "길리건과 제인 아타누치(Jane Attanucci)는 돌봄 윤리와 정의의 윤리 모두 사회–경제적 요소에 의해 결정된다는 것을 받아들일 용의가 있는 것으로 보인다. 그러나 아타누치와 길리건은 성별 분류가 여전히 중요하다고 주장한다. 여성이 남성보다 소득이 적으며, 교육도 덜 받는 등의 차이가 존재하기 때문이라는 것이다."(1996, pp. 56-57)

과 연결되는 것은 경험적 관찰일 뿐이며, 전개 과정에서 내가 추적한 것이 주로 여성의 목소리였기 때문이다. 그러나 이 연결은 절대적인 것이 아니며, 남성과 여성의 목소리를 대조하는 것은 구별을 강조하기 위해서지 성별 각각을 일반화하기 위한 것이 아니다."(1982, p. 2) 더욱이 멘더스는 롤즈의 정의론이 돌봄을 주변화하며 길리건은 더 포괄적인 윤리를 위해 돌봄을 정의와 동등한 파트너로 위치시키길 원했다고 주장한다.

마지막으로 몇몇 페미니스트는 페미니즘 윤리나 돌봄의 윤리에 더 비판적이다(Jecker and Reich, 2004). 예를 들어, 로즈마리 통은 나딩스의 "윤리가 페미니스트보다 더 여성적이다"라고 주장하였다(1998, p. 148). 통의 불평은 나딩스의 주장에 있어 남성이 여성만큼 보살필 수 있는지, 더 나아가 여성이 남성보다 더 보살피는지가 애매하다는 점을 겨누고 있다. 그녀는 이런 애매함이 여성에 대한 "도덕적 함정"이 될 수 있으며, 이를 통해 지금보다도 더 남성에 대한 노동 예속이 발생하는 것이 아니냐고 염려한다.

비슷한 노선을 따라 힐데 넬슨 Hilde Nelson 또한 나딩스의 돌봄의 개념이 너무 단방향이라서 "노예적 보살핌 slave-caring " 패러다임으로 빠질 수 있다고 비판한다. 나딩스의 개념은 "보살핌 받는 자에게 주는 것 없이 받으라고 가르치고 있다."(1992, p. 10) 돌보는 사람이 보살핌 받는 사람에게 흡수되거나 가려질 수 있는 위험이 존재한다는 것이다. 나딩스는 이에 반대하면서, 그녀의 돌봄 개념은 개인적인 것이 아니라 관계적인 것이라고 주장한다. "내가 돌봄의 능력을 유지하고 있다는 것은, 내 **주체**를 마음속 깊이로부터 보존하고 있다는 것과 돌봄의 관계에 참여할 수 있는 능력을 유지한다는 것을 의미한다."(Noddings,

1992, p. 16) 이 경우 돌봄은 상호적이다. 즉 외길이 아닌 양방향 소통이라는 것이다.

요약

생의학 모형의 지지자들이 옹호하는 방식인 정서적으로 초연한 방식으로 환자에게 합리적인 염려를 보이는 의사 대신, 인문주의적, 인본적 임상가는 정서적, 합리적 측면 모두에서 환자를 인격으로 여기며 돌보려 한다. 리틀에 따르면 "인문주의적 의학이란 동료 인간, 그들의 감정, 고통, 마음의 평화에 대한 염려에 뿌리내린 의학을 의미한다."(Little, 2002, p. 319) 생의학 모형이 의사와 환자의 정서를 고려하지 않았다면 (그리하여 현재의 돌봄의 질 위기를 일으켰다면) 인문주의적 모형은 의학적 실천의 기초를 이루는 윤리적 구조의 중요한 요소로 정서를 받아들인다(그리하여 돌봄의 위기를 해결하려 한다). 의사의 돌봄과 결합된 정서는 환자의 웰빙이라는 결과를 가져온다. 제프리 보트킨 Jeffrey Botkin 은 "기초 과학적 역량은 돌봄의 도구를 쥐어주지만, 이 도구가 돌봄의 동의어일 수는 없다"라고 주장한다(Golub, 1992, p. 276).

인문주의적, 인본적 의학은 과학적 치료를 포기하지 않으며, 오히려 돌봄의 에토스 안에서 치료하려고 노력한다. 골럽은 말한다. "깊은 숙고 없이 새로운 기술 주도 의학의 지배적 이데올로기는 **돌봄**을 **치료**로 대체해버렸다. 우리는 사람들 대부분이 둘 다를 원한다는 것을 천천히 깨달아 가고 있다."(Golub, 1997, p. 215) 환자들은 의사가 질병에 걸린 신체를 치료할 뿐 아니라 병든 사람을 치유하기를 원한다. "환자는 의사가 질병에 단순히 기계적으로 개입하는 것 이상을 해야 한다고 믿는다. 오히려 환자들은 의사가 질환으로 이끄는 요소들을 찾고 고쳐주길 원하며, 최상의 상태로 되돌아갈 수 있도록 도와주길 원한다."(Cassell, 1991, p. 111)

돌봄의 에토스 안에서 의사는 환자를 치료하는 지고의 권력과 권위의 위치에서 물러난다. 의사는 동등한 협력자 가운데 첫 번째의 위치에 선다. 의사는 환자의 신체/정신이 스스로를 치료할 수 있으며 의사와 환자의 역할은 이 과정을 돕는 것이지 방해하는 것이 아니라는 것을 깨닫게 된다. 환자-의사 관계는 상호 존중이며, 치료 과정에서 서로의 역할과 그 기여를 인정할 필요가 있다. 이제 환자-의사 관계의 다양한 모형에 대해 돌아보자.

제15장

환자-의사 관계

의학이 사회적 직무이며 더 큰 사회적(정치적, 경제적, 문화적, 종교적) 가치와 목표에 영향을 받지만, 그 중심 관계는 환자-의사 관계로 좁혀 정의할 수 있다. 얼 쉘프 Earl Shelp 에 따르면 "의학의 핵심을 특징짓는 것은 환자와 의사의 만남이다."(1983, p. vii) 의학의 참된 본질을 정의하는 데에 있어 가장 중요한 요소 중 하나는 이 환자-의사 관계일 것이다. 결국 의학의 핵심은 치료이기 때문이다.

이 장의 초점은 의학의 본질 자체를 정의하는 것이 아니다(이 내용은 마지막 장을 위해 남겨두려 한다). 오히려 여기에서는 환자-의사 또는 치료적 관계를 설명하기 위해 제안된 모형의 다양한 유형에 초점을 맞추려 한다. 모형의 개수는 무한한 것처럼 보이고 후견주의와 같은 전통적인 권위주의적 모형에서부터 현대 협력자 모형에 이르기까지 그 폭이 다양하다. 사실 대너 클로우저는 모형이 너무 많다는 점을 한탄하며 더 많은 모형, 심지어 "버스 운전수" 모형이나 "핀볼 기계" 모형 등도 창조될 수 있을 것이라는 점을 인정한다(Clouser, 1983).

환자-의사 모형의 숫자에 집중하면서 클로우저는 다소 회의적이지만 중요한 질문을 던진다. "왜 골몰하는가?"(Clouser, 1983, p. 94) 그의 관심은 모형이 환자와 의사 사이의 도덕적 관계를 설명하거나 정의하는 데 사실 도움이 되지 않는다는 데에 있다. 그는 모형보다는 환자-의사 상호작용에서 비도덕적일 수 있는 행동의 목록을 제시하는 것이 더 낫다고 생각한다. 클로우저에 따르면 "의사-환자 관계는 복잡하고 모호한 상호관계와 가정, 믿음에 대한 개괄적 모형 대신 도덕적으로 하지 말아야 할 것에 대한 목록을 단순히 나열하는 것만으로도 훨씬 더 잘 다뤄질 수 있다."(Clouser, 1983, p. 95)

마지막 분석에서 클로우저는 모형이 규범 윤리 이론에서처럼 행동의 도덕성을 설명하거나 정당화하는 데에 필요한 기반을 제시하지 못한다는 점을 두려워하고 있다. 이 염려 뒤에는 모형이 도덕성을 고취하지 못할 것이라는 걱정이 깔려 있다. 오히려 모든 다양한 모형은 도덕적으로 옳은 행동을 하도록 동기부여함에 있어 동등한 기반 위에 위치한 것처럼 보인다. 결론적으로 어느 모형이 환자-의사 관계를 정의하는지를 확인하는 대신, "다양한 양식이 피어나도록 놔두지 말아야 할 이유는 무엇인가? 환자와 의사로 하여금 자신에게 어울리는 관계를 세워나갈 수 있도록 하자. 스스로 서로를 찾고 발전시켜 나갈 수 있도록 하자."(Clouser, 1983, p. 96)

로버트 비치는 클로우저의 주장에 대한 대응에서 클로우저가 행동의 도덕적 본성을 설명하거나 정당화하기 위해 규범 윤리학의 중요성을 본 점은 옳음을 인정한다(Veatch, 1983). 그러나 비치는 메타 윤리적 차원에서 모형의 사용을 옹호한다. "(전문가적 행위와 같은 다양한 도덕적 선택에 있어 윤리적 원칙의 역할과 도덕규범의 의미와 정당화에 대한) 메타 윤리학의 기초를 다루지 않는다면 규범 윤리학은 뒤죽박죽이 될 수밖에 없다."(Veatch, 1983, p. 106)

모형은 환자−의사 상호작용이 마주한 근본 문제를 풍부한 상상력으로 분석할 수 있도록 한다. 사실 환자−의사 상호작용을 모형화하는 방식은 의학적 실천의 윤리적 차원뿐만 아니라 의학적 실천의 결과에도 심원한 영향을 미친다. 예를 들어, "당신이 [환자−의사 관계를] 치료적 관계로 보는지 (…) 또는 동등한 위치에 있는 두 사람의 계약으로나 상업적 거래로 보는지에 따라 엄청난 차이가 발생하게 된다."(Pellegrino, 2006, p. 69) 의학적 실천의 결과 중 일부는 환자와 의사 사이의 의사소통에 영향을 받는다. 마지막으로 "의사−환자 관계의 방식을 보는 관점은 실제의 소통 내용에 영향을 미친다."(Ong et al., 1995, p. 914)

모형은 의학의 도덕적 성격을 이해하고 분석하는 데에 있어서도 중요하다. 펠레그리노에 따르면 "의학은 도덕적 업무이다. (…) 다시 말하면, 의학은 어떤 의학적 행위가 옳고 그르냐에 대한 한정된 믿음의 집합에 따라 수행되어 간다."(Pellegrino, 2006, p. 65) 환자−의사 관계는 도덕적 관계의 중심에 있으며, 이 관계를 적절히 이해하는 것은 의학적 실천의 도덕성을 확고히 하는 데에 있어 중요하다. 의학적 도덕성의 재건은 회복을 목표로 하는 환자−의사 관계에 놓이지 상업주의나 후견주의와 같은 목표에 의존하지 않을 것이다.

몇몇 논평가에 따르면 환자−의사 관계는 문화적 과학만능주의하에서 그 영혼을 상실했고 의학은 의사를 과학자처럼 보는 시각을 더 공고히 하면서 도덕적 기반을 상실했다(Pellegrino, 2006). 의학적 실천에서 과학이 중요하긴 하지만, 의료인은 질병뿐만이 아닌 사람을 치료하라는 "의학 본연의 도덕 명령"을 수행해야 한다(Tauber, 1999, p. 98). 사실 환자-의사 관계의 권위주의적 모형은 현재의 돌봄의 질 위기를 일으키는 데에 있어 중요한 요소로 여겨지고 있다(Annalandale, 1989). 따라서 환자-의사 관계 모형은 현대 의학의 위기를 둘러싼 논제를 탐구하고 교정할 수 있는 중요한 도구일 수 있다.

환자-의사 관계 모형의 다양한 유형을 구분하기 위해 제안된 여러 가지의 유형학이나 분류가 있다. 예를 들어 한 분류 체계는 모형을 자율성-기반 분류와 선행-기반 분류로 나눈다(Pellegrino and Thomasma, 1993; Loewy, 1994). 자율성-기반 분류는 조직적, 상업적, 계약적, 공학적 모형을 포함한다. 펠레그리노와 토마스마에게 있어 "자율성 모형은 대부분 도구적이고, 업무적이며 절차적이다. 이 모형들은 외부 규범 집합에 순응할 필요가 없다. 계약 당사자는 자신들의 '텍스트'를 만들어 스스로 선택한 것에 윤리적 의미를 부여한다."(Pellegrino and Thomasma, 1993, p. 192) 선행-기반 분류는 후견적, 사제적 모형을 포함한다. 이 모형들은 임상적 만남의 목적에 기반한다. "장기적으로 봤을 때 이 만남의 목적은 건강이며, 단기적으로 봤을 때에 목적은 질환, 통증, 장애의 치유, 억제, 개선, 예방이다. 이 관계에 대해 가장 근접한, 직접적인 목적은 특정 환자에 대해 기술적으로 옳고 도덕적으로 선한 치유적 결정을 내리는 것이다."(Pellegrino and Thomasma, 1993, p. 193) 이 장에서는 다양한 환자-의사 관계를 환자와 의사 사이의 권력 배분에 따라 분간하였다. "의사-환자 상호작용은 권력관계에 뿌리박고 있다."(Haug and Lavin, 1981, p. 212) 권력은 행위를 수행하고, 변화시키고, 업무를 수행하는 데에 있어 불가피하다.

앨빈 토플러 Alvin Toffler 는 권력의 세 가지 원천 또는 "힘, 부, 정신"의 "권력 삼각형"을 분간하였다(1990, pp. 12-13). 토플러에 따르면 "지식, 폭력, 부, 그리고 이들 간의 관계는 사회 내의 권력을 정의한다."(1990, p. 16) 펠리시티 굿이어스미스 Felicity Goodyear-Smith 와 스테판 뷔토 Stephen Buetow 는 토플러의 권력 개념을 가져와 환자–의사 상호작용을 분류하였다(2001). 예를 들어 의학적 지식은 환자–의사 상호작용의 권력 방정식에 있어 중요한 요소이며, 보통 의사가 우세를 점하고 있다. 그들이 적은 것처럼, 이 권력의 원천은 남용될 수도 있다. 즉, 의사가 의학적 정보를 전달하는 것을 보류하거나 환자가 음주와 같은 개인 습관을 말하는 것을 보류하는 일 등이 발생할 수 있다.

데브라 로터 Debra Roter 는 환자나 의사가 소지한 권력이 높은지, 낮은지에 따라 환자–의사 모형을 구분하는 실용적인 기준을 제시하였다(2000). 이 장에서는 이 기준을 활용하여 환자–의사 상호작용의 여러 모형을 세 가지 주요 분류로 나누었다. 의사–중심 모형(의사의 권력이 높고 환자의 권력이 낮은 모형), 환자–중심 모형(의사의 권력이 낮고 환자의 권력이 높은 모형), 상호관계 모형(의사와 환자의 권력 모두 높은 모형)이 그것이다.[1]

---

1   로터는 환자와 의사 모두 권력이 낮은 모형도 존재할 수 있으며 이것을 네 번째 분류로 두었다. 로터는 이것을 "기본" 관계라고 불렀으며, 여기에서 "환자와 의사의 기대가 반목하거나 관계에서의 변화의 요구가 합의될 수 없는 경우, 관계는 역기능적 정체에 다다른다."(Roter, 2000, p. 7) 이런 관계가 형성될 수 있는 다른 조건으로는 외부 당사자가 권력을 가지는 것으로, 의료관리기구(HMO)의 경우에서 찾아볼 수 있다.

의사—중심 모형

의사—중심 모형에서는 의사의 역할과 기능에 권력이 부여되며, 환자는 주로 수동적이고 무력하다. 이런 모형에서 "의사는 정보와 업무 양편에서 의제 설정, 목표, 의사결정을 지배하며, 의학적 상태는 생물학적 용어로 정의된다. 여기에서 보통 환자의 목소리는 사라진다."(Roter, 2000, p. 7) 의사는 보통 환자의 가치가 자기 가치와 유사하다고 가정하며, 주로 그 가치가 신체적 건강의 회복일 것이라고 여긴다. 이에 더하여 의사는 의학적 지식과 실천의 기술적 본질을 통해 자신만이 적절한 결정을 내릴 수 있다는 가정에서 움직인다. 마지막으로 환자—의사 관계에 대한 이런 모형들은 "비대칭적이다. 환자는 의존적이고 의사는 상위의 위치에 있다."(Haug and Lavin, 1981, p. 212)

의사—중심 모형의 분류에는 두 가지의 지배적인 모형이 있으며, 이는 의사의 역할에 따라 구별된다. 첫째는 권위주의 모형으로, 의사는 부모나 사제의 기능을 맡는다. 둘째는 기계적 모형으로, 의사는 기술자나 공학자처럼 행동하며 환자의 질병과 싸우는 데 필수적인 전문기술을 가지고 있는 사람이다.

권위주의 모형

권위주의 모형은 환자—의사 관계에 있어 가장 긴 역사를 지녔고, 또한 가장 잘 알려진 모형일 것이다. 물론 이 모형의 기초는 의술을 위해 환자가 의사에게 부여한 권위에 기초한다. 하우크와 라빈에 따르면 "권위의 전통적인 정의는 행동에 영향을 미치고 지도할 **권리**이다. 이 권리는 관계에서 타인에 의해 타당하고 적법한 것으로 수용된다. 의학적 맥락에서 권위는 환자가 의사에게 권력을 수행할 수 있는 적법성을 부여한 것으로 정의되며, 이것이 선함을 이룰 것이라는 가정에 기초한다."(Haug and Lavin, 1981, p. 212)

환자가 의사에게 권위를 직접 부여하기도 하지만, 러셀 마울리츠 Russell Maulitz 는 그 이외에 의사에게 권위를 부여하는 출처 세 가지를 분간하였다(1988). 첫째는 법으로, 업무를 수행할 수 있는 권리를 정부가 의사에게 법으로 부여한 경우이다. 여기에는 의약품을 처방하고 외과적 수술을 수행할 수 있는 권리 또한 포함된다. 다음은 전문가 집단으로, 의학 전문직 자체가 자격과 책임을 지닌 단체로서 그 구성원을 통제한다. 마지막은 문화로, 생명의과학이 만들어낸 과학적 발전이 크게 이바지한 바 있다.

후견주의 모형

후견주의 모형은 환자─의사 관계의 전통적 모형이며 권위주의 모형 중 가장 잘 알려져 있다. 부모─자녀 관계를 닮은 이 모형은 의사가 부모의 역할을 맡고 환자가 자녀의 역할을 맡는다. 펠레그리노와 토마스마에 따르면 "후견주의는 의사(그의 뛰어난 지식에 의한 덕 때문이든 환자의 질환 경험에 부수하는 어떤 장애 때문이든)가 환자가 할 수 있는 것보다 환자의 이익을 더 잘 위할 수 있다거나, 의사에게 의학적으로 선한 행위를 하도록 강제하는 의무가 부여되어 있다거나, 환자의 가치 체계를 따르는 것은 '좋지' 않다는 개념을 그 중심에 두고 있다."(Pellegrino and Thomasma, 1988, p. 7) 그 때문에 의사는 치료적 관계에서 결정을 내리는 권력을 가져야 하고 환자는 의사를 절대적으로 완전히 신뢰해야 할 책무를 진다. 다시 말하면, 후견적 관계의 위계는 의사 쪽이 지배하게 되며 환자 쪽은 그에 복종하게 된다는 것이다.

후견주의 모형에서 환자는 아픈 자녀의 역할을 맡으며, 의사는 부모(주로 아버지)의 역할을 맡게 된다. 파슨스와 폭스는 부모-자녀 관계와 환자-의사 관계 사이의 두 가지 유사점을 구분해냈다(Parsons and Fox, 1952). 첫째는 아이와 환자 사이의 유사점이다. 아이가 성인의 일상 활동을 수행할 수 없는 것과 같이, 성인 환자도 질환 때문에 활동을 수행하지 못하게 되며 아이가 "더 강하고 '적절한' 사람"의 돌봄에 의존하게 되는 것처럼, 성인 환자 또한 질환 때문에 힘 있는 사람에게 의존하게 된다는 것이다. 두 번째 유사점은 부모와 의사 사이에서 나타난다. 파슨스와 폭스에 따르면 "이들[부모와 의사]은 자녀와 병자가 의지할 만큼 강하고 더 적절한 사람이다. 자녀와 병자는 자신의 자원으로 만족할 수 없는 필요를 충족하기 위해 이들에게 의지해야만 한다."(Parsons and Fox, 1952, p. 32) 마지막으로 자녀와 환자 모두가 견디고 있는 상태는 "조건적으로 합법화된 사회적 역할"이다. 즉, 둘은 모두 아이처럼 굴거나 일시적으로 아파도 괜찮으나 성장하거나 치료를 받을 책무를 지고 있다.

후견주의 모형의 동기는 선행에 있다. "이 모형의 의사-환자 상호작용은 환자가 자신의 건강과 안녕을 촉진할 수 있는 가장 좋은 방식의 개입을 받을 것이라는 점을 보장한다."(Emanuel and Emanuel, 1992, p. 2221) 의사의 책무에는 환자를 지도하는 것도 포함되며, 특히 비협조적인 환자를 마주할 때 이 책무는 강화된다. "만약 환자가 병자 역할의 책무에 따라 살지 않으면, 즉 협조하고 따르지 않으면 의사는 환자의 병자 역할 상태에 대한 지지와 적법화를 철회할 수 있다."(Beisecker and Beisecker, 1993, p. 47) 환자의 동기는 건강을 되찾는 것이며, 의사의 치료 처방에 전적으로, 수동적으로 따르는 것을 통해 이를 달성할 수 있다. 환자는 의사를 신뢰하고 그에 복종하며 질문을 제기해선 안 된다. 이는 흡연이나 난교와 같은 위험한 생활 습관에 연루된 환자에서 더 중요하다.

후견주의는 다양한 방식으로 정의되며, 대상의 자유를 제한하는 정도에 따라 구분된다. 일반적 정의는 부모-자녀 유비를 따르며, 다음과 같이 이해할 수 있다. "후견주의자는 다른 성인의 자유, 자율성, 소망, 판단을 제한(하거나 회피)하나 이는 그 사람에게 이익이 된다는 근저에서 정당화된다. 사실상 이런 간섭은 그것이 상대의 이익을 위해서라고는 해도 성인을 아이로 끌어내린다."(May, 2000, p. 41) 비첨은 후견주의의 두 가지 정의를 구분한다(Beauchamp, 2004b). 첫 번째는 좁은 정의로, 여기에서 사람들은 자기 의지에 반하여 행위하도록 강요받는다. 좁은 정의를 가장 잘 제시한 사람은 제럴드 드워킨 Gerald Dworkin 이다. "한 사람의 행위의 자유에 대한 간섭은 강제당하는 사람의 안녕, 선, 행복, 필요, 관심, 가치와 관련되어 있을 때만 정당화된다."(1972, p. 65)

두 번째는 넓은 정의로, 여기에선 한 사람의 자유와 자유로운 행위가 꼭 억압될 필요는 없다.[2] 거트와 컬버는 넓은 의미의 후견주의적 행동에 대한 포괄적 정의를 제시하고 있다(Gert and Culver, 1976, pp. 49-50).

---

2   앨런 뷰캐넌(Allen Buchanan) 또한 행위뿐만 아니라 정보에도 기초한 후견주의의 넓은 정의를 제시하였다. "후견주의는 개인의 행위의 자유, 정보의 자유에 대한 개입 또는 잘못된 정보의 의도적 유포이다. 이는 개입 또는 유포가 대상자의 선에 이바지한다는 정당화에 근거한다."(1978, p. 372) 그는 암에 걸린 환자에게 거짓 진단을 전달하는 사례를 제시하였다.

A의 행위가 (옳게) A가 다음을 **믿는다**는 것을 가리키는 바로 그때에만 A
는 S에게 후견적으로 행위한다.

(1) A의 행위는 S의 선을 위한 것이다.

(2) A는 S의 편을 위해 행위할 권한을 지니고 있다.

(3) A의 행위는 S와 관련하여 도덕 규칙을 위반하는 것을 포함한다(또는
그렇게 하는 것은 도덕 규칙을 위반케 할 것이다).

(4) S가 이전이나 지금에 서명한, 또는 당장 준비될 (자유롭고 충분한 설명
아래 이루어진) 동의와는 무관하게 A가 S의 편에서 행위하는 것이 정
당화된다.

(5) S는 일반적으로 자신에게 무엇이 좋은지 알고 있다고 믿는다(그리고
이 믿음은 아마도 틀렸을 것이다).

거트와 컬버가 정의한 후견주의는 환자에 강요가 주어지지 않는 후
견주의적 행위도 포함한다. 그들은 환자가 종교적인 이유로 수혈을
거부하여, 환자가 의식을 잃은 다음에야 수혈을 할 수 있었던 주치의
의 예를 든다. 그들의 정의에서 결정적인 것은 도덕 규칙을 어기는 것
을 금지하는 (3)번 요소이다. 앞의 예를 다시 보면 의사는 환자에게
강요하지는 않았지만, 도덕 규칙을 어겼기 때문에 후견적으로 행위
한 것이다. 여기에서 위반한 것은 한 사람의 기회나 자유를 기만하거
나 박탈하는 것을 금지하는 도덕 규칙이다. 또한, 이 사례의 의사가
다른 요소들, 특히 (4)번 요소를 만족시키고 있다는 점을 주목해야
만 한다.[3]

좁은 정의와 넓은 정의 외에도, 후견주의는 약한 형태와 강한 형
태로 나뉠 수 있다. 조엘 파인버그 Joel Feinberg 는 "우리가 일반적으

---

3   이에 대한 비판은 해이리를 보라(Häyry, 1991, p. 53).

로 후견주의에 대해 가지고 있는 혐오와 어떤 후견적 규제의 명백한 필요성 또는 최소한의 합당함을 화해시키고자" 이 정의들을 도입한다. 약한 후견주의는 비자율적, 비자발적 행위에 대한 제한이나 제약을 가리킨다. 칠드리스는 이후 범위를 줄여 이를 다시 정의한다. 약한 후견주의는 "누군가에게 도움이 되고자 그의 소망, 선택, 행위에 대한 우선적 결정권을 갖는 것을 말한다. 왜냐하면, 그가 의사결정이나 행위에 있어 어떤 결함, 장애, 제한으로 고통받고 있기 때문이다."(Childress, 1982, p. 17) 다시 말하면, 약한 후견주의는 명백하게 타인의 자율성을 침해하는 것은 아니다. 강한 후견주의는 명백하게 자율성을 침해한다. 비첨은 "약한 후견주의와는 다르게, 강한 후견주의는 개입의 기반으로 능력의 약화, 역기능적 무력함, 장애 조건을 필요로 하지 않는다"라고 주장한다(Beauchamp, 2004b, p. 1985).

약한 후견주의는 특히 환자가 의사결정을 할 수 없는 상황에서 삶과 죽음에 대한 결정이 내려져야만 하는 응급 상황에서는 허용할 수 있는 것처럼 여겨지지만, 강한 후견주의는 일반적으로 정당화되기에는 선을 많이 넘은 것으로 여겨지고 있다. 예를 들어, 헤타 해이리 Heta Häyry 는 "환자의 최선이라는 이름 아래 환자의 자율성을 침해하는 것을 요구하는 정책은 일반화될 수 없다. 다시 말하면, **강한** 후견주의에 기반을 둔 의학적 과정을 적법화하는 것은 불가능하다"고 결론짓는다. (1991, p. 183) 오히려 환자가 자신의 건강에 대한 문제를 선택하는 데에 있어 자율성을 존중하는 것은 이런 후견주의를 넘어서는 수단이 된다. 강한 후견주의는 "아픈 사람을 낫게 한다는 의학의 지식 체계적 목적을 무시한다. 환자의 자율성을 침해하는 것은 치료하는 것이 아니라 위해를 끼치는 것이다."(Pellegrino and Thomasma, 1988, p. 23)

사제 모형

환자-의사 관계의 사제 모형은 권위주의 모형에서 가장 오래된 것일 것 같다. 아문센과 펜그렌에 따르면 "문자 이전 시대 또는 원시 시대의 사람들에게 종교와 마술은 보통 같은 것이었으며 의학은 그에 귀속되어 있었다."(Amundsen and Ferngren, 1983, p. 5) 종교와 의학의 밀접한 연결은 질병과 질환이 불가사의이며 초자연적 기원, 즉 악마나 혼에서 유래한다고 생각했던 것 때문으로 보인다. 사제나 무당은 이런 불가사의를 이해할 수 있는 사람이기에 불가사의를 대적하여 환자에게 회복을 가져다줄 책임이 있었다. 환자는 사제나 무당을 신뢰해야만 했으며, 이 신뢰는 환자의 믿음에 기반을 두고 있었다. "환자의 신뢰는 신앙과 의미의 구조화라는 더 큰 맥락에 뿌리내리고 있다."(Barnard, 1982, p. 229) 질병은 치료되어야 할 불가사의 mystery-to-be-healed 로써, 초자연적 구조 안에 놓였다. 따라서 사제나 무당은 환자에게 위안과 이해를 제시하였다. 환자는 사제와 무당의 기도, 제사, 주문, 춤 등을 믿어야 할 책임을 지녔다.

사제 모형의 권위는 두 가지 원천에 기초한다. 첫째는 사제나 무당의 마법적 기술에 대한 환자의 의존이다. 사제와 무당은 공동체 구성원의 복지뿐만 아니라 전체 공동체 자체에 대한 책임을 지고 있었다. 아문센과 펜그렌에 따르면 "특정한 필요의 상태(질환, 질병, 상해)에 처했을 때 [환자는] [사제에게] 의존해야 했으나, 이 의존은 개인적, 공동체적인 더 넓은 범위의 안정성, 번영, 웰빙, 생존에 대한 의존이기도 했다."(Amundsen and Ferngren, 1983, p. 5) 두 번째 원천은 사제의 카리스마에 있었다. 제임스 나이트 James Knight 는 이것을 "카리스마적 권위"라고 이름붙였다. 카리스마는 "평범한 사람과는 다른 것으로 여겨지는 사람(절대적 가치라고 여겨진 특수한 관계 때문에 구별된)에게 부여된 영적 힘과 덕성"과 연결된다(Knight, 1982, p. 100). 다시 말하면, 카리스마는 특정한 업무를 수행하기 위해 (보통 신으로부터) 한 사람에게 부여된 선물이다. 사제에게 부여된 이 선물 중에는 회복의 힘도 있었다.

오늘날 의사는 현대 세속주의로 인해 사제의 외투를 피하려 하지만, 의사는 제한된 능력을 갖춘 사제처럼 기능한다. 데이비드 바나드 David Barnard 는 현대 의사가 가진 세 가지의 "성직자적 기능"을 구분하였다(1985). 첫째는 의사의 업무, 소명과 연결된다. 의학은 타인의 필요에 의한 소명이며 의사는 그 필요에 대한 반응으로 자신의 업무를 수행한다. 이 기능의 결과로 나타나는 두 번째 사제적 기능은 회복에 관한 것이다. 그의 업무는 회복을 끌어내기 위한 치료적 개입에 있어, 그리고 환자가 건강과 전체성으로 돌아올 때까지 회복을 유지하는 데 필수적이다. 마지막 기능은 "교육적 인도"를 통해 환자 자신의 가치를 명확히 하도록 돕는 것이다. 의사는 환자에게 성실해야 하며 자신의 가치 판단을 환자에게 부과해선 안 된다.[4]

바나드는 우상 숭배의 가능성 세 가지를 경고하고 있다(1985). 우상 숭배란 궁극적인 가치가 없는 것에 궁극적 가치를 부여하는 것을 말하며, 기술, 시장, 국가의 우상이 있다. 사제 기능을 회복하고 우상 숭배를 피하는 것은 "기술 중심적, 관료 중심적인 문화에서 전문가적 삶

---

4   또한, 바나드는 목사적, 예언자적 역할을 구분했다(1985). 전자는 그의 충성이 공동체와 그 구성원을 향하고 후자는 신을 향한다. 예언자는 종종 책망하는 반면, 목사는 위로한다. 이런 구분이 항상 명확한 것은 아니며 맥락에 민감할 필요가 있다. 같은 방식으로, 의사는 두 역할을 주의 깊게 구분하여 권력 남용을 통해 자신의 가치로 타인을 강압하지 않도록 해야 한다.

의 정서적, 가치 의식적 차원을 회복하고 육성"하는 데에 있어 결정적이다(Barnard, 1985, p. 285).

비치에 따르면 사제적 모형의 중심 도덕 가치는 "환자에게 도움을 주고 해를 끼치지 말라"라는 명령에 있다(Veatch, 1972, p. 6). 이 원칙은 환자의 "무언의 청원, '날 죽게 놔두지 마시오'"에 기초한다(Knight, 1982, p. 101). 그러나 이 원칙의 기반은 후견주의를 감추고 있으며, 의사가 "아버지"의 역할을 취한다. "이 원칙은 의사결정의 자리에서 환자를 밀어내고 전문가의 손에 결정을 맡긴다. 이렇게 함을 통해, 더 균형 잡힌 윤리 체계에 불가결한 다른 도덕적 주제들을 축소하거나 심지어는 파괴한다."(Veatch, 1972, p. 6) 파괴되는 다른 원칙에는 "개인의 자유 부여", "개인의 존엄성 보존", "진실만을 말할 것, 약속을 지킬 것", "정의를 지키고 회복시킬 것"이 있다(Veatch, 1972, p. 6). 클로우저 또한 "해를 끼치지 말 것의 원칙"을 비판하면서 이에 대해 권위주의적, 후견주의적 견해가 해를 끼친다는 표현을 모호하게 사용하고 있다고 주장한다. "나는 한 사람이 해를 입는다는 것이 그가 기만당하거나, 자유를 빼앗기거나, 기회를 상실하는 것 등등이라고 생각한다."(Clouser, 1983, p. 92)

기계적 모형

기계적 모형은 과학혁명의 자연스러운 결과로, 20세기 중엽에 의학에 적용되면서 그 정점에 달했다. 많은 사람에게 의학은 과학 또는 최소한 응용과학으로 여겨지게 되었다. 기계적 모형이 환자 신체의 기계적 본질을 강조하고 의학적 실천에서 과학적 문제 해결의 측면에 집중하면서, 환자의 질병을 진단하고 치료하는 것은 기계공, 기술자, 기사로서의 의사-과학자가 퍼즐을 풀어나가는 과정을 의미하게 되었다. 마이클 베일리스 Michael Bayles 에 따르면 "자동차 수리공이라는 직업은 의학의 진보와 거의 동시에 나타났다. (…) 초기에 이 유비[기계공으로서의 의사]에 대한 반감에도 불구하고, 곧 건강과 질환의 개념 및 관련된 윤리적 관계에 대해 매우 강렬한, 시사하는 바가 많은 비유로 자리를 잡았다."(1981, p.665) 그리하여 의사는 신체 기계공이 되었으며 환자는 신체 기계가 되었다.

베일리스가 자동차 기계공과 의사 사이의 유비를 가부장적, 계약적, 대리적 관계가 아닌 신탁적 관계로 두었다는 점은 흥미롭다. 신탁적 관계에서 기계공이나 의사는 자신의 전문적, 기술적 지식을 활용하여 고객이나 환자에게 이익을 줄 책무가 있다. 베일리스는 "의사는 자동차 기계공과 유사한 타인에 대한 책무를 지며, 이것은 관계로부터 나오지 않는다. 이 의무는 사회에서 전문직이나 직업이 맡은 역할에 따라 부여된다"라고 주장한다(1981, p.670). 의사의 역할은 질병 치료에 대한 전문적 기술을 가진 전문가이다. 다시 말하면 의사의 의무는 전문가적, 기술적 지식에서 유래한다. 또한 신탁적 관계의 신뢰가 전문가적 기술에 기반을 두게 된다. 의사가 전문가이기 때문에 환자는 의사를 신뢰해야만 한다. 의사가 역량 있는 기계공이라는 점을 제외하면 이런 신뢰는 후견주의적 관계에서 아이가 가지는 신뢰와는 다르지 않다.

기계공으로서 의사의 "임상적 응시"는 빈번하게 근시안적이다. 질병에 걸린 신체 각부에만 집중하며, 환자의 질환과 고통의 전체 경험은 배제한다. 이에 더하여 "'의학적 응시'는 신체 내부로 향하여, 의사는 물리적 대상—신체의 외관을 투명한 것으로 본다."(Toombs, 1993, pp. 78-79) 또한, 환자의 질병 걸린 신체를 진단하고 치료하는 데 사용되는 기계의 응시가 의사의 응시와 동시에 일어나곤 한다.

기계적 모형에서 환자의 진단과 치료는 일반적으로 바깥에서 안을 향한다(Davis-Floyd and St. John, 1998). 기계공으로서 의사의 역할은 환자를 대신하여 중재하는 것이며 그 기원을 유럽의 이발 외과의에 둔다. 그들은 "치료자의 업무가 질병 과정에 개입하는 것이라는 생각하고 있었다."(Davis-Floyd and St. John, 1998, p. 26) 바깥에서 안으로의 접근이 의사에게 권력을 부여하지만, 그것은 "질병과 살아야만 하고 그로 인해 죽을 수도 있는 환자의 인격과 경험을 보지 못하게 만든다."(Davis-Floyd and St. John, 1998, p. 28)

기술적 과정을 통한 의사 수련은 기계적 모형의 특징이다. "의사는 증례에서 환자와 가족이 마주하는 운명을 좌우하는 문제들에 대한 관심을 버리는 법을 빠르게 배우게 된다. 기술적 수완을 요구하는 정도에 따라 사례는 관심을 끌게 된다."(May, 2000, p. 94) 게다가 의학의 제도적 구조는 고도로 기술적인 의학 영역을 보상한다. 예를 들어, 심장외과 전문의에게 주어지는 금전적 보상은 가족 주치의가 받는 것과는 엄청난 차이가 난다. 의학의 실천에 위치하는 경제적 불균형은 환자-의사 관계에 영향을 미칠 뿐만 아니라 의학의 사회적 구조 자체에도 영향을 준다. 진료지원인력 PA 과 간호사가 수익성이 좋은 전공을 추구하는 의사들이 남긴 틈을 채운다.

기술적 모형은 의사의 도덕 형성에 달갑지 않은 영향을 미치고 있다. "의과대학에서 이뤄지는 도덕적 훈련의 상당량은 평범한 사람을 묶는 예상 불가능한 일로부터 젊은 의사 지망생을 분리하는 방향을 향하고 있다."(May, 2000, pp. 100-101) 생의학적 교육의 결과는 환자의 실존적 염려, 고뇌와 의사 사이의 연결을 가능한 최소화하는 것으로 나타난다.

사제적 모형이 가치에 몰두하는 반면, 기계적 모형은 그렇지 않으며 오히려 (과학적) 사실에만 속박되어 있다(Veatch, 1972). 이 사실들은 전통적으로 가치중립적인 것이라고 믿어지거나 그렇게 주장되어 왔다. 응용 과학자로서 의사는 환자의 가치를 무시하여 효과적이고 과학적으로 정확한 진단을 내릴 수 있어야 한다. 그러나 가치중립적 의학과 과학은 불가능하다. 연구 질문과 다른 중요한 결정에서 선택을 내리기 위해 가치가 항상 필요하다. 비치는 주장한다. "모든 사실을 나열하고 환자가 선택하게 할 수 있다고 생각하는 의사는 자신을 속이는 것이다. 심지어는 결정적인 선택이 내려져야 하는 핵심 지점에서 이렇게 하는 것이 도덕적으로 건전하고 책임 있는 일이라 해도 말이다. 게다가 만약 의사가 의사결정 과정에서 모든 윤리적, 가치적 고려사항들을 논리적으로 제거할 수 있으며 불가능한 가치중립적 이상을 따라 실천할 수 있다고 해도, 그렇게 하는 것은 매우 도덕적으로 어긋난 일이 될 것이다."(Veatch, 1972, p. 5)

환자-중심 모형

펠레그리노와 토마스마에 따르면 "지난 이십여 년 동안 의사와 환자 사이의 관계를 규정하는 윤리적 규약의 표준만큼 의료윤리를 극적으로, 철저히 바꾼 것은 없었다. 그리하여 임상적 의사결정의 무게 중심은 거의 다 의사에서 환자로 넘어갔다."(Pellegrino and Thomasma, 1993, p. 54) 의사-중심 모형의 전복은 환자 자율성을 옹호한 결과였다. 권위주의적 모형 아래 의사가 지녔던 권력은 환자-중심 모형에서 환자 쪽으로 넘어갔다. "환자는 내원의 목표와 의제를 설정하고 의사결정에 대한 단독 책임을 진다. 협력적인 의사는 환자가 요구하는 정보와 기술적으로 받을 수 있는 도움에 관해 설명한다. 환자의 가치를 정의하고 고정하는 것은 환자이며 의사는 이를 검토하지 않는다."(Roter, 2000, p. 7)

환자–중심 모형에는 두 가지의 세부 분류가 있다. 첫째는 법적 모형으로, 여기에는 계약과 계약주의 모형, 변호 모형, 바루흐 브로디 Baruch Brody 의 지위 모형이 포함된다. 둘째는 사업적 모형으로, 상업주의, 소비자주의 모형을 포함한다. 법적, 사업적 모형은 상호적인 것처럼 보일지도 모르나, 이 모형들은 의사–중심 모형에 대한 반발을 배경으로 하고 있어 계약 협상의 측면을 중심으로 환자에게 권한을 부여하고 있다. 계약은 의사가 환자의 필요를 충족시키는 것, 또는 환자가 자기 필요를 충족시켜줄 수 있는 의사를 찾아 물색하는 것을 보장한다. 이 점에서 법적, 사업적 모형은 환자–중심적이다.

법적 모형

법적 모형은 자율성의 원칙에 더하여 정의의 원칙에 기초하며, 특히 권리와 의무의 측면에 바탕을 두고 있다. 이 모형은 약자와 강자 사이의 관계에 있어 공동체나 법적 표준에 따르도록 하여 약자를 강자로부터 보호한다. 관습법이나 제정법인 법적 선례는 인격의 권리 보장과 타인의 의무 수행을 보장한다. 이상적인 결과는 재화와 서비스의 공평한 분배이며, 사기나 편견 때문에 한쪽 편을 다른 쪽보다 우선하지 않는다. 예를 들어, 계약은 한쪽의 조건이 충족되지 않을 때의 보상 청구권을 규정한다. 계약은 "양쪽 편에 조건을 법적으로 강제하여 법적 보호와 청구를 제공함을 통해 계약 아래 타인에 대한 책임을

부여한다."(May, 2000, p. 125)

계약 모형은 일반적으로 양편의 협상을 포함하며, 여기에서 양편은 각자의 이익을 최대화하려 한다. 메이에 따르면 "양편이 계약하려 할 때, 그들은 거래를 성사시키는 것이 각자에게 이익이 되기 때문에 계약한다."(May, 2000, p. 125) 의학적, 치료적 계약은 종종 환자의 권리와 이 권리에 따른 의사의 의무와 관계되어 있다. 모린 켈리^{Maureen Kelley}의 관찰에 따르면, "특정한 권리(환자의 자기결정권 등) 및 그에 대응하는 특정한 의무(환자가 충분한 정보에 따라 결정을 내릴 수 있도록 모든 정보를 밝힐 것에 대한 의사의 의무 등)는 계약 모형의 내용을 구성한다."(2004, pp. 524-525)

그러나 의학에서의 계약 모형은 계약 협상에서 환자의 손을 들어줌으로써 권한을 부여한다는 점에서 다른 재화와 서비스에 대한 일반 계약과는 차이를 보인다. 또한 다른 몇 가지 점에서도 일반 계약과 차이가 있다(Masters, 1975). 환자 자신의 삶이라는 환자의 "관심사"와 의학적 절차에 대한 환자의 제한된 지식 등이 여기에 속한다.

바루흐 브로디는 의학에서 계약 모형의 다섯 가지 요소를 구분하였다(Brody, 1983). 첫째 요소는 환자와 의사가 의학적, 치료적 계약을 수립하려 할 때 어떤 의무도 지지 않는다는 것이다. 브로디는 이 요소의 두 가지 결과에 관해 다음과 같이 적었다. 1. 의사는 환자를 치료할 의무가 없다. 심지어 응급 상황에서조차도 의무를 지지 않을 수 있다. 2. 환자는 의학적 치료를 추구할 필요가 없다. 둘째 요소는 양편이 동의할 때 자유롭게, 어떤 강압이나 기만 없이 이루어져야 한다는 것이다. 셋째 요소는 계약의 핵심으로, 계약은 양편이 조건에 동의했을 때만 구속력을 지니며 법적 효력을 가진다는 것이다. 넷째 요소는 계약 조건은 동의한 양측에 의해 모두 수행되어야 하며 위반 시 제재가 가해질 것이라는 사회적 보장과 관련되어 있다. 마지막 요소는 이루어진 서비스에 대해 사회가 아닌 환자가 의사에게 보상한다는 것이다.

계약 모형에 대해 비판하는 사람들은 이 모형이 지니는 몇 가지 문제점을 지적한다. 첫째는 의사의 업무를 축소하는 것에 대한 염려이다. 메이는 경고한다. "계약주의적 접근은 전문가적 의무를 이기적 최소주의 또는 보상으로 축소하려는 경향이 있다."(May, 2000, p. 126) 다시 말하면, 의사는 계약 조건에 따라서만 행하며 예상치 못했던 부작용에 대해서는 치료할 책무가 없다는 것이다. 이 비판과 연관된 것으로 "계약 모형은 권리와 허가의 좁은 범위에만 의존하고 동정과 신뢰 등의 다른 중요한 목표와 의무를 경시한다"라는 염려가 제기되고 있다(Kelley, 2004, p. 526). 다른 문제로는 계약 모형이 의사가 의료 과오에 대한 소송을 피하기 위한 방어 진료를 조장한다는 데에 있다(May, 2000, p. 131). 계약 조건은 때로 모호할 수 있으며 의사는 환자에게 해악이나 손해가 발생했을 때의 보복에 대한 두려움으로 인하여 업무를 필요 이상으로 수행해야 한다는 강압을 느낄 수도 있다.

하워드 브로디에 따르면 존 롤스의 "원초적 입장"에 기초한 계약주의 모형은 상기의 비판들, 특히 윤리적 최소주의 비판을 다룰 수 있다(Brody, 1987). 롤스의 "원초적 입장"은 자신들의 사회적 입장에 대한 사전 지식 없이 ("무지의 베일") 사회에 태어난 인간 집단을 상정한다. 이 조건 아래 재화와 서비스는 공평하게 분배될 수 있다. 브로디는 롤스의 견해를 다음 세 가지 요소와 관련지어 환자-의사 관계에 적용한다. 당사자들의 서술, 각자에게 주어진 지식, 각자에게 감춰진 지식이 그것이다. 예를 들어, 당사자들의 서술을 통해 각자는 "환자-의사 관계를 좌우할 수 있는 기본 도덕 원칙들을 선택하려는 동기를 부여"

받는다. 각자에게 주어진 지식은 "의학과 보건 의료의 보편적 성질"인 반면 각자에게 감춰진 지식은 "개인의 건강 상태"이다(Brody, 1987, p. 213). 이렇게 수정된 롤스적 "원초적 입장"에서 출발할 때, 각 집단은 최소주의적 견해를 추구하지 않을 것이다. 이들은 사회적 계층 간 의료 재화와 서비스를 공평하게 최대화할 수 있는 방향에 동의할 것이기 때문이다.

계약 모형과 그 문제에 대한 대응으로 바루흐 브로디는 관습법에 기초하지 않고 제정 유대 Judaic 법에 기초한 모형을 제시하였다(Brody, 1983). 다시금, 이 "지위" 모형에는 다섯 가지 요소가 있다. 첫째 요소, 환자와 의사 모두 특정 조건 아래 의학적, 치료적 계약을 맺을 의무를 진다. 둘째 요소, 조건은 각 당사자가 자유롭게 결정되는 것이 아니라 외부 당사자에 의해 설정된다. 셋째 요소, 이 모형에서 관계는 한쪽 당사자가 조건에 동의하지 않더라도 구속적이며, 이것이 지위 모형의 핵심이다. 마찬가지로 다음 두 요소는 계약에서 사회의 역할과 관련되어 있다. 넷째 요소, 각 사람이 이 관계에 들어와서 자신에게 해당하는 책무를 충족할 것에 대한 사회적 보장을 포함한다. 마지막 요소, 환자가 아닌 사회가 이루어진 서비스에 대해 의사에게 상환한다.

관습법적 계약 모형과 브로디의 제정법적 지위 모형의 차이는 전자가 자율성에 기반을 두는 반면, 후자는 책임에 기반을 둔다는 데에 있다. 브로디는 주장한다. "의사의 관점에서 이 [지위] 모형은 환자를 적절한 방법을 통해 합리적인 비용으로 치료해야 한다는 [의사의] 책임을 강조한다. 환자의 관점에서 이 모형은 가능한 최고의 건강 상태를 유지하는 데에 필요한 최선의 의학적 치료를 추구할 책임을 강조한다."(Brody, 1983, p. 128)

사업 모형

현대 의학은 거대 사업이다. 미국에서 보건의료 산업은 국민총생산의 상당 부분을 차지한다. 또한 보건의료 산업의 경제적 영향과 영리화는 시간이 지날수록 확대될 것이다(Heffler et al., 2005). 오늘날 병원, 의사, 의원, 제약 회사는 상품과 서비스를 미디어에 광고하여 환자들을 끌어당기고 교육시키려 한다.

의학의 사업 모형은 의학사의 일부였으나, 환자-의사 관계에 영향을 미치게 된 것은 1960년대 소비자주의 운동과 함께 시작된 최근의 현상이다. 미국에서 소비자권리장전이 통과되면서, 소비자들은 거대 사업의 부당한 처우로부터 보호받고 지위가 향상되게 되었다. 레오 리더 Leo Reeder 에 따르면 "미국에서 새로운 개념이 부각되었다. 이것은 환자로서가 아닌, **소비자**로서 개인이라는 개념이었다."(1972, p. 408) 환자가 보건의료 재화와 서비스의 구매자라면, 의사는 공급자 또는 판매자가 되는 것이다.

환자-의사 관계의 소비자 모형에서 환자는 구매자, 의사는 판매자가 되며 명칭의 변경은 권력의 이동 또한 반영하고 있다. 하우크와 라빈은 주장한다. "간단히 말하자면, 의학에서의 소비자주의가 의미하는 것은 단방향적 결정을 내릴 수 있는 의사의 능력에 대한 도전이다. 이것은 진단에 이르고 치료 계획을 수행해나가는 과정에 소비자를 참여시킬 것을 요구한다."(Haug and Lavin, 1983, pp. 16-17) 의사가 최선의 서비스나 재화를 제공하지 않는다고 믿거나 환자 자신의 목소리가 반영되지 않는다고 느끼면, 환자는 만족을 느낄 수 있는 다른 의사를 찾아 쇼핑할 자유가 있다. 사업 모형에서 "소비자주의적 환자는 자신의 건강, 경제, 개인적 필요를 가장 잘 충족시킬 수 있는 의사를 찾기 위해

'닥터 쇼핑'을 하는 것이 바람직하다고 여긴다."(Beisecker and Beisecker, 1993, p. 52) 물론, 보건의료 재화와 서비스의 구매자로서의 환자는 의사를 경계해야만 한다. 다른 모형 대부분을 감싸고 있는 신뢰 대신, 사업 모형은 불신으로 작동된다. 환자−소비자를 이끄는 것은 **매수자 위험부담 원칙**이다(Reeder, 1972).

자율적 권리와 의무가 환자−의사 관계의 법적 모형에 대한 기초인 것처럼, 이 자율성은 사업 모형에서도 중요하며 시장은 사업 모형의 가장 중요한 토대이다. 펠레그리노와 토마스마에 따르면 "소비자 모형에서 보건의료는 다른 사업처럼 치료의 대안적 모형과 그 비용, 이익, 위험에 대한 개인적 평가라는 소비자의 조건에 따라 시장에서 구입할 수 있는 상품이나 서비스로 여겨진다."(Pellegrino and Thomasma, 1993, p. 56)

사업 모형의 뒤에는 자유 시장이라는 가정이 존재하며, 여기에서 모든 당사자는 동등한 자로서 협상 자리에 앉는다. 자유 시장이 당사자 간의 공정한 교환을 보장한다는 점이 중요하다. 로이에 따르면 "참여자들은 동등한 자로서 협상하는 것으로 가정된다. 즉, 소비자들은 자신이 원하는 것을 알고 최고의 조건을 제시하는 생산자로부터 원하는 것을 구매한다. 이런 사태는 관련된 모든 당사자의 최선의 이익을 달성하며, 이런 이유 때문에 공정과 평등이 극대화할 가능성이 가장 크다는 점을 함축하고 있다."(Loewy, 1994, p. 28)

사업 모형의 중심 요소는 교환 관계이다. 바이제커와 바이제커에 따르면 "소비자주의적 의사−환자 관계는 양 당사자가 어떤 가치를 받을 것을 기대하며 경제적 관계가 중심에 있는 교환 관계로 개념화될 수 있다."(Beisecker and Beisecker, 1993, p. 50) 환자의 동기는 가장 좋은 가격에 가능한 최선의 진료를 찾는 것이다. 의사의 동기는 금전이나 명성일 수 있다(Beisecker and Beisecker, 1993). 예를 들면, 일차 보건의료 제공자의 위기는 심장외과 전문의와 같은 전문의와의 경제적 차이에서 발생한다. 로이스 프랫 Lois Pratt 에 따르면, 사업 모형은 "문제를 해결하고자 하는 두 참여자가 평등주의적 관계에서 함께 해나가는 교환"에 기초하고 있다(Haug and Lavin, 1983, p. 26). 소비자로서 환자는 보건의료 제공자의 전문가적 조언을 통해 자신의 건강을 관리할 의무를 진다. 궁극적으로 소비자로서의 환자는 질 높은 보건의료를 요구하고 확보할 책임을 진다.

사업 모형에 대한 몇 가지 비판이 있다. 두 당사자가 동등하다는 가정은 잘 쳐줘도 의심스럽다. 확실히 환자는 자신의 병에 대한 개인적 차원에 대해서 잘 알고 있을 것이나 같은 환자가, 특히 사회 경제적 계층이 낮은 경우에 최선의 진료를 받기 위해 효과적으로 쇼핑을 하기 위한 현대 의학의 전문적인 사항들을 충분히 알고 있을 가능성은 거의 없다.

다른 문제는 사업 모형의 경쟁적 성질에 있다. 이는 종종 인간 본성에서 최악의 것들을 드러낸다. 로이는 "시장 경쟁의 열기에서 신뢰, 서약, 충성은 규제적 이상으로 기능할 수 없으며, 오히려 냉소, 전략적 협력, 약삭빠른 거래가 오늘날 더 가치 있는 태도가 되어가고 있다"라고 경고한다(Loewy, 1994, p. 29). 환자들, 특히 질병으로 쇠약해진 환자들은 사업 모형에서 공정을 기대하기 어렵다. 메이가 경고하고 있는 것처럼, "의학 서비스로 고통받고 있는 많은 환자가 처한 위기는 그들에게 자유 재량적 판단에 필요한 여유나 차분함을 허락하지 않는다. 따라서 정상 시장의 통제가 의사와 거래하는 환자를 전적으로 보

호한다는 것은 절대 불가능하다."(May, 2000, p. 132)

상호적 모형

의사-중심 모형과 환자-중심 모형의 권력이 각각 의사와 환자에게
부여된 반면, 상호적 모형에서의 권력은 환자와 의사의 상호작용에서
공평하게 분배된다. 로터에 따르면 "관계에서의 권력이 균형 잡힌 한,
내원의 목표, 의제, 결정은 협력자 간의 협의 결과이다. 따라서 환자
와 의사 모두 공동의 모험에 참여하게 된다. 의학적 대화를 통해 환자
의 가치는 명확히 표현되고 탐구된다. 이 과정 전반에서 의사는 상담
자나 조언자로서 행위한다."(Roter, 2000, p. 7) 환자-중심 모형이 환자 자
율성의 원칙에 기초한다면, 상호적 모형은 충분한 설명에 의한 동의
의 원칙에 기초한다(Katz, 2002).[5] 충분한 설명에 의한 동의는 1970년대
의 산물로 의사결정 과정에 참여하는 데 필요한 정보를 환자에게 제
공하여 지위를 부여하는 도구이다.

상호적 모형에는 여러 가지가 있으며, 우위를 차지하는 것은 협력
자 모형이다. 이외에 잘 알려진 상호적 모형에는 메이의 서약 모형이
있으며 여기에서 의사는 교사의 역할을 담당하게 된다. 또한 환자와

---

5   역자 주: 원칙주의 분석에서 나온 것처럼 충분한 설명에 의한 동의 규칙은 환자 자
     율성 원칙에서 나온 것이므로 둘을 구분하여 상호적 모형이 전자에서 나왔다는
     저자나 참고문헌의 기술은 잘못된 것이다. 물론, 충분한 설명에 의한 동의는 다
     른 방식으로 기술·해석될 수 있다. 오히려 상호적 모형은 공유 의사결정(shared
     decision-making)의 규칙에 근거하거나 그 배경을 마련한다.

의사가 욕망과 두려움 앞에서 서로 친밀한 우정 모형과, 우정 모형의 친밀함을 억제할 것을 제시한 캐서린 몽고메리의 이웃 모형이 있다.

협력자 모형

1982년 의학, 생명의학, 행동 연구에 관한 윤리적 문제 연구 대통령 위원회는 「보건의료에서 의사결정 Making Health Care Decisions」이라는 보고서를 발간하였다. 보고서에서 위원들은 환자−의사 관계에서 충분한 설명에 의한 동의의 원칙 또는 정책의 영향을 검토하였다. 위원들이 다룬 핵심 질문은 다음과 같다. "환자와 전문직의 공통의 업무에 대한 이해를 충실하게 공유할 방법은 무엇인가? 이를 통해 환자가 충분한 정보 아래 보건의료에 대한 의사결정에 대해 필요한 범위까지 참여할 수 있는가?"(President's Commission, 1982, p. 31) 질문에 답하면서 위원들은 "의학적 후견주의"와 "환자 주권", 두 가지의 주요 환자−의사 모형을 각하하였다. 오히려 그들은 "환자와 전문직 사이의 관계가 상호 참여와 존중, 함께하는 의사결정의 성격을 지닐 수 있"도록 장려하는 모형을 제안하였다(President's Commission, 1982, p. 36).

협력자 모형은 문헌에서 여러 가지 이름을 부여받은 모형의 집합으로 구성되어 있다. 예를 들어, 1956년 토마스 사즈 Thomas Szasz 와 마크 홀랜더 Marc Hollender 는 환자−의사 관계의 세 가지 모형을 논의하였다. 두 가지는 의사−중심 모형의 변형이었으며 세 번째 모형은 "상호 협력 모형"이었다. 사즈와 홀랜더는 이 모형의 세 가지 핵심 요소를 구분하였다. "참여자는 1. 거의 동등한 권력을 가진다. 2. 상호 의존한다 (즉, 서로를 필요로 한다). 3. 양쪽을 어느 정도 만족시킬 수 있는 활동에 참여한다."(1956, p. 587)

최근 이매뉴얼과 이매뉴얼은 환자-의사 상호작용의 "숙고" 모형을 제안하였다. 여기에서 환자와 의사는 "도덕적 숙고에 참여하여, 의사와 환자가 건강 관련 가치들의 가치 있음과 중요성을 판단한다."(Emanuel and Emanuel, 1992, p. 2222) 이 숙고에 기초하여 의사와 환자는 치료의 면에서 어떻게 진행하는 것이 최선일지에 대해 상호적 결정을 내린다. 로이는 "합의" 모형을 제시했다(Loewy, 1994). 여기에서 환자와 의사는 의견 차이를 마주하여 최선의 방향으로 나아가기 위해 상호 합의에 도달하려 노력한다. 로이에 따르면 "그 목적은 모두가 같은 이유로 같은 입장을 받아들이라고 설득(강요?)하는 것이 아니다. 특정한, 구체적인 문제의 해결책에 있어 관련되고 영향 받는 개별적이고 특유한 개인(동질화, 일반화된 타인과는 반대되는) 각자와 모두가 이익과 가치를 가능한 최대화할 수 있도록 하는 것이다."(Loewy, 1994, p. 35)

기술자 모형과 사제 모형 외에도, 비치는 환자-의사 관계의 조합 모형을 제시하였다. 비치에 따르면, 이 모형에서 "의사는 환자의 친구이다. (…) 서로는 존엄과 존중으로 평등하며, 가치 기여에 있어 동등하다."(Veatch, 1972, p. 7) 그러나 그는 모형을 너무 소박하게 전개하는 실수를 저질렀다. 이런 평등을 규정할 방법이 전혀 없는 것이다. 도리어 그는 이어서 계약 모형을 제시한다.

비치의 계약 모형은 그것 자체로는 법적 계약이 아니며, 오히려 결혼 서약에 더 가깝다. 단지 조건 불이행에 대해서는 "사회적 구속력"이 존재한다는 점에서는 구별된다. 비치에 따르면 "계약 모형에서 환자는 신뢰에 대한 법적 기반을 가지고 자신의 가치에 기초한 의학적 의사결정의 기본 가치 틀을 수립하게 된다. 매일매일 환자 돌봄에서 의사가 내리는 수많은 의학적 결정의 순간들은 이 참조틀 안에서 이

루어진다."(Veatch, 1972, p. 7)

이후 비치는 계약 모형을 "삼중 계약" 모형으로 확장하였다(Veatch, 1981, 1991). 이 모형은 사회 구성원의 기본 윤리 원칙을 특정하는 "기본 사회 계약", 일반인－전문직 관계의 기본 윤리 원칙을 특정하는 "일반인－전문직 계약", 특정 환자와 의사의 사적 윤리 원칙을 특정하는 "사적 환자－의사 계약"으로 구성되어 있다.

"삼중 계약"에 기초하여 비치는 환자－의사 관계의 "협력자" 모형을 전개하였다(Veatch, 1991). "환자－의사 관계는 당사자 양측이 상호작용에 대한 예상, 도덕적 틀, 도덕적 서약에 대한 자신의 주장을 펴는 능동적인 도덕적 행위자일 수 있는 관계여야 한다. 이는 상호 계약과 서약에서의 복잡한 계약적 관계에 기초한 협력 관계라는 결과를 낳는다."(Veatch, 1991, p. 3) 그의 협력자 모형은 양 당사자의 도덕적 계약이 서로의 이익을 극대화하는 것은 아닐지라도, 서로의 현실적 필요를 만족시키는 것이 되어야 한다는 것이다.

비치의 모형에선 환자－중심 모형과는 대조적으로 환자는 의무를 지고 의사는 권리를 지닌다(Veatch, 1991). 환자는 성실과 비밀, 청구서 지불과 약속의 엄수라는 첫째 의무를 진다. 둘째는 의료 과오를 남용하지 않을 것, 더 큰, 긴급한 필요가 있는 다른 환자를 마주했을 때 비켜서는 것 등에 관한 정의의 의무이다. 의사의 권리는 환자의 의무와 대응한다. "의사는 서약, 약속 지키기, 청구서 지불, 비밀 유지를 환자가 엄수할 것이라고 기대할 수 있는 권리를 가진다. 그들은 신뢰할 만한 이야기를 들을 것과 올바르게 대우받을 것을 기대할 수 있는 권리가 있다."(Veatch, 1991, p. 150) 마지막으로 의사들은 환자들이 자율성을 존중해 줄 것이라고 기대할 권리가 있다.

사실 환자-중심 모형의 문제 중 하나는 이 모형들이 "사람들이 요구하도록 조장하나 상호 책임을 강조하는 데에 실패했다"라는 점에 있다(Coulter, 1999, p. 719). 협력자 모형은 정보와 의사결정의 공유뿐만 아니라 책임, 특히 환자 편의 책임의 공유를 강조하는 것을 통해 이 문제를 수정하려 한다.

비치의 환자의 의무 외에도, 마이클 메이어 Michael Meyer 는 협력자 모형에서 환자에게 부여되는 세 가지 "의무"를 구분하였다. 첫째로 환자는 질환 경험과 진료를 원하는 이유를 정직하고 열린 자세로 전달해야만 한다. 예를 들어, "병력을 가능한 한 정확히 제시해야 한다"라는 것은 중요한 의무다(Meyer, 1992, p. 550). 다음은 환자와 의사가 동의한 과정에 응할 의무이다. 그러나 환자는 진료의 목표와 필요에 대해 동의했던 부분이 충족되지 않는다고 느낀다면 동의를 철회할 권리를 가진다. 마지막은 "보건의료 전문가가 절대 틀리지 않는다고 생각하는 것을 피할" 의무이다(Meyer, 1992, p. 552). 환자는 의사가 기술적 능력에서 한계를 가진다는 점을 인식할 책임이 있다.

마지막으로, 경험적 연구는 환자와 의사 사이의 상호적 관계가 환자의 회복과 질환 경험 전반에 있어 이득을 가져온다는 것을 증명하고 있다. 논문 고찰에서 데버러 발라드리쉬 Deborah Ballard-Reisch 는 이득 여섯 가지를 분간하였다. 첫째는 의사결정 과정에 참여하는 환자가 결정을 받아들이고 그에 만족할 가능성이 더 크다는 점이다. 또 환자는 결정을 더 잘 수용하고 관련 조건에 잘 따른다는 이점도 있다. 발라드리쉬에 따르면 "또한 의사결정의 공유는 의사-환자 의사소통의 만족도를 증진한다."(1990, p. 94) 연구는 환자가 의사와 건강 관련 문제들을 의논하는 것에 불안을 느끼며 이런 염려와 불만족의 주된 이유는 환자와 의사 사이의 의사소통이 잘 이뤄지지 않는다는 것에 있다는 점을 보여준다. 마지막으로 의사결정 과정에 참여하는 환자는 의사와 과정을 공유하며, 대개 치료 후의 건강도 더 좋다. 발라드리쉬는 "구조화된, 참여적 의사결정은 의사-환자 관계의 더 높은 수준의 결정, 결정 수용의 확대, 상호작용의 만족도 증가, 치료법에 대한 협조도 증가와 같은 이점을 양측 모두에게 가져다준다"라고 결론짓는다(1990, p. 94).

서약 모형

다른 환자-의사 관계의 상호적 모형을 들자면 서약 모형이 있다. 이 모형의 옹호자 중 윌리엄 메이 William May 가 가장 유명하며, 1983년 초판이 나왔으며 이제 고전이 된 그의 책 『의사의 서약 The Physician's Covenant』에서 이 모형에 대해 논의하고 있다. 메이는 이전의 논문들에서 서약 모형을 규약, 계약, 박애 모형과 대조하였으며 이 어조를 책에서 계속 이어간다. 메이가 쫓은 핵심 질문은 다음과 같다. "서약이란 그저, 두 당사자가 각자의 최대 이익을 계산하여 각자 기여한 재화에 대해 서로에게 거의 동등한 이득을 얻는 공동 계획에 동의하는 계약의 다른 이름인가?"(1975, p. 33) 처음에 그는 긍정하는 것처럼 보인다.

메이는 서약의 세 가지 요소를 분간한다. "1. 곧 서약할 협력자들 간의 증여에 대한 원초적 경험, 2. 증여, 노동, 서비스의 원초적 교환 또는 교환에 대한 기대에 기초한 서약의 약속, 3. 약속을 포함한 사건에 의해 각 협력자의 뒤이은 삶의 형성"이 그것이다(1975, p. 31). 요소들 각각은 또한 계약 관계의 요소이기도 하다. 구속력이 있는 계약은 각 당사자 측에 보수(보통 금전의 형태를 띤다)를 제시해야 하며, 자유롭게 동의할 수 있는 행위자 사이에서 약속이 교환된다. 이 경우 구속은 약속의 수행을 보장한다.

서약이 계약 또는 계약의 변형과 유사한 것처럼 보이지만, 메이는 서약을 계약과 구분하는 몇 가지 특징을 제시한다(1975). 첫째는 부채감이다. 의사는 보수뿐만 아니라 여러 가지 선물을 받아 부채를 진다. 최초로 받은 것은 전문가 공동체에서 의사가 받은 훈련이다. 수업료로 감당할 수 있는 것보다 더 많은 자원이 의학도에게 허락된다. 그러나 가장 중요한 선물은 필요로 의사를 찾아오는 환자이다. 환자는 그렇게 할 어떤 의무도 없으나, 필요의 가혹함을 경감하기 위해 의사를 찾게 된다. 환자 없이는 의사도 필요하지 않다. 관계는 환자가 도움을 찾는 단순한 행위로 시작하여 의사가 도움을 주는 것으로 끝난다. 메이에게 있어 "서약적 윤리는 전문가적 의무가 수행되고 부과되는 필요와 부채감에 대한 전체 맥락을 이해할 수 있도록 해준다."(1975, p. 33)

의사의 부채감은 또한 서약 모형의 다음 요소를 정초한다. 그것은 "충실성과 약속에의 충실"이다(May, 1975, p. 37). 의사는 환자가 신뢰할 수 있는 사람이 되어야 하며 환자와의 약속에 성실해야 한다. 이것은 계약의 의무 때문이라기보다는 그것이 도덕적으로 최선이기 때문이다. 토마스마는 도덕성의 원천을 "보편적 박애심 또는 사랑의 자선"에 둔다(Thomasma, 1994, p. 15). 클로우저가 제시한 개념으로 메이는 서약 모형을 전개한다. 이 모형이 삶의 동기와 철학을 더 많이 다루기 때문이다.[6] 다시 말하면 서약은 환자–의사 관계를 더 잘 담아내며, 이

---

6   환자–의사 관계에서 도덕적인 것은 "우리 삶의 철학과 논리적으로 독립이며 다른 범주의 판단"을 통해 결정된다고 클로우저는 주장한다(Clouser, 1983, p. 100).

는 "환자-의사 관계가 매우 복잡하여 다양한 변수와 너무도 다른 맥락과 상황이 있기에, 우리는 모든 의사가 해야만 하는 것과 하지 말아야 할 것을 명시적으로 모두 적는다는 것은 불가능"하기 때문이다(Clouser, 1983, p. 99).

서약적 관계는 환자-의사 상호작용의 정상적 과정의 일부인 긴급 사태를 맞닥뜨렸을 때 훨씬 유동적이다. 메이에 따르면 "서약은 여분의, 증대하는 경계를 가진다. 이는 관계를 제한하기보다는 오히려 북돋는다."(May, 1975, p. 34) 또한 토마스마도 비슷한 점을 지적하고 있다. "서약 모형은 계약 모형이 할 수 있는 것보다 아픈 개인의 보건의료에 대한 수용의 폭을 더 넓힐 수 있는 능력을 지닌다."(Thomasma, 1994, p. 16) 이것은 환자와 의사가 공유하는 문화적, 종교적 가치 및 단순한 자율성의 개념보다 풍부한 개성의 개념에 의해 가능해진다.

서약적 관계에서 환자에 대한 의사의 중심 역할은 선생이다. 메이에게 있어 "서약의 개념은 (…) 치료자가 환자를 가르칠 것을 요구한다."(May, 2000, p. 155) 물론 생명의과학의 지식의 폭증 속에서 의사는 자신의 전문 영역에서의 발전을 따라잡기 위해 고군분투해야 한다. 그럼에도, 환자는 자신이 무엇 때문에 고통을 받고 이후의 결과는 어떻게 되는지 정확하게 알 필요가 있다.

서약자로서의 의사의 주요 기능은 환자에게 질환과 그 결과뿐만 아니라, 필요하다면 더 건강한 삶을 사는 데에 맞도록 습관과 삶의 방식을 수정할 것 또한 가르치는 것이다. 다시 말하면 의사는 환자가 삶을 변화시켜 회복되고 회복을 유지하도록 도울 수 있는 방향으로 일해 나가야만 한다. 메이는 경고한다. "좋은 선생은 학생의 의지를 꺾어 변화시키려 하지 않는다. 능력 밖의 일로 꾀어내지도 않고 등 뒤에서 조정하려 하지도 않는다. 오히려 그들은 자기 삶과 습관을 새로운 빛으로 조명하도록 돕고 이를 통해 새로운 방식으로 해나갈 수 있는 자유를 열 수 있도록 돕는다."(May, 2000, p. 161) 삶을 변화시키는 교육의 수준을 달성하기 위해, 의사-교사는 환자-학생과 환자-학생이 회복으로 나아가기 위해 변화하는 데 필요한 것을 배우지 못하도록 막는 제약들을 이해할 수 있어야 한다.

1990년 중반에 일군의 의사들은 「미국의사협회지」에 선언문을 발표하여 현대 의학에 있어 서약 모형 시행의 시작을 알렸다(Crawshaw et al., 1995). 특히, 이 의사들은 신뢰의 서약이 의학적 실천의 중심에 있다고 믿었다. "그 중심에서부터, 의학은 신뢰의 서약에 정초하고 있는 도덕적 업무이다."(Crawshaw et al., 1995, p. 1553) 징지쉰 Jing Jih Chin 또한 환자-의사 관계와 신뢰의 서약에 대한 비슷한 주장을 펼쳤다. "신뢰는 환자-의사 관계의 근본이다."(2001, p. 580) 신뢰가 의학, 특히 환자-의사 관계의 근본인 이유는 의학과 환자-의사 관계가 환자의 취약성과 의사의 유능하고 동정적인 돌봄에 대한 필요에서 유래하기 때문이다. 신뢰가 없으면 환자-의사 관계는 비효과적이거나 역기능적인 관계로 분해되며, 환자는 더 큰 해를 입게 된다.[7]

신뢰의 서약은 지난 수십 년 동안 손상되었으며, 특히 의학의 상업화가 이 손상에 크게 이바지하였다. 크리스틴 카셀 Christine Cassel 은 「미국의사협회지」 선언문에 대한 논평에서, "'사업' 패러다임, 특히 수

---

[7]   예를 들어, 윌리엄 웹(William Webb)은 사설에서 환자와 정신과 의사의 성적 접촉은 "[환자의] 삶과 이후의 치료를 신뢰할 수 있는 능력에 파괴적인 영향을 미친다"라고 경고하였다(1986, p. 1149).

익-중심 기업 환경을 받아들인 것은 의사의 염려를 환자로부터 최종 결산 결과로 돌렸다"라고 논평했다(1996, p. 605). 여러 의사 협회는 「미국의사협회지」의 서약 선언문을 지지하였다(Cassel, 1996). 쉰에 따르면 "영원한 환자-의사 서약에서 신뢰의 요소를 회복하는 것을 통해서만 의학 전문직의 영혼이 되살아나, 이를 사회의 기술적, 사회적 변화에서 보존할 수 있다."(2001, p. 581)

우정 모형

환자-의사 관계의 우정 모형은 의학에서 오랜 전통을 가지고 있으며, 이는 고대 그리스, 로마에서 시작되었으며 사제 모형에 이어 두 번째로 오랜 역사를 지니고 있다. 스테판 포스트 Stephen Post 의 관찰에 따르면, "그리스-로마 문헌에서 우정은 이상적인 환자-의사 관계를 정의하고 있으며, 적어도 플라톤만 보아도 의사를 환자의 친구로 지칭하고 있다."(1994, p. 26) 일반적으로 우정 또는 필리아*philia* 는 고대로부터 관계의 이상이었다. 양측의 소유가 동일하지 않더라도 상호의 선을 추구하는 동등한 관계로서 자유를 촉진하기 때문이었다. 환자의 선은 건강이다. 그러나 의사의 선은 건강의 선을 회복한 것에 대해 환자가 표하는 감사이다.

아리스토텔레스가 니코마코스 윤리학에서 적은 것처럼, 우정은 단순히 관계에서 자신의 선만을 추구하는 것이 아니라 친구의 선을 쫓는 것이다(Aristotle, 2001). 우정 모형이 오랜 전통을 가지고 있지만, 그에 대한 철학적 해설은 상대적으로 소수였다. 특히 근대에 와서는 거의 보이지 않는다. 이런 관심 결핍의 이유를 들자면 "우정 모형에 대한 선호를 당연한 것으로 여겨 소홀히 했으며 추가적인 정당화나 정

교화가 필요치 않다고 보았다."(Illingworth, 1988, p. 26)

우정 모형에 대한 상세한 분석은 없으나, 최근 문헌에서 적절한 해설을 찾을 수 있다. 예를 들어, 파트리시아 일링워스 Patricia Illingworth 의 뛰어난 정의에 따르면 우정 모형은 "의사와 환자 사이의 강한 인간적 결합으로 의사의 신뢰, 지혜, 선의지, 제한 없는 성실을 자질로 강조한다."(1988, p. 24) 다른 정의는 의사를 친구로 여겨 자신의 마음속 깊은 염려를 털어놓을 것에 대한 환자의 필요 또는 협력의 동기 부여에서의 필요성에 초점을 두고 있다. 페드로 라인 엔트랄고 Pedro Laín Entralgo 는 우정 모형의 옹호자로 유명하며, 환자는 의사의 기술적 솜씨 때문이 아니라 "친절과 우정어린 호의"로 친구가 된다고 주장한다 (Montgomery, 2006, p. 178).[8]

다양한 정의에 기반하여 일링워스는 의학에서의 우정 모형의 두 가지 유형을 구분한다. 첫째는 "우정이 주로 도덕적 근거로 규정되는" 유형이다(Illingworth, 1988, p. 27). 도덕적 동기에서 나온 우정 모형의 근거에는 선행이나 환자 자율성 등이 있다. 다시 말해, 의사는 환자의 선, 즉 통증과 고통의 완화를 위해 환자의 친구가 된다. 다른 유형의 모형에서 "우정은 환자의 협력과 만족을 일으키기 때문에 필요하다."(Illingworth, 1988, p. 27) 우정 어린 의사는 우호적이지 않은 의사보다 환자 협력을 끌어낼 가능성이 더 크다.

우정 모형의 지지자들은 이것을 규범적인 것으로 보며, 모든 환자가 의사와 친구가 되길 원해야 한다고 생각한다. 이 견해에는 문제

---

8   몽고메리는 우정 모형의 다른 예들을 제시하고 있다(Montgomery, 2006, pp. 178-180).

가 있다. 환자 대부분은 친구보다는 자신을 치료해줄 수 있는 역량 있는 의사를 찾기 때문이다. 일링워스는 비치의 "일인 다역 성격 protean personality "의 개념(삶을 겹치지 않는 범주로 구획하는 사람)을 인용하여 어떤 환자는 친구로서의 의사를 원할 수도 있지만 대부분은 아닐 가능성이 높다는 견해를 뒷받침한다.

우정 모형의 지지자들에 의한 규범적 주장은 환자 자율성에 대해서도 문제가 된다. "환자가 원하지도 않는데 우정을 부과하는 것은 자율성을 침범하는 일이다. 환자의 자기결정권 주장을 존중하는 데에 의사가 실패하게 되기 때문이다."(Illingworth, 1988, p. 28) 다시 말해, 환자가 원하지 않는 관계를 지우는 것은 환자가 원하지 않는 결정으로 강압하는 상태를 강제하게 된다(따라서 환자 자율성을 손상하게 된다). 우정을 원하기보다는, 환자는 사실 "의사가 중립적 태도로 환자를 자기결정적 행위자로 존중해주기를" 바란다(Illingworth, 1988, p. 34).

우정 모형을 변호하면서, 데이비드 제임스 David James 는 환자 다수가 의사와의 우정을 원하지 않을 수 있다는 점에 동의한다(1989). 그러나 그는 이 사실이 모형의 규범적 요소 그 자체를 손상시키지는 않는다고 주장한다. 오히려 그는 규정이 아니라도 우정을 달성할 수 있다고 주장한다. 제임스에 따르면 "규범적 요소는 책무로 구성될 필요가 없다. '우정'은 의사와 환자가 얻으려고 애쓰는 중요한 도덕적 선과 이상을 향하며, 이를 조직하도록 돕는다. 이때 구체적인 권리와 의무에 꼭 따라야 하는 것은 아니다."(1989, p. 144)

포스트는 모형을 변호하는 데에 있어 제임스와 의견을 함께 하며, 우정 모형에서 얻는 것 또는 장점 몇 가지를 나열하였다. "대화의 확장, 불확실성의 공유, 환자 교육과 이해의 증진, 협력 증진, 원하지 않던 의료 과오 소송의 감소, 도덕심에 대한 상호 존중"이 그것이다(Post, 1994, p. 25). 제임스에게 있어 우정 모형은 행위와 관련하여 "음모적"[9]이라기보다는 "열망"을 불어넣는다. 제임스는 "우정 모형을 옹호하는 사람들은 행위가 아닌 가치에 대해 이야기하는 것이다. 즉, 옳은 것이 아닌 좋은 것을 이야기하고 있다"라고 주장한다(1989, p. 144).

제임스와 포스트 모두 일링워스가 우정 모형이 환자의 자율성을 침범한다는 비난에 맞서 신뢰를 통해 모형을 변호하려 한다. 포스트에 따르면 우정은 신뢰, 특히 "통찰력 있는 위탁"의 개념에 의존한다. 이는 우정의 맥락에서 최선의 선택이 내려질 수 있다는 것이다. 이런 결정은 고립되어 내린 자기 결정보다 훨씬 도움이 된다. 우정은 환자 돌봄에 있어 대립적 환경보다는 협력적 환경을 제공하여 환자와 의사는 상호 존중 아래 무엇이 최선인지를 논의한다. 마지막으로, 그리고 가장 중요한 것으로, "동정적 우정과 연결된 돌봄은 중대한 가치를 가진다."(Post, 1994, p. 28)

몽고메리는 환자와 의사의 전통적 관계에서의 과학의 초연한 관심 또는 "이방인에 대한 돌봄"은 매우 불충분하다고 주장하고 있다. 이는 환자와 의사 사이의 결합이나 유대가 없어 환자가 돌봄 받는다고 느낄 수 없기 때문이다. 그러나 몽고메리는 의학의 우정 모형 또한 똑같이 불충분하다고 주장한다. 몽고메리는 "우정 모형은 필요를 가진 모두에 대한 열림이라는 의학의 이상과 직접적으로 충돌한다. 또는 충돌을 피하게 되면, 이 모형은 실현 불가능하다. 즉 모든 환자와의 우

---

9   역자 주: 본문에는 "conscriptural"이라고 적혀 있으나, 제임스 논문에는 해당 표현이 등장하지 않는다. "conspiratorial"의 오기인 것으로 보인다.

정은 감정 소모적이며, 심지어 위험하기까지 하다."(Montgomery, 2006, p. 180) 그녀는 "이웃의 의학"을 제시한다.

몽고메리에 따르면, 환자는 역량 있고 돌보는 자세를 모두 가진 의사를 원하며 이웃 모형은 둘 다 전달할 수 있다. 친구로서의 의사는 너무 가깝고, 이웃으로서의 의사가 "안전거리"에 있어 의사가 주의 깊고 정중하면서도 개인적인 판단을 피할 수 있다는 것이다. 몽고메리는 결론짓는다. "결국 이웃으로서의 의사는 그 자체로 돌봄인 관계를 공동체에 부여한다. 왜냐하면 이 모형은 친밀한 인간적 만남과 서비스 목표의 확실한 발판을 제공하기 때문이다."(Montgomery, 2006, p. 187) 다시 말하면, 이웃 모형은 전통적인 모형의 초연함과 우정 모형의 친밀함 사이의 중간에 위치하려 한다.

요약

환자-의사 관계는 지난 수십 년 동안 중대한 변화를 겪었다. 의학의 생의학 모형과 연결된 의사-중심 모형에서 인문주의적, 인본적 임상가들이 지지하는 상호적 모형으로 나아가고 있다. 카셀은 이 변화와 연관된 몇 가지 요소를 구분하였다(Cassell, 1991). 생의학 모형에서 의학이 과학과 연관되어 있다는 점이 중요하다. 그 결과로 환자를 몰아내고 그 자리에 질병이 들어왔다. 카셀에 따르면 "의사는 질병과 그 치료법을 아는 것이 아픈 사람의 질환과 치료법을 아는 것이라고 믿게 되었다."(Cassell, 1991, p. 20) 그러나 그가 지적하는 것처럼, 의사가 치료하는 것은 환자이지 질병이 아니다.

환자–의사 관계의 변화에 있어 중요한 요소 중 하나는 기술이 종종 환자의 필요와 의사의 역할 사이에서 간섭한다는 점이다. 의사는 기술에 너무 의존하여 환자와의 관계를 놓치곤 한다(Cassell, 1991). 관계 변화에 있어 가장 중요한 요소는 대중이 의학적 지식에 계몽되면서 의학적 후견주의를 거부하게 된 것일 터이다. 환자는 치료에서 공동 참여자가 되었으며, 환자는 "자신의 돌봄에서 능동적 상대가 되었다고 믿는다. 그들은 이전에 의사에게 위임되어 있었던 결정에 참여하기를 원하며, 치료에서 선택을 요구하고 결과에 대한 높은 기대를 하고 있다."(Cassell, 1991, p. 25) 그 결과로 환자 자율성이 의학의 중심 가치 중 하나로 떠오르게 되었다.

카셀은 환자–의사 관계를 대표하는 전체성을 부분적으로 교정하려 시도했으며, 이 관계는 전문가적 관계 외에도 개인적, 사적, 경제적, 사회적 및 다른 관계들을 포함하고 있다고 보았다. 중요한 점은 그가 환자–의사 관계의 개념을 전이적 관계 또는 부모–자녀 관계로 보는 시각을 거부했다는 것이다. 환자–의사 관계의 정수는 회복적 관계이며, 환자 치료만을 의도하는 것을 뛰어넘어야 한다. "환자의 질병이 치료되면 (…) 환자가 회복되었다고, 다시 전체가 되었다고 믿는 것이 현대 의학의 가장 기본적인 오류 중 하나였다."(Cassell, 1991, p. 69)

건강한 환자–의사 관계에서 의사의 역할은 환자의 회복을 돕는 것이며 이 관계의 기초는 환자의 신뢰가 의사에 놓이는 것이다. 의사는 역량 있고 돌볼 줄 알아야 한다. 카셀에 따르면 "효율적이기 위해, 의사는 환자와 함께 해나가야 하는 것에 숙달되어야 한다. 병력을 청취하고, 라포를 수립하며, 매우 불편할 수도 있는 요법에 대한 협조를 얻으며, 표현되지 않은 필요에 민감하고, 공감적 지원을 보내고, 효과적으로 의사소통할 수 있어야 한다."(Cassell, 1991, pp. 76-77) 환자—의사 관계에 대한 다양한 인문주의적 수정은 현재의 돌봄의 질 위기를 해결하기 위해 크게 이바지해 왔다.

마지막으로 자신의 의학적 경험에 관한 이야기에서 토버는 환자—의사 관계와 관련된 문제에 대해 심도 있게 언급하고 있다. 첫 번째 이야기에서 그는 어머니의 셀 수 없는 천식 발작 중 한 번을 떠올린다. 그는 발작 동안 항상 두려웠지만, 어머니는 그를 자신의 "작은 사나이"라고 부르며 항상 믿어주었다. 이 이야기에서 토버는 독자에게 자신의 의학 경력이 네 살 때부터 시작되었으며 삶의 목표는 "천식에 대한 치료법을 찾는 것"이었다고 말한다(Tauber, 1999, p. 71). 그는 이야기를 이어 자신이 의학에 입문하게 된 것을 일반 외과의였던 아버지와 연결한다. 아버지는 항상 환자를 왕진했다. 토버에게 강한 인상을 준 것은 아버지의 "명령적 권위"와 의학적 면담을 주도하는 능력이었다. 토버는 아버지의 의술이 "후견적"이었다고 생각하지만, 또한 그는 환자가 죽었을 때 보인 아버지의 눈물에서 환자에 대한 아버지의 심려를 목도한다. 이런 경험의 결과로 어린 토버는 의술의 "즐거움"을 알았고, 의과대학의 빡빡한 교과과정 속에서도 이 즐거움은 계속 이어졌다.

그러나 토버는 의학 교육 과정에서 만성 질병을 앓는 환자에 대한 생의학 모형의 치료와 관련하여 좌절을 경험한다. 처음은 의과대학 학생일 때였다. 그의 아버지가 그에게 메이요 클리닉의 실습생 자리를 얻어다 주었다. 영국 억양을 가진 주치의를 따라 회진을 돌 때, 토버는 췌장암이었던 여성이 즉석에서 퇴원하는 것을 보게 된다.

영국 의사는 "환자분, 환자분께 췌장암이 있다는 것을 말하게 되어

죄송합니다. 우리가 할 수 있는 것이 아무것도 없습니다. 곧 죽게 되실 거라는 사실에 익숙해지실 필요가 있습니다. 언제인지는 확신하기 어렵네요. 하지만 저라면 주변을 정리하겠습니다. 내일 퇴원하게 되실 거예요."라고 특유의 어조로 말했다. 이 말을 남기고, 그는 퉁명스럽게 돌아섰고 그의 조수들이 뒤를 따랐다(Tauber, 1999, pp. 119-120).

두 번째는 레지던트 때였다. 환자는 천식 발작으로 고생하는 젊은 여성이었다. 상태를 평가한 후 그는 어떤 약품도 도움이 되지 않을 것이라는 점을 깨닫고 마취과 레지던트를 불러 삽관을 부탁했다. 한 시간쯤 뒤에 돌아와 보니 마취과 레지던트는 환자와 잡담을 나누고 있었고, 두 시간쯤 뒤 그는 떠났고 환자는 편안하게 숨을 쉬고 있었다. 삽관은 필요치 않았다. 환자가 편안하게 잠든 것을 보고, 토버는 독자에게 말한다. "나는 부끄러웠다."(Tauber, 1999, p. 76)

이런 강력한 이야기들은 환자-의사 관계와 의학적 실천, 특히 생의학적 모형과 인문주의적 모형에서의 관계와 실천에서 어떤 것을 가르쳐주는가? 첫 번째 배울 점은 의사가 개인으로뿐만 아니라 더 중요하게는 전문가로의 형태를 부여하는 삶의 역사를 지닌 사람이라는 점이다. 토버의 가족력은 의료의 길로 들어서게 된 동기와 기반을 부여했다. 그의 아버지가 역량에 대한 의학의 전문가적 차원으로 토버를 인도했다면, 그의 어머니는 돌봄에 대한 인간적 차원으로 그를 인도했다. 많은 의사들에게 이 두 차원은 분리되어 있고, 종종 서로 충돌하며, 연결을 필요로 한다.

환자는 연약하며, 따라서 지나치게 지배적이고 남용적인 의사에게서 보호받아야 한다는 생각을 토버의 고백을 통해 돌아볼 수 있다. 췌장암에 걸린 환자는 그녀의 치명적인 질환뿐만 아니라 주치의의 부주의하고 비인간적인 대우 때문에 상처 입었을 것이 틀림없다. 의사와 의료 전문직이 환자에게 질환보다 더 큰 고통을 주는 경우를 상상해 볼 수 있을 것이다. 마지막 배울 점은 의학의 기술적 측면은 만성 질환을 치료하는 데에 효과적이지 못한 경우가 많다는 것이다. 마취과 의사가 보여주었듯 환자를 안정시키는 데에 필요한 모든 것은 삽관이 아니라 돌봄의 자세로 옆에 있어주는 것이다.

결론: 의학이란 무엇인가?

의학이란 무엇인가? 의학이란 기술인가 또는 과학인가, 아니면 둘의 조합인가? 의학의 본질에 대한 논의는 고대부터 활발하게 이어지고 있으며, 근대에 들어서 줄어들기는커녕 20세기 의학의 운명이 자연과학과 묶이면서 더 격렬해지고 있다. 의학의 본질에 대한 지금의 논쟁은 기예냐 과학이냐에 대한 내용보다는 근거중심의학과 환자 중심 의학 사이에서 벌어지고 있다. 전통적인 생의학 모형은 의학을 과학으로, 증거 기반 학문으로 그려왔으나, 인문주의적, 인본적 모형은 의학을 기예로, 환자 중심 학문으로 이해했다. 이전에 논의한 돌봄의 질 위기는 자연과학 위에 의학적 실천을 세워 이를 과학으로 환원한 결과이다. 의학적 실천의 기예적 차원을 강조하고 환자에 그 존립 근거를 두려는 인문주의적, 인본적 수정은 의학적 돌봄의 질을 개선하려 한다.

이 장의 마지막 절에서 의학의 로고스 *logos* 와 합리성이 그 에토스 *ethos* 와 성격을 이끈다고 보는 생의학 모형과, 의학의 에토스가 로고스를 이끈다고 보는 인문주의적, 인본적 모형에서 의학의 본성을 검토한다. 현대 의학이 로고스와 에토스에서 전환하여 파토스 *pathos* 에 정초하는 혁명을 거쳐야만 한다는 것이 나의 제안이다.

구체적으로 파토스는 생의학 의료인의 객관적 지식이나 기술 및 인문주의적, 인본적 의료인의 주관적 정보의 로고스를 지혜로 전환시킬 수 있다. 여기에서 말하는 지혜는 환자와 의사 양편에게 최선이자 가장 적절한 존재 및 행동 양식을 판별케 하는 것이다. 또한, 파토스는 생의학적 의사의 감정적으로 초연한 관심 및 인문적 의사의 공감적 돌봄의 에토스를 다정하고 제한 없는 동정적 사랑으로 전환할 수 있다. 이런 사랑은 지나친 감상적 행위가 아니다. 오히려 이 사랑은 질환의 고통으로 나아가려는 필사적인 열정이다. 지혜와 사랑의 자세만이 미국 의학의 돌봄의 질 위기를 구원할 수 있다. 이 구원은 생의학과 인문주의적 모형의 로고스와 에토스를 변화시켜서 이뤄질 것이다.

기술 대 과학

의학이 기술이냐 과학이냐 하는 논쟁은 오랜 역사를 지니고 있다(Pellegrino, 1979b). 그러나 이 논쟁의 격동기는 19세기 후반에서 20세기 초반이었다고 할 수 있다. 이 시기 의학의 운명이 자연과학에 묶였다. 여러 과학적 경향의 의사들이 생기론적 접근에서 의학을 끊어내어 과학적 합리성에서 그 기초를 확보하려 했다(Welch, 1908). 더 이상 의학은 무용한 분야가 아니었다. 20세기의 경이를 거쳐 진단, 치료법과 규약은 기적처럼 다가와 과학적 의학을 환자 치료의 강력한, 효과적인 방법으로 제시했다는 식의 미사여구가 이어진다. 한때 기술의 모습을 한 의학의 무지는 이제 자연과학의 확실성으로 대체되었다.

20세기를 지내면서 의학의 과학은 의학의 기술 다수를 가리거나 환원했다. 그러나 의학의 과학이 의학의 기예를 환원하는 것이 가당키나 한가? 예를 들면 해부학으로부터 역사적으로 운명지어진 생리학은 정밀함과 양화를 강조하였으며, 의학적 실천의 중추를 이루었다

(Meltzer, 1904). 그러나 보츠킨 J.R.Botkin 이 불평한 것처럼, 생리학의 아름다움은 유혹적이며 인간의 인도적 치료를 보장하기 위해서는 사전에 주의를 기울여야만 했다(1992). 이 절에서 의학의 기술을 먼저 탐구한 후 의학의 과학을 살필 것이다. 파생된 두 가지 질문, 과학의 기술 환원 및 기술과 과학의 결합을 이어 검토한다. 마지막으로 논쟁의 핵심을 따져보려 한다.

의학의 기예

의사 다수에게 있어, 의학은 언제나 항상 그 중심 목적(눈앞의 환자 치료)에 부속한 과학적 기예였다. 예컨대, "의학 전반은 항상 그래왔던 것처럼 과학이 아니라 기예이다. 과학이 도움이 될 수는 있지만, 기예를 지배해서는 안 될 것이다."(Bourns, 1983, p. 56) 의학의 기예가 의미하는 바는 환자의 감정적, 정신적 필요를 다루고자 환자와 의사가 인격적 관계를 수립하는 것이었다. 의학의 기예에 영혼과 신체의 연결을 포함시키는 이도 있었으며, 심리학 분야에서 강조되곤 했다(Rushmore, 1923).

심리학 외에도 환자에 대한 의사의 연민이나 의학의 지적 발전을 위한 야망과 열중, 수련에 대한 신뢰와 침착함, 불행과 질병을 목도한 용기, 미지의 것을 마주했을 때의 지적 정직함 등 의사의 인격이 의학의 기예에서 중요한 역할을 하고 있다고 보는 견해도 있다(Riesman, 1931).[1] 의학의 기예는 "아픈 사람뿐만 아니라 그를 둘러싼 환경 전체

---

[1] 일부 의사에게 의학의 기예는 곧바로 의사의 인격을 의미한다. 예를 들어, 로빈슨은 이 기술이 "소위 인격의 힘, 환자에게 더 나은 건강과 위안을 주기 위해 설득,

(가족, 친구, 직업, 사회 및 금전적 상태, 사실상 질환으로부터의 회복을 돕거나 지연시킬 수 있는 모든 것)를 다룬다."(Riesman, 1931, p. 374) 의학의 기예는 환자의 총체적인 돌봄을 위해 의사가 사용하는 기술로, 질병에 걸린 신체 기관의 치료를 넘어 전체로서의 사람의 회복을 목표한다.[2]

의학의 기예에는 당연히 과학 적용도 포함되며, 그 객관적 측면과 기술적 차원을 통해 환자 돌봄에 접근한다. 호머 스위프트 Homer Swift 에 따르면 "기예는 주어진 소재로부터 특별한 조건이나 관계를 창조하는 것을 의미하는 배열을 함축한다. (⋯) 기예는 과학으로 꾸준하게 증가하고 있는 소재들을 조합하는 새로운 방법을 창출해내는 무한한 작업이다."(1928, p. 168) 이런 기예는 기능이자 수행이다. 그리고 의학의 기예는 과학적, 기술적 지식에 기반하고 때로 그에 의해 인도되는 기능이다. 펠레그리노는 의학의 기예를 아리스토텔레스의 테크네에 비유하였다. "기예는 필요한 기법과 기량 및 기저의 원리를 망라하는 사물 제작 행위이다."(Pellegrino, 1979b, p. 48)

의학의 기예는 개개 환자에 수반하는 의학적 지식과 실천의 구체적이고 특수한 측면을 다룬다. 이 기술은 "유용한 결과를 얻기 위해 쓸 만한 지식을 적용"하는 것이다(Hundley, 1963, p. 53). 존 풀턴 John Fulton 은 의사의 솜씨를 개발하고 사용하는 것은 의학의 객관적 측면에 있어 중요한 역할을 한다고 보았다(1933). 또한, 스위프트는 의학의 기예의 두 역할을 구분했다. "의학의 기예가 지식을 적용할 때의 태도를 가

명령, 감화하거나 심지어 오도할 수 있는 인간 본성의 지식과 특권과 연결되어 있다"라고 적고 있다(Robinson, 1929, p. 459).

2   가이는 의학의 기술이 "친밀함 속에서 그 복합성을 드러낼 수 있는 교제의 기술"이라고 주장하였다(Gay, 1926, p. 511).

리킬 수도 있지만, 새로운 지식을 얻는 기술을 돕는 역할 또한 맡아야 한다."(1928, p. 171)

의학의 과학

의학의 과학이란 무엇인가? 의학은 상고로부터 자연과학과 연결되어 있었지만, 논평가 다수는 의과학의 현대적 외형이 17세기 과학 혁명부터, 특히 윌리엄 하비 William Harvey 의 순환의 발견에서부터 갖추어졌다고 본다(Riesman, 1931). 그러나 의학과 과학의 전체 직업적 동일시는 19세기 말, 20세기 초에 들어서야 나타나기 시작했다. 이 시기에 여러 의사와 과학자는 생명 또는 생명체가 단순히 물리-화학으로, 또는 생기론적 용어로 설명해야 하는지를 논하였다. 윌리엄 웰치 William Welch 및 과학적 의사 다수는 전자의 견해를 받아들였다. 의학적 지식과 실천은 "합리적인 (…) 관찰, 귀납이며, 이는 주로 물리적이다. 생기론과는 구별되며 미신과 초자연적인 것의 자리는 없다."(1908, p. 53) 20세기 전반기에 과학으로 의학을 정의하게 된 것은 이 견해를 반영한 것이다. 풀턴에 따르면 "의학의 과학은 신체의 정상적, 병리적 과정을 (가능한 한) 물리와 과학 법칙으로 분석하고 해석하는 것을 반영하며 이 목적은 안정된 치료를 제공하기 위함이다."(1933, p. 112)

의학이 과학인지 여부는 과학을 어떻게 정의하느냐에 달려 있을 것이나, 많은 사람은 과학에 대한 훌륭한 정의가 없다는 점을 인정한다. 예를 들어, 알프레드 콘 Alfred Cohn 은 조지 사턴 George Sarton 이 과학을 "체계화된 인간의 지식"이라고 정의한 것을 끌어들인다(1928, p. 405). 콘에게 있어 의학의 과학은 질병에 대한 체계적 연구를 보증하며, 피르호의 세포병리학적 신조와 생리학적, 병리학적 탐구 방법을 사용할 것을 강조한다. 다른 이들도 의학의 과학을 질병의 체계적 연구로 여겼다 "의학은 인간에게 가장 근접한 과학으로, (…) 신체와 질병 상태를 직접 다룬다."(Swift, 1928, p. 169)

리 포스트롬 Lee Forstrom 은 브레이트와이트 R. B. Braithwaite 의 과학에 대한 묘사를 활용하여 임상 과학의 두 가지 요소를 구분한다. 탐구 영역과 탐구 기능 영역이 그것이다. 포스트롬에 따르면 "임상의학의 영역은 인체 기관, 다방면에 걸친 환경적 맥락, 건강과 질병이다."(1977, p. 9) 인간 질병과 건강의 개념은 중요한 제약 사항이며, 임상 과학의 영역을 좁혀 이를 다른 과학 분야와 구분한다. 임상의학의 탐구 기능은 진찰실과 수술실, 의료인이 인간 질환의 복잡성을 탐구하는 모든 곳에 부속한다. 이 "실험실"에서, 의료인은 진료를 위해 의학적 지식을 발전시킨다. "이 복잡한 현상을 관찰, 검사, 개입하면서, 임상의학은 탐구적 기능과 더 명백하게는 '진단적', '치료적' 기능을 수행한다."(Forstrom, 1977, p. 11)

여러 논평가는 전통적인 과학의 기준에 따라 의학을 과학으로 본다. 펠레그리노에 따르면 "이 기준은 세 가지 요소로 구성되어 있다. 방법, 이 방법으로 쌓아 올린 지식의 본체, 과학적 방법으로 얻은 관련 사실에 대한 일반화된 법칙에 기반을 둔 현실에 대한 사후적 설명이 그것이다."(Pellegrino, 1979b, p. 46) 과학적 방법은 일반적으로 의사─과학자가 환자의 질병을 진단하여 최고의 치료법을 결정하는 **바로 그** 방법으로 간주된다. 이 방법은 레스터 킹이 정의했듯 "날것의 자료에 기초한 관련 가설의 기반으로, 내릴 수 있는 예측을 한정하여 검증의 대상으로 둔다."(King, 1952, p. 131) 스위프트도 과학적 방법을 경험적인 것으로 특징지어 "관찰, 추론, 실험의 삼각대"와 연결하였다(Swift, 1928,

p. 169).[3]

　기준의 두 번째 요소는 의학적 연구와 탐구의 방법이 특정한 지식의 본체와 기술적 언어에서 유래했다는 것이다. "의학은 자체의 이론적 지식을 축적해왔으며 이것은 오랜 세대의 다양한 경험에 그 기원을 두고 있다."(Cohn, 1928, p. 405) 물론, 이 지식의 본체는 생물학, 화학, 물리학 등의 다른 자연과학에서 얻은 지식 또한 반영하고 있다(Swift, 1928).

　규범의 마지막 요소는 특수에 기초한 보편의 식별이다. 의학이 개개 환자를 상대하나, 이것이 일반화를 배제하지는 않는다. 클로우저에 따르면 "각각의 환자는 고유한 개별자를 형성하는 인과 사슬의 결합체이다. 그러나 이 상황이 이들 개별자에 대한 추상화와 일반화를 불가능하게 만드는 것은 결코 아니다."(Clouser, 1977, p. 5) 오히려 임상의학의 일반화는 "원칙상" 가능하나 의학적 주제의 복잡성 때문에 금지된다.

　이런 정의를 확실하다고 여기는 사람들도 많이 있다. 그러나, 과학이나 자연과학의 정의 자체가 문제가 있으며, 따라서 의과학에 대한 정의에도 문제가 있다는 견해 또한 존재한다. 의학의 본질에 대한 논평가들은 과학과 의학을 동일시하는 것이 예컨대 환원주의적이라고 생각한다. 그들은 의학, 특히 그 기술적 형태가 과학으로 환원될 수 있는지의 여부에 대해 질문한다. 예를 들어, 캔비 로빈슨 Canby Robinson 은 "의학적 실천이 공학과 같은 응용과학으로 엄밀하게 환원될 가능

3　스위프트는 더 나아가 "실험실에서든 침상에서든 실험적 관점에서 문제에 접근하는 것은 의사에게 필수적이다"라고 주장하였다(Swift, 1928, p. 170).

성이 있기나 한지"를 묻는다(1929, p. 460).[4] 더구나 로날드 먼슨Ronald Munson은 의학과 과학 사이에 근본적인 차이가 있으므로 의학은 과학일 수 없다고 주장한다. "의학의 목적은 질병의 예방과 치료를 통해 건강을 촉진하는 데에 있는 반면, 과학의 목적은 지식을 획득하는 데에 있다. 의학은 건강 촉진이라는 실용적 결과를 통해 인지적 공식을 판단하지만, 과학은 진실의 범주로 이론을 평가한다."(1981, p. 204)

최근 헌터는 의학이 과학이 아니라고 주장하고 있다. 정황적 증거가 의학이 과학이라는 것을 가리킨다는 점은 인정하나, 그녀는 "과학을 물리적 세계에 대한 불변적, 예측적 설명이라고 이해하는 통상적 방식에서라면 의학은 과학이 아니다"라고 역설한다(Hunter, 1991, p. xviii).[5] 의학의 목표는 **눈앞** 환자의 고통을 경감하는 것이라고 카셀은 말했다(Cassell, 1991). 헌터도 여기에 동의하며, 이때 목표를 달성하기 위해 과학을 끌어들일 수는 있지만 "의학은 (항상 그래왔듯이) 실용적 지식의 본체로써 특정 사례에 대한 이해와 치료를 가져오기 위한 것이다."(Hunter, 1991, p. xviii) 의학은 환자를 텍스트로 보고 해석하는 기술이라는 점에서 과학과는 많이 다르다.

어떤 논평가들은 자연과학 외에도 의학의 사회학적 본성을 검토한 바 있다. 즉, "의학은 사회과학인가?" 예를 들어, 마이클 마틴Michael Martin은 이 질문의 세 가지 가능한 해석을 살펴본다(1981). 첫째는 의학이 전적으로 사회과학이라는 것이다. 그는 이 해석을 일응의 근거

---

4   로빈슨은 의사가 환자에 대한 완전한 지식을 알게 된다면 그는 "위대한 예술가"가
     될 것이라고 하였다.
5   그녀는 플라톤의 『고르기아스』에서 과학에 대한 이해를 끌어낸다.

에서 거부한다. 왜냐하면, 의사들이 환자의 신체 상태에 대한 과학적, 기술적 분석에 들어가기 때문이다. 패트릭 힐란 Patrick Heelan 은 이런 분석이 제시하는 환자의 묘사를 "과학적 이미지"라고 불렀다(1977).[6] 두 번째 해석은 의학이 "부분적으로" 사회 과학이라는 것이다. 다시 말하면, 환자의 건강이나 질병에 영향을 미칠 수 있는 사회적 요소가 있다는 것이다. 마틴은 이 해석이 사실이라는 점을 인정하나 진부한 표현이라고 생각한다.

마틴은 세 번째 해석도 제시하는데, 의학이 사회과학이라는 것은 "슬로건"이라는 것이다. 이 표현으로 그가 의미하는 바는 "의학의 사회과학적 차원은 통상적으로 인식되는 것보다 크고 중요하다"라는 것이다(Martin, 1981, p. 348). 이 제안을 입증하기 위해 그는 질병의 근원, 설명, 예방에 대한 사회적 영향에 대해 논하고 있다. 다시금 힐란은 환자의 사회적 묘사를 "현시적 이미지"[7]라고 부른다(1977).[8] 환자에 대한 이런 이미지는 의사에게 "사람의 생활세계가 가지는 사회적, 문화적, 해석학적 복잡성을 이해할 수 있는 수단에 접근"하는 방법을 제시한다(Heelan, 1977, p. 32). 따라서 의사가 환자를 완전히 묘사하기 위해서는 환자의 과학적 이미지와 현시적, 사회적 이미지를 필요로 한다. 환자에 대한 이런 전체적 이미지를 통해서만 전체론적 치유가 가능하다.

---

6   힐란은 과학적 이미지를 "이론 구축, 검정, 실험, 객관적 측정의 산물"로 정의하였다(1977, p. 21).

7   역자 주: 힐란의 두 표현, 과학적 이미지와 현시적 이미지는 셀라스(Wilfrid Sellars)로부터 가져온 것이다.

8   힐란에 따르면 현시적 이미지는 "공유된 가치, 의미, 목적의 도구화나 체화로 연장된 맥락 내에 위치한 공유된 주관적 의도의 기능으로 대상을 직접 현시한다."(1977, p. 20)

결합 또는 중간물

의학은 기예와 과학의 결합인가? 이 질문에 대해 의학은 효과적이기 위해 둘을 결합해야만 한다고 많은 논평가는 믿는다. 예를 들어, 풀턴은 성공적인 진료를 위한 기예와 과학의 "합병"을 지지하였다(Fulton, 1933). 반면, 헌들리는 둘의 "균형"을 말했다(Hundley, 1963). 의학의 기예와 과학 사이의 연결을 설명하기 위해 여러 가지 비유가 사용되어 왔다. 예를 들어, 리에즈먼은 "의학의 기예와 과학은 방패의 양면과 같다. 한쪽만으로는 존재할 수 없다. 하나만으로는 의학이 수 세기 동안 분투해온 목표(고통 완화와 질병 예방)를 달성할 수 없다"라고 하였다(Riesman, 1931, p. 373). 다시 말하면, 의사는 과학적, 전문적 역량을 가지면서 동시에 돌볼 줄 아는, 동정적인 사람이어야 한다는 것이다. 피바디에 따르면 "의학의 기예와 의학의 과학은 서로 대립하는 것이 아니라 오히려 보완적이다."(Peabody, 1984, p. 813)

블룸가르트도 의학의 과학과 의학의 기예가 "상호 적대적"이 아니라 "상보적"이라고 주장하였다(Blumgart, 1964). 그에게 있어 의학의 과학과 기술의 교점은 환자이다. 블룸가르트는 주장한다. "과학적 지식 없이 인류의 건강에 봉사하려는 동정적 소망은 무의미하다. 그러나 지혜 없는 과학적 지식은 얼어붙은 창고일 뿐이다."(Blumgart, 1964, p. 449) 과학적 노력에서 얻은 의학적 지식을 효과적으로 적용하는 데 필요한 지혜는 환자를 물리적, 화학적 상태로 환원될 수 있는 질병에 걸린 신체 각부가 아닌 인격으로 대하며 오랫동안 돌보는 중에서 얻어지는 것이다.

마지막으로, 의학이 기예도 과학도 아닌 다른 어떤 것일 수 있을까? 어떤 논평가는 의학의 기예와 과학이 의학적 지식과 실천에 필수가 아니며 의학의 본성을 분석하는 데에 불충분하다는 점에 동의한 다.[9] 예를 들어, 마린커는 "의학을 그 자체 기예나 과학으로 여겨서는 안 되며, 두 사람, 즉 의사와 환자 간의 특수한 종류의 관계로 여겨야 한다."(Marinker, 1975, p. 83) 펠레그리노에게 있어 이 관계를 이끄는 것 은 의학의 목표 또는 목적(회복을 위한 유대)이다. 펠레그리노는 "의학이 의술로 기능함은 구체적인 사람을 위한 신중한 회복의 결정을 내림에 귀속한다"라고 주장한다(Pellegrino, 1979b, p. 49). 기예와 과학 없이는 의 학이 이 목적을 달성할 수 없으나, 그 실천이 둘을 구분한다. 펠레그 리노와 토마스마는 "의학은 별개의 중간적 분야, 중간물이다"라고 주 장한다(1981a, p. 59). 그들은 의학을 일원적, 독자적 영역으로 보고 치료 기술에 관한 의학의 과학이 인문적, 예술적 손길로 적용된다고 하였다.

펠레그리노가 의학이 기예인지 과학인지를 논쟁하는 것은 무의미 하다고 주장한다는 점은 흥미롭다(Pellegrino, 1979b). 그러나 과감한 주 장을 내놓은 뒤, 그는 자제해야 한다고 생각한 것처럼 보인다. 펠레그 리노는 다음을 인정한다. "과학과 기예를 어떻게 해석하고 각각을 우 리가 의학에서 어떻게 활용한다고 생각하는지를 우리는 모두 평가해 야만 한다. 의사의 자아상, 교육, 만족은 이 구성과 불가분하게 묶여 있다."(Pellegrino, 1979b, p. 51) 그는 모든 의사는 자기 의술에서 기예와 과 학의 역할에 대한 어떤 합의점에 다다라야 한다고 믿는다. 사실, 일찍 이 스위프트는 "둘을 혼합할 수 있는 기술이 우리의 성공을 결정할 것

---

9   토버에 따르면 "의학은 자연과학의 지위를 얻을 수 없으며, 얻어서도 안 된다. 대 신 생명의학이 자신의 과학적 에토스를 수립하도록 해야 한다."(Tauber, 2005, p. 35)

이다"라고 주장한 바 있다(1928, p. 171).

그러나 논쟁에 대한 위와 같은 입장은 더 큰 규범적 질문을 요청한다. 전문가는 이 논쟁을 어떻게 보아야 하는가? 이 논쟁을 전문가가 다룰 수 있는가? 논쟁에 대한 표준적 해석 외에도, 다른 이유(의학의 기예를 과학으로, 환자를 기계로 환원하려는 유혹)도 중요하다. 존 헌들리 John Hundley 가 경고한 것처럼, "의학 대부분이 기초하고 있는 과학을 판단하고 합리적으로 적용할 수 있는 것은 의학의 **기예**를 통해서이다. 이를 통해 식견 있고 지혜로운 의사는 분별력을 지니게 된다. 이러하여 과학적 의료 기술자만 되려는 위험의 명백한 증가를 피할 수 있도록 한다."(1963, p. 54) 의학의 기예와 의학의 과학의 구분은 중요하며 의학적 지식과 실천의 본질을 이해하는 데에 있어 핵심적인 역할을 한다.

근거중심의학 대 환자 중심 의학

20세기 후반이 되자 의학이 기예냐 과학이냐 하는 논쟁은 점차 사라졌다. 대신 논쟁은 새로운 형태를 띠게 되었다. 의학이 증거 기반이냐 환자 중심이냐 하는 논쟁이 대두한 것이다. 근거중심의학 EBM 을 주도하는 것은 생의학 모형의 형이상학적, 인식론적 차원이다. 즉, 의사는 무작위 통제 실험 RCT 을 통해 효과적이라고 증명된 최신의 치료법을 적용해야 한다는 것이다. 그러나 환자 중심 의학은 환자─의사 관계의 도덕적, 인문적 본성에 기초한다. 즉, 의사는 환자의 감정적 상태와 가치 구조를 고려해야 한다는 것이다. 환자 중심 의학 외에도 "현실 세계 의학 real-world medicine " 등 그와 비슷한 형태가 여럿 있다

(Hampton, 2002). 여기에서는 연관된 형태로 서사 중심 의학과 가치 중심 의학을 포함하였다. 이 절에서 근거중심의학을 먼저 논의하고, 이어 환자 중심 의학과 서사 중심 의학, 가치 중심 의학을 논의한다.

근거중심의학

근거중심의학이라는 문구는 최근에 나타났지만, 개념 자체는 긴 역사를 지녔다고 지지자들은 주장한다.[10] 근거중심의학은 역사적으로 세 단계로 나눌 수 있으며, 한 번의 전환기가 있었다(Claridge and Fabian, 2005). 첫 단계는 고대의 근거중심의학으로 권위적 교육을 통한 일화적 설명의 전수와 연관되었다. 다음 단계는 르네상스 시대의 근거중심의학으로 17세기 방혈과 같은 민간요법에 대한 도전으로 시작되었다. 예를 들어, 방혈의 효능을 검증하기 위한 실험이 수행되었다. 결과는 19세기 말 방혈의 중단으로 나타났다.

무작위 통제 실험의 결과로 1900년대에서 1970년대의 전환기를 거쳐 20세기 후반 현대 근거중심의학이 도래하였다. 현대 근거중심의학의 틀을 잡은 두 사람을 꼽자면 영국의 아치 코크란 Archie Cochrane 과 캐나다의 고든 구야트 Gordon Guyatt 가 이끈 근거중심의학 실무단 Evidence-Based Medicine Working Group 이 있다. 코크란협회는 1993년에 설립되어 임상 시험의 증거에 대한 최신의 고찰을 제공한다(Chalmers, 1993). 현대 근거중심의학은 의학 연구에 대한 대량의 증거를 다루려 하며, 이를

---

10 "근거중심의학"이라는 표현은 임상 역학에서 파생되어 1990년대 초 맥마스터대학교에서 처음 나타났다(Claridge and Fabian, 2005; Liberati and Vineis, 2004; Sackett, 1997).

통해 "환자와 사회가 더 나은 선택을 하여 환자의 결과와 공중보건을 최적화하는 것"을 추구한다(Woolf, 2001, p. 41).

근거중심의학 실무단은 근거중심의학에 대해 포괄적으로 설명하여 널리 인정받았다. 근거중심의학은 대개 전통 의학의 낡은 패러다임과 대비되는 새로운 패러다임이라고 여겨지고 있다. 낡은 패러다임은 체계적이지 못한 관찰에 기초하고 있으며 전통적인 의학 수련은 병태생리학과 임상 경험에만 초점을 두고 있다. 실무단에 따르면 "이 패러다임은 전통 과학의 권위에 높은 가치를 부여하여 공동체의 표준적 접근법을 고집하며, 질문에 대해 지역 전문가에게 직접 묻거나 국제 전문가의 기록을 참조하여 답을 얻는다."(Evidence-Based Medicine Working Group, 1992, p. 2421)

새로운 패러다임인 근거중심의학은 전통 의학의 권위에 대한 신뢰를 줄이고 주로 무작위 통제 실험으로 얻게 되는 좀 더 체계적인 관찰과 메타 분석을 통한 관찰의 해석에 의지한다. 이 패러다임의 결과로 "기저 증거를 이해하고 진료하는 의사는 더 훌륭하게 환자를 돌볼 수 있다."(Evidence-Based Medicine Working Group, 1992, p. 2421) 실무단에 따르면 새 패러다임은 쿤적 패러다임 전환과 의학적 실천의 미래를 보여준다.

근거중심의학 실무단의 초기 위원인 데이비드 사켓 David Sackett 과 동료들은 근거중심의학의 최초의 정의 중 하나이자 가장 잘 알려진 합의적 정의를 정식화했다. "각 환자를 돌보는 데에 있어 최신의 가장 좋은 증거를 양심적이고, 명백하고, 현명하게 사용하여 의사결정을 내린다."(Sackett et al., 1996, p. 71)[11] 근거중심의학은 무작위 통제 실험과

---

11 예를 들어, 아밋 고시(Amit Ghosh)는 근거중심의학에 대한 사켓의 정의를 사용

메타 분석에서 얻은 최선의 연구 결과를 의료인 개인의 전문적 의견 및 경험과 결합한다. 각각 단독으로는 불충분하기에 "좋은" 의사는 둘 다를 필요로 한다. "임상적 의견 없이 진료는 증거라는 폭군에 끌려다 닐 수 있는 위험성을 지닌다. 아무리 훌륭한 외부 증거라 해도 개개의 환자에게는 적용할 수 없거나 부적절할 수도 있기 때문이다. 최신, 최선의 증거 없이 진료는 빠르게 시대에 뒤처지며, 환자가 해악을 당하는 원인이 된다."(Sackett et al., 1996, p. 72)

근거중심의학이 무엇인가를 확인하는 것 외에도 사켓과 동료들은 근거중심의학이 아닌 것이 무엇인지를 확인하였다. 근거중심의학은 "케케묵은" 의학은 확실히 아니다. 무작위 통제 실험에서 얻은 증거라는 것이 최근에 나타난 것이기 때문이다. 게다가 이것은 실용적이다. 근거중심의학을 실천하는 것은 얼마든지 가능하며, 연구는 내·외과 의사들이 이를 성공적으로 적용할 수 있음을 증명하고 있다. 마지막으로 근거중심의학은 "해설서" 의학이 아니다. 근거중심의학은 최선의 과학적, 임상적 증거에 임상가의 전문적 의견을 투입할 것을 요구하기 때문이다. 즉 근거중심의학은 최신의 기술적 발전, 실험 및 임상 자료와 관찰, 최선의 이론적 설명과 논리적 사고에 기반을 둔 최선의 의료를 제시한다.[12]

사켓과 동료들은 근거중심의학 실천의 다섯 단계를 제안하였다

하여 자신의 정의를 정식화하고 있다. "근거중심의학은 보건의료에 있어 최선의 증거를 사용하여 양심적이고, 명백하고, 현명하게 의사결정을 내리는 것을 가리킨다."(2004, p. 60)

12 울프에 따르면 "근거중심의학은 포괄성을 강조하며, 모든 관련 증거를 고려할 수 있는 체계적 기준을 적용한다. 선택적으로 증거를 인용하는 것을 피하고 연구의 질을 공평하게 평가하여 예상되는 편견을 배제한다."(Woolf, 2001, p. 39)

(Sackett et al., 1998). 첫 단계는 환자의 질병 상태에 관한 임상적 질문의 명확화이다. 이 질문의 중요한 특징은 환자의 문제에 명확히 초점을 맞추어야 한다는 것과 이용 가능한 문헌 데이터베이스를 검색하여 답변이 가능해야 한다는 것이다. 그들은 질문을 PICO 형식, 환자 또는 문제 patient or problem, 개입 intervention, 개입의 비교 comparison of interventions, 결과 outcome(s)로 구조화할 것을 제안했다. 다음 단계는 질문에 답하기 위해 펍메드 PubMed 와 같은 의학 데이터베이스에서 관련 증거를 검색하는 것이다. 검색의 성공은 적절한 표제어와 데이터베이스의 결정에 달려 있다. 세 번째 단계는 검색으로 얻은 증거를 평가하는 것이다. 이때 증거의 타당성, 건전성, 임상적 유용성으로 평가하게 된다. 평가는 숙련을 요하며 수련과 경험이 필요하다. 네 번째 단계는 증거를 환자의 문제에 적용하는 것이다. 특히 이를 환자의 가치면에서 적용할 필요가 있다. 결정은 의사가 제시한 증거 아래에서 환자의 책무인 경우가 많다. 마지막 단계는 지난 단계를 공식적으로 평가하여 과정의 효율성을 확인하는 것이다.[13]

생의학 모형, 특히 근거중심의학에는 의사와 환자의 직관적 차원에 대한 공간이 없다. 사실 의학적 지식과 실천의 생의학 모형은 엄격하게 합리성과 증거 기반을 추구해 왔다. 리베라티와 비네이스에 따르면 "직관, 비체계적 임상 경험, 병태생리학적 근거는 임상적 의사결정

---

13 포츠솔트와 동료들은 근거중심의학 실천의 여섯 단계를 제안하였다(Porzsolt et al., 2003). 그들은 첫 번째 단계 뒤에 추가 단계를 포함할 것을 주장했다. 추가 단계에서 의사는 내적 증거(예로, 의사의 현재 지식)에 기반을 두고 질문에 답하려 시도하며, 이는 근거중심의학을 임상에 적용하도록 의사를 돕는다. 또한, 이 추가 단계는 의사가 자신의 이전 지식과 최신의 증거를 비교하여 어느 것이 환자에게 최선일지를 결정할 수 있도록 한다.

을 정초하는 데에 불충분하다. 대조적으로 현대 의료는 임상 연구의 결과를 효과적으로 해석하는 데에 주안을 둔 공식 규칙에 의존하여 그 방법을 마련하였다. 이 규칙은 의학 수련과 의료인의 상식을 보강해야만 한다."(Liberati and Vineis, 2004, p. 120) 이에 더하여 근거중심의학은 의사의 추가적인 훈련을 요구한다. "근거중심의학을 실천하는 것은 평생의, 자기 지도 학습 과정이다. 환자에 대한 관심이 진단, 예후, 치료 및 다른 임상적, 보건의료적 문제에 대한 임상적으로 중요한 정보들의 필요를 창출하기 때문이다."(Sackett, 1997, p. 4)

또한, 근거중심의학은 컴퓨터 기술의 진보에 의존한다. 컴퓨터 기술에 대한 의학의 의존은 1970년대 초반부터 이미 예견되었다. 당시 컴퓨터를 의학에 적용하는 것은 의학에 근미래의 혁명이 도래할 것을 예고하는 표지였다. "너무 머지않은 미래에 의사와 컴퓨터가 빈번하게 대화를 나눌 것이다. 컴퓨터는 병력, 신체적 발견, 실험실 자료를 계속 수집하여 의사에게 가장 가능성이 큰 진단을 보고하고, 적절하고 안전한 행동 과정을 제안할 것이다."(Schwartz, 1970, p. 1258) 컴퓨터를 의료에 적용하는 것이 원래 예상한 것보다는 오래 걸렸지만, 이제 우리는 컴퓨터 단층촬영과 같은 진단 술식에서 컴퓨터를 사용하여 혜택을 입고 있다. 게다가 펍메드와 같은 검색 엔진은 무작위 통제 실험과 메타 분석의 결과에 빠르게 접근할 수 있도록 돕는다. 마지막으로, 인공지능의 적용은 내일의 의학적 지식과 실천에 밝은 전망을 던지고 있다고 지지자들은 주장하고 있다(Coiera, 1996).

의학의 합리적 기반 또는 의학의 증거적 기반에 대해서는 누구도 논쟁하지 않으나, 근거중심의학의 개념에 대해서는 주목할 만한 논의와 논쟁이 이어지고 있다. 그 결과, 근거중심의학은 몇몇 입장에서 심각하게 비판받고 있다. 예를 들어, 자율적 진료의 회복을 위한 의료인들 Clinicians for the Restoration of Autonomous Practice 이라는 익명 단체는 2002년 「영국의학학술지 British Medical Journal」에 근거중심의학에 대한 통렬한 비난을 개재하였다(CRAP Writing Group, 2002). 이 단체는 "사실 근거중심의학은 전면적인 종교적 운동으로, 사제단, 교리집, 예배식, 종교적 상징, 성례로 완성된다는 논박 불가능한 증거"를 가지고 있다고 주장한다(2002, p. 1496).

상기의 비판은 비과학적 의학에서 과학적 의학으로의 "패러다임 전환"을 근거중심의학이 보여준다는 근거중심의학 지지자들의 적극적 주장에 대한 답변에서 나온 것이다. 전통 의학의 옹호자들을 곤두서게 하고 불쾌하게 만든 것이 바로 이 주장이었다. 그러나 이 주장은 "극도로 단순화되었을 뿐 아니라, 더 정밀하게 조사하게 되면 완전히 틀렸음이 밝혀질 것이다. 근거중심의학 전 사람들이 증거를 활용하지 않았다는 말에 주목할 필요는 없다. 진짜 실패는 증거를 체계적·외재적 방식으로 활용하기 위한 틀 및 규칙 집합의 부재였다."(Liberati and Vineis, 2004, p. 120)

또한, 근거중심의학의 비판자들은 다른 반대와 염려를 제기하기도 한다. 예를 들어, 아바야 쿨카니 Abhaya Kulkarni 는 몇 가지의 경험적, 개념적 문제를 제기하였다(2005). 여기에는 메타 분석이 증거보다 우세하다는 것, 무작위 통제 실험의 결과가 충돌하는 결과를 보이는 것, 현재 증거를 수용하기 위한 역치 등의 문제가 포함된다. 또한 존 워랄 John Worral 도 근거중심의학의 무작위화에 대한 의존과 관련된 문제를 제기한 바 있다(2002). 그는 무작위화는 선택 편향만을 통제한다고 주장한다.

추가로 마크 토넬리 Mark Tonelli 는 근거중심의학의 몇 가지 철학적 한계를 분간하였다(1998). 첫 번째 한계는 무작위 통제 실험과 같은 인구 기반 연구에서 얻은 증거는 각 환자의 다양성하에서 개개 환자에게 쉽사리 적용할 수 없다는 점이다. 이 한계는 본성상 인식론적이다. 다른 한계는 윤리적인 것으로, 근거중심의학이 최선의 증거 아래 치료 받기를 원하는지에 관한 윤리적 질문을 다룰 수 없다는 것이다. 마지막으로 근거중심의학의 알고리즘적 접근을 앞지르는 암묵적 의학 판단의 한계가 존재한다. 토넬리는 "임상적 판단은 암묵적 요소를 포함하고 있는 것으로 보이며, 이것은 결정 분석이나 다른 외재적 모형으로 담아낼 수 없다"라는 의견을 제시한다(1998, p. 1238). 그는 임상적 판단이 과학적 합리성보다는 결의론에 더 가깝다고 여긴다.

근거중심의학의 지지자들은 이 비판들에 대해 답해왔다. 그들은 근거중심의학에 몇 가지 한계가 있음을 분명히 알고 있으나 이것들을 성공적으로 다룰 수 있다고 믿는다. 예를 들어, "시험에서 개인의 차이를 제거하는 것은 시험 자료를 개인에게 적용할 수 없도록 만들지 않는다. 오히려 시험 참여자와 개인이 공유하는 연관 특성의 범위까지 시험을 적용할 수 있도록 만든다."(Parker, 2002, p. 275) 그러나 비판자들은 시험 집단에 해당하는 환자는 훨씬 큰 "실제 세계" 환자 집단의 매우 작은 부분만을 대표하고 있다는 것을 내세워 받아친다. 샤론 스트라우스 Sharon Straus 와 핀레이 맥알리스터 Finlay McAlister 는 이 문제를 인정하나 중심이 되는 무작위 통제 실험의 하위 집단 연구를 수행하여 환자의 가치와 특수성을 포함시킬 수 있다고 보고하고 있다(2000). 이에 더하여 말콤 파커 Malcolm Parker 는 환자의 독특성을 강조하는 것은 환자의 공동성을 경시한다고 경고한다. "특수주의 particularism 의 자만심은 고압적인 과학적 일반화만큼 해로운 생각이다."(2002, p. 279) 마지막으로 스트라우스와 맥알리스터는 그들이 주된 오해라고 생각하는 점을 지목한다(Straus and McAlister, 2000). 근거중심의학은 "상아탑"의 개념으로, "실제 세계"에 대한 적용은 거의 포함되어 있지 않다는 것이다. 그러나 임상에서의 설문은 그렇지 않다는 것을 보여준다.

환자 중심 의학

근거중심의학이 포괄적인 의학적 지식과 실천에 필요한 자원을 제공할 수 있는가? 근거중심의학이 의학에 혁명을 가져오고 무작위 통제 실험과 메타 분석을 통해 의학적 지식과 실천에 견고한 경험적 기반을 제공하였으나, 논평가 몇몇은 근거중심의학이 현대 의학을 충분히, 완전히 감싸는 것은 불가능하다고 믿는다. 리베라티와 비네이스에 따르면 "근거중심의학이 의학적 실천을 에워싸고 있는 모든 인식론적, 실용적 질문에 답할 수 없다는 것에는 의심의 여지가 없다."(Liberati and Vineis, 2004, p. 120)

근거중심의학은 의사에게 의학적 지식과 실천에 필요한 최신의 경험적 증거를 활용할 수 있는 방법론적 기술을 제시한다. 그러나 비판가 다수는 주장한다. 환자의 사적 정보는 어떻게 해야 하는가. 지난 수십 년간, 이 필요를 다루기 위해 환자 중심 의학이 의학에서 성장하였다(Stewart et al., 2003). 이것은 환자의 개인적 정보와 병력에 기반하며, 특히 생의학 모형이 주의를 기울이지 않았던 정보에 집중한다. "무작위 통제 실험은 환자의 특성을 가치 있는 추가 정보가 아닌, 연구 결과를 어지럽히는 방해물로 여겨 왔다."(Bensing, 2000, p. 19) 환자 중심 의학, 인문주의적 의학의 실천은 이 정보를 핵심으로 여긴다.

환자 중심 의학은 종종 근거중심의학과 비교된다. 근거중심의학은 자연과학 또는 "경성" 과학으로, 환자 중심 의학은 임상 과학 또는 "연성" 과학이라고 여겨져 왔다(Stewart et al., 2003). 근거중심의학이 "실증주의적, 생의학적 견해에 기초하고 있는" 반면, "환자 중심 의학은 (…) 인문주의적, 생물정신사회적 견해에 기초하고 있다."(Bensing, 2000, p. 17) 조지엔 벤싱 Jozien Bensing 에 따르면 환자 중심 의학은 근거중심의학의 "질병 중심적" 견해와는 구별되며, "환자는 자신의 질병 이상이다."(2000, p. 21) 환자 중심 의학은 "환자의 필요와 기대에 따른 상담의 내용, 다루어져야 할 주제의 선택을 다룬다."(Bensing, 2000, p. 21) 또한, 환자 중심 의학은 "상담의 통제에 관한 것으로, 누구의 안건을 다룰지에 관한 질문이며, 그는 결정을 내리며 권력을 지니는 사람이다."(Bensing, 2000, p. 22) 이에 더하여, 환자 중심 의학은 근거중심의학의 "의료인 중심성"과는 구별되며, 특히 환자 자율성을 강조한다는 점에서 그렇다. 환자 중심 의학에서 초점은 의사 중심 상담의 진단 정확도에서 환자의 질환 경험으로 옮겨진다.

환자 중심 의학의 목표는 환자의 세계를 중심으로 들여오는 것이다. 이언 매키니에 따르면 "의사는 환자의 기대, 질환에 대한 기분, 공포를 발견해야 한다는 명령을 받았다. 그는 환자의 세계로 들어가 환자의 눈을 통해 질환을 봄으로써 이 일을 수행한다."(McWhinney, 1988, p. 225) 이에 더하여 환자–의사 상담은 "도덕적인 만남이며, 여기에서 발생하는 책임(양편 모두에게)은 틀을 제공하여 **그 안에서** 효과적인 상담이 일어나게 한다."(Evans, 2003, p. 9)

환자 중심 의학의 목표는 효과적인 의사소통을 통해 달성된다. 벤싱은 "환자의 의제를 아는 가장 좋은 방법은 여전히, 그리고 앞으로

도 계속 환자의 이야기를 듣고 의사결정 과정에서 적절한 균형을 찾도록 노력하는 것이다"라는 점을 강조한다(2000, p. 23). 의사소통은 환자 중심 의학의 성공에 있어 핵심적인 역할을 한다. "의사소통은 환자 중심 의학으로 가는 왕도이다."(Bensing, 2000, p. 23) 의사소통이 환자 중심 의학에서 불가결한 이유로 다음 세 가지를 들 수 있다. 환자는 환자의 질환 경험 측면에서 **전문가**이다. 환자마다 보건의료에 대한 다른 선호도를 가진다. 환자 사망률은 환자 적응과 극복 기전에 의존한다(Bensing et al., 2000).

모리아 스튜어트 Moria Stewart 와 동료들은 환자 중심 의학에서 나타나는 여섯 가지 상호작용 요소를 분간하였다(Stewart et al., 2003). 첫째는 환자가 보이는 불편감을 신체의 질병 자체와 환자의 질병 경험 두 가지 성분으로 평가하는 것이다. 첫 번째 성분은 전통적인 병력 조사와 신체검사를 통해서 얻을 수 있으며, 두 번째 성분은 질환이 환자의 생활 방식과 정서적 웰빙에 미친 영향에 대해 환자와 의사소통함으로써 얻을 수 있다. 둘째 요소는 전체 인격으로서의 환자를 종합적으로 이해하여 첫째 요소에서 얻은 정보를 환자에게 가깝고 먼 맥락들을 포함하여 통합하는 것이다.

셋째 요소는 환자와 의사 사이의 공통 지평을 밝히는 것이다. 특히 환자의 건강 문제를 확인하고, 치료 방법에 동의하며, 환자와 의사 각각의 역할을 정의하는 것과 관련하여 탐색한다. 넷째 요소는 환자-의사 상담을 건강을 촉진하는 기회이자 추가적인 건강 문제를 예방하기 위한 기회로 삼는 것이다. 다섯째 요소는 환자-의사 관계의 성장과 확립으로, 의사의 동정과 환자의 협조를 통해 이뤄진다. 마지막 요소는 환자와 의사 모두 현대 의학의 한계에 대해 현실적이어야 한다는 점이다. 전자는 기적을 기대해서는 안 되며 후자는 그런 기적을 약속해서는 안 된다.

몇몇 논평가에 따르면 근거중심의학과 환자 중심 의학이 서로에게 양극인 것처럼 보이지만 사실 둘은 상당히 겹치는 부분이 있다. 예를 들어, 스튜어트와 동료들은 근거중심의학과 환자 중심 의학이 "상승작용"을 한다고 주장한다. 의학의 실천에 대한 두 접근법 모두 의사와 환자의 견해에서 "창조적 긴장"을 만들어낸다는 점에서 수렴하기 때문이다(Stewart et al., 2003, p. 12). 벤싱은 근거중심의학과 환자 중심 의학의 통합을 제안한다. 그는 무작위 통제 실험을 닮은 의사소통에 대한 더 엄격한 연구를 전개하여 환자 중심 의학을 개선할 것을 주장한다. 이 연구는 임상적 만남에서 환자와 의사 사이의 행동 방식에 대한 설명을 제시할 수 있을 것이다. 또한 벤싱은 의사소통 연구를 통해 근거중심의학과 환자 중심 의학 사이의 틈을 연결할 수 있다고 보며, 특히 무작위 통제 실험의 설계에 환자의 선호를 받아들여 근거중심의학을 더 환자 중심적으로 만들 수 있다고 주장한다. 벤싱에 따르면 "우리는 이 분리된 세계를 화해시키라는 도전을 목도하고 있다."(Bensing, 2000, p. 17) 이것은 더 견고한 의학이라는 이익을 우리에게 가져다준다. 환자의 건강에 대한 필요가 충족되며 의사의 치료자로서의 역할이 강화되는 것이다.

서사 중심 의학

상술한 것처럼 의사와 환자 사이의 의사소통은 인문주의적, 인본적 의학의 성공에 필수적이다. 환자 중심 의학 외에 다른 형태의 인문주의적 의학인 서사 중심 의학이 지난 수십 년 동안 부각되어 왔다. 의사는 환자의 질환, 고통 세계로 들어가 질환 이야기를 동정적인 자세로 들어 환자에게 그것이 무엇을 의미하는지를 배운다. 예를 들어, 아서 클라인먼 Arthur Kleinman 은 환자 서사의 중요성과 치료 과정에서 이 서사를 참작해야 하는 의사의 책임을 강조한다.

> 의료인의 일에는 환자와 질환의 가족력에 대한 세심한 염려, 장기간의 변화하는 맥락 안에서 소민족지(小民族誌)의 정리, 충분한 정보 제공 아래 돌봄에 대한 다른 일반적인 견해와의 협상, 만성 질환을 이렇게 파괴적이도록 만든 다수의, 진행 중인 위협과 손실에 대한 간단한 의학적 정신치료에 상응하는 것이 포함된다(1988, p. 10).

환자가 질환과 고통, 특히 만성 질환이나 치명적인 질환에 붙들렸다는 것의 의미는 치료 과정에 있어 중대한 역할을 한다. 그리고 환자의 질환 이야기를 통해 이 의미에 쉽게 접근할 수 있다. 결과적으로 환자를 진단하고 치료할 때 의사는 환자의 이야기를 심각하게 받아들여야 할 의무가 있다. 리타 샤론에 따르면 "서사의학은 내·외과 의사에게 건강과 질환의 사실과 목표에 개개 환자와 의사가 부여하는 중대함과 의미를 불어 넣을 방법을 배울 수 있는 기술, 방법, 텍스트를 제시한다."(Charon, 2001, p. 1898)

트리샤 그린헐과 브라이언 허위츠 Brian Hurwitz 는 서사 중심 의학의 중요한 몇 가지 장점을 짚었다(Greenhalgh and Hurwitz, 1999). 진단에 있어 서사 중심 의학은 전문가적 친밀함이 환자와 의사 사이에 자라날 수 있는 분위기를 형성하며 질환의 의미를 환자와 의사가 모두 이해할 수 있도록 돕는다. 또한, 서사 중심 의학은 의사와 환자 사이의 동정심을 조성하여 환자가 질환 이야기를 이야기하고 의사가 집중하여 듣도록 한다. 환자의 질환 서사를 듣는 것을 통하여 환자는 의사에게 진단을 드러낸다. 서사가 질환의 "현상적 형태"를 나타내기 때문이다. 치료에 있어 서사 중심 의학은 치유의 전체론적 접근 기회를 제공한다. 또한, 서사 중심 의학은 공격적인 치료법 대신 대안적 치료법이나 완화 돌봄을 살필 것을 촉구한다. 그린헐과 허위츠는 "듣기, 질문하기, 서술하기, 정리하기, 설명하기, 해석하기의 핵심 임상 기술은 환자와 보건 전문가의 너무도 다른 세계를 중재하는 방법을 제시할 수 있다"라고 주장한다(Greenhalgh and Hurwitz, 1999, p. 50).

가치 중심 의학

가치 중심 의학은 근거중심의학의 대안이라기보다는 그 연장으로 제시되었다. 또한, 가치 중심 의학은 의학에서 소비자주의의 대두를 반영하고 있다(Kottow, 2002). 가치 중심 의학은 피라미드 구조를 하고 있다. 바닥을 이루는 것은 근거중심의학이다. 중간층은 삶의 질 및 길이에 대해 환자가 인식한 가치로 구성된다. 최상층에서 환자가 인식한 가치가 비용—편익 분석을 통해 경제적 가치로 전환된다. 멜리사 브라운 Melissa Brown 과 동료들은 "가치 중심 의학은 최선의 근거중심의학 자료를 환자가 인식한 삶의 질을 보건의료적 개입으로 증진하려는 노력과 통합한다"라고 정의하고 있다(Brown et al., 2005, p. 5).

비용—편익 분석은 치료 결과의 질적 요소를 삶의 질이나 삶의 길이에서의 증가당 비용 지출의 단위로 전환하는 방법이다. 이 분석은 최소 비용으로 최대의 증가를 가져오는 개입과 거의 증가를 가져오지 않는 개입을 구분하는 데에 있어 긴요하다. 가치 중심 의학은 보건의료의 질을 증진하며, 동시에 보건의료를 비용 효율적, 효과적으로 만드는 "정보 체계"이다. 브라운과 동료들에 따르면 "가치 중심 의학은 의료인이 최고의 질을 지닌 보건의료를 수행할 수 있도록 한다. (…) 왜냐하면 이것은 의료인이 건강한 상태를 살던 환자의 관점에서 최대의 가치를 산출하는 개입을 선택적으로 활용할 수 있도록 하기 때문이다."(Brown et al., 2005, p. 9)

로고스와 에토스에서 파토스로

초기에 의학의 기술과 과학 사이에서 벌어졌던 논쟁과 그 현대적 투사인 근거중심의학과 환자 중심 의학 사이에는 의학의 본성에 대한 근원적인 문제가 놓여 있다. 이는 특히 돌봄의 질 위기와 관련 있다. 이 논쟁의 보완적 입장 또는 세 번째의 대안은 위기를 해소할 수 없는 것처럼 보인다. 오히려 해결책은 의학을 파토스로 연결하는 것과 관련되어 있다. 기저 문제, 특히 미국 의학의 문제는 그 로고스(합리성)와 에토스(성격)가 파토스(열정)와 분리되어 있다는 것이다.

미국 의학이 겪어야만 하는 패러다임 전환은 생의학 모형에서 인문주의적, 인본적 모형 또는 다른 대안 모형으로 변하는 것뿐만 아니라, 로고스와 에토스만, 또는 각각만 중시했던 의학에서 파토스에 뿌리내린 의학으로 바뀌는 것 또한 포함한다. 과학적 지식 또는 개인적 정보, 그리고 감정적으로 초연한 관심 또는 공감적 돌봄이 효과적이기 위해서는 모두 다 열정에 뿌리내려야만 한다.

현대 의학이 마주하고 있는 질의 위기를 둘러싼 문제들을 다루려면, 합리성에 기반한 로고스와 성격으로 움직이는 에토스를 인도하는 민감하고 반응적인 파토스를 확보해야만 한다. 이 파토스는 환자의 고통을 재현하고 고통으로 나아가는 방식을 반영하며, 질병이나 질환의 존재 앞에서 적절히 행동하는 것 또는 정확히 아는 것만을 의미하지 않는다. 파토스는 단순한 정서나 욕망 이상을 의미한다. 이 파토스는 확실한 앎과 이해, 옳은 행동과 행위를 **가능케** 하는 열정과 헌신의 존재 방식을 반영한다. 근본적으로, 인간이란 환경과 타자에게 주체로 반응하는 의식과 민감함을 지닌 인격이며, 이런 반응함은 반응에 대한 책임을 요청한다. 자기 의식 반응—능력 respond-ability 또는 응답—능력 response-ability 은 합리적이고 덕스러운, 또는 열정적인 의학적 지식과 실천을 **가능케** 한다.

그러나 파토스에 뿌리내린 로고스와 에토스가 어떻게 철학적 관점에서 보건의료 산업의 변화에 영향을 줄 것인가? 대답은 두 부분으로 이루어져 있다. 먼저, 파토스는 기술, 사실, 객관적 지식, 주관적 정보의 로고스를 지혜로 바꿀 수 있다. 환자와 의사 모두를 위한 최선의, 적절한 존재 및 행동 방식을 분간할 수 있게 된다. 다음, 파토스는 생의학적 의사의 정서적으로 초연한 관심이나 심지어 인문주의적 의사의 공감적 돌봄을 부드럽고 제한 없는 사랑으로 바꾼다. 즉, "모든 질환은 또한 사랑과 관심에 대한 청원이다."(Marinker, 1975, p. 82) 또한 "네 환자를 사랑하라는 명령은 선한 의사를 위한 선한 의학이다."(Rhodes, 1995, p. 441) 이 사랑은 감상에 젖는 것이 아니라, 질환의 고통으로 들어가는 강한 열정이다. 또한 이것은 동정적, 수난적 사랑이다.

이 마지막 절에서, 파토스를 통한 의학의 로고스와 에토스의 변화로 지혜와 사랑의 의학적 견해와 실천을 이뤄낼 수 있는 방향을 탐구하려 한다. 이 목적을 위해 파토스의 본성을 먼저 해명하고, 이어 지식과 정보가 지혜로 바뀌는 로고스의 변화와 관심과 돌봄이 동정적 사랑으로 바뀌는 에토스의 변화를 살핀다. 지혜와 사랑의 입장만이 현대 의학, 특히 미국에서 대두되고 있는 돌봄의 질 위기를 해결할 수 있을 것이다.

파토스

파토스란 무엇인가? 전통적으로 파토스는 감정이나 열정과 연결되어 왔다. 예를 들어, 파토스는 친절이나 자비와 같은 감정을 불러일으키는 사람의 특성 또는 상태를 의미한다. 파토스는 대개 에토스 및 로고스와 대조되어 왔다. 에토스는 동요하지 않으며 확실한 성격이며, 로고스는 논증의 힘이나 타당성을 따지는 능력이다. 파토스는 일시적인 것, 부족한 것과 관련 있는 반면 에토스는 영구적이고 이상적이다.

파토스는 또한 로고스(논리적 타당성), 에토스(신뢰할 만한 성격)와 더불어 세 가지 입증 능력 *pistesis* 의 하나이다. 아리스토텔레스는 이를 『수사학』에서 구분하였다(Aristotle, 2001). 파토스의 기능은 타인을 정서적 호소로 설득하는 것이다. 그러나 여기에서 사용되는 파토스는 정서, 심지어 논리마저도 초월한다. 이것은 형이상학적 개념에서 가정처럼 작용하는 힘 또는 능력이다. 정서로써 파토스가 힘을 나타내기도 하지만 파토스 그 자체는 정서적 힘에만 국한하지 않는다. 이것은 또한 논리와 윤리의 수준에서 창조와 변환을 가능케 하는 힘 또는 능력이다.

파토스를 형이상학적 가정과 유사한 힘이나 능력으로 사용함에 있어 아서 러브조이 Arthur Lovejoy, 1873~1962 가 전개한 "형이상학적 파토스"의 개념과 구분할 필요가 있다. 러브조이에 따르면 "형이상학적 파토스는 사물의 본질에 관한 서술, 주체가 속한 세상에 대한 묘사를 이야기나 시로 풀어낼 때 연관성을 통해, 그것들이 발생시키는 어떤 공감을 통해 예증될 수 있다. 형이상학적 파토스는 철학자나 독자가 느끼는 마음이 맞아가는 기분, 분위기, 느낌이다."(1936, p. 11) 다시 말하면, 형이상학적 파토스는 "특정 단어와 문구의 정서적 '변화'"를 표현한다(Macksey, 2002, p. 1089).

러브조이는 형이상학적 파토스의 다섯 가지 유형을 구분하였다. 여기에는 몽매주의, 밀교주의, 영원주의, 일신론 또는 범신론, 주의주의volʊntaristic 파토스가 있다. 러브조이가 그의 개념을 1930년대 중반에 발표했기에, 다른 사람들이 형이상학적 파토스의 유형을 더 구분한 바 있다. 예를 들어, 관료제는 제2차 세계대전 이후의 산업화에 형태를 부여한 형이상학적 파토스를 대표한다(Gouldner, 1954). 또한 "기술 만능주의"는 현대 사회 조직 대부분을 형성하고 있는 형이상학적 파토스이다(McSwain and White, 1989). 기술 만능주의에 대한 공포가 "인류의 광범위한 정서적 무감각화"라는 결과를 초래할 수 있다는 점은 흥미로우며, 이에 대응하여 "돌봄의 의무"에 대한 개방성이 요청된다. 러브조이의 형이상학적 파토스가 의미하는 것이 내가 파토스로 의미하는 것과는 차이가 있지만, 여기에서 파토스의 역할이 철학 체계와 그 논리까지도 형태를 부여하는 데에 있어 핵심적이라는 점에서는 유사하다.

지혜

우리는 정보화 시대에 살고 있다. 이 시대는 지금까지 우리가 알고 있던 것보다 더 많은 것을 알고 있는 시대이자, 지금까지보다 더 많은 문제를 마주하고 있으나 문제에 대한 해결책은 더 적어 보이는 시대이다. 주술사인 카킵 리드티아 와라위아 Kakkib li'Dthia Warrawee'a 에 따르면 "우리는 정보로 포화되어 있다. 가장 중요한 요소인 지혜는 빠져 있다."(2004, p. 9) 많은 의학자가 지식과 정보의 과잉에도 생명의과학에 지식과 정보를 적용하기 위한 지혜가 부족함에 대해 논평해왔다. 예를 들어, 로버트 폴락 Robert Pollack 은 묻는다. "아프고 고통받는 사람들의 삶에 과학적 발견을 적용하는 데 있어 지혜는 왜 더 늘지 않는가?"(1999, p. 1477) 현대 의학의 문제는 어떻게 하면 생의학적 지식과 정보를 넘어 임상적 실천에 지식과 정보를 지혜롭게 적용할 것인가에 있다. 폴락 등이 이 성가신 문제에 답하려 했으나, 답하는 데에 있어서 문제가 되는 것 중 하나는 지혜 그 자체가 잘 이해되지 않았으며 분석하기 어렵다는 것이다.[14]

지혜란 무엇인가? 고대 그리스인들은 지혜를 지적인 덕이나 도덕적인 덕에 따라 행위하는 것이라고 정의했다. 지혜로운 사람은 덕에 따라 행위하며 덕 있는 사람은 지혜, 특히 한 사람의 풍요 또는 에우다이모니아를 증진하는 방향에 일치하게 행위한다. 니코마코스 윤리학에서 아리스토텔레스는 지혜를 "지식의 형태 중 가장 완성된 것"이라고 하였으며 이것을 이론적, 철학적 지혜 sophia 와 실용적, 정치적 지혜 phronesis 로 나누었다(Aristotle, 2001, 1141a16). 이론적 지혜는 본성상 관조적이며 그 자신의 목적을 탐구한다. "철학적 지혜는 과학적 지식이 직관적 이성과 결합된 것으로, 본성상 가장 최상위에 있는 대상들에

---

14 게다가 생명의과학에 지혜를 적용하는 중요한 차원이 종종 경시된다. 즉, 생의학의 사실을 환자 치료에 대한 지혜의 통찰로 전환시키는 파토스의 역할이 무시되고 있다.

관한 것이다."(Aristotle, 2001, 1141b3-4) 직관적 이성은 누우스 *nous* 또는
제일 원칙을 파악할 수 있는 능력인 반면, 과학적 지식은 에피스테메
로 네 가지 원인을 아는 것을 말한다.

아리스토텔레스에 따르면 "반면, 실용적 지혜는 인간적인 것과 숙
고할 수 있는 것을 다룬다."(Aristotle, 2001, 1141b8-9) 다시 말하면, 실용
적 지혜는 삶의 실용적 활동과 관련된다는 것이다. 실용적 지혜는 이
론적 지혜처럼 보편자만을 다루는 것이 아니라, 이론적 지혜와는 달
리 특수도 다룬다. 그 외에도 아리스토텔레스는 이론적 지혜가 실용
적 지혜보다 높이 위치한다고 주장하는데, 이는 실용적, 정치적 지혜
는 사람에 대한 것이며 사람은 "세계의 최상의 것이 아니기" 때문이다
(Aristotle, 2001, 1141a23).

지혜에 대한 현대적 접근법은 고대 그리스에 빚을 지고 있다. 브랜
드 블란샤드 Brand Blanshard 에 따르면 "지혜는 가장 폭넓고 일반적인 의
미에서 삶의 수행에 대한 건전하고 안정된 판단을 지시한다."(1967, p.
322) 이 정의에 부속하는 몇 가지 요소가 있으며, 여기에는 지식, 사
색, 판단, 자신감이 포함된다(Blanshard, 1967; Kekes, 1983; Szawarski, 2004).
지혜의 첫째 구성 요소는 지식 또는 사실이다(Szawarski, 2004). 존 케케
스 John Kekes 가 서술적, 해석적 지식을 구분한 것을 따라서, 츠비기에
프 스자왈스키 Zbigiew Szawarski 는 "만약 지혜에 관련된 지식이 있다면
그것은 인간적 상태에서 무엇이 문제인지, 무엇이 중요한지, 무엇이
가치로운지, 무엇이 중요한지에 대한 지식이다"라고 주장한다(2004, p.
186). 이 경우 지혜는 서술적 지식이 아닌 해석적 지식이다.

해석적 지식은 "기본 가정"의 산물로, "인간의 가능성에 한계를 설
정하여 인간 경험의 차원을 표시한다. 따라서 이 한계 안에서 변화와

차이가 나타난다."(Kekes, 1983, p. 278) 기본 가정은 보편적으로 취하고 있는 가정으로 사실을 해석하여 해석적 지식을 얻는 데에 사용된다. 성실하고 정확한 해석을 하는 데에 있어 가정의 사용은 한 사람의 경험의 "넓이와 깊이"에 달려 있다. 해석적 지식의 최종 결과는 에우다이모니아 또는 좋은 삶이다. 케케스에 따르면 "따라서 지혜로운 사람이 아는 바란 인간적 상황에서 좋은 삶으로 나아갈 가능성이 높은 패턴을 구성하는 방법을 아는 것이다."(Kekes, 1983, p. 280)

지혜의 또 다른 중요한 요소로는 사색이 있다. 이것은 "그 근거와 결과에 비추어 사건과 믿음을 따져 보는 버릇"이다(Blanshard, 1967, p. 323). 다시 말하면 지혜는 세상이 어떻다는, 또는 어떻게 되어야 한다는 어떤 믿음에서 비롯되는 결과에 따라 나오는 가능한 행위 경로에 대한 선견지명으로 구성된다. 특정 믿음 집합을 받아들이면, 특정 사건 집합이 가능성을 띤다. 지혜로운 사람의 임무는 특정 조건 집합하에서 어떤 행위 경로가 최선 또는 선인지 내다보는 데에 있다.

사색은 해석적 지식을 얻는 데에 있어 필수적으로, 이는 특정 믿음과 행위의 집합이 가져오는 결과를 예지하는 데에 있어 필요하다. 선견지명 외에도 사색은 지혜롭지 못한 행위와 선택을 교정하는 데에 있어서도 필요하다. 케케스에 따르면 "지혜는 교정적이다. 지혜는 지혜롭지 못한 자에게 자신의 서술적 지식과 추구하는 바의 관련성을 상기시킨다."(Kekes, 1983, p. 282) 숙고를 통해 얻은 지혜는 지혜로운 사람에게 무엇이 가능하고 무엇이 가능하지 않은지를 알려주어, 자기 도덕적, 지적 자원을 초과하는 이상으로부터 한 사람을 보호한다.

지식과 사색 모두 지혜로운, 선한 선택을 내리는 기초가 된다. 스자왈스키가 정의한 바에 따르면 "좋은 판단은 가치의 충돌에서 어떤 가치(또는 규칙)가 우월한지를 인지하고 결정할 수 있는 능력이다. 그것은 일반 지식 또는 일반 규칙을 특정 상황에 적용할 수 있는 능력이기도 하다."(Szawarski, 2004, p. 186) 지혜로운, 선한 판단은 경쟁 가치의 집합 중 무엇에 가치를 둘 것인지를 알고 특정 사례에 적용하여 가치에 기반을 둔 최적의 결정을 내리는 것과 관련되어 있다.

매우 중요한 가치가 위반, 전도되면, 다른 상황에서 선한 것, 지혜로운 것으로 여겨지지 않는 결정이 내려질 수도 있다. 예로, 스자왈스키는 생명(및 건강)의 일반 가치는 좋은 것이고, 죽음(및 질병)의 가치는 나쁜 것이라는 표현을 인용한다. 그러나 의료의 돌봄 상황에서 죽음이 나쁜 것이 아니라 좋은 것일 수 있는 때가 있으며, 환자는 비정상적인 방법을 통해 고통과 비참함의 조건 아래 생명을 유지하기보다는 존엄을 지키며 평화롭게 죽어갈 수 있어야 한다. 지혜로운, 선한 판단은 인간의 한계와 가능성을 인식하는 것, 특히 선한 목적, 그리고 이런 목적에 적합한 방법들을 아는 것과 관련되어 있다(Kekes, 1983). 이런 인식 없는 지혜는 진부함으로 퇴화한다.

마지막으로 지혜는 한 사람이 수용한 믿음, 품은 선택과 선호에 대한 신뢰에 의지한다(Lehrer, 1997; Szawarski, 2004). 한 사람의 믿음, 선택, 선호에 대한 신뢰는 그의 올바르고 정확하게 사고할 수 있는 능력, 좋은 판단을 내릴 수 있는 능력을 믿을 만하다는 사실에 기반을 둔다. 한 사람의 지식과 인지 능력은 한계가 있다. 그렇더라도 개인은 어려운 상황 앞에서 그 상황을 이해하고, 올바르고 현명한 결정을 내리는 데 충분하다는 사실을 신뢰해야만 할 때가 있다. 이런 자신감이 없다면, 한 사람은 "세계를 정의하는 가치와 믿음에 대한 일반적인 경향의 구조, 내용, 일관성, 실천적 결과를 구성할 수도, 비판적으로 평가할

수도 없다."(Szawarski, 2004, p. 187)

자신감은 합리적인 삶과 지혜의 기반이다. 키스 레러 Keith Lehrer 에 따르면, "나는 내가 받아들이고 선호하는 것에 대해 나 자신을 믿는 다. 나는 내가 받아들이고 선호하는 것에 대한 내 신뢰에 가치가 있다 고 생각한다. 결국, 수용과 선호는 진실과 가치를 획득하려 하는 내 최선의 노력이며, 여기에 내 신뢰를 두지 못한다면 내 신뢰는 가치 없 어지고, 나의 사유는 무력해지는 것이다."(1997, p. 5) 자신감 없는 지혜 는 다시금 진부함에 빠지고 유일하게 남는 것은 회의주의이며, 레러 는 이것이 "무익하다"라고 주장한다.

스자왈스키는 지혜의 이러한 특징을 의학과 보건 전문직에 적용 하고자 한다(Szawarski, 2004). 우선 그는 의학적 지식과 임상적 지식 을 구분하여, 전자는 과학적 지식에서 유래한 반면 후자는 개개 환자 에서 유래하였다고 본다. 지혜로운 의사는 둘을 구분하여 각 증례에 대해 "정말 중요한 것이 무엇인지 적절히 평가할 수 있는" 사람이다 (Szawarski, 2004, p. 191). 물론, 이런 평가는 의학적, 임상적 정보에 대한 의사의 숙고에 의존한다. 이런 정보를 적절히 평가할 때만 좋은, 지혜 로운 임상적 판단으로 나아갈 수 있다.

스자왈스키에게 있어 의사는 "경험 없이는 좋은 임상적 판단을 배 울 수도 발달시킬 수도 없다. 이것은 [자기] 환자를 꼼꼼하고 주의 깊 게 연구할 때만 가능하다. 이런 의미에서 임상적 판단은 의학적 기예 의 근본 원칙이며, 논리적, 비판적으로 사고하는 기예, 증상과 징후의 의미를 통찰하고 이해하는 기예, 의사소통의 기예, 임상적 자료를 모 으고 해석하는 기예와 같은 특별한 기예를 포함한다."(Szawarski, 2004, pp. 191-192) 마지막으로 의사는 자신의 의학적, 임상적 지식을 신뢰해야 하며, 그 지식에 기반을 두어 숙고하고 판단해야 한다. 그렇지 않으면 의사는 직무에 대해 무력해질 뿐이다. 이에 더하여 자신감은 치료적 가치를 가진다. "만약 자신을 신뢰하지 못한다면, 당신의 환자가 당신을 신뢰할 것이라고 기대해서는 안 된다."(Szawarski, 2004, p. 192)

이 경우 지혜의 발달에 있어 파토스는 사실, 객관적 지식, 주관적 정보를 지혜로운 판단으로 전환하는 데에 필요하다. 확실하고 진실하게 세계 안에 존재하는 방식으로서의 파토스는 생의학적 사실을 지혜로운 임상적 통찰로 전환하는 데에 필요충분한 힘 또는 능력을 부여한다. 로너간은 이 전환의 다섯 가지 요소를 분간하고 있다.

> 이것이 적절한 데이터를 밝혀내기 때문에 **체험적**이다. 이것이 탐구자에게 원래 견해를 떠나 대상에 적합한 견해로 나아가게 하기 때문에 **도취적**이다. 이것이 자료 전체에서 이해를 얻는 데 적절한 것을 선택하기에 **선택적**이다. 이것이 데이터를 한 용도나 맥락에서 현재 업무와 관련되었다고 간주할 수 있는 다른 곳으로 옮기기에 **비판적**이다. 이것이 이해가 진척됨에 따라 누적적으로 밝혀지는 상호 연결의 광대하고 복잡한 그물로 선택된 데이터를 함께 매듭짓기 때문에 **구성적**이다(Lonergan, 1992, pp. 188–189).

파토스를 통해, 의사와 환자는 생명의과학을 통해 가능한 일반 지식과 정보에 비추어 개별 환자에 관한 생의학적 사실을 해석할 수 있다. 다음 환자의 가치와 필요에 비추어 환자에게 최선이 무엇인지에 따라 치료 계획을 협상한다. 파토스는 환자의 고통에 대한 공감적 통찰과 그 고통을 완화하려는 동기를 불러일으키는 감정적 기반이 된다. 로즈에 따르면 "타인을 위한 감정은 무엇이 필요한지에 대한 동정적 통찰을 이끌어낸다. 이를 통해 도덕적인 반응을 요청하는 순수한 필요를 충족시키려는 노력을 고무하는 동기를 부여한다."(Rhodes, 1995, p. 442) 파토스는 인간적인 앎에 있어 인간 본성의 정수를 반영하며, 지혜로운 결정과 행위를 **가능하게** 한다.

사랑

사랑이란 무엇인가? 불행히도 지혜처럼 사랑 또한 쉽게 정의할 수 없으며 여러 의미를 지닌다. "이 단어는 필수적인 것으로 증명되었으나 부정확한 것으로 악명 높다."(Outka, 1992, p. 1017) 전통적으로 사랑은 느낌이나 정서인 것으로 간주되어 왔다. 사랑을 이런 식으로 이해하여 정의 내릴 때, 사랑은 정동적 성질이나 정서적 상태로 그려진다. 예를 들어, 영국 철학자 헨리 시드윅 Henry Sidgwick, 1838~1900 은 사랑을 "주로 만족을 주는 감정으로, 다른 사람과의 어떤 하나됨의 관념에 의존하는 것으로 보인다"라고 정의하고 있다(1962, p. 244).

에드워드 바체크 Edward Vacek 는 사랑의 구조가 가지는 네 가지 구성 요소를 분간하였다(1994). 첫째는 사람이 사랑하기 위해 태어났다는 점에서 마음의 개방성이다. 사랑하는 사람과 사랑받는 사람 모두 개방적이고 수용적인 마음을 가져야 한다. 다음 구성 요소는 사랑하는 사람이 사랑받는 사람의 가치를 의식해야 한다는 것이다. 바체크에 따르면 "사랑은 사랑받는 이의 전체 가치에 관한 정서적 인식이다."(1994, p. 44) 셋째 구성 요소는 사랑하는 사람이 사랑받는 이의 가치에 의해 영향받거나 변화한다는 것이다. 마지막 구성 요소는 사랑하는 사람이 사랑받는 이의 가치에 반응한다는 것이다. 바체크는 "요약하자면, 사랑은 마음의 능동적, 수용적 운동으로 그 수용적 역동성을 용인하는 통일로 인해 사랑하는 사람과 사랑받는 사람 모두의 가치를

창조적으로 증진시킨다"라고 결론짓는다(1994, p. 66). 그 궁극적인 목적
은 사랑의 관계에서 두 행위자가 충만하게 표현되는 것이다.

전통적으로 몇 가지 유형이나 형태의 사랑이 제시되었다. 고대 그
리스는 지혜를 나눈 것처럼 사랑의 개념 또한 몇 가지 단어로 나누
었다. 여기에는 에로스, 필리아, 아가페가 있다(Nussbaum 2001; Outka,
1992). 마사 누스바움 Martha Nussbaum 은 "고대 그리스의 에로스는 공통
적인 것이 아니다. 에로스는 대상에 대한 강렬한 성애적 갈망으로, 대
상을 소유하고 지배하려고 하는 생각을 포함한다."라고 말한다(2001, p.
164). 에로스적 사랑은 강렬하고 열정적이지만 꼭 성적일 필요는 없으
며, 단방향이며 상호적이지 않은 방식으로 나타난다. 에로스와는 대
조적으로 필리아는 본성상 상호적이자 공통적이다. 필리아는 사랑받
는 사람의 애착이나 좋아함으로 이루어지며 우정에서 가장 잘 나타난
다. 아가페는 신약에 나타나는 신과 이웃에 대한 사랑이다. 이것은 자
기희생적, 이타적 사랑이며, 사랑받는 이의 사회적 지위나 금전적 부
와는 무관하다. 알란 머만 Alan Mermann 은 "아가페의 기본 특징은 타인
에 대한 배려이다"라고 주장하였다(1993, p. 270).

이 유형들 이외에도 다른 것들이 있으며, 여기에는 리비도, 스토르
게 storge , 자기애 amor sui 등이 있다(Jackson, 1999; Mermann, 1993). 리비도
는 사랑받는 사람에 대한 육감적 사랑으로, 특히 성적 재생산에 의
해 추동되는 사랑을 가리킨다. 머만에 따르면 "리비도는 유의미한 사
랑의 관계에서 필수적인 부분이다. 사랑 대상과의 기쁨, 욕망, 통일
은 사랑이 무엇인가에 대한 우리의 앎에 있어 중심 위치를 차지한
다."(1993, p. 270) 마지막으로, 스토르게는 "아직 완전히 친밀해지지 않
은 애정"을 말하며 자기애는 "스스로에 대한 사랑"을 가리킨다(Jakson,

1999, p. 54).

이들 중 어떤 유형의 사랑이 의료에 가장 적절한가? 머만은 그리스 전통의 세 가지 유형의 사랑(에로스, 필리아, 아가페)이 의학적 돌봄에서 중요한 역할을 하나, 우위는 아가페에 돌아가야 한다고 본다. 머만에 따르면 "병들고 건강한 타인에 대한 돌봄은 우리의 사랑을 나타낼 수 있는 완전한 가능성을 열어둔다."(1993, p. 272) 예를 들어, 에로스에 연결된 열정은 의사의 기술적 역량과 창조성을 신장시켜 환자에게 최선의 방법에 따라 수행할 수 있도록 한다. 또한 필리아는 확고한 의학적 실천에 있어 필요하다. 특히 동료와 타인에 대한 우정은 공중보건으로 표출되기 마련이다.

그러나 머만에 따르면 "좋은 보건의료 전문가를 정의하는 것은 아가페이다. 타인을 위해 사는 삶, 자신의 것을 줄 수 있는 환대의 자리로 타인의 필요를 볼 수 있는 관점이 우리를 결정지을 것이다."(1993, p. 272) 다른 모든 형태의 사랑을 감싸 환자 및 의사에게 더 큰 득이 될 수 있도록 하는 것은 아가페이다. 머만은 "아가페, 다른 모든 사랑에 자격을 부여하는 사랑은 돌보는 자와 보살핌받는 자 모두의 삶과 일을 정의할 수 있다"라며 설득한다(1993, p. 273).

전통적인 형태의 사랑 외에도, 의료에서 사랑의 역할을 기술하기 위해 다른 형태 또한 제시되어왔다. 예를 들어, 린 언더우드Lynn Underwood는 임상적 사랑을 해석하기 위해 "동정심"과 "사랑"을 결합하였다. 동정심은 고통받는 타인의 옆으로 사람을 끌어들이는 강한 정서적 경향이다. 로렌스 블룸Lawrence Blum에 따르면 "동정심은 단순한 느낌이 아닌 타인에 대한 복합적인 정서적 태도이다. 상상을 통해 타인의 조건에 처해보는 것, 타인의 선을 능동적으로 배려하는 것, 타인을 동료로 보는 것, 어떤 정도의 강렬함으로 정서적 반응을 보이는 것 등의 특징을 보인다."(1980, p. 509)

동정심이 영웅적인 것이 아닌 평범한 것이라는 점이 중요하다. 동정심은 자비와 이해의 간단하고 흔한 행위로 이루어지곤 한다. 즉, "타인의 이야기를 듣고 돕는 방법을 설명하기 어려울 수 있다. 왜냐하면 이것이 일상적인 것처럼 보이기 때문이다."(Mitteness, 2001, p. 6) 동정심은 우리가 공유하고 있는 인간성, 저 불운이 언제라도 우리에게도 닥칠 수 있다는 깨달음에 뿌리를 박고 있다(Blum, 1980; Oreopoulos, 2001). 의사와 보건 의료인에게 있어 동정심은 기술적 역량만큼이나 의학적 실천에 있어 필수적이다.

동정심과 사랑의 결합은 "배려, 존중, 적절한 정서적 참여를 통해 타인을 돕기 위한 적절한 행위로 이끄는 타인을 향한 공감을 설명한다."(Underwood, 2004, pp. 484-485) 의사가 가지는 동정적 사랑은 환자의 삶과 질환의 전체를 드러내게 한다. 언더우드에 따르면 "동정적 사랑으로 행하는 사람은 다른 사람의 고통, 필요, 가능성을 인지하여, 타인의 필요를 우선하여 타인의 조건을 더 낫게 만들 수 있는 행위를 취한다."(Underwood, 2004, p. 484)

언더우드는 동정적 사랑의 몇 가지 특징을 구분한다. 여기에는 타인의 자유로운 선택, 타인과 자신의 상황을 이해하는 것, 기초적인 수준에서 타인에게 가치를 부여하는 것, 타인에 대한 개방성과 수용성, 타인에 대한 진정 어린 반응이 있다. 이 외에도 적절한 동기 부여가 동정적 사랑의 완전한 표현을 위해 필수적이며, 특히 임상 환경에서는 더 그렇다(Underwood, 2002, 2004). 한 사람의 동기는 자신이 아닌 타인의 필요에 초점을 맞춰야 한다. 따라서 동정적 사랑을 표출하는 의사는 "타인의 고통 및 공포, 불안, 자유의 상실, 절대적 취약성의 감각으로 반영되는 전체 인격에 대한 질환의 습격과 연관된 질환의 전체적인 충격을 경험할 수 있는 능력을 지닌다."(Oreopoulos, 2001, p. 540) 감동한 의사는 돕지 않을 수 없으며 환자의 고통에 동정으로 반응하게 된다.

사실, 지식, 정보를 지혜로 전환하는 것처럼, 파토스는 감정적으로 초연한 관심, 공감적 돌봄마저도 동정적 사랑으로 변화시킨다. 수난의 사랑으로서의 파토스는 의사의 마음을 움직이거나 동기를 부여하는 힘으로 의사로 하여금 환자의 질환 경험과 그에 관련된 고통에 진실한 동정심과 이타적인 태도로 반응하게 한다. 세계 내에 진실하게, 참되게 존재하는 방식으로서의 파토스는 의사에게 생의학적, 인문주의적 임상적 시선을 동정적인, 사랑의 시선으로 바꾸는 필요충분한 힘이자 능력이다.

동정적 사랑은 제한이 없으며 로너간이 종교적 사랑이라고 부른 것과 유사하다. "종교적 사랑은 조건, 자격, 단서가 없다. 이 사랑은 모든 마음, 모든 영혼, 모든 정신, 모든 힘을 다하는 것이다."(Lonergan, 1979, p. 242) 이런 사랑의 주된 요소는 자기희생의 본성일 것이다. 파토스는 의사가 특정 환자에게 깊은 사랑의 방식으로 반응할 수 있게 하며, 환자의 가치와 필요 앞에서 환자에게 최선인 것, 좋은 것을 고려하여 치료 계획을 결정하도록 한다. 파토스는 인간에 대한 동정적 사랑이라는 인간 본성의 정수를 반영하며, 사랑 안에서 가능한 결정과 행위를 내리게 한다. 따라서 파토스는 진실한 사람들에게 동정적이며 사랑하는 의학을 가져오는 궁극적인 원천이다.

요약

그렇다면 의학은 무엇인가? 이 질문의 답은 개인의 견해에 달려 있다(Black, 1968). 의사의 견해에서 "의학은 그가 이뤄내려고 매우 노력하는 것이다."(Black, 1968, p. 1) 다시 말하면 의학은 의사가 특화할 수 있는 전문 직업이다. 그러나 환자의 견해에서 "의학은 아픔 속에서 구하는 도움만을 의미한다. 신속히, 기꺼이, 명백히 효과적으로 오는 도움이자, 자신을 경제적으로 부자유하게 만들지 않는 것이다."(Black, 1968, p. 2)

세 번째 견해도 있을 수 있다. 이는 넓은 관점과 좁은 관점으로 이루어진다. 넓은 관점은 환자의 질병을 치료하기 위해 정렬된 보건의료인과 그들의 신체적, 정신적 활동을 다루는 제도로 의학을 본다. 좁은 관점은 "외과 의사나 다른 전문의보다는 내과 의사에 의해 다뤄지는 웰빙의 방해에 대한 것"을 다룬다(Black, 1968, p. 3). 즉 좁은 관점은 "내과 의학"과 연관되어 있다. 마지막으로 네 번째 견해도 있으며, 여기에서 환자와 의사는 의학이라고 불리는 것을 구성하기 위해 함께 행위한다. 이런 견해에서 펠레그리노와 토마스마는 의학의 본질을 묻는 질문에 대해 환자와 의사의 관점 모두를 통합한 잘 알려진, 정돈된 답변을 제시하였다(Pellegrino and Thomasma, 1981a). 그들은 의학의 본질에 관한 질문을 "임상적 상호작용"에 포갰다. 즉 의학은 특별한 유형의 관계(치료의 관계)라는 것이다.

펠레그리노와 토마스마는 네 가지 양태로 의학의 본질을 분석하고 있다(Pellegrino and Thomasma, 1981a). 첫 번째는 책임으로, 이는 상호적이긴 하나 더 큰 의학적 지식과 전문성을 지닌 의사가 더 큰 짐을 진다. 따라서 관계는 책임의 면에서 비대칭적이다. 다음 양태는 신뢰로, 특히 의사의 기술과 기량에 대한 환자의 신뢰를 말한다. 그러나 다시 말하지만 신뢰의 기초는 의사와 환자 사이 비대칭적 관계이다. 치료의 관계가 의사의 "치료의 손"의 연장에서 시작되기 때문이다. 세 번째 양태는 결정 지향 또는 임상적 판단으로, 의사의 추론 양식과 환자의 가치에 따라 좌우된다. 마지막 양태는 병인론으로, 의사가 환자의 질병의 원인 요소를 식별해간다.

이 네 가지 양태에 기초하여 펠레그리노와 토마스마는 의학 특유의 본질 또는 형태(의학을 다른 분야와 구분하는 여러 가지 차원으로 구성된 형태)를 분간한다(Pellegrino and Thomasma, 1981a). 첫 번째 차원은 의학의 인격적 본성으로, 마르틴 부버 Martin Buber 의 나와 당신 I-Thou 의 관계에 비견된다. 다음 차원은 상호 동의로, 환자는 도움을 찾고 의사는 도움을 제공한다. 세 번째 차원은 의학의 유사공예적 본질이다. 다시금, 이 차원은 치료적 관계의 비대칭적 본성을 밝힌다. 펠레그리노와 토마스마에 따르면 "임상적 관계의 치료적 의도는 의사 앞의 환자에게 수동적 역할을 부여하는 것으로 보인다. 의사는 지식과 기술의 뛰어난 축적을 습득하고 유지할 것으로 기대된다. 둘을 관계로 이끈 환자의 진단 능력마저도 불평을 분류하고 원인을 찾고자 하는 더 과학적인 시도 앞에서 유예된다."(Pellegrino and Thomasma, 1981a, p. 72)[15] 다음 양태는 교훈으로, 이를 통해 환자와 의사가 서로를 가르친다.

위의 양태들이 의학의 특징이나 이것들이 의학을 다른 분야에서 구

---

15 펠레그리노와 토마스마는 관계적 비대칭성이 플라톤적 필리아로 교정될 수 있으나 "의사와 환자 모두가 상호 공유하고 있는 인간적 조건에 대한 존재론적 이해 안에서만" 가능하다고 본다(Pellegrino and Thomasma, 1981a, p. 72).

별하는 데에 꼭 필요한 것은 아니다. 의학과 다른 영역의 선을 긋는 것은 마지막 양태이다. 이 방식은 텔로스 또는 의학의 목적으로, 이는 동기와 목적 모두를 말한다. 동기는 환자가 효과적으로 극복할 수 없어 도움을 필요로 하는 질환 자체를 중심에 놓는 반면, 목적은 "건강과 웰빙의 인지에 있어 이전의 상태 또는 더 나아진 상태를 초래하는 개인적, 유기체적 회복"이다(Pellegrino and Thomasma, 1981a, p. 72).

회복의 "개인적", "유기체적" 차원이 다른 모든 도움 전문직과 의학을 구분한다. 펠레그리노와 토마스마는 "따라서 의학을 구분하는 **특징은 몸을 통해 몸의 회복을 일으키는 솜씨**에 있다"고 주장한다(Pellegrino and Thomasma, 1981a, p. 73). 다시 말하면, 어루만짐과 같은 직접적인 신체적 개입이 의학을 고유하게 만든다는 것이다. 그렇다면 의학은 의사의 몸을 사용하여 특정한 환자의 몸을 낫게 하는 것을 말하게 된다. 즉, "병을 고치려는 의도는 영적, 정신적인 것이 아닌 신체적인 것이다."(Pellegrino and Thomasma, 1981a, p. 73)

의학은 "치료의 테크네 *tekné iatriké* " 또는 치료의 유사공예적 기술이다(Pellegrino and Thomasma, 1981a). 의학의 유사공예적 본성은 동정심에 기반을 두지만, 이 동정심은 본성상 전적으로 신체적이라는 점이 중요하다. 즉, 이 동정심은 "신체 구조의 공유"에 기반을 둔다. 그 외에도, 의학의 유사공예적 본성은 과학과 구별점을 이룬다. 의학은 개개 환자를 돌보는 일인 것이다. 사실 의학은 "**몸으로, 몸과 함께, 몸을 통해 개개의 안녕을 끼치기 위한 상호 동의의 관계**"로 정의될 수 있다(Pellegrino and Thomasma, 1981a, p. 80). 의학은 관계와 도덕에 그 뿌리를 두고 있으며, 환자의 몸적 사실을 환자의 가치로 해석한다. 그러나 결국 의학은 과학보다 기예에 더 가까우며 정신이나 영적 차원보다는 신체에 거의 배타적으로 초점을 맞출 수밖에 없다. 펠레그리노와 토마스마는 **"지식 분야로서 의학은 경험된 몸의 완전함을 위해 신체적 증상과 치료를 연결하는 기술을 경험과 효과로 구체화한 과학이다"**라고 결론짓는다(Pellegrino and Thomasma, 1981a, pp. 80-81).

펠레그리노와 토마스마의 의학에 관한 정의는 여전히 생명에 대한 데카르트적 이분법에 머무르고 있으며, 이는 생명 없고 열정이 결여된 기술을 낳을 수 있다. 의학에 대한 인문주의적, 인본적 접근법은 열정을 다시 불어넣으려 한다. 예를 들어, 진 악터버그 Jeanne Achterberg 는 열정을 회복에 필요한 특성 중 하나로 본다. "진단, 통증과 고통, 치료의 난이도와는 상관없이, 어떤 것(무엇이든)에 대한 열정은 한 사람을 그 문제보다 더 크게 성장시키는 것으로 보인다. 진단이 죽음의 선고를 내리고 있다는 사실마저도 넘어설 수 있는 것이다."(1996, p. 60) 열정(파토스에 그 뿌리를 두고 있는)은 치유를 마주하고 있는 환자뿐만 아니라 의학적 실천을 마주하고 있는 의사에게도 강한 동기를 부여한다. 이는 전문가적 변화를 이루어 내어, 의학 기계공으로서 의사를 지혜로운, 사랑의 치유자로서 의사로 바꾼다.

결론적으로 파토스는 질병을 다루는 기술적 전문직에서 환자의 질환 경험과 그것이 가져오는 고통을 향한 지혜와 사랑의 동정심으로 반응하는 소명으로 의학을 변화시키는 데에 있어 필수적인 역할을 한다. 진정한 의사는 어떤 기술을 쓸 수 없는 상태에서도 치유자가 될 수 있다. 그들이 단순히 질병 자체에 반응하는 것이 아니라 환자의 신체만이 아닌 그의 삶을 손상시키는 고통에 반응하기 때문이다. 열정적인 의사는 표준적인 치료법이 없다는 이유만으로 환자를 포기하지 않는다. 필립 오버비 Philip Overby 에 따르면 "고통의 진실에 대한 지혜로운 [그리고 사랑하는] 반응은 추가적인 과학에 대한 정의로운, 의분에 찬 요청은 아닐 수도 있다. 그러나 이 반응은 대수롭지 않은 질병일지라도, 의사가 환자를 끝까지 돌보겠다는 서약(치료되든 치료되지 않든 무엇이 오든지간에 현시점에서 최고의 역량으로 힘써 일하겠다는)을 승인하는 것이다."(2005, p. 22)

의학의 참된 뿌리는 파토스, 환자의 고통과 의사의 수난에 중심을 두어야 한다. 악터버그는 평한다. "우리는 삶을 살아가는 일에서 모두 상처받는다. 우리는 우리의 고통에 대해 모두 도움을 찾는다."(1996, p. 58) 현대 의학이 돌봄의 질 위기를 해결하기 위해서는, 질환에서 오는 환자의 고통과 그 질환을 치료하고자 하는 환자의 수난에 대한 파토스와 이어져야만 한다.

역자 보론: 21세기에 읽는『의철학입문』

문학 작품도 아니고, 시대의 고유한 특성을 드러내는 논픽션도 아닌 이 책을 나온 지 15년이 지난 다음에 번역 출판하는 것이 어떤 의미가 있는가. 더구나, 저자 마컴이 내세운 이 책의 몇 가지 강조점, 예컨대 책 전반에 나타나는 의학에서 인문성의 귀환을 요청하는 것이나 결론부에서 파토스를 부각하는 것 등이 시효가 지난 것처럼 보이는 2023년 현재, 이 책을 한국어로 옮겨 사람들에게 알리는 것이 도움이 되는가.

물론, 도움이 되지 않는다고 생각했다면 작업을 포기했을 것이다. 이 책을 알게 된 지도 10년이 넘었고 대학원에서 공부하면서 초벌 번역을 한 것도 비슷한 시간이 흐른 지금, 이 원고를 되살려 몇 가지를 손보고 덧붙여 (이를테면, 지금 쓰고 있는「보론」) 세상에 내어놓고자 하는 것은 이 책이 우리가 처한 의료 현실에 도움이 되는 부분이 분명히 있으리라는 믿음, 더하여 의철학의 한 시대를 정리하고 다음의 논의들이 향할 방향성을 점검하기 위한 발판이 되어줄 수 있으리라는 확인 때문이다.

따라서, 여기에선 이 두 가지 점을 확인하고자 한다. 첫째, 이 책이 현재 우리의 의료 현실에 어떤 도움이 될 것인가? 우리의 의료적 현실을 분석하기 위한 틀로 나는 재건주의/과학적 의학주의/가부장주의를 꼽는다. 세 개념은 책의 형이상학, 인식론, 가치론의 구분에 해당하며, 이 세 가지는 별다른 의심 없이 모두가 받아들이고 있는 한국 보건의료의 틀이다. 그러나 우리가 겪는 여러 의료적 문제는 여기에서 기원하곤 한다. 이 책을 살피는 것은 (함께 읽는 것은) 이런 문제의 계열을 통해 우리의 의료적 현실을 분석하고 변화시키기 위한 훈련을 제공한다.

둘째, 이 책이 정리하고 있는 의철학 담론은 무엇인가? 앞서 언급하였으며 이 책이 내내 강조하고 있는 것처럼 "인문주의"로 정리할 수 있을 것이다. 저자 마컴 만큼이나 내가 만나왔던 의철학의 스승들 또한, **차가운** 현대 의료의 온기를 되살리기 위한 **인간적** 방법을 고민해왔다. 여전히 이 주장은 유효하다. 그러나 지금, 우리는 인문주의의 다음 시대로 넘어가고 있지 않은가. 포스트휴머니즘, 신유물론, 사변적 실재론 등 주목받는 지금의 이론들은 인문주의의 한계를 지적하고 있다. 유행 이론의 문제가 아니라, 기후 위기의 시대를 살아가고 코로나19 팬데믹을 겪은 우리 세대에 인문주의의 강조가 더는 유효하지 않다는 것이 문제다. 그렇다면, 의학에서 **포스트** 인문주의는 어떤 형태가 되어야 하는가. 이를 위해선, 의철학에서의 인문주의를 철저히 점검하는 것이 선행되어야 하는데 (다행히도, 또는 감사하게도) 이 책이 그 역할을 해주고 있다.

이 「보론」에선 이 내용들을 고찰하고, 그 과정을 통해 이 책의 현행적 의미를 다시 도출하고자 한다. 의철학을 공부하는 학생들에게, 아니 지금 우리의 의료를 고민하는 많은 사람에게 이 책이 필요한 이유를.

한국 의료의 형이상학, 인식론, 가치론

　어떤 의미에선 당연히 의료인문학(주로 의철학과 의료윤리였지만, 의료 커뮤니케이션과 의사학 또한 같이 할 수밖에 없었다) 분야에 겁없이 뛰어들었던 의사였던 나에게 주어졌던 문헌들은 대부분 외국의 것이었다. 공부는 내가 알고 있는 세상을 다시 점검하기 위한 도구들을 하나씩 내 창고에 채워주었고, 내 나름의 한국 의료에 대한 문제 인식과 해결책 마련에 도움을 주었다. 애초에 공부를 시작했던 이유가 "내 일상적 의료 행위에는 무언가 문제가 있다." 또는 "치료 결과가 좋은 것과는 별개로, 나는 지금 진료에서 무언가 잘못하고 있다."라는 생각을 검토하기 위한 것이었으니까.

　하지만 이런 글들은 한국을 분석 대상으로 삼지 않았고, 그들이 제공한 해결책은 과녁에 정확히 도달하지 못하는 것처럼 느껴졌다. 그도 그럴 것이, 의료는 각 나라가 처한 상황마다 무척 다르다. 예컨대 우리 의료, 미국 의료, 일본 의료는 상당한 차이를 보인다. 미국 의료에서 나온 해법을 그대로 한국 의료에 적용하는 것은 완전히 잘못된 것은 아니지만, 그렇다고 꼭 들어맞지도 않는다.

　어찌 보면 당연해서 언급할 필요도 없는 이 말, "각 나라의 의료는 다르다"를 다시 반복하고 있는 이유는 그에서 파생되는 문제가 생각보다 만만치 않기 때문이다. 그렇게 의료가 다른 이유는 무엇인가. 물론, 역사적 궤적 때문일 것이고 각 나라의 사회문화적, 경제적 토대 때문일 것이며, 그 나라의 법과 사회가 보이는 차이 때문일 것이다. 하지만 이렇게 접근하면 다르니 그냥 다른 상태로 놓아두자, 라고 말할 뿐 문제를 풀 수가 없다.

안타깝게도 인간은 사태를 총체적으로, 있는 그대로 받아들일 능력을 지니고 있지 않으며 (예컨대, 우리는 이제 자연이 뉴턴의 단선적 법칙이 아닌 복잡계적 법칙을 따른다고 말하지만 쉽게 사유 가능한 뉴턴의 단순한 세계와 달리 복잡계적 세계는 시뮬레이션이나 여타의 다른 도구를 활용하지 않으면 접근하기가 어렵다) 의료 또한 있는 그대로를 살피는 것은 우리의 능력 바깥의 일이다. 할 수 있는 것은 아쉽더라도 대상을 나누어 살피는 것이다. 이미 많은 분야들이, 이를테면 의철학, 의사학, 의료사회학, 의료인류학 등 인문사회 영역의 여러 접근이 보건의료라는 대상을 각자의 방식으로 나누어 보고 있으니 조금 더 나눈다고 해도 크게 잘못은 아닐 것이다. 비록, 나눈 것으로 전체를 다 알 수 있다는 환원주의적 주장의 한계는 잊지 말아야겠지만 말이다.

여기에선 이 책의 방식대로 한국 의학의 전제를 세 가지로 나누어 보자. 앞서 언급한 것처럼, 나는 그 형이상학 또는 세계관으로 재건주의를, 인식론으로 과학적 의학주의를, 가치론으로 가부장주의를 꼽는다. 이 요소들은 한국 의학(또는 보건의료 체계)을 다른 의학과 구분 지으며, 우리의 실천을 규정하는 중요한 역할을 의료 체계와 실천 속에서 수행해 왔다. 각각은 상호 연결되어 있으며, 따라서 어느 한쪽이 우선이라거나 어떤 문제 상황에서 지배적이라고 말하기는 어렵다. 그럼에도, 나는 각 문제의 계열을 대표하는 사례들을 꼽아볼 수 있으리라고 생각한다. 하나씩 살펴보자.

재건주의: 신체 각부는 더 나은 것으로 대체 가능하다

현대 한국 의료의 출발점을 꼽자면 당연히 일제강점기와 6·25전쟁이다. 거꾸로 말하면, 둘 중 한쪽만을 한국 의료의 출발점으로 삼아선 안 된다. 우리는 일본이 독일을 빠르게 답습하며 만들어 낸 의료 제도와 실천의 영향을 강제로 이식받았다. 한편, 전후 미군을 통해 우리는 미국 의료를 빠르게 도입하였으며, 군진의료, 즉 군대의 의료 체계 및 지식·기술은 1960년대 한국 의료계를 재편하는 축을 이루었다.[1] 두 의료는 상당히 다른 세계관에 바탕을 두고 있었다. 독일-일본은 요한 페테르 프랑크 Johann Peter Frank , 루돌프 피르호 등을 통해 발전한 사회 의료가 그 세계관을 이루었다. 독일-일본에 있어 질병은 다분히 사회적인 것이었고, 따라서 사회악을 국가가 치안을 통해 관리하듯 질병 또한 그런 질서 안에 속했다. 미국 의료가 현재의 형태로 자리 잡기 시작한 것은 19세기 말로, 경험(지역 의사)과 이론(유학파 의사)의 반목이 대학에서 합의점을 찾는 과정에서 그 모형을 제공한 것이 존스홉킨스 의과대학이었다.[2] 이들은 해부학과 생리학의 확고한 기초 안에 임상 의학을 다시 재편하고자 했으며, **의사-과학자**가 과학적 의학을 수행하는 것이 의학의 기본이자 기초라는 생각을 대학 교육 제도에 심었다(플렉스너, 2005). 이런 미국 의료에 있어 질병은 생물학적인 것이었고, 이 책이 잘 보여주고 있는 것처럼 신체는 환원론적·기계론적 질서 안에서 재편되었다.[3] 질병에 대한 사회적 접근과 생물학적 접근은 상충

---

1   여기에서 제시되는 관점은 내가 배우고 참고한 이들의 생각을 내 방식으로 종합한 것이다(강신익, 2007; DiMoia, 2016; 박윤재, 2022).

2   이것은 에이브러햄 플렉스너가 당시 북미 의과대학을 평가할 때 존스홉킨스 의과 대학을 그 기준으로 삼으면서 미국 의학 교육 전반으로 퍼져 나간다.

3   이 책은 미국에서 쓰인 것이기에 다른 의학적 세계관이나 인식론은 가볍게 살피는 것에 그친다는 한계를 지니고 있다. 예컨대, 동양 의학(한의학이나 중의학)이나 대체 의학의 세계관이나 인식론은 다루지 않고 그저 "전체론"으로 포괄해 놓았다. 이 것은 현대 의학의 내재적 비판에 있어선 단점이 아니지만, 책이 대안을 제시하지 못하고 정치적 호소로 그치고 마는 요인 중의 하나가 되기도 한다.

하는 것처럼 보이는데, 전자가 질병 원인이 사회문화적, 환경적 요인에 있다고 여겨 질병을 발생시키는 환경적 조건을 변화할 것을 촉구하는 반면 후자는 그 원인을 기관과 세포에 국한하므로 약물 처방과 수술에 집중하기 때문이다.

둘은 서로를 보완할 수 있다.[4] 그러나 둘이 (나쁜 방식으로) 결합할 수도 있다. 내가 여기에서 문제 삼는 쪽은, 질병의 사회적 원인을 생물학적 방식으로 해결하는 것이다. 쉬운 예로, 나쁜 노동 조건으로 질병이 발생했는데, 환경은 그대로 두고 약물이나 수술로 문제를 해결하려고 하는 것이다. 외모가 상당한 경쟁력을 부여하는 사회에서, 외모가 정당한 평가 방식인지 묻지 못하고 성형 수술을 (암묵적으로) 강요당하는 것이다. 한센병 환자, 장애인, 정신질환자가 시설화되어 **해결**될 때, 간병과 돌봄을 가족 이데올로기 안에 놓아두어 사회와 병원의 부담을 가정에 전가시키고, 노인이나 장애인에게 치료만이 해결책이라고 말하는 것도 마찬가지다.

한편, 이것은 생물학적 질병을 사회적으로 해결하려는 노력과 구분해야 한다. 물론, 질병을 사회적으로 해결하려는 노력 또한 문제가 될 수 있으며, 우리는 그 사례를 독일-일본의 보건 경찰이나 푸코가 제기했던 생명정치의 틀에서 확인할 수 있다. 전자는 질병을 치안의 문제로 삼았고, 후자는 노동력 보존을 위해 사람들의 삶에 개입했다. 나치 독일에서 악독한 방식으로 실현되었으며 여전히 그 그림자를 길게 드리우고 있는 우생학 또한, 질병을 사회적으로 해결하는 한 방식으

---

4   질병의 사회적 요인과 생물학적 요인을 결합하는 사고. 기계적 병인론과 인구과학적 질병 인과의 상호 보완이 그 예가 될 것이다.

로 이해할 수 있다. 결혼과 재생산의 질서를 통해 질병을 없애거나 **건강한** 특질을 증가시키려고 하는 것이기에 그렇다.

하지만, 일반적으로 질병을 사회적으로 해결하려는 노력, 예컨대 의료보험의 보편 보장이나 포괄적인 의료 접근권, 공중보건을 위한 기관 및 지역사회의 노력은 의과학의 방식으로 (다음 절을 참조하라) 전부 다 해결할 수 없는 질병의 문제에 접근하는 사회체적 실행이다. 그러나, 우리는 여기에서도 문제를 구분할 필요가 있다. 질병으로 인한 기능 제한이나 생명의 단축이 질병 그 자체로 인한 것인가, 아니면 질병으로 인해 사회적 제한이 발생하고, 그 사회적 제한이 개인에게 다시 기능 제한, 삶의 질 하락, 생명 단축을 초래하는가. 전자라면 사회적 접근은 지지와 지원이지만, 온전한 해결책은 아닐 것이다. 후자라면 애초에 문제는 생물학적인 것이 아니라 사회적인 것이다.

이런 접근이 너무 이분법적이라는 비판은 충분히 가능하다. 애초에 질병의 생물학적 원인과 사회적 원인을 엄밀하게 구분하는 것도 그다지 쉬운 일은 아니다. 이를테면, 40대 남성이 다발성 우식(다수의 충치를 가리킨다)을 보인다. 이것은 생물학적 원인(약한 치아, 타액량 감소, 미생물과 상호작용하는 면역 인자들의 감소 또는 변화 등)으로 인한 것인가, 아니면 사회적 원인(불규칙하고 당도 높은 식이, 우식 예방 및 구강 위생에 관한 교육 미비, 흡연, 불규칙한 생활, 치과에 대한 낮은 접근성 등) 때문인가. 사례마다 다르겠지만, 현 사태는 여러 원인이 중첩되어 벌어졌을 것이다. 그러나 이런 중첩적 사태가 각 원인을 그에 맞는 방식으로 다루어야 할 필요가 없음을 의미하지는 않는다. 사실, 생물학적 조건과 사회적 조건은 더 세분하여 유전적 조건, 행동적 조건, 환경적 조건, 사회문화적 조건으로 구분할 수도 있다(Venkatapuram, 2011). 여기에서 강조점은 모든 문제가 "생물학"

과 "사회"로 정확히 나뉜다는 것이 아니라, 오히려 우리가 문제를 대하는 방식에서 (개괄적인) 두 범주가 독특하게 혼합 또는 교차되는 방식이다.

현대 의학(적어도 미국 의학과 그에서 파생된 여러 학문적, 제도적 접근)은 생물학에 방점을 두고 사회적 문제도 해결하려 한다. 즉, 이런 체제는 한국 의료에서만 특유하게 나타나는 것은 아니다. 이 책의 앞에서도 환원주의적 의학의 한계라는 형식으로 이 문제는 지적된 바 있다. 그러나, 우리는 그런 해결이 임시방편이나 미봉책이 아니라 **진짜** 해결이라고 믿는다는 특징을 보인다. 당장 사회적 문제를 해결할 자원이 없어서 생물학적으로 문제를 접근하는 것이 아니라, 생물학적 해결책이 사회적 문제를 해결하는 제대로 된 방식, 또는 더 좋은 방식이라고 믿는 것이다.

여기에서 이것을 재건주의적 세계관이라고 표현하는 것은, 우리가 지금의 의료 체계를 미국의 군진의학과 재건의학 regenerative medicine [5]을 통해 배웠을뿐더러, 의학적 문제를 이런 식으로 해결하는 방식이 식민 지배와 전쟁으로 망했던 나라를 다시 세우는 방식과 상당한 유사성을 보이기 때문이다. 우리 몸은 마치 망했던 나라와 같다. 몸의 병든 부분은 빨리 일소하고 새로운 것으로 갈아 치워야 한다(이때, 새로운 것은 언제나 이전 것보다 좋다). 민족 개조의 사상이었던 우생학이 그랬듯,[6] 사회적 접근과 생물학적 접근의 착종은 신체 각부를 교체 가능한 것

---

5   재건 수술을 통해 정상 기능을 회복하는 것을 목적으로 하는 의료
6   근대화 시기 우생학의 역할에 대해선 여러 논문과 책을 참조할 수 있다(김예림, 2005; 이행선, 2013; 신영전, 정일영, 2019; 김대현, 2022; 김은정; 2022).

으로 보는 한편 그것을 사회 발전과 동일선상에 놓는 세계관을 가능
케 하며, 여기에서 우리는 사회와 생물학을 나쁜 방식으로 혼동한다.

결코 생물학 또는 의과학 자체가 발전의 동의어가 될 수 없음에도,
우리는 스스럼없이 이를 받아들인다. 황우석의 줄기세포가 걷지 못하
는 이를 휠체어에서 일어나게 하리라고 약속할 때, 많은 사람이 이에
환호했던 것은 어떤가(김은정, 2022, 18쪽). 유전자 조작이나 신체 보철을
통한 인간의 향상을 추구하는 트랜스휴먼에 대해 부정하거나 염려하
기는커녕(꼭 부정해야 한다고 말하는 것은 아니다), 우리는 암묵적으로 이를 받
아들이고 있는 것은 아닌가(신상규, 2014, 4쪽). 정부가 바이오헬스 분야
를 미래먹거리라고 칭할 때,[7] 한국이 전 세계에서 가장 임상시험을 많
이 하는 곳으로 2021년 집계되었을 때,[8] 나는 생물학을 통해 사회의
문제를 해결할 수 있다는 강한 믿음이 어떻게 신체를 바꾸어내려 하
는지를 본다.

이런 믿음이 잘못되었는가? 어떤 경우엔 이런 접근이 최선의 선택
이 아닌가 하는 반문도 제기된다. 예컨대, 자살을 예방하기 위해서 정
신건강의학과 의사의 진단을 통한 투약을 늘리는 것이 가장 값싸고
빠른 선택 아닌가? 생물학적 관점으로 볼 때 이것은 타당하며, 상담
이나 지원 등을 통해 자살을 줄이려는 노력이 이루어져 왔으나 별다
른 효력이 없었다는 것을 문제 삼아 다른 접근은 별로 도움이 되지 않

---

7   보건복지부. "바이오헬스 규제개선으로, 국민의 생명을 보호하고 민간의 혁신을
     뒷받침하겠습니다". 2023년 3월 2일. 〈https://www.mohw.go.kr/react/al/
     sal0301vw.jsp?PAR_MENU_ID=04&MENU_ID=0403&page=1&CONT_
     SEQ=375214〉

8   더보이스. "전세계서 임상시험 가장 많이 하는 곳⋯서울 1위 등극". 2022년 4월 28일.
     〈https://www.newsthevoice.com/news/articleView.html?idxno=26681〉

는다고 주장할 수 있다. 그러나, 여전히 자살률이 OECD 부동의 1위를 보이는[9] 원인이 정신건강의학과가 없거나 환자가 약을 처방받지 못해서라면, 이미 우리의 보험 체계로는 자살 문제를 해결하기 어렵다는 방증일 것이다. 정신질환의 낙인을 없애고 정신건강의학과의 문턱을 낮추어 쉽게 드나들 수 있도록 해야 한다고 주장한다면, 이것은 병원에 가지 못하게 막는 사회문화적 요인을 해결해야 한다는 것이므로 생물학적 해결책에 대한 주장이 아니라 사회적 해결책에 대한 주장이다.

사회적 문제를 해결하기에는 너무 엮인 것도, 얽힌 것도 많기에 지금 당면한 문제를 해결하는 선택을 내려온 것이라고 말할 수도 있다. 이것도 부정하기 어려운 사실일 것이다. 그러나, 생물학적 접근은 그 자체의 강점과 약점, 해결과 문제를 지닌다. 그것이 사회적 문제를 해결할 수는 있다. 하지만, 사회적 문제를 해결하기 위하여 생물학적 접근을 도입할 때, 새로운 문제도 같이 도입된다. 장애가 초래하는 사회적 어려움을 해결하기 위해 유전자 공학을 연구하지만, 인간을 대상으로 유전자 공학을 적용했을 때 발생 가능한 부정의의 문제(《가타카》로 대표되는 표현형에 의한 인간 차별 문제, 하버마스나 샌델이 설득력 있게 지적한 평등 사회의 붕괴 또는 미덕의 상실)가 나타난다.

물론, 사회적 문제를 해결하기 위해 생물학적 지식을 활용하는 것은 필요하며, 이를 부정해서도 안 된다. 우리 앞의 산적한 문제들을 해결하기 위해 과학 및 의학을 지혜롭게 활용해야 할 책임이 우리에

---

9   프레시안. "10~30대 사망원인 1위가 자살⋯한국 자살률 OECD 부동의 1위". 2022년 9월 27일. 〈https://www.pressian.com/pages/articles/2022092713574355237〉

게 주어져 있다. 그러나, 그저 신체와 정신을 갈아엎는 것이 모든 문제를 해결하지 않는다. 오히려 김은정이 『치유라는 이름의 폭력』에서 설득력 있게 제시하고 있는 것처럼, 치유는 그 자체로 폭력이 될 수 있다(김은정, 2022).[10] 우리에게 지금 필요한 것은 우리가 겪는 문제에 대한 직접적인 대면, 그리고 그에 상응하는 해결책의 제시다. 그저 어떤 방식으로든 문제 부위를 도려내고 새로운 것으로 갈아 끼우는 방식으로는 제대로 된 해결은 주어지지 않는다.

과학적 의학주의: 의학의 모든 실천은 과학이다

한국 의료는 내적으로도, 외적으로도 강한 과학 지향을 보인다. 이것은 의학 외 의학의 여러 영역이 전혀 중요성을 부여받지 못하며, 심지어 다른 영역을 추구할 때도 과학적 접근이 중심을 이루는 것을 의미한다. 당장 이 책의 주제인 의철학이나 의사학, 의료윤리, 의료커뮤니케이션, 의료인류학, 의료사회학 등 의료를 주제로 하는 여러 인문학 영역은 그 학문적 역사가 짧은 탓도 있겠지만, 여전히 의료를 구성하는 학문의 하나로 여겨지지 못한다. 의학교육은 그 자체로 과학화하여 통계로 보여줄 수 있는 것 외의 영역들에 대해선 그렇게 진지하게 다루지 않는다.

예컨대, 다음 그림을 보자. 2017~2019년 "의학" 관련 신문 기사 22,235건을 수집하여 각 언론사가 설정한 기사의 키워드가 같은 기사에 동시에 등장한 것을 네트워크 형태로 도시한 자료이다. 2020년부

---

10   김은정은 치유가 특정 규범을 신체와 정신에 강제하고, 그를 따르지 못하는 개체를 지워버리는 방식으로 작동함을 지적한다.

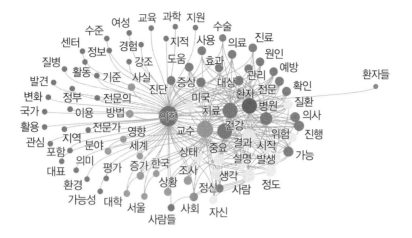

그림. 2017~2019년 "의학"으로 검색한 기사 22,235건의 키워드 동시출현 네트워크

터는 코로나19 관련 기사가 급증하면서 일반적인 의료보다는 감염병과 공중보건에 관한 내용이 주도하게 되므로 이전의 자료를 사용하였다. 전체를 다 표시하면 자료가 너무 많아지기 때문에, 동시 등장 횟수가 2,000건을 넘어가는 경우에만 시각화하였다. 크기가 큰 원은 해당 단어의 출현 빈도가 높음을, 같은 색깔의 원은 커뮤니티[11]를 구성하는 네트워크를 나타낸다.

그림에서 주목해야 할 부분은 우측이다. "건강"을 중심으로 하여 "병원", "치료", "증상", "관리", "효과" 등의 키워드가 한 집단을, "결과"를 중심으로 "설명", "정도", "생각" 등의 키워드가 한 집단을, "교수"를 중심으로 "영향", "방법", "세계", "한국" 등이 한 집단을 이루고 있다. 키워드를 통해 의미를 다시 구성해보면, 병원 중심의 치료 효

---

11   네트워크에서 서로 연결성이 높은 집단

과를 통해 건강이 확립되며, 그 결과는 환자에 대한 정보 전달 행위와 연결되어 있고, 그 활동은 교수, 즉 대학을 중심으로 하여 이루어지는 것으로 대중이 의학을 바라보고 있다고 이해할 수 있다.[12] 의학은 냉철한 과학이어야 하며, 환자의 경험이나 사회의 이해 등은 의학에서 별로 중요한 요소가 되지 못한다.

이런 과학의 우위가 한국에서만 나타나는 것은 당연히 아니고 현대 의학에 편만한 방식이라고 생각할 수 있지만, 다른 나라에서 그것이 우위를 점하는 방식과 한국의 방식에는 차이가 있다.

외국에서 과학적 의학의 주도를 비판할 때는 생의학이라는 표현을 쓴다. 사회역학자인 낸시 크리거 Nancy Kreiger 가 여러 문헌에서 생의학의 특징을 정리한 바 있다(Valles, 2022).

1. 질병의 원인은 생물학적(물리학적) 현상으로 국한된다.
2. 실험실(적) 연구가 다른 인식론적 방법에 대해 우위를 차지한다.
3. 환원주의적 특성을 띠며, 현상은 그 부분을 통해 가장 잘 설명될 수 있다.

각 항목의 한계나 문제는 이미 본서가 충분히 다룬 바 있다. 결코 생물학이나 실험실적 연구(의학에선 주로 무작위배정 이중맹검 임상시험)가 틀

---

12 이런 접근이 대중의 의견을 직접 조사한 것이 아닌데 대중의 관점으로 결과를 받아들이는 것이 옳은지에 대한 문제 제기는 얼마든지 가능하다. 단, 여기에 활용할 만한 일반인 대상 설문 조사가 국내에서 이루어진 적이 없으며 국내에서 대중의 의견 교환이 이루어지는 공론장의 역할을 할 만한 공간이 없다는 점에서, 대중 견해의 대리물로써 언론의 인식을 사용하는 것은 아쉽지만 어쩔 수 없는 선택이다.

렸다는 것은 아니지만, 환자 경험이나 환자-의료인 관계, 의료윤리와 의학사, 의철학의 여러 논의들은 생물학도, 실험실 연구도 아니기에 의학적 지식의 위계에서 배척되거나 무시당한다. **과학적** 의학이 의학 또는 의료적 지식의 전부라고 할 수 없음에도 이것이 전부라고 생각하는 견해는 의학을 **차가운** 것으로 만든다.

한편, 이런 생의학 체계에서 우리의 과학적 의학주의를 구분하는 특징이 하나 있다고 나는 생각한다. 다시 위의 그림 우측을 구성하는 키워드들에서, 우리에게 의학은 그 효과와 가능성에 초점이 맞추어져 있음을 생각해볼 수 있다. 의학에 관해 이야기할 때, 우리는 의료인도, 환자 가족도, 사회도 생각하지 않는다. 우리에게 의학은 철저히 과학적 기획이어야 하고, 그것은 수행 과정에서도 마찬가지다. 이를 다음과 같이 표현해볼 수 있을 것이다.

4. 과학적 냉철함 또는 불편부당함은 의학에서 가장 우선해야 할 인식론적 덕이다.

여기에서 인식론적 덕 epistemic virtue 보다는 인식론적 태도라고 말하는 쪽이 더 쉽게 다가올 것이다. 하지만 굳이 덕으로 구분하는 것은, 우리의 지식(기본적으로, 정당화된 참 믿음)을 산출하는 근거가 되는 능력 또는 성향이기 때문이다. 과학적 냉철함이 인식론적 덕으로 작동한다는 것은, 그런 냉철함을 통해 형성된 지식만이 정당성을 부여받거나, 적어도 다른 지식보다 더 정당한 것으로 인정받을 수 있음을 의미한다. 여기에서 의학적 지식을 생성하는 자의 특징은 반영되어선 안 되며, 그것을 부여하는 순간 지식은 **오염된다**.

의학적 지식은 환자와 의료인 사이에서 나타난다는 특징을 지니고 있기 때문에, 행위자의 특성을 배제한 지식 생성은 애초에 불가능하거나 왜곡된 지식을 만들 가능성을 지니고 있다. 하지만 과학적 냉철함이 작동해야만 하는 한국 의학에서, 환자와 의료인의 특성은 지워져야 한다.[13] 남는 것은 통계적 일반성, 또는 인구 집단의 등질성 가정[14]이다. 그러나 지식이 산출되는 곳(예컨대, 환자의 몸)도, 지식을 산출하는 자(예컨대, 의료인의 진찰 행위)도 등질적이지 않기에 의료는 왜곡을 요구한다. 이런 상황에서 의료인은 냉철함의 가면을 써야 하고, 자기감정을 속이며 환자를 대하는 훈련을 받는다. 한편, 사회는 의료에게 **과학적** 진단과 치료를, 한 치 오차 없는 로봇과 같은 의학적 결과물을 바란다. 또, 의료인에게 과도한 감정 노동을 요구한 다음, 그것은 의료인에게 당연한 것이 아니냐고 반문한다.[15] 의료계열 학생이 학업으로 인하여 과도한 스트레스를 받는 것은 자기 선택으로 인한 것이므로 당연하다.

이런 지식에 대한 접근, 지식 생산과 획득의 방식이 누구에게 유용한지 알기 어렵다. 애초에 인간과 인간 사이에서 발생하는 것이므로 정적이며 보편타당한 지식에 분명한 한계가 있는 의학임에도, 사회는 의학이 자기 일을 제대로 하지 못한다고 비난한다. 의료인은 의료인

---

13 예컨대, 인공지능이나 로봇이 치료했으면 좋겠다는 넋두리 아닌 넋두리에서 그런 태도를 엿볼 수 있다. 이것은 기실 의료전문직에만 해당하지 않으며, "인공지능 판사"나 "알고리즘 정치인"을 기대하는 모습에서도 같이 나타난다.

14 개인의 질적 차이를 무화하고 인구 집단이 그 양적 차이로만 표현될 수 있다는 가정

15 최근의 사례로 2020년 코로나19 팬데믹 상황의 "덕분에 캠페인"을 들 수 있을 것이다. 팬데믹으로 인한 과로에서 필요한 것은 칭찬이 아니라 휴식, 또는 일상생활을 보조할 수 있는 사회적 지원이다.

대로 일을 통한 자기 성찰의 기회를 빼앗긴다. 환자는 환자대로 "제대로 대접받지 못한다"라는 생각에 의료인에 대한 불신과 경멸을 키워간다. 의료인도 환자도 불행하다.

무엇보다, 이런 의학적 냉철함을 공격할 때 돌아오는 반응에 주목할 만하다. 학생들에게 의료인문학을 가르칠 때마다 나는 학생들이 "냉철하지만 성격 나쁜 의사"와 "따뜻하지만 실력이 부족한 의사"를 마주 세우는 광경을 목격한다. 나를 포함해서 강의자들이 단 한 번도 이런 대립 구도를 제시한 적이 없음에도, 학생들은 이런 구분을 짓는데 익숙하다. 한 번 목격한 것이라면 그저 그 시기 학생들의 특유함으로 이해하겠지만, 10년 동안 가르치면서 매번 이런 상황을 목도한다면 그것은 사회의 일반적인 경향 또는 전반적인 이해로 받아들이는 편이 낫지 않을까.

다시, 왜 이렇게 구분하는가. 나는 이런 학생들의 발표나 질문을 마주할 때마다 왜 "냉철한데 실력도 부족한 (또는 치료 결과도 나쁜) 의사"와 "따뜻하고 실력도 뛰어난 의사"는 없는지 묻는다. 성향 또는 **따뜻함**도 계발이 필요하고, 실력도 갈고닦아야 하는데 둘 다 할 시간은 없어서 이렇게 나누는 것이라고 이해할 만한 구석이 없는 것은 아니긴 하다. 그러나 이미 20세가 넘은 성인을 교육하는 고등교육 기관에서 학생의 성격이나 성향을 변화시키는 것이 가능한지 물어야 하며, 강의만으로는 어렵다는 것이 현재 의학교육의 중론이다.[16] 이것은 오히려 의

---

16   따라서 인성 면접을 실시하는 의과대학도 있다. 학생 평가 제도를 아예 바꾸어 학생들의 협력을 도모하려는 의과대학도 있다. 모두, 그저 "인성교육"만으로 뛰어난 성품을 가진 의료인을 배출할 수 없다는 생각 때문이다. 강의 몇 번으로 가능하다면, 이미 우리나라는 모두 훌륭한 성품을 가진 사람들로 가득 차 있어야 한다.

학 자체는 **차가운**, 냉철한 것이라고 보는 관점의 발로로 이해할 필요가 있다. 업무가 차가우니 그것을 실행하는 사람에게 별도의 따뜻함이 있어야 한다는 것이다.

글쎄, 의학이 냉철해야 할 이유를 나는 알지 못한다. 물론, 미국 의학의 아버지, "명의" 윌리엄 오슬러 또한 의사의 평정을 주문한 바 있다(Osler, 1943). 그가 말한 평정은 모든 순간의 냉정함과 침착함이며, 이를 의학적 냉철함으로 해석하는 것은 타당하다. 그러나 여기에서 오슬러가 말하고자 한 것은 머리와 심장의 균형으로 보는 것이 더 적절하지(Bryan, 2006), 결코 환자와 상황에 관심을 쓰지 말고 오로지 의학적 행위에만 집중하라는 의미는 아니다.

나는 여기에서 의학 자체의 **차가움**과 의료인의 **냉철함**을 구분해야 할 필요가 있음을 본다. 의료인은 때로 냉철해야 할 필요가 있다. 그것은 자신의 감상이나 열정에 휩쓸려 내 눈앞의 환자보다 나의 의지를 우선하는 것을 의식적으로 피해야 함을 의미한다. 그러나 의학이 냉철해야 할 필요는 없다.

질병으로 인한 절망의 순간에 모두는 따뜻한 돌봄을 기대하지 않는가. 나는 의학을 수행하는 이가 따뜻함을 지니는 것, 의료인이 어떤 품성의 구현자가 되는 것 이전에 **의학 자체**가 따뜻해질 수 있으리라고 생각한다. **차가운** 과학만이 의학의 전부라고 생각하는 대신, 의료의 윤리적 책무, 환자와 의료인의 연결, 의료와 사회의 관계 맺음, 전체 사회제도 속 정의로운 의학의 구현 등을 모두 의학 자체로 여길 때 의학은 따뜻하다. 굳이 따뜻함이라는 표현이 정서나 태도의 문제일 뿐이므로, 여기에 적절하지 않다고 생각한다면 말을 바꾸자. 인간 보편을 위한 의학적 인식론, 과학적 지식과 기술의 발전이 "인간"에게 이득이 될 것이며, 그것이 다시 개별자에게 나누어질 것이라고 생각하는 대신, 인간 개별을 위한 의학적 인식론을 좇는 것이라고. 그때, 의학이 사람들의 건강 추구라는 원래의 목표를 다시 회복할 것이라고 말이다.

가부장주의: 의료적 결정을 더 잘 내려줄 수 있는 것은 타인이다

마지막으로, 가부장주의를 언급해야 한다. 나는 둘의 영문 표현이 같더라도, 후견주의와 가부장주의를 구분한다. 후견주의의 정식은 다음과 같다.

1. X의 결정을 Y가 대신 내린다.
2. 이것은 X를 위해서이다.

즉, 후견주의에서 주체 대신 타인이 의사결정을 내리는 것은 주체가 어떤 이유로 그 자신에게 좋은 결정을 내리지 못하기 때문이다. 그것은 주체가 합리적 결정을 내릴 수 없는 상황이거나, 결정을 내리는 데 필요한 정보를 이해하지 못하거나, 다른 이유로 자신에게 해가 되는 선택을 선호하기 때문일 수 있다. 한편, 가부장주의의 정식은 다음과 같다.

1. X의 결정을 Y가 대신 내린다.
2. 이것은 X와 Y가 속한 집단 A를 위해서이다.

A에는 가족, 혈연 공동체, 지역사회, 국가 등이 들어간다. 가부장주의에서 주체 대신 타인이 의사결정을 내리는 것은 주체가 집단의 이

익에 반하는 선택을 하기 때문이다. 그리고 그것은 주체의 합리성 가정을 충족해도 가능하다. 즉, 주체는 합리적인 선택을 하여 집단의 이익에 반하는 행동을 하려 할 수 있으며, 가부장주의는 이런 개인의 선택권을 부정한다. 물론, 가부장주의는 집단의 이익이 결국 개인의 이익이라고 가정하기 때문에, 크게 볼 때는 후견주의라고 말할 수 있을지도 모른다. 하지만, 둘은 정말 같은가.

한편, 의학은 후견주의적 선택을 옹호하지는 않더라도 완전히 부정하기도 어려운데, 의학적 상황에서 환자 본인이 모든 정보와 결정권을 통제하는 것이 불가능에 가깝기 때문이다. 그것은 의학 지식은 아니더라도 다른 많은 것을 알고 있으며 합리적 사고에 익숙하고 자신이 결정권을 행사하는 데 능숙한 중산층 이상의 지식인에게는 어울린다. 하지만 질환으로 인하여 삶의 혼란기에 들어선 개인에게, 언제나 묵묵히 내 결정을 지지해주던 몸이 비명을 지르는 상황에 처한 사람에게 충분한 정보에 의한 합리적인 판단은 그 자체로 문제적인 가정이 된다. 따라서 우리가 환자 자율성이라고 말하는 것은 환자가 자신의 모든 의료적 상황에 대한 결정의 주체로써 온전한 책임을 짊을 의미하는 것이라고 나는 생각하지 않는다. 환자 자율성은 환자가 가지고 있는 여러 가치를 의료적 의사결정과 절차에 반영하기 위한 의학과 사회의 노력이며, 의학적 이상과는 다른 결정을 추구하는 환자에게 여러 선택지를 열어놓고 상담하여 함께 결정하고자 하는 의료인의 태도를 가리킨다고 믿기 때문이다.

환자 자율성이 법적 신체 자기결정권처럼 합리적 환자의 정보 아래 외압 없는 결정을 의미하든, 내가 말한 것을 의미하든 후견주의도 때로 문제가 되는 가정이곤 하는 것은 사실이다. 의료인이 환자를 위하여 결정을 내려주고자 할 때, 환자가 그를 부정하고 의료인이 이해할 수 없거나 원하지 않는 방향으로 나아가려는 경우가 있으니까. 그때, 후견주의적 결정이 작동한다면 환자의 결정은 부정되어야 한다. 하지만, 여러 역사적 사건과 논의를 통해 우리는 환자의 결정을 마냥 부정해선 안 됨을, 환자가 원하는 것은 그 자체로 존중받을 필요가 있음을 배워 왔다. 이때, 후견주의는 힘을 잃는다. 즉, 후견주의는 환자와 의료인이 같은 방향을 바라보고 있을 때는 문제가 없다. 문제가 되는 것은 환자가 다른 쪽을 바라보고 있을 때다.

가부장주의도 마찬가지인가. 나는 그렇지 않다고 대답한다. 가부장주의는 환자와 의료인이 같은 방향을 바라보고 있을 때조차 문제가 된다. 의료인이 어떤 결정을 제시하였는데, 환자가 자신은 원치 않지만 속한 집단, 예컨대 가족을 위해서 그 결정을 받아들인다고 하자. 그것이 문제적이라면, 가부장주의의 의학적 역할은 무엇인가.

사실, 가부장주의는 우리 전통적인 삶의 당연한 양식이었다. 굳이 "유교적"이라고 이름 붙이지 않더라도, 동아시아의 여러 나라는 가부장적 결정 형식을 내재화해 왔다. 이철승은 『쌀 재난 국가』에서 쌀 문화권의 특징을 분석하며, 협업이라는 장점과 서열과 집합이라는 부작용이 벼농사에서 나왔다고 분석한다(이철승, 2021). 집합과 서열이 확고한 동아시아의 문화에서 집단의 이득을 우선하는 선택은 어찌 보면 당연했다. 문제는 이것이 현재에도 유지 가능한지, 빠르게 바뀐 사회의 여러 요소에서 결정 구조로 그대로 남아 있어도 되는지에 대한 비판적 질문이 던져지지 않았다는 데에 있다.

다른 분야에서 문제를 고찰하는 것은 이 글의 범위를 넘어서므로, 여기에선 의학적 상황에만 초점을 맞추자. 먼저, 의학적 가부장주의,

의학적 후견주의, 의학적 자유주의를 예시를 통해 살펴보자. 룰루 왕 감독의 영화《페어웰》(2019)은 의료적 사건을 놓고 의학적 후견주의와 의학적 자유주의를 흥미롭게 비교하고 있다. 작품에서 중국계 이민 1세인 주인공은 어릴 때 미국으로 건너와 성인이 되었기 때문에 미국적 가치관을 내재화하고 있다. 미국에서 의료에 대한 가치는 기본적으로 자유주의라고 요약될 수 있는 어떤 것, 개인에게 오롯이 선택권이 주어져야 하며 그에 대한 간섭은 개인의 선택이 타인에게 해를 끼치지 않는 한 허용될 수 없다는 생각에 강하게 경도되어 있다. 의학적 결정은 개인의 것이다.

어느 날, 주인공은 중국에 계신 할머니가 편찮으시다는 소식을 듣는다. 할머니가 폐암이라는 것을 모두 알지만, 가족은 그것을 할머니에게 알리지 않기 위해 온갖 수를 쓴다. 심지어 할머니를 마지막으로 만날지도 모르니 가족 전체가 모여야 하는데, 당신이 아파서 모인 것이라고 이야기할 수 없으므로 가짜 결혼식을 만들어 낸다. 심지어 주인공이 할머니를 모시고 병원에 가는데, 병원에서도 진단명을 할머니에게 이야기하는 것을 피한다. 이것을 의학적 후견주의라고 할 수 있을 것이다. 할머니가 암 진단명을 듣는 것은 할머니에게 더 큰 해를 끼친다. 따라서 나쁜 소식을 가리거나, 심지어 소식의 대상자를 속이는 것도 가능하다. 그것은 그 대상을 위한 것일 뿐 다른 의도는 없다.

영화는 이런 중국의 의학적 후견주의적 접근에 다소 비판적인 관점을 보이지만, 그렇다고 자유주의를 온전히 긍정하지도 않는다. 영화 후반까지 할머니에게 진실을 감추는 가족들을 주인공은 이해하지 못하지만, 마지막 그게 꼭 나쁜 결정은 아니었을 수도 있음을 깨닫는 주인공의 외침과 함께 영화가 끝을 맺기 때문이다. 그것은 할머니의 결정권을 박탈한 가족들을 긍정하는 것이 아니라, 우리가 삶의 상황이나 조건을 모두 알 수 없다는 인식론적 겸손에서 문제를 대하는 태도로 그려진다.

반면, 의학적 가부장주의가 두드러지게 나타나는 대표적인 대상으로 장애를 들 수 있다. 예컨대 우리 사회는 장애인을 낳은 부모를 비난하는데, 그 표면적인 이유는 본인에게 힘들고 고통스러운 삶을 부여했다는 데에 있다. 그러나 비난의 진짜 이유는 주변과 사회에 부담을 가했기 때문이다. 여기에서 의학은 비장애/장애의 기준을 제시하는 한편, 장애에는 치료라는 해결책을 제시하는 선한 도구로 등장한다. 따라서 사회는 장애인에게 명령한다. 아예 낳지 말거나 힘써 치료를 받으라. 그러나 그것은 장애인의 삶을 부정하고 치료받지 않는 자의 권리를 박탈하는 가해의 도구이기도 하다. 우리 사회에 장애인의 자리가 여전히 없는 이유는 다른 무엇보다 의학적 가부장주의 때문이라고, 의학적 영역에서마저 집단의 이익을 위한 선택을 강요하는 구조에서 나온다고 나는 생각한다.

의학적 후견주의 또한 완전히 부정해야 하는지에 대해선 더 긴 논의가 필요할 것이다. 무엇보다, 환자와 가족은 의료적 상황의 복잡다단함과 삶의 고난 속에서 자신을 대신하여 의료적 결정을 내려줄 사람을 필요로 할 때가 있다(물론, 그런 선택이 우선해야 한다는 것은 결코 아니다). 후견주의적 결정을 배제해버리면, 이런 상황에서도 우리는 환자가 직접 결정할 것을 강제해야 하며, 그것이 정말 좋은 일인지 말하기 어려운 상황을 나는 진료하면서 종종 마주해 왔다.

그러나 의학적 가부장주의가 필요한가. 만약 개인이 속한 집단을 위한 결정을 내리고자 결단한다면, 그것을 부정할 필요는 없을 수도 있다. 그러나 개인에게 집단을 위한 결정을 강요하거나, 집단을 위하여 이런 선택이 좋다며 그 개인 대신에 결정을 내려버리는 일은 어떤 식으로든 정당화되기 어렵다. 예컨대, 나치 독일이 장애인 안락사 정책을 수행하면서 내걸었던 이유는 후견주의였다. 그 삶이 고통스러우므로, 삶을 빠르고 쉽게 끝마칠 방법을 제공해야 하고, 본인이 좋은 결정을 내리지 못하므로 정부가 개인을 위하여 결정을 대신한다고 하는 논리. 물론 이것 자체로도 수용할 수 없지만, 여러 이유로 개인이나 집단이 잘못된 믿음을 가지는 것이 가능하다면, 그리하여 독일 정부는 정말로 장애인의 삶이 현재 끔찍하기 때문에 그 삶을 단축하는 것이 그들에게 좋은 일이라고 믿었다면, 비난받아야 하는 것은 그들의 잘못된 믿음 뿐일 테다.

그러나 그것은 의학적 가부장주의를 감추기 위한 위장이었을 뿐이다. 장애인을 사회의 부담으로 표상하고 그들의 멸절이 독일 "민족" 전체의 이득이라고 말했을 때, 장애인 안락사 정책은 사회의 이득을 위하여 개인 대신 결정을 내리는 가부장주의의 정식을 그대로 따르고 있다. 나치 독일의 정책이기에 무조건 잘못이라고 말하려는 것은 아니다. 오히려 왜 나치 독일의 정책이 잘못되었는지를 직시한다면, 우리 또한 이제 오래된 악업에서 벗어나야 한다. 무엇보다, 적어도 **내 몸**과 관련한 의학적 결정에서 집단의 이득이 우선해야 할 이유는 어디에도 없다.[17]

---

17 코로나19 팬데믹과 같은 감염병 상황을 떠올리며 사회의 이득을 위하여 환자의 이동이나 활동의 자유를 제한할 수 있는 것 아니냐는 반론이 가능하다. 그러나 이런 접근은 적절하지 않다. 첫째, 팬데믹이나 성매개 감염병 등 타인의 해악을 이유로 개인의 행동을 제한할 수 있는 질병은 의학의 일반적인 대상이라기보다는 오히려

의학에서 인문주의와 포스트 인문주의

이 책이 말하는 의학적 인문주의란 서론에서 밝힌 것처럼 생의학 모형의 인간화이다. 하지만, 왜 인간화를 부르짖어야 하는가? 마컴은 현대 의료(특히, 미국 의료)에서 돌봄의 질 위기가 나타나기 때문이라고 말한다. 의료가 발전하면 돌봄의 질이 더 나아져야 하는데, 오히려 의료의 발전 때문에 돌봄이 위축, 감소하는 경향이 나타나고 있다는 것이다. 이것의 원인을 제공하고 있는 것이 생의학 모형이었고, 그 모형이 전체로서의 인간을 배제하고 있기 때문이라고 마컴은 주장하였다. 따라서 돌봄의 회복을 위해선 인간을 회복하기 위한 대안 모형들을 활용해야 한다.

일견 동의하나, 분명하지 않아 보이는 지점도 있다. 질병 경험(질환)과 질병의 사회적 측면(우환)이 의학에서 거의 다루어지지 않는 것은 사실이며, 오로지 신체에만 고도로 집중한 현대 의학이 신체 각부의 문제를 해결하는 데에만 신경을 쓰다가 많은 것을 놓쳤다는 것은 타당한 지적이다. 그러나 인간 전체를 바라보면 돌봄의 질이 나아질 것인가. 무엇보다, 생의학 모형의 인간화가 이 문제를 해결하는 데에 적합한 방식인가.

먼저, 돌봄의 문제다. 여러 곳에서 나는 의료의 일차적 차원이 돌봄

특수 사례로 이해해야 한다. 둘째, 여기에서 우선해야 하는 것이 집단의 이익인지, 타인의 해악 방지인지를 구분해야 한다. 후자로도 개인의 활동 제한은 얼마든지 가능하며, 이는 자유주의에서도 적용 가능한 논의이다. 셋째, 개인 차원과 인구 차원의 접근은 구분되어야 한다. 방역이나 공중보건 정책 등 인구 차원의 접근은 병원에서 일상적으로 수행되는 개별 의료 행위와 그 차원을 달리하며, 인구 차원의 문제와 개인 의료 차원의 문제는 그 접근이나 정당화에서 차이가 있다.

이라고 주장한다. 하지만 그렇게 생각하지 않는 이들도 있다. 당장, 돌봄은 의료보다 훨씬 더 넓은 범위를 다룬다. 자신이 자기 몸이나 마음을 보살피는 자기돌봄이나, 가족이나 친척을 통해 제공되는 가족돌봄도 있다. 복지 제도를 사회적 돌봄이라고 부르는 것은 크게 이상하지 않다. 그렇다면 의료는 이런 다양한 수준과 영역에서 이루어지는 돌봄의 한 요소라고 말해야 한다. 이때 돌봄의 질 악화는 의료의 문제인가, 아니면 사회 전반에서 나타나는 문제인가?

최근의 돌봄 담론을 통해 본다면 사회 전반의 문제라고 말하는 것이 적절해 보인다. 예컨대 영국에서 쓰인 『돌봄 선언』이나 우리나라의 여러 저자가 쓴 『돌봄이 돌보는 세계』가 원인으로 지목하는 것은 의료 제도나 병원뿐만이 아니다(더 케어 컬렉티브, 2021; 김창엽 등, 2022). 오히려 문제는 돌봄 노동의 불평등과 돌봄 자체의 경시이다.

돌봄은 인간의 여러 활동을 뒷받침하는 모든 활동을 가리킨다. 따라서 돌봄에 질 위기가 발생했다는 (그리고 이 책이 쓰였던 2000년대 초반보다 현재 훨씬 더 상황이 악화되었다는) 분석이 타당하다고 해도, 이 책이 주장하는 생의학 모형의 인간화가 돌봄의 위기를 해결하는 데에 얼마나 도움이 될지 알기 어렵다는 문제가 있다. 의학의 변화만으로 돌봄의 문제가 해결될 수 있다면, 그것은 의학을 너무 과대평가하는 것일 수 있다. 아니면, 생의학 모형과 함께 문제로 제기되고 있는 의료화, 즉 일상의 여러 구성요소가 점차 보건의료로 편입되어 삶의 모든 부분이 **병원**에서 위생적으로 해결되는 상황을 역으로 보편적인 것이라고 인정하는 것일 수도 있겠다.[18]

---

18   생의학에 문제를 제기하려면 의료화도 문제 삼아야 한다. "일상의 병원화"는 그 자

또한, 지금의 문제를 해결하는 데에 있어서 필요한 것이 인간의 회복인지 알기 어렵다. 특히, 최근 기술의 급변에서 부각되기 시작하였으며 기후 위기나 코로나19 팬데믹이 강조한 비인간의 문제들, 즉 동물을 포함하여 인간 아닌 존재들을 어떻게 대우할 것인지, 환경과 인간과의 관계는 어떻게 사유해야 하는지에 관한 문제가 저자가 제기한 위기들 또는 위험들 밑에 깔려 있는 것은 아닌지 진지하게 물어야 한다.

이를테면, 의학적 전체론의 문제다. 전체는 어디까지인가. 이 책의 주장이라면 전체는 인간, 그것도 피부의 경계에서 끝난다. 왜 그것이 전체인가. 개인을 둘러싼 생활환경은 어떤가(물론, 본서가 이를 완전히 배제하지 않으며 사회적 결정인자 등을 논하고 있기 때문에 이를 반영하고 있다고 볼 수 있지만, 그럼에도 이 책의 논의는 환경을 본격적으로 끌어안지 않는다). 개인과 관계를 맺고 있는 타인, 사회는 어떤가(관계주의적 윤리학이 돌봄 윤리에서 피상적으로 다루어지는 것이 끝이므로, 관계는 이 책에서 중요한 주제가 아니다). 비인간은 어떤가(책 어디에도 의학 실험에서 동물이나 환경에 대한 고려, 의료 시스템에서 지역사회와 환경적 조건의 역할은 다루어지지 않는다). 즉, 이 책은 인간을 그 신체 각부 및 세포로 환원한 환원주의의 한계를 지적하고 있지만, 여전히 피부를 경계로 하여 인간을 환경과 구분된 존재로 다루는 20세기 이론의 한계에 갇혀 있다.

전체는 그렇게 고려되어선 안 된다. 환경 또는 "자연" 개념에 관한 최근 논의를 일별하는 것 만으로도 이 점에 대한 문제제기는 충분히 이루어질 수 있을 것이다. 한 예로, 나는 "문화"와 "자연", 또는 "양육"과 "본성"을 엄밀히 구분하던 지적 환경에서 공부했다. 인간 발달을

체로 해결해야 할 위기 중 하나다.

양육과 본성 중 어느 쪽으로 설명할 것인지에 관한 논쟁이 내겐 익숙하다. 인간은 진화를 통한 생물학적 본성으로 설명된다는 생각과 인간 문화의 양육과 교육의 영향으로 설명된다는 생각은 인간의 특질을 어떻게 사유할 것인가에 강하게 영향을 미쳤다. 물론, 이 중간을 설명하기 위해 (이 책에도 언급된 것처럼) 후성유전학이나 인지과학 같은 논의가 제기되었지만, 그 역할은 부수적이었으며 생물학적 본성이 주된 역할을 하는 가운데 양육도 조금 영향을 미칠 수 있다 정도의 설명이 전부였다.

그러나 최근의 논의들은 이 구분선이 잘못 그어진 것이라고 주장한다. 이를테면 해러웨이의 자연문화 natureculture 개념이나 이를 더 파고든 브라이도티의 자연-문화 연속체 nature-culture continuum 개념을 보자(해러웨이, 2019; 브라이도티, 2015). 이들의 요점은 자연과 문화가 생각하는 것만큼 명확하게 구분되지 않는다는 것이다. 자연은 문화에 영향을 미치고, 문화는 다시 자연을 변형시킨다. 기후는 우리가 지금 존재하는 방식을 만드는 가장 큰 동인 중 하나였지만, 이제 인간은 기후를 (나쁜 방식으로) 변화시키고 있다. 인간 신체는 우리의 능력을 제한하는 가장 큰 요인이었지만, 지금 인간은 인간 신체를 변형시키기 위한 다양한 방법을 실험하고 있다. 그렇다면, 이전에 당연한 것으로 전제되었던 자연과 문화의 구분은 기술의 발전으로 이제야 허물어지고 있는 것인가. 이제야 인간이 과학기술을 통해 엄청난 힘을 가지게 되었기 때문에 자연과 문화의 구분을 넘어설 수 있게 된 것인가. 그렇지는 않다. 앞의 예는 문화의 자연 변형이었으니, 이번엔 자연의 문화 변형을 보자. 예컨대, 우리는 작물을 길들여 농사 기술과 문화를 만들어 왔다고 생각해 왔다. 그러나 작물 또한 인간을 "길들여" 왔다는 주장, 이를테면 쌀과 밀이 인간의 기술과 노동력을 "활용해" 자신들의 재생산력을 극단적인 속도로 확대해 왔다는 생각은 자연이 인간의 문화를 만들어 내는 힘을 포착하는 하나의 예시이다(하라리, 2015).[19]

다시 인간에 대한 설명으로 돌아가자. 인간을 만드는 것은 본성인가, 양육인가. 앞서 말한 개념을 참조할 때, 인간은 본성과 양육 모두로 설명될 수 있고 설명되어야 한다. 타고난 형질이 인간의 특징을 상당 부분 결정하지만, 인간은 양육과 성장 과정에서 또 상당히 달라진다. 우리는 이미 이 사실을 쌍생아 자연실험을 통해 알고 있었다. 일란성 쌍생아가 특정한 이유로 다른 환경에서 자라면, 이들은 매우 비슷한 외모와 신체적 특징을 지닌다고 해도 상당히 다른 기질과 능력, 관계 속에서 살아간다. 심지어 외적 특징도 달라지는 경우도 있다. 그러나 내가 학생일 때 이런 관찰은 본성이나 양육 어느 한쪽의 중요성을 강조하는 결과로 해석되었을 뿐, 둘이 서로 얽혀 있다고, 즉 본성은 양육에 영향을 미치며(즉, 아이의 특징이 부모의 반응, 노력, 주어지는 교육 등을 "선택"하며) 양육이 본성에 영향을 미친다는(즉, 아이의 성장 환경이나 교육이 아이의 특성을 다르게 발현시킨다는) 생각까지 나아가지 못했던 것이다. 이제야 우리에겐 이런 상황을 사유할 수 있는 언어와 개념이 주어졌다.

다시 앞으로 돌아가자. 의학적 전체론은 주체와 환경을 명확히 구분하는 방식으로 이해되어선 그 귀결을 정확히 파악할 수 없다. 주체

---

19 작물의 행위력을 설명한 이 부분은 『사피엔스』에서도 상당히 공격을 받는 내용이라 작물의 동작을 표현한 동사들을 비유적으로 이해할 수 있다는 점에서 큰따옴표 처리하였다. 사실, 논쟁이 있으나 과학기술학의 (사물 자체의 행위력을 강조하는) 이런 표현 방식들은 그 자체 비유로 생각해도 그 힘이 떨어지지 않는다. 관련한 내용은 하먼을 참조하라(하먼, 2023).

는 그를 둘러싼 환경과 영향을 주고받는다. 따라서 의학적 전체론은 단지 주체만을 **전체**로 받아들이는 대신, 주체와 그의 환경까지로 확장되어야 한다.

물론, 이 선을 계속 확장하여 전체론을 일자론으로 치환하는 것도 가능하다. 인간은 환경에, 환경은 지구에, 지구는 태양계에, 태양계는 우주와 상호작용하니 결국 **전체**는 인간–우주를 포함해서 논의해야 하는 것 아닌가. 그러나 나는 이런 일자적 전체론을 배격하며, 이 상황을 설명하기 위해 경계에 집중해야 한다고 생각한다. 주체와 환경을 구분하는 것은 기본적으로 피부다. 우리가 지금까지 피부를 생각했던 방식은 경계선, 그 자체로는 어떤 기능이나 특징을 지니지 않는 구획이라는 것이었다. 그러나 경계, 예컨대 피부는 주체와 환경 사이에서 주체와 환경 모두에 속하는 특징을 지닌다. 무엇보다 피부는 그 자체로 **두껍다**. 지금 펜을 쥐고 있는 내 손가락의 피부는 펜의 금속 표면과 밀착하여 마찰력을 형성하며, 너무 약한 힘으로 펜을 잡아 쉽사리 미끄러지지도, 너무 강한 힘으로 펜을 눌러 펜도, 손도 망가지지 않도록 힘을 조절하는 신호를 보낸다(엄밀히는 피부신경의 역할이라고 해야겠지만, 둘을 엄밀히 구분하기는 어렵다). 이때, 피부는 펜을 감각하지만, 펜으로 인한 자신의 변화 또한 감각한다. 펜과 피부의 접촉은 둘 중 어느 한쪽으로만 이루어지는 것이 아니며, 둘이 접촉해 있을 때 둘은 서로를 통해서만 설명 가능한 상태로 변화한다. 더 확대해 보자. 실수로 펜을 눌러 피부에 잉크가 묻었을 때, 잉크는 피부의 각질에 배어든다. 잉크가 묻은 각질은 여전히 내 각질이지만, 외부 물질(잉크)로 인해 변형된 것이다. 이 각질은 나의 것이기도 하고 나의 것이 아니기도 하다. 한층 더 들어가면, 피부에는 여러 종류의 박테리아로 구성된 미생물총^{microbiota}이 정착하여 살고 있으며, 미생물총과 피부를 구성하는 여러 층의 균형이 피부의 상태를 결정한다. 이런 미생물총을 배제하고 피부를 이야기할 수 없다. 다시, 피부는 그냥 인체 내부와 외부를 나누는 경계선이기만 한 것이 아니다. 그것은 환경과 주체 사이에서 둘의 매개를 가능케 하는 기능을 수행하는 한편, 상당 부분은 주체에 속하면서도 어느 정도 환경과 뒤섞여 있는 혼성/혼종 공간을 이룬다. 이런 혼성성이 피부의 존재론적 위상을 정의하며, 여기에서 나는 의학적 전체론을 설명할 수 있는 개념을 찾아낸다. 의학적 전체론은 우주적 일자가 아니라 **혼성적 피부**를 통해 주변과 매개된 몸을 다루어야 한다. 우리의 몸은 하나라고 말하기엔 너무 많고, 둘이라고 말하기엔 너무 적은 것이다(해러웨이, 2019). 그렇다면, 인간의 돌봄은 그저 "인간"만의 돌봄은 아니어야 한다. "인간"을 제대로 돌보기 위해서라도, 우리는 우리와 매개되어 있는 비인간과 환경을 함께 돌보아야 한다. 그렇다면 의학은 인간화되어야 하는가. 오히려 지금 우리는 의학을 혼성화할 방법을 찾아야 하는 것은 아닌가. 오랫동안 의학에서 무시되었던 비인간과 환경을 그 대상으로 끌어안기 위해서라도, 의학에서 비인간과 환경을 정당하게 다루는 방식을 찾기 위해서라도, 우리가 지금 마주한 위기를 극복하기 위해서라도.

게다가 의학의 "인간화" 개념에서 "인간"이 제대로 비판되지 않았다는 점 또한 고려할 필요가 있다. 우리는 "인간"이 보편적이며 단일한 개념이 아님을 배웠다(Agamben, 2004). 지금까지 "인간"은 서구 중산층의 교육 받은 비장애인 이성애 남성을 의미해 왔다. 이항의 나머지에 속하는 인간은 인간이 아니거나, **이상한** 인간이거나, **열등한** 인간으로 의학에서 제대로 대접받지 못했다. 만약 고전적 "인간"을 배경에 둔 인간화라면, "의학의 인간화"는 누구의 이익에 복무하는가. 그 기획이 의학을 조금 더 따뜻한 것으로 만든다고 한들, 그 온기를 느낄 수 있는 이가 일부 인간에게, 특히 이미 의학을 통해 많은 것을 누리고 있는 이들에게만 주어진다면 의학을 인간화해야 할 이유는 무엇인가.

따라서 이 책이 20세기를 마무리하면서 의철학을 통한 인문주의적 의학을 부르짖었으나, 나는 이 책 다음을 사유해야 한다고 믿는다. 그에 필요한 개념적 틀은 인문주의가 제공할 수 없으며, "인간화"라는 구호가 적절한 해답을 제시한다고 생각되지도 않는다. 위에서 제기한 문제들로 인하여, 나는 이 책이 지금의 의학을 바꾸기 위해 필요한 마중물을 붓는 역할을 할 수 있다고 믿는데, 그것은 이 책으로 현재 의학의 문제들이 해결을 위한 새로운 국면을 마주할 것이라고 확신하기 때문이 아니라, 이 책을 읽음을 통해 지금 필요한 논의들이 무엇인지 확인하고 우리 시대의 요청에 응답할 수 있는 새로운 논의로 나아갈 수 있는 다리를 찾을 수 있다고 믿기 때문이다.

이 책의 다음을 탐색하는 것은 보론의 역할로는 적절하지 않을 수도 있겠다. 그러나 나는 이 책이 강조한 인문주의 다음을 사고하기 위하여 포스트휴머니즘을 검토하는 것이 적절하리라고 생각한다. 포스트휴머니즘, 즉 표현 그대로 후기 인문주의 또는 인문주의에 대한 문제 제기는 인류세의 여러 문제들, 즉 지구에 파괴적 변형을 가하고 있는 인간 자신이 스스로 지속가능성에 위협을 제기하는 한편(시노하라, 2022), 정의의 문제가 경제만의 것이 아닌 문화와 정치의 요구로 확장되고 있는 현 상황을 향한 이론적 대응을 내놓을 수 있을 것으로 보인다(올슨 편, 2016). 현재의 문제들이 결국 "인간"에 의해 초래되고 있기 때문이다. 비인간과 자연을 돌보지 않고 "인간"의 이익만을 추구한 것이 기후 위기로 귀결되었고, 특정한 "인간"만의 요구를 정당한 것으로 받아들이고 다른 집단의 권리를 모두 "경제적인 것"으로 환원해 온 것이 현재 사회를 여러 선으로 가르는 권리 투쟁의 분할을 초래했다면, 지금 비판되어야 할 것은 다름 아닌 "인간"이다.

물론, 포스트휴머니즘은 무엇이라고 말하기엔 워낙 폭이 넓다. 그것은 한편으로 인간의 극단적 향상까지도 추구하는 트랜스휴머니즘과 동의어로 여겨지기도 하고, 포스트 이론들, 이를테면 포스트모더니즘이나 포스트구조주의와 같은 논의로 취급되기도 한다. 해당 개념이 품는 다양한 지평들을 부정하고 단일의 개념으로 정련할 필요는 없지만, 기존의 논의들과 포스트휴머니즘이 보이는 차이는 확인할 필요가 있다. 예컨대, 페란도의 『철학적 포스트휴머니즘』은 **철학적** 포스트휴머니즘의 특징을 세 가지로 정리한다(페란도, 2022). 탈−인간중심주의, 탈−인간주의, 탈−이분법이 그것이다. 인간만의 세상을 긍정한 인간중심주의를 벗어나, 탈−인간중심주의는 인간이 비인간, 환경과 존재론적 동등성을 지닌다는 점에서 출발하여 비인간과 환경의 권리를 인정하고, 그들과 공존하는 방법을 모색하고자 한다. "정상" 인간만을 인간으로 인정해 온 인간주의를 벗어나, 탈−인간주의는 인간 개념의 역사성에 대한 인식 속에서 다양한 인간 존재를 포용하는 다종적, 다원적 인간을 수용하려 한다. 남/여, 인간/자연, 서양/동양, 정상/비정상 등 모든 것을 두 개로 구획하고 앞에 놓인 것에 우월성을 부여해 온 이원론적 접근을 벗어나, 탈−이원론은 두 항이 대립이 아닌 다른 방식으로 만날 가능성을 탐구한다.[20]

---

20   탈−이원론은 비이원론이 아니며, 따라서 이원론의 무조건적 폐기를 주장하지 않는다.

포스트휴머니즘의 여러 모색들을 더 검토할 수도 있지만, 여기에서 선 의철학과 포스트휴머니즘이 어떻게 만날 수 있는지를 간략하게 살피는 것으로 작업을 마무리하고자 한다. 페란도의 작업을 다시 참조하여 세 요소의 의철학적, 의학적 함의를 검토해 보자. 첫째, 의학에서 탈-인간중심주의는 인간만을 의학의 대상으로, 인간의 건강만을 의학의 목적으로 설정한 현대 의학의 한계를 지적한다. 2020년 코로나19 팬데믹은 인간에만 국한하여 작동해 온 현대 의학의 문제를 보여준 사례다(김준혁, 2022). 향후 인수공통 감염병이 더 큰 문제로 제기된다면(퀌멘, 2017), 우리는 인간의 건강을 위해서라도 비인간의 건강에 주의를 기울여야 한다. 기후 위기는 의학과 무관한 문제가 아니며, 특히 기후 위기의 영향이 비대칭적으로 미쳐 취약한 이들의 건강에 더 큰 위기를 제기한다는 점에서 의학 또한 개입해야만 한다. 반려동물의 확산, 인공지능과 로봇의 대두는 비인간을 대상으로 한 의료에 대해 질문하고 있다.

둘째, 의학에서 탈-인간주의는 여러 정의의 요구들로 인해 이미 드러나고 있다. 과거 의료윤리에서 정의가 의료자원 분배의 다른 말로 이해되었다면, 이제 정의의 요구는 인종, 젠더, 섹슈얼리티, 장애, 세대 등의 문제로 확장되었다. 예컨대, 젠더의학이나 최근의 건강데이터 문제는 우리가 지금까지 무비판적으로 받아들여 온 환자상에 대해 문제를 제기하고 있다. 젠더의학은 현재까지 구축된 질병 모형이 남성 환자를 토대로 구축된 것이므로, 여성 환자를 제대로 다룰 수 없다고 주장한다. 우리는 일원적 환자를 가정하였으나, 대규모 건강 데이터 분석은 우리의 환자 자료가 편향되어 있음을, 그를 토대로 한 새로운 헬스케어 서비스 개발 또한 편향된 결과를 도출할 것임을 보여준다. 쉽게 말해, 국내 건강보험공단 자료로 건강 관리 앱을 개발하여 활용한다면, 이 앱은 장애인이나 성소수자에게 적절하지 않은 결과를 제시할 가능성이 있다. 우리 보험 자료에 이들의 기록이 얼마 포함되어 있지 않기 때문이다.

셋째, 의학에서 탈-이분법은 오랜 정신/신체 이분법을 넘는 것과 함께, 정상/비정상, 비장애/장애, 심지어 건강/질병까지도 다시 사유할 것을 요구하고 있다. 우리는 정신, 정상, 비장애, 건강에 존재론적 특권을 부여해 왔고, 이는 예컨대 합리성과 독립성에 대한 과도한 의미부여(Kittay, 2019), "비정상인"과 장애인의 배제와 낙인, 질병 경험을 통한 지식의 경시와 비대칭적 의료 권력의 생성 등을 초래해 왔다. 치료될 수 없는 정신질환자, 장애인, 만성질환자는 열등한 존재로 치부되고, 사회의 지원 없이는 살아갈 수 없는 불쌍한 자들로 그려진다. 그들은 **치료**의 대상자이며, 치료를 위해선 무엇이든 감내해야 한다. 그러나 아직 의학은 많은 경우 이들을 치료할 수 없다. 결국 남는 것은 낙인과 고통뿐임에도, 의학은 규정 권력으로 여전히 이들의 삶을 지배한다. 나 또한 의사라서 그런지, 이항의 구분을 무화하려는 전략들(예컨대, 질병의 사회구성주의적 접근)에는 동의하기 어렵다. 장애와 질병은 인간의 삶에 한계와 고통을 부여하는 **실재**다.[21] 질병을 치료하기 위한 의학의 노력은 계속되어야 한다. 그러나 질병과 장애에 부여된 존재론적 위계로 인하여 환자와 장애인의 삶에 낙인과 배제, 비동등성, 기

---

21 여기에서 실재라는 표현을 순진한 실재론의 접근으로 사용한 것은 결코 아니다. 나는 질병의 실재를 부정하지 않지만, 그 실재는 인간에 의해 다양한 방식으로 번역되어 인간에게 주어진다고 생각한다.

회 박탈의 해악이 주어지고, 더 나아가 피어나는 삶을 추구하는 데 명백한 장애물이 된다면 우리는 접근 방식을 바꾸어야 한다. 비위계적 사유로서 탈-이원론은 질병이 건강보다, 장애가 비장애보다 낫다고 말하지 않는다. 그것은 질병의 경험도 건강의 경험만큼 가치 있다고, 장애를 가진 삶 또한 비장애의 삶만큼 좋을 수 있다고 말한다.

따라서, 나는 의학적 포스트휴머니즘이 요청된다는 것으로 이 단락을 정리하려 한다. 아직 이런 논의를 본격적으로 찾아볼 수 있는 단계는 아니기에, 현재 수행되고 있는 연구들을 함께 검토할 수 없다는 아쉬움이 있다. 그러나 그것은 또한 기회이기도 할 것이다. 아직 탐구되지 않은, 그러나 많은 것을 약속하는 의학적 인문주의의 다음 경로를 찾는 여정의 기회 말이다.

결어

이 책이 소개되는 데 오랜 시간이 걸린 것은 그만큼 한국 의철학의 저변이 넓지 못함을 의미한다. 나 자신 역자로서 몇 번이나 이 책의 출판을 시도해 왔으나 번번이 내용의 전문성을 문제로 거절당해왔고, 이제 그래도 저자이자 번역가라고 자신을 소개할 수 있게 된 상황에서 이 책이 쉽게 독자에게 다가갈 수 있을 것인가에 대한 두려움이 있는 것도 사실이다. 내 부족함을 잘 알고 있기 때문에, 그리고 책의 내용이 많은 이들에게 익숙하지 않을 것이기 때문에.

그러나 앞에서 제기한 책의 한계를 포함하여 이 책은 지금 다시 읽혀야 한다. 나름 다분히 접근하기 어려운 의철학을 그래도 쉽게 설명하고 있어서도, 그나마 의료인이 접근 가능한 방식으로, 그들이 궁금해해 온 문제들을 설명하는 책이어서도 아니다(물론, 둘은 다 타당한 진술이며 내가 이 책을 권하는 이유 중 하나인 것은 맞다). 지금 이 책을 집어야 하는 이유는, 우리에겐 이제 우리의 의철학을 전개해야 하는 과제가 주어져 있기 때문이다. 한국에 현대 의학이 들어온 지 140여 년이 지났지만, 의학은 언제나 수입된 학문이거나 전통을 잇는 학문이었을 뿐 우리 자신이 만들어 내는 학문은 아니었다. 물론, 한국의 수많은 의료인이 뛰어난 업적을 남겨 왔다. 그러나 그 체계나 형태를 비판적으로 검토하지 않은 채로 수용해온 역사는 의학과 의료에 뒤틀린 부분들을 만들어 왔고, 이제 그 뒤틀림은 여러 형태로 파열음을 내고 있다. 의학이 수많은 비난과 문제 제기에 노출되어 있는 지금, 우리가 해야 하는 것은 의학 자체에 대한 재검토다. 그리고 의학의 점검이 철학의 손을 통해 이루어져야 한다면, 아니, 검토해야 하는 문제가 의학의 존재론, 인식론, 윤리학이기에 철학 외에 다른 방법으로 이루어질 수 없다면, 지금 이 내용을 다시 살펴보아야 하는 이유로 충분하지 않을까.

▶ 용어

가치(value) 어떤 것의 내재적, 외재적 훌륭함

가치론(Axiology) 가치의 본성을 탐구하는 철학적 연구

객관성(objectivity) 사실적, 정신 독립적인 상태로 욕망이나 느낌에 의한 편견을 가지지 않는 존재의 상태

결과주의(Consequentialism) 행위의 결과가 그 도덕적 본성을 따지는 기반을 이룬다는 윤리 이론

결의론(Cauistry) 원칙 기반 추론 또는 숙고 대신 사례 기반 추론 또는 숙고로 나아가는 윤리 이론

결정론(Determinism) 행위, 특히 사람의 행위가 자유롭지 않으며 사전 원인이나 사건에 의해 규정된다는 개념

경험론(Empiricism) 지식의 기원이 감각 지각과 경험이라는 개념

공감(empathy) 타인의 느낌을 직관으로 알고 이해할 수 있는 능력

공리주의(Utilitarianism) 최대 다수에게 최대 유용성(또는 행복)을 가져올 수 있는 행위를 도덕적이라고 보는 윤리 이론

관념론(Idealism) 현실은 단순히 정신의 구성물 또는 관념이며 정신과 떨어져 독립적으로 존재하는 것은 없다는 신조

구성주의(Constructivism) 지식이 사회적 수단을 통해 형성되고 받아들여진다는 사상

귀납(induction) 특수에서 보편으로 나아가는 추론의 형태

귀추(abduction) 증거를 설명할 수 있는 최선의 가설을 선택하는 추론의 한 유형

규범성(normative) 행위나 행동을 규제하는 규범이나 표준이 있다는 윤리적 개념

기작(mechanism) 다양한 연속적 부분이 체계의 작동을 구성하는 구조

다원론(Pluralism) 다수의 물체, 관념, 힘, 원칙으로 현상을 설명해야 한다는 철학적 신조

덕(virtue) 사람의 도덕적, 지적 특질

도구주의(Instrumentalism) 앎은 반드시 참이거나 거짓일 필요가 없으며 유용하거나 도구적이어야 한다는 실용주의적 개념

동감(sympathy) 타인의 감정을 공유하는 능력

로고스(Logos) 언어와 합리를 가리키는 그리스 용어로 전통적으로 철학자들이 합리성을 지시하기 위해 사용하였음

목적론(Teleology) 자연 활동이 특정 목표나 목적(텔로스)를 전개하는 방향으로 나아간다는 철학적 신조

물리주의(Physicalism) 모든 현상을 물리적 용어로 설명할 수 있다는 개념

미학(Aesthetics) 미의 본성을 탐구하는 철학적 연구

민속심리학(folk psychology) 행동이 정신상태에 대한 상식이나 매일의 이해로 분석되고 정의될 수 있다는 이론

본유(innate) 개개인이 태어날 때부터 실증적 또는 도덕적 앎을 가지고 있다는 개념

상대주의(Relativism) 명제, 특히 도덕 명제에 대한 판단이 문화적, 사회적 표준에 상대적이라는 원칙

상황주의(Situationism) 도덕적 판단이 맥락 의존적이라는 윤리 이론

생기론(Vitalism) 생물학적 생명이 물리나 화학과는 다른 특정한 생기에 의한다는 개념

생활세계(lifeworld) 에드문트 후설(Edmund Husserl)이 도입한 구상으로 이론적 분석 이전의 경험의 세계를 가리킴

선행(beneficence) 다른 사람에게 이득을 끼치고 선을 행하라는 도덕적 의무와 관련된 윤리적 원칙

선험적(A priori) 자명한 원칙에서의 추론으로, 경험에 기초하지 않은 본유적 지식

세계관(worldview) 이를 통해 세계를 이해하거나 조망하는 보편적인 철학적 견해

수반(supervenience) 상위 수준 특성의 변화가 하위 수준 특성의 변화에 의존적일 때의 관계

실존주의(Existentialism) 의미는 발견되거나 권위에 의해 부과된다기보다는 구성되거나 창조된다고 보는 등 한 사람의 개인적 경험과 관점에서 현상을 탐구하는 철학적 연구

실증주의(Positivism) 앎은 형이상학적 사색이 아닌 경험을 통해서 수립되어야 한다는 인식론적 접근법

악행 금지(non-maleficence) 타인에게 의도적으로 해나 손상을 끼치지 말아야 한다는 윤리적 원칙

에토스(Ethos) 사람이나 공동체의 성질을 가리키는 그리스의 개념

연역(deduction) 보편 원칙에서 특수로 나아가는 추론의 유형

유기체론(Organicism) 자연 현상이 기본 유기체 구조로 이루어져 있다는 관념

유물론(Materialism) 실재는 물질로만 구성되어 있다는 철학적 신조

윤리학(Ethics) 인간 행동, 행위와 관련된 도덕, 원칙, 의무를 탐구하는 철학적 연구

의무론(Deontology) 결과보다는 행동 자체가 도덕적 숙고의 기반이 되어야 한다는 윤리 이론

이기주의(Egoism) 개인의 이기심이 행동과 도덕의 기반이라고 주장하는 윤리 이론

이원론(Dualism) 모든 것에는 두 가지 구성 요소, 즉 마음-신체 또는 선-악과 같이 구성되어 있다는 철학적 신조

이타주의(Altruism) 자신을 따지지 않는 염려의 덕이자 심지어 자신에게 해가 된다고 할지라도 타인의 웰빙을 위해 행동하는 것

인과(causation) 현상이 사전 사건이나 힘의 결과라는 개념

인문주의(Humanism) 인간 존엄을 단언하고 진실은 인간적인 방법을 통해서 획득할 수 있다고 보는 철학적 입장

인식론(Epistemology) 앎의 발견과 정당화 모두를 탐구하는 철학적 연구

일관주의(Coherentism) 명제의 참이 다른 잘 알려진 참 명제와 일치하는지의 여부에 달려 있다는 견해

일원론(Monism) 단일 물체, 실제, 관념, 힘, 원칙만이 현상을 설명한다는 관념

자연주의(Naturalism) 자연 세계만이 존재하며 자연적 힘과 존재만이 현상을 설명한다는 신조

자연주의적 오류(naturalistic fallacy) 자연적인 사실에서 윤리적 의무를 추론하거나 자연적인 것이 선하다고 간주하는 형식 오류

자율성(autonomy) 자기규정, 자기 결정의 윤리적 원칙으로, 비강압적인 상황에서 충분한 정보 아래 결정하는 것을 가리킴

전제(presupposition) 현상을 탐구하기 위해 가지고 있는 가정 또는 배경 믿음

전체론(Holism) 스무츠(J. C. Smuts)가 20세기 초에 도입하였으며, 통일체가 본성의 주요 단위라는 개념

절대주의(Absolutism) 명제를 평가하고 판단할 수 있는 보편적, 객관적 표준이

있다는 원칙으로, 특히 도덕적 명제에 대한 견해를 말함

정서주의(Emotivism) 도덕성이 개인의 느낌과 욕망에 기반을 두어야 한다는 윤리 이론

정의(justice) 공평하게, 특히 이득, 짐, 위험의 분배에 있어 평등하게 행해야 한다는 윤리적 원칙(분배 정의)

존재론(Ontology) 존재나 실존의 본성에 대한 형이상학적 분석

주관성(subjectivity) 개인의 느낌이나 개인적 지향에 의해 좌우되는 존재의 상태

직관적(intuitive) 실증적, 도덕적 앎이 한 사람의 지각으로부터 직접 파악된다는 개념

창발론(Emergentism) 존재나 그 특성은 하부 구조로부터 발생하나 실질적으로는 그 구조와는 별개라는 관념

토대주의(Foundationalism) 지식은 기본 믿음 집합에 기초하여 수립되거나 정당화된다는 관념

파토스(Pathos) 지혜롭고 사랑에서 우러나는 행위 모두의 가능성의 정초가 되는 상태

플라톤주의(Platonism) 추상적 존재가 있다고 보는 철학적 입장

합리주의(Rationalism) 앎이 감각-경험 없이 이성의 운동만으로 기원 가능하다는 개념

현상학(Phenomenology) 현상에 대한 이론적 연구가 아닌 구체적 연구

현존재(Dasein) 시간성으로 구성된 존재를 의미하는 하이데거의 용어로서, 존재의 의미를 시간적으로 해석하는 자

형이상학(Metaphysics) 물체, 시간, 존재, 인과 등의 개념에 내재하고 있는 제일 원칙에 대한 철학적 연구

후험적(a posteriori) 관찰된 사실과 증거에 기반을 둔 추론으로, 경험에 기반을 둔 지식

▶ 참고 문헌

강신익 (2007)『몸의 역사 몸의 문화』. 휴머니스트.

그레이엄 하먼 (2023)『사변적 실재론 입문』. 김효진 역. 갈무리.

김대현 (2022) 일본의 우생학에서 미국의 우생학으로-해방 이후~1950년대 한국의 소년범죄 담론.『역사문제연구』. 49:301-339.

김예림 (2005) [한국적 근대는 어떻게 만들어졌나] 전시기 오락정책과 '문화'로서의 우생학.『역사비평』. 73:325-350.

김은정 (2022)『치유라는 이름의 폭력: 근현대 한국에서 장애·젠더·성의 재활과 정치』. 강진경, 강진영 역. 후마니타스.

김준혁 (2022)『우리 다시 건강해지려면: 정의로운 건강을 위한 의료윤리학의 질문들』. 반비.

김창엽, 김현미, 박목우 등 (2022)『돌봄이 돌보는 세계: 취약함을 가능성으로, 공존을 향한 새로운 질서』. 동아시아.

데이비드 쾀멘 (2017)『인수공통 모든 전염병의 열쇠』. 강병철 역. 꿈꿀자유.

더 케어 컬렉티브 (2021)『돌봄 선언: 상호의존의 정치학』. 정소영 역. 니케북스.

도나 해러웨이 (2019)『해러웨이 선언문: 인간과 동물과 사이보그에 관한 전복적 사유』. 황희선 역. 책세상.

로지 브라이도티 (2013)『포스트휴먼』. 이경란 역. 아카넷.

박윤재 (2022)『한국현대의료사』. 들녘.

시노하라 마사타케 (2022)『인류세의 철학: 사변적 실재론 이후의 '인간의 조건'』. 조성환, 이우진, 야규 마코토, 허남진 역. 모시는사람들.

신상규 (2014)『트랜스휴먼』. 아카넷.

신영전, 정일영 (2019) 미수(梁壽) 이갑수(李甲秀)의 생애와 사상: 우생 관련 사상과 활동을 중심으로.『의사학』. 28(1):43-88.

에이브러햄 플렉스너 (2005)『플렉스너 보고서: 미국과 캐나다의 의학교육』. 김선 역. 한길사.

유발 하라리 (2015)『사피엔스: 유인원에서 사이보그까지, 인간 역사의 대담하고 위대한 질문』. 조현욱 역. 김영사.

이철승 (2021)『쌀 재난 국가』. 문학과지성사.

이행선 (2013) 일제말, 해방공간 우생학과 소년수(少年囚)를 통해 본 "착한 / 불량 국가"−거세, 단종법, 격리, 정신병−. 『동아시아문화연구』. 53:329−368.

케빈 올슨 편 (2016) 『불평등과 모욕을 넘어: 낸시 프레이저의 비판적 정의론과 논쟁들』. 이현재, 문현아, 박건 역. 그린비

프란체스카 페란도 (2021) 『철학적 포스트휴머니즘: 포스트휴먼 시대를 이해하는 237개의 질문들』. 이지선 역. 아카넷.

Achinstein, P. (1983) *The Nature of Explanation*. Oxford: Oxford University Press.

Achterberg, J. (1996) What is medicine? *Alternative Therapies* 2:58-61.

Ackerknecht, E. H. (1982) *A Short History of Medicine*. Baltimore, MD: Johns Hopkins University Press.

Ackermann, R. (1989) The new experimentalism. *British Journal for the Philosophy of Science* 40:185–190.

Adams, J. -K. (1996) *Narrative Explanation: A Pragmatic Theory of Discourse*. Frankfurt am Main: Peter Lang.

Agamben, G. (2004) *The Open: Man and Animal*. Attell, K., trans.Stanford: Stanford University Press.

Agich, G. J. (1983) Disease and value: a rejection of the value-neutrality theory. *Theoretical Medicine* 4:27-41.

Ainslie, D. C. (2004) Principlism. In: *Encyclopedia of Bioethics*, third edn., volume 4, Post, S. G., ed. New York: Thomson Gale, pp. 2099-2104.

Albert, D. A., Munson, R., Resnik, M. D. (1988) *Reasoning in Medicine: An Introduction to Clinical Inference*. Baltimore, MD: Johns Hopkins University Press.

Aldrich, C. K. (1993) *The Medical Interview: Gateway to the Doctor-Patient Relationship*. New York: Parthenon.

Aldrich, C. K. (1999) *The Medical Interview: Gateway to the Doctor-Patient Relationship*, second edn. New York: Parthenon Publishing Group.

Alexander, S. (1920) *Space, Time and Deity*. London: Macmillan.

Amundsen, D. W. (2004a) Medical ethics, history of Europe. I. Ancient and medieval. A. Greece and Rome. In: *Encyclopedia of Bioethics*, third edn., volume 3, Post, S. G., ed. New York: Thomson Gale, pp. 1555-1562.

Amundsen, D. W. (2004b) Medical ethics, history of Europe. I. Ancient and medieval. B. Early Christianity. In: *Encyclopedia of Bioethics*, third edn., volume 3, Post, S. G., ed. New York: Thomson Gale, pp. 1562-1568.

Amundsen, D. W. (2004c) Medical ethics, history of Europe. I. Ancient and medieval. C. Medieval Christian Europe. In: *Encyclopedia of Bioethics*, third edn., volume 3, Post, S. G., ed. New York: Thomson Gale, pp. 1568-1583.

Amundsen, D. W., Ferngren, G. B. (1983) Evolution of the patient-physician relationship: antiquity through the Renaissance. In: *The Clinical Encounter: The Moral Fabric of the Patient-Physician Relationship*, Shelp, E. E., ed. Dordrecht, The Netherlands: Reidel, pp. 3-46.

Anderson, W. F. (1995) Gene therapy. *Scientific American* 273:124-128.

Annandale, E. C. (1989) The malpractice crisis and the doctor-patient relationship. *Sociology of Health and Illness* 11:1-23.

Anonymous (1999) Achievements in Public Health, 1900-1999: control of infectious diseases. *Morbidity and Mortality Weekly Report* 48:621-629.

Aring, C. D. (1958) Sympathy and empathy. *Journal of American Medical Association* 167:448–452.

Aristotle (2001) In: *The Basic Works of Aristotle*, McKeon, R., ed. New York: Modern Library.

Arras, J. D. (1992) Narrative ethics. In: *Encyclopedia of Ethics*, second edn., volume 2, Becker, L. C., Becker, C. B., eds. London: Routledge, pp. 1201-1205.

Astin, J. A. (1998) Why patients use alternative medicine: results of a national survey. *Journal of American Medical Association* 279:1548-1553.

Aune, B. (1970) *Rationalism, Empiricism, and Pragmatism: An Introduction*. New York: Random House.

Ayer, A. J. (1952) *Language, Truth and Logic*, reprint edn. New York: Dover.

Bacon, F. (1994) *Novum Organum*, Urbach, P., Gibson, J., trans. Chicago, IL: Open Court.

Baglivi, G. (1723) *Practice of Physick*, second edn. London: Midwinter.

Bain, A. (1887) *Logic: Deductive and Inductive*, revised edn. New York: American Book Co.

Baier, K. (1958) *The Moral Point of View: A Rational Basis of Ethics.* Ithaca, NY: Cornell University Press.

Baier, K. (1991) Egoism. In: *A Companion to Ethics*, Singer, P., ed. Oxford: Blackwell, pp. 197-204.

Bailar, J. C., III (2001) The powerful placebo and the Wizard of Oz. *New England Journal of Medicine* 344:1630-1632.

Ballard-Reisch, D. S. (1990) A model of participative decision making for physician-patient interaction. *Health Communication* 2:91-104.

Barnard, D. (1982) The gift of trust: psychodynamic and religious meanings in the physician's office. *Soundings* 65:213-232.

Barnard, D. (1985) The physician as priest, revised. *Journal of Religion and Health* 24:272-286.

Barnett, M. A. (1987) Empathy and related responses in children. In: *Empathy and Its Development*, N., Strayer, J., eds. Cambridge: Cambridge University Press, pp. 146-162.

Baron, J. (1988) *Thinking and Deciding.* Cambridge: Cambridge University Press.

Baron, R. J. (1985) An introduction to medical phenomenology: I can't hear you while I'm listening. *Annals of Internal Medicine* 103:606-611.

Bayles, M. D. (1981) Physicians as body mechanics. In: *Concepts of Health and Disease: Interdisciplinary Perspectives*, Caplan, A.C., Engelhardt, H.T., Jr., McCartney, J. J., eds. Reading, MA: Addison-Wesley, pp. 665-675.

Beauchamp, T. (2004a) The legacy and the future: 30 years after the Belmont Report, Beauchamp sets the record straight. *Protecting Human Subjects* 10:1-3.

Beauchamp, T. (2004b) Paternalism. In: *Encyclopedia of Bioethics*, third edn., volume 4, Post, S. G., ed. New York: Thomson Gale, pp. 1983-1990.

Beauchamp, T., Childress, J. F. (1979) *Principles of Biomedical Ethics.* Oxford: Oxford University Press.

Beauchamp, T., Childress, J. F. (1994) *Principles of Biomedical Ethics*, fourth edn. Oxford: Oxford University Press.

Beauchamp, T., Childress, J. F. (2001) *Principles of Biomedical Ethics*, fifth edn. Oxford: Oxford University Press.

Beauchamp, T. L. (1993) The principles approach. *Hastings Center Report* 23:S9.

Beauchamp, T. L. (1995) Principlism and its alleged competitors. *Kennedy Institute of Ethics Journal* 5:181-198.

Beauchamp, T. L. (2003a) The origins, goals, and core commitments of The Belmont Report and Principles of Biomedical Ethics. In: *The Story of Bioethics: From Seminal Works to Contemporary Explorations*, Walter, J. K., Klein, E. P., eds. Washington, DC: Georgetown University Press, pp. 17-46.

Beauchamp, T. L. (2003b) A defense of common morality. *Kennedy Institute of Ethics Journal* 13:259-274.

Beauchamp, T. L., Walters, L. (1999) Ethical theory and bioethics. In: *Contemporary Issues in Bioethics*, fifth edn., Beauchamp, T. L., Walters, L., eds. Belmont, CA: Wadsworth, pp. 1-32.

Beebee, H. (2006) *Hume on Causation.* New York: Routledge.

Beisecker, A. E., Beisecker, T. D. (1993) Using metaphors to characterize doctor-patient relationships: paternalism versus consumerism. *Health Communication* 5:41-58.

Bell, J. (1997) Genetics of common disease: implications for therapy, screening and redefinition of disease. *Philosophical Transactions of the Royal Society of London* 352B:1051-1055.

Benbassat, J., Baumal, R. (2004) What is empathy, and how can is be promoted during clinical clerkships? *Academic Medicine* 79:832-839.

Benfield, D. G. (1979) Two philosophies of caring. *Ohio State Medical Journal* 75:508-511.

Benjamin, A. C. (1942) Types of empiricism. *Philosophical Review* 51:497-502.

Bensing, J. (2000) Bridging the gap: the separate worlds of evidence-based medicine and patient-centered medicine. *Patient Education and Counseling* 39:17-25.

Bensing, J., Verhaak, P. F. M., van Dulmen, A. M., Visser, A. P. (2000) Communication: the royal pathway to patient-centered medicine. *Patient Education and Counseling* 39:1-3.

Berger, D. M. (1987) *Clinical Empathy.* Northvale, NJ: Jason Aronson.

Bevir, M. (2000) Narrative as a form of explanation. *Disputatio* 9:10-18.

Bhaskar, R. (1997) *A Realist Theory of Science*, second edn. London: Verso.

Bhaskar, R. (1998) *The Possibility of Naturalism: A Philosophical Critique of the Contemporary Human Sciences*. London: Routledge.

Bigelow, W. G. (1990) *Mysterious Heparin: The Key to Open Heart Surgery*. Toronto: McGraw-Hill Ryerson.

Billings, J. A., Stoeckle, J. D. (1999) *The Clinical Encounter: A Guide to the Medical Interview and Case Presentation*, second edn. St. Louis, MO: Mosby-Year Book.

Bird, A. (1998) *Philosophy of Science*. Montreal: McGill-Queen's University Press.

Black, D. A. K. (1968) *The Logic of Medicine*. Edinburgh: Oliver & Boyd.

Black, N. (1999) Evidence-based surgery: a passing fad? *World Journal of Surgery* 23:789-793.

Blanshard, B. (1967) Wisdom. In: *The Encyclopedia of Philosophy*, volume 8, Edwards, E., ed. New York: Macmillan/Free Press, pp. 322-324.

Bliss, M. (1984) *The Discovery of Insulin*. Chicago, IL: University of Chicago Press.

Blum, L. (1980) Compassion. In: *Explaining Emotions*, Rorty, A. O., ed. Berkeley, CA: University of California Press, pp. 507-517.

Blumgart, H. L. (1964) Caring for the patient. *New England Journal of Medicine* 270:449-456.

Boelen, C. (2002) A new paradigm for medical schools a century after Flexner's report. *Bulletin of the World Health Organization* 80:592-593.

Boesch, C. (2004) Nobel Prizes for nuclear magnetic resonance: 2003 and historical perspectives. *Journal or Magnetic Resonance Imaging* 20:177-179.

Boorse, C. (1975) On the distinction between disease and illness. *Philosophy and Public Affairs* 5:49–68.

Boorse, C. (1976) Wright on functions. *Philosophical Review* 85:70-86.

Boorse, C. (1977) Health as a theoretical concept. *Philosophy of Science* 44:542-573.

Boorse, C. (1987) Concepts of health. In: *Health Care Ethics: An Introduction*, VanDeVeer, D., Regan, T., eds. Philadelphia, PA: Temple University Press, pp. 359-393.

Boorse, C. (1997) A rebuttal on health. In: *What is Disease?*, Humber, J. M., Almeder, R. F., eds. Totowa, NJ: Humana Press, pp. 1-134.

Booth, G. (1951) Basic concepts of psychosomatic medicine. *Pastoral Psychology* 1:11-18.

Booth, G. (1962) Disease as a message. *Journal of Religion and Health* 1:309-318.

Botkin, J. R. (1992) The seductive beauty of physiology. *Journal of Clinical Ethics* 3:274-277.

Bourns, H. K. (1983) Art and science in medicine. *Bristol Medico-Chirurgical Journal* 98:51-56.

Boyd, K. M. (2000) Disease, illness, sickness, health, healing and wholeness: exploring some elusive concepts. *Journal of Medical Ethics: Medical Humanities* 26:9-17.

Boyd, R. (1991) On the current status of scientific realism. In: *The Philosophy of Science*, Boyd, R., Gasper, P., Trout, J. D., eds. Cambridge, MA: MIT, pp. 195-222.

Boylan, M. (2000) *Basic Ethics*. Upper Saddle River, NJ: Prentice-Hall.

Boyle, J. (1998) An absolute rule approach. In: *A Companion to Bioethics*, Kuhse, H., Singer, P., eds. Oxford: Blackwell, pp. 72-79.

Brehmer, B. (1994) The psychology of linear judgment models. *Acta Psychologica* 87:137-154.

Broad, C. D. (1925) *The Mind and Its Place in Nature*. New York: Harcourt, Brace & Jovanovich.

Brody, B. A. (1983) Legal models of the patient-physician relation. In: *The Clinical Encounter: The Moral Fabric of the Patient-Physician Relationship*, Shelp, E. E., ed. Dordrecht, The Netherlands: Reidel, pp. 117-131.

Brody, H. (1987) The physician-patient relationship: models and criticisms. *Theoretical Medicine* 8:205-220.

Brody, H. (2003) *Stories of Sickness*, second edn. New York: Oxford University Press.

Broemeling, L. D. (2007) *Bayesian Biostatistics and Diagnostic Medicine.* Boca Raton, FL: Chapman & Hall/CRC.

Bromberger, S. (1966) Why-questions. In: *Readings in the Philosophy of Science*, Brody, B. A., ed. Englewood Cliffs, NJ: Prentice-Hall, pp. 66-84.

Brown, C. (1988) Internal realism: transcendental idealism? *Midwest Studies in Philosophy* 12:145–155.

Brown, H. I. (1979) *Perception, Theory and Commitment: The New Philosophy of Science.* Chicago, IL: University of Chicago Press.

Brown, K. (2004) The history of penicillin from discovery to the drive to production. *Pharmaceutical Historian* 34:37-43.

Brown, M. M., Brown, G. C., Sharma, S. (2005) *Evidence-Based to Value-Based Medicine.* Chicago, IL: AMA.

Brown, T. (1981) *The Mechanical Philosophy and the 'Animal Oeconomy'.* New York: Arno.

Brown, W. M. (1985) On defining "disease". *Journal of Medicine and Philosophy* 10:311-328.

Bruhn, J. G., Henderson, G. (1991) *Values in Health Care: Choices and Conflict.* Springfield, IL: Charles C. Thomas.

Brunner, J. (1986) *Actual Minds, Possible Worlds.* Cambridge, MA: Harvard University Press.

Bryan, C. S. (2006) "Aequanimitas" Redux: William Osler on detached concern versus humanistic empathy. *Perspectives in Biology and Medicine.* 49(3):384-392.

Buchanan, A. (1978) Medical paternalism. *Philosophy and Public Affairs* 7:370-390.

Bull, J. P. (1959) The historical development of clinical therapeutic trials. *Journal of Chronic Diseases* 10:218-248.

Burch, P. R. J. (1983) The Surgeon General's "epidemiological criteria for causality." A critique. *Journal of Chronic Diseases* 36:821-836.

Burnham, J. C. (1982) American medicine's golden age: what happened to it? *Science* 215:1474-1479.

Burrell, D., Hauerwas, S. (1977) From system to story: an alternative pattern for rationality in ethics. In: *The Foundations of Ethics and Its Relationship to Science: Knowledge, Value, and Belief,* volume 2, Engelhardt, H. T., Jr., Callahan, D., eds. Hastings-on-the-Hudson, NY: Hastings Center, pp. 111-152.

Burtt, E. A. (1932) *The Metaphysical Foundations of Modern Physical Science: A Historical and Critical Essay,* revised edn. New York: Harcourt, Brace & Jovanovich.

Cabot, R. C. (1926) *Adventures in the Borderlands of Ethics.* New York: Harper.

Callahan, D. (2001) Our need for caring: vulnerability and illness. In: *The Lost Art of Caring: A Challenge to Health Professionals, Families, Communities, and Society,* Cluff, L. E., Binstock, R. H., eds. Baltimore, MD: Johns Hopkins University Press, pp. 11-24.

Calman, K. C. (2004) Evolutionary ethics: can values change. *Journal of Medical Ethics* 30:366–370.

Cannon, W. B. (1939) *The Wisdom of the Body,* second edn. New York: W. W. Norton.

Cantrell, R. W. (1997) A century of progress in medical ethics. *Laryngoscope* 107:447-452.

Caplan, A. L. (1980) A new direction for medical ethics. *Science, Technology, & Human Values* 5:53–54.

Caplan, A. L. (1992) Does the philosophy of medicine exist? *Theoretical Medicine* 13:67-77.

Card, R. F. (2004) *Critically Thinking About Medical Ethics.* Upper Saddle River, NJ: Pearson Prentice-Hall.

Carmichael, E. B. (1972) Claude Bernard, experimental physiologists and teacher. *Alabama Journal of Medical Sciences* 9:349-360.

Carmona, R. (2004) *The Health Consequences of Smoking: A Report of the Surgeon General.* Rockville, MD: U.S. Department of Health and Human Services.

Carson, R. A. (1997) Medical ethics as reflective practice. In: *Philosophy of Medicine and Bioethics,* Carson, R. A., Burns, C. R., eds. Dordrecht, The Netherlands: Kluwer, pp. 181-191.

Cartwright, N. (2007) Are RCTs the gold standard? *BioSocieties* 2:11-20.

Casadevall, A. (1996) Crisis in infectious diseases: time for a new paradigm? *Clinical Infectious Disease* 23:790-794.

Cassel, C. K. (1996) A patient-physician covenant: an affirmation of Asklepios. *Annals of Internal Medicine* 124:604-606.

Cassell, E. J. (1985) *Talking with Patients. Volume 2: Clinical Technique.* Cambridge, MA: MIT.

Cassell, E. J. (1991) *The Nature of Suffering and the Goals of Medicine.* New York: Oxford University Press.

Cassell, E. J. (1997) *Doctoring: The Nature of Primary Care Medicine.* Oxford: Oxford University Press.

Cassell, E. J. (2004) *The Nature of Suffering and the Goals of Medicine,* second edn. New York: Oxford University Press.

Cavazzana-Calvo, M., Lagresle, C., Hacein-Bey-Abina, S., Fischer, A. (2005) Gene therapy for severe combined immunodeficiency. *Annual Review of Medicine* 56:585-602.

Chalmers, I. (1993) The Cochrane collaboration: preparing, maintaining, and disseminating systematic reviews of the effects of health care. *Annals of the New York Academy of Sciences* 703:156–163.

Chalmers, I., Altman, D. G. (2002) The landscape and lexicon of blinding in randomized trials. *Annals of Internal Medicine* 136:254-259.

Chalmers, T. C. (1981) The clinical trial. *Milbank Memorial Fund Quarterly* 59:324-339.

Chan, L., Fugimiya, M., Kojima, H. (2003) In vivo gene therapy for diabetes mellitus. *Trends in Molecular Medicine* 9:430-435.

Charon, R. (2001) Narrative medicine: a model for empathy, reflection, profession, and trust. *Journal of American Medical Association* 286:1897-1902.

Charon, R. (2006) *Narrative Medicine: Honoring the Stories of Illness.* New York: Oxford University Press.

Chesney, A. M. (1943) *The Johns Hopkins Hospital and the Johns Hopkins University School of Medicine: A Chronicle. Volume I: Early Years,* 1867-1893. Baltimore, MD: Johns Hopkins.

Childress, J. F. (1982) *Who Should Decide? Paternalism in Health Care.* New

York: Oxford University Press.

Chin, J. J. (2001) Doctor-patient relationships: a covenant of trust. *Singapore Medical Journal* 42:579–581.

Christensen, S. T., Hansen, E. H. (2004) What did randomized clinical trials do to clinical science? *Theriaca* 35:68-88.

Claridge, J. A., Fabian, T. C. (2005) History and development of evidence-based medicine. *World Journal of Surgery* 29:547-553.

Clark, W. A. (1997) *The New Healers: The Promise and Problems of Molecular Medicine in the Twenty-First Century*. New York: Oxford University Press.

Clayton, P. (2004) *Mind and Emergence: From Quantum to Consciousness*. New York: Oxford University Press.

Clouser, K. D. (1977) Clinical medicine as science: editorial. *Journal of Medicine and Philosophy* 2:1-7.

Clouser, K. D. (1983) Veatch, May, and models: a critical review and a new view. In: *The Clinical Encounter: The Moral Fabric of the Patient-Physician Relationship*, Shelp, E. E., ed. Dordrecht, The Netherlands: Reidel, pp. 89-103.

Clouser, K. D. (1995) Common morality as an alternative to principlism. *Kennedy Institute of Ethics Journal* 5:219-236.

Clouser, K. D., Gert, B. (1990) A critique of principlism. *Journal of Medicine and Philosophy* 15:219–236.

Cluff, L. E., Binstock, R. H. (2001) Introduction. In: *The Lost Art of Caring: A Challenge to Health Professionals, Families, Communities, and Society*, Cluff, L. E., Binstock, R. H., eds. Baltimore, MD: Johns Hopkins University Press, pp. 1-7.

Cockburn, D. M. (2002) The panacea. *Clinical and Experimental Optometry* 81:1-2.

Cohen, J. (1994) Fulfilling Koch's postulates. *Science* 266:1647.

Cohn, A. E. (1928) Medicine and science. *Journal of Philosophy* 25:403-416.

Coiera, E. W. (1996) Artificial intelligence in medicine: the challenges ahead. *Journal of the American Medical Informatics Association* 3:363-366.

Cole, S. A., Bird, J. (2000) *The Medical Interview: The Three-Function Approach*, second edn. St. Louis, MO: Mosby.

Colen, B. D. (1976) *Karen Ann Quinlan: Dying in the Age of Eternal Life*. New York: Nash Publishing.

Collingwood, R. G. (1998) *An Essay on Metaphysics*, revised edn. Oxford: Clarendon Press.

Congdon, P. (2001) *Bayesian Statistical Modelling*. New York: Wiley.

Conrad, P. (1994) Wellness as virtue: morality and the pursuit of virtue. *Culture, Medicine and Psychiatry* 18:385-401.

Cook, H. J. (2004) Medical ethics, history of Europe. II. Renaissance and Enlightenment. In: *Encyclopedia of Bioethics*, third edn., volume 3, Post, S. G., ed. New York: Thomson Gale, pp. 1583-1589.

Cooper, R. (2002) Disease. *Studies in the History and Philosophy of Biology and the Biomedical Sciences* 33:263-282.

Corner, G. W. (1964) *A History of the Rockefeller Institute*, 1901-1953. New York: Rockefeller Institute Press.

Coulehan, J. L., Block, M. R. (1992) *The Medical Interview: A Primer for Students of the Art*, second edn. Philadelphia, PA: F.A. Davis Company.

Coulehan, J. L., Block, M. R. (2001) *The Medical Interview: Mastering Skills for Clinical Practice*, fourth edn. Philadelphia, PA: F.A. Davis Company.

Coulter, A. (1999) Paternalism or partnership? *British Medical Journal* 319:719-720.

Crane, T., Farkas, K. (2004) Introduction. In: *Metaphysics: A Guide and Anthology*, Crane, T., Farkas, K., eds. Oxford: Oxford University Press, pp. 369-379.

Crane, T., Mellor, D. H. (1990) There is no question of physicalism. *Mind* 99:185-206.

CRAP Writing Group (2002) EBM: unmasking the ugly truth. *British Medical Journal* 325:1496-1498.

Crawshaw, R., Rogers, D. E., Pellegrino, E. D., Bulger, R. J., Lundberg, G. D., Bristow, L. R., Cassel, Barondess, J. A. (1995) Patient-physician covenant. *Journal of American Medical Association* 273:1553.

Crick, F. H. C. (1994) *The Astonishing Hypothesis: The Scientific Search for the Soul.* New York: & Schuster.

Croskerry, P. (2003) The importance of cognitive errors in diagnosis and strategies to minimize them. *Academic Medicine* 78:775-780.

Croskerry, P. (2005) The theory and practice of clinical decision-making. *Canadian Journal of Anaesthesia* 52:R1-R8.

Culver, C. M., Gert, B. (1982) *Philosophy in Medicine: Conceptual and Ethical Issues in Medicine and Psychiatry.* New York: Oxford University Press.

Dale, A. I. (2003) *Most Honourable Remembrance: The Life and Work of Thomas Bayes.* New York: Springer.

Daniel, S. L. (1986) The patient as text: a model of clinical hermeneutics. *Theoretical Medicine* 7:195-210.

Davidson, D. (2004) Causal relations. In: *Metaphysics: A Guide and Anthology*, Crane, T., Farkas, K., eds. Oxford: Oxford University Press, pp. 401-411.

Davidson, W. (1882) Definition of intuition. *Mind* 7:304-310.

Davis, J. J. (1990) Ethical conflicts in medicine. *Journal of Biblical Ethics in Medicine* 4:1-7.

Davis, R. B. (1995) The principlism debate: a critical overview. *Journal of Medicine and Philosophy* 20:85-105.

Davis-Floyd, R., St. John, G. (1998) *From Doctor to Healer: The Transformative Journey.* New Brunswick, NJ: Rutgers University Press.

de Craen, A. J. M., Kaptchuk, T. J., Tijssen, J. G. P., Kleijnen, J. (1999) Placebos and placebo effects medicine: historical overview. *Journal of the Royal Society of Medicine* 92:511-515.

DeGrazia, D. (1992) Moving forward in bioethical theory: theories, cases, and specified principlism. *Journal of Medicine and Philosophy* 17:511-539.

DeGrazia, D. (2003) Common morality, coherence, and the principles of biomedical ethics. *Kennedy Institute of Ethics Journal* 13:219-230.

de Jong, H. L. (2003) Causal and functional explanations. *Theory & Psychology* 13:291-317.

Delaney, C. F. (1999) Critical realism. In: *The Cambridge Dictionary of Philosophy*, second edn., Audi, R., ed. Cambridge: Cambridge University Press, pp. 194-195.

Descartes, R. (1998) *The World and Other Writings*, Gaukroger, S., ed. and trans. Cambridge: Cambridge University Press.

Deutsch, E. (1993) The concept of the body. In: *Self as Body in Asian Theory and Practice*, Kasulis, T. P., ed. Albany, NY: SUNY, pp. 5-19.

Devitt, M. (2005) Scientific realism. In: *The Oxford Handbook of Contemporary Philosophy*, Jackson, F., Smith, M., eds. Oxford: Oxford University Press, pp. 767-791.

de Vries, P. (1986) Naturalism in the natural sciences: a Christian perspective. *Christian Scholar's Review* 15:388-396.

Dewitt, R. (2004) *Worldviews: An Introduction to the History and Philosophy of Science*. Oxford: Blackwell.

Diener, E. (2000) Subjective well-being: the science of happiness and a proposal for a national index. *American Psychologist* 55:34-43.

Diener, E., Sapyta, J. J., Suh, E. (1998) Subjective well-being is essential for well-being. *Psychological Inquiry* 9:33-37.

Dilthey, W. (1960) *Dilthey's Philosophy of Existence: Introduction to Weltanschauungslehre*, Kluback, W., trans. London: Vision.

DiMoia, J. (2016) *Reconstructing Bodies: Biomedicine, Health, and Nation Building in South Korea since 1945*. Stanford: Stanford University Press.

Doherty, M. E., Brehmer, B. (1997) The paramorphic representation of clinical judgment: a thirty-year retrospective. In: *Research on Judgment and Decision Making: Currents, Connections, and Controversies*, Goldstein, W. M., Hogarth, R. M., eds. Cambridge: Cambridge University Press, pp. 537-551.

Doležel, L. (1980) Truth and authenticity in narrative. *Poetics Today* 1:7-25.

Doll, R. (1984) The controlled trial. *Postgraduate Medical Journal* 60:719-724.

Doubilet, P., McNeil, B. J. (1988) Clinical decision making. In: *Professional Judgment: A Reader in Clinical Decision Making*, Dowie, J., Elstein, A., eds. Cambridge: Cambridge University Press, pp. 255-276.

Dowe, P. (2000) *Physical Causation*. Cambridge: Cambridge University Press.

Downie, R. S., Tannahill, C., Tannahill, A. (1996) *Health Promotion: Models and Values*, second edn. Oxford: Oxford University Press.

Dray, W. (1954) Explanatory narrative in history. *Philosophical Quarterly* 4:15-27.

Dray, W. (1957) *Laws and Explanation in History*. Oxford: Oxford University Press.

DuBose, E. R., Hamel, R. P., O'Connell, L. J. (1994) Introduction. In: *A Matter of Principles? Ferment in U.S. Bioethics*, DuBose, E. R., Hamel, R. P., O'Connell, L. J., eds. Valley Forge, PA: Trinity Press International, pp. 1-17.

Duesberg, P. (1988) HIV is not the cause of AIDS. *Science* 241:514.

Duesberg, P. H. (1997) *Inventing the AIDS Virus*. Washington, DC: Regnery Publishing.

Duffy, J. (1993) *From Humors to Medical Science: A History of American Medicine*, second edn. Urbana, IL: University of Illinois Press.

Duhem, P. M. M. (1954) *The Aim and Structure of Physical Theory*, Weiner, P. P., trans. Princeton, NJ: Princeton University Press.

Dummett, M. (1978) *Truth and Other Enigmas*. Cambridge, MA: Harvard University Press.

Dummett, M. (1991) *The Logical Basis of Metaphysics*. Cambridge, MA: Harvard University Press.

Dunn, H. L. (1977) What high-level wellness means. *Health Values: Achieving High-Level Wellness* 1:9-16.

Dupré, J. (2000) Reductionism. In: *A Companion to the Philosophy of Science*, Newton-Smith, W. H., ed. Oxford: Blackwell, pp. 402-404.

Dworkin, G. (1972) Paternalism. *Monist* 56:64-84.

Earman, J. (1975) What is physicalism? *Journal of Philosophy* 72:565-567.

Edwards, R. B. (1979) Intrinsic and extrinsic value and valuation. *Journal of Value Inquiry* 13:133-143.

Eisenberg, D. M., Davis, R. B., Ettner, S. L., Appel, S., Wilkey, S., Rompay, M. V., Kessler, R. C. (1998) Trends in alternative medicine use in the United

States, 1990-1997. *Journal of American Medical Association* 280:1569-1575.

Eisenberg, L. (1988) Science in medicine: too much or too little or too limited in scope? In: *The Task of Medicine: Dialogue at Wickenburg*, White, K. R., ed. Menlo Park, CA: Henry J. Kaiser Family Foundation, pp. 190-217.

Eisenberg, N., Strayer, J. (1987) Critical issues in the study of empathy. In: *Empathy and Its Development*, Eisenberg, N., Strayer, J., eds. Cambridge: Cambridge University Press, pp. 3-13.

Elstein, A. S. (1976) Clinical judgment: psychological research and mental practice. *Science* 194:696-700.

Elwyn, G., Gwyn, R. (1999) Narrative based medicine: stories we hear and stories we tell: analysing talk in clinical practice. *British Medical Journal* 318:186-188.

Emanuel, E. J. (1995) The beginning of the end of principlism. *Hastings Center Report* 25:37-38.

Emanuel, E. J., Emanuel, L. L. (1992) Four models of the physician-patient relationship. *Journal of American Medical Association* 267:2221-2226.

Enç, B. (1979) Functional attributions and functional explanations. *Philosophy of Science* 46:343-365.

Engel, G. L. (1977) The need for a new medical model: a challenge for biomedicine. *Science* 196:129-136.

Engelhardt, H. T., Jr. (1975) The concepts of health and disease. In: *Evaluation and Explanation in the Biomedical Sciences*, Engelhardt, H. T., Jr., Spicker, S. F., eds. Dordrecht, The Netherlands: Reidel, pp. 125-141.

Engelhardt, H. T., Jr. (1977) Is there a philosophy of medicine? *PSA 1976* 2:94-108.

Engelhardt, H. T., Jr. (1979) Introduction. In: *Clinical Judgment: A Critical Appraisal*, Engelhardt, H. T., Jr., Spicker, S. F., Towers, B., eds. Dordrecht, The Netherlands: Reidel, pp. xi-xxiv.

Engelhardt, H. T., Jr. (1981) Clinical judgment. *Metamedicine* 2:301-317.

Engelhardt, H. T., Jr. (1986a) From philosophy *and* medicine to philosophy *of* medicine. *Journal of Medicine and Philosophy* 11:3-8.

Engelhardt, H. T., Jr. (1986b) *The Foundations of Bioethics*. New York: Oxford University Press.

Engelhardt, H. T., Jr. (1996) *The Foundations of Bioethics*, second edn. New York: Oxford University Press.

Engelhardt, H. T., Jr. (2000) *The Foundations of Christian Bioethics*. Lisse, The Netherlands: Swets & Zeitlinger.

Engelhardt, H. T., Jr., Erde, E. L. (1980) Philosophy of medicine. In: *A Guide to the Culture of Science, Technology, and Medicine*, Durbin, P. T., ed. New York: Free Press, pp. 364-461.

Engelhardt, H. T., Jr., Wildes, K. W. (1995) Philosophy of medicine. In: *Encyclopedia of Bioethics*, revised edn., volume 3, Reich, W. T., ed. New York: Simon & Schuster/Macmillan, pp. 1680-1684.

Eraker, S. A., Polister, P. (1988) How decisions are reached: physician and patient. In: *Professional Judgment: A Reader in Clinical Decision Making*, Dowie, J., Elstein, A., eds. Cambridge: Cambridge University Press, pp. 379-394.

Evans, A. S. (1976) Causation and disease: the Henle-Koch postulates revisited. *Yale Journal of Biology and Medicine* 49:175-195.

Evans, R. G. (2003) Patient centered medicine: reason, emotion, and human spirit? Some philosophical reflections on being with patients. *Journal of Medical Ethics: Medical Humanities* 29:8–15.

Evidence-Based Medicine Working Group (1992) Evidence-based medicine: a new approach to teaching the practice of medicine. *Journal of American Medical Association* 268:2420-2425.

Federwisch, M., Dieken, M. L., de Meyts, P., eds. (2002) *Insulin and Related Proteins-Structure to Function and Pharmacology*. Dordrecht, The Netherlands: Springer.

Feig, S. A. (2002) Designer drugs: new directed therapies for cancer. *International Journal of Hematology* 76(suppl 2):281-283.

Feinberg, J. (1971) Legal paternalism. *Canadian Journal of Philosophy* 1:105-124.

Feinstein, A. R. (1967) *Clinical Judgment*. Huntington, NY: Krieger.

Feinstein, A. R. (1994) Clinical Judgment revisited: the distraction of quantitative models. *Annals of Internal Medicine* 120:7990805.

Feldman, S. D., Tauber, A. I. (1997) Sickle cell anemia: reexamining the first "molecular disease". *Bulletin of the History of Medicine* 71:623-650.

Ficarra, B. J. (2002) *Bioethics' Rise, Decline, and Fall.* Lanham, MD: University Press of America.

Fine, A. (1996) *The Shaky Game: Einstein, Realism and the Quantum Theory,* second edn. Chicago, IL: University of Chicago Press.

Finnis, J. (1980) *Natural Law and Natural Rights.* Oxford: Clarendon.

Fitch, R. E. (1968) The Protestant sickness. In: *The Situation Ethics Debate,* Cox, H., ed. Philadelphia, PA: Westminster Press, pp. 116-121.

Fleming, M. H., Mattingly, C. (2000) Action and narrative: two dynamics of clinical reasoning. In: *Clinical Reasoning in the Health Professions,* Higgs, J., Jones, M., eds. Oxford: Butterworth-Heinemann, pp. 54-61.

Fletcher, J. (1966) *Situation Ethics: The New Morality.* Philadelphia, PA: Westminster Press.

Fletcher, J., Montgomery, J. W. (1972) *Situation Ethics: True or False.* Minneapolis, MN: Dimension Books.

Fletcher, M. A., Fabre, P., Debois, H., Saliou, P. (2004) Vaccines administered simultaneously: directions for new combination vaccines based on an historical review of the literature. *International Journal of Infectious Diseases* 8:328-338.

Flexner, A. (1910) *Medical Education in the United States and Canada: A Report to the Carnegie Foundation for the Advancement of Teaching.* Boston, MA: Merrymount.

Flint, A., Jr. (1878) Claude Bernard and his physiological works. *American Journal of the Medical Sciences* 151:161-174.

Ford, A. B., Liske, R. E., Ort, R. S., Denton, J. C. (1967) *The Doctor's Perspective: Physicians View Their Patients and Practice.* Cleveland, OH: Press of Case Western Reserve University.

Forstrom, L. A. (1977) The scientific autonomy of clinical medicine. *Journal of Medicine and Philosophy* 2:8-19.

Foss, L. (2002) *The End of Modern Medicine: Biomedical Medicine Under a Microscope.* Albany, NY: SUNY.

Fox, R. C. (1959) *Experiment Perilous: Physicians and Patients Facing the Unknown*. Glencoe, IL: Free Press.

Frank, A. W. (2002) *At the Will of the Body: Reflections on Illness*. Boston, MA: Houghton Mifflin.

Frankena, W. K. (1963) *Ethics*. Englewood Cliffs, NJ: Prentice-Hall.

Frankena, W. K. (1970) The concept of morality. In: *The Definition of Morality*, Wallace, G., Walker, A. D. M., eds. London: Methuen, pp. 146-173.

Frankena, W.K. (1973) *Ethics*, second edn. Englewood Cliffs, NJ: Prentice-Hall.

Freeling, P. (1983) The doctor-patient relationship in diagnosis and treatment. In: *Doctor-Patient Communication*, Pendleton, D., Hasler, J., eds. London: Academic, pp. 161-175.

Fricker, M. (1995) Intuition and reason. *Philosophical Quarterly* 45:181-189.

Friedman, M. (1974) Explanation and scientific understanding. *Journal of Philosophy* 71:5-19.

Frondizi, R. (1971) *What Is Value? An Introduction to Axiology*, second edn. La Salle, IL: Open Court.

Fujimura, J. H., Chou, D. Y. (1994) Dissent in science: styles of practice and the controversy over the cause of AIDS. *Social Science & Medicine* 38:1017-1036.

Fulford, K. W. M. (1989) *Moral Theory and Medical Practice*. Cambridge: Cambridge University Press.

Fulton, J. F. (1933) Medicine. *Science* 78:109-114.

Fye, W. B. (1987) *The Development of American Physiology: Scientific Medicine in the Nineteenth Century*. Baltimore, MD: Johns Hopkins University Press.

Gammelgaard, A. (2000) Evolutionary biology and the concept of disease. *Medicine, Health Care and Philosophy* 3:109-116.

Gardiner, P. (2003) A virtue ethics approach to moral dilemmas in medicine. *Journal of Medical Ethics* 29:297-302.

Gaus, G. E. (1990) *Value and Justification: The Foundations of a Liberal Theory*. Cambridge: Cambridge University Press.

Gay, F. P. (1926) The medical sciences. *Science* 64:511-513.

Gedye, J. L. (1979) Simulating clinical judgment: an essay in technological psychology. In: *Clinical Judgment: A Critical Appraisal*, Engelhardt, H. T., Jr., Spicker, S. F., Towers, B., eds. Dordrecht, The Netherlands: Reidel, pp. 93-113.

Geison, G. L. (1978) *Michael Foster and the Cambridge School of Physiology: The Scientific Enterprise in Late Victorian Society*. Princeton, NJ: Princeton University Press.

George, V., Dundes, A. (1978) The gomer: a figure of American hospital folk speech. *Journal of American Folklore* 91:568-581.

Gert, B. (1988) *Morality: A New Justification of the Moral Rules*. Oxford: Oxford University Press.

Gert, B. (2004) *Common Morality: Deciding What to Do*. New York: Oxford University Press.

Gert, B., Culver, C. M. (1976) Paternalistic behavior. *Philosophy and Public Affairs* 6:45-57.

Gert, B., Culver, C. M., Clouser, K. D. (1997) *Bioethics: A Return to Fundamentals*. Oxford: Oxford University Press.

Ghosh, A. K. (2004) On the challenges of using evidence-based information: the role of clinical uncertainty. *Journal of Laboratory and Clinical Medicine* 144:60-64.

Giacomini, M. (1997) A change of heart and a change of mind? Technology and the redefinition of death in 1968. *Social Science and Medicine* 44:1465-1482.

Giere, R. N., Bickle, J., Mauldin, R. F. (2006) *Understanding Scientific Reasoning*, fifth edn. Belmont, CA: Thomson.

Gilligan, C. (1982) *In a Different Voice: Psychological Theory and Women's Development*. Cambridge, MA: Harvard University Press.

Gillon, R. (1986) *Philosophical Medical Ethics*. New York: Wiley.

Gillon, R. (1994) Preface: medical ethics and the four principles. In: *Principles of Health Care Ethics*, Gillon, R., Lloyd, A., eds. Chichester: Wiley, pp. xxi-xxxi.

Glick, S. M. (1981) Humanistic medicine in a modern age. *New England*

Journal of Medicine 304:1036-1038.

Glick, S. M. (1993) The empathic physician: nature and nurture. In: *Empathy and the Practice of Medicine: Beyond Pills and the Scalpel*, Spiro, H. M., Curnen, M. G. M., Peschel, E., St. James, D., eds. New Haven, CT: Yale University Press, pp. 85-102.

Goldberg, L. R. (1971) Five models of clinical judgment: an empirical comparison between linear and nonlinear representations of the human inference process. *Organizational Behavior and Human Performance* 6:458-479.

Goldman, G. M. (1990) The tacit dimension of clinical judgment. *Yale Journal of Biology and Medicine* 63:47-61.

Goldman, G. M. (1991) Clinical judgment: will HAL take over by 2001? *Hospital Practice* 26:7-8.

Goldstein, K. (1959) Health as value. In: *New Knowledge in Human Values*, Maslow, A. H., ed. New York: Harper, pp. 178-188.

Goldstein, W. M., Hogarth, R. M. (1997) Judgment and decision research: some historical context. In: *Research on Judgment and Decision Making: Currents, Connections, and Controversies*, Goldstein, W. M., Hogarth, R. M., eds. Cambridge: Cambridge University Press, pp. 3-65.

Goldsworthy, P. D., McFarlane, A. C. (2002) Howard Florey, Alexander Fleming and the fairy tale of penicillin. *MJA* 176:178-180.

Golub, E. S. (1997) *The Limits of Medicine: How Science Shapes Our Hope for the Cure*. Chicago, IL: University of Chicago Press.

Gómez-Lobo, A. (2002) *Morality and the Human Goods: An Introduction to Natural Law Ethics*. Washington, DC: Georgetown University Press.

Goodyear-Smith, F., Buetow, S. (2001) Power issues in the doctor-patient relationship. *Health Care Analysis* 9:449-462.

Gore, J. (2003) Out of the shadows-MRI and the Nobel Prize. *New England Journal of Medicine* 349:2290-2292.

Gosh, A. K. (2004) On the challenges of using evidence-based information: the role of clinical uncertainty. *Journal of Laboratory and Clinical Medicine* 144:60-64.

Gouldner, A. W. (1954) *Patterns of Industrial Bureaucracy*. Glencoe, Il: Free

Press.

Gøtzsche, P. C. (1994) Is there a logic in the placebo? *Lancet* 344:925-926.

Graber, M. L., Franklin, N., Gordon, R. (2005) Diagnostic error in internal medicine. *Archives of Internal Medicine* 165:1493-1499.

Gracia, D. (1999) What kind of values? A historical perspective on the ends of medicine. In: Goals of Medicine: *The Forgotten Issue in Health Care Reform*, Hanson, M. J., Callahan, D., eds. Washington, DC: Georgetown University Press, pp. 88-100.

Graham, D. (2000) Revisiting Hippocrates: does an oath really matter? *Journal of American Medical Association* 284:2841-2842.

Greaves, M. (2002) Cancer causation: the Darwinian downside of past success? *Lancet Oncology* 3:244–251.

Greco, J. (2000) Two kinds of intellectual virtue. *Philosophy and Phenomenological Research* 60:179–184.

Greco, J. (2002) Virtues in epistemology. In: *Oxford Handbook of Epistemology*, Moser, P., ed. Oxford: Oxford University Press, pp. 287-315.

Green, R. M. (1990) Method in bioethics: a troubled assessment. *Journal of Medicine and Philosophy* 15:179-197.

Green, R. M., Gert, B., Clouser, K. D. (1993) The method of public morality versus the method of principlism. *Journal of Medicine and Philosophy* 18:477-489.

Green, S. A. (2002) The origins of modern clinical research. *Clinical Orthopaedics and Related Research* 405:311-319.

Greenberger, N. J., Hinthorn, D. R. (1993) *History Taking and Physical Examination: Essentials and Clinical Correlates*. St Louis, MO: Mosby-Year Book.

Greenhalgh, T. (1999) Narrative based medicine in an evidence based world. *British Medical Journal* 318:323-325.

Greenhalgh, T. (2002) Intuition and evidence-uneasy bedfellows? *British Journal of General Practice* 52:395-400.

Greenhalgh, T., Hurwitz, B. (1999) Narrative based medicine: why study narrative? *British Medical Journal* 318:48-50.

Griffin, J. (1986) *Well-Being: Its Meaning, Measurement and Moral Importance.* Oxford: Clarendon.

Grisez, G. (1983) *The Way of the Lord Jesus, Volume 1: Christian Moral Principles.* Chicago, IL: Franciscan Herald.

Grisez, G., Shaw, R. (1991) *Fulfillment in Christ: A Summary of Christian Moral Principles.* Dame, IN: University of Notre Dame Press.

Groopman, J. (2007) *How Doctors Think.* Boston, MA: Houghton Mifflin.

Guttmacher, A. E., Collins, F. S. (2002) Genomic medicine-a primer. *New England Journal of Medicine* 347:1512-1520.

Haack, S. (1987) Realism. *Synthese* 73:275-299.

Haakonssen, K. (1996) *Natural Law and Moral Philosophy: From Grotius to the Scottish Enlightenment.* Cambridge: Cambridge University Press.

Haakonssen, L. (1997) *Medicine and Morals in the Enlightenment: John Gregory, Thomas Percival, and Benjamin Rush.* Atlanta, GA: Amsterdam.

Hacking, I. (1983) *Representing and Intervening: Introductory Topics in the Philosophy of Natural Science.* Cambridge: Cambridge University Press.

Hacking, I. (1999) *The Social Construction of What?* Cambridge, MA: Harvard University Press.

Hall, E. (2005) The 'geneticisation' of heart disease: a network analysis of the production of new genetic knowledge. *Social Science & Medicine* 60:2673-2683.

Halliday, R. (2004) Value. In: *Ethics*, revised edn., volume 3, Roth, J. K. ed. Pasadena, CA: Salem Press, pp. 1535-1539.

Halpern, J. (2001) *From Detached Concern to Empathy: Humanizing Medical Practice.* New York: Oxford University Press.

Halpern, J. (2003) What is clinical empathy? *Journal of General Internal Medicine* 18:670-674.

Hammond, K. R. (1955) Probabilistic functioning and the clinical method. *Psychological Review* 62:255–262.

Hampton, J. R. (2002) Evidence-based medicine, opinion-based medicine, and real-world medicine. *Perspectives in Biology and Medicine* 45:549-568.

Hanahan, D., Weinberg, R. A. (2000) The hallmarks of cancer. *Cell* 100:57-70.

Hannabuss, S. (2000) Narrative knowledge: eliciting organizational knowledge from storytelling. *Aslib Proceedings* 52:402-413.

Haraway, D. (1991) A cyborg manifesto: science, technology, and socialist-feminism in the late twentieth century. In: Simians, *Cyborgs and Women: The Reinvention of Nature*. New York: Routledge, pp. 149-181.

Harman, G. H. (1965) The inference to the best explanation. *Philosophical Review* 74:88-95.

Harman, G. H. (1973) *Thought*. Princeton, NJ: Princeton University Press.

Harris, C. E., Jr. (2007) *Applying Moral Theory*, fifth edn. Belmont, CA: Thomson Wadsworth.

Harris, M. J. (2003) *Divine Command Ethics: Jewish and Christian Perspectives*. London: Routledge Curzon.

Hart, S. L. (1971) Axiology-theory of values. *Philosophy and Phenomenological Research* 32:29-41.

Hartman, R. S. (1966) *The Hartman Value Inventory*. Boston, MA: Miller.

Hartman, R. S. (1967) *The Structure of Value: Foundations of Scientific Axiology*. Carbondale, IL: Southern Illinois University Press.

Haug, M. R., Lavin, B. (1981) Practitioner or patient-who's in charge? *Journal of Health and Social Behavior* 22:212-229.

Haug, M. R., Lavin, B. (1983) *Consumerism in Medicine: Challenging Physician Authority*. Beverly Hills, CA: Sage.

Hawking, S., Penrose, R. (1996) *The Nature of Space and Time*. Princeton, NJ: Princeton University Press.

Häyry, H. (1991) *The Limits of Medical Paternalism*. London: Routledge.

Heaney, R. P. (1991) How do we know what we know? The randomized controlled trial reconsidered. *Journal of Bone and Mineral Research* 6:103-105.

Heelan, P. A. (1977) The nature of clinical science. *Journal of Medicine and Philosophy* 2:20-32.

Heffler, S., Smith, S., Keehan, S., Bolger, C., Clemens, M. K., Truffer, C. (2005) U.S. health spending projections for 2004-2014. *Health Affairs* W5:74-85.

Hellman, G. P., Thompson, F. W. (1975) Physicalism: ontology, determinism, and reduction. *Journal of Philosophy* 72:551-564.

Hempel, C. G. (1942) The function of general laws in history. *Journal of Philosophy* 39:35-48.

Hempel, C. G. (1965) *Aspects of Scientific Explanation and Other Essays in the Philosophy of Science.* New York: Free Press.

Hempel, C. G., Oppenheim, P. (1948) Studies in the logical of explanation. *Philosophy of science* 15:135-175.

Henderson, L. J. (1935) Physician and patient as a social system. *New England Journal of Medicine* 212:819-823.

Hennekens, C. H., Buring, J. E. (1987) *Epidemiology in Medicine.* Boston, MA: Little, Brown.

Hesslow, G. (1993) Do we need a concept of disease? *Theoretical Medicine* 14:1-14.

Heubel, F., Biller-Andorno, N. (2005) The contribution of Kantian moral theory to contemporary medical ethics: a critical analysis. *Medicine Health Care and Philosophy* 8:5-18.

Hill, A. B. (1965) The environment and disease: association or causation? *Proceedings of the Royal Society of Medicine* 58:295-300.

Hittinger, R. (1987) *A Critique of the Natural Law Theory.* Notre Dame, IN: University of Notre Dame Press.

Hoehner, P. J. (2006) The myth of value neutrality. *Virtual Mentor* 8:341-344.

Hoel, D., Williams, D. N. (1997) Antibiotics: past, present, and future. *Postgraduate Medicine* 101:114-122.

Hoffman, P. J. (1960) The paramorphic representation of clinical judgment. *Psychological Bulletin* 57:116-131.

Honer, S. M., Hunt, T. C., Okholm, D. L. (1999) *Invitation to Philosophy: Issues and Options,* eighth edn. Belmont, CA: Wadsworth.

Horner, C., Westacott, E. (2000) *Thinking Through Philosophy: An Introduction.* Cambridge: Cambridge University Press.

Howell, J. D. (2001) A history of caring in medicine. In: *The Lost Art of Caring: A Challenge to Health Professionals, Families, Communities, and Society*, Cluff, L. E., Binstock, R. H., eds. Baltimore, MD: Johns Hopkins University Press, pp. 77-103.

Hróbjartsson, A., Gøtzsche, P. C. (2001) Is the placebo powerless? An analysis of clinical trials comparing placebo with no treatment. *New England Journal of Medicine* 344:1594-1602.

Hume, D. (1975) *Enquiries Concerning Human Understanding and Concerning the Principles of Morals*, third edn. Oxford: Oxford University Press.

Humphreys, P. (2000) Causation. In: *A Companion to the Philosophy of Science*, Newton-Smith, W. H., ed. Oxford: Blackwell, pp. 31-40.

Hundley, J. T. T. (1963) The art vs. the science of medicine. *Virginia Medical Monthly* 90:53-58.

Hunt, L. M., Mattingly, C. (1998) Diverse rationalities and multiple realities in illness and healing. *Medical Anthropology Quarterly* 12:267-272.

Hunter, K. M. (1991) *Doctor's Stories: The Narrative Structure of Medical Knowledge*. Princeton, NJ: Princeton University Press.

Hursthouse, R. (1987) *Beginning Lives*. Oxford: Blackwell.

Illingworth, P. M. L. (1988) The friendship model of physician/patient relationship and patient autonomy. *Bioethics* 2:22-36.

Ingelfinger, F. J. (1978) Medicine: meritorious or meretricious. *Science* 200:942-946.

Ingram, V. M. (2004) Sickle-cell anemia hemoglobin: the molecular biology of the first "molecular disease"—the crucial importance of serendipity. *Genetics* 167:1-7.

Inwood, M. (1997) *Heidegger*. Oxford: Oxford University Press.

Jackson, T. P. (1999) *Love Disconsoled: Meditations on Christian Charity*. Cambridge: Cambridge University Press.

James, D. N. (1989) The friendship model: a reply to Illingworth. *Bioethics* 3:142-146.

Jansen, L. A. (2000) The virtues in their place: virtue ethics in medicine. *Theoretical Medicine* 21:261-276.

Jecker, N. S., Reich, W. T. (2004) Care: contemporary ethics of care. In:

Encyclopedia of Bioethics, third edn., volume 1, Post, S. G., ed. New York: Thomson Gale, pp. 367-374.

Jenicek, M., Hitchcock, D. L. (2005) *Logic and Critical Thinking in Medicine*. Chicago, IL: AMA.

Jennett, B. (1986) *High Technology Medicine: Benefits and Burdens*, new edn. Oxford: Oxford University Press.

Johnston, J., Baylis, F. (2004) What ever happened to gene therapy? A review of recent events. *Clinical Research* 4:11-15.

Jones, A. H. (1996) Darren's case: narrative ethics in Perri's Klass's *Other Women's Children. Journal of Medicine and Philosophy* 21:267-286.

Jones, A. H. (1997) From principles to reflective practice or narrative ethics? Commentary on Carson. In: *Philosophy of Medicine and Bioethics*, Carson, R. A., Burns, C. R., eds. Dordrecht, The Netherlands: Kluwer, pp. 193-195.

Jones, J. H. (1981) *Bad Blood*. New York: Free Press.

Jonsen, A. R. (1995) Casuistry: an alternative or complement to principles? *Kennedy Institute Journal of Ethics* 5:237-251.

Jonsen, A. R. (1998) *The Birth of Bioethics*. New York: Oxford University Press.

Jonsen, A. R. (2000) *A Short History of Medical Ethics*. New York: Oxford University Press.

Jonsen, A. R. (2004) Casuistry. In: *Encyclopedia of Bioethics*, third edn., volume 4, Post, S. G., ed. New York: Thomson Gale, pp. 374-380.

Jonsen, A. R., Toulmin, S. (1988) *The Abuse of Casuistry: A History of Moral Reasoning*. Berkeley, CA: University of California Press.

Kadane, J. B. (2005) Bayesian methods for health-related decision making. *Statistics in Medicine* 24:563-567.

Kagan, S. (1998) *Normative Ethics*. Boulder, CO: Westview Press.

Kant, I. (1998) *Critique of Pure Reason*, Guyer, P., Wood, A. W., trans. Cambridge: Cambridge University Press.

Kant, I. (2000) *Critique of the Power of Judgment*, Guyer, P., Matthews, E., trans. Cambridge: Cambridge University Press.

Kant, I. (2002) *Grounding for the Metaphysics of Morals*, Wood, A. W., trans. New Haven, CT: Yale University Press.

Kassirer, J. P. (1976) The principles of clinical decision making: an introduction to decision analysis. *Yale Journal of Biology and Medicine* 49:149-164.

Kassirer, J. P., Kopeman, R. I. (1989) Generation of diagnostic hypotheses. *Hospital Practice* 49:27-28, 30, 33-34.

Kassirer, J. P., Kopeman, R. I. (1990) What is differential diagnosis? *Hospital Practice* 25:19-20, 22-24, 27-28.

Kassirer, J. P., Kopeman, R. I. (1991a) The accuracy of clinical information: 1. The history. *Hospital Practice* 26:21-24, 29-30.

Kassirer, J. P., Kopeman, R. I. (1991b) The accuracy of clinical information: 2. The physical examination. *Hospital Practice* 26:17, 20-21, 24-25.

Kassirer, J. P., Kuipers, B. J., Gorry, G. A. (1988) Toward a theory of clinical expertise. In: *Professional Judgment: A Reader in Clinical Decision Making*, Dowie, J., Elstein, A., eds. Cambridge: Cambridge University Press, pp. 212-225.

Katsikopoulos, K., Machery, E., Pachur, T., Wallin, A. (2007) *The Search for Models of Clinical Judgment: Fast, Frugal, and Friendly in Paul Meehl's Spirit*. Unpublished manuscript.

Katz, J. (2002) *The Silent World of Doctor and Patient*. Baltimore, MD: Johns Hopkins University Press.

Katz, R. L. (1963) *Empathy: Its Nature and Uses*. Glencoe, IL: Free Press.

Keiswirth, M. (2000) Merely telling stories? Narrative and knowledge in the human sciences. *Poetics Today* 21:293-318.

Kekes, J. (1983) Wisdom. *American Philosophical Quarterly* 20:277-286.

Kelley, M. (2004) Contractarianism and bioethics. In: *Encyclopedia of Bioethics*, third edn., volume 1, Post, S. G., ed. New York: Thomson Gale, pp. 523-527.

Kenny, A. (1986) *Rationalism, Empiricism and Idealism*. Oxford: Oxford University Press.

Keulartz, J. (2004) Comments on Gert: Gert's common morality: old-fashion or untimely? In: *Ethics for Life Scientists*, Korthals, M., Bogers, R. J., eds. Dordrecht, The Netherlands: Springer, pp. 141-145.

Kim, J. (1984) Concepts of supervenience. *Philsophy and Phenomenological Research* 45:153-176.

King, L. S. (1952) Is medicine an exact science? *Philosophy of Science* 19:131-140.

King, L. S. (1954) What is disease? *Philosophy of Science* 21:193-203.

King, L. S. (1978) *The Philosophy of Medicine*. Cambridge, MA: Harvard University Press.

Kitcher, P. (1976) Explanation, conjunction, and unification. *Journal of Philosophy* 73:207-212.

Kitcher, P. (1989) Explanatory unification and the causal structure of the world. In: *Scientific Explanation*, Kitcher, P., Salmon, W., eds. Minneapolis, MN: University of Minnesota Press, pp. 410-505.

Kittay, E. F. (2019) *Learning from My Daughter: The Value and Care of Disabled Minds*. Oxford: Oxford University Press.

Kiyohara, C., Otsu, A., Shirakawa, T., Fukuda, S., Hopkin, J. M. (2002) Genetic polymorphisms and lung cancer susceptibility. *Lung Cancer* 37:241-256.

Klein, M. D. S. (1997) The prison patient. *Annals of Internal Medicine* 127:648-649.

Kleinman, A. (1988) *The Illness Narratives: Suffering, Healing and the Human Condition*. New York: Basic Books.

Knight, J. A. (1982) The minister as healer, the healer as minister. *Journal of Religion and Health* 21:100-114.

Konner, M. (1993) *Medicine at the Crossroads: The Crisis in Health Care*. New York: Pantheon Books.

Konofagou, E. E. (2004) Ultrasonic imaging. In: *Biomedical Technology and Devices: Handbook*, Moore, J., Zouridakis, G., eds. Boca Raton, FL: CRC, pp. 9. 1-30.

Kottow, M. H. (2002) The rationale of value-laden medicine. *Journal of Evaluation of Clinical Practice* 8:77-84.

Kovács, J. (1998) The concept of health and disease. *Medicine, Health Care and Philosophy* 1:31-39.

Kreiswirth, M. (2000) Merely telling stories? narrative and knowledge in the human sciences. *Poetics Today* 21:293-318.

Kucers, A., Crowe, S. M., Grayson, M., Hoy, J. (1997) *The Use of Antibiotics: A Clinical Review of Antibacterial, Antifungal, and Antiviral Drugs*, fifth edn. Oxford: Butterworth-Heinemann.

Kuhn, T. S. (1977) Objectivity, value judgment, and theory choice. In: *The Essential Tension: Selected Studies in Scientific Tradition and Change.* Chicago, IL: University Chicago Press, pp. 320-339.

Kuhn, T. S. (1996) *The Structure of Scientific Revolutions*, third edn. Chicago, IL: University of Chicago Press.

Kukla, A. (2000) *Social Constructivism and the Philosophy of Science.* London: Routledge.

Kulkarni, A. V. (2005) The challenges of evidence-based medicine: a philosophical perspective. *Medicine, Health Care and Philosophy* 8:255-260.

Ladyman, J. (2002) *Understanding Philosophy of Science.* London: Routledge.

Ladyman, J., Douven, I., Horsten, L., van Fraassen, B. (1997) A defense of van Fraassen's critique of abductive inference: reply to Psillos. *Philosophical Quarterly* 47:305-321.

Lakatos, I. (1970) Falsification and the methodology of scientific research programmes. In: *Criticism and the Growth of Knowledge*, Lakatos, I., Musgrave, A., eds. Cambridge: Cambridge University Press, pp. 91-196.

Landau, I. (1996) How androcentric is western philosophy? *Philosophical Quarterly* 46:48-59.

Lange, M. (2004) The autonomy of functional biology: a reply to Rosenberg. *Biology and Philosophy* 19:93-109.

Larrabee, M. J., ed. (1993) An Ethic of Care: *Feminist and Interdisciplinary Perspectives.* New York: Routledge.

Larson, J. S. (1991) *The Measurement of Health: Concepts and Indicators.* New York: Greenwood.

Latour, B., Woolgar, S. (1986) *Laboratory Life: The Construction of Scientific Facts*. Princeton, NJ: Princeton University Press.

Laudan, L. (1981) A confutation of convergent realism. *Philosophy of Science* 48:19-48.

Laudan, L. (1984) *Science and Values: The Aims of Science and Their Role in Scientific Debate*. Berkeley, CA: University of California Press.

Lax, E. (2004) *The Mold in Dr. Florey's Coat: The Story of the Penicillin Miracle*. New York: Holt & Co.

Leder, D. (1990) *The Absent Body*. Chicago, IL: University of Chicago Press.

Lee, H. N. (1940) A precise meaning for objective and subjective in value theory. *Journal of Philosophy* 37:629-637.

Le Fanu, J. (2002) *The Rise and Fall of Modern Medicine*. New York: Carroll & Graf.

Lehrer, K. (1997) *Self-Trust: A Study of Reason, Knowledge, and Autonomy*. Oxford: Clarendon.

Lehrman, S. (1999) Virus treatment questioned after gene therapy death. *Nature* 401:517-518.

Leiderman, D. B., Grisso, J. -A. (1985) The gomer phenomenon. *Journal of Health and Social Behavior* 26:222-232.

Levi, B. H. (1996) Four approaches to doing ethics. *Journal of Medicine and Philosophy* 21:7-39.

Lewes, G. H. (1874) *Problems of Life and Mind*, volume 1. London: Trübner.

Lewis, C. I. (1946) *An Analysis of Knowledge and Valuation*. La Salle, IL: Open Court.

Lewis, R. J., Wears, R. L. (1993) An introduction to the Bayesian analysis of clinical trials. *Annals of Emergency Medicine* 22:1328-1336.

Leys, W. A. R. (1938) Types of moral values and moral inconsistency. *Journal of Philosophy* 35:66-73.

Liberati, A., Vineis, P. (2004) Introduction to the symposium: what evidence based medicine is and what it is not. *Journal of Medical Ethics* 30:120-121.

Lief, H. I., Fox, R. C. (1963) Training for "detached concern" in medical students. In: *The Psychological Basis of Medical Practice*, Lief, H. I., Lief, V. F., Lief, N. R., eds. New York: Hoeber Medical, pp. 12-35.

Lilienfeld, A. M. (1982) Ceteris paribus: the evolution of the clinical trial. *Bulletin of the History of Medicine* 56:1-18.

Lipton, P. (2004) *Inference to the Best Explanation*, second edn. New York: Routledge.

Little, J. M. (2002) Humanistic medicine or values-based medicine, what's in a name? *Medical Journal of Australia* 177:319-321.

Little, M. (1995) *Humane Medicine*. Cambridge: Cambridge University Press.

Little, M. O. (1998) Introduction. *Journal of Medicine and Philosophy* 23:127-130.

Loewy, E. H. (2002) Bioethics: past, present, and an open future. *Cambridge Quarterly of Healthcare Ethics* 11:388-397.

Loewy, R. S. (1994) A critique of traditional relationship models. *Cambridge Quarterly of Healthcare Ethics* 3:27-37.

Lonergan, B. J. F. (1979) *Method in Theology*. Minneapolis, MN: Seabury.

Lonergan, B. J. F. (1992) *Insight: A Study of Human Understanding*, fifth edn. Toronto: University of Toronto Press.

Lopes, D. (1995) Pictorial realism. *Journal of Aesthetics and Art Criticism* 53:277-285.

Louden, R. B. (2006) Virtue ethics. In: *Encyclopedia of Philosophy*, second edn., volume 9, Borchert, D. M., ed. Detroit, MI: Thomson Gale, pp. 687-689.

Lovejoy, A. O. (1936) *The Great Chain of Being: A Study of the History of Ideas*. Cambridge, MA: Harvard University Press.

Ludmerer, K. M. (1985) *Learning to Heal: The Development of American Medical Education*. New York: Basic Books.

Lustig, B. A. (1992) The method of 'principlism': a critique of the critique. *Journal of Medicine and Philosophy* 17:487-510.

Lustig, B. A. (2001) Review of Bioethics: A Return to the Fundamentals. *Journal of Religion* 81:322–323.

Macedo, A., Farré, M., Banos, J. -E. (2003) Placebo effect and placebos: what are we talking about? Some conceptual and historical considerations. *European Journal of Clinical Pharmacology* 59:337-342.

Machado, C. (1994) Death on neurological grounds. *Journal of Neurosurgical Sciences* 38:209-222.

Machamer, P., Darden, L., Craver, C. F. (2000) Thinking about mechanisms. *Philosophy of Science* 67:1-25.

MacIntyre, A. (1979) Medicine aimed at the care of persons rather than what...? In: *Changing Values in Medicine*, Cassell, J., Siegler, M., eds. Frederick, MD: United Publications of America, pp. 83-96.

MacIntyre, A. (1984) *After Virtue*, second edn. Notre Dame, IN: University of Notre Dame Press.

MacKay, R. C. (1990) What is empathy? In: *Empathy in the Helping Relationship*, MacKay, R. C., Hughes, J. R., Carver, E. J., eds. New York: Springer, pp. 3-12.

MacKinnon, B. (2007) *Ethics: Theory and Contemporary Issues*, fifth edn. Belmont, CA: Thomson Wadsworth.

Macksey, R. (2002) The history of ideas at 80. *Modern Language Notes* 117:1083-1097.

Macpherson, G., ed. (1992) *Black's Medical Dictionary*, thirty-seventh edn. London: A&C Black.

Manning, R. C. (1998) A care approach. In: *A Companion to Bioethics*, Kuhse, H., Singer, P., eds. Oxford: Blackwell, pp. 98-105.

Mappes, T. A., DeGrazia, D. (2006) *Biomedical Ethics*, sixth edn. Boston, MA: McGraw-Hill.

Marcia, J. (1987) Empathy and psychotherapy. In: *Empathy and Its Development*, Eisenberg, N., Strayer, J., eds. Cambridge: Cambridge University Press, pp. 81-102.

Marcum, J. A. (1990) William Henry Howell and Jay McLean: the experimental context for the discovery of heparin. *Perspectives in Biology and Medicine* 33:214-230.

Marcum, J. A. (1992) The discovery of heparin: the contributions of William Henry Howell and Jay McLean. *News in Physiological Sciences* 7:237-242.

Marcum, J. A. (1997) The development of heparin in Toronto. *Journal of the*

History of Medicine and Allied Sciences 52:300-328.

Marcum, J. A. (2000) The origin of the dispute over the discovery of heparin. *Journal of the History of Medicine and Allied Sciences* 55:37-66.

Marcum, J. A. (2002) From heresy to dogma in accounts of opposition to Howard Temin's DNA provirus hypothesis. *History and Philosophy of the Life Sciences* 24:165-192.

Marcum, J. A. (2004a) Claude Bernard, John Call Dalton, Jr., and the experimental method in American medicine. In: *Proceedings of the 39th International Congress on the History of Medicine*, Musajo-Somma, A., ed. Bari, Italy: University of Bari, pp. 139-146.

Marcum, J. A. (2004b) Biomechanical and phenomenological models of the body, the meaning of illness and quality of care. *Medicine, Health Care and Philosophy* 7:311-320.

Marcum, J. A. (2005a) *Thomas Kuhn's Revolution: An Historical Philosophy of Science.* London: Continuum.

Marcum, J. A. (2005b) From the molecular genetics revolution to gene therapy: translating basic research into medicine. *Journal of Laboratory and Clinical Medicine* 146:312-316.

Marcum, J. A. (2005c) Metaphysical presuppositions and scientific practices: reductionism and organicism in cancer research. *International Studies in the Philosophy of Science* 19:31-45.

Marcum, J. A. (2007) Experimental series and the justification of Temin's DNA provirus hypothesis. *Synthese* 154:259-292.

Marcum, J. A., Rosenberg, R. D. (1991) Regulation of the blood coagulation mechanism by anti-coagulantly active heparan sulfate proteoglycans. *Biology of Carbohydrates* 3:47-73.

Marcum, J. A., Verschuuren, G. M. N. (1986) Hemostatic regulation and Whitehead's philosophy of organism. *Acta Biotheoretica* 35:123-133.

Marinker, M. (1975) Why make people patients? *Journal of Medical Ethics* 1:81-84.

Martensen, R. (2001) The history of bioethics: an essay review. *Journal of the History of Medicine and Allied Sciences* 56:168-175.

Martin, M. (1981) Is medicine a social science? *Journal of Medicine and*

Philosophy 6:345-359.

Masters, R. D. (1975) Is contract an adequate basis for medical ethics? *Hastings Center Report* 5:24-28.

Matthews, J. N. S. (2000) *An Introduction to Randomized Controlled Clinical Trials.* London: Arnold.

Matthews, R. (2000) Storks deliver babies (p = 0.008). *Teaching Statistics* 22:36-38.

Mattingly, C. (1998) In search of the good: narrative reasoning in clinical practice. *Medical Anthropology Quarterly* 12:273-297.

Maulitz, R. C. (1988) The physician and authority: a historical appraisal. In: *The Physician as Captain of the Ship: A Critical Appraisal*, King, N. M. P., Churchill, L. R., Cross, A. W., eds. Dordrecht, The Netherlands: Reidel, pp. 3-21.

Maxwell, G. (1962) The ontological status of theoretical entities. In: *Scientific Explanation: Space and Time.* Minnesota Studies in the Philosophy of Science, volume 3, Feigl, H., Maxwell, G., eds. Minneapolis, MN: University of Minnesota Press, pp. 3-27.

May, W. F. (1975) Code, covenant, contract, or philanthropy. *Hastings Center Report* 5:29-38.

May, W. F. (2000) *The Physician's Covenant: Images of the Healer in Medical Ethics*, second edn. Louisville, KY: Westminster John Knox Press.

Mayo, D. G. (1994) The new experimentalists, topical hypotheses, and learning from Error. *PSA 1994* 1:270-279.

Mayo, D. G. (1996) *Error and the Growth of Experimental Knowledge.* Chicago, IL: University of Chicago Press.

McGoron, A. J., Franquiz, J. (2004) Emission imaging: SPECT and PET. In: *Biomedical Technology and Devices: Handbook*, Moore, J., Zouridakis, G., eds. Boca Raton, FL: CRC, pp. 10. 1-54.

McKusick, V. A. (1998) *Mendelian Inheritance in Man: A Catalog of Human Genes and Genetic Disorders*, twelfth edn. Baltimore, MD: Johns Hopkins University Press.

McLaughlin, B. P. (1992) The rise and fall of British emergentsim. *Emergence or Reduction? Essays on the Prospects of Nonreductive Physicalism*,

Beckermann, A. Flohr, H., Kim, J., eds. Berlin: Walter de Gruyter, pp. 49-93.

McMillan, W. (1996) Detached concern doesn't cut it. *Iowa Medicine* 86:223.

McMullin, E. (1979) A clinician's quest for certainty. In: *Clinical Judgment: A Critical Appraisal*, Engelhardt, H. T., Jr., Spicker, S. F., Towers, B., eds. Dordrecht, The Netherlands: Reidel, pp. 115-129.

McMullin, E. (1982) Values in science. *PSA 1982* 2:3-28.

McNeill, J. T. (1951) *A History of the Care of Souls*. New York: Harper.

McSwain, C. J., White, O. F., Jr. (1989) Transforming the Golem: technicism, human-relations technology, and the human project. *Public Administration Review* 49:197-200.

McWhinney, I. R. (1978) Medical knowledge and the rise of technology. *Journal of Medicine and Philosophy* 3:293-304.

McWhinney, I. R. (1988) Through clinical medicine to a more humane medicine. In: *The Task of Medicine: Dialogue at Wickenburg*, White, K. R., ed. Menlo Park, CA: Henry J. Kaiser Family Foundation, pp. 218-231.

Meakins, J. L. (2002) Innovation in surgery: the rules of evidence. *American Journal of Surgery* 183:399-405.

Meehl, P. E. (1954) *Clinical Versus Statistical Prediction: A Theoretical Analysis and a Review of the Literature*. Minneapolis, MN: University of Minnesota Press.

Mellor, D. H. (2004) Selections from The Facts of Causation. In: *Metaphysics: A Guide and Anthology*, Crane, T., Farkas, K., eds. Oxford: Oxford University Press, pp. 412-430.

Meltzer, S. J. (1904) The domain of physiology and its relations to medicine. *Science* 20:557-562.

Mendus, S. (1996) How androcentric is western philosophy? *Philosophical Quarterly* 46:60-66.

Menninger, W. W. (1975) "Caring" as part of health care quality. *Journal of American Medical Association* 234:836-837.

Mermann, A. C. (1993) Love in the clinical setting. *Humane Medicine* 9:268-273.

Messmore, H. L., Wehrmacher, W. H., Coyne, E., Fareed, J. (2004) Heparin to pentasaccharide and beyond: the end is not in sight. *Seminars in Thrombosis and Hemostasis* 30(suppl 1):81-88.

Meyer, M. J. (1992) Patients' duties. *Journal of Medicine and Philosophy* 17:541-555.

Mill, J. S. (1875) *System of Logic: Ratiocinative and Inductive*, ninth edn. London: Longmans, Green, Reader, and Dyer.

Miller, R. W. (1987) *Fact and Method: Explanation, Confirmation and Reality in the Natural and the Social Sciences*. Princeton, NJ: Princeton University Press.

Mitteness, L. S. (2001) Compassion in health care: an anthropological lens. *Park Ridge Center Bulletin* 20:5-6.

Monk, G. (1997) How narrative therapy works. In: *Narrative Therapy in Practice: The Archeology of Hope*, Monk, G., Winslade, J., Crocket, K., Epston, D., eds. San Francisco, CA: Jossey-Bass, pp. 3-31.

Montgomery, K. (2006) *How Doctors Think: Clinical Judgment and the Practice of Medicine*. Oxford: Oxford University Press.

More, E. S. (1994) "Empathy" enters the profession of medicine. In: *The Empathic Practitioner: Empathy, Gender, and Medicine*, More, E. S., Milligan, M. A., eds. New Brunswick, NJ: Rutgers University Press, pp. 19-39.

More, E. S. (1996) Empathy as a hermeneutic practice. *Theoretical Medicine* 17:143-254.

Morgan, C. L. (1927) *Emergent Evolution*, second edn. London: Williams and Norgate.

Morson, G. S. (2003) Narrativeness. *New Literary History* 34:59-73.

Mouw, R. J. (1990) *The Gods Who Commands*. Notre Dame, In: University of Notre Dame Press.

Mueller, R .W. (1969) The axiology of Robert S. Hartman: a critical study. *Journal of Value Inquiry* 3:19-29.

Munson, R. (1981) Why medicine cannot be a science. *Journal of Medicine and Philosophy* 6:183-208.

Murphy, E. A. (1997) *The Logic of Medicine*, second edn. Baltimore, MD:

Johns Hopkins University Press.

Murphy, M. C. (2001) *Natural Law and Practical Rationality.* Cambridge: Cambridge University Press.

Murray, T. H. (1997) What do we mean by "narrative ethics"? In: *Stories and Their Limits: Narrative Approaches to Bioethics,* Nelson, H. L., ed. New York: Routledge, pp. 3-17.

Nagel, E. (1977) Functional explanations in biology. *Journal of Philosophy* 74:280-301.

Nagel, T. (1965) Physicalism. *Philosophical Review* 74:339-356.

Nagel, T. (1989) *The View from Nowhere.* New York: Oxford University Press.

Napodano, R. J. (1986) *Values in Medical Practice: A Statement of Philosophy for Physicians and a Model for Teaching a Healing Science.* New York: Human Science Press.

National Commission for the Protection of Human Subjects of Biomedical and Behavioral Research (1978) *The Belmont Report: Ethical Principles and Guidelines for the Protection of Human Subjects of Research.* Washington, DC: U.S. Government Printing Office.

Naugle, D. K. (2002) *Worldview: The History of a Concept.* Grand Rapids, MI: Eerdmans.

Nelson, H. L. (1992) Against caring. *Journal of Clinical Ethics* 3:8-15.

Nelson, H. L. (1997) Introduction: how to do things with narratives. In: *Stories and Their Limits: Narrative Approaches to Bioethics,* Nelson, H. L., ed. New York: Routledge, pp. vii-xx.

Nesse, R. M. (2001) On the difficulty of defining disease: a Darwinian perspective. Medicine, *Health Care and Philosophy* 4:37-46.

Nesse, R. M., Williams, G. C. (1996) *Why We Get Sick: The New Science of Darwinian Medicine.* New York: Vintage Books.

Neuhauser, D., Diaz, M. (2004) Shuffle the deck, flip the coin: randomization comes to medicine. *Quality and Safety in Health Care* 13:315-316.

Noddings, N. (1984) *Caring: A Feminine Approach to Ethics and Moral Education.* Berkeley, CA: University of California Press.

Noddings, N. (1992) In defense of caring. *Journal of Clinical Ethics* 3:15-18.

Nordenfelt, L. (1993) Concepts of health and their consequences for health care. *Theoretical Medicine* 14:277-285.

Nordenfelt, L. (1995) *On the Nature of Health: An Action-Theory Approach*, second edn. Dordrecht, The Netherlands: Kluwer.

Norman, A. P. (1991) Telling it like it was: historical narratives on their own terms. *History and Theory* 30:119-135.

Nussbaum, M. C. (2001) *Upheavals of Thought: The Intelligence of Emotions*. Cambridge: Cambridge University Press.

Oakley, J. (1998) A virtue ethics approach. In: *A Companion to Bioethics*, Kuhse, H., Singer, P., eds. Oxford: Blackwell, pp. 86-97.

O'Brien, P. C., Shampo, M. A., Dyck, P. J. (1989) Statistical analysis in clinical laboratory medicine: fundamental and common uses. *Critical Reviews in Clinical Laboratory Sciences* 27:319-340.

O'Brien, S. J., Goedert, J. J. (1996) HIV causes AIDS: Koch's postulates fulfilled. *Current Opinion in Immunology* 8:613-618.

O'Connor, D. J. (1967) *Aquinas and Natural Law*. London: Macmillan.

Ogletree, T. W. (2004) Value and valuation. In: *Encyclopedia of Bioethics*, third edn., volume 5, Post, S. G., ed. New York: Thomson Gale, pp. 2539-2545.

O'Hear, A. (1997) *Beyond Evolution: Human Nature and the Limits of Evolutionary Explanation*. Oxford: Oxford University Press.

Okasha, S. (2002) *Philosophy of Science: A Very Short Introduction*. Oxford: Oxford University Press.

Olmsted, J. M. D., Olmsted, E. H. (1952) *Claude Bernard and the Experimental Method in Medicine*. New York: Henry Schuman.

Ong, L. M. L., de Haes, J. C. J. M., Hoos, A. M., Lammes, F. B. (1995) Doctor-patient communication: a review of the literature. *Social Science and Medicine* 40:903-918.

Oreopoulos, D. G. (2001) Compassion and mercy in the practice of medicine. *Peritoneal Dialysis International* 21:539-542.

Osler, W. (1943) *Aequanimitas, with Other Addresses to Medical Students, Nurses and Practitioners of Medicine*, third edn. Philadelphia, PA:

Blakiston.

Outka, G. (1992) Love. In: *Encyclopedia of Ethics*, second edn., volume 2, Becker, L. C., Becker, C. B., eds. London: Routledge, pp. 1017-1027.

Outka, G. (1998) Situation ethics. In: *Routledge Encyclopedia of Philosophy*, volume 6, Craig, E., ed. New York: Routledge, pp. 798-799.

Overby, P. (2005) The moral education of doctors. *New Atlantis* 10:17-26.

Page, I. H. (1978) Science, intuition, and medical practice. *Postgraduate Medicine* 64:217-221.

Papakostas, Y. G., Daras, M. D. (2001) Placebos, placebo effects, and the response to the healing situation: the evolution of a concept. *Epilepsia* 42:1614-1625.

Pappworth, M. H. (1967) *Human Guinea Pigs*. London: Routledge & Kegan Paul.

Parker, M. (2002) Whither our art? Clinical wisdom and evidence-based medicine. *Medicine, Health Care and Philosophy* 5:273-280.

Parsons, T. (1951) *The Social System*. Glencoe, IL: Free Press.

Parsons, T., Fox, R. (1952) Illness, therapy and the modern urban family. *Journal of Social Issues* 8:31-44.

Pasteur, L. (1996) The germ theory and its application to medicine and surgery. In: *Germ Theory and Its Applications to Medicine & on the Antiseptic Principle of the Practice of Surgery*, Ernst, H. C., trans. Amherst, NY: Prometheus Books, pp. 9-130.

Peabody, F. W. (1984) The care of the patient. *Journal of American Medical Association* 252:813-818.

Peitchinis, J. (1990) The historical roots of empathy in the helping professions. In: *Empathy in the Helping Relationship*, MacKay, R. C., Hughes, J. R., Carver, E. J., eds. New York: Springer, pp. 28-46.

Pellegrin, K. L., Nesbitt, L. A. (2004) Testing treatments in humans. In: *Clinical Research: What It Is and How It Works*, Nesbitt, L. A., ed. Sudbury, MA: Jones and Bartlett, pp. 1-34.

Pellegrino, E. D. (1975) Round-table discussion. In: *Evaluation and Explanation in the Biomedical Sciences*, Engelhardt, H. T., Jr., Spicker, S. F., eds. Dordrecht, The Netherlands: Reidel, pp. 228-234.

Pellegrino, E. D. (1976) Philosophy of medicine: problematic and potential. *Journal of Medicine and Philosophy* 1:5-31.

Pellegrino, E. D. (1979a) *Humanism and the Physician*. Knoxville, TN: University of Tennessee Press.

Pellegrino, E. D. (1979b) Medicine, science, art: an old controversy revisited. *Man and Medicine* 4:43-52.

Pellegrino, E. D. (1986) Philosophy of medicine: towards a definition. *Journal of Medicine and Philosophy* 11:9-16.

Pellegrino, E. D. (1998) What the philosophy of medicine is. *Theoretical Medicine and Bioethics* 19:315-336.

Pellegrino, E. D. (1999) The origins and evolution of bioethics: some personal reflections. *Kennedy Institute of Ethics Journal* 9:73-88.

Pellegrino, E. D. (2001) Philosophy of medicine: should it be teleologically or socially constructed. *Kennedy Institute of Ethics Journal* 11:169-180.

Pellegrino, E. D. (2006) Toward a reconstruction of medical morality. *American Journal of Bioethics* 6:65-71.

Pellegrino, E. D., Thomasma, D. C. (1981a) *A Philosophical Basis of Medical Practice: Toward a Philosophy and Ethic of the Healing Professions*. New York: Oxford University Press.

Pellegrino, E. D., Thomasma, D. C. (1981b) Philosophy of medicine as the source for medical ethics. *Metamedicine* 2:5-11.

Pellegrino, E. D., Thomasma, D. C. (1981c) Toward an axiology for medicine: a response to Kazem Sadegh-zadeh. *Metamedicine* 2:331-342.

Pellegrino, E. D., Thomasma, D. C. (1988) *For the Patient's Good: The Restoration of Beneficence in Health Care*. New York: Oxford University Press.

Pellegrino, E. D., Thomasma, D. C. (1993) *The Virtues in Medical Practice*. New York: Oxford University Press.

Percival, T. (1975) *Percival's Medical Ethics*, Leake, C. D., ed. Huntington, NY: Krieger.

Perry, R. B. (1954) *Realms of Value: A Critique of Human Civilization*. Cambridge, MA: Harvard University Press.

Pert, C. B. (1997) *Molecules of Emotion: The Science Behind Mind-Body*

Medicine. New York: Simon & Schuster.

Philips, D. C. (1994) Telling it straight: issues in assessing narrative research. *Educational Psychologist* 29:13-21.

Philips, D. C. (1997) Telling the truth about stories. *Teaching and Teacher Education* 13:101-109.

Plato (1997) Euthyphro. In: *Plato Complete Works*, Cooper, J. M., ed. Indianapolis, IN: Hackett.

Plotkin, S. A. (2005) Vaccines: past, present and future. *Nature Medicine* 11(suppl):S5-S11.

Pojman, L. P. (1998) *Philosophy: The Pursuit of Wisdom*, second edn. Belmont, CA: Wadsworth.

Polanyi, M. (1962) *Personal Knowledge: Towards a Post-Critical Philosophy*. Chicago, IL: University of Chicago Press.

Polkinghorne, D. (1988) *Knowing and the Human Sciences*. Albany, NY: SUNY.

Polkinghorne, D. (1995) Narrative configuration in qualitative analysis. *International Journal of Qualitative Studies in Education* 8:5-23.

Pollack, R. (1999) Wisdom versus knowledge: an agenda for a more humane medicine science. *FASEB Journal* 13:1477-1480.

Pope, S. J. (2001) Review: Natural and Divine Law: Reclaiming the Tradition for Christian Ethics. *Journal of Law and Religion* 16:679-688.

Porter, J. (2000) *Natural and Divine Law: Reclaiming the Tradition for Christian Ethics*. Grand Rapids, MI: Eerdmans.

Porter, R. (1998) *The Greatest Benefit to Mankind: A Medical History of Humanity*. New York: W. W. Norton.

Porzsolt, F., Ohletz, A., Thim, A., Gardner, D., Ruatti, H., Meier, H., Schlotz-Gorton, N., Schrott, L. (2003) Evidence-based decision making-the six step approach. *Evidence Based Medicine* 8:165-166.

Post, S. G. (1994) Beyond adversity: physician and patient as friends? *Journal of Medical Humanities* 15:23-29.

Potter, V. R. (1970) Bioethics, the science of survival. *Perspectives in Biology and Medicine* 14:127-153.

Potter, V. R. (1971) *Bioethics: Bridge to the Future.* Englewood Cliffs, NJ: Prentice-Hall.

Potter, V. R. (1988) *Global Bioethics: Building on the Leopold Legacy.* East Lansing, MI: Michigan State University Press.

President's Commission for the Study of Ethical Problems in Medicine and Biomedical and Behavioral Research (1981) Defining Death: *Medical, Legal, and Ethical Issues in the Definition of Death.* Washington, DC: U.S. Government Printing Office.

President's Commission for the Study of Ethical Problems in Medicine and Biomedical and Behavioral Research (1982) *Making Health Care Decisions: A Report on the Ethical and Legal Implications of Informed Consent in the Patient-Practitioner Relationship.* Washington, DC: U.S. Government Printing Office.

Proctor, R. N. (1991) *Value-Free Science? Purity and Power in Modern Knowledge.* Cambridge, MA: Harvard University Press.

Psillos, S. (1996) On van Fraassen's critique of abductive reasoning. *Philosophical Quarterly* 46:313-347.

Pullman, D. (2002) Human dignity and the ethics and aesthetics of pain and suffering. *Theoretical Medicine* 23:75-94.

Putnam, H. (1977) Realism and reason. *Proceedings of the American Philosophical Association* 50:483–498.

Putnam, H. (1990) *Realism with a Human Face.* Cambridge, MA: Harvard University Press.

Quante, M. (2000) Fundamentals in bioethics or fundamentalism in ethics? *Medicine Health Care and Philosophy* 3:203-205.

Quante, M., Vieth, A. (2002) Defending principlism well understood. *The Journal of Medicine and Philosophy* 27:621-649.

Quine, W. V. (1979) On the nature of moral values. *Critical Inquiry* 5:471-480.

Quine, W. V., Ullian, J. S. (1978) *The Web of Belief,* second edn. New York: Random House.

Quinn, P. L. (2000) Divine command theory. In: *The Blackwell Guide to Ethical Theory,* LaFollette, H., ed. Oxford: Blackwell, pp. 53-73.

Rachels, J. (1986) *The Elements of Moral Philosophy.* New York: Random

House.

Rachels, J., Rachels, S. (2007) *The Elements of Moral Philosophy*, fifth edn. Boston, MA: McGraw-Hill.

Raiji, M. T. (2006) Whose values? *Virtual Mentor* 8:295-297.

Ransohoff, D. F., Feinstein, A. R. (1976) Is decision analysis useful in clinical medicine? *Yale Journal of Biology and Medicine* 49:165-168.

Rappaport, S. (1996) Inference to the best explanation: is it really different from Mill's methods? *Philosophy of Science* 63:65-80.

Reeder, L. G. (1972) The patient-client as a consumer: some observations on the changing professional-client relationship. *Journal of Health and Social Behavior* 13:406-412.

Reeves, D. (2002) Virtue ethics cannot be the answer! A reply to Peter Toon. *British Journal of General Practice* 52:960-961.

Regis, E., Jr. (1980) What is ethical egoism? *Ethics* 91:50-62.

Reich, W. T. (1994) The word "bioethics": its birth and the legacies of those who shaped it. *Kennedy Institute of Ethics Journal* 4:319-335.

Reich, W. T. (1996) Bioethics in the United States. In: *History of Bioethics: International Perspectives*, Dell'Oro, R., Viafora, C., eds. San Francisco, CA: International Scholars Publications, pp. 83-118.

Reich, W. T. (2004a) Care: historical dimensions of an ethic of care in healthcare. In: *Encyclopedia of Bioethics*, third edn., volume 1, Post, S. G., ed. New York: Thomson Gale, pp. 361-367.

Reich, W. T. (2004b) Care: history of the notion of care. In: *Encyclopedia of Bioethics*, third edn., 1, Post, S. G., ed. New York: Thomson Gale, pp. 349-361.

Reichenbach, H. (1938) *Experience and Prediction: An Analysis of the Foundations and the Structure of Knowledge*. Chicago, IL: University of Chicago Press.

Reik, T. (1948) *Listening with the Third Ear: The Inner Experience of a Psychoanalyst*. New York: Farrar, Straus & Giroux.

Reiser, S. J. (1978) *Medicine and the Reign of Technology*. Cambridge: Cambridge University Press.

Reiser, S. J. (1984) The machine at the bedside: technological transformations of practices and values. In: *The Machine at the Bedside: Strategies of Using Technology in Patient Care*, Reiser, S. J., Anbar, M., eds. Cambridge: Cambridge University Press, pp. 3-19.

Remen, R. N. (2002) From the heart. In: *A Life in Medicine; A Literary Anthology*, Coles, R., Testa, R., eds. New York: New York Press, pp. 91-93.

Rescher, N. (1969) *Introduction to Values Theory*. Englewood Cliffs, NJ: Prentice-Hall.

Rescher, N. (2004) *Values Matter: Studies in Axiology*. Frankfurt: Ontos.

Reznek, L. (1987) *The Nature of Disease*. London: Routledge & Kegan Paul.

Rhodes, R. (1995) Love thy patient: justice, caring, and the doctor-patient relationship. *Cambridge Quarterly of Healthcare Ethics* 4:434-447.

Richards, W. G. (1994) Molecular modeling: drugs by design. *Quarterly Journal of Medicine* 87:379-383.

Richardson, H. S. (1999) Bioethics root and branch. *Hastings Center Report* 29:36-38.

Ricoeur, P. (1980) Narrative time. *Critical Inquiry* 7:169-190.

Ricoeur, P. (1984) *Time and Narrative*, volume 1, McLaughlin, K., Pellauer, D., trans. Chicago, IL: University of Chicago Press.

Riesman, D. (1931) The art of medicine. *Science* 74:373-380.

Rifkind, B. M., Rossouw, J. E. (1998) Of designer drugs, magic bullets, and gold standards. *Journal of American Medical Association* 279:1483-1485.

Rizzi, D. A., Pedersen, S. A. (1992) Causality in medicine: towards a theory and terminology. *Theoretical Medicine* 13:233-254.

Roberts, R. C., Wood, W. J. (2007) *Intellectual Virtues: An Essay in Regulative Epistemology*. Oxford: Oxford University Press.

Roberts, T.P.L., Macgowan, C.K. (2004) Magnetic resonance imagining. In: *Biomedical Technology and Devices: Handbook*, Moore, J., Zouridakis, G., eds. Boca Raton, FL: CRC Press, pp. 8. 1-29.

Robinson, G. C. (1929) The application of science to the practice of medicine. *Science* 69:459-462.

Rosenberg, A. (1985) *The Structure of Biological Science*. Cambridge: Cambridge University Press.

Rosenberg, A. (2001a) Reductionism in a historical science. *Philosophy of Science* 68:135-163.

Rosenberg, A. (2001b) How is biological explanation possible? *British Journal for the Philosophy of Science* 52:735-760.

Rosenberg, R. D., Bauer, K. A., Marcum, J. A. (1985) The heparin-antithrombin system. *Journal of Medicine* 16:351-416.

Rosenwald, G. C. (1992) Conclusion: reflections on narrative self-understanding. In: *Storied Lives: The Cultural Politics of Self-Understanding*, Rosenwald, G. C., Ochberg, R. L., eds. New Haven, CT: Yale University Press, pp. 265-289.

Rosenwald, G. C., Ochberg, R. L. (1992) Introduction: life stories, cultural politics, and self-understanding. In: *Storied Lives: The Cultural Politics of Self-Understanding*, Rosenwald, G. C., Ochberg, R. L., eds. New Haven, CT: Yale University Press, pp. 1-18.

Ross, S., Malloy, D. C. (1999) *Biomedical Ethics: Concepts and Cases for Health Care Professionals*. Buffalo, NY: Thompson Educational Publishing.

Roter, D. (2000) The enduring and evolving nature of the patient-physician relationship. *Patient Education and Counseling* 39:5-15.

Roth, P. A. (1988) Narrative explanations: the case of history. *History and Theory* 27:1-13.

Rothman, K. J. (1976) *Causes. Journal of Epidemiology* 104:587-592.

Rudnick, A. (2001) A meta-ethical critique of care ethics. *Theoretical Medicine* 22:505-17.

Ruse, M. (1993) The new evolutionary ethics. In: *Evolutionary Ethics*, Nitecki, M. H., Nitecki, D. V., eds. Albany, NY: SUNY, pp. 133-162.

Ruse, M. (1999) *Mystery of Mysteries: Is Evolution a Social Construction?* Cambridge, MA: Harvard University Press.

Ruse, M. (2006) Evolutionary ethics. In: *Encyclopedia of Philosophy*, second edn., volume 3, Borchert, D. M., ed. Detroit, MI: Thomson Gale, pp. 478-480.

Rushmore, S. (1923) The art of medicine. *Science* 55:601-603.

Ryff, C. D., Singer, B. (1998a) The contours of positive human health. *Psychological Inquiry* 9:1-28.

Ryff, C. D., Singer, B. (1998b) Human health: new directions for the next millennium. *Psychological Inquiry* 9:69-85.

Sackett, D. L. (1983) On some prerequisites for a successful clinical trail. In: *Clinical Trials: Issues and Approaches*, Shapiro, S. H., Louis, T. A., eds. New York: Marcel Dekker, pp. 65-79.

Sackett, D. L. (1989) Rules of evidence and clinical recommendations on the use of antithrombotic agents. *Chest* 95:2-4.

Sackett, D. L. (1997) Evidence-based medicine. *Seminars in Perinatology* 21:S3-S5.

Sackett, D. L., Rosenberg, W. M. C., Gray, J. A. M., Haynes, R. B., Richardson, W. S. (1996) Evidence-based medicine: what it is and what it isn't. *British Medical Journal* 312:71-72.

Sackett, D. L., Richardson, W. S., Rosenberg, W., Haynes, R. B. (1998) *Evidence-Based Medicine: How to Practice and Teach EBM*. London: Churchill Livingstone.

Sadegh-zadeh, K. (1981) Normative systems and medical metaethics. Part I. Value kinematics, health, and disease. *Metamedicine* 2:75-119.

Sahai, H. (1992) Teaching Bayes' theorem using examples in medical diagnosis. *Teaching Mathematics and Its Applications* 11:175-179.

Salmon, W. (1971) Statistical explanation. In: *Statistical Explanation and Statistical Relevance*, Salmon, W. ed. Pittsburgh, PA: University of Pittsburgh Press, pp. 29-87.

Salmon, W. (1984) *Scientific Explanation and the Causal Structure of the World*. Princeton, NJ: Princeton University Press.

Sauerland, S., Lefering, R., Neugebauer, E. A. M. (1999) The pros and cons of evidence-based surgery. *Langenbeck's Archives of Surgery* 384:423-431.

Schaffner, K. F. (1993) *Discovery and Explanation in Biology and Medicine*. Chicago, IL: University of Chicago Press.

Scaffner, K. F., Engelhardt, H. T., Jr. (1998) Medicine, philosophy of. In:

Routledge Encyclopedia of Philosophy, volume 6, Craig, E., ed. New York: Routledge, pp. 264-269.

Scheler, M. (1973) *Formalism in Ethics and Non-Formal Ethics of Values: A New Attempt Toward the Foundation of an Ethical Personalism*, fifth edn. Frings, M. S., Funk, R. L., trans. Evanston, IL: Northwestern University Press.

Schell, B. A. B. (2003) Clinical reasoning: the basis of practice. In: *Willard and Spackman's Occupational Therapy*, tenth edn., Crepeau, E. B., Cohn, E. S., Schell, B. A. B., eds. Philadelphia, PA: Lippincott Williams and Wilkins, pp. 131-139.

Schneewind, J. B. (2003) Seventeenth- and eighteenth-century ethics. In: *A History of Western Ethics*, second edn. Becker, L. C., Becker, C. B., eds. New York: Routledge, pp. 79-93.

Scholes, R., Kellogg, R. (1966) *The Nature of Narrative*. New York: Oxford University Press.

Schwartz, M. A., Wiggins, O. P. (1985) Science, humanism, and the nature of medical practice: a phenomenological view. *Perspectives in Biology and Medicine* 28:331-361.

Schwartz, M. A., Wiggins, O. P. (1988) Scientific and humanistic medicine. In: *The Task of Medicine: Dialogue at Wickenburg*, White, K. L., ed. Menlo Park, CA: Henry J. Kaiser Family Foundation, pp. 137-171.

Schwartz, W. B. (1970) Medicine and the computer: the promise and problems of change. *New England Journal of Medicine* 283:1257-1264.

Schwartz, W. B., Gorry, G. A., Kassirer, J. P., Essig, A. (1973) Decision analysis and clinical judgment. *American Journal of Medicine* 55:459-472.

Scriven, M. (1979) Clinical judgment. In: *Evaluation and Explanation in the Biomedical Sciences*, Engelhardt, H. T., Jr., Spicker, S. F., eds. Dordrecht, The Netherlands: Reidel, pp. 3-16.

Seager, W. (2000) Physicalism. In: *A Companion to the Philosophy of Science*, Newton-Smith, W. H., ed. Oxford: Blackwell, pp. 340-342.

Sellars, R. W. (1927) What is the correct interpretation of critical realism? *Journal of Philosophy* 24:238-241.

Selzer, R. (1993) Forward. In: *Empathy and the Practice of Medicine: Beyond Pills and the Scalpel*, Spiro, H. M., Curnen, M. G. M., Peschel, E., St.

James, D., eds. New Haven, CT: Yale University Press, pp. ix-x.

Shaffer, J. (1975) Round-table discussion. In: *Evaluation and Explanation in the Biomedical Sciences*, Engelhardt, H. T., Jr., Spicker, S. F., eds. Dordrecht, The Netherlands: Reidel, pp. 215-219.

Sheehan, M. (1999) Review of *Bioethics: A Return to Fundamentals*. *APA Newsletters* 98:146-148.

Shelp, E. E. (1983) Introduction. In: *The Clinical Encounter: The Moral Fabric of the Patient-Physician Relationship*, Shelp, E. E., ed. Dordrecht, The Netherlands: Reidel, pp. vii-xvi.

Shimony, A. (1993) *Search for a Naturalistic World View: Scientific Method and Epistemology*. Cambridge: Cambridge University Press.

Sidgwick, H. (1962) *The Methods of Ethics*, seventh edn. Chicago, IL: University of Chicago Press.

Siegler, M. (1982) Confidentiality in medicine-a decrepit concept. *New England Journal of Medicine* 307:1518-1521.

Siegler, M., Epstein, R. A. (2003) Organizers' introduction to the symposium on quality health care. *Perspectives in Biology and Medicine* 46:1-4.

Sirota, R. L. (2005) Error and error reduction in pathology. *Archives of Pathology and Laboratory Medicine* 129:1228-1233.

Slater, G. R. (1981) Disease as a value statement. *Journal of Religion and Health* 20:100-107.

Slote, M. A. (2004) Ethics. I. Task of ethics. In: *Encyclopedia of Bioethics*, third edn., volume 2, Post, S. G., ed. New York: Thomson Gale, pp. 795-802.

Smart, J. J. C. (1963a) Materialism. *Journal of Philosophy* 60:651-662.

Smart, J. J. C. (1963b) *Philosophy and Scientific Realism*. London: Routledge & Kegan Paul.

Smart, N. (2000) *Worldviews: Crosscultural Explorations of Human Beliefs*. Upper Saddle River, NJ: Prentice-Hall.

Smith, B., Thomas, A. (1998) Axiology. In: *Routledge Encyclopedia of Philosophy*, volume 1, Craig, E. ed. London: Routledge, pp. 608-612.

Smith, D. C. (1996) The Hippocratic Oath and modern medicine. *Journal of the History of Medicine and Allied Sciences* 51:484-500.

Smith, R. C. (1996) *The Patient's Story: Integrated Patient-Doctor Interviewing*. Boston, MA: Little, Brown.

Smith, W. D. (1979) *The Hippocratic Tradition*. Ithaca, NY: Cornell University Press.

Sneader, W. (2005) *Drug Discovery: A History*. New York: Wiley.

Sober, E. (1979) The art and science of clinical judgment: an informational approach. In: *Evaluation and Explanation in the Biomedical Sciences*, Engelhardt, H. T., Jr., Spicker, S. F., eds. Dordrecht, The Netherlands: Reidel, pp. 29-44.

Solomon, M. J., McLeod, R. S. (1993) Clinical assessment of biomedical technology. *Diseases of the Colon and Rectum* 36:301-307.

Solomon, M. J., McLeod, R. S. (1995) Should we be performing more randomized controlled trials evaluating surgical operations? *Surgery* 118:459-467.

Solomon, M. J., McLeod, R. S. (1998) Surgery and the randomized controlled trial: past, present and future. *Medical Journal of Australia* 169:380-383.

Solomon, W. D. (2004) Ethics. III. Normative ethical theories. In: *Encyclopedia of Bioethics*, third edn., volume 2, Post, S. G., ed. New York: Thomson Gale, pp. 812-824.

Sonnenschein, C., Soto, A. M. (1999) *The Society of Cells: Cancer and Control of Cell Proliferation*. New York: Springer.

Sosa, E. (1991) *Knowledge in Perspective: Selected Essays in Epistemology*. Cambridge: Cambridge University Press.

Sosa, E., Tooley, M. (1993) Introduction. In: *Causation*, Sosa, E., Tooley, M., eds. Oxford: Oxford University Press.

Spicker, S. F. (2002) Editor's introduction: beyond a celebratory occasion. *HEC Forum* 14:292-298.

Spiro, H. M. (1993a) What is empathy and can it be taught? In: *Empathy and the Practice of Medicine: Beyond Pills and the Scalpel*, Spiro, H. M., Curnen, M. G. M., Peschel, E., St. James, D., eds. New Haven, CT: Yale University Press, pp. 7-14.

Spiro, H. M. (1993b) Empathy: an introduction. In: *Empathy and the Practice of Medicine: Beyond Pills and the Scalpel*, Spiro, H. M., Curnen,

M. G. M., Peschel, E., St. James, D., eds. New CT: Yale University Press, pp. 1-6.

Spodick, D. H. (1982) The controlled clinical trial: medicine's most powerful tool. *The Humanist* 42:12-21, 48.

Staub, E. (1987) Commentary on part I. In: *Empathy and Its Development*, Eisenberg, N., Strayer, J., eds. Cambridge: Cambridge University Press, pp. 103-115.

Stedman, T. L. (1995) *Stedman's Medical Dictionary*, twenty-sixth edn. Baltimore, MD: Williams & Wilkins.

Stempsey, W. E. (2000) *Disease and Diagnosis: Value-Dependent Realism.* Dordrecht, The Netherlands: Kluwer.

Stempsey, W. E. (2004) The philosophy of medicine: development of a discipline. *Medicine, Health Care and Philosophy* 7:243-251.

Stephan, A. (1999) Varieties of emergentism. *Evolutions and Cognition* 5:49-59.

Stewart, M., Brown, J. B., Weston, W. W., McWhinney, I. R., McWilliam, C. L., Freeman, T. R. (2003) *Patient-Centered Medicine: Transforming the Clinical Method*, second edn. Oxon: Radcliffe Medical Press.

Straus, S. E., McAlister, F. A. (2000) Evidence-based medicine: a commentary on common criticisms. *Canadian Medical Association Journal* 163:837-840.

Strong, C. (2006) Gert's moral theory and its application to bioethical cases. *Kennedy Institute of Ethics Journal* 16:39-58.

Strong, F. C., III (1999) The history of the double blind test and placebo. *Journal of Pharmacy and Pharmacology* 51:237-238.

Stuart, M. J., Nagel, R. L. (2004) Sickle-cell disease. *Lancet* 364:1343-1360.

Svenaeus, F. (2000) *The Hermeneutics of Medicine and the Phenomenology of Health: Steps Towards a Philosophy of Medical Practice.* Dordrecht, The Netherlands: Kluwer.

Swazey, J. P. (1993) But was it bioethics? *Hastings Center Report* 23:S5-S6.

Swift, H. F. (1928) The art and science of medicine. *Science* 68:167-170.

Switankowsky, I. (2000) Dualism and its importance for medicine. *Theoretical Medicine* 21:567-580.

Szasz, T. S., Hollender, M. H. (1956) A contribution to the philosophy of medicine: the basic models of the doctor patient relationship. *Archives of Internal Medicine* 97:585-592.

Szawarski, Z. (2004) Wisdom and the art of healing. *Medicine, Health Care and Philosophy* 7:185-193.

Tan, S. B. (2001) Introduction to Bayesian methods for medical research. *Annals Academy Medicine Singapore* 30:444-446.

Tauber, A. I. (1995) From the self to the other: building a philosophy of medicine. In: *Meta Medical Ethics: The Philosophical Foundations of Bioethics*, Grodin, M. A., ed. Dordrecht, The Netherlands: Kluwer, pp. 158-195.

Tauber, A. I. (1999) *Confessions of a Medicine Man: An Essay in Popular Philosophy.* Cambridge, MA: MIT.

Tauber, A. I. (2001) *Henry David Thoreau and the Moral Agency of Knowing.* Berkeley, CA: University of California Press.

Tauber, A. I. (2005) *Patient Autonomy and the Ethics of Responsibility.* Cambridge, MA: MIT.

Tauber, A. I. (2008) *Science and Its Reasons, Reason and Its Values.* Unpublished manuscript.

Taylor, C. (1989) *Sources of the Self: The Making of the Modern Identity.* Cambridge, MA: Harvard University Press.

Taylor, R. W., Turnbull, D. M. (2005) Mitochondrial DNA mutations in human disease. *Nature Reviews Genetics* 6:389-402.

Tekippe, T. J. (1996) *What Is Lonergan up to in INSIGHT: A Primer.* Collegeville, MN: Liturgical Press.

Thagard, P. (1978) The best explanation: criteria for theory choice. *Journal of Philosophy* 75:76-92.

Thagard, P. (1999) *How Scientists Explain Disease.* Princeton, NJ: Princeton University Press.

Thiroux, J. (1998) *Ethics: Theory and Practice*, sixth edn. Upper Saddle River, NJ: Prentice-Hall.

Thirteen/WNET (1993) *Code of silence. In: Medicine at the Crossroads,* volume 2. New York: Public Broadcasting Service.

Thomas, A. (1998) Values. In: *Routledge Encyclopedia of Philosophy*, volume 9, Craig, E. ed. London: Routledge, pp. 581-583.

Thomasma, D. C. (1994) Models of the doctor-patient relationship and the ethics committee: part two. *Cambridge Quarterly of Healthcare Ethics* 3:10-26.

Thomasma, D. C. (2002) Early bioethics. *Cambridge Quarterly of Healthcare Ethics* 11:335–343.

Thompson, L. M., Cozart, W. (1981) Is life living? Defining death in a technological age. *Death Education* 5:205-214.

Thompson, P. (1989) *The Structure of Biological Theories*. Albany, NY: SUNY.

Tobias, J. S., Baum, M., Thornton, H. (2000) Clinical trials in cancer: what makes for a successful study? *Annals of Oncology* 11:1371-1373.

Toffler, A. (1990) *Powershift: Knowledge, Wealth and Violence at the Edge of the 21st Century*. New York: Bantam Books.

Tonelli, M. R. (1998) The philosophical limits of evidence-based medicine. *Academic Medicine* 73:1234-1240.

Tong, R. (1998) The ethics of care: a feminist virtue ethics of care for healthcare practitioners. *Journal of Medicine and Philosophy* 23:131-152.

Tong, R. (2007) *New Perspectives in Health Care Ethics: An Interdisciplinary and Crosscultural Approach*. Upper Saddle River, NJ: Pearson Prentice-Hall.

Toombs, S. K. (1993) *The Meaning of Illness: A Phenomenological Account of the Different Perspectives of Physician and Patient*. Dordrecht, The Netherlands: Kluwer.

Toombs, S. K., ed. (2001) *Handbook of Phenomenology and Medicine*. Dordrecht, The Netherlands: Kluwer

Toon,. P. (2002) The sovereignty of virtue. *British Journal of General Practice* 52:694-695.

Toulmin, S. (1979) Causation and the locus of medical intervention. In: *Changing Values in Medicine*, Cassell, E. J., Siegler, M., eds. Frederick, MD: University Publications of America, pp. 59-81.

Toulmin, S. (1981) The tyranny of principles. *Hastings Center Report* 11:31-39.

Truog, R. D., Fackler, J. C. (1992) Rethinking brain death. *Critical Care Medicine* 20:1705-1713.

Turner, L. (2003) Zones of consensus and zones of conflict: questioning the "common morality" presumption in bioethics. *Kennedy Institute of Ethics Journal* 13:193-218.

Turner, M. (1996) *The Literary* Mind. New York: Oxford University Press.

Tversky, A., Kahneman, D. (1974) Judgment and uncertainty: heuristics and biases. *Science* 185:1124-1131.

Underwood, L. G. (2002) The human experience of compassionate love: conceptual mapping and data from selected studies. In: *Altruism and Altruistic Love: Science, Philosophy, and Religion in Dialogue*, Post, S. G., Underwood, L. G., Schloss, J. P., Hurlbut, W. B., eds. Oxford: Oxford University Press, pp. 72-88.

Underwood, L. G. (2004) Compassionate love. In: *Encyclopedia of Bioethics*, third edn., volume 1, Post, S. G., ed., New York: Thomson Gale, pp. 483-488.

Vacek, E. C. (1994) *Love, Human and Divine: The Heart of Christian Ethics*. Washington, DC: Georgetown University Press.

Valles, S. (2022) Philosophy of Biomedicine. In: Zalta, E. N. ed. Stanford Encyclopedia of Philosophy. <https://plato.stanford.edu/entries/biomedicine/>

van der Steen, W. J., Thung, P. J. (1988) *Faces of Medicine: A Philosophical Study*. Dordrecht, The Netherlands: Kluwer.

van Dijck, J. (2005) *The Transparent Body: A Cultural Analysis of Medical Imaging*. Seattle, WA: University of Washington Press.

van Fraassen, B. C. (1980) *The Scientific Image*. Oxford: Oxford University Press.

van Fraassen, B. C. (1989) *Laws and Symmetry*. Oxford: Oxford University Press.

van Gijn, J. (2005) From randomized trials to rational practice. *Cardiovascular Diseases* 19:69-76.

van Maanen, J. (1988) *Tales of the Field: On Writing Ethnography*. Chicago,

IL: University of Chicago Press.

Veatch, R. M. (1972) Models of ethical medicine in a revolutionary age. *Hastings Center Report* 2:5-7.

Veatch, R. M. (1981) *A Theory of Medical Ethics*. New York: Basic Books.

Veatch, R. M. (1983) The case for contract in medical ethics. In: *The Clinical Encounter: The Moral Fabric of the Patient-Physician Relationship*, Shelp, E. E., ed. Dordrecht, The Netherlands: Reidel, pp. 105-112.

Veatch, R. M. (1991) *The Patient-Physician Relations: The Patient as Partner, Part 2*. Bloomington, Indiana University Press.

Veatch, R. M. (2003) Is there a common morality? *Kennedy Institute of Ethics Journal* 13:189-192.

Veatch, R. M. (2005) The death of whole-brain death: the plague of the disaggregators, somaticists, and mentalists. *Journal of Medicine and Philosophy* 30:353-378.

Velanovich, V. (1994) Does philosophy of medicine exist? A commentary on Caplan. *Theoretical Medicine* 15:88-91.

Velleman, J. D. (2003) Narrative explanation. *Philosophical Review* 112:1-25.

Venkatapuram, S. (2011) *Health Justice: An Argument from the Capabilities Approach*. Cambridge: Polity Press.

Verma, I. M. (2000) A tumultuous year for gene therapy. *Molecular Therapy* 2:415-416.

Vernon, G. (2003) Virtue ethics. *British Journal of General Practice* 53:60-61.

Verwey, G. (1987) Toward a systematic philosophy of medicine. *Theoretical Medicine* 8:163-177.

Virchow, R. (1958) One hundred years of general pathology. In: *Diseases, Life, and Man: Selected Essays by Rudolf Virchow*, Rather, L. J., trans. Stanford, CA: Stanford University Press, pp. 170-215.

von Bertalanffy, K. L. (1968) *General System Theory: Foundations, Development, Applications*, revised edn. New York: Braziller.

Voytovich, A. E., Rippey, R. A., Suffredini, A. (1985) Premature conclusions in diagnostic reasoning. *Journal of Medical Education* 60:302-307.

Waddington, I. (1975) The development of medical ethics-a sociological analysis. *Medical History* 19:36-51.

Wainwright, M. (1990) *Miracle Cure: The Story of Penicillin and the Golden Age of Antibiotics.* Oxford: Blackwell.

Walsh, C. (2003) Where will new antibiotics come from? *Nature Reviews Microbiology* 1:65-70.

Wang, T. D., Triadafilopoulos, G. (2004) Endoscopy. In: *Biomedical Technology and Devices: Handbook,* Moore, J., Zouridakis, G., eds. Boca Raton, FL: CRC, pp. 11. 1-32.

Waring, D. (2000) Why the practice of medicine is not a phronetic activity. *Theoretical Medicine and Bioethics* 21:139-151.

Warrawee'a, K. L. (2004) Wisdom, knowledge, and information: have we lost our way in our understanding and practice in medicine? *Journal of Alternative and Complementary* Medicine 10:9-11.

Warwick, K. (2000) Cyborg 1.0. *Wired* 8:144-151.

Weatherall, D. (1996) *Science and the Quiet Art: The Role of Medical Research in Health Care.* New York: W. W. Norton.

Webb, W. L. (1986) The doctor-patient covenant and the threat of exploitation. *American Journal of Psychiatry* 143:1149-1150.

Weed, L. L. (1971) *Medical Records, Medical Education, and Patient Care: The Problem-Oriented Record as a Basic Tool.* Chicago, IL: Yearbook Medical Publishers.

Weinberg, R. B. (1995) Communion. *Annals of Internal Medicine* 123:804-805.

Weiss, R. (2005) Boy's cancer prompts FDA to halt gene therapy. *Washington Post* March 4: A02.

Welch, W. H. (1908) The interdependence of medicine and other sciences of nature. *Science* 27:49-64.

Welie, J. V. M. (2001) From libertarian die-hard to born-again Christian. *Medicine, Health Care and Philosophy* 4:355-358.

Wente, M. N., Seiler, C. M., Uhl, W., Büchler, M. W. (2003) Perspectives of evidence-based surgery. *Digestive Surgery* 20:263-269.

Westen, D., Weinberger, J. (2005) In praise of clinical judgment: Meehl's forgotten legacy. *Journal of Clinical Psychology* 61:1257-1276.

Whitbeck, C. (1977) Causation in medicine: the disease entity model. *Philosophy of Science* 44:619-637.

Whitbeck, C. (1978) Four basic concepts of medical science. *PSA 1978* 1:210-222.

Whitbeck, C. (1981) A theory of health. In: *Concepts of Health and Disease: Interdisciplinary Perspectives*, Caplan, A. L., Engelhardt, H. T., Jr., McCartney, J. J., eds. London: Addison-Wesley, pp. 611-626.

White, H. (1987) *The Content of Form: Narrative Discourse and Historical Representation*. MD: Johns Hopkins University Press.

White, M., Epston, D. (1990) *Narrative Means to Therapeutic Ends*. New York: W. W. Norton.

Whitehouse, P. J. (2003) The rebirth of bioethics: extending the original formulations of Van Rensselaer Potter. *American Journal of Bioethics* 3:W26-W30.

Wierenga, E. (1983) A defensible divine command theory. *Noûs* 17:387-407.

Wildes, K. W. (2001) The crisis of medicine: philosophy and the social construction of medicine. *Kennedy Institute of Ethics Journal* 11:71-86.

Williamson, R. (1988) The molecular genetics of complex inherited diseases. *British Journal of Cancer* 9(suppl):14-16.

Wilson, E. O. (1975) *Sociobiology: The New Synthesis*. Cambridge, MA: Harvard University Press.

Wind, J. P. (1994) Afterword. In: *A Matter of Principles? Ferment in U.S. Bioethics*, DuBose, E. R., Hamel, R. P., O'Connell, L. J., eds. Valley Forge, PA: Trinity Press International, pp. 362-368.

Wispé, L. (1986) The distinction between sympathy and empathy: to call forth a concept, a word is needed. *Journal of Personality and Social Psychology* 50:314-321.

Wispé, L. (1987) History of the concept of empathy. In: *Empathy and Its Development*, Eisenberg, N., Strayer, J., eds. Cambridge: Cambridge University Press, pp. 17-37.

Wood, A. W. (1999) *Kant's Ethical Thought*. Cambridge: Cambridge University Press.

Woodhouse, M. B. (2000) *A Preface to Philosophy*, sixth edn. Belmont, CA:

Wadsworth.

Woodward, J. (2003) *Making Things Happen: A Theory of Causal Explanation*. Oxford: Oxford University Press.

Woolf, S. (2001) Evidence-based medicine: a historical and international overview. *Proceedings of the Royal College of Physicians of Edinburgh* 31(suppl 9):39-41.

World Health Organization (1948) *Final Act of International Conference, Constitution of Organization, Arrangement Establishing Interim Commission, and Protocol Relating to the International Office of Public Heath*. London: His Majesty's Stationary Office.

Worrall, J. (2002) What evidence in evidence-based medicine? *Philosophy of Science* 69:S316-S330.

Worrall, J. (2007) Why there's no cause to randomize. *British Journal for the Philosophy of Science* 58:451-488.

Worth, S. (2008) Story-telling and narrative knowing: an examination of the epistemic benefits of well told stories. *Journal of Aesthetic Education*, 42(3), in press.

Wright, L. (1973) Functions. *Philosophical Review* 82:139-168.

Wright, R. A. (1987) *Human Values in Health Care: The Practice of Ethics*. New York: Hill.

Wulff, H. R. (1992) Philosophy of medicine-from a medical perspective. *Theoretical Medicine* 13:79-85.

Wulff, H. R., Pedesen, S. A., Rosenberg, R. (1990) *Philosophy of Medicine: An Introduction*, second edn. Oxford: Blackwell.

Youngner, S. J., Bartlett, E. T. (1983) Human death and high technology: the failure of the whole-brain formulations. *Annals of Internal Medicine* 99:252-258.

Zagzebski, L., Fairweather, A. (2001) Introduction. In: *Virtue Epistemology: Essays on Epistemic Virtue and Responsibility*, Fairweather, A., Zagzebski, L., eds. Oxford: Oxford University Press, pp. 3-14.

Zagzebski, L. T. (1996) *Virtues of the Mind: An Inquiry into the Nature of Virtue and the Ethical Foundations of Knowledge*. Cambridge: Cambridge University Press.

Zaner, R. M. (1981) *The Context of Self: A Phenomenological Inquiry Using Medicine as a Clue.* Athens, OH: Ohio University Press.

Zarin, D. A., Pauker, S. G. (1984) Decision analysis as a basis for medical decision making: the tree of Hippocrates. *Journal of Medicine and Philosophy* 9:181-213.

Zhang, J., Patel, V. L., Johnson, T. R., Shortliffe, E. H. (2004) A cognitive taxonomy of medical errors. *Journal of Biomedical Informatics* 37:193-204.

▶ 찾아보기

▶ 저자 및 역자 소개

저자 제임스 A. 마컴

베일러대학교 철학과 교수. 동 대학교 의료인문학 프로그램의 디렉터를 맡은 바 있으며 현재도 협력교원으로 일하고 있다. 고든콘웰 신학교에서 석사를, 신시내티대학교 의과대학에서 생리학 박사를, 보스턴대학교에서 철학 박사를 취득하였다. 하버드대학교 의과대학과 MIT에서 박사후 펠로우로 일한 다음 하버드대학교 의과대학에서 교수로 약 20년간 근무했다. 미 국립보건원, 국립과학재단, 미국심장학회 등에서 연구비를 수주한 바 있으며, 과학과 의학의 철학 및 역사를 연구하고 있다. 이 책 『An Introductory Philosophy of Medicine; Humanizing Modern Medicine』을 포함하여 『Thomas Kuhn's Revolutions: A Historical and an Evolutionary Philosophy of Science』 등의 저서를 발표하였으며, 의철학, 의학교육, 인지과학, 시스템생물학 등 여러 영역에 관한 논문을 다수 게재하였다.

역자 김준혁

연세대학교 치과대학 치의학교육학교실 교수, 동 대학교 의과대학 의료법윤리학교실, 인문사회의학협동과정 운영위원. 연세대학교 치과대학병원에서 소아치과 수련을 받고 전문의를 취득하였으며, 펜실베이니아대학교 의과대학 의료윤리 및 건강정책교실에서 생명윤리 석사를, 부산대학교 치의학전문대학원 의료인문학교실에서 의료인문학 박사를 받았다. 한국의철학회 편집이사, 한국생명윤리학회 학술이사 등을 맡고 있다. 서사의학, 헬스케어 인공지능 윤리를 포함하여 의료인문학과 의료윤리에 관한 여러 분야를 연구하고 있다. 저·역서로 『우리 다시 건강해지려면: 정의로운 건강을 위한 의료윤리학의 질문들』, 『서사의학이란 무엇인가』 등을, 논문으로 「생명의료윤리 시민 참여의 새로운 접근: 빅데이터 분석을 통한 "조력존엄사" 대중 의견 확인」 등을 발표하였다.

의철학 입문

초판 발행 2023년 10월 30일

저　　자 제임스 A. 마컴
역　　자 김준혁
펴　낸　이 김성배
펴　낸　곳 도서출판 씨아이알

책 임 편 집 신은미
디　자　인 엄혜림 엄해정
제 작 책 임 김문갑

등 록 번 호 제2-3285호
등　록　일 2001년 3월 19일
주　　소 (04626) 서울특별시 중구 필동로 8길 43(예장동 1-151)
전 화 번 호 02-2275-8603(대표)
팩 스 번 호 02-2265-9394
홈 페 이 지 www.circom.co.kr

I S B N 979-11-6856-167-0 93100